Ludwig Troske

Die Pariser Stadtbahn

Die Pariser Stadtbahn

Ihre Geschichte, Linienführung, Bau-,
Betriebs- und Verkehrsverhältnisse

von

Ludwig Troske

Einführung zur Reprintausgabe
Wolfgang Brandt

KLASSIKER DER TECHNIK

VDI VERLAG

CIP-Kurztitelaufnahme der Deutschen Bibliothek

Troske, Ludwig:
Die Pariser Stadtbahn: ihre Geschichte, Linienführung, Bau-, Betriebs- u. Verkehrsverhältnisse / von Ludwig Troske. - Reprintausg. d. Sonderabdr. von 1905/ Einf. Wolfgang Brandt. - Düsseldorf: VDI-Verlag, 1986.
(Klassiker der Technik)
ISBN 3-18-400706-5

Diese Reprintausgabe basiert auf den erweiterten Sonderabdruck der Aufsatzreihe „Die Pariser Stadtbahn" von Ludwig Troske aus der Zeitschrift des Vereins Deutscher Ingenieure von 1903 bis 1906.

Die Einführung zur Reprint-Ausgabe schrieb Dipl.-Ing. Wolfgang Brandt, Planungsdezernent bei der Bundesbahndirektion Köln.

Die Vorlage zum Druck dieser Ausgabe stellte die Universitätsbibliothek Hannover und Technische Informationsbibliothek freundlichst zur Verfügung. Für Hilfestellung und Mühe danken wir besonders Herrn Bibliotheksdirektor Jobst Tehnzen.

Die Reihe „Klassiker der Technik" wird von C. G. Schmidt-Freytag betreut.

Gesamtherstellung: Boss-Druck, Kleve
ISBN 3-18-400706-5

Einführung

Wolfgang Brandt

Mit seiner Reihe *Klassiker der Technik* macht der VDI Verlag qualifizierte Publikationen der Vergangenheit einem interessierten und sogar auch wachsenden Leserkreis zugänglich, der diese Werke sonst nur in Bibliotheken einsehen könnte oder zu Liebhaberpreisen im Antiquariat erstehen müßte. Hier wird ein erweiterter Sonderabdruck einer kompletten Aufsatzreihe aus den Jahrgängen von 1903 bis 1905 der Zeitschrift des VDI Verein Deutscher Ingenieure (Z-VDI) faksimiliert, der 1905 in einer kleinen Auflage als Buch erschienen ist.

Diese in sich geschlossene Aufsatzreihe heißt *Die Pariser Stadtbahn,* gemeint ist damit die berühmte Metro, deren erste Strecke zur Pariser Weltausstellung am 19.07.1900 eröffnet wurde. Wir wissen nicht, warum der Autor diesen Titel wählte, ist er doch aus heutiger Sicht in gewisser Weise irreführend, denn in jener Zeit gab es bereits seit mehr als 20 Jahren die Berliner Stadtbahn – ein Begriff in der Fachwelt – die ganz anders konzipiert war als die Pariser Metro: Die Berliner Stadtbahn dient sowohl dem Fernverkehr, die Metro dagegen ist ein reines Stadtverkehrsmittel. Nach heutigem Sprachgebrauch müßte die Aufsatzreihe *Die Pariser U-Bahn* heißen, zumal in jener Zeit in Deutschland und zwar in Berlin und Hamburg, bereits die Hoch- und Untergrundbahn-Gesellschaften existierten.

Der Autor, Ludwig Troske (1856–1934), war Kgl. Preußischer Regierungsbaumeister des Maschinenbaufaches bei den Preußischen Staatsbahnen und wurde 1896 zum

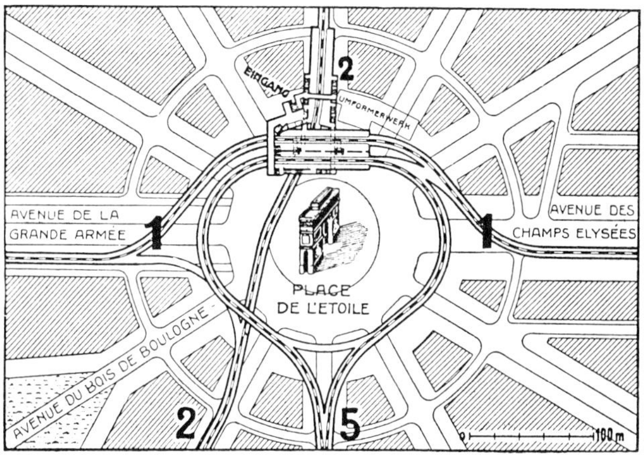

Umsteigebahnhof am großen Triumphbogen zu Paris
Am Stern-Platz (Place de l'Etoile) treffen drei Untergrundbahnstrecken zusammen.

Lange Zeit besaß allein nur Paris ein wohldurchgebildetes Schnellbahnnetz. 1925 waren bereits 8 U-Bahnstrecken in Betrieb.

Eingangshalle zum Bahnhof Place du Havre in Paris

Ludwig Troske (1856–1935)

ordentlichen Professor für die Lehrgebiete Regulatoren der Kraftmaschinen, Grundzüge der Maschinenlehre, Grundzüge des Maschinenbaues, Fabrikanlagen und Eisenbahn-Hauptwerkstätten an der TH Hannover berufen. Ab Sommersemester 1910 übernahm er den Lehrstuhl für Eisenbahn-Maschinenbau einschließlich Eisenbahn-Betrieb und Signalwesen sowie Kraftwagenbau und Fabrikanlagen. Obwohl bereits seit dem 1. April 1924 emeritiert, behielt er bis zum Wintersemester 1933/34 seine Lehrtätigkeit bei.

Troske war ein anerkannter Fachmann im Bau- und Verkehrswesen. Schon im Jahre 1891 verfaßte er eine ausführliche Arbeit über die Londoner U-Bahn, die ebenfalls in der Zeitschrift des VDI veröffentlicht wurde. Nach ihm ist übrigens auch eine Straße im Stadtteil Hannover-Herrenhausen benannt.

Die stürmische industrielle Revolution in der zweiten Hälfte des 19. Jahrhunderts, geboren aus gegenseitiger Befruchtung und von technischem Fortschritt und dem neuen Verkehrsmittel Eisenbahn, führte zu einem sprunghaften Anstieg der Bevölkerung und vor allem zu einer starken Konzentration von Menschen in den Städten. Riesige Industrie-Anlagen mit ihren Tausenden von Beschäftigten zogen immer neue Menschen an, in deren Gefolge sich dann auch Handel, Verwaltung und Dienstleistungsbetriebe kräftig vermehrten. So hatte Paris um die Jahrhundertwende bereits 2,65 Mio Einwohner, Berlin 1,85 Millionen.

Die daraus erwachsenden Verkehrsprobleme wurden zuerst mit dem von Pferden gezogenen *Omnibus* bewältigt, dann mit der Pferdebahn, schließlich mit der elektrischen Straßenbahn. Aber sie alle waren zu langsam für die Riesenausdehung der Städte, denn sie blieben im Verkehrsgewühl stecken. Es mußte also ein neues Verkehrsmittel her, das unabhängig vom Straßenverkehr war.

Die Londoner *tubes* konnten als Vorbild nicht dienen, weil sie wegen des Dampfbetriebs und des engen Lichtraumprofils eher abschreckend wirkten. Die verschiedenen Vorschläge von Privatleuten für Hochbahnen, Unterpflasterbahnen und Tiefbahnen – Troske beschreibt sie in einem Artikel – ließen sich wegen des enormen Kapitalbedarfs nicht verwirklichen.

Die Eisenbahnverwaltungen zeigten keine Neigung zum Bau reiner Stadtbahnen, denn deren kommerzielle Interessen lagen im Fern- und Güterverkehr. Im rein städtischen Personentransport war nämlich kein Geschäft zu machen. Die Preußische Staatsbahn hatte ja schon sehr bald erkannt, daß die Einnahmen aus dem Personenverkehr auf der Berliner Stadt- und Ringbahn die Kosten nicht deckten.[1)]

Es blieb also nichts anderes übrig, als daß die Pariser Stadtverwaltung selbst zum Bau der dringend benötigten Stadtschnellbahn schritt, um ihren Bewohnern die zur Erhaltung der Lebensfähigkeit der Stadt nötige Mobilität zu geben. Welch interessante Parallele übrigens zur heutigen Zeit, nur, daß statt der Pferdefuhrwerke, heute die Autos die Straßen verstopfen.

L. Troske beschreibt in seiner Aufsatzreihe in 9 Kapiteln die Entstehungsgeschichte der Pariser Metro, das Liniennetz, die bauliche Planung, die Bauvorbereitung, die Bauausführung, die Ausrüstung, die Betriebsmittel, die Erzeugung und Verteilung der elektrischen Energie und den Zugbetrieb, den Verkehr und Ertrag.

Aus heutiger Sicht sind für den Ingenieur und Eisenbahn- und Technikinteressierten die Ausführungen über die Entstehungsgeschichte, über die vorbereitenden Arbeiten und über den Betrieb, Verkehr und Ertrag besonders lesenswert.

Im ersten Kapitel werden sowohl die damalige Verkehrssituation als auch die lange Planungsphase sehr anschaulich beschrieben, ehe mit der Bauausführung begonnen werden konnte. Für den in der Verkehrsplanung Tätigen sind Parallelen zur Gegenwart mit ihren ebenfalls langen Planungsphasen unverkennbar. Dank

---

1) Berlin und seine Eisenbahnen, 1846–1896, herausgegeben im Auftrag des Preuss. Ministers der Öffentlichen Arbeiten, Berlin, 1896. Dritter Teil, zweites Kapitel. (Reprint 1982 im Verlag für Ästhetik und Kommunikation, Berlin).

.n Opernplatz in Paris
verschiedenen Fahrtrichtungen so zusammenzulegen, daß auf bequemen und kurzen Wegen umgestiegen werden kann. Ein großer Betonkasten ge untergebracht. Das Gebäude in der Ecke links oben ist die Große Oper. In der Mitte des oberen Bildteils blickt man in die Boulevards „L'Illustration". (Zu Seite 350)

Der Schnellbahnhof unter d…

An dieser Stelle kreuzen drei Linien einander. Die Längsachsen der Tunnel liegen winklig zueinander; es ist nicht gelungen, die Bahnsteige für die … von der Form, die rechts unten dargestellt ist, umgibt den Schnittpunkt, und in ihm sind die weit gedehnten Treppenläufe und Verbindungsgän… des Capucines und des Italiens. Nach…

dieser langen Planungsüberlegungen ist seinerzeit in Paris ein Schnellbahnnetz entstanden, das in seiner Grundstruktur noch heute – mehr als 80 Jahre danach – seine Verkehrsaufgaben hervorragend erfüllt und nur durch die Verlängerung der Linien ergänzt zu werden brauchte.

Im Kapitel IV wird, was man in einer Beschreibung der Pariser Metro nicht vermutet, über die Wasserversorung und -entsorgung von Paris berichtet, wie auch über die unterirdischen Steinbrüche unter der Stadt, die einstmals das Baumaterial für Paris geliefert haben, und die beim Bau der U-Bahn-Strecken erkundet und gesichert werden mußten.

Im letzten Kapitel schließlich wird aufgezeigt, wie dringend man das neue Verkehrsmittel brauchte. Von Anfang an war eine 3-Minuten-Zugfolge nötig, um den Andrang zu bewältigen. Im Jahre 1903 wurden auf den nur zwei bis dahin fertiggestellten Linien schon fast 120 Mio Personen befördert.

Diese Zahl erreichte die Berliner U-Bahn erst 1922! Die Pariser Stadtbahn-Gesellschaft erwirtschaftete in diesem Jahr einen Gewinn von rd. 5 Mio frcs, woraus eine Dividende von 6% gezahlt werden konnte. Dabei ist aber zu berücksichtigen, daß die Baukosten nicht von der Stadtbahn-Gesellschaft, sondern von der Stadt Paris aufgebracht wurden und die von der Stadtbahn-Gesellschaft zu zahlende Abgabe nur eine 2%ige Verzinsung des eingesetzten Baukapitals gestattete.

Für uns Heutige, die wir gewohnt sind, mit Defiziten im Öffentlichen Nahverkehr zu leben, erscheinen Zeiten, in denen sogar eine Verzinsung des Baukapitals möglich war, wie solche aus einem Märchen.

Was an Troskes Arbeit so fasziniert, ist sowohl der gute Stil, der das Lesen zum Vergnügen macht, als auch die Fülle der Informationen, die er über alle Aspekte eines Nahverkehrsunternehmens vermittelt.

In heutiger Zeit hätte wegen der weitgehenden Spezialisierung sicher ein ganzer Stab von Autoren über die Entwicklung eines solchen Unternehmens berichten müssen.

Eine Besprechung des Werkes von L. Troske im *Archiv für Eisenbahnwesen*[2] (Jahrg. 1905, S. 1247) schließt mit den Worten: *Sein eingehendes Studium, das durch eine Fülle sehr klarer Abbildungen erleichtert wird, kann warm empfohlen werden.*

Dem ist auch aus heutiger Sicht nichts hinzuzufügen.

---

[2] Archiv für Eisenbahnwesen, Jahrg. 1905, S. 1247–1248.

Die

Pariser Stadtbahn.

Ihre Geschichte, Linienführung, Bau-, Betriebs- und Verkehrsverhältnisse.

Von

Ludwig Troske,

Professor an der Technischen Hochschule zu Hannover.

Mit 456 Textfiguren und 2 Tafeln.

Berlin.

Verlag von Julius Springer.

1905.

Erweiterter Sonderabdruck

aus der

Zeitschrift des Vereines deutscher Ingenieure

1903—1905.

Vorwort.

Ungewöhnliches Aufsehen hat der Bau der Pariser Stadtbahn hervorgerufen. Sowohl die Kühnheit der Linienführung als auch die Einheitlichkeit der Ausführung, ebenso die strenge Absonderung von den in Paris einmündenden Hauptbahnen, verliehen ihr ein seltenes Gepräge und sicherten auch von vornherein den Erfolg des einen Kostenaufwand von rd. 435 Millionen frs erfordernden Unternehmens, das sich vorderhand aus acht, insgesamt 77 km langen Linien zusammensetzt. Schon bald nach Eröffnung der ersten Linie im Weltausstellungsjahre 1900 sahen die maßgebenden Körperschaften ihre in bezug auf den Bahnverkehr gehegten Erwartungen weit übertroffen. Der Erfolg steigerte sich in nicht geahnter Weise mit der Vollendung jeder weiteren Linie. Voraussichtlich werden in diesem Jahre auf den zurzeit im Betriebe stehenden rd. 32 km langen Linien mindestens 180 Millionen Personen befördert werden — ein Verkehr, wie er im Eisenbahnwesen ohnegleichen dasteht. Der hohe Nutzen, den diese Stadtbahn sowohl für das Allgemeinwohl als auch für die Erbauerin und die Betriebsgesellschaft zeitigt, hat schon jetzt die Stadtverwaltung veranlaßt, dem Bau einer ganzen Anzahl von neuen Linien näher zu treten, so daß in wenigen Jahren Paris von einem so engmaschigen Stadtbahnnetz durchzogen sein wird, wie sonst keine Stadt der Welt.

Auf Grund eines mehrmaligen Studiums der bereits ausgeführten Bahnanlagen und der in der Ausführung begriffenen habe ich mich bemüht, die eigenartigen Verhältnisse dieses ungewöhnlichen Bahnbaues zu einem Gesamtbilde zusammenzufassen, das in einer Reihe von Aufsätzen sich wiederspiegelt, die in der Zeitschrift des Vereines deutscher Ingenieure in den Jahren 1903 (November) bis 1905 (April) erschienen sind. Meine Aufgabe ist mir, wie ich auch an dieser Stelle dankbar hervorheben muß, ganz wesentlich erleichtert worden durch die hervorragend liebenswürdige Unterstützung der französischen Fachgenossen, vor allem des genialen Bauleiters der Stadtbahn, Hrn. Chefingenieur Bienvenue.

Die wohlwollende Aufnahme, welche diese Veröffentlichungen in Fachkreisen gefunden haben, und der mir von den verschiedensten Seiten ausgesprochene Wunsch, sie in einem Sonderdruck vereinigt zu erhalten, gaben Anlaß zu dieser Sonderausgabe. In ihr sind die Bauarbeiten und Verkehrsergebnisse bis zum Anfang des Jahres 1905 berücksichtigt. Einige Abschnitte, wie die über Tunnelsicherungen in den unterirdischen Steinbrüchen und über Wagen (elektrische Zugsteuerung), haben eine kleine Erweiterung erfahren; außerdem sind zahlreiche Zusätze gemacht und 9 neue Figuren eingeschaltet.

Der Redaktion der Zeitschrift schulde ich besondern Dank für die Ausstattung meiner Arbeit mit so zahlreichen, höchst sorgfältig ausgeführten Abbildungen.

Hannover, den 15. April 1905. **L. Troske.**

Inhaltsverzeichnis.

I. Geschichtliches.

Seite

Monopol der Omnibusgesellschaft . . . . 1 u. 156
Eisenbahn-Verkehr in Paris und Berlin . . . . . . 1 u. 157
Frühere Stadtbahnentwürfe 2
Die Berliersche Tunnelbahn . . . . 4 u. 170
Endgültiges Bahnnetz . . . . 5 u. 172
Vertrag zwischen Stadtverwaltung und Betriebsgesellschaft 4

II. Allgemeines über das Liniennetz.

Bodengestaltung 6
Linienführung und Stationsdichte . . . . 172 u. 7
Netzgröße 8
Endschleifen 8
Verlauf und Höhenpläne der einzelnen Linien 9
Neigungs- und Krümmungsverhältnisse 20

III. Anordnung der Bauwerke.

Tunnelstrecke 21
Hochbahnstrecke . . . . 11, 13 u. 24
Rampen 27
Untergrundstationen 29
Hochbahnstationen 34
Einschnittstationen 35
Stationszugänge 38
Treppenanlagen . . . . 42 u. 72
Besondere Bauwerke 43
Glocken- und Stufentunnel 44
Nebentunnel 45
Linienkreuzungen 47
Kreuzungsbau dreier Linien vor der Oper . . . . 16 u. 49
Seinebrücken . . . . 13, 50 u. 174

IV. Vorbereitende Arbeiten.

Wasserleitungen 52
Abzugkanäle 54
Schiffahrtskanal St. Martin . . . . 16 u. 59
Hülfstunnel für Erd- und Steintransport 59
Unterirdische Steinbrüche 60
Aussteifungen des Untergrundes 62
desgl. unter den Wasserbehältern von Montrouge . . . 63
» der Kleinen Gürtelbahn 64
» Sceaux-Bahn 64
» Stadtbahn 66
» » den Stadtbahnstationen 69
» der Place d'Italie 71
Tunnel- und Stationsbau in alter Aufschüttung 72

V. Bauausführung.

a) Untergrundbahn 72
Schildvortrieb 75
Tunnelvortrieb nach belgisch-französischer Weise . . 78
Tunnelstationen 81
Entwässerung der Bahnstrecke 83
Bodenaushub 83
Baustoffe 84
b) Hochbahn 84
Baugerüste und Wasserdrucknietung 86
75,25 m-Brücken . . . . 25 u. 88
75 m-Krümmungen 92
Bauüberwachung 92
Arbeiterfürsorge 92
Baukosten 93

VI. Ausrüstung der Bahn.

Oberbau 95
Mittel zur Entwässerung 98
» » Lüftung 99
Beleuchtung 99
Signalwesen 100
Halls selbsttätige Streckenblockung 103
Weichenkontakte 107
Dardeaus Fernsprecher 107

VII. Betriebsmittel.

Seite

a) Zweiachsige Wagen 108
Westinghouse-Bremse 112
Selbsttätiger Anlasser für die Luftpumpe 113
Elektrische Ausrüstung 114
Zweieinheiten-System 114
Motorenschaltung 117
Fahrschalter 119
Fahrtwender 119
Stromabnehmer 120
Motoren 121
Versuchsergebnisse 121
b) Drehgestellwagen 122
Vieleinheiten-System 125
» » von Thomson-Houston 126
» » » Westinghouse 128

VIII. Erzeugung und Verteilung der elektrischen Energie.

Lage der Kraftwerke und Unterstationen 129
a) das Bercy-Kraftwerk 130
Kohlenförderung 131
Dampfkessel 132
Dampfmaschinen 133
Stromerzeuger und Erregermaschinen 136
Survolteur-Maschinen 137
Akkumulatorenbatterie 137
b) das Kraftwerk St. Ouen 161
c) Unterstationen 138
Unterstation Louvre 138
» Place de l'Etoile 139
» Barbès und Père Lachaise 141
Mittel zur Stromumformung 142
Transformator mit künstlicher Luftkühlung 143
Umformer mit einem Anker 145
Mittel zum Ein- und Ausschalten sowie Messen des Stromes 146
Schaltungsschema der Unterstationen 147
Wirkungsgrad der Energieübertragung 149

IX. Zugbetrieb, Verkehr und Ertrag.

a) Zugbetrieb 150
Zugstärke und Zugzahl 151
Fahrgeschwindigkeit 152
Stationsaufenthalte 152
b) Fahrkartenwesen, Kartenherstellung und Verbuchung 153
Kontrolle während der Fahrt . . . . 113 u. 154
c) Verkehr 155
Vergleich zwischen Berlin, London, Paris 157
d) Ertragverhältnisse 158
Betriebskosten 158
Verzinsung des Anlagekapitals 159
e) Fürsorge für Beamte und Arbeiter 160
Einkommen 160

X. Anhang.

1) Das Dampfturbinen-Kraftwerk St. Ouen.

Dampfkessel von Babcock & Wilcox 162
Kettenrost 165
Dampfturbinen von 5000 KW-Leistung 166
Oberflächenkondensation 166
Schaufelung 168
Dampfverbrauch 170
Raumbeanspruchung 171
Eigengewicht 172

2) Aenderungen und Ergänzungen des Stadtbahnnetzes.

Aenderung der Linie Nr. 4 (vergl. S. 19) 172
» » » » 5 und 8 (vergl. S. 20) . . . 172
Ergänzungslinien 173
Die Austerlitzbrücke 174

Abkürzungen im Text: Z = Zeitschrift des Vereines deutscher Ingenieure.

I. Geschichtliches.

Wer noch vor kurzem die Pariser Verkehrsverhältnisse kennen gelernt hat, war überrascht durch die Gröfse und Dichte des in den Hauptstrafsen sich abwickelnden Wagen- und Fufsgängerverkehrs; er war aber gleichzeitig auch nicht minder erstaunt über die Mangelhaftigkeit der Verkehrsmittel. Untergrundbahnen wie in London, Glasgow, Budapest, Hochbahnen wie in Berlin, Boston, Brooklyn, Chicago, New York, Liverpool, Elberfeld, Wien fehlten gänzlich, und die vorhandenen Strafsenbahnen — mit Dampf (nach Rowan, Serpollet, Purrey, Lamm-Francq), Druckluft (nach Mekarski), Pferden oder Elektrizität (mit Oberleitung, unterirdischer Stromzuführung einschließlich des Oberflächenkontaktsystems von Claret, Diatto, Dolter, Vedovelli oder Stromspeichern) betrieben — konnten sich nicht mit denen in Berlin oder amerikanischen Städten messen; dazu waren die meisten Linien zu weit von dem eigentlichen Stadtinnern, dem Geschäftsmittelpunkte entfernt und die Maschen ihres Netzes zu locker gespannt.

Wohl herrscht dafür der Omnibus unumschränkt in allen wichtigen Strafsen; wer sich aber seiner öfter bedient hat, weifs auch die mannigfachen Schattenseiten dieses schwerfälligen, im Zeitalter der elektrischen Stadt- und Strafsenbahnen geradezu vorsündflutlich anmutenden Verkehrsmittels zur Genüge zu würdigen.

Der Omnibusbetrieb ist das Monopol einer im Jahre 1855 gegründeten Aktiengesellschaft (Compagnie générale des omnibus); das Monopol läuft im Jahre 1910 ab. Nach dem mit der Stadt Paris im Jahre 1860 anläfslich der Eingemeindung zahlreicher Vororte neu abgeschlossenen Vertrage besitzt diese Gesellschaft während 50 Jahre das ausschliefsliche Recht, auf den Strafsen innerhalb der Stadtumwallung Personen in Omnibussen zu befördern; freigegeben ist nur der Personenverkehr nach und von den Bahnhöfen; jedoch kann die Regierung andere Transportunternehmungen in den Strafsen zulassen. Welche Bedeutung der Omnibusbetrieb im Pariser Verkehrsleben einnimmt, erhellt am besten aus den Verkehrszahlen.

So wurden 1899 durch die Omnibusse dieser Gesellschaft, die damals ein Strafsennetz von rd. 280 km Länge durchfuhren, 146375000 und im Ausstellungsjahr 1900 sogar 163059000 Fahrgäste befördert[1]), während sich in Berlin z. B. in beiden Jahren etwa die Hälfte dieser Zahlen im Omnibusverkehr ergab, nämlich 75178403 im Jahre 1899 und 80568714 im folgenden Jahre. Dafür liegt allerdings der Schwerpunkt des Berliner Stadtverkehrs in den Strafsenbahnen, die in derselben Zeit 244633937 und 280349160 Personen befördert haben[2]), während sich aufserdem der Stadt- und Ringbahn 94870081 und 97527774 Fahrgäste bedienten.

Verkehrszahlen für sämtliche 12 Pariser Strafsenbahn-Gesellschaften liegen nicht vor; sie würden auch den eigentlichen Stadtverkehr nicht genau darlegen, da die meisten dieser Gesellschaften den Vorortverkehr pflegen. Nehmen wir jedoch die beiden gröfsten Strafsenbahngesellschaften heraus, die fast ausschliefslich dem Stadtverkehr dienen und ihn zum gröfsten Teil bewältigen:

[1]) nach Le Génie Civil 1901 Bd. 39 S. 403.

[2]) nach freundlicher Mitteilung der Direktion der Grofsen Berliner Strafsenbahn.

1) die schon genannte Omnibus-Gesellschaft, die später auch ein gröfseres Strafsenbahnnetz[1]) angelegt hat, und

2) die Allgemeine Pariser Tramway-Gesellschaft,

so wurden befördert:

	1899	1900	
von der Omnibus-Gesellschaft	134130000	155918000	Pers.
» » Tramway- »	36702000	44990000	»

Durch diese zwei Gesellschaften sind also einschliefslich der Omnibuslinien befördert worden:

1899	1900
317207000	363967000 Pers.

Hierzu kommt noch der Anteil der erwähnten Vorortlinien, sodann derjenige der vielbenutzten Seine-Boote, der sich 1897 auf 24767000 Fahrgäste stellte, im Ausstellungsjahre aber noch erheblichen Zuwachs erfuhr, ferner der Verkehr der Seilbahn von der Place de la République nach dem hochgelegenen Arbeiterviertel Belleville mit jährlich rd. 5 Mill. Personen, endlich derjenige der Kleinen Gürtelbahn, der im Jahre 1900 eröffneten Linie St. Lazare-Invalides und der ersten Stadtbahnstrecke, welch letztere im ersten Betriebshalbjahre bereits 17656228 Fahrgäste aufwies.

Seitdem sind in Paris wie Berlin die Verkehrszahlen noch wesentlich gestiegen. In ersterer Stadt sind neue Strafsenbahnlinien hinzugekommen, und der Verkehr der vorerwähnten 10,5 km langen Stadtbahnstrecke ist im Jahre 1901 auf mehr als 52 Mill. Fahrgäste, 1902 sogar auf 63 Mill. angeschwollen, während sich in Berlin im Jahre 1901 insgesamt 330236761 Fahrgäste der Strafsenbahnen bedient haben, ja im folgenden Jahr sogar 362575474, trotzdem hier die mittlerweile dem Betrieb übergebene elektrische Hochbahn auch noch einen Verkehr von rd. 20 Mill. Personen bewältigt hat. Durch letztere Bahn, deren Verkehr im Jahre 1903 sich bereits auf 29628463 Personen stellte, hat anderseits die Stadt- und Ringbahn einige Millionen Fahrgäste im Jahre 1902 eingebüfst. Zieht man die Gröfse der bebauten Fläche und die Einwohnerzahl für das Jahr 1900 inbetracht:

	Bodenfläche	Einwohner
Paris	7802 ha	2,65 Mill.
Berlin	rd. 6000 »	1,85 »

so erkennt man ohne weiteres, dafs der Strafsenbahnverkehr auf dem dichten Berliner Netz ungleich stärker ist als in Paris. Es bestätigt dies eben wieder den alten Erfahrungssatz, dafs gute Verkehrsgelegenheit und Verkehrserleichterungen den Verkehr selbst wesentlich steigern und beleben.

Nun besitzt zwar Paris in der eben genannten rd. 32 km langen Kleinen Gürtelbahn eine Ringlinie, die vorzugsweise dem Personenverkehr dient. Diese um 1867 vollendete Bahn umgürtet jedoch nur das Häusermeer, indem sie innerhalb des die ganze Stadt umziehenden 33 km langen Festungswalles nahezu parallel zu diesem verläuft. Nach dem Stadtinnern schafft sie insofern eine Verbindung, als sie an die Kopf-

[1]) Im Jahre 1901 betrug die gesamte Gleislänge (zweigleisige Strecken doppelt gerechnet) 252 km; im Betrieb standen 250 Motorwagen (150 mit Druckluft von 80 at Pressung, 30 mit Stromspeichern und 70 mit Dampf) sowie rd. 3100 Pferde, während rd. 11100 Pferde dem Omnibusverkehr dienten.

bahnhöfe der in Paris einmündenden Hauptbahnen Anschlufs hat; vergl. den Lageplan auf anliegender Tafel.

Die Grofse Gürtelbahn, welche nach Fig. 1 in grofsem Bogen um Paris herumführt und u. a. die Orte Versailles (17 km südwestlich von Paris), St. Germain, Argenteuil, Le Bourget, Champigny (16 km östlich von Paris), Bièvres usw. miteinander verbindet, dient vorzugsweise dem Güterverkehr und nur in untergeordnetem Mafse, mittelbar, auch dem Personenverkehr nach der Hauptstadt.

Bei dieser Sachlage und dem ungemein lebhaften Fremdenverkehr, dessen sich Paris von jeher zu erfreuen hatte, ist es eigentlich wunderbar, dafs dort bis zum Jahre 1900 keine Stadtbahn ins Leben gerufen worden ist, trotzdem es längst zahlreiche Vorbilder gab. An Entwürfen dazu hat es freilich nicht gefehlt.

Schon im Jahre 1855, zu der Zeit, wo in London die seinem Vorschlage zu einer Hochbahn bereits elektrischen Betrieb vor, wie ihn ein Jahr zuvor bekanntlich Werner Siemens für seinen Entwurf zu einer dem Zuge der Berliner Friedrichstrafse folgenden Hochbahn schon geplant hatte, der aber erst 1890 bei einer Stadtbahn, der City and South Londonbahn, zum erstenmale zur Anwendung gekommen ist.

Aus jener grofsen Schar von Stadtbahnentwürfen heben sich namentlich die zweistöckig gedachte Hochbahn von Garnier, die Unterpflasterbahn von Eiffel und die Tiefbahn von Berlier hervor.

Das Berliersche Bahnnetz war unstreitig das bemerkenswerteste und wohl das reifste von allen. Es sollte nach dem Greatheadschen Tunnelbauverfahren mittels Vortriebschildes und Eisenauskleidung zur Ausführung gebracht werden, wie ich dies in Z. 1892 S. 56 eingehend für die erste Londoner Röhrenbahn geschildert habe. In dem Netz war auch bereits

Fig. 1.

Große Gürtelbahn um Paris.

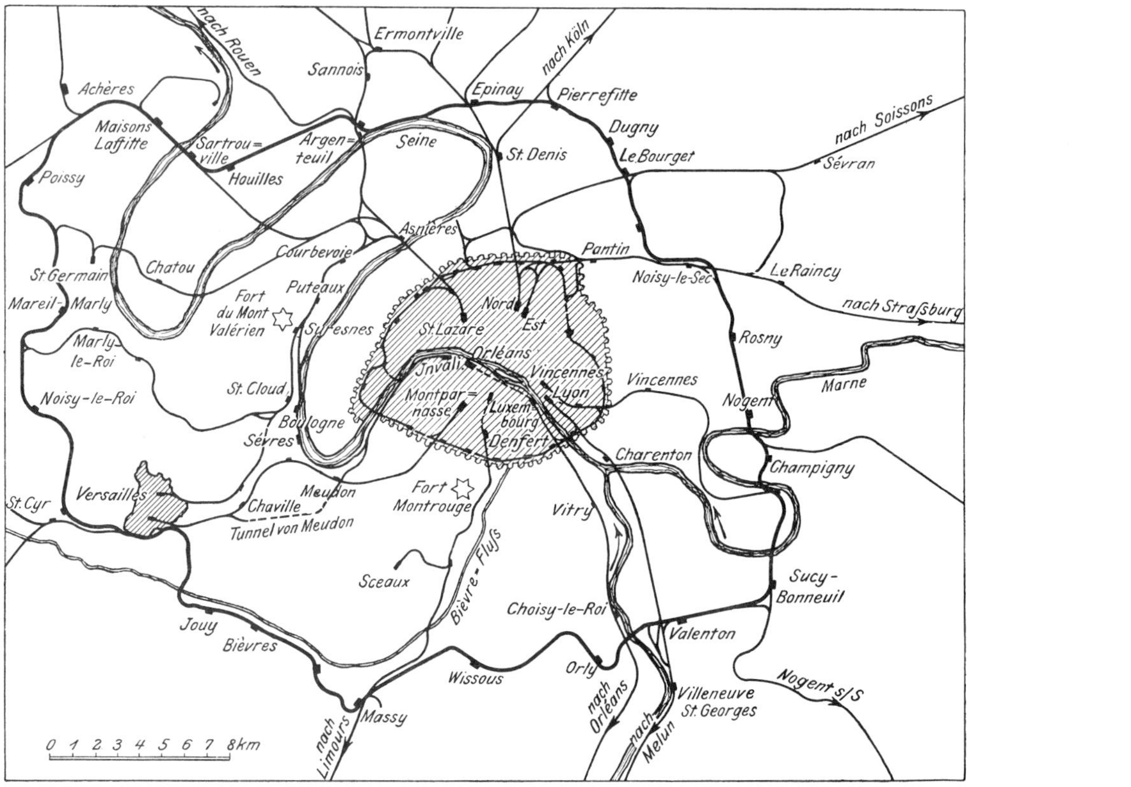

Bewegung zur Erbauung der ersten Untergrundlinie kräftig eingesetzt hatte, tauchte der erste Vorschlag zu einer Pariser Untergrundbahn auf. Ihm folgte 17 Jahre später ein zweiter, ebenso erfolglos wie jener bleibend, obwohl mittlerweile die Londoner Untergrundbahnen gröfstenteils vollendet[1]) worden waren und durch ihre vortreffliche Verkehrserleichterung, die sich in den für die damalige Zeit staunenswerten Fahrgastzahlen[2]) wiederspiegelte, aller Welt den Nutzen einer Stadtbahn klar bewiesen hatten. Der in der Seinestadt jedoch von Jahr zu Jahr immer drückender empfundene Uebelstand der unzulänglichen Verkehrseinrichtungen liefs die Bahnfrage nicht mehr einschlummern und rief gebietend nach Abhülfe, die die Regierung, die Stadtverwaltung, und zahlreiche Private durch Aufstellung von Sonderentwürfen zu schaffen suchten. So tauchten denn von 1875 an in schneller Folge die mannigfachsten Entwürfe zu Unterpflasterbahnen, Tief- und Hochbahnen auf, und zwar zumeist mit Dampf-, vereinzelt auch mit Seilbetrieb; ja, der Ingenieur Chrétien sah 1881 bei

[1]) Troske, Die Londoner Untergrundbahnen, S. 7 u. Z. 1891 S. 145 u. f.

[2]) desgl. S. 69 und Z. 1891 S. 1044.

die Linie Porte de Vincennes - Place de l'Etoile vorgesehen dieselbe Strecke, die freilich erst 12 Jahre später und dann in wesentlich anderer Bauart als erstes Glied der Pariser Stadtbahn erstand. Der Entwurf von Berlier beschäftigte damals (1887) die Stadtverwaltung eingehend und fand grofsen Anklang; aber seine Ausführung scheiterte[1]) wie diejenige aller andern Vorschläge.

[1]) Berlier ist später von der Stadtverwaltung eine Geldentschädigung für seine mühevollen Entwurfsarbeiten zugebilligt worden. Er hat übrigens dennoch das Verdienst, den Greatheadschen Schildvortrieb zuerst in Frankreich zur Anwendung gebracht zu haben; er führte damit für die Pariser Kanalisation in den Jahren 1892/94 und 1895/96 zwei Seine-Unterführungen erfolgreich aus. Sie erregten in der französischen Ingenieurwelt Aufsehen und werden noch jetzt drüben »tubes Berlier« genannt, obschon die Bezeichnung Greathead-Röhren vielleicht richtiger ist, zumal für die erste Seine-Untertunnelung bei Clichy sogar der Schild in England gebaut worden war.

Im Jahre 1899 suchte Berlier abermals die Baugenehmigung nach für eine 5,6 km lange Tunnelbahn Montmartre (Place des Abbesses) -Bahnhof St. Lazare-Bahnhof Montparnasse, für die er später noch eine Verlängerung vom Bahnhof St. Lazare nach der Porte de St. Ouen

Auch den vom Ministerium der öffentlichen Arbeiten verschiedentlich gemachten oder befürworteten Vorschlägen erging es nicht besser, selbst nicht dem letzten, im Jahre 1894 vorgelegten Entwurfe, trotzdem dieser unter dem Druck der herannahenden Weltausstellung aufgestellt worden war und erhebliche Vorteile für den städtischen Verkehr gezeitigt haben würde [1]).

Der Hauptgrund dieser höchst seltsamen Erscheinung, der Ablehnung aller Entwürfe, lag darin, dafs sich seit 1872 die Stadtverwaltung und die Regierung niemals in dieser Frage einigen konnten. Die erstere, die sich hierbei allerdings auch von politischen Gründen leiten liefs, wollte ihre städtischen Interessen gefördert und befriedigt sehen und erblickte demgemäfs in der durch ihren Grund und Boden hindurchzuführenden Stadtbahn ein Unternehmen von rein örtlichem Charakter, das lediglich als Lokalbahn anzusehen sei, während die Regierung stets den Standpunkt des Allgemeinwohles für die Stadtbahn ins Feld führte und ihr dementsprechend unmittelbaren Gleisanschlufs an die Hauptbahnhöfe und damit an die grofsen Eisenbahnlinien des Landes gesichert und sie als Hauptbahn gebaut und betrieben wissen wollte.

Der Pariser Stadtrat nahm mit seinem Verhalten in dieser Bahnfrage genau den entgegengesetzten Standpunkt der Londoner Stadtbehörden ein. Als 1892 nach dem Erfolge der ersten elektrischen Tunnelröhrenbahn die von mir in der Zeitschrift 1892 S. 99 aufgeführten Entwürfe zu nicht weniger als 6 ähnlichen Tiefbahnen zu gleicher Zeit dem englischen Parlament zur Genehmigung vorgelegt wurden, da drängten der Londoner Grafschaftsrat und die Citybehörde nachdrücklichst darauf, dafs alle diese Röhrenbahnen einen den Betriebsmitteln der Hauptbahnen angepafsten Querschnitt erhalten sollten. Die Entwurfaufsteller dagegen legten damals überzeugend dar, dafs einmal der zu erwartende dichte Verkehr dieser Bahnen die Einfügung von Durchgangzügen der Hauptbahnen aus Verkehrs- und Sicherheitsgründen nicht zulasse, und dafs anderseits der geforderte gröfsere Tunneldurchmesser von 4,88 m einen Mehraufwand von 100000 £ für die englische Meile = rd. $1^1/_4$ Mill. ℳ/km gegenüber der vorgeschlagenen Weite von rd. $3^1/_2$ m notwendig mache, also die Bahnanlage so unverhältnismäfsig verteuern würde, dafs eine angemessene Verzinsung des Baukapitals ausgeschlossen sei. Diese Gründe siegten; das Parlament und die Regierung genehmigten gegen den Willen der Stadtbehörden den kleineren Tunnelquerschnitt und schlossen damit für alle Zeiten die Hauptbahnzüge von diesen Stadtbahnlinien aus.

In Paris verhielten sich die Parteien gerade umgekehrt, wenngleich das Endergebnis das gleiche war; denn als Sieger aus diesem langjährigen Streite ging schliefslich im November 1895 die Stadtverwaltung hervor, der man für ihr zähes Festhalten an ihrem Plan und unentwegtes Verfechten der städtischen Interessen Anerkennung zollen mufs.

Jeder, der den erstaunlichen Verkehr der im Sommer 1900 — 45 Jahre nach dem ersten Stadtbahnentwurf — eröffneten ersten Untergrundstrecke gesehen hat: die Wagenzüge dicht besetzt, in den Hauptverkehrszeiten stets arg überfüllt und dabei in $2^1/_2$ bis 3 Minuten einander folgend, mufs zu der Erkenntnis kommen, dafs der Standpunkt der Stadtverwaltung namentlich auch in Rücksicht auf die weitere Entwicklung und Bewältigung des städtischen Verkehrs der richtige war. Jene wollte eben vor allen Dingen Entlastung der Strafsen durch ein Verkehrsmittel, das lediglich der Stadtbehörde untertan war, und auf das die grofsen und mächtigen Eisenbahngesellschaften mit ihren Sonderinteressen keinen Einflufs ausüben konnten. Die Pariser sind mit dieser Lösung ganz zufrieden. Sie können es auch sein, da nach dem Ausbau des grofsartigen, klar durchdachten Bahnnetzes Paris inbezug auf Stadtbahnen an der Spitze der Grofsstädte stehen wird. Sind doch dann alle entlegenen Stadtbezirke mit dem Stadtinnern in unmittelbare Verbindung gebracht, während sich alle Hauptbahnhöfe leicht erreichen lassen, und erwachsen doch der Stadt mit Hülfe des eingeführten ungemein flotten Betriebes gegenüber den jetzigen Zuständen geradezu ideale Verhältnisse.

Die Pariser Stadtbahn wird demnächst eine ganz ähnliche Stellung im städtischen Verkehr einnehmen wie die Hochbahnen in New York, die gleichfalls ohne Anschlufs an die Hauptbahnen gelassen sind, nur dem Stadtverkehr dienen und darum von den Bewohnern jener Millionenstadt besonders geschätzt werden.

Der Friede zwischen Stadtverwaltung und Regierung wurde angebahnt durch einen Erlafs des Ministers der öffentlichen Arbeiten vom 22. November 1895 an die erstere, worin der Minister unter gewissen Voraussetzungen der Stadtbahn ein »intérêt local« zuerkannte, im Gegensatz zu dem früher von der Regierung hartnäckig verfochtenen »intérêt général«. Sobald regierungsseitig diese vorläufige Entscheidung gefallen war, ging die Stadt mit grofser Tatkraft an die praktische Lösung der Bahnfrage heran, um bis zur Weltausstellung 1900 wenigstens den hierfür so wichtigen Abschnitt Cours de Vincennes - Porte Maillot mit Abzweigung vom grofsen Triumphbogen nach dem Trocadéro fertig zu stellen und so zwischen den beiden Ausstellungsplätzen: Marsfeld und Park von Vincennes, durch einen unmittelbaren Schienenweg das fehlende Bindeglied zu schaffen.

In den nächsten beiden Jahren wurden die Vorarbeiten für ein aus 6 Hauptlinien (Nr. 1 bis 6) bestehendes, 63 km langes, erforderlichenfalles durch 2 weitere Linienzüge (Nr. 7 und 8, Linien »à titre éventuel«) auf 77 km zu erweiterndes Bahnetz durchgeführt und die fertiggestellten Entwurfunterlagen im Sommer 1897 dem Bautenministerium eingereicht. Nach lebhaften Parlamentsverhandlungen kam dann am 30. März 1898 ein Gesetz [1]) zustande — loi déclarative d'utilité publique du chemin de fer métropolitain municipal de Paris [2])—, das das Entwurfsnetz als »Chemin de fer Métropolitain de Paris« genehmigte und damit endgültig den Bahnbau nach den Wünschen der Stadtverwaltung sicher stellte. Hiernach soll die Stadtbahn, in Paris in Anlehnung an die englische Bezeichnung der Londoner Untergrundbahnen (The Metropolitan Railway) kurz Le Métropolitain genannt, einzig dem

und vom MontParnasse-Bahnhof nach der Porte de Versailles beantragte, wodurch die Bahnlänge auf 11 km anwächst. Diese in ihren Einzelheiten höchst bemerkenswerte Bahn soll zwecks Schonung der Strafsen (während des Baues) in 8 bis 38 m Tiefe unter Strafsenpflaster mittels des Schildvortriebes hergestellt werden. In den breiten Strafsen ist sie als doppelgleisiger gemauerter Tunnel in den Abmessungen der Stadtbahn geplant, in den engen Strafsen dagegen mit 2 übereinander liegenden eingleisigen Tunneln, während die Seine 40 m unterhalb der prächtigen Konkordien-Brücke in 2 Greathead-Röhren von je 5,20 m Dmr. unterfahren werden soll. Die übereinander geschalteten Tunnel hat übrigens zuerst Greathead bei dem schon genannten City and South London Railway angewendet, worüber die Zeitschrift 1892 S. 54 u. 55 Näheres gebracht hat. 25 Stationen in durchschnittlich 458 m Abstand sollen angeschlossen werden. Die Fahrpreise sind gleich denen der Stadtbahn in Aussicht genommen.

Berlier beansprucht eine 35jährige Genehmigungsdauer und bietet dafür der Stadt Paris sehr erhebliche finanzielle Vorteile. Letztere hat den Entwurf, der sich dem Stadtbahnnetz gut einfügt und die kürzeste Verbindung zwischen dem Montmartre-Bezirk und der Porte de Versailles sowie zwischen den 4 westlichen Kopfbahnhöfen darstellt, wohlwollend aufgenommen und ihn nach Prüfung Ende 1901 befürwortend der Regierung zur endgültigen Genehmigung übergeben. Die Genehmigung kann nur durch besondere Gesetzesvorlage herbeigeführt werden; das Haus der Abgeordneten hat sie bereits erteilt, diejenige des Senats steht noch aus.

[1]) Nach diesem Regierungsentwurfe sollte eine Verbindungslinie der in Paris einmündenden Hauptbahnen geschaffen werden, deren einer Zweig das Ausstellungsgebiet an der Esplanade des Invalides und am Marsfelde berührte. Dieser letztere Gleisabschnitt ist seitdem teilweise durch die unterirdische Verlängerung der Orléans-Bahn von ihrem nahe der Austerlitz-Brücke gelegenen Kopfbahnhof Quai d'Austerlitz nach ihrem neuen, prächtigen Bahnhof am Quai d'Orsay (linkes Ufer) sowie durch diejenige der Westbahn (Bahnhof St. Lazare) von deren Station Courcelles bis zu der Gürtelbahnstation Avenue Henri Martin (rechtes Ufer) und von da nach dem Invaliden-Bahnhofe (linkes Ufer) 1900 verwirklicht worden. Der Ausbau der kurzen fehlenden Verbindung zwischen diesen beiden Bahnstrecken ist von der Orléans-Bahngesellschaft geplant.

[1]) Nach dem neueren französischen Lokalbahngesetz vom 11. Juni 1880, das die Konzessionen dieser Bahnen einschliefslich der Strafsenbahnen (Tramways) regelt, müssen die seitens der Gemeinden oder Departements erteilten Konzessionen durch die Gesetzgebung genehmigt werden (früher durch ein Dekret des Staatsrats). Der Staat kann aber jederzeit gegen Entschädigung des Konzessionserteilers eine Lokalbahn in das Hauptbahnnetz übernehmen.

[2]) veröffentlicht u. a. unter Nr. 34824 im Bulletin des lois de la République Française Nr. 1988, Verlag von G. Roustan, Paris, Quai Voltaire.

Personenverkehr dienen und elektrisch betrieben werden. Dampfbetrieb war wohl von vornherein ausgeschlossen, denn die in London auf den älteren Untergrundlinien mit Dampf gemachten Erfahrungen[1]) waren doch gar zu traurig.

Um gleich für alle Zeiten den Uebergang von Hauptbahnwagen auf die Stadtbahnlinien auszuschliefsen und auch in der Zukunft völlig unabhängig zu sein, hatte die Stadtverwaltung in ihrem Entwurf eine Schmalspur von 1300 mm und eine Wagenbreite von nur 2100 mm gewählt. Durch das vorgenannte Gesetz wurde zwar die Spurweite auf die französische Normalspur von 1440 mm abgeändert; allein der Tunnelquerschnitt wurde doch für höchstens 2,4 m breite Wagen, also so eng bemessen, dafs die 2,9 m breiten Wagen der Haupteisenbahnen nicht hindurchfahren können (vergl. Fig. 28 und 29). Sollte also je in späteren Zeiten einmal das Stadtbahnnetz unmittelbaren Anschlufs an die Gürtelbahn oder eine Hauptlinie erhalten, so könnten wohl seine Wagen auf diese übergehen, das Umgekehrte wäre aber unmöglich.

Dieser geringe Tunnelquerschnitt hat übrigens für die Stadtverwaltung auch das Gute, dafs er den Bahnbau in den von Abzugkanälen durchzogenen Strafsen erleichtert und die Anlagekosten erheblich ermäfsigt. Nach den mir freundlichst gemachten mündlichen Angaben des genialen Bauleiters der Stadtbahn, Hrn. Chefingenieurs Bienvenue, beträgt die dadurch gegenüber einem 9 m breiten Hauptbahntunnel erzielte Ersparnis 1200000 frs/km, was auf 63 km Netzlänge fast 76 Mill. frs und für die insgesamt 77 km lang geplante Bahn mindestens 92 Mill. frs ausmacht. Anderseits darf aber auch nicht aufser acht gelassen werden, dafs ein solch enger Querschnitt die Lüftung des Tunnels und der Wagen sowie deren Fassungsvermögen ungünstig beeinflufst.

Da nach der gegenwärtigen französischen Gesetzgebung eine Stadt nicht selbst den Betrieb einer Eisenbahn ausüben darf, so konnte die Stadtverwaltung sich nur den Bau vorbehalten, wie sie es auch in gleicher Weise bei der obengenannten, von ihr Ende der 80er Jahre im Belleville-Bezirk erbauten Drahtseilbahn getan hat, deren Betrieb sie einem Zivilingenieur verpachtet hat. Im vorliegenden Falle hat sie ihn der Allgemeinen Verkehrsgesellschaft (Compagnie générale de traction) auf die Dauer von 35 Jahren übertragen, die ihrerseits wiederum eine besondere Aktiengesellschaft — Compagnie du chemin de fer Métropolitain de Paris — für diesen Zweck bilden mufste. An dieser sind mehrere grofse Maschinen- und elektrotechnische Fabriken beteiligt.

Die Stadt baut nach dem mit jener Gesellschaft abgeschlossenen Uebereinkommen, das dem Gesetze vom 30. März 1898 als Anlage beigefügt ist, die Tunnel, Einschnitte, Viadukte und Stationen mit den Bahnsteigen, während die Betriebsgesellschaft verpflichtet ist, die Zugänge zu den Stationen einschliefslich der Treppen, den Oberbau und die Signale, die Betriebsmittel und die gesamten elektrischen Betriebseinrichtungen nebst den Kraftwerken und Unterstationen sowie die Hauptwerkstätten auszuführen, auch für die letzteren drei Anlagen das erforderliche Gelände anzukaufen.

Die Anlagekosten für das in seinen acht Hauptlinien doppelgleisig und nur in einzelnen Endschleifen, Nebentunneln und den Verbindungswegen eingleisig auszuführende, ohne die Nebentunnel usw. 77 km lange Netz sind vom Stadtbauamt auf 325 Mill. frs veranschlagt, die Ausrüstungskosten der Betriebsgesellschaft auf 110 Mill. frs. Der Stadt Paris ist durch Gesetz vom 4. April 1898 das Recht verliehen, die Baugelder durch eine Anleihe aufzunehmen, für deren Verzinsung und Tilgung sie nach dem Genehmigungsgesetz vom 30. März desselben Jahres etwa ein Drittel der Gesamteinnahme von der Betriebsgesellschaft einzufordern berechtigt ist; und zwar erhält sie bei einem Jahresverkehr bis zu 140 Millionen Reisenden für jede verkaufte Fahrkarte II. Klasse 0,05 frs und für jede Karte I. Klasse 0,10 frs, wobei die Fahrpreise durch Gesetz einheitlich zu 0,15 frs und 0,25 frs festgelegt sind. Bei gröfserem Verkehr wachsen ihre Anteile bis zu einer gewissen Grenze.

Die eigentlichen Baukosten der Stadt betragen 290 Millionen frs; hierzu treten rd. 28 Millionen frs Nebenkosten für Enteignungen und Arbeiten in den von der Bahn durchzogenen Strafsen und rd. 7 Millionen frs Unkosten bei Begebung der Anleihe. Letztere ist erstmalig im Jahre 1899 im Betrage von 165 Millionen frs erhoben worden, während im Frühjahr 1902 die Aufnahme der zweiten Anleihe im Betrage von 170 Millionen frs stadtseitig beschlossen wurde, was einen Mehrbetrag von 10 Millionen frs gegenüber den Gesamtkosten ergiebt, und durch eine im Jahre 1903 erfolgte Netzänderung (vgl. S. 19) veranlafst ist. Die Stadtverwaltung gibt zu dem Zweck zweiprozentige Schuldscheine[1]) von 500 frs Nennwert bis zum Gesamtbetrage von 335 Millionen frs aus, die von 1904 ab in 75 Jahren wieder getilgt sein müssen. Infolge der guten Erträgnisse der Stadtbahn verzinsen sich die Baugelder übrigens vollauf.

Es liegt hier die Frage nahe, weshalb die Stadt nicht auch den Bau dem Betriebspächter oder einem sonstigen Unternehmer überlassen hat. Hierüber wurde mir die Auskunft, dafs in diesem Falle die Dauer der Verpachtung mit Rücksicht auf eine angemessen verteilte Tilgung hätte auf 75 Jahre festgesetzt werden müssen, während sie bei eigener Bauausführung auf 35 Jahre, wie erwähnt, begrenzt werden konnte. Die Stadtverwaltung erhält somit in nicht allzuferner Zeit volles Verfügungsrecht über das ganze Bahnnetz und hat doch anderseits eine lange Tilgungsfrist für ihr Baukapital. Zudem kann sie die Baugelder, da hinter ihr die ganze Steuerkraft der Stadt steht, zu einem weit niedrigeren Zinsfufs (höchstens 3 vH)[1]) aufnehmen, als es irgend einer Privatgesellschaft möglich ist, so dafs auch nach dieser Richtung hin für sie ein wirtschaftlicher Vorteil erwächst. Ein beredtes Zeugnis hierfür sind gerade die alten Londoner Untergrundbahnen, die sich schliefslich nur gegen einen Zinsfufs von 6 vH das nötige Kapital verschaffen konnten und infolgedessen einem grofsen Teil der Stammaktien keine Dividende zahlen können. Endlich hätte die Stadt auch, falls eine Privatgesellschaft den Bahnbau übernommen hätte, nach französischem Brauch dieser eine Zinsgarantie von $2^1/_2$ vH gewährleisten müssen; damals war aber noch nicht vorauszusehen, dafs die Stadtbahn so hervorragend günstige wirtschaftliche Ergebnisse erzielen würde, wie es zur Ueberraschung aller Beteiligten von Anfang an der Fall gewesen ist. Hat sie doch, wie hier eingeschaltet sein mag, im Jahre 1901 bei $13^1/_3$ km Betriebslänge ein Bruttoergebnis von 8348285 frs aufgebracht, und im Jahre 1902 (Betriebslänge vom 7. Oktober 1902 ab $17^1/_3$ km) ein solches von 10761677 frs.

Mit dem Bau der ersten, zwischen den Endstationen 10,3 km langen Linie — Cours de Vincennes-Porte Maillot — wurde schon am 8. Oktober 1898 begonnen, und zwar in den Champs Elysées, nachdem die vorbereitenden Arbeiten, wie Aenderungen der Abzugkanäle, Wasserleitungen, 4 Erdtransportstollen nach der Seine usw., gröfstenteils erledigt waren; 21 Monate später, am 19. Juli 1900, konnte bereits ihr Betrieb eröffnet und für zahlreiche Besucher der Weltausstellung nutzbar gemacht werden. Die 1,6 km lange, am ehemaligen Ausstellungsplatze endigende Zweiglinie nach dem Trocadéro wurde erst am 2. Oktober 1900 dem Betrieb übergeben, stand also nur noch kurze Zeit den Ausstellungsbesuchern zur Verfügung, diejenige nach der Porte Dauphine (1,829 km) am 13. Dezember desselben Jahres.

Nach der Anlage zum Gesetz vom 30. März 1898 müssen wenigstens 42 km doppelgleisiger Bahn, und zwar die Linien Nr. 1 bis 3 (I. Gruppe), vergl. die Tafel, im Laufe von längstens 8 Jahren, das ist bis zum 30. März 1906, vollendet werden, und die drei andern Linien Nr. 4, 5 und 6 (II. Gruppe) spätestens 5 Jahre nach Fertigstellung der Linie Nr. 3.

Will die Stadt das Netz durch die oben erwähnten beiden Bahnstrecken Nr. 7 und 8 (III. Gruppe) ausgestalten, so mufs sie sie innerhalb 5 Jahre nach Vollendung der Linie Nr. 6 ausführen, also spätestens bis zum 30. März 1916.

Die Betriebsgesellschaft ihrerseits ist verpflichtet, jede Linie in 10 Monaten nach stadtseitig erfolgter Uebergabe

[1]) s. Z. 1891 S. 357 u. 358.

[1]) Die Schuldverschreibungen sind sog. Lospapiere, deren Zinsfufs nach Artikel 1 des die erste Stadtbahn-Anleihe von 165 Millionen frs genehmigenden Gesetzes 3 vH, Rückzahlungsprämien und Losgewinne eingeschlossen, nicht überschreiten darf. Die letzteren sind auf insgesamt 600000 frs für das Jahr festgesetzt; sie werden vierteljährlich derart ausgelost, dafs jedesmal 30 Schuldscheine mit je 1000 frs, 2 mit je 10000 frs und 1 mit 100000 frs zur Ziehung gelangen. Der feste Zinsfufs beträgt 2 vH. Wegen der 2. Anleihe vgl. S. 95. Bemerkt sei, dafs sich die französische Staatsrente mit 3 vH verzinst.

für den öffentlichen Verkehr vollkommen betriebsfertig bereit zu stellen und den Betrieb zu eröffnen.

Der ungemein lebhafte Verkehr der ersten Strecke und die höchst beifällige Aufnahme, welche sie bei den Parisern fand, hat nun die Stadtverwaltung bereits im Juni 1901 bestimmt, den Bau der beiden die äufseren Boulevards durchziehenden und einander zu einem Ringe ergänzenden Linien Nr. 2 Nord und Nr. 2 Süd erheblich zu beschleunigen. Die erstere konnte in ihrem westlichen Abschnitt bis zur Hochbahnstrecke am 7. Oktober 1902 dem Betrieb übergeben werden, die Hochbahnstrecke nebst einem Untergrundabschnitt bis zur Station Rue Bagnolet am 31. Januar 1903, während das in baulicher Beziehung ungemein schwierige Schlufsstück nach der Place de la Nation am 2. April 1903 eröffnet worden ist, sodafs seitdem 24 km Linien im Betriebe stehen. Der Südring ist in seinem westlichen Zuge bis zur Place d'Italie, jedoch ohne die Seinebrücke bei Passy, noch im Jahre 1903 vollendet worden, sein durch Linie Nr. 6 gebildetes Schlufsstück nach der Place de la Nation, das ebenfalls einen etwas langwierigen Verlängerungen bestehender Linien gefafst worden, worunter eine grofse, die inneren Boulevards unterfahrende Ringlinie.

Das Bahnnetz hat übrigens im Jahre 1901 auf Wunsch der Betriebsgesellschaft einige Abänderungen in seinen östlichen Maschen erfahren, um, wie im nächsten Abschnitt näher erläutert, acht einzelne, voneinander völlig unabhängige Betriebslinien zu schaffen. Auch Linie Nr. 4 ist, wie schon erwähnt, im Jahre 1903 in ihrem mittleren Abschnitt abgeändert worden.

Die nach amtlicher Quelle bearbeitete Tafel entspricht noch der Festlegung vom Herbst 1903, während Fig. 2 die zu der Zeit betriebenen und die im Bau befindlichen Linien erkennen läfst. Bei Linie Nr. 4 sind jetzt (Herbst 1904) die vorbereitenden Arbeiten noch im Gange, wie Verlegung der Abzugkanäle und Rohrleitungen, Aussteifung des Untergrundes in dem von alten unterirdischen Steinbrüchen durchzogenen Gelände usw. Von Linie Nr. 5, deren Südabschnitt bis Station Arsenal anfangs zu Nr. 2 Süd gehörte, ist die Untergrundstrecke Place d'Italie-St. Marcel fertig, ihre daran anschlie-

Fig. 2.

Im Betrieb und im Bau befindliche Linien des Stadtbahnnetzes von Paris (Herbst 1903).

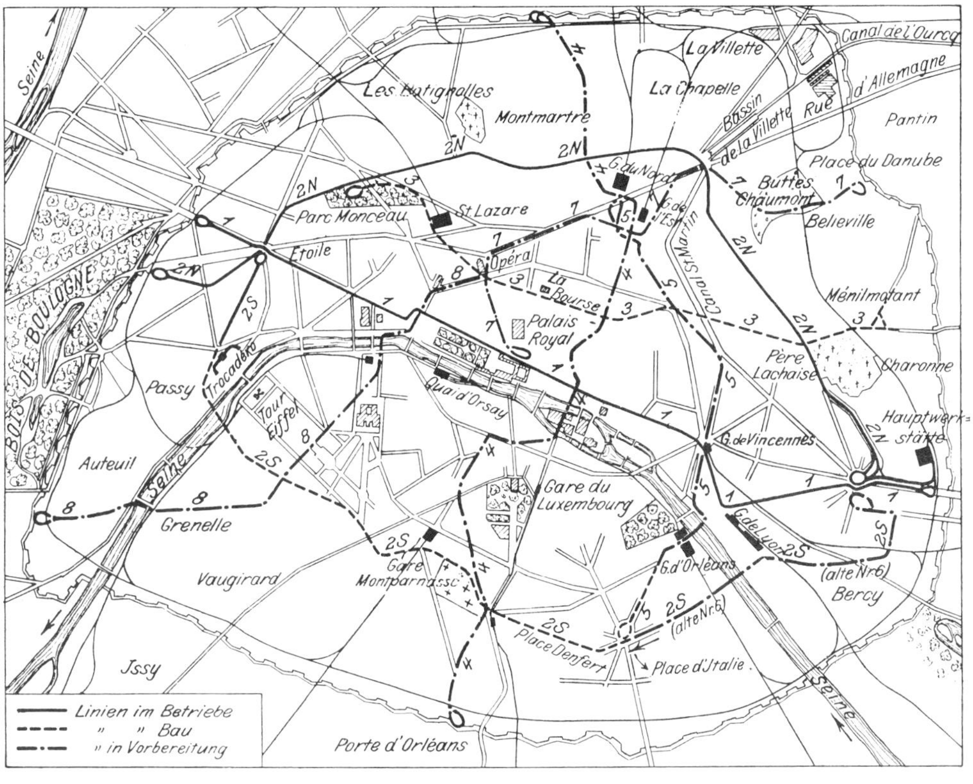

Brückenbau über der Bercybrücke bedingt, wird es allerdings erst 1906 sein; der Abschnitt Trocadéro-Passy (Fig. 10) wurde am 5. November 1903 dem Betriebe übergeben. Auch die vierte Linie, amtlich mit Nr. 3 bezeichnet, wird vor dem vorgeschriebenen Zeitpunkte fertig sein. Ihre Anfangstation, Avenue de Villiers am Nordring, und ihre Unterquerung des St. Martin-Kanales waren im Jahre 1901 bereits in Angriff genommen, die letztere allerdings deshalb,weil der Kanal in jener Zeit zu Ausbesserungszwecken auf mehrere Wochen trocken gelegt war. Der Ausbau der Linie Nr. 3 wird sehr energisch betrieben, damit ihr Abschnitt Villiers-Place de Gambetta schon im Herbst 1904, das Reststück Ende 1904 zur Eröffnung gelangen kann.

Auch der Bau der beiden Eventuallinien Nr. 7 und 8 wurde bereits im Frühjahr 1902 seitens des Stadtrates beschlossen und durch die gesetzgebenden Körperschaften am 22. April 1902 (Linie Nr. 7) und am 6. April 1903 (Linie Nr. 8) genehmigt. In jüngster Zeit ist sodann noch stadtseitig der Plan zu einer ganzen Anzahl neuer Linienzüge nebst fsende Nordstrecke bis Gare de l'Est ist, ebenso wie Linie Nr. 6 im Bau, während Nr. 7 und 8 in ihren Einzelplänen bearbeitet werden.

Die 8 Linien gelangen in den 3 erwähnten Gruppen zum Ausbau, und zwar in der Reihenfolge ihrer ursprünglichen Nummern, weshalb auch das jetzige Schlufsstück der Linie Nr. 2 Süd (ehemalige Linie Nr. 6) gegen den Abschnitt Place d'Italie-Arsenal der Linie Nr. 5 zurückgestellt wurde. Demgemäfs wird auch die 35jährige Konzessionsdauer für jede dieser 3 Gruppen besonders berechnet, und zwar von der stadtseitig erfolgten Uebergabe der letzten Linie einer jeden Einzelgruppe. In gleicher Reihenfolge fallen sie später wieder an die Stadt zurück; jedoch führt die Betriebsgesellschaft den gesamten Verkehr solange weiter, bis für die letzte Gruppe (Linie 7 und 8) die Genehmigungsdauer abgelaufen ist. Die Stadt bezieht während dieser Zeit eine entsprechende Pachtentschädigung von 45000 frs/km für die andern Linien. Es steht ihr jedoch das Rückkaufrecht der Konzession schon nach Verlauf von 7 Jahren nach Herstellung der letzten

Linie zu. Läuft die Konzession ab, so ist die Stadt nicht verpflichtet, das rollende Material sowie die Stations- und Werkstattausrüstung anzukaufen. Tut sie es freiwillig, so erfolgt

Fig. 3.

Geologischer Durchschnitt durch einen Geländeabschnitt im südlichen Paris.
Längen = 1 : 25000. Höhen = 1 : 1250.

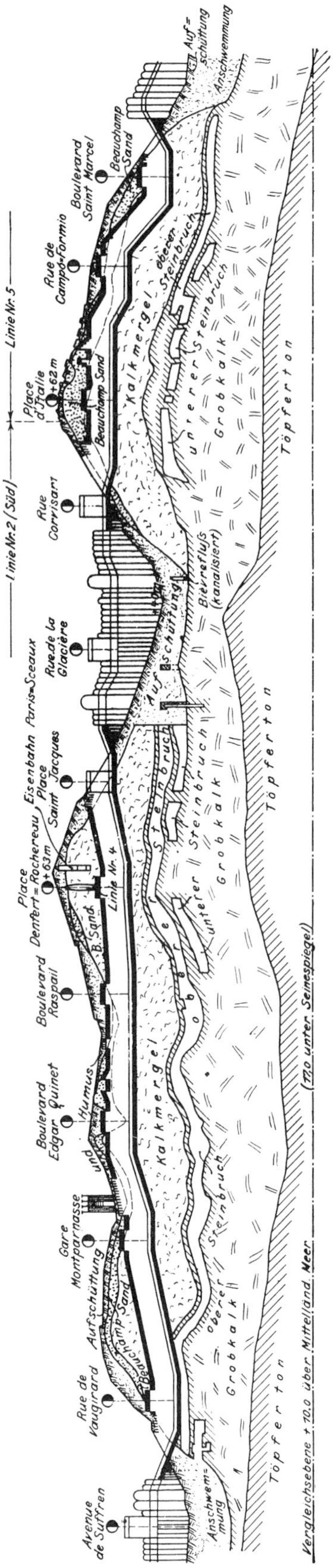

der Erwerb zum Taxwerte; jedoch fällt der Oberbau, den sie gegebenenfalls schon 5 Jahre vor dem Konzessionsablauf aus den Mitteln der Bahneinahmen in guten Zustand setzen darf, nebst allen Kraftwerken kostenlos an sie. Wie man erkennt, hat die Stadtverwaltung einen für sie recht vorteilhaften Vertrag[1]) abgeschlossen.

II. Allgemeines über das Liniennetz.

1) Bodengestaltung und Linienführung.

Paris zeigt innerhalb seines die Stadtfläche eng umklammernden Festungswalles und -grabens die Form eines unregelmäſsigen Fünfecks, dessen mittlerer Durchmesser von Ost nach West rd. 11 km, von Süd nach Nord rd. 9 km miſst. Das Gelände bildet eine groſse, von der Seine durchflossene Mulde, deren Nord- und Südränder in beträchtlicher Höhe über dem Seinespiegel liegen. Letzterer ist durch Wehre künstlich gespannt, da der Fluſs bekanntlich der Schiffahrt wegen kanalisiert ist. Seine Wassertiefe beträgt für gewöhnlich rd. 4 m.

Das fluſsabwärts nächstgelegene Wehr ist bei Suresnes eingebaut, unweit der 136 m über dem Meere gelegenen Feste Mont Valérien, und hält den mittleren Spiegel[2]) der Pariser Fluſsstrecke auf 27 m über Null, bezogen auf das Mittelländische Meer.

Die höchsten Bodenerhebungen der Stadt befinden sich im Norden und Osten, in den Bezirken Montmartre und Ménilmontant, und zwar mit 127,4 und 129,6 m über dem Meer, sodann im Süden nahe der Stadtumwallung auf dem von den groſsen 250000 cbm Wasser fassenden Réservoirs de la Vanne gekrönten Montsouris mit 76 m über dem Meer. Die tiefste Geländelage zeigt sich in der Rue de Lourmel (Südufer) mit 31,0 m über dem Meer, sodann am Quai de Passy (Nordufer) und am Boulevard de Grenelle (Südufer) mit je 31,17 m, ferner am Bahnhof St. Lazare (Nordufer) mit 32 m und in den von der Stadtbahn in ihrer ganzen Länge unterfahrenen Champs Elysées mit 32,5 m über dem Meer. Der gröſste Höhenunterschied der Bodenfläche innerhalb des Pariser Häusermeeres beträgt mithin fast 100 m. Im übrigen finden sich vielfache Hügelbildungen im Stadtinnern, so auf dem rechten Seineufer am Trocadéro mit 63,2 m und am groſsen Triumphbogen mit 58,5 m über dem Meer, auf dem linken am Panthéon mit 60 m usw.

Südlich vom letzteren fällt das Gelände in dem jetzt kanalisierten und von Straſsen durchzogenen Tale der Bièvre, eines Nebenflusses der Seine, auf 40 m, um im westlichen Talhange nach der 1 km entfernten Place Denfert hin wieder auf 63 m und im östlichen auf der Place d'Italie auf 62,3 m anzusteigen. Fig. 3, welche zugleich eine Darstellung des eigenartigen, von alten Steinbrüchen vielfach durchzogenen Untergrundes des südlichen Stadtteiles wiedergibt (Näheres hierüber im Abschnitt IV), zeigt diesen bemerkenswerten Teil von Paris.

Werden nun schon durch eine solche Bodengestaltung die Neigungsverhältnisse einer Untergrundbahn naturgemäſs ungünstig beeinfluſst, so kommt hier für letztere noch erschwerend hinzu, daſs die den Bahnkörper kreuzenden Wasserläufe, Sammelkanäle usw. Anlaſs gaben, die Fahrschienen an verschiedenen Stellen erheblich tiefer zu legen, als die Geländebildung es erforderte. Anderseits war es notwendig, in gewissen Gleisabschnitten die Schienen hoch zu legen, so hoch, daſs die Untergrundlinie zur Hochbahn wird. So sind im Norden der Stadt die beiden dort gelegenen Hauptbahnen, die Nord- und die Ostbahn, teils in tiefen und breiten Einschnitten, teils in Tunnelstrecken durch das Gelände geführt. Die Einschnitte werden von der Stadtbahn gekreuzt; sie konnten jedoch, wie mir angegeben wurde, von ihr nicht zweckmäſsigerweise unterfahren werden, da sich hier die

[1]) Die Betriebsgesellschaft der am 27. Oktober 1904 zur Eröffnung gelangten New Yorker Untergrundbahn (Rapid Transit Railway), die auch die ganze Bahnanlage nach den Plänen und unter Aufsicht der Stadt ausgeführt hat, hat nach Engineering News 1901 S. 279 beispielsweise eine 50jährige Betriebsdauer zugestanden bekommen, während welcher Zeit sie ebenfalls die Bahn ausstattet, betreibt und unterhält; sie zahlt der Stadt New York nur die Zinsen für die zwecks Aufnahme des Baukapitals ausgegebenen Schuldscheine sowie eine jährliche Tilgungssumme gleich 1 vH. Nach Ablauf der Konzession übernimmt zudem die Stadt die gesamte Ausrüstung der Bahn zum Taxwerte.

[2]) Der für die Schiffahrt noch zulässige Hochwasserspiegel liegt auf 28,7 m über Null, während das höchste seit der Kanalisierung beobachtete Hochwasser im Jahre 1876 31,65 m über Null erreicht hat.

unterirdische Durchführung der Bahn sehr unbequem gestaltet haben würde. Nicht nur wäre der Tunnelbau schwierig gewesen, zumal auch nicht weit von diesen breiten Gleiseinschnitten ein Schiffahrtkanal im Grundwasser hätte unterfahren werden müssen, sondern auch die Station dieses Abschnittes (Rue d'Allemagne) würde in grofse Tiefe gekommen sein. Sie wäre mit ihrer Schienenoberkante etwa 19 m unter dem Strafsenpflaster anzulegen gewesen, hätte also neben leistungsfähigen Aufzügen eine Treppenanlage von rd. 115 Stufen erfordert. Nichts aber schreckt bekanntermafsen das Publikum von der Benutzung derartiger Bahnanlagen mehr ab als solche unbequemen und ermüdenden Riesentreppen. Das zeigt sich ja auch seit Jahrzehnten bei den tiefliegenden Untergrundstationen der East London-Bahn, worüber Näheres in der Zeitschrift 1891 S. 358 zu ersehen ist. Auch Aufzüge erfreuen sich im allgemeinen nicht sonderlicher Beliebtheit beim grofsen Publikum.

Da sich sonach die Untergrundbahn auf diesem Abschnitt aus praktischen Gründen verbot, so mufste die Stadtbahnlinie als Hochbahn zur Ausführung kommen, was auch besonders im Süden der Stadt an mehreren Stellen der Fall ist, vgl. Fig. 3. An andern Stellen wieder mufs die Seine untertunnelt, der Schiffahrtkanal St. Martin unterfahren werden; an noch andern Stellen dagegen werden diese beiden Wasserläufe wiederum hoch überbrückt, um den Schienen den Weg zu bahnen.

Schon aus diesen wenigen Angaben ersieht man, dafs die Höhenlage der Stadtbahngleise sehr wechselnd sein mufs, und dafs die Stadtbahn vornehmlich zwar als Untergrundbahn, jedoch mit eingeschobenen Hochbahnstrecken ausgeführt wird, während die Bindeglieder zwischen beiden Ausführungsarten stark geneigte Rampen (s. weiter unten Fig. 46) bilden. Sehr geschickt hat man hierbei das Gelände ausgenutzt, um die Länge der Rampen und damit die Länge des durch sie im Querverkehr behinderten Strafsenabschnittes zu ermäfsigen. Die Rampen sind nämlich tunlichst so gelegt, dafs ihre fallende Richtung mit einer steigenden des Strafsenzuges zusammentrifft; vergl. auch die Höhenpläne in Fig. 9, 12 und 20.

In dem allgemeinen Lageplan der Stadtbahn, vergl. die Tafel, sind die Hochbahnstrecken durch 2 einfache gleichlaufende Striche hervorgehoben, während sie in den Höhenplänen durch die angedeuteten Brückenbauten besonders gekennzeichnet sind. Die kurzen, nur Betriebszwecken dienenden Verbindungsgleise zwischen den Hauptlinien sind auf dem Plane ohne weiteres erkennbar.

Sämtliche acht Linien sind doppelgleisig und folgen wichtigeren Strafsenzügen. Sie sind in dichter Folge an oder nahe den Strafsenkreuzungen sowie den öffentlichen Plätzen mit Stationen besetzt — 158 Stationen auf insgesamt 77,165 km Bahnlänge —, um den Verkehr durch zahlreiche Zugangstellen möglichst leicht an sich ziehen zu können. Die geringste Stationsentfernung beträgt 226 m (Linie Nr. 3), die gröfste 1160 m (Linie Nr. 8); durchschnittlich stellt sie sich auf 493 m. Dieser mittlere Stationsabstand beträgt bei der neuen Berliner Hoch- und Untergrundbahn 900 m, bei den älteren Londoner Untergrundbahnen 773 m im Innenring, 1300 m im ganzen Netze[1]), bei der neuen Londoner Zentralbahn 775 m, bei den New Yorker Hochbahnen 560 m, bei der neuen New Yorker Untergrundbahn 520 m und bei der allerdings nur 3,7 km langen Unterpflasterbahn in Budapest 370 m. Sieht man von der letzten kleinen Anlage ab, so steht das Pariser Stadtbahnnetz in bezug auf Kürze der Stationsentfernungen unter den genannten Stadtbahnen obenan und wird nicht einmal von den durch den Stadtbebauungsplan hierin sehr begünstigten New Yorker Bahnen übertroffen. Trotzdem ermöglicht ihm der elektrische Betrieb durch sein schnelles Anfahren der Züge im Verein mit kurzen Bremsstrecken eine gute Reisegeschwindigkeit, wie im Abschnitt »Zugbetrieb und Verkehr« noch näher dargelegt werden wird. Ein flottes Fahren aber sichert der Bahn wiederum einen regen Verkehr, zumal ihre Linien fast durchweg dicht bevölkerte Stadtbezirke durchschneiden. Wie mir in Paris gesagt wurde, hat auch bereits die im Ausstellungsjahr eröffnete Untergrundstrecke (Linie Nr. 1) der alten, ihrem Gleiszuge folgenden und früher sehr einträglichen Omnibuslinie fast den ganzen Verkehr entzogen, sodafs diese im Sommer 1902 mangelnder Erträgnisse wegen aufgehoben werden mufste. Nach Inbetriebsetzung der Linie Nr. 2 Nord hat die Omnibusgesellschaft vom 1. Mai 1903 ab drei weitere, vom Bahnhof St. Lazare auslaufende Linien eingehen lassen. Anderen Strecken wird mit weiter fortschreitender Eröffnung von Stadtbahnlinien zweifellos dasselbe Los beschieden sein. Kommen nun gar noch die neugeplanten Linien zur Ausführung, die mit der Berlierschen Tunnelbahn die Gesamtzahl der Stationen von 158 auf 270 erhöhen, vgl. Fig. 432, dann wird der Omnibus wohl gänzlich zurückgedrängt sein, — nicht zum Nachteil des Publikums.

[1]) Z. 1891 S. 322.

Mit Rücksicht auf verhältnismäfsig bequeme Zugänglichkeit der Bahnsteige sowie anderseits auch auf den tunlichst unterirdisch, also ohne Störung des Strafsenverkehres, durchzuführenden Tunnelbau sind die Untergrundgleise, wo eben angängig, etwa 7 m tief unter dem Strafsenpflaster hergeführt, die Hochbahngleise aus ersterem Grunde ungefähr 6,5 m darüber. Ihre geringste Tiefe beträgt 4,8 m (Fig. 26). Ausnahmsweise kommt auch das Mafs von 19,4 m unter der Erde vor (da, wo Linie Nr. 3 den Kanal St. Martin kreuzt, Fig. 22), desgl. von 16,1 m (an der Place de l'Etoile, wo der Nordring (Linie Nr. 2 Nord) eine andere Tunnellinie (Nr. 1) unterfährt), ebenso an der Oper, wo sich 3 Linien (Nr. 3, 7 und 8) kreuzen, und von je 14,7 m im Südring unweit der Station Rue de Vaugirard sowie an der Place Denfert. Besonders hohe Punkte der Hochbahnstrecken liegen 12 m über Strafsenkrone am Quai de Passy (Südring), desgl. 11 m darüber im Bièvre-Tal (Südring) und 9 m darüber in der Rue d'Allemagne (Nordring). Die gröfste Tiefenlage der Schienen findet sich, wie weiter unten näher erläutert, unter der Seine mit 13 m über dem Meer, die höchste Lage in der nördlichen Hochbahnstrecke mit 67 m über dem Meer und sodann vor allem mit 76 m in dem östlichen, im hochgelegenen Stadtteil Ménilmontant auslaufenden Schlufsstück der Linie Nr. 3, was einen gesamten Höhenunterschied im Gleisnetz von 63 m ergibt.

Bei Aufstellung des Gleisnetz-Entwurfes war beabsichtigt gewesen, einige Linien nach dem Vorbilde der Berliner Stadt- und Ringbahn als geschlossene Gleisringe zu betreiben. Hierbei hätten gewisse Gleisabschnitte von den Zügen verschiedener Ringe befahren werden müssen, was Gleiskreuzungen in Schienenhöhe, Weichen und Stellwerke nötig gemacht haben würde. Bei der dichten, jetzt zeitweilig bis auf etwa $2^1/_2$ Minuten herabgehenden Zugfolge ist aber ein solcher Betrieb trotz aller mechanischen und elektrischen Sicherheitseinrichtungen schwierig mit voller Sicherheit durchzuführen; mindestens sind an den Abzweigstellen Zeitverluste, daher häufigere Betriebstockungen, nicht zu vermeiden.

Um diesen Uebelstand zu umgehen und einen möglichst hohen Sicherheitsgrad im Betriebe herbeizuführen, sowie auch um den Linienzug im südöstlichen Bezirk bezüglich seiner Krümmungen günstiger zu gestalten, wurde, wie schon im vorigen Abschnitt kurz angedeutet, im Jahre 1901 das Netz dahin abgeändert, dafs 8 voneinander unabhängige Betriebslinien (Nr. 1 bis 8) geschaffen werden, unabhängig natürlich, soweit es den regelrechten Zugdienst betrifft. Zur Wagendurchführung nach und von den Hauptreparaturwerkstätten stehen sie an geeigneten Punkten durch kurze eingleisige Zweigstrecken miteinander in Verbindung. Hiernach ist die ursprünglich als Linie Nr. 6 gedachte Strecke Vincennes-Place d'Italie zu der Linie Nr. 2 Süd geschlagen, der dafür der vom letztgenannten Platz auslaufende Nordabschnitt bis zur Station Arsenal genommen und (unter Fortfall eines kurzen Stückes nach der Station Gare de Lyon) mit der vom Nordbahnhof auslaufenden Linie Nr. 5 vereinigt worden ist.

Linie Nr. 2 setzt sich aus 2 völlig getrennten Einzellinien, amtlich als Linie Nr. 2 Nord (rechtsuferig) und Nr. 2 Süd (linksuferig) bezeichnet, zusammen. Als Ganzes betrachtet, stellt sie eine grofse, die äufseren Boulevards durchziehende Ringlinie dar, zu der die übrigen 6 Linien Durchmesser und Sehnen bilden. Wegen besserer Uebersicht der amtlichen Linienbezeichnung ist auf dem Stadtbahnplane (Tafel) auch die alte Linie Nr. 6 als solche noch gekennzeichnet. Diese Nummer scheidet sonst gänzlich aus.

Nachstehende Zusammenstellung gibt Näheres über die acht Einzellinien an.

Nr. der Linie	Name der Linie	Linienlänge, gemessen zwischen den Schleifen-Scheiteln km	Zahl der Stationen	mittlerer Stationsabstand m
1	Cours de Vincennes - Porte Maillot . .	10,576	18	607
2 Nord	Porte Dauphine - Place de la Nation .	12,415	25	511
2 Süd	Place de l'Etoile - Place de la Nation .	13,740	28	504
3	Boulevard de Courcelles - Ménilmontant	7,903	17	437
4	Porte de Clignancourt - Porte d'Orléans	11,252	25	438
5	Boulevard de Strasbourg - Place d'Italie	6,721	14	511
7	Palais Royal - Place du Danube . . .	6,858	15	450
8	Auteuil - Opéra	7,700	16	491
	zusammen	77,165	158	Gesamtmittel: 493

Um nun diese einzelnen Strecken unabhängig von einander zu machen, sind sämtliche Linien nach dem Vorbild der ersten Strecke Vincennes-Porte Maillot an ihren Endpunkten als Schleifen oder Kehren ausgebildet, die entweder völlig getrennte Ankunft- und Abfahrtstationen besitzen, s. w. u. Fig. 4, 6 und 17, oder auch nur eine einzige Durchgangstation. Letztere kann wiederum vor dem Schleifenanfang liegen, Fig. 13, oder auch in der Schleife selbst, wie an der Place de la Nation und der Place d'Italie, Fig. 8 und 21, oder am grofsen Triumphbogen (Linie Nr. 2 Süd), Fig. 11.

Der gesamte Zugdienst vollzieht sich daher in der Regel ohne die Bewegung irgend einer Weiche; Drehscheiben und Gleiskreuzungen fehlen überhaupt.

Eine Schleifenlinie bildet zwar auch einen geschlossenen Gleiszug, aber ihre beiden Gleise werden im Gegensatz zu einer zweigleisigen Ringlinie stets nur von einer einzigen Zuggruppe befahren, die zwischen ihren Endstationen gleichsam hin- und herpendelt (Pendelbetrieb). Züge anderer Linien können nicht auf sie übertreten. Zusammenstöfse zwischen Zügen verschiedener Linien sind sonach unmöglich.

Dabei bietet die Schleife noch den Vorteil, dafs alle Verschiebebewegungen und Wagenumsetzungen fortfallen, wie sie sonst auf Endstationen notwendig werden. Jeder Zug steht vielmehr nach seiner Ankunft bei einer Durchgangstation sofort, bei getrennter Ankunft- und Abfahrtstation in kürzester Zeit wieder zur Abfahrt bereit, und der gesamte Zugdienst in den Endstationen ist äufserst einfach und wickelt sich höchst sicher ab. Eine schnelle Zugbereitschaft aber ist bei dichter Zugfolge von hervorragender Bedeutung, ja geradezu Vorbedingung dafür.

Derartige Schleifen sind übrigens schon im Jahre 1846 bei der Bahn Paris-Sceaux [1]) angewendet worden.. Diese Bahn war bekanntlich trotz ihrer grofsen Spurbreite von 1800 mm absichtlich von Arnoux mit scharfen Gleisbogen bis zu 50 m, in den Endschleifen sogar bis zu 28 m Halbmesser herab, ausgestattet worden, um die Vorzüge seiner kurvenbeweglichen Wagen mit ihren lose auf den Achsen sitzenden Rädern in das rechte Licht zu setzen. Die Schleife im alten Bahnhof an der Place Denfert in Paris wurde im Jahre 1893 bei Verlängerung der Linie bis zum Luxembourg-Palast beseitigt.

Wohl nach dem Vorbilde dieser Bahnlinie wurde sodann, fast 40 Jahre später, die wegen ihrer Kraftübertragung [2]) in Fachkreisen viel beachtete elektrische Schmalspurbahn Bessbrook-Newry mit Endschleifen ausgestattet, deren Halbmesser nur 17 m beträgt, während die Spurweite gerade halb so grofs ist wie die von Arnoux für die Sceaux-Bahn gewählte. In neuerer Zeit gelangen solche Schleifen vielfach bei nordamerikanischen Stadt- und Vorortbahnen zur Anwendung, wie bei der Hochbahn in Boston und bei dem verkehrsreichen unterirdischen Lokalbahnhofe der neuen grofsartigen Bahnhofanlage ebendaselbst, desgleichen bei der neuen Tiefbahn in New York sowie nachträglich bei der Hochbahn in Chicago, ebenso mehrfach bei der einschienigen Elberfelder Schwebebahn [1]). Auch in dem i. J. 1903 veröffentlichten Entwurfe zu einer Schwebebahn in Hamburg sind zahlreiche Schleifen von 15 und 25 m Krümmungshalbmesser mit Geschick zur Anwendung gebracht, und zwar, wie in der zugehörigen Denkschrift ausdrücklich betont wird, nach dem Vorbilde der Pariser Stadtbahn. Ebenso soll die im Jahre 1900 eröffnete unterirdische Londoner Zentralbahn [2]) nachträglich an Stelle ihrer Weichenanlage an beiden Endpunkten eine Schleife erhalten.

Auch Strafsenbahnen machen jetzt häufig von Endschleifen Gebrauch. Wohl in ausgedehntestem Mafse sind sie bei dem Endbahnhofe der Strafsenbahn in Buffalo gelegentlich der im Jahre 1901 daselbst stattgehabten Ausstellung [3]) verwendet worden, während eine der bemerkenswertesten neueren Schleifenanlagen für Strafsenbahnen sich in Boston befindet. Hier liegt der Betrieb der Hoch-, Unterpflaster- und Strafsenbahnen in einer Hand, und man hat bei der Hochbahn-Schleifenstation Dudley Street [4]) für die hier auf die Strafsenbahn übergehenden Reisenden die weitgehende Bequemlichkeit getroffen, dafs die Strafsenbahngleise beiderseits der Hochbahnstationen in steilen Rampen ansteigen und in gleicher Höhe mit dem Hochbahngleis in je eine Schleife auslaufen; also 3 hochliegende Schleifen neben- und ineinander!

Auf deutschen Strafsenbahnen finden sich mehrfach neuerdings Schleifenanordnungen. So besitzt z. B. die Grofse Berliner Strafsenbahn in ihrem ausgedehnten Netze bereits 8 Kehren an den Endpunkten verschiedener Linien. Nach freundlichst mir gemachter Mitteilung beabsichtigt die Berliner Direktion, weitere Endschleifen da einzurichten, wo die örtlichen Verhältnisse es gestatten und Betriebsgründe es zweckmäfsig erscheinen lassen. Sie bemerkt dazu allerdings noch, dafs in gewissen Fällen von den Fahrgästen eine Endhaltestelle, welche einen Standwagen bietet, vorgezogen wird.

Die Tafel zeigt die 15 Schleifen der Pariser Stadtbahn mit ihren verschiedenen Stationsanordnungen, wobei bemerkt werden mufs, dafs über die Lage und Form der 16ten Schleife, d. i. die Nordschleife der Linie Nr. 8, noch keine Entscheidung getroffen ist, da diese Linie möglicherweise über den Opernplatz hinaus noch verlängert wird.

Um die Art der Linienführung und die Mannigfaltigkeit der Bauausführung besser erkennen zu können, ist eine kurze Betrachtung des Verlaufes der einzelnen Linien notwendig; sie sei hier in der Reihenfolge der vorgesehenen Linienerbauung gegeben.

Linie Nr. 1.
(Cours de Vincennes - Porte Maillot)

Die bereits im Sommer 1900 eröffnete Strecke Cours de Vincennes-Porte Maillot läuft in ihrer gröfseren Hälfte nahezu gleich gerichtet mit der Seine und führt durch die Mitte der Stadt. Sie durchschneidet im Osten die älteren, dicht bevölkerten Bezirke und regen Geschäftsviertel, in der westlichen Hälfte das neuere, vornehme Paris und verbindet das Stadtinnere mit den beiden grofsen und viel besuchten Parkanlagen, dem Boulogner Gehölz [5]) im Westen und dem von Vin-

[1]) Die Linie, später bis Limours ausgedehnt, wurde in den Jahren 1888 bis 1891 von der Orléans-Bahnverwaltung auf Normalspur (1440 mm) umgebaut und mit Betriebsmitteln gewöhnlicher Bauart ausgestattet. Zu Anfang der neunziger Jahre wurde sie als zweigleisige Unterpflasterbahn bis zum Luxembourg-Palast verlängert. Die Baukosten für diese am 1. April 1895 dem Betrieb übergebene 2,16 km lange Untergrundbahn belaufen sich auf 3410000 frs/km (ohne Grunderwerb).

[2]) Troske, Die Londoner Untergrundbahnen, S. 90, u. Z. 1892 S. 89.

[1]) Z. 1900 S. 1388.

[2]) Z. 1892 S. 99.

[3]) Engineering News 1902 S. 368.

[4]) Street Railway Journal 1901 S. 367.

[5]) Zur Frühjahrszeit, der sogen. Saison, zählt man nach den mir gemachten Angaben an schönen Nachmittagen während der Hauptbesuchstunden (3 bis 6 Uhr) in der vom Triumphbogen auslaufenden 125 m breiten Avenue du Bois de Boulogne stündlich rd. 7000 Luxuswagen, Droschken und Kraftwagen, zu anderer Jahreszeit immer noch etwa 3000, ein Wagenverkehr, wie er in der Welt wohl einzig dastehen dürfte.

Fig. 4.

Westschleife der Linie Nr. 1 an der Porte Maillot.

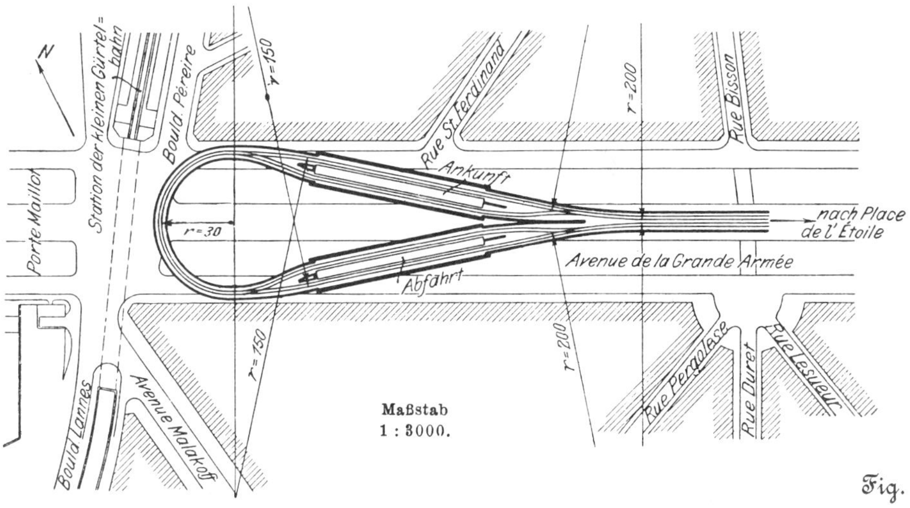

cennes im Osten. Beide Endpunkte lehnen sich an Stationen der Kleinen Gürtelbahn, sodafs auch diese von vielen Fahrgästen vorteilhaft benutzt werden kann, wenngleich ein unmittelbarer Uebergang durch Fufsgängertunnel bis jetzt noch nicht ermöglicht ist. Aufserdem berührt die Linie im Osten den Hauptbahnhof der Paris-Lyon-Mittelmeer-Bahn, sowie am Bastilleplatz denjenigen der Vincennes-Bahn. Sie nimmt sodann westwärts ihren Weg durch die nächst den inneren Boulevards wichtigste Geschäftsstrafse, die Rue de Rivoli, am Rathaus, Louvre, Palais Royal her, unterfährt den schönen Konkordienplatz und die Prachtstrafse der Champs Ely-

Fig. 5.

Höhenplan der Linie Nr. 1 (Cours de Vincennes - Porte Maillot).
Längen = 1 : 25000, Höhen = 1 : 1250.
(Die Krümmungshalbmesser sind nur bis zu 100 m aufwärts eingetragen.)

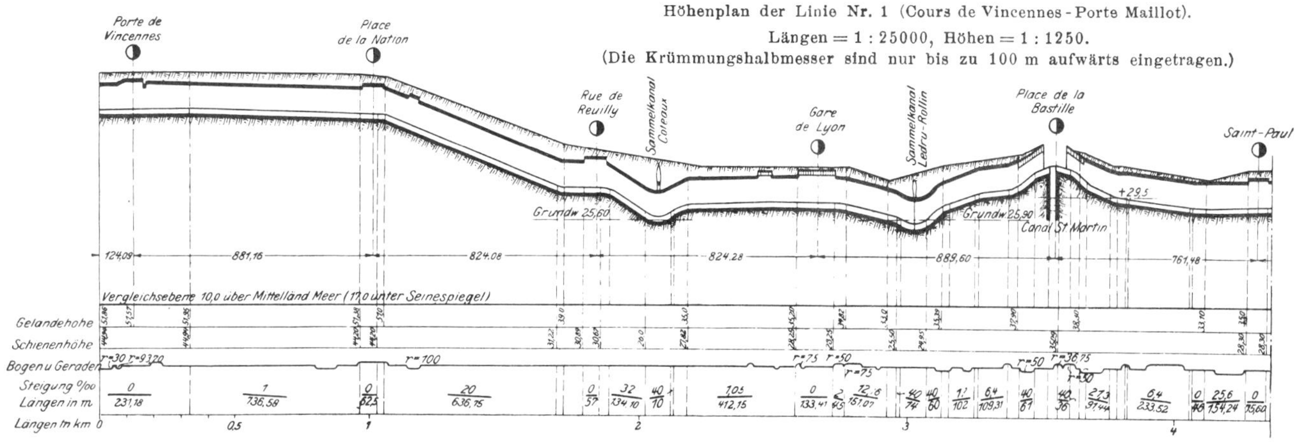

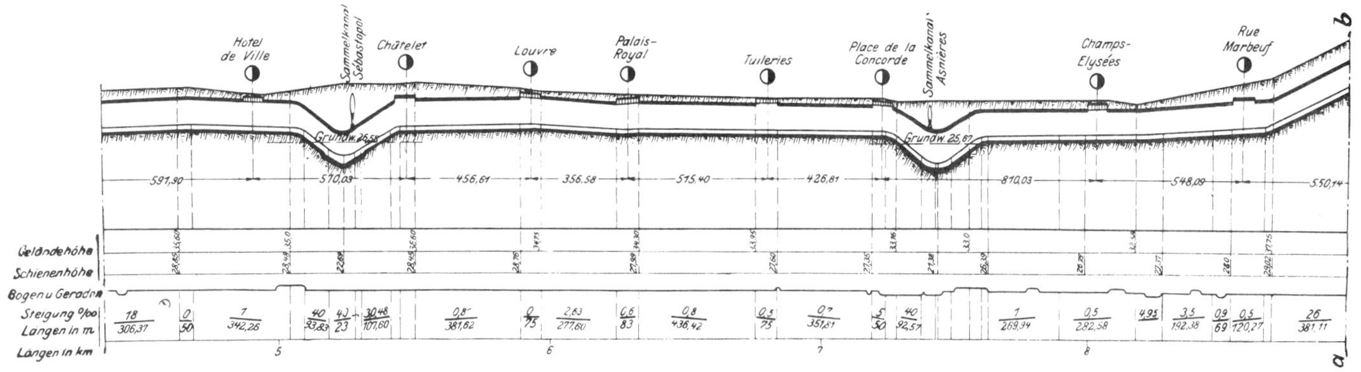

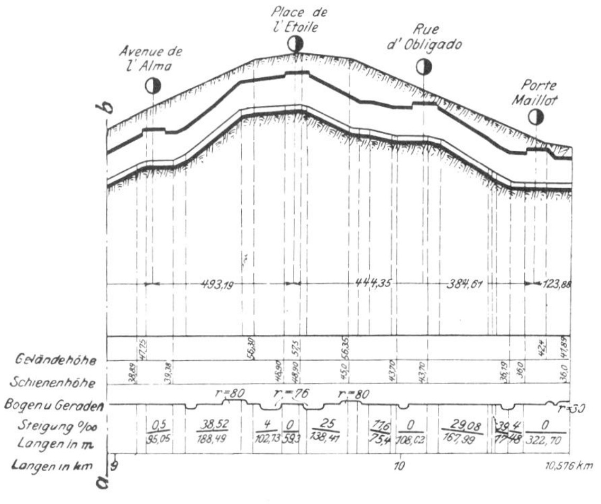

sées, desgl. die von 12 breiten Strafsen berührte Place de l'Étoile am grofsen Triumphbogen, den sie in starker Krümmung umgeht, und endigt an der Porte Maillot unmittelbar neben dem oben genannten Gehölz in einer der Anfangsschleife genau gleichen Kehre, Fig. 4.

Auf diesem zwischen den beiden Endstationen 10,328 km langen Zuge unterfährt die Bahnlinie auch 4 grofse Abzugkanäle, die zu stark geneigten Tunnelrampen an diesen Stellen gezwungen und die Schienenhöhe bis auf 6 m unter Seinespiegel und rd. 4,5 m unter Grundwasser herabgedrückt haben, wie der Höhenplan, Fig. 5, erkennen läfst. Sie kreuzt 4 andere Linien des Netzes und lehnt sich an 4 Schleifen, vergl. Fig. 2. Da in allen solchen Schnitt- und Berührungspunkten durch Anlage entsprechender Stationen der Uebergang von einer Linie zur anderen ermöglicht ist, so kann man nach dem Ausbau des Netzes von der Linie Nr. 1 aus Paris nach den verschiedensten Richtungen hin bis zur Umwallung auf dem Schienenwege durchqueren.

Die Linie ist fast gänzlich als Unterpflasterbahn ausgeführt; nur beim Ueberschreiten des Schiffahrtkanales St. Martin, der die Seine mit dem 25 m höher liegenden Bassin de la Villette und dadurch mit dem 107 km langen Kanal de l'Ourcq und dem Kanal St. Denis im Nordosten der Stadt verbindet, tritt sie an der Station Bastilleplatz zutage. 18 Stationen mit durchschnittlich 607 m Abstand sind angeschlossen, deren genaue Entfernungen die nebenstehende Uebersicht zeigt.

Stationsabstände der Linie Nr. 1.

Porte de Vincennes – Place de la Nation	881,16 m
Place de la Nation – Rue de Reuilly	824,08 »
Rue de Reuilly – Gare de Lyon[1])	824,28 »
Gare de Lyon[1]) – Place de la Bastille	889,60 »
Place de la Bastille – Saint-Paul	761,48 »
Saint-Paul – Hôtel-de-Ville[1])	591,90 »
Hôtel-de-Ville[1]) – Châtelet	570,03 »
Châtelet – Louvre[1])	456,61 »
Louvre[1]) – Palais-Royal[1])	356,58 »
Palais-Royal[1]) – Tuileries[1])	515,40 »
Tuileries[1]) – Place de la Concorde[1])	426,81 »
Place de la Concorde[1]) – Champs Élysées[1])	810,03 »
Champs Élysées[1]) – Rue Marbeuf	548,09 »
Rue Marbeuf – Avenue de l'Alma	550,14 »
Avenue de l'Alma – Place de l'Étoile	493,19 »
Place de l'Étoile – Rue d'Obligado	444,35 »
Rue d'Obligado – Porte Maillot	384,61 »
zusammen	10328,34 m

[1]) Station mit Eisenträgerdecke.

Die Endschleife an der Porte de Vincennes steht durch eine Abzweigung mit dem geräumigen, für Leerzüge bestimmten Wagentunnel (Fig. 112) sowie durch einen anderen Tunnelzweig mit dem Gelände der nahe benachbarten Hauptwerkstätte in Verbindung, diese wiederum durch eine Gleisrampe mit der hier auf einem etwa 4,5 hohen Damme sich herziehenden Gürtelbahn. Da alle 8 Linien unter sich durch entsprechende Betriebsgleise verbunden sind, so können nicht nur neue Betriebsmittel bequem von auswärts an die Hauptwerkstätte herangeführt und von da auf das Untergrundbahnnetz übergeleitet werden, sondern es können umgekehrt auch alle im Betriebe schadhaft gewordenen Stadtbahnwagen leicht auf die Werkstattgleise gebracht werden. Uebrigens genügt diese eine Werkstätte angesichts der schon jetzt erforderlich gewesenen, früher nicht vermuteten starken Wagenvermehrung nicht mehr, sobald die Linien Nr. 3 und 2 Süd dem Verkehr übergeben sein werden. Die Anlage einer zweiten Hauptwerkstätte, gleichfalls im Osten der Stadt (am Endpunkt der Linie Nr. 3), ist geplant und das Gelände dazu bereits gesichert.

Linie Nr. 2 Nord.

(Porte Dauphine - Place de la Nation)

Die Linie Nr. 2 Nord, auch als Nordring bezeichnet, bildet einen gedrückten Halbkreis, als dessen Durchmesser die eben geschilderte Linie Nr. 1 angesehen werden kann. Sie beginnt am Boulogner Gehölz in der Schleifenstation Porte Dauphine (Fig. 6) neben einer Station der Gürtelbahn bezw. der neuen Verbindungsbahn St. Lazare-Invalidenbahnhof. Nach Untertunnelung der Schleife der Linie Nr. 2 Süd und der Linie Nr. 1 am Triumphbogen folgt sie von der Place des Ternes ab ständig dem Zuge der alten oder äufseren Boulevards, die infolge ihrer bis 43 m ausgeführten Breite[1]) und ihres 12,5 m breiten Mittelweges (Contre-Allee) den Bahnbau sehr erleichtert haben.

Unweit des Monceau-Parkes geht die Untergrundlinie über die tiefliegende sechsgleisige Tunnelanlage der Westbahn hinweg (vergl. Fig. 9 und 147), deren Verwaltung nach Angabe den Bau eines zweigleisigen Tunnels unter dem sechsgleisigen her plant, sodafs an dieser Stelle demnächst 3 Bahntunnel untereinander liegen werden. Nahe dem Montmartre läuft die Ringlinie in 2,07 km Länge als Hochbahn bis fast zur Meaux-Strafse, kreuzt dabei die Linie Nr. 4, die breiten Einschnitte der Nord- und der Ostbahn sowie den Kanal St. Martin mit der benachbarten Untergrundlinie Nr. 7 und unterfährt sodann die Linie Nr. 3, mit der sie nach Fig. 7 durch eine 320 m lange bemerkenswerte Gleisanlage verbunden ist, um die Wagen nach und von den Hauptwerkstätten überzuführen. Sie endigt schliefslich unter der ebenfalls von 12 Strafsen berührten Place de la Nation in einer grofsen, sich an die Station der Linie Nr. 1 unmittelbar anschmiegenden nierenförmigen Schleife, deren einer Zweig die Avenue de Taillebourg, deren anderer dagegen den Boulevard Charonne und die Avenue du Trône unterfährt, Fig. 8.

Diese Schleifenanordnung wurde gewählt, um gröfsere Krümmungshalbmesser und damit auch gröfsere Fahrgeschwindigkeiten zulassen zu können, da die scharfen Schleifenbogen der schon im Jahre 1900 fertiggestellten Endstation Porte Dauphine sowie der Linie Nr. 1, deren Halbmesser nur 30 m betragen, sich nicht sonderlich bewährt haben. Auch liefs sich bequemer die schon erwähnte breite Galerie mit 4 Zugaufstellungsgleisen abzweigen, die auf etwa 400 m Länge neben der Linie Nr. 1 unter dem breiten Cours de Vincennes herläuft (Fig. 112). Aufser diesem grofsen, den Linien Nr. 1 und 2 Nord gleichzeitig dienenden Wagenschuppen sind an Linie Nr. 2 Nord noch 2 eingleisige Wagentunnel von 100 m Nutzlänge angeschlossen. In ihnen sollen beschädigte Züge schnell Aufnahme finden, damit in solchem Falle der übrige Verkehr möglichst wenig gestört wird. Der eine Seitentunnel liegt in Richtung nach dem Nationalplatz gleich hinter der Station Place Blanche, der andere unmittelbar vor der Station Rue de Belleville. (In diesen hätte am 10. August 1903 der beschädigte Zug eigentlich einfahren müssen; statt dessen fuhr er durch die Station Rue de Belleville durch und brannte dann im Haupttunnel ab.) Im Abschnitt III sind die Wagentunnel unter »Besondere Bauwerke« näher dargestellt (Fig. 112 und 113).

Fig. 6.

Westschleife der Linie Nr. 2 Nord an der Porte Dauphine.

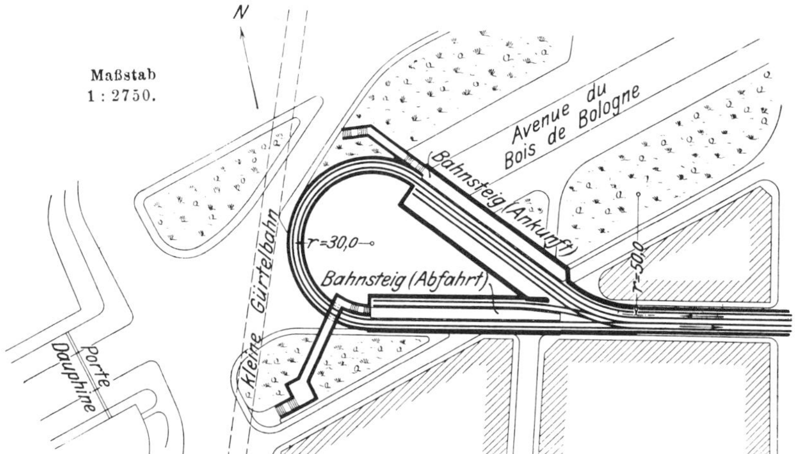

[1]) Die von der Berliner Hochbahn durchzogenen Strafsenzüge im westlichen Stadtteil haben bis 52 m Breite; s. Z. 1902 S. 221.

Fig. 7.

Eingleisiger Verbindungstunnel zwischen den Linien Nr. 2 Nord und Nr. 3.

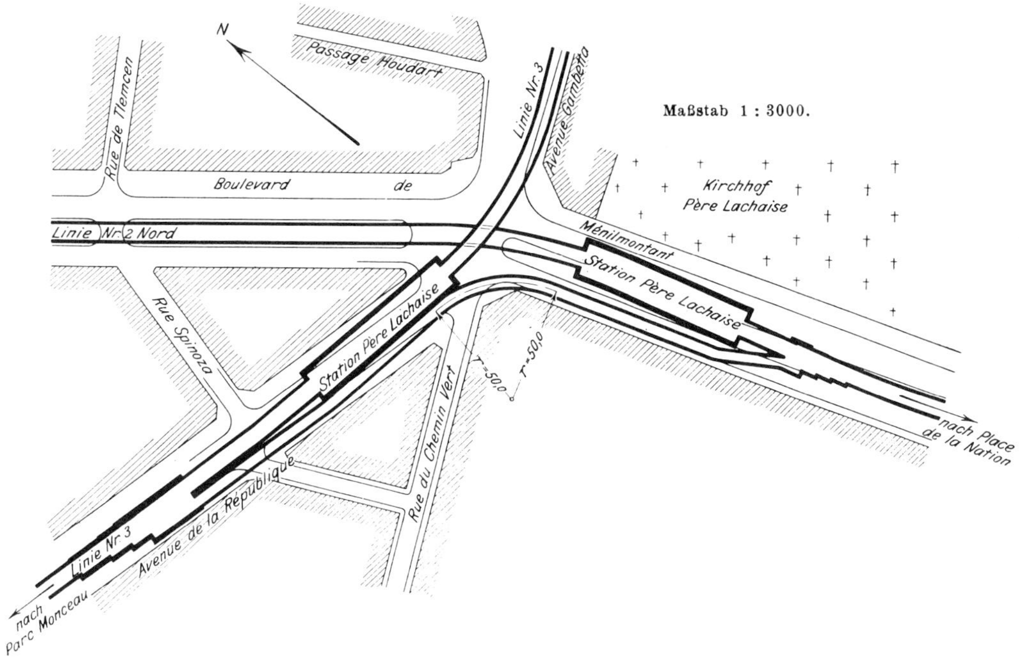

Fig. 8.

Ostschleife der Linie Nr. 2 Nord unter der Place de la Nation.

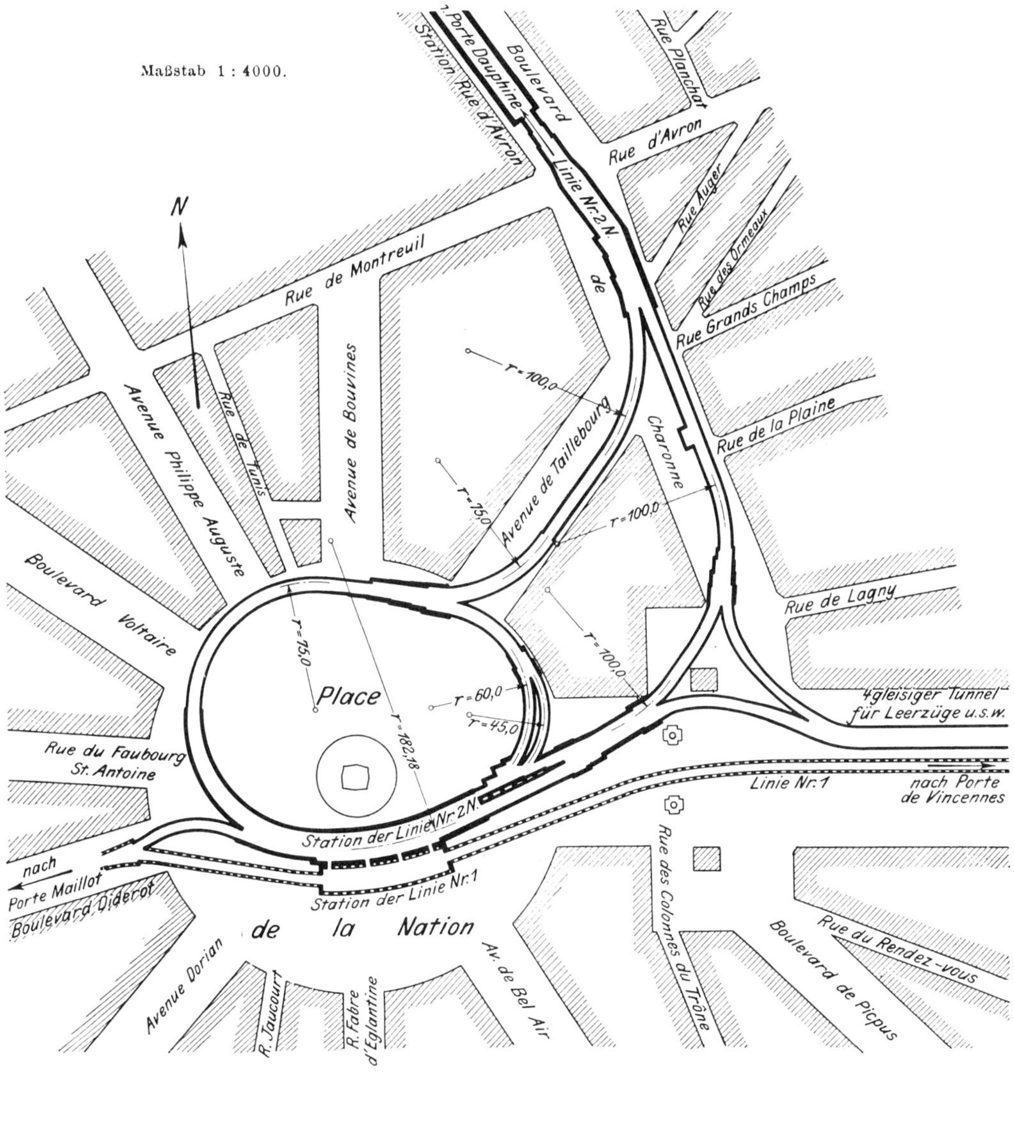

Linie Nr. 2 Nord besitzt auf ihrem Hochbahnabschnitt (am Boulevard Barbès) ihren vorerwähnten höchsten Punkt; denn hier liegen die Gleise rd. 67 m über Meer, also rd. 40 m über Seinespiegel. Fig. 9 gibt den Höhenplan mit allen wichtigeren Angaben wieder. Man ersieht aus ihm, daſs die Bahnlinie durch ein ziemlich ungünstig gestaltetes Gelände hindurchgeführt werden muſste. Allerdings haben nur 2 Untergrundstationen eine beträchtliche Tiefenlage erhalten, die zudem durch das Unterfahren einer andern Tunnellinie bedingt wurde; es sind dies die Stationen Place de l'Étoile und Père Lachaise, die mit ihrer Schienenoberkante je $13\frac{1}{2}$ m unter Straßenpflaster liegen.

Die Hochbahnstationen besitzen fast sämtlich eine günstige Höhe über Straſsenfläche. Freilich darf hierbei nicht unerwähnt bleiben, daſs das auf Kosten der äuſseren Erscheinung erzielt worden ist. Durch das allzu enge Anschmiegen dieser Hochbahnstrecke an das in seiner Höhenlage stark wechselnde Straſsengelände ist ein verhältnismäſsig stark gebrochener Linienzug in den Eisenbau hineingetragen, der unschön wirkt und das hier obwaltende Nützlichkeitsprinzip zu nüchtern in den Vordergrund drängt — sehr zu ungunsten der ästhetischen Wirkung. Liegt doch selbst von den beiden unmittelbar aufeinander folgenden, je 75,25 m weit gespannten Brücken an der Nordbahn-Kreuzung nur die eine wagerecht, die andere dagegen mit 24,2 ‰ geneigt, während überhaupt kaum 56 vH der ganzen Hochbahnstrecke wagerecht erbaut sind, die übrigen rd. 44 vH dagegen sämtlich in Neigungen bis zu 40 vH. Bei den später erbauten Hochbahnstrecken hat man diesen Fehler zu vermeiden gesucht, wie ein Vergleich der Figur 12 mit 9 zeigt. Die Hochbahnabschnitte des Südringes sind z. B. auf 74 vH ihrer Gesamtlänge ohne jede Neigung angeordnet. Auch auf dem Nordring hätte sich leicht durch Ausdehnung der wagerechten Gleisabschnitte eine ruhigere und damit günstigere Wirkung erzielen lassen; gleichzeitig würde sich auch der Zugbetrieb vorteilhafter gestaltet haben, als bei der jetzigen Berg- und Talbahn-Anordnung möglich ist.

Die Linie berührt auf ihrem ohne die Schleifen 12,256 km langen Laufe 25 Stationen mit durchschnittlich 511 m Abstand.

Fig. 9.

Höhenplan der Linie Nr. 2 Nord (Porte Dauphine-Place de la Nation).

Längen = 1 : 25000, Höhen = 1 : 1250.

(Die Krümmungshalbmesser sind nur bis 100 m aufwärts eingetragen.)

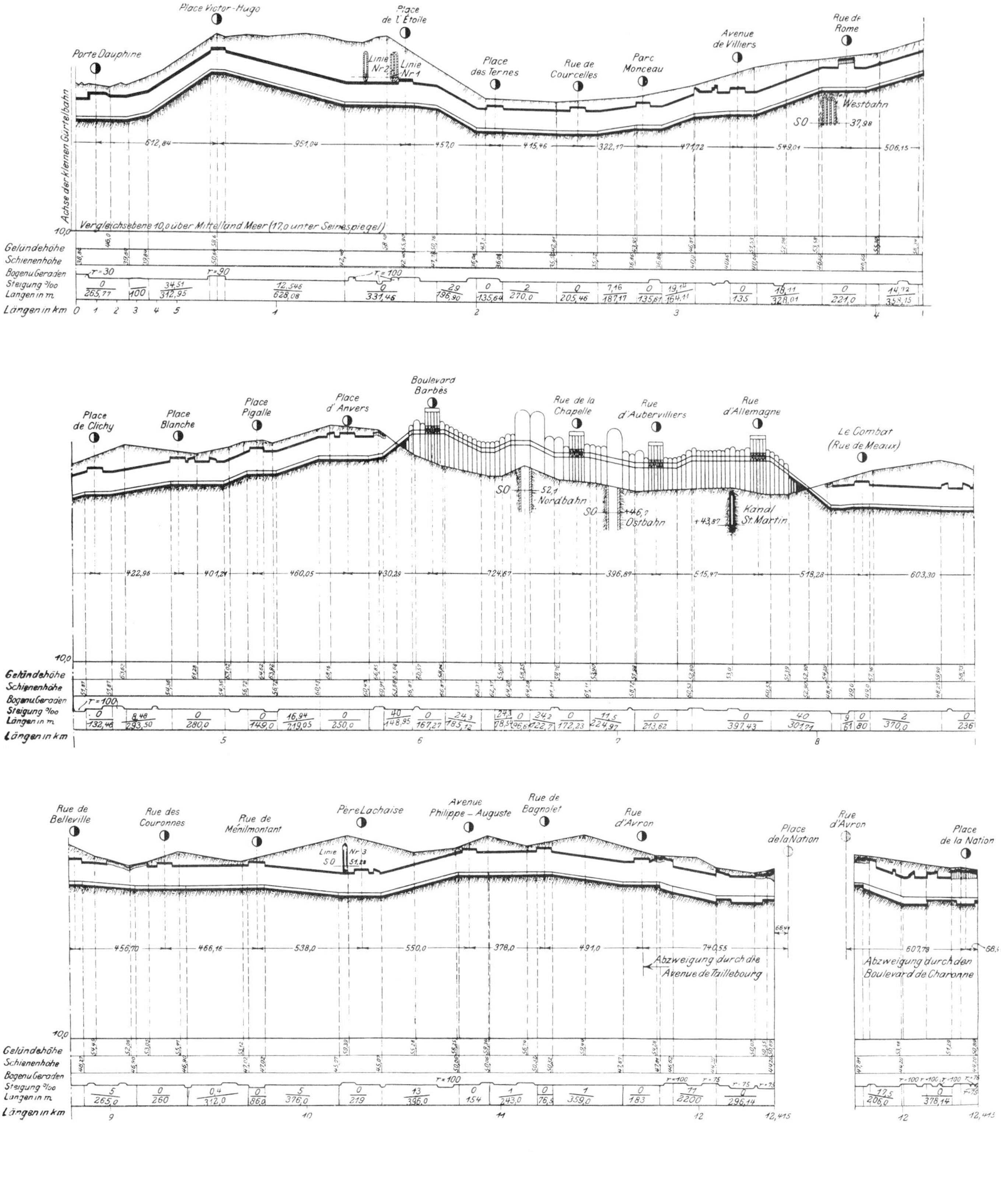

Die folgende Uebersicht enthält die genauen Stationsabstände.

Stationsabstände der Linie Nr. 2 (Nordring).

Porte Dauphine	
	612,84 m
Place Victor Hugo	
	961,04 »
Place de l'Étoile	
	457,00 »
Place des Ternes	
	415,46 »
Rue de Courcelles	
	322,17 »
Parc Monceau	
	471,72 »
Avenue de Villiers	
	549,01 »
Rue de Rome [1]	
	506,15 »
Place de Clichy	
	422,96 »
Place Blanche	
	401,21 »
Place Pigalle	
	460,05 »
Place d'Anvers	
	430,29 »
Boulevard Barbès [2]	
	724,67 »
Rue de la Chapelle [2]	
	396,87 »
Rue d'Aubervilliers [2]	
	515,47 »
Rue d'Allemagne [2]	
	518,28 »
Le Combat (Rue de Meaux)	
	603,30 »
Rue de Belleville	
	456,70 »
Rue des Couronnes	
	466,16 »
Rue de Ménilmontant	
	538,00 »
Père Lachaise	
	550,00 »
Avenue Philippe Auguste	
	378,00 »
Rue de Bagnolet	
	491,00 »
Rue d'Avron	
	607,73 [3] »
Place de la Nation [1]	
zusammen	12256,08 m

[1] Station mit Eisenträgerdecke; die andern 19 Untergrundstationen sind gewölbt.

[2] Hochbahnstation.

[3] Der Abstand von 607,73 m bezieht sich auf den Gleiszug durch den Boulevard de Charonne. Die Strecke durch die Avenue de Taillebourg ist 132,82 m länger.

Linie Nr. 2 Süd.

(Place de l'Étoile-Place de la Nation)

Von der eben genannten Place de la Nation läuft auch Linie Nr. 2 Süd, der sogen. Südring, in einer ganz ähnlichen Schleife aus, an die sich eine bemerkenswerte, jeweilig verschiedene Kreuzung dreier Hauptbahnen anschliefst. So wird zunächst die im offenen Einschnitt liegende Vincennes-Bahn bei der Station Bel Air in Geländehöhe übersetzt, während bald hernach die Gleise der Lyoner Bahn unterfahren werden. Bei seiner Annäherung an die Seine geht der Südring sodann auf rd. 1,2 km Länge in die Hochbahn über, um als solche seinen Weg über die Seine und die Orléans-Bahn (linkes Ufer) zu nehmen, wobei der Flufs mittels einer über der Bercy-Brücke als zweites Geschofs errichteten Fahrbahn überschritten wird. In kurzem unterirdischem Lauf unterfährt die Linie bald darauf die Place d'Italie, sich hier an die Schleife der Linie Nr. 5 anschmiegend, übersetzt wieder als Hochbahn in 1,001 km Länge das Tal der Bièvre, Fig. 3, und zieht sich darnach 2,732 km unterirdisch unter den äufseren Boulevards hin, wobei sie an der Place Denfert-Rocherau die Untergrundstrecke der Sceaux-Bahn nahe deren Bahnhof und fast unmittelbar daneben die Linie Nr. 4 unterfährt; mit der letzteren gemeinsam hat sie nicht weit davon die Doppelstation Boulevard Raspail, in deren Nähe auch ein eingleisiger Wagentunnel für Leerzüge liegt. Im weiteren Verlauf zieht sie sich dicht an den Hauptbahnhof Mont-Parnasse (Westbahn) heran, dessen Zufahrtsviadukt in der Tiefe kreuzend, um sodann die letzten 2,18 km ihres linksuferigen Laufes wieder als Hochbahn zu beschliefsen. Zum zweitenmale wird der Flufs bei dem ehemaligen, jetzt durch eine zweistöckige Kragbrücke ersetzten Passy-Steg nahe dem Eiffelturm gekreuzt, Fig. 10, und zwar auf der oberen Fahrbahn, und schliefslich das rechtsseitige hohe Ufer mit dem Trocadéro-Palast bis zum grofsen Triumphbogen im Tunnel unterfahren. Hier läuft die Bahn in eine nahezu herzförmige Schleife aus, deren Station sich unmittelbar und in gleicher Höhenlage an diejenige der Linie Nr. 1 anlehnt. Beide Anlagen werden, wie oben schon angedeutet, vom Nordring unterfahren, dessen Station hier seitlich unterhalb der andern liegt; vergl. Fig. 11. Es ist hier also eine Drillingsstation geschaffen, wie auch am Nationalplatz, nur dafs dort alle drei Stationen gleich hoch liegen.

Fig. 12 zeigt den bemerkenswerten Höhenplan dieser Linie, und zwar für die Strecke Place de l'Étoile-Place d'Italie. Der zwischen den Endstationen 13,615 km lange Südring besitzt 28 Stationen in durchschnittlich 504 m Abstand.

Unter diesen Stationen fallen die drei: Quai de Passy,

Fig. 10.

Lageplan der zweistöckigen Stadtbahnbrücke bei Passy.

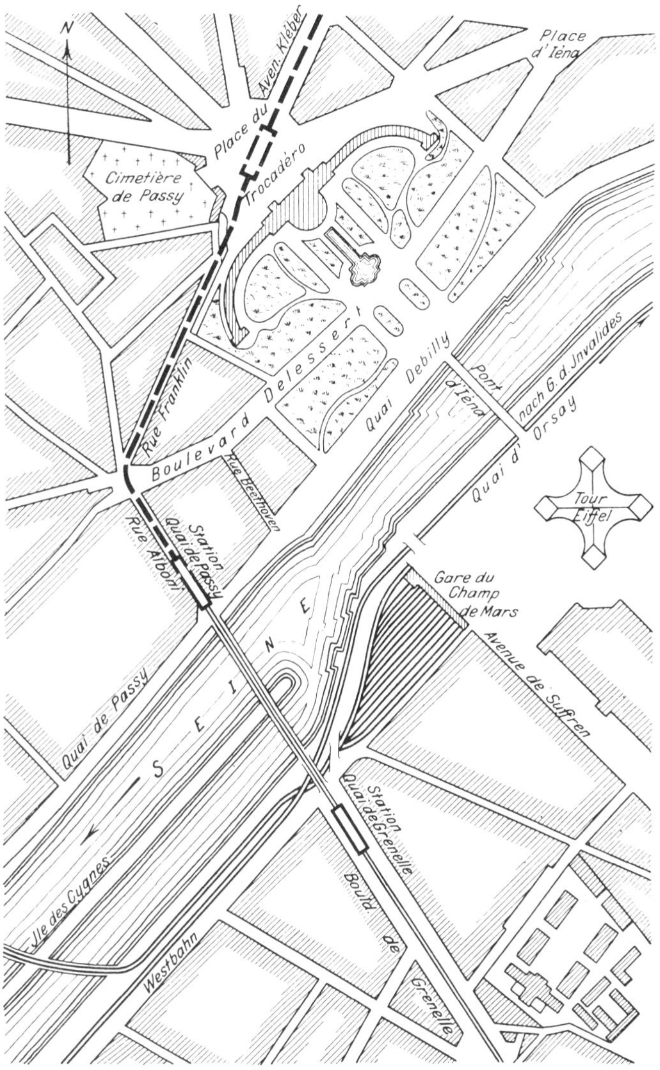

Place St. Jacques und Rue Corvisart, durch ihre äufserst geschickte Anpassung an das Gelände auf. Wie schon Fig. 12 erkennen läfst, sind ihre Bahnsteige möglichst nahe an die Strafsenkrone gerückt, um sie leicht zugänglich zu machen. Vergl. Näheres im folgenden Abschnitt unter »Stationen«.

Fafst man Nord- und Südring als Ganzes auf und läfst das aufserhalb der dann geschlossen erscheinenden Ringlinie liegende Endstück Place de l'Étoile-Porte Dauphine aufser Betracht, so mifst die Linie 24,3 km, was für die angeschlossenen 49 Stationen einen durchschnittlichen Abstand von 500 m ergibt. Zieht man damit den allbekannten Londoner Innenring, aus der Metropolitan- und der Metropolitan District-Bahn gebildet, in Vergleich, so hat dieser 20,88 km Länge und 27 Stationen mit 773 m mittlerem Abstande, stellt sich also in bezug auf Fahrgelegenheit weit ungünstiger dar. Eine dichte den Wechsel der Höhenlage und den häufigen Uebergang von der Untergrundbahn zur Hochbahn die bemerkenswerteste Strecke, auch in bezug auf die Bodenverhältnisse; durchzieht sie doch in fast 5 km Länge das Gelände der alten unterirdischen Steinbrüche, die oft in 2 Stockwerken unter-

Fig. 11.

Schleife und Drillingsstation unter der Place de l'Etoile.

Maßstab 1 : 3125.

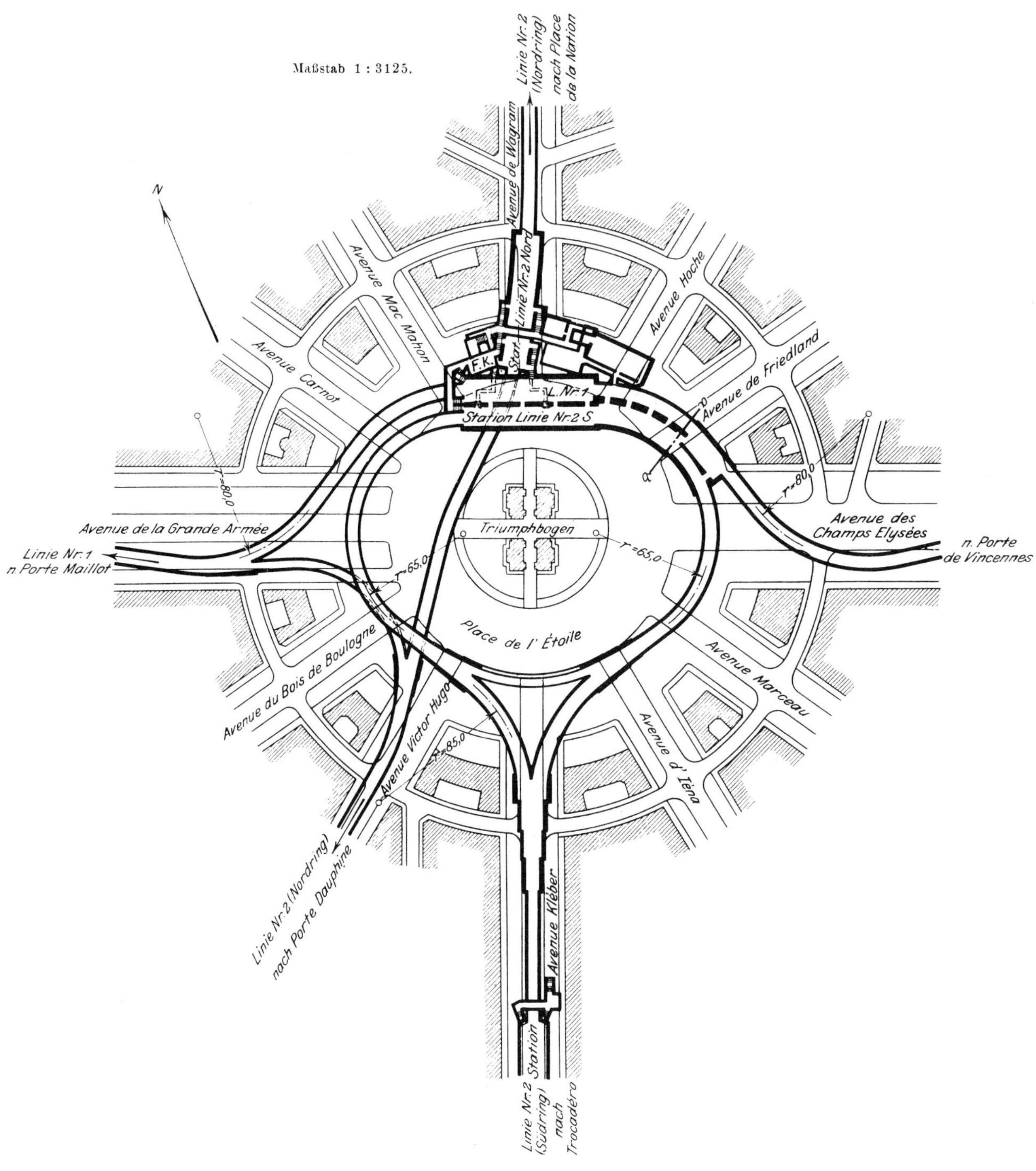

Stationsfolge aber gehört zu den unerläßlichen Grundbedingungen, unter denen sich ein Stadtbahnverkehr vorteilhaft entwickeln kann. Sie hat auch zweifellos dazu beigetragen, daſs die Pariser ihre Untergrundbahn gleich von Anfang an so auffallend hoch schätzen gelernt haben.

Die linksuferige Ringlinie ist unstreitig in bezug auf einander, dabei häufig in gröſserer Tiefenlage, zwecks Steingewinnung für die Pariser Bauten ausgebeutet worden sind; vergl. Fig. 3. Dieser Umstand hat langwierige und kostspielige Absteifungsarbeiten vor Beginn des Bahnbaues notwendig gemacht, wie im Abschnitt IV ausführlicher erörtert wird.

Fig. 12.

Höhenplan der Linie Nr. 2 Süd.
(Place de l'Étoile - Place d'Italie).
Längen = 1 : 25000, Höhen = 1 : 1250.

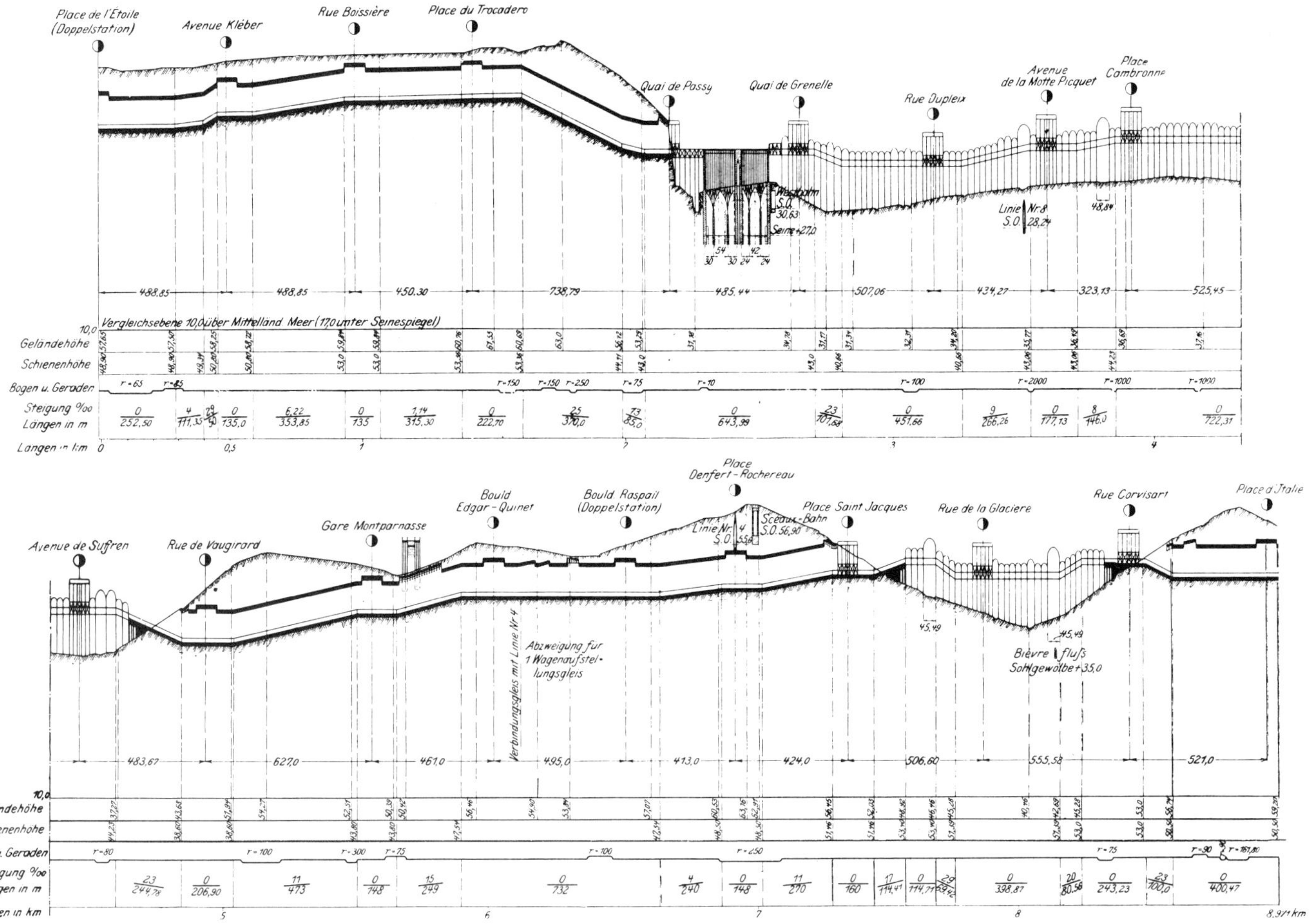

Stationsabstände der Linie Nr. 2 Süd.	
Place de l'Étoile	
Avenue Kléber	488,85 m
Rue Boissière	488,85 »
Place du Trocadéro	450,30 »
Quai de Passy [1])	738,79 »
Quai de Grenelle [2])	485,44 »
Rue Dupleix [2])	507,06 »
Avenue de la Motte Picquet [2])	434,27 »
Place Cambronne [2])	323,13 »
Avenue du Suffren [2])	525,45 »
Rue de Vaugirard	483,67 »
Gare Montparnasse	627,00 »
Boulevard Edgar Quinet	461,00 »
Boulevard Raspail	495,00 »
Place Denfert Rochereau	413,00 »
Place St. Jacques [3])	424,00 »
Rue de la Glacière [2])	506,60 »
Rue Corvisart [3])	555,58 »
Place d'Italie	521,00 »
Rue Nationale	349,52 »
Rue de Chevaleret [2])	430 50 »
Quai d'Austerlitz [2])	540,00 »
Rue de Bercy	724,00 »
Rue de Charenton	684,00 »
Place Daumesnil	483 00 »
Bel Air	452,00 »
Avenue de St. Mandé	522,00 »
Place de la Nation	501,00 »
zusammen	13615,01 m

[1]) Vereinigung von Tunnel-, Hochbahn- und Einschnitt-Station.
[2]) Hochbahnstation.
[3]) Station im offenen Einschnitt.

Linie Nr. 3.

(Boulevard de Courcelles-Ménilmontant)

Nahezu gleichgerichtet mit der Linie Vincennes-Porte Maillot läuft im Abstande von nur 0,7 bis 1,9 km von ihr die Linie Nr. 3, wie jene den wichtigeren Verkehrsadern der Stadt folgend und ebenfalls ganz als Untergrundbahn ausgeführt. Sie beginnt im Westen am Nordring bei dem an den Boulevard de Courcelles grenzenden Parc Monceau, unter dem ihre Schleife, wie Fig. 13 zeigt, ohne Station angelegt ist, was hier aus örtlichen Gründen geboten war. Ihre erste Station Avenue de Villiers ist mit der gleichnamigen des Nordringes zu einer Doppel- oder Zwillingsstation vereinigt. Die Linie verfolgt ostwärts ihren Weg nach dem Hauptbahnhof St. Lazare der Westbahn, der nach Londoner Vorbildern durch einen Fufsgängertunnel mit der gleichnamigen Untergrundstation verbunden ist, sodann nach der Grofsen Oper, vor der sie die vom Palais Royal kommende Linie Nr. 7 sowie die Linie Nr. 8 kreuzt, und zwar, wie Fig. 14 zeigt, gerade im Zuge der inneren Boulevards, der Hauptverkehrsader der Stadt für Geschäftsleben und Geselligkeit. Wie die dem Génie Civil 1903 entnommene Figur 15 erkennen läfst, liegen hier die 3 Bahnen sämtlich in verschiedener Höhe: zu unterst Linie Nr. 8, zu oberst Nr. 3 und in der Mitte Nr. 7; dementsprechend liegen natürlich auch die Stationen der Figur 14 verschieden hoch. Dieser im Eisenbahnwesen wohl einzig dastehende Stockwerkbau ist zurzeit in der Ausführung begriffen. Die Bahnsteige der untersten Station liegen 15,14 m unter der Strafse, und es führen nach ihnen nicht weniger als 95 Stufen! Angenehm für das Publikum ist die damit verbundene Treppengruppierung gerade nicht, sowohl wegen der Stufenzahl als auch wegen der Richtungswechsel. Vielleicht hätte sich der verwickelte Bau durch eine andere Anordnung der Linien Nr. 3,

Fig. 13.

Westschleife der Linie Nr. 3 unter dem Parc Monceau. Maßstab 1 : 5000.

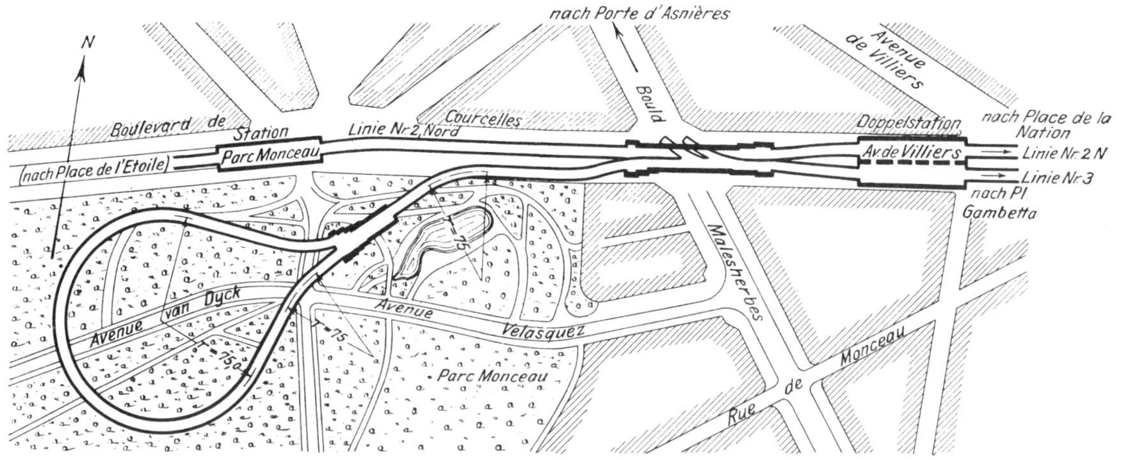

Fig. 14.

Bahnkreuzungen unter der Place de l'Opéra.

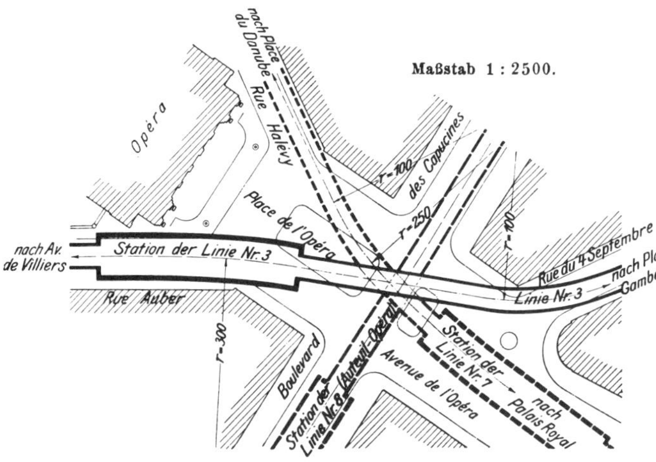

Fig. 15.

Dreistöckiger Bau für die Bahnkreuzungen unter der Place de l'Opéra.

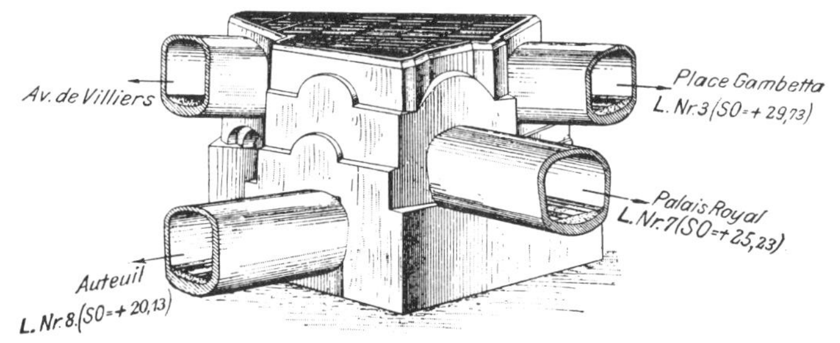

Fig. 16.

Unterfahrung des Kanals St. Martin durch die Linie Nr 3.

Maßstab 1 : 300.

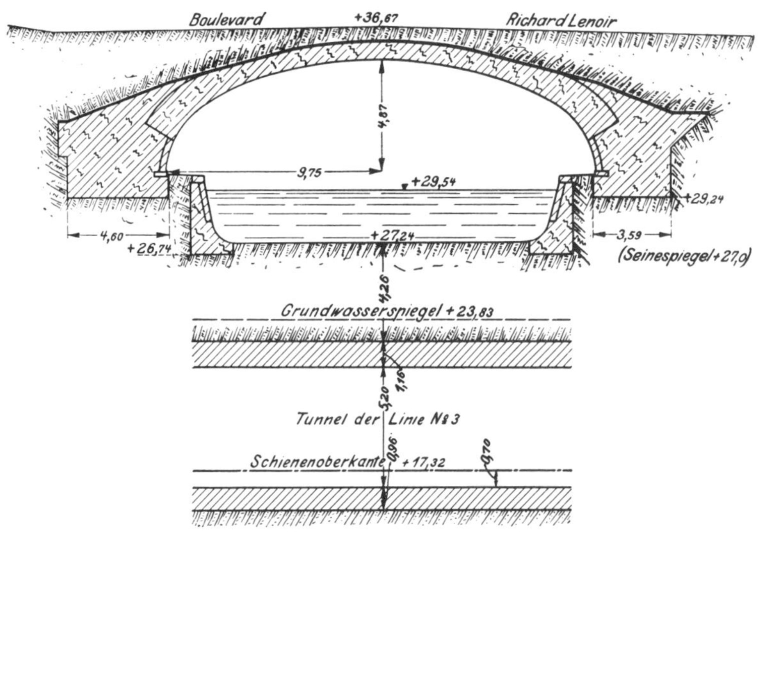

7 und 8 dahin vereinfachen lassen, dafs er eine Drillingsstation mit gleich hoch liegenden Bahnsteigen wurde, ähnlich derjenigen an der Place de la Nation für die Linien Nr. 1, 2 Nord und 2 Süd, oder doch eine solche wie an der Place de l'Étoile, wobei dann Linie Nr. 8 die gleich hoch liegenden Stationen von Nr. 3 und 7 unterfahren haben würde, wenn die Möglichkeit ihrer Verlängerung durch die inneren Boulevards hätte gewahrt bleiben sollen.

Die Linie Nr. 3 zieht sich jetzt von der Oper durch die Rue du 4 Septembre usw. an der Börse und andern öffentlichen Bauten hin und unterfährt den Republikplatz. Nicht weit davon untertunnelt sie den von hier in beträchtlicher Länge überwölbt unter dem breiten Boulevard Richard Lenoir hinlaufenden Kanal St. Martin, Fig. 16 und überschreitet sodann im Tunnel beim altberühmten Kirchhof Père Lachaise die Linie Nr. 2 Nord, um schliefslich in dem hochgelegenen Stadtteil Ménilmontant in einer eigenartigen, nach Fig. 17 mit zwei Wagentunneln ausgestatteten Schleife unter dem Gambetta-Platz zu enden, und zwar nahe der Kleinen Gürtelbahn, die hier nach Ausbau der Linie eine Haltestelle neben der Untergrundstation Place Martin Nadaud bekommen wird. Auch dieser rd. 8,1 km langen Strecke wird zweifellos ein äufserst starker Verkehr ähnlich demjenigen der Linie Nr. 1 zufallen, dem 17 Stationen in durchschnittlich 437 m Abstand dienstbar gemacht werden. Mit letzterem Mafse hat diese Bahnlinie den kleinsten mittleren Stationsabstand im ganzen Stadtbahnnetz und auch wohl im gesamten Eisenbahnwesen überhaupt, wenn man von der kleinen 3,7 km langen Budapester Untergrundbahn absieht, deren Stationen, wie schon erwähnt, allerdings nur 370 m durchschnittliche Entfernung aufweisen. Die Stationsentfernungen der Linie Nr. 3 sind nachstehend zusammengestellt.

Stationsabstände der Linie Nr. 3.

Avenue de Villiers	636,65 m
Place de l' Europe	435,89 »
Gare St. Lazare[1]	354,50 »
Rue Caumartin[1]	332,50 »
Place de l' Opéra[1]	431,00 »
Rue du 4 Septembre	362,00 »
Place de la Bourse	387,50 »
Rue du Sentier	390,50 »
Rue St. Denis	362,60 »
Arts et Métiers	344,90 »
Rue du Temple	308,00 »
Place de la République	729,68 »
Avenue Parmentier	417,00 »
Rue St. Maur	538,00 »
Cimetière du Père Lachaise[1]	736,00 »
Place Martin Nadaud	232,00 »
Place Gambetta	
zusammen	6998,72 m

[1]) Station mit Eisenträgerdecke.

über die schon bestehende Linie hinweggeführt, soweit nicht von vornherein ihre Unterführung gleich beim Bau der zuerst ausgeführten Linie mithergestellt wurde, wie z. B. bei dem Kreuzungspunkt der drei Linien vor dem Opernplatz, oder ihre spätere Unterführung durch genügende Tieflage sichergestellt ist, wie bei der in kurzem auszuführenden Kreuzung der Linie Nr. 4 mit Nr. 1.

Auch Linie Nr. 3 hat — fast genau in ihrer Mitte — einen eingleisigen Wagentunel zur Aufstellung beschädigter Züge erhalten. Er liegt bei der Station Arts et Métiers, die ihren Namen nach dem benachbarten Conservatoire des Arts et Métiers trägt, in welchem u. a. eine ganz hervorragende und äufserst reichhaltige Sammlung technischer Modelle, namentlich auch solcher von Meisterwerken der Ingenieurkunst, sowie aus dem Gebiete der Technologie der Metalle und der Faserstoffe nebst einer Fülle bemerkenswerter Apparate der Physik und Chemie aufgestellt und dem grofsen Publikum zugänglich gemacht ist, wie sie sich in solcher Ausdehnung und Mannigfaltigkeit in keiner andern Stadt, London nicht ausgenommen, wieder vorfindet.

Um nun demnächst dem starkbevölkerten nordwestlichen

Fig. 17.

Ostschleife der Linie Nr. 3 unter der Place Gambetta.

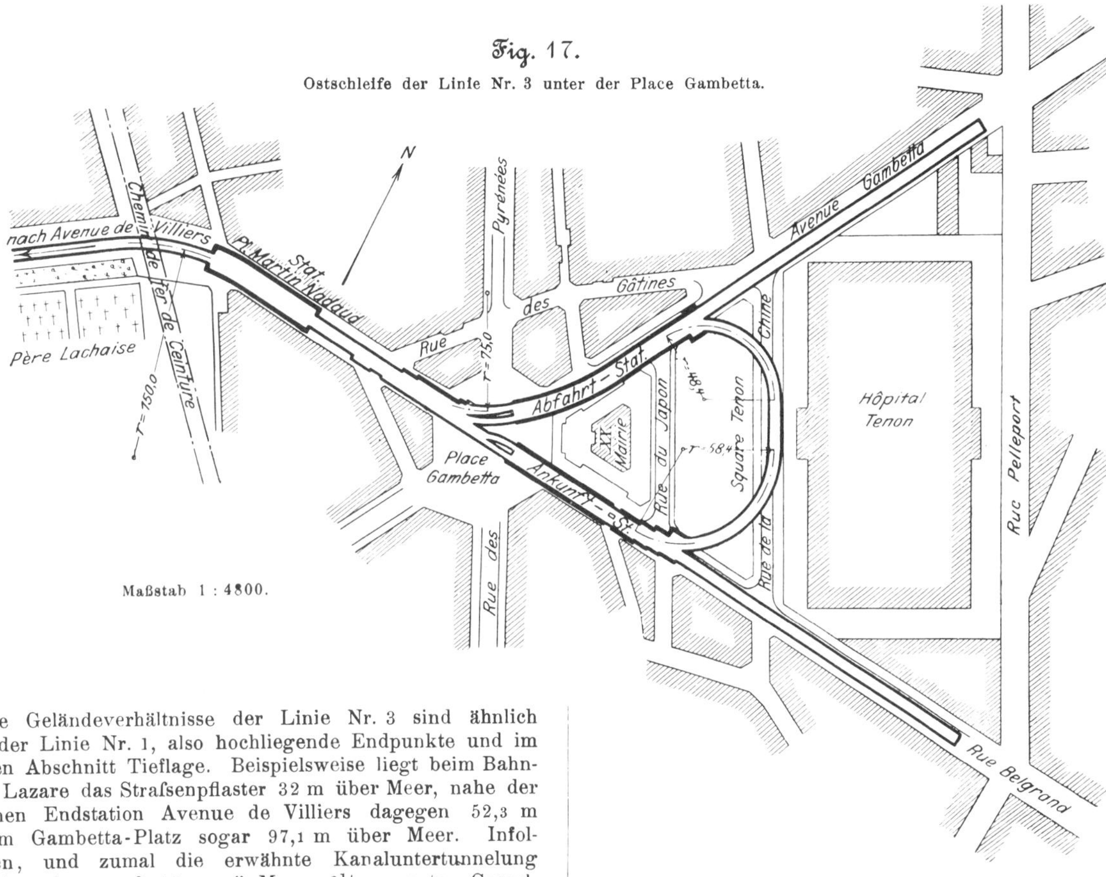

Maßstab 1 : 4800.

Die Geländeverhältnisse der Linie Nr. 3 sind ähnlich denen der Linie Nr. 1, also hochliegende Endpunkte und im mittleren Abschnitt Tieflage. Beispielsweise liegt beim Bahnhof St. Lazare das Strafsenpflaster 32 m über Meer, nahe der westlichen Endstation Avenue de Villiers dagegen 52,3 m und am Gambetta-Platz sogar 97,1 m über Meer. Infolgedessen, und zumal die erwähnte Kanaluntertunnelung die Schienenlage auf 17,3 m ü. M. — $6^1/_2$ m unter Grundwasserspiegel — herabdrückte, mufsten sich die Neigungsverhältnisse im östlichen Gleiszuge ungünstig gestalten, wie aus Fig. 18 hervorgeht. Die in diesem Höhenplan auffällige grofse Tieflage der Schienen in und bei der Station Rue St. Denis ist bedingt durch die geplante und im Abschnitt II schon erwähnte Verlängerung der in Nordparis einmündenden beiden Hauptbahnen[1]) nach dem Süden der Stadt, sowie durch die Ueberführung der Linie Nr. 4; denn bei der Stadtbahn wird grundsätzlich eine später zu erbauende Linie stets

[1]) Im Artikel 3 des Genehmigungsgesetzes vom 30. März 1898 ist ausdrücklich festgesetzt, dafs durch den Bau der Stadtbahn die im Stadtinnern geplanten Verlängerungen und Verbindungen der Hauptbahnen vom technischen Standpunkt aus nicht behindert werden dürfen. Es betrifft dies die Verbindung der Bahnhöfe der Nord- und der Ostbahn mit denjenigen der Vincennes-, Lyoner und Orléans-Bahn, desgl. die schon erwähnte noch ausstehende Verbindung des im Jahre 1900 eröffneten Orléans-Bahnhofes am Quai d'Orsay mit dem Invalidenbahnhof der Westbahn.

Vorstadtgebiet einen bequemeren Zugang zu der Linie Nr. 3 zu ermöglichen, hat die Stadtverwaltung nachträglich (am 31. Oktober 1901) ihre Verlängerung durch den Boulevard Malesherbes nach der Porte d'Asnières[1]) be-

[1]) Eine Verlängerung der Linie Nr. 3 über die jetzige Stadtgrenze hinaus ist wie bei allen übrigen Linien peinlichst vermieden; einmal wollte die Stadtverwaltung ja alleinige Herrin über das Bahnnetz in bezug auf seine Maschenbildung und Bauausführung sein und es nur dem städtischen Bedürfnis dienstbar gemacht wissen, sodann würde auch eine Einbeziehung der Vororte in das Netz zu unliebsamen Weiterungen im Verkehr geführt haben, da die Stadt Paris, wie alle größeren französischen Städte, eine Steuer (Octroi) auf Lebensmittel und Getränke erhebt. Vielleicht hat auch noch die Befürchtung obgewaltet, daß bei unmittelbarem Gleisanschluß der Vororte die Steuerkraft der Stadt durch Fortzug vieler Pariser in die billigere Umgebung geschwächt werden könnte, während sie nunmehr durch Hebung der Bodenwerte in den vom Stadtmittelpunkt entfernteren Bezirken eher gekräftigt wird.

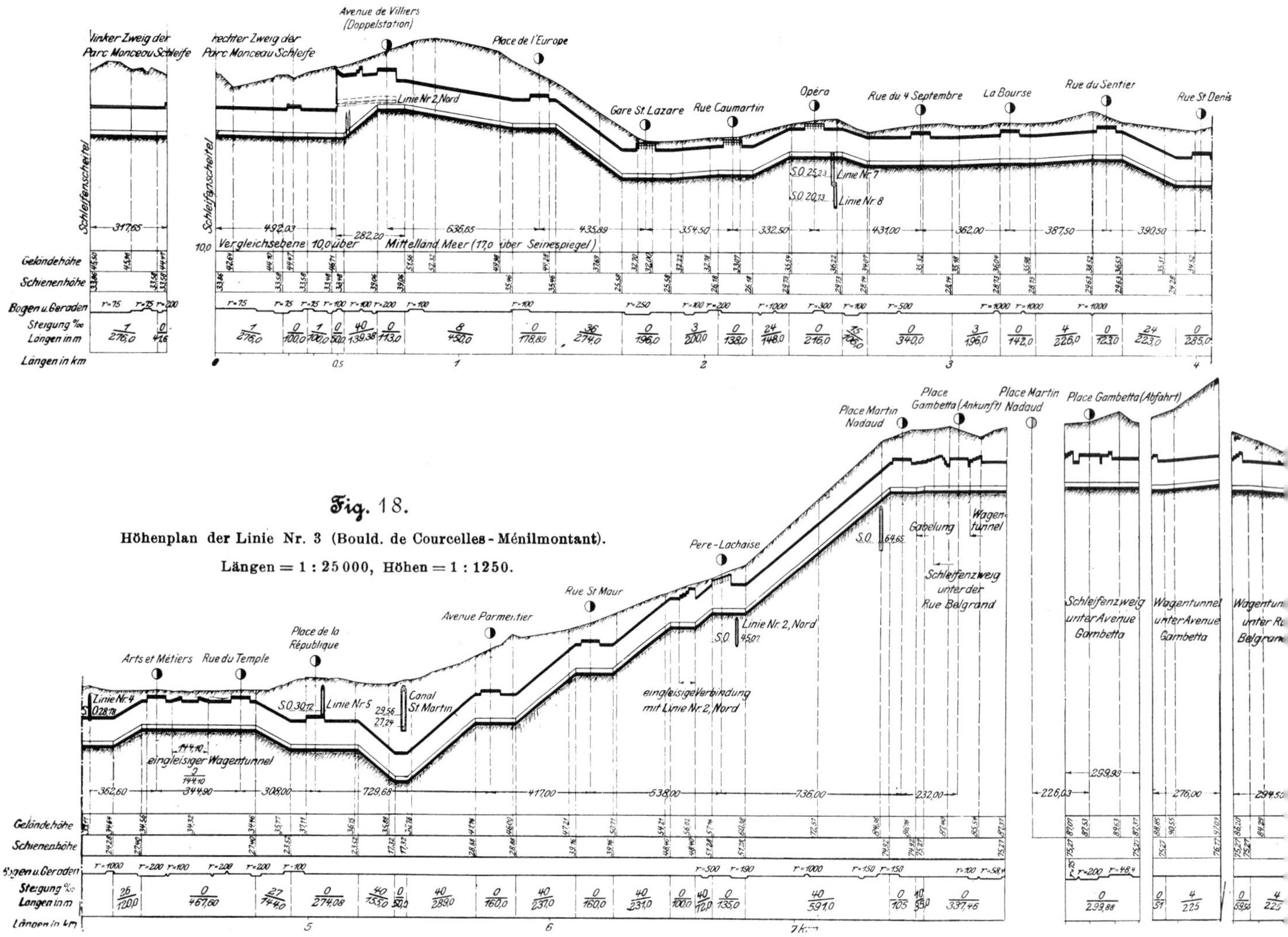

Fig. 18.

Höhenplan der Linie Nr. 3 (Bould. de Courcelles - Ménilmontant).

Längen = 1 : 25 000, Höhen = 1 : 1250.

schlossen und schon im Jahre 1902 die dazu erforderlichen Anschlufsbauten ausführen lassen. Zu dem Zweck mufsten an und in der bereits vollendeten Doppelstation Avenue de Villiers, deren 4 Bahnsteige in gleicher Höhe lagen, umfangreiche und schwierige Bauänderungen vorgenommen werden, vor allem die Gleise in der einen Stationshälfte (Linie Nr. 3) tiefer gelegt und unter der Linie Nr. 2 Nord mittels zweier Einzeltunnel durchgeführt werden, wie in Fig. 13 angedeutet ist und in Abschnitt III noch näher erläutert werden wird.

Süd verlaufen, also zu den besprochenen ungefähr winkelrecht gerichtet sind. Man hat zwei Linien hierfür vorgesehen, deren Verlauf nicht minder glücklich gewählt ist.

Linie Nr. 4.
(Porte de Clignancourt - Porte d'Orléans)

Die Linie Nr. 4, völlig unterirdisch geplant, bildet wieder eine Durchmesserlinie, indem ihre Endpunkte sich unmittelbar an die Gürtelbahn, und zwar an Stationen von ihr, anlehnen: im Norden bei der Porte de Clignancourt, im Süden bei der Porte

Fig. 19.

Doppelstation und Kreuzung der Linien Nr. 4 und Nr. 2 Süd.

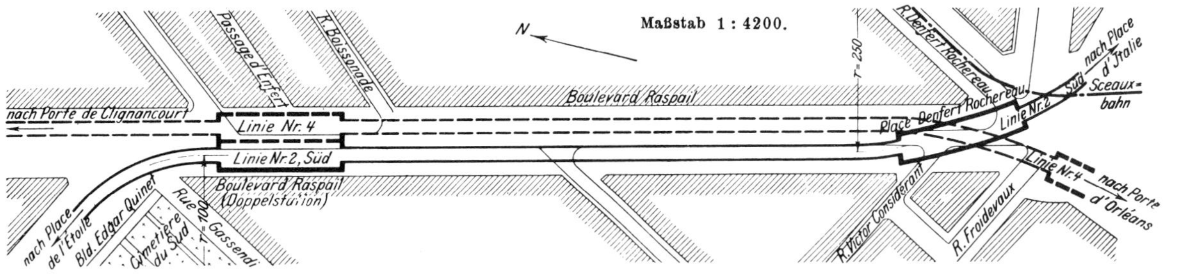

Die vier besprochenen Linien durchschneiden das Stadtgebiet vornehmlich von Ost nach West. Um aber dem Gesichtspunkte gerecht zu werden, von dem sich die Stadtverwaltung ausgesprochenermafsen bei Aufstellung des Bahnnetzes leiten liefs: »Verbindung der entlegenen Bezirke mit dem Stadtinnern und dadurch erzielte Steigerung ihres Wertes«, mufsten noch Linienzüge hinzutreten, die von Nord nach

d'Orléans. Sie unterfährt am äufseren Boulevard Rochechouard den Hochbahnabschnitt des Nordringes, desgl. nahe den Hauptbahnhöfen der Nord- und der Ostbahn die Linien Nr. 5 und 7, berührt nach Kreuzung der Linie Nr. 3 an der Rue Réaumur-St. Denis — wobei ihr Tunnel infolge mangelnder Bauhöhe in das Deckengewölbe der Linie Nr. 3 einschneidet (Fig. 114) — die grofsen Markthallen, in deren Nähe die Handelsbörse und das Hauptpostamt liegen, zieht sich sodann nach Kreuzung der Linie Nr. 1 unter dem sehr verkehrsreichen Châtelet-Platz her und untertunnelt in 2 Greathead-Röhren die hier zweiarmige Seine, die den ältesten, einstmals bekanntlich Lutetia Parisiorum, jetzt Cité genannten Teil der Stadt umschliefst, wobei das Gleis seine tiefste Lage im ganzen Netz erreicht: rd. 14 m unter Seinespiegel. Ursprünglich sollte die Bahnlinie die Seine unterhalb der Cité-Insel kreuzen. Der Stadtrat hat jedoch im März 1903 die Durchführung der Bahn durch die Cité beschlossen, eine für die Einwohner wie für die Besucher von Paris zweckmäfsige Abänderung des Linienzuges; stehen doch auf dieser Insel die beiden hervorragendsten kirchlichen Baudenkmäler der Stadt: die weltbekannte Notre Dame-Kathedrale und die Sainte-Chapelle, ein Juwel gotischer Baukunst. Ferner finden sich hier in gedrängter Nachbarschaft der Justizpalast, das Handelsgericht, die Polizei-Präfektur usw., alles viel besuchte Gebäude, die nunmehr von den verschiedensten und selbst den äufsersten Punkten der Stadt leicht und schnell auf dem Schienenwege erreichbar werden. Der Grund zu dieser nachträglichen Richtungsänderung ist eigenartig. Mit dem ursprünglichen Linienzuge waren nämlich, um ihn zweckmäfsig durchführen zu können, kostspielige, allerdings für den linksufrigen Stadtbezirk höchst vorteilhafte Strafsenverbreiterungen sowie ein Durchbruch der Rue de Rennes verbunden, ebenso umfangreiche Wiederherstellungsarbeiten am altberühmten Institut de France, woselbst die Stadtbahn eine Station gleichen Namens erhalten sollte. Die Kosten hierfür wollte die Stadtverwaltung aus der zweiten, noch zu genehmigenden Bahnanleihe bestreiten, was jedoch die Regierung beanstandete. Um nun dem Anleihe-Gesetzentwurf dieses Hindernis baldigst aus dem Wege zu räumen, entschlofs sich die Stadt zu der geschilderten Abänderung des Linienlaufs, die übrigens schon in dem ersten Entwurf als Nebenplan enthalten war.

Von der Cité aus dringt die Linie Nr. 4 in das schulenreiche Quartier Latin, kreuzt hier die Untergrundstrecke der Orléansbahn nahe deren Station St Michel und nimmt bei der Kirche St. Germain des Prés die ursprüngliche Richtung wieder auf, um weiter südwärts in der Doppelstation Boulevard Raspail unmittelbaren Anschlufs an den Südring (Nr. 2 Süd) zu finden. Doch nur 413 m von dieser Stelle entfernt überschreitet sie bereits die letztere Linie unmittelbar über deren Tunnelstation Place Denfert-Rocherau (Fig. 19), die ihrerseits wiederum in nächster Nähe den schon erwähnten Bahnhof der Sceaux-Bahn untertunnelt. Die 11,25 km lange Linie endigt schliefslich an der Porte d'Orléans, dem fast südlichsten Punkte von Paris und einem Hauptzugange nach den hier gelegenen Vororten. 22 Stationen mit durchschnittlich 485 m Abstand sind an sie angeschlossen.

Beide Endschleifen sind wie die Westschleife der Linie Nr. 3 in dem jetzigen Entwurf nur mit einer gemeinsamen Station vor dem Schleifenanfang ausgestattet Sie verlaufen unter dem Festungsgelände, und zwar die nördliche als Doppelschleife (vergl. Fig. 24). Möglicherweise wird unter dem Eindruck des grofsen Eisenbahnunglücks, das sich am 10. August ds. Js. in der Station Rue des Couronnes (Linie Nr. 2 Nord) ereignet hat, diese einfache Stationsanlage vor der Schleife aufgegeben und eine getrennte Ankunft- und Abfahrstation in der Schleife erbaut, wie solche sich bei der Linie Nr. 1 und Nr. 2 Nord (Westkehre) bestens bewährt haben (vergl. Fig. 4 und 6).

Infolge der stark wechselnden Höhenlage, der Seine-Untertunnelung, des sechsmaligen Kreuzens mit andern Untergrundlinien sowie der veränderlichen Bodenbeschaffenheit werden die Bauarbeiten dieser Linie zu den schwierigsten des Stadtbahnnetzes gehören.

Linie Nr. 5.

(Boulevard de Strasbourg - Place d'Italie)

Da, wo sich die vorige Linie dem Kopfbahnhofe der Nordbahn vorlagert, läuft die Linie Nr. 5 aus. Sie kreuzt alsbald die Linien Nr. 4 und 7 sowie an der Place de la République die Linie Nr. 3, und zwar nach Fig. 18 gerade über deren

Fig. 20.

Höhenplan des südlichen Abschnittes der Linie Nr. 5.
Längen = 1 : 25000, Höhen = 1 : 1250.

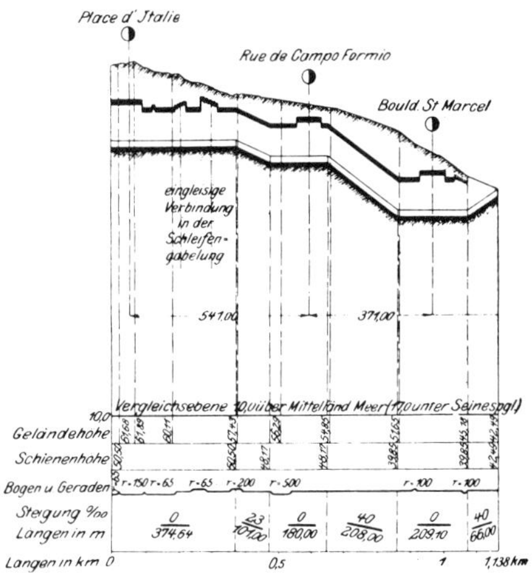

Fig. 21.

Südschleife der Linie Nr 5. unter der Place d'Italie.

Maßstab 1 : 3300.

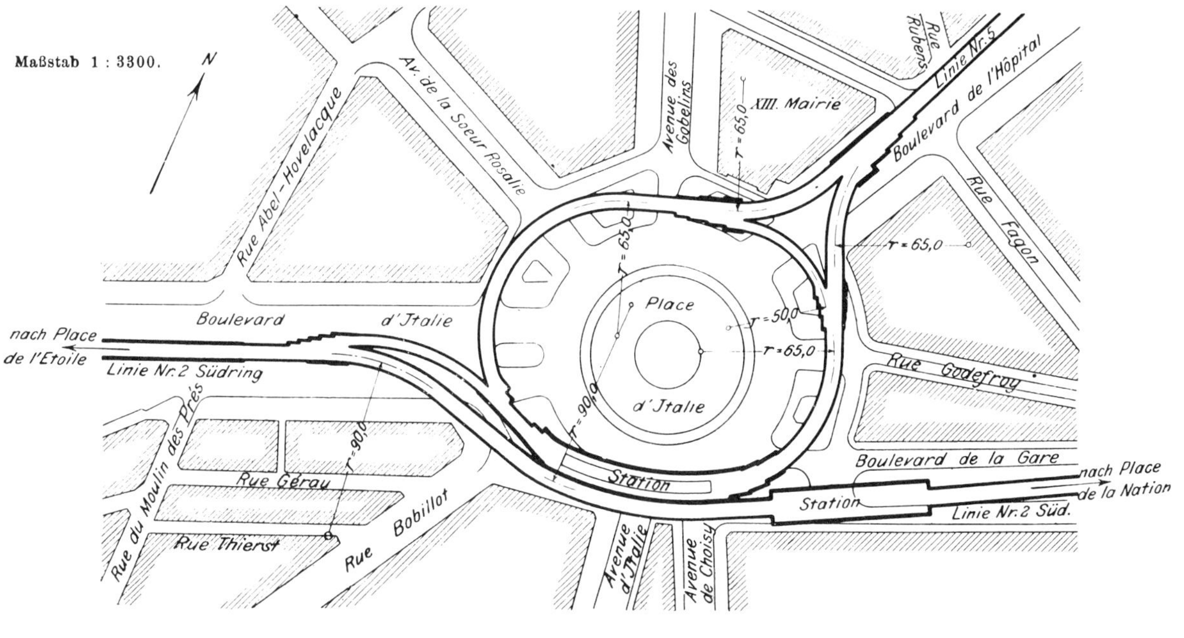

hier gelegenen gleichnamigen Station, und übersetzt unweit davon das breite Deckengewölbe des Kanals St. Martin, an den sie sich nunmehr in gröfserer Längenerstreckung eng anschmiegt, um am Bastilleplatz die Linie Nr. 1 zu kreuzen. Sie geht dann neben dem Arsenalhafen in die Hochbahn über, überschreitet als solche 190 m oberhalb der Austerlitz-Brücke auf 140 m weit gespanntem Bogen die Seine, sodann den grofsen Austerlitz-Bahnhof der Orléans-Bahn, über dem sie eine mit dessen Bahnsteigen in unmittelbare Verbindung gebrachte Station erhält, und steigt bald danach wieder in die Tiefe, um das letzte Kilometer, wie Fig. 20 zeigt, als Untergrundbahn zu beschliefsen und unter der Place d'Italie in eine grofse, nach Fig. 21 sich an den Südring anschmiegende Schleife auszulaufen. Auf ihrem 6,7 km langen Zuge berührt sie 13 Stationen mit durchschnittlich 550 m Abstand.

Linie Nr. 7.
(Palais Royal - Place du Danube)

Die Linie Nr. 7 beginnt in einer langen, flach gedrückten Schleife am Palais Royal neben der dort schon vorhandenen Station der Linie Nr. 1, also im eigentlichen Herzen der Stadt. Sie zieht sich an dem Théatre Français (Comédie Française) her, unterfährt die breite Avenue de l'Opéra, wendet sich vor der Oper nach Kreuzung der Linien Nr. 3 und 8 ostwärts, berührt den Hauptbahnhof der Ostbahn, wo sie zugleich die Linien Nr. 4 und 5 kreuzt, unterfährt den Kanal St. Martin und das südliche Ende der Viaduktstrecke des Nordringes, um nach Untertunnelung des Parkes der Buttes-Chaumont und des diesen unterfahrenden Tunnels der Kleinen Gürtelbahn im dicht bevölkerten Arbeiterviertel Belleville hoch oben an der Place du Danube zu endigen. Sie besitzt 15 Stationen auf ihrem zwischen den Schleifenscheiteln 6,858 km langen Gleiszuge.

Linie Nr. 8.
(Auteuil - Opéra)

Endlich soll noch eine 7,7 km lange, mit 14 Stationen besetzte Verbindungslinie von der südwestlichen Ecke der Stadt nach dem Mittelpunkte gebaut werden. Sie wird am rechten Ufer von Auteuil, nahe der gleichnamigen Haltestelle der Gürtelbahn, ausgehen, nach Kreuzung der Seine den linksuferigen Bezirk Grenelle und das Marsfeld durchqueren, nahe der Invaliden-Esplanade die Seine unterfahren und an der Grofsen Oper vorläufig ihren Abschlufs finden. Die Linien 7 und 8 werden sich durch die teilweise schon in der Ausführung begriffene Umsteigestation an der Oper (Fig. 14) zu einer Linie ergänzen und die kürzeste Diagonalverbindung zwischen dem Südwesten und dem Nordosten von Paris herstellen. Eine Verlängerung durch die inneren Boulevards, die wichtigsten und verkehrreichsten aller Strafsenzüge, ist ins Auge gefafst; doch ist ihre Verwirklichung noch zweifelhaft.

Die Gesamtkosten der beiden Linien Nr. 7 und 8 [1]) betragen nach dem Voranschlage rd. 54 Mill. frs. —

Die Stadtverwaltung hatte anfangs auch noch eine etwa $2^1/_2$ km lange, dicht am linken Seineufer ihren Weg nehmende Verbindung zwischen den Linien Nr. 4 (Quai de Conti) und Nr. 5 geplant, die von der nach dem ursprünglichen Entwurf über dem Pont d'Austerlitz sich hinziehenden Hochbrücke abzweigen sollte. Dieser Gleisabschnitt wurde jedoch inzwischen durch die denselben Weg verfolgende unterirdische Ausdehnung der Orléans-Bahn vom Austerlitz-Bahnhof nach dem Quai d'Orsay überflüssig gemacht.

Zu erwähnen ist noch, dafs an den Kreuzungsstellen je zweier Linien in der Regel eine Doppelstation zur Ausführung kommt; ebenso wird an denjenigen Punkten, wo zwei verschiedene Linien in gleicher Höhe zusammentreffen, eine Zwillingsstation mit gleich hoch gelegenen Bahnsteigen errichtet werden. Auf diese Weise kann man durch Umsteigen und ohne Erneuerung der Fahrkarte von einem beliebigen Punkte des Netzes nach den verschiedensten Stadtbezirken gelangen.

Besonders wichtige Knotenpunkte sind die Drillingsstationen am grofsen Triumphbogen auf der Place de l'Etoile, an der Oper und am Nationalplatz, nicht minder die Südwestecke des Platzes vor dem Hauptbahnhofe der Ostbahn, woselbst 3 verschiedene Linien des Stadtbahnnetzes zusammentreffen. Näheres über diese Zwillings- und Drillingsstationen bringt Abschnitt III.

[1]) Die Höhenpläne der Linien Nr. 4 bis 8 konnten vom Stadtbahn-Bauamt noch nicht abgegeben werden.

2) Neigungs- und Krümmungsverhältnisse.

Aus der eingangs dieses Abschnittes gegebenen kurzen Erörterung der äufseren Bodengestaltung des Pariser Geländes geht schon ohne weiteres hervor, dafs die Neigungsverhältnisse der Stadtbahn ungünstig sein müssen, zumal, wenn man das wiederholte Unterfahren und Ueberkreuzen der einzelnen Linien untereinander, mit den Kanälen sowie der Seine und den wechselnden Uebergang von der Untergrundbahn zur Hochbahn in Betracht zieht. In der Tat, ein Vergleich der Höhenpläne Fig. 5, 9, 12, 18 und 20 läfst sofort erkennen, dafs auch diese Stadtbahn ähnlich ihrer Londoner Vorgängerin, jedoch in wesentlich stärkerem Mafse, den Charakter einer Gebirgsbahn in bezug auf Neigung und Krümmung aufweist. Als stärkste Neigung hat das Stadtbahngesetz vom 30. März 1898 40 ‰ (1 : 25) zugelassen. Sie findet sich nicht nur in den Uebergangswegen zwischen Tunnel- und Hochbahn, sondern auch beim Unterfahren der Bahnlinien, Wasserläufe, grofsen Sammelkanäle usw.

Kommt nun auch dieser Höchstwert auf der Linie Nr. 1 nur in Längen bis zu rd. 100 m vor, so finden sich doch andere erhebliche Neigungen in grofser Erstreckung, so z. B. die von 38,5 ‰ (1 : 26) auf 188 m Länge, von 26 ‰ (1 : 38,5) auf 381 m, von 20 ‰ (1 : 50) auf 637 m Länge usw.

Fig. 22.

Einschaltung einer 50 m-Wagerechten zwischen 2 entgegengesetzten Neigungen.

(Unterfahrung des Kanals St. Martin durch Linie Nr. 3)

Längen = 1 : 12 500, Höhen = 1 : 500.

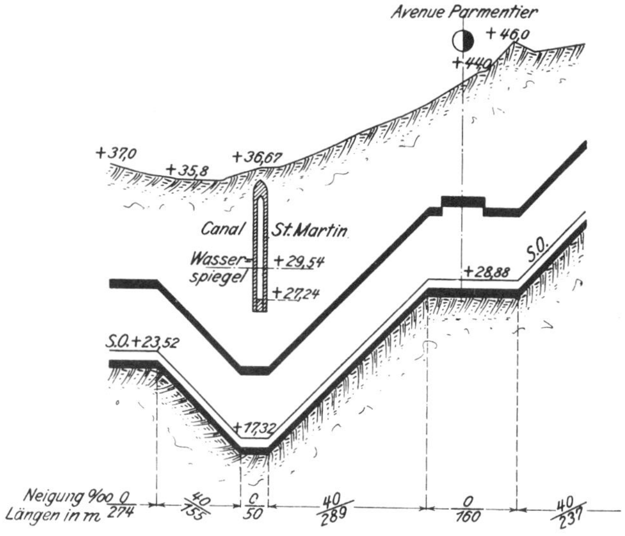

Linie Nr. 2 Nord wiederum zeigt in den Rampen das Gefälle von 40 ‰ (1 : 25) bis auf 301,7 m Länge, zu beiden Seiten der Station Place Victor Hugo das von 34,5 ‰ (1 : 29) auf 313 m bezw. von 12,55 ‰ (1 : 80) auf 628 m.

Linie Nr. 2 Süd besitzt unter allen 8 Linien die günstigsten Neigungsverhältnisse. Wie der Höhenplan Fig. 12 zeigt, ist sogar in ihren Uebergangsrampen zwischen Tief- und Hochbahn die sonst übliche Neigung von 40 ‰ vermieden. Eine nennenswerte Neigung von 25 ‰ (1 : 40) auf 370 m Länge findet sich in dem Abstieg von Trocadéro-Palast nach der Seine.

Dagegen weist die Linie Nr. 3 in ihrem östlichen Abschnitt besonders ungünstige Strecken auf. Galt es doch hier, von der Unterfahrung am Kanal St. Martin aus das hochliegende Gelände am Gambettaplatz zu erklimmen. Die Schienenlage steigt hier auf 2 km Länge um 57,6 m an, was einer mittleren Neigung von 28,8 ‰ (1 : 34,6) entspricht. Wegen der eingeschalteten Stationen mufsten aber 4 Rampen von 40 ‰ Neigung und 1440 m Gesamtlänge angelegt werden, darunter eine von 591 m Erstreckung. Hat man nun auch durch Verlängerung der wagerechten Schienenlage über die Stationen hinaus die Schwierigkeiten des Anfahrens und Abbremsens der Züge etwas gemildert, so werden hier bei den kurzen Stationsabständen doch immerhin besonders hohe Anforderungen an die Geschicklichkeit der Motorwagenführer gestellt.

Aehnliche Verhältnisse liegen noch bei einigen andern Strecken vor. Namentlich ist auch Linie Nr. 4 reich an großen Neigungen; durchschneidet sie ja nach dem Gesagten die Seinemulde in ganzer Breite derart, daß ihre Endpunkte in den hohen Rändern und ihre Mitte unter dem Seinebett liegt. Zwischen zwei entgegengesetzte Neigungen ist im allgemeinen eine wagerechte Strecke von wenigstens 50 m Länge eingeschoben; vergl. Fig. 22.

Als kleinster Krümmungshalbmesser für die Strecke ist in der dem Genehmigungsgesetz vom 30. März 1898 beigegefügten Abmachung das Maß von 75 m — für die Bastille-Station das von 50 m — zugrunde gelegt worden, von dem jedoch in besonderen Fällen mit Genehmigung des Seine-Präfekten abgewichen werden kann. Man ist aus örtlichen Gründen mehrfach gezwungen gewesen, es zu unterschreiten. So finden wir einen Krümmungshalbmesser von 50 m in den Zufahrten der Station Gare de Lyon. Ja, bei der Station Place de la Bastille hat sich ein Krümmungshalbmesser von nur $36^3/_4$ m nicht vermeiden lassen. Diese Stelle erscheint überhaupt in bezug auf Krümmungen als die ungünstigste im ganzen Netz. Fig. 23 zeigt ihre eigenartigen Gleisverhältnisse. Zwischen zwei entgegengesetzt gekrümmten Gleisbogen soll nach Vorschrift eine 50 m lange gerade Strecke liegen. Diese Länge mußte allerdings zuweilen bei Stationen erheblich unterschritten werden.

Fig. 23.

Krümmungsverhältnisse bei der Station Place de la Bastille.

Maßstab 1 : 3000.

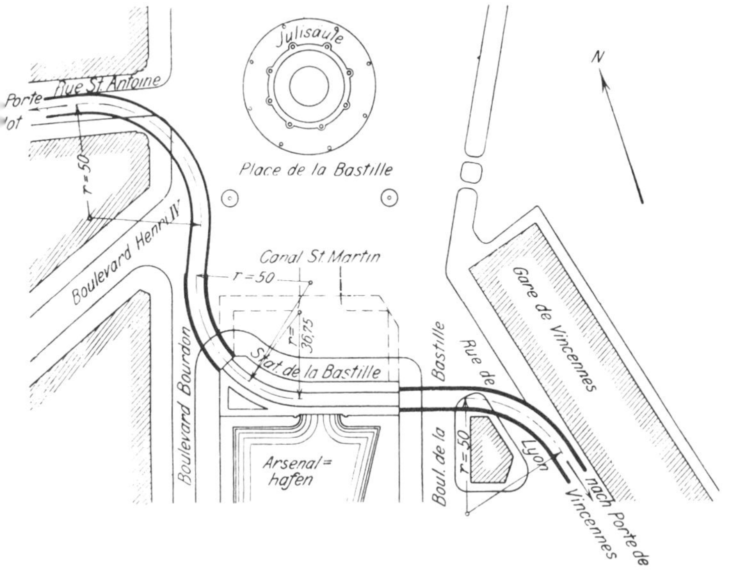

Die Züge dürfen die scharfen Gleisbogen nur langsam durchfahren; infolgedessen beschränken sich die nachteiligen Folgen auf eine ungewöhnlich starke Abnutzung der Gleise und der Spurkränze.

Nach mündlicher Mitteilung des Hrn. Garreta, Generalleiters der seitens der Betriebsgesellschaft auf Grund ihres Pachtvertrages auszuführenden Ergänzungsarbeiten an den Stadtbahnstrecken, haben die Kurvenschienen der Bastille-Station nach einem Jahre schon wegen abgefahrenen Kopfes ausgewechselt werden müssen.

Aehnlich verhält es sich mit den beiden gleichartig angelegten Endschleifen der Linie Nr. 1 und der Schleife an der Station Porte Dauphine. Alle drei sind nach Fig. 4 und 6 mit einem Halbmesser von 30 m angelegt und dürfen nach Angabe nur mit 4 km Stundengeschwindigkeit von den hier natürlich stets leeren Zügen durchfahren werden; letztere bestehen bis jetzt aus zweiachsigen Wagen von 3 und $3^3/_4$ m Radstand. Zur Zeit meines zweiten Aufenthaltes in Paris kamen übrigens in der Schleife an der Porte de Vincennes doch einigemale Entgleisungen vor, die teilweise unliebsame Verkehrsstockungen hervorriefen. Die Verwaltung erwog damals, ob die Endschleifen der später noch zu erbauenden Linien zwecks Schaffung einer Reserve nach Fig. 24 doppelt angelegt werden sollten. Für das Nordende der Linie Nr. 4 soll eine solche Doppelschleife, wie unter »Linie Nr. 4« schon erwähnt ist, zur Ausführung kommen, dgl. für das Westende der Linie Nr. 8. Derartige Doppelschleifen hätten übrigens auch den Vorteil, daß sich an sie eine spätere Linienverlängerung, wie sie z. B. bei der Eingemeindung von Vororten notwendig werden kann, bequem und ohne jede Störung des Betriebes anschließen läßt.

In jeder der beiden Einzelstationen der vorgenannten drei Schleifen ist noch ein zweites Gleis abgezweigt, das

Fig. 24.

Entwurf einer Doppelschleife.

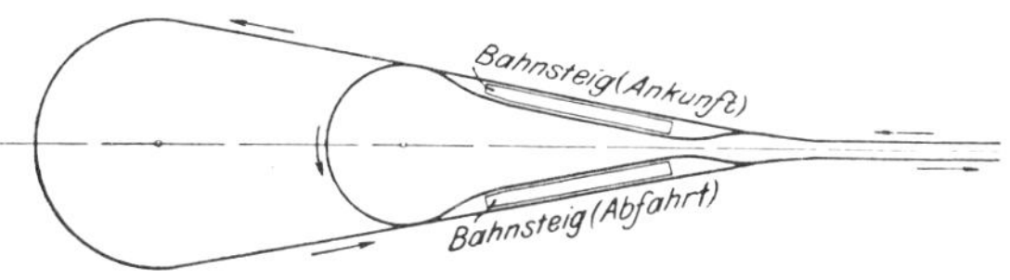

wie das erste mit einer Grube und Außengängen versehen ist, um die hier aufgestellten Züge schnell untersuchen zu können. Zahlreiche neben den Schienen in den Gängen angebrachte Glühlampen geben das Licht hierfür. Nur das Benutzen dieser zweiten Gleise macht die Verstellung von Weichen im regelrechten Zugverkehr nötig. In der Schleife der Porte de Vincennes ist auch eine kleine unterirdische Betriebswerkstätte untergebracht, in der geringfügige Betriebsschäden ausgebessert werden.

Die nach dem Jahre 1900 erbauten Schleifen, wie namentlich diejenigen an der Place de la Nation (Fig. 8), sind etwas günstiger entworfen, sogar diejenige am Gambettaplatz, wo die vorliegende Straßengruppierung zu einer eigenartigen Lösung (Fig. 17) zwang und wo Halbmesser von 48,4 und 58,4 m zugelassen werden mußten. Sie stellen sich allerdings auch kostspieliger, da man ja zuweilen zwei, selbst drei verschiedene Straßen zu ihrer Durchführung zuhülfe nehmen muß. Mit Recht hat man aber größeren Wert auf den dadurch ermöglichten ungestörteren Betrieb gelegt.

III. Bauliches.

A) Freie Strecke.

1) Tunnel.

Wo die Tiefenlage der Gleise es eben gestattete, wurde der Tunnel unterhalb der Straßen ganz in Mauerwerk oder Beton ausgeführt. Wo jedoch in einzelnen Fällen aus örtlichen Gründen nicht die für das unterirdische Arbeiten nötige Erddicke von etwa 1 m über dem Deckengewölbe zur Verfügung stand, wurde notgedrungen die Tunneldecke im Tagebau aus Eisenträgern mit dazwischen gespannten Stichkappen hergestellt. Das Lichtmaß zwischen den Tunnelwänden war mit Rücksicht auf die Vorschrift der Genehmigungsurkunde zu wählen, wonach zwischen Wagenkasten und benachbarter Tunnelwand ein freier Raum von 70 cm Breite bis zu wenigstens 2 m Höhe über Schienenoberkante vorhanden sein muß, damit etwa im Tunnel beschäftigte Personen eine gesicherte Aufstellung bei Vorüberfahrt der Züge nehmen können, falls sie die in je 25 m Entfernung umschichtig auf beiden Tunnelseiten angebrachten Rettungsnischen nicht erreichen können. Auch leistet der hierdurch längs jeder Tunnelwand geschaffene Seitenweg den Reisenden eines im Tunnel steckengebliebenen Zuges wertvolle Dienste. Sie können auf ihm unter Führung eines Zugbeamten die nächstgelegene, nur wenige hundert Meter entfernte Station erreichen, und zwar ungefährdet durch die in der Tunnelmitte, also in etwa 3 m Abstand von der Tunnelwand liegenden mit 550 V gespeisten Stromschienen. Vorausgesetzt ist hierbei natürlich, daß die Reisenden den Anordnungen der Beamten Folge leisten und nicht etwa planlos fortrennen. Jedenfalls ist ein solcher Seitenweg, durch den jede Berührung mit fahrenden Zügen ausgeschlossen wird (vgl. Abschnitt »Signalwesen«), einem zwischen den Gleisen liegenden Mittelwege vorzuziehen, besonders dann, wenn letzterer gar noch mit Säulen zum Stützen der Decke besetzt ist, wie sie einige neuere Untergrundbahnen aufweisen.

Da nun für die Gleise durchweg von Mitte zu Mitte 2,9 m Abstand festgesetzt ist, damit zwischen 2 einander begegnenden Zügen 0,5 m Zwischenraum verbleibt, so ergab sich demgemäfs als lichte Breite zwischen den Widerlagern in Kämpferhöhe das Mafs von 7,1 m bei dem Tunnel mit Deckengewölbe und dasjenige von 6,7 m bei dem Tunnel mit Eisendecke.

Fig. 25 und 26 zeigen diese beiden Tunnelanordnungen nebst ihren Hauptabmessungen. Darnach ist das im Scheitel 55 cm starke Deckengewölbe zwecks Verringerung der Bauhöhe elliptisch, und zwar gedrückt gestaltet; das in der Mitte 50 cm dicke Sohlengewölbe ist dagegen innen mit 20,6 m Halbmesser kreisförmig ausgerundet, aufsen eben begrenzt. Die durchweg 75 cm starken Widerlager sind nach einem Kreisbogen geformt, dessen Mittelpunkt in der Kämpferebene liegt; der innere Halbmesser beträgt 11,935 m.

Die mit Eisenträgerdecke versehenen Tunnelstrecken besitzen gerade, 1,50 m starke, durch ein Sohlengewölbe abgesteifte Widerlager aus Bruchsteinmauerwerk oder Beton, über die winkelrecht zur Längsachse I-Träger mit zwischengenieteten Längsträgern zur Aufnahme der Ziegelkappen gestreckt sind. Wo sich der Tunnel unter dem Fahrdamm herzieht, sind diese Kappen 22 cm stark und liegt die Strafsenkrone etwa 50 cm über ihrem Scheitel, während sie unter der nur für Fufsgänger bestimmten und deshalb mit einer 1,5 cm dicken Asphaltschicht über dem Beton belegten Mittelpromenade der Boulevards 11 cm Stärke mit einer geringsten Ueberdeckung von nur 25 cm haben. Im ersteren Fall ist der freie Bahnquerschnitt aufs äufserste beschränkt worden, indem zwischen dem Dachscheitel der leeren Wagen und den Nietköpfen des Untergurts der Hauptträger nur 25,5 cm Spielraum verbleiben, gegen 50,5 cm bei Lage unter einer Mittelpromenade; während die Dachkanten in dem geradlinigen Tunnel mit Gewölbedecke nach der Tunnelmitte hin 120 cm und nach den Widerlagern hin 50 cm von der Leibung entfernt bleiben.

Zur Abdichtung der Tunneldecke dient eine 2 cm starke Zement- oder Asphaltlage innerhalb der Betonschicht. Die Trägerstärken sind nach den für Eisenbauten gültigen Ministerialvorschriften berechnet, wonach z. B. als Verkehrslast für die Tunneldecke unter Mittelpromenaden 400 kg/qm anzunehmen sind. Für die tote Last werden in Ansatz gebracht: 1 cbm Holzklotzpflaster 1100 kg, desgl. Beton 2300 kg und Ziegelkappen 1800 kg. Demgemäfs haben die nach Fig. 26a und 26b angeordneten Träger folgende Abmessungen in mm erhalten:

	Tunnel unter Fahrdamm	Tunnel unter Mittelpromenade
a) Hauptträger.		
gegenseitiger Abstand . .	3000	5000
Stegblech	700×12	700×10
je 3 Gurtbleche oben und unten . . .	300×9	250×10
4 L-Eisen	120×120×12	100×100×10
b) Längsträger.		
gegenseitiger Abstand . .	1180	1180
Stegblech	500×7	400×8
je 1 Gurtblech oben und unten . . .	200×8	—
4 L-Eisen	80×80×9	80×80×9

Das für diese Eindeckung insgesamt verbrauchte Eisengewicht stellt sich durchschnittlich für 1 m Tunnellänge auf 1967 kg bei der Decke unter dem Fahrdamm und auf 1203 » » » » » der Mittelpromenade.

Derartige flachgedeckte Tunnel kommen z. B. auf der Linie Nr. 1 beiderseits der im offenen Einschnitt sowie über dem Kanal St. Martin angelegten Station Place de la Bastille in Längen von mehr als 100 m vor, auf dem Südring nahe dem Hauptbahnhof Montparnasse auf 159 m Länge und auf dem Nordring

Fig. 25.

Tunnel mit elliptischer Gewölbedecke.

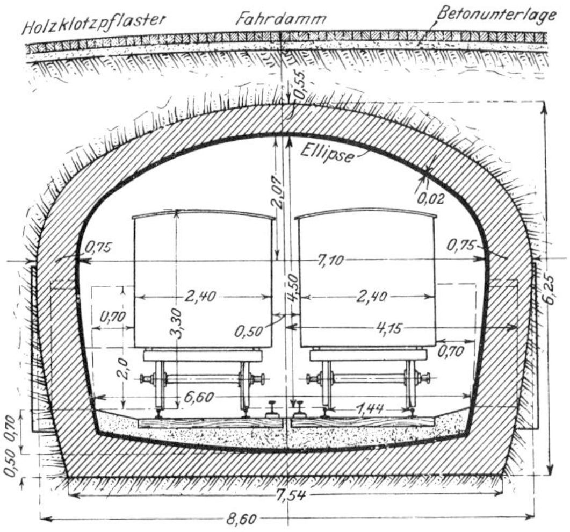

Fig. 26.

Tunnel mit Eisenträgerdecke.

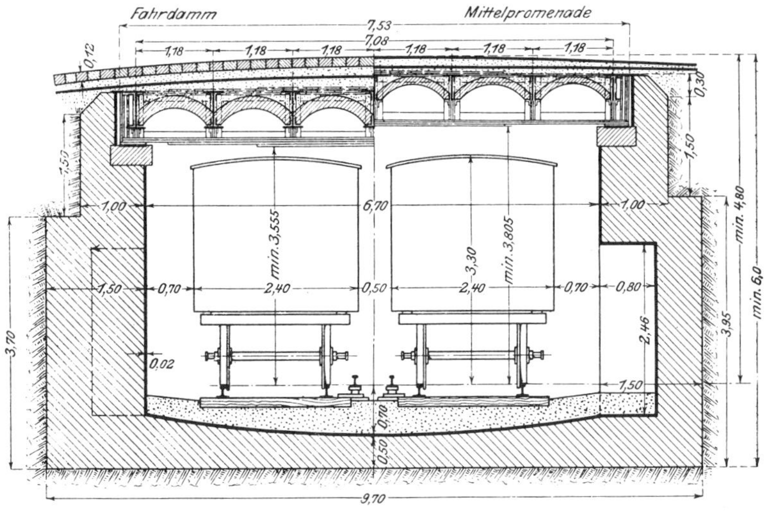

Fig. 26a und 26b.

Anordnung der I-Träger in der Tunneldecke.

Fahrdamm.

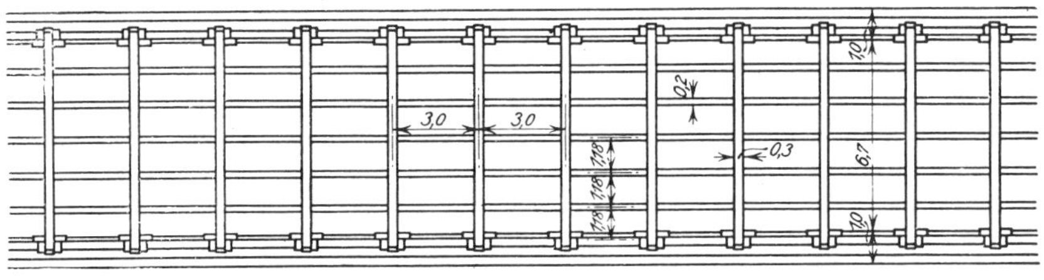

Mittelpromenade.

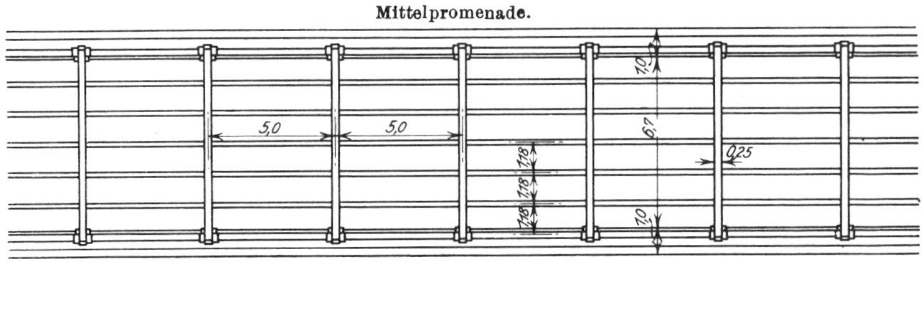

Fig. 27.

Querschnitt des eingleisigen Tunnels in Krümmungen mit R < 100 m.

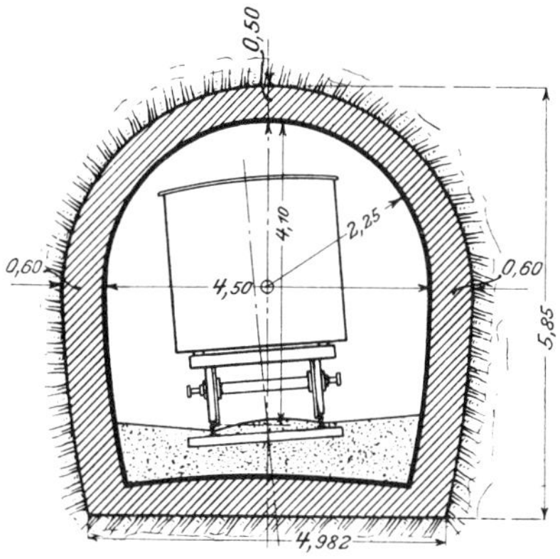

Fig. 28.

Tunnelquerschnitt der Sceaux-Bahn mit kreisförmigem Deckengewölbe.

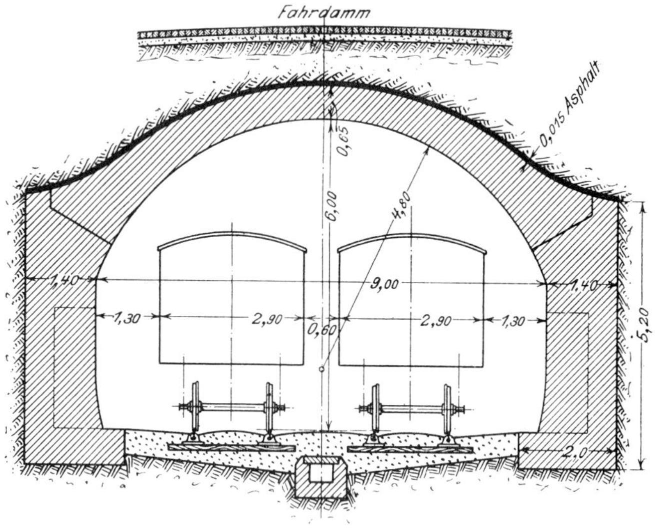

Fig. 29.

Tunnelquerschnitt der Orléans-Bahn mit elliptischem Deckengewölbe.

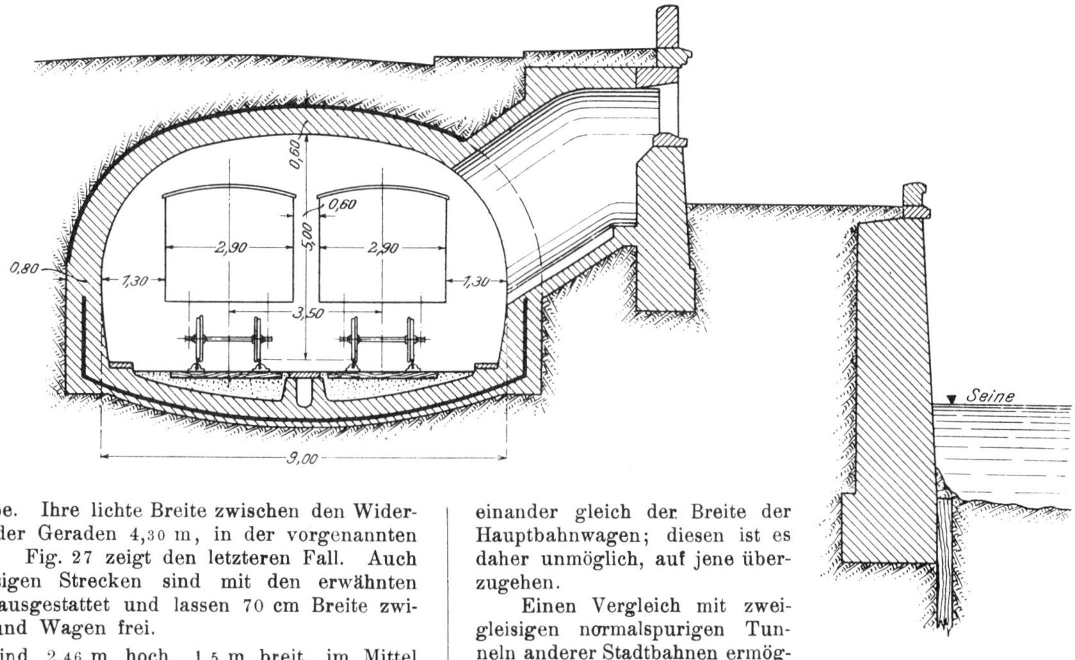

aufser in den Einschnittrampen vor allem in 202 m Länge zwischen den Stationen Rue de Belleville und Rue des Couronnes. Hier ist diese Eindeckung allerdings gewählt, um starke Neigungen in der nach der Place de la Nation hin ziemlich flach verlaufenden Strecke (vgl. Fig. 9) zu vermeiden.

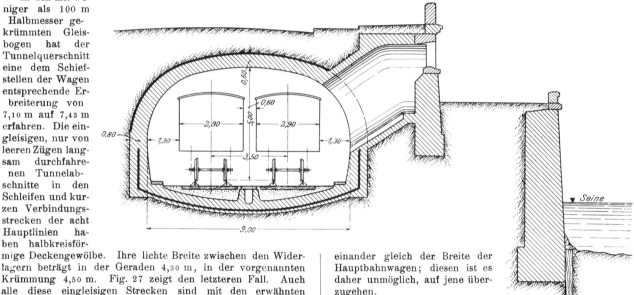

In den mit weniger als 100 m Halbmesser gekrümmten Gleisbogen hat der Tunnelquerschnitt eine dem Schiefstellen der Wagen entsprechende Erbreiterung von 7,10 m auf 7,43 m erfahren. Die eingleisigen, nur von leeren Zügen langsam durchfahrenen Tunnelabschnitte in den Schleifen und kurzen Verbindungsstrecken der acht Hauptlinien haben halbkreisförmige Deckengewölbe. Ihre lichte Breite zwischen den Widerlagern beträgt in der Geraden 4,30 m, in der vorgenannten Krümmung 4,50 m. Fig. 27 zeigt den letzteren Fall. Auch alle diese eingleisigen Strecken sind mit den erwähnten Sicherheitsnischen ausgestattet und lassen 70 cm Breite zwischen Tunelwand und Wagen frei.

Die Nischen sind 2,46 m hoch, 1,5 m breit, im Mittel 0,80 m tief und oben durch eine Kappe von 0,15 m Pfeil begrenzt; ihre Rückenmauer ist beim eingewölbten Tunnel 25 cm stark.

Innen sind die Tunnelwände durch einen 2 cm dicken Ueberzug von Zementmörtel geglättet und gedichtet, und zwar die Gewölbedecke mit einem rasch bindenden Mörtel (1 cbm gesiebter Sand auf 900 kg Vassy-Zement), Widerlager, Nischen und Sohle mit Portlandzementmörtel (1 cbm gesiebter Sand auf 650 kg Portlandzement).

Bemerkenswert ist mit Bezug auf die im geschichtlichen Teil kurz erörterten, so beharrlich durchgefochtenen Unabhängigkeitsbestrebungen der Pariser Stadtverwaltung ein Vergleich des in Fig. 25 gegebenen Tunnelquerschnittes der Stadtbahn mit demjenigen einer in Paris einmündenden Hauptbahn. Fig. 28 zeigt den zweigleisigen Tunnel der 1895 eröffneten Untergrundstrecke der zum Netz der Orléansbahn gehörenden Sceaux-Bahn von der Place Denfert-Rochereau nach dem Palais de Luxembourg, Fig. 29 denjenigen der 1900 vollendeten Untergrundstrecke der Orléans-Bahn vom Austerlitz-Bahnhof nach dem Quai d'Orsay.

Die Stadtbahngleise haben hiernach einen Abstand von einander gleich der Breite der Hauptbahnwagen; diesen ist es daher unmöglich, auf jene überzugehen.

Einen Vergleich mit zweigleisigen normalspurigen Tunneln anderer Stadtbahnen ermöglicht bezüglich der lichten Breite und Höhe, letztere auf die Schienenoberkante bezogen, nachstehende Uebersicht:

	Tunnel mit Eisenträgerdecke	Tunnel mit Gewölbedecke
Paris (1900)	6,70 × 3,55 m	7,10 × 4,50 m
Berlin (1902)	6,24 × 3,30 »	—
Budapest (1896)	6,00 × 2,75 »	—
Wien (1902)	8,10 × 4,80 »	—
Glasgow (1893)	7,62 × 4,27 »	—
London (1872)	7,62 × 4,12 »	7,62 × 4,80 »
» (1884)	—	7,70 × 4,80 »
Boston (1901)	7,62 × 4,27 »	7,11 × 4,78 »
New York (1902)	7,62 × 3,83 »	7,31 × 4,75 »
» » »	—	7,62 × 5,34 »

Der freie Querschnitt der Pariser Stadtbahn wird hiernach von demjenigen der Berliner und der Budapester Untergrundbahn nicht unerheblich unterschritten.

Die im Querschnitt kreisförmig gestalteten neueren Londoner Tiefbahnen, wegen ihrer gufseisernen Auskleidung Röhrenbahnen genannt, zeigen allerdings von allen bestehenden Untergrundlinien die kleinste Querschnittsfläche, der diejenige der Wagen eng angepafst ist. Da sie sämtlich eingleisige Tunnel besitzen (einen für jede der beiden Fahrrichtungen), so scheiden sie hier für den Vergleich aus.

2) Hochbahn.

Die Hochbahnbauten sind mit Ausnahme eines Teiles der Rampen ganz in Eisen ausgeführt und ruhen teils auf gufseisernen, mit kräftigem Mauerfufs verankerten Säulen, Fig. 30 und 31, teils auf Mauerpfeilern, Fig. 32 und 33. Beide Stützenarten wechseln vielfach derart miteinander ab, dafs auf je 3 Säulenpaare 1 Pfeilerpaar folgt, Fig. 34. Ausnahmen sind durch die Oertlichkeit bedingt.

Fig. 30 und 31.

Hochbahn auf gußeisernen Säulen.

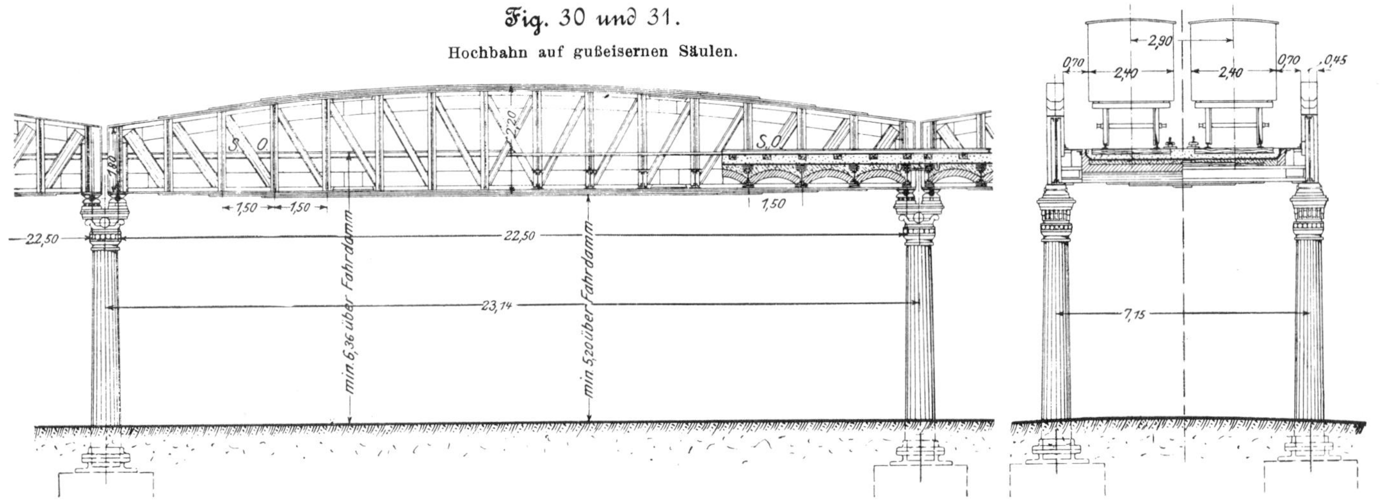

Da die neuesten doppelt überdachten Decksitzwagen der mit Druckluft betriebenen Pariser Strafsenbahnen 4,8 m Gesamthöhe bis zum oberen Dach, die andern Decksitzwagen bis 4,7 m Höhe haben, so ist die erforderliche freie Durchfahrthöhe auf mindestens 5,20 m festgesetzt worden. Demgemäfs mufs auch die Unterkante der Eisenträger mindestens um dieses Mafs über Strafsenpflaster liegen. Die Fahrbahn ist zwischen die untere Gurtung der Hauptträger gelegt, um eine geringste Schienenhöhe über Strafsenpflaster von 6,36 m zu erreichen, ein Mafs, das in fallendem Gelände bis auf 9 m im Nordring und bis auf 10,8 m im Südring (Bièvre-Tal) anwächst.

Stellenweise mufsten die Hochbahnstrecken durch schlechten Baugrund gelegt werden, was das Bauamt veranlafste, sämtliche Hauptträger als Balken auf zwei Stützen anzuordnen, wobei eine Stütze als Kipplager, die andere als Rollen-Kipplager ausgebildet wurde.

Fig. 32 und 33.

Hochbahn auf Pfeilern.

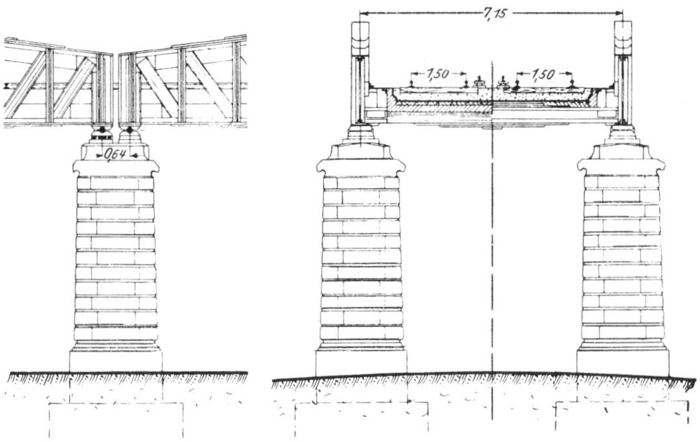

Fig. 34.

Säulen- und Pfeilerstellung.

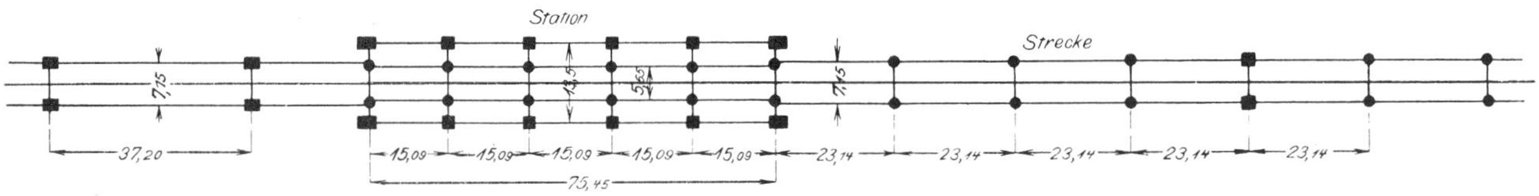

Die Hauptträger sind als Fachwerkträger mit unterer gerader und oberer parabolischer Gurtung zur Ausführung gekommen. Ihre Spannweite beträgt für fast die Hälfte der Gesamtzahl 22,5 m und für etwa $^1/_5$ davon 27,06 m, während kleinere Werte sich nur vereinzelt vorfinden. Einige breite Strafsen erforderten Stützweiten von 36,50 bis 44,73 m, zwei Stellen im Südring nahe der Place Cambronne solche von 48 m und die obengenannten Nord- und Ostbahn-Einschnitte sogar solche von 75,25 m. Unmittelbar an die Kreuzung des erstgenannten Einschnittes (vgl. Fig. 40) mufste sich eine zweite gleich grofse Ueberbrückung anreihen, weil die Verwaltung der Nordbahn seine Verbreiterung für später geplant hat. Insgesamt sind hier daher in dichter Folge drei Brücken von je 75,25 m Spannweite zur Ausführung gekommen; vgl. auch Fig. 9 sowie Fig. 256 bis 263.

Abweichende Trägerformen zeigen nur die beiden Anschlufsstrecken der westlichen Seinebrücke des Südringes (Fig. 124), was durch Rücksicht auf die äufsere Erscheinung dieses zweistöckigen Brückenbaues und seine städtische Umrahmung (vgl. Fig. 10) veranlafst worden ist. Ueber die Anschlufsträger der östlichen Seinebrücke desselben Linienzuges liegt zurzeit noch nichts Endgültiges fest.

Die Felderzahl und Felderbreite einiger der wichtigeren Hauptträgerarten zeigt nachstehende Uebersicht:

Spannweite m	Felderzahl	Feldbreite m
22,50	15	1,500
27,06	15	1,804
44,73	21	2,130
75,25	17	4,426

Fig. 35 bis 37.

Träger von 27,06 m Spannweite.

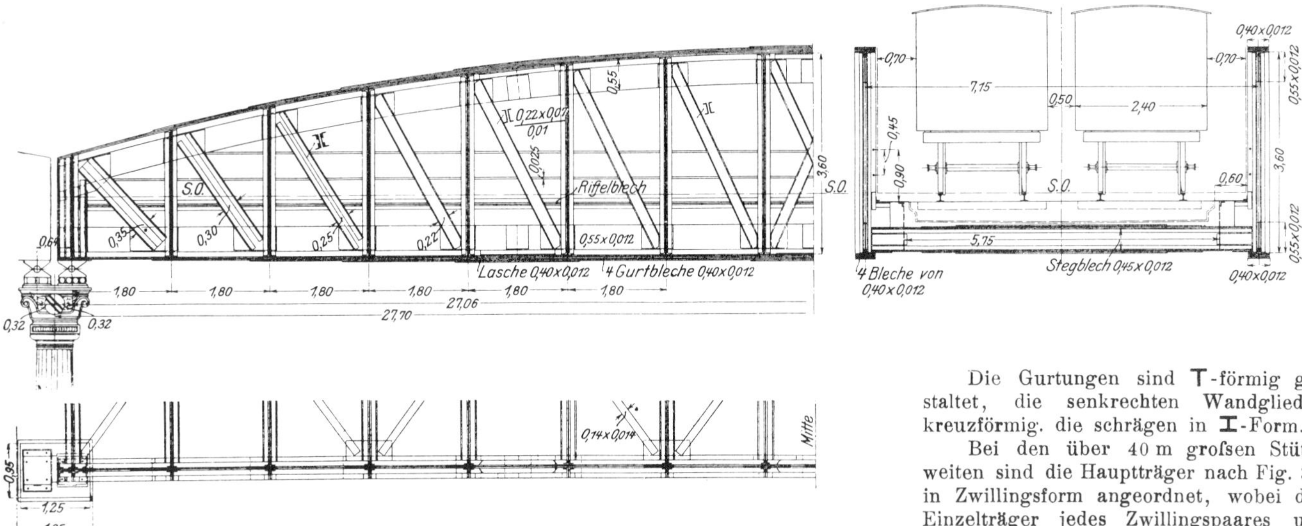

Fig. 38.

Träger von 75,25 m Spannweite.
(Die Endfelder sind nach Fig. 256 und 263 zur Ausführung gekommen.)

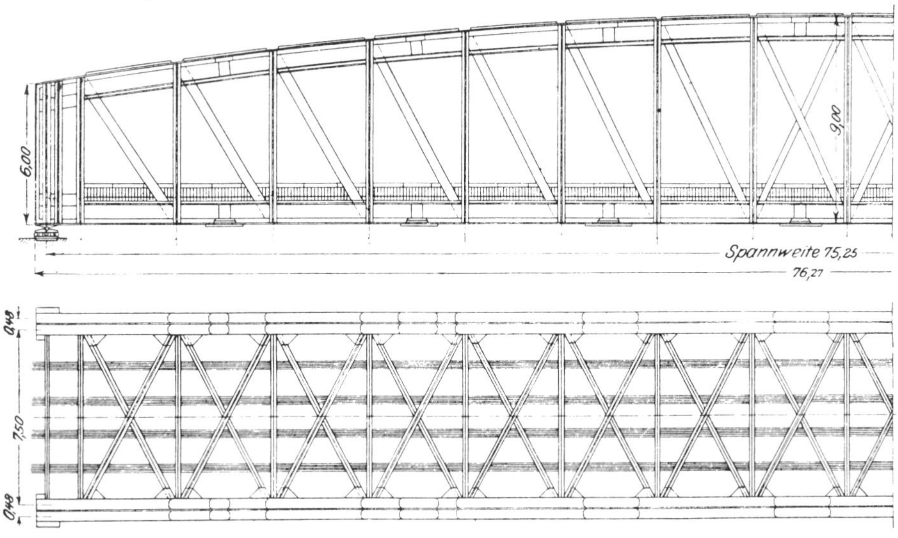

Fig. 39.

Stirnansicht des Trägers von 75,25 m Spannweite.

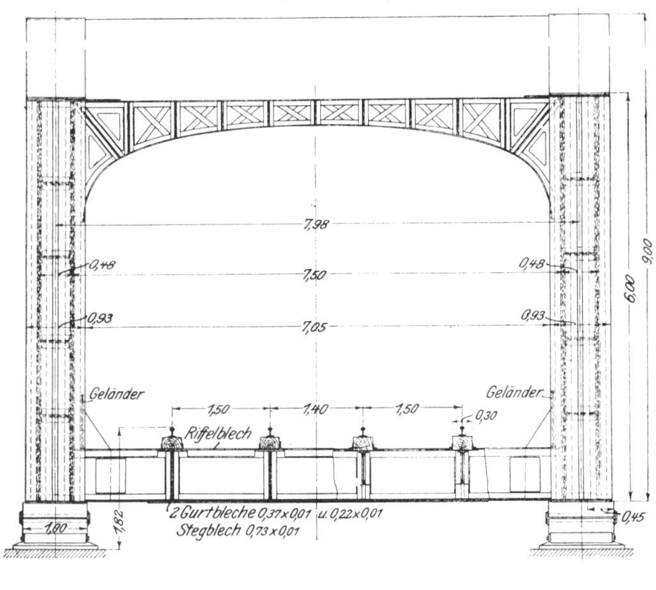

Die Gurtungen sind **T**-förmig gestaltet, die senkrechten Wandglieder kreuzförmig, die schrägen in **I**-Form.

Bei den über 40 m grofsen Stützweiten sind die Hauptträger nach Fig. 39 in Zwillingsform angeordnet, wobei die Einzelträger jedes Zwillingspaares um 0,48 m von einander abstehen. Die schrägen Wandglieder sind hier in Fachwerk ausgeführt und zwischen die Stegbleche der Zwillingsgurtungen gelegt, während sie bei allen kleineren Spannweiten das einfache Gurtblech beiderseits umfassen. Sie bestehen dann auch in den Endfeldern aus je 2 mit **L**-Eisen besäumten Blechen, in den Mittelfeldern aus je zwei **[**-Eisen.

Entsprechend der Felderteilung sind die Querträger angeordnet (Fig. 30). Sie stützen die wasserdicht und schalldämpfend hergestellte Fahrbahn mit den zwischengespannten 22 cm starken Ziegelkappen, deren Widerlagzwickel mit Beton ausgefüllt sind (Fig. 280). An beiden Kappenenden sind gleichlaufend mit den Hauptträgern niedrige Saummauern aufgesetzt, und die Innenfläche des so gebildeten, insgesamt 5,75 m breiten Steintroges ist mit einer 2 cm starken Zementschicht überzogen und gedichtet. Die Querschwellen mit den Schienen ruhen in der in den Trog eingebrachten Steinschlagbettung. Das Gleis ist also ähnlich der Weststrecke der Berliner Hochbahn[1]) ganz unabhängig von dem Eisengerippe, was ja für die Schalldämpfung von wesentlicher Bedeutung ist. Tatsächlich ist das Geräusch bei der Vorüberfahrt der Züge geringer als dasjenige der nebenan verkehrenden, allerdings sehr schwerfällig gebauten Decksitz-Strafsenbahnwagen.

Ein Nachteil der Ziegelkappen dürfte die Unzugänglichkeit etwaiger, an ihren Widerlagern auftretenden Roststellen sein.

Ueber die Entwässerung des Fahrbahntrogs vgl. Abschnitt VI, 2).

Zur weiteren Klarlegung der konstruktiven Durchbildung von Trägereinzelheiten dienen die nach Zeichnungen des Bauamts angefertigten Figuren 35 bis 37. Sie stellen die 27,06 m weit gespannte Ueberbrückung dar, die in ihrer Gesamtanordnung für alle Hochbahnstrecken als mafsgebend angesehen werden kann. Da sie Form und Zusammenhang der Wandglieder genau wiedergeben, so bedürfen sie keiner weiteren Erklärung. Erwähnt sei nur, dafs durch die inneren Versteifungsstreifen der senkrechten Wandglieder zwei je 25 mm starke Rundeisen in 0,45 und 0,90 m Höhe über Bettung als Geländerschutz gezogen sind. Die Brücken mit breiter Felderteilung haben ein besonderes Geländer an der Innenseite der Träger erhalten; vgl. Fig. 38 und 39.

Bei den 75,25 m grofsen Stützweiten hat man zwecks Gewicht- und Kostenersparnis auf die Schalldämpfung ver-

[1]) Z. 1902 S. 226.

Fig. 40.

Kreuzung der Nordbahn durch die Stadtbahn mittels 75,25 m weit gespannter Brücke. Aufgenommen am 6. August 1902.

zichtet und die Fahrbahn aus Quer- und Längsträgern gebildet, die durch 8 mm starkes und mit den Hauptträgern vernietetes Riffelblech, das zugleich als unterer Windverband dient, abgedeckt sind. Die Schienen ruhen hier auf eichenen Langschwellen, die nach Fig. 39 unmittelbar von den Längsträgern gestützt werden. Bei der dichten Zugfolge auf beiden Gleisen bewahrheitet sich an diesen Stellen freilich in gewissem Sinne das Schlagwort von der »donnernden« Hochbahn. Sind doch auch von den Anwohnern der Oststrecke der Berliner Hochbahn, auf der die Querschwellen anfangs unmittelbar auf den in 1,5 m Abstand angeordneten Querträgern ruhten, Klagen über zu lautes Geräusch beim Vorüberfahren der Züge erhoben worden, die zu einer Aenderung der Schienenlagerung geführt haben. In Paris fehlen zumeist freilich diesen drei

Fig. 41.

Abdeckung der Lücke zwischen zwei Brückenenden.

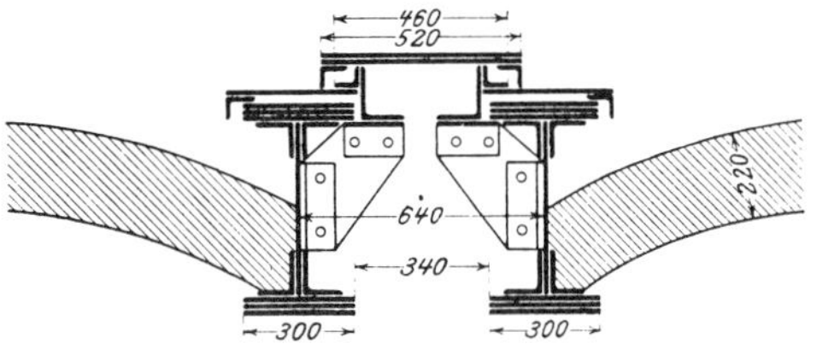

großen Ueberbrückungen die Nachbarhäuser, da jene sich, wie Fig. 40 zeigt, über breite Eisenbahneinschnitte hinziehen; infolgedessen ist dort das stärkere Fahrgeräusch auch weniger von Belang.

Erwähnt sei noch, daſs neben allen Hauptträgern in Höhe der Bettungskrone ein schmaler, mit 60 cm breitem Riffelblech abgedeckter Laufsteg zur Streckenbegehung usw. liegt, Fig. 31, 33, 36 und 43. Sein Einbau wie auch der Abstand der Hauptträger von einander war bedingt durch die schon erwähnte Vorschrift der Genehmigungsurkunde, wonach auch hier zwischen den Wagen und der Innenkante der Hauptträger ein freier Raum von mindestens 70 cm innezuhalten war.

Besondere Vorkehrungen erforderte die Abdeckung der 0,34 m breiten Lücke zwischen 2 Brückenenden, durch die gleichzeitig auch der Verschiebbarkeit der letzteren gegeneinander Rechnung getragen werden mulste. Es sind zu dem Zweck an die Aufsenseite der Endquerträger Konsolen genietet, die mittels verschiedener L-Eisen und einer Rutschplatte in der durch Fig. 41 veranschaulichten Weise ein bewegliches, winkelbesäumtes Doppelblech stützen, auf dem die Bettung lagert.

Die Brückenbauten bestehen aus Fluſseisen, die Kipp- und Rollenlager aus Stahlformguſs, die Niete aus Stahl.

Schlieſslich seien noch einige Einzelheiten und Abmessungen der Hochbahnstützen gegeben.

Die Pfeiler sind aus hellfarbigem, hartem Sandstein in 40 cm starken Lagen mit $^1/_{40}$ Böschung hergestellt. Sie sollten ursprünglich die von ihnen gestützten Trägerenden durch einen verzierten Aufbau verdecken. Hiervon wurde, abgesehen von den Endpunkten der groſsen Hauptbahnkreuzungen,

Fig. 42.

Querschnitt einer gußeisernen Säule.

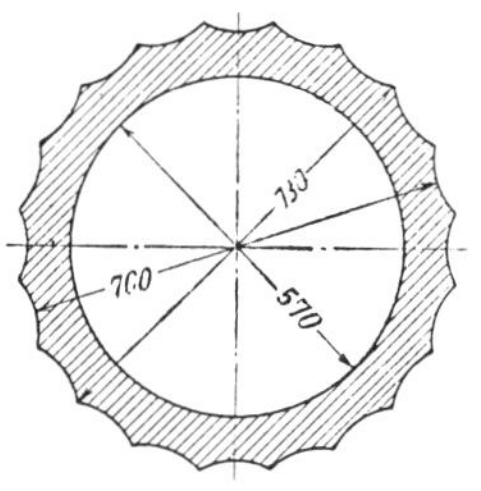

bei der Ausführung Abstand genommen, so daſs auf der ganzen Hochbahnstrecke die Trägerauflager frei sichtbar sind. Auf dem Nordring beträgt der Querschnitt bei 6 m Pfeilerhöhe oben 1,90 m × 1,50 m und an der Straſsenkrone 2,45 m × 2,41 m, was die Pfeiler gegenüber den schlanken Säulen reichlich stark erscheinen läſst. Das Bauamt hat sie daher auch auf dem Südringe schwächer bemessen, wodurch ihre äuſsere Wirkung gehoben wird und dem Verkehr ein kleiner Vorteil erwächst.

Die guſseisernen Säulen sind nach Fig. 42 ausgekehlt, messen oben im Schaft 0,66 m und verlaufen abwärts mit $^1/_{30}$ Gesamtanzug; ihre Wandstärke beträgt im Auskehlungsscheitel 65 mm. Das wirksam verzierte Kapitäl bietet den beiden Traglagern eine 1,25 m × 0,95 m groſse Stützfläche. Wo die Säulen auf dem Fahrdamm stehen, sind sie durch einen

Fig. 44 und 45. Seitenansicht und Draufsicht der Nordring-Hochbahnstrecke in der 75 m-Kurve am Boulevard de la Villette nahe der Rue d'Allemagne.
(Aufgenommen am 21. März 1903 und 3. Juni 1902.)

Fig. 43.

Ansicht einer in der Ausmauerung befindlichen Hochbahnstrecke des Nordringes. Aufgenommen 5. November 1901.

kleinen Inselperron, Textblatt 4, Fig. 45, gegen Anfahren geschützt, der gleichzeitig den Fufsgängern das Ueberschreiten erleichtert. Unterhalb der Strafsenkrone stützen sie sich nach Fig. 30 und 32 mittels eines angeschraubten breiten Lagerfufses auf einen Betonklotz, der in gutem Untergrund unmittelbar auf dem gewachsenen Boden ruht, in schlechtem dagegen auf 16 eingerammten langen Pfählen. Die letztere kostspielige Stützung mufste z. B. bei 100 Pfeilern und Säulen des aufser 4 Stationen nur 57 Spannweiten enthaltenden Hochbahnabschnittes des Nordringes Platz greifen, da diese über den alten, später zusammengefallenen oder zugeschütteten Gipsbrüchen des Montmartre-Bezirks zu errichten waren und der gewachsene Boden daselbst erst in grofser Tiefe, mitunter in 20 m und mehr unter Strafsenkrone, angetroffen wurde, wie Abschnitt IV näher erläutert.

Zieht man zwischen der Pariser und der neuen Berliner Hochbahn hinsichtlich der Formgebung und der durch sie bedingten äufseren Erscheinung einen Vergleich, so fällt er wohl zugunsten der deutschen Anlage aus. Beide Bahnen zeigen in ihren eisernen Ueberbrückungen eine fast genau gleiche Fahrbahnbreite und auch mehrfach gleiche Spannweite; jedoch wirkt die Berliner Hochbahn im allgemeinen weniger schwerfällig. Sie zeigt zudem eine künstlerische Behandlung des Eisenbaues, den die französische Anlage, deren eigenartiges Gepräge Fig. 43 und Textblatt 4, Fig. 44 und 45, deutlich wiederspiegeln, vermissen läfst. Auch ist das Fahren auf ersterer infolge der oben auf den Hauptträgern angeordneten und daher einen freien Ausblick in das Stadtinnere gewährenden Fahrbahn angenehmer als in Paris, wo die Fahrbahn, wie geschildert, unten zwischen den Halbparabelträgern liegt, daher den Ausblick stark trübt; freilich verhindert die letztere Bauart dafür wiederum recht wirksam ein Abstürzen der Wagen bei einer etwaigen Entgleisung. Bezüglich der reicheren deutschen Formgebung darf hier allerdings nicht verschwiegen werden, dafs die Bahn teilweis auch einen vornehmen Stadtbezirk durchzieht, wohingegen die Pariser Hochbahnstrecken meistens in entlegeneren Vierteln ihren Platz gefunden haben. Ferner ist hierbei in Rücksicht zu ziehen, dafs die mit stärkeren Querträgern auszustattende französische Fahrbahn der wirksamen Schalldämpfung wegen durch Ziegelkappen abgestützt wird, somit erheblich schwerer ausfällt als die nur durch Buckelplatten abgedeckte Berliner Weststrecke oder gar als die ohne Kiesbettung gelassene Oststrecke. Naturgemäfs mufste dies die Abmessungen des Pariser Eisenbaues ungünstig beeinflussen; seine Stationen sowie die Mauerpfeiler und Eisensäulen heben sich jedoch bei aller Einfachheit vorteilhaft ab.

3) Rampen.

Die mit starkem Gefälle bis zu 40 $^0/_{00}$ (= 1 : 25) angeordneten Rampen sind in den mittleren für Fufsgänger bestimmten Weg der Boulevards verlegt, so dafs sie den Wagenverkehr in der Längsrichtung überhaupt nicht, den in der Querrichtung nur mäfsig stören.

Man hat ihre Lage tunlichst so gewählt, dafs einerseits keine sehr verkehrreichen Querstrafsen auf sie stofsen, anderseits aber auch die günstigen Neigungsverhältnisse des Geländes vorteilhaft dahin ausgenutzt werden konnten, die Rampen verhältnismäfsig kurz zu bemessen. Sie sind z. B. im Nordring auf dem Boulevard Rochechouard 149 m und auf dem Boulevard de la Villette 302 m lang, während die durch sie in der Querrichtung behinderte Verkehrslänge im ersteren Falle nur rd. 118 m, im andern 150 m ausmacht (vergl. Fig. 9 und 46).

Auf dem Südring ist der Querverkehr in der Ostrampe der westlichen Hochbahnstrecke dieser Linie auf 175 m gehemmt, bei den beiden Rampen des Bièvre-Tales allerdings in einer Länge von rd. 210 bezw. 250 m; aber hier sind mit Rücksicht auf leichteren Zugbetrieb usw. auch nur 23$^0/_{00}$ als stärkste Rampenneigung gegen 40$^0/_{00}$ im Nordring zugelassen worden. Ferner ist sogar in den letztgenannten beiden Rampen je eine Station errichtet — eine höchst eigenartige Anordnung, die sowohl hinsichtlich der Geländeausnutzung als auch in Rücksicht auf die dabei erreichte bequemere Zugänglichkeit der Bahnsteige und leichtere Bauart der Station besondere Erwähnung verdient; vergl. Fig. 12, 75 und 79.

Der Bahnkörper ist teils als Auftrag-, teils als Einschnittrampe ausgeführt. Seine Futtermauern sind in entsprechender Länge oben mit einem Eisengeländer gegen die Strafsenfläche abgeschlossen. Das aufgehende Mauerwerk ist aus gelbbraunen Bruchsteinen nach Art des Zyklopen-Mauerwerks hergestellt, dem durch Sandsteingliederung ein gefälligeres Aeufsere verliehen ist. Wo es anging, hat man die Auftragrampe mit Bogenöffnungen versehen, Fig 9, 46 und 79; immerhin sind die Anwohner dieser Abschnitte, namentlich die Geschäftsleute, wenig erbaut von diesem Strafsenhindernis.

Fig. 46 bis 51 zeigen die Gesamtanordnung und die Einzelheiten der Nordring-Rampen, Fig. 9, 12 und 20 die Höhen- und Gefällverhältnisse sowohl dieser als auch einiger anderer Rampen auf dem Südufer. Die früher gebrachte Figur 26 nebst Figur 47 geben das Nähere über die gedeckte Einschnittrampe (Tunnel mit Eisenträgerdecke), während Fig. 51 die Einzelheiten der offenen Einschnittrampe zur Darstellung bringt.

B) Stationen.

Da die Stadtbahn vornehmlich als Untergrundbahn zur Ausführung kommt, so sind naturgemäfs ihre meisten Stationen unterirdisch anzuordnen, und zwar 140 von den insgesamt vorhandenen 158, so dafs nur 18 als Hochbahn- oder im offenen Einschnitt liegende Anlagen gebaut oder geplant sind.

Liegen sie nun auch im allgemeinen möglichst nahe der Strafsenkrone, und sind ihre Bahnsteige daher verhältnismäfsig bequem erreichbar, so mufsten doch mehrere von ihnen sehr tief gelegt werden. Mehr als 12 m beträgt die Tiefe, bezogen auf Schienenoberkante, bei folgenden Stationen:

Station	Place Gambetta (Linie Nr. 3)	12,26 m
»	Place de la République (Linie Nr. 3) . .	13,5 »
»	Avenue Parmentier (Linie Nr. 3)	15,3 »
»	Place de l'Etoile (Linie Nr. 2 Nord) . . .	13,5 »
»	Père Lachaise (Linie Nr. 2 Nord) . . .	13,5 »
»	Place Denfert Rocherau (Linie Nr. 2 Süd)	13,8 »
»	Place de l'Opéra (Linie Nr. 8)	16,09 »

Anderseits konnte die Tiefe vielfach auch auf das durch die Bauhöhe bedingte, zulässig kleinste Mafs beschränkt werden, wie eine Durchsicht der beigefügten Höhenpläne erkennen läfst.

Wie bei dem Streckentunnel sind auch die Stationen je nach ihrer Tiefenlage unter Strafsenkrone entweder mit ge-

Fig. 46 bis 51. Gesamtanordnung und Einzelheiten der Nordring-Rampe auf dem Boulevard Rochechouard.

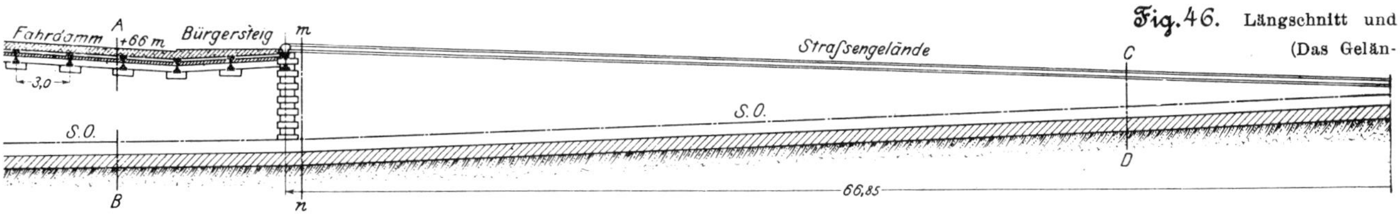

Fig. 46. Längsschnitt und (Das Gelän-

Fig. 47.
Schnitt *A-B.*

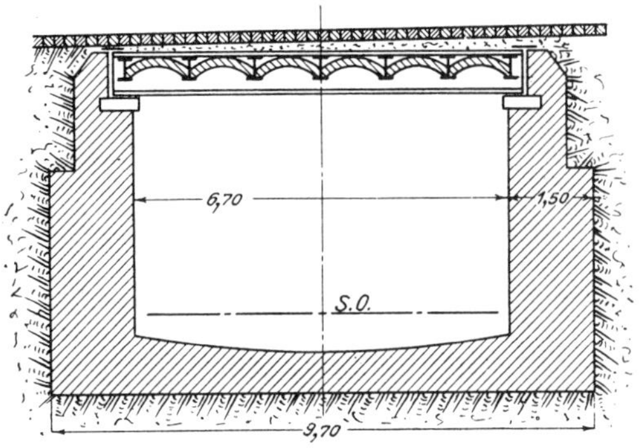

Fig. 48.
Schnitt *C-D.*

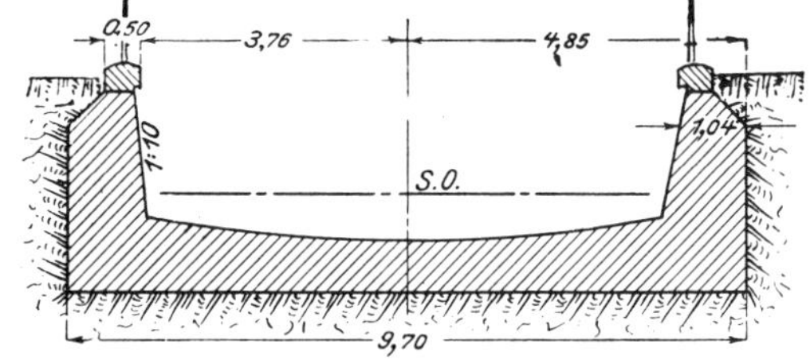

Fig. 49.
Schnitt *E-F.*

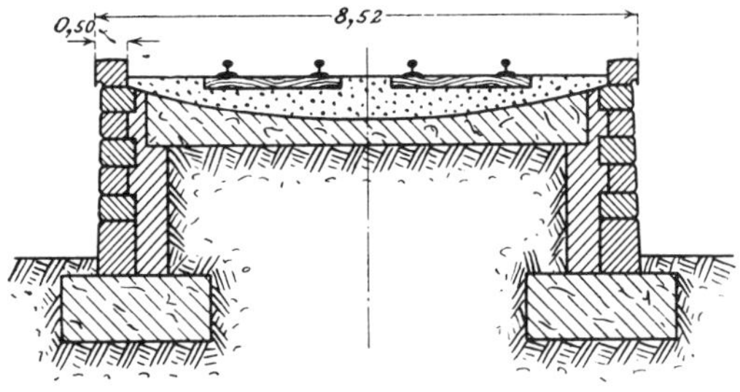

wölbter Steindecke oder mit flacher Eisenträgerdecke und Ziegelkappen ausgeführt.

Das Deckengewölbe bedingt für die unterirdische Ausführung mindestens 1 m Ueberlagerung, also eine Tiefenlage der Schienen unter Straſsenkrone von mindestens 6,90 m, während die Eisenträgerdecke der älteren Anordnung (Linie Nr. 1) sich schon bei 6,0 m einbauen läſst, in der neueren Anordnung (Fig. 55) bei 6,4 m. Jedoch ist zu berücksichtigen, daſs die letztere Bauart Tagebau, also völlige Lahmlegung des Straſsenverkehrs, voraussetzt, während das Steingewölbe, namentlich bei einer Tiefenlage der Schienen von mehr als 6,9 m, ohne jede Störung der Straſsenfläche hergestellt werden kann, was für zahlreiche Pariser Straſsen unerläſsliche Bedingung ist.

Von den 18 Stationen der seit 1900 betriebenen Linie Nr. 1 sind sieben mit flacher Eisendecke versehen. Diese liegen an solchen Stellen, wo es entweder an Konstruktionshöhe mangelte, oder wo der Grundwasserspiegel zu einer höheren Gleislage zwang. Auf der meist durch hochgelegenes Gelände führenden Nordringlinie (Nr. 2 Nord) ist auſser der Station Place de la Nation nur noch die Station Rue de

Fig. 50.
Schnitt *G-H.*

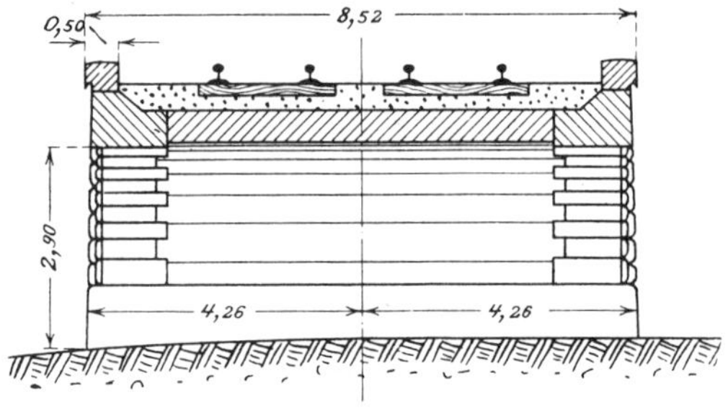

Fig. 51. Offener Einschnitt.
Schnitt *m-n.*

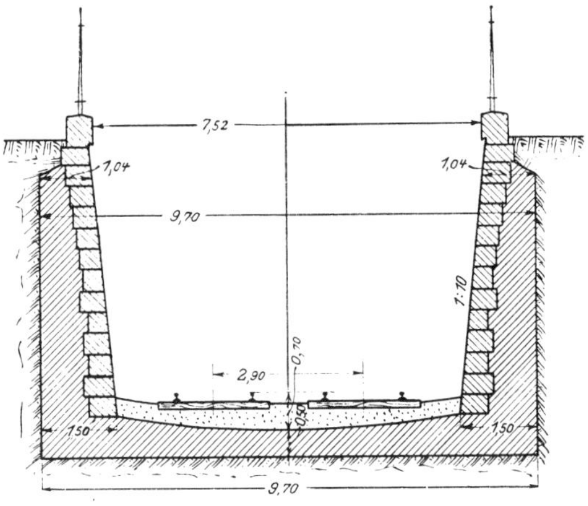

Rome mit Eisenträgern eingedeckt worden, bei der wegen der benachbarten Ueberkreuzung der groſsen Westbahntunnel eben keine andere Wahl blieb. Von den 23 übrigen Stationen liegen 4 in der Hochbahnstrecke, die andern 19 sind sämtlich eingewölbt. Die jetzt (1904) vollendete Linie Nr. 3 besitzt unter ihren 17 Stationen nur 3 mit Eisenträgerdecke, während die Linie Nr. 2 Süd auf ihrer derzeitigen Baustrecke Trocadéro-Place d'Italie überhaupt nur solche mit Deckengewölbe aufweist.

Abgesehen davon, daſs die Steindecken billiger in der Anlage sind, erfordern sie auch geringere Unterhaltungskosten und, was hier nicht minder wesentlich ins Gewicht fällt, ergeben günstigere Belichtungsverhältnisse als die aus Eisenträgern mit dazwischen gespannten Ziegelkappen gebildeten Decken. Die ersteren sind innen mit weiſsen Schmelzziegeln oder Fliesen glatt verkleidet, die das Licht günstig verteilen und wiederspiegeln, was einen weit freundlicheren Eindruck macht als die grau gestrichenen Trägerdecken mit ihren vielen Kappenhöhlungen.

Für sämtliche Haltestellen ist die Länge der 4,10 m breiten Bahnsteige zu 75 m, ihre Höhe über Schienenoberkante zu 0,85 m vorgeschrieben. Die Höhenlage des Wagenfuſsbodens über Bahnsteigfläche ist bei leeren, neuen Wagen auf 25 cm festgesetzt; bei besetzten, älteren Wagen habe ich wiederholt 22 bis 23 cm Höhenunterschied gemessen. Das Besteigen und Verlassen der Wagen ist daher in den recht gut erleuchteten Stationen bequem, zumal die Bahnsteigkante bis an die Auſsenebene der Wagenkasten reicht (vergl. Fig. 55).

Längsansicht der Rampe.
der ist fortgelassen.)

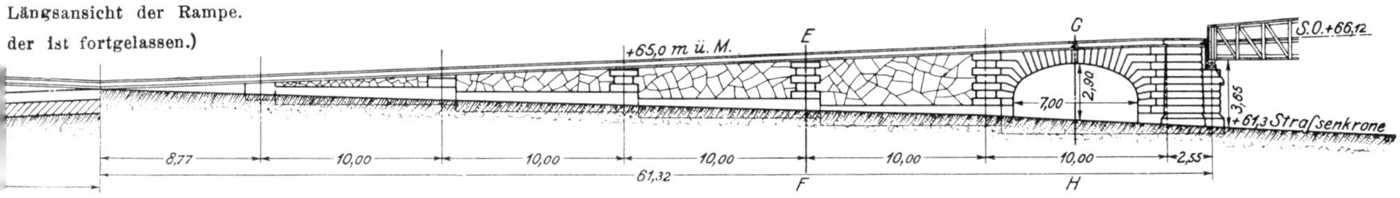

Bei der in den Jahren 1897 und 1898 erfolgten Festsetzung der Bahnsteiglänge war man von einem weit geringeren Verkehr ausgegangen, als wie er sich tatsächlich eingestellt hat. Schreibt doch das der Genehmigungsurkunde beigefügte Lastenheft in Artikel 14 als kleinste tägliche Zugzahl in jeder der beiden Fahrrichtungen 135 vor, und mindestens 100 Plätze in jedem Zuge; während bereits Ende 1902 auf der Linie Nr. 1 insgesamt 7,63 mal so viele Plätze gefahren wurden und selbst auf der damals erst teilweis betriebenen Linie Nr. 2 Nord 5,8 mal so viele. Dieser gewaltige Verkehr hat von Jahr zu Jahr zu einer Verstärkung der anfangs aus 1 Antrieb- und 3 Anhängewagen bestehenden Züge geführt. Im Sommer 1901 hatte die Verwaltung 5 Wagen starke Züge eingeführt.

Im Herbst jenes Jahres, zur Zeit meiner zweiten Besichtigung der Bahnanlagen, fuhr aber bereits ein Versuchszug, der aus 6 Wagen gebildet war, darunter 2 Antriebwagen mit gemeinsamer Steuerung vom ersten Wagen aus (Anordnung von Thomson-Houston). Er bewährte sich und führte zur Einstellung von 7 Wagen starken Zügen. Zu der Zugstärke von 8 Wagen, entsprechend der gesetzlich zulässigen gröſsten Zuglänge von 72 m, konnte sich die Betriebsgesellschaft damals noch nicht entschlieſsen, da sie wegen der Kürze der Bahnsteige Bedenken hegte.

Für eine solche Zuglänge und den ungemein flotten elektrischen Betrieb der Stadtbahn ist allerdings ein Mehr an Bahnsteiglänge von nur 3 m auch wohl zu knapp. Es stellt äuſserst hohe Anforderungen an die Aufmerksamkeit und Geschicklichkeit der Zugführer sowie an das rollende Material. Auch für den Verkehr der Reisenden erweist sich die Bahnsteigfläche (75 m × 4,10 m) in gewissen Tagesstunden auf den wichtigeren Stationen zu klein. Die Betriebsverwaltung beantragte deshalb auch seinerzeit bei der Stadt, die noch nicht fertiggestellten Linien mit etwas längeren Bahnsteigen auszustatten, was aber abgelehnt wurde. Unter dem Zwange der Not stellte sie dann, wie hier des Ueberblicks wegen schon bemerkt sein mag, im Frühjahr 1902 die ersten 8 Wagen-Züge ein, deren allgemeine Einführung auf der Linie Nr. 1 mit Ende des Jahres 1903 durchgeführt sein sollte, während solche auf dem Nordring vorläufig nur in den Stunden stärksten Andranges betrieben wurden; sie sind aber später wieder um 1 Wagen gekürzt worden, vgl. Abschnitt IX.

Alle Zwischenstationen, auſser der einen an der Gare de Lyon, haben Auſsenbahnsteige; die letztere und die meisten Schleifenstationen haben dagegen Inselbahnsteige, Fig. 52. Soweit jene Endstationen getrennte Haltestellen für Ankunft und Abfahrt besitzen, ist auch hier überall die bei Massenverkehr durchaus notwendige Trennung der Reisenden nach der Fahrrichtung vor Betreten der Bahnsteige ohne weiteres gewährleistet.

Die eben erwähnte Ausnahme an der Gare de Lyon rührt davon her, daſs diese Haltestelle ursprünglich als Doppelstation geplant und demgemäſs zur Ausführung gebracht ist, vgl. Fig. 62 und 63. Nach dem ersten Entwurfe sollte hier der Südring einmünden, dessen Züge von dieser Stelle bis zur Place de la Nation die Gleise der Linie Nr. 1 zu befahren gehabt hätten. Durch die im Abschnitt II erörterte spätere Abänderung des Netzes ist die eine Stationshälfte mit ihrem Inselbahnsteig überflüssig geworden; sie wird aber jetzt mit Vorteil zur vorübergehenden Aufnahme beschädigter Züge benutzt; ist doch eine der vom Polizeipräsidium nach dem groſsen Brandunglück auf dem Nordring an die Betriebsverwaltung gestellten Forderungen die, mehr Seitentunnel für das schnelle Beiseitesetzen beschädigter Züge zu schaffen; vgl. hierüber weiter unten Fig. 113. Demnächst wird hier übrigens auch ein Verbindungsgleis mit der Linie Nr. 5 angeschlossen, um auf diesem Weg im Bedarfsfalle die Wagen der letzteren nach und von der Hauptwerkstätte überführen zu können; vgl. die Tafel.

Der andere Inselbahnsteig der Gare de Lyon dient gleichzeitig beiden Fahrrichtungen; die Reisenden werden also vorher nicht nach den Fahrrichtungen getrennt. Hierbei fällt ferner noch ungünstig ins Gewicht, daſs auf dieser Station ausnahmsweise links von der Fahrrichtung ausgestiegen wird, während sonst auf allen Zwischenstationen das Rechtsaussteigen üblich ist. Und doch wickelt sich auf dieser Haltestelle ein sehr lebhafter Verkehr ab; denn i. J. 1903 wurde sie von etwa $4^3/_4$ Millionen Personen aufgesucht, also täglich von durchschnittlich 13000 Reisenden.

Fig. 52.

Inselbahnsteig der Schleifenstation Porte Dauphine, P. Maillot und P. de Vincennes.

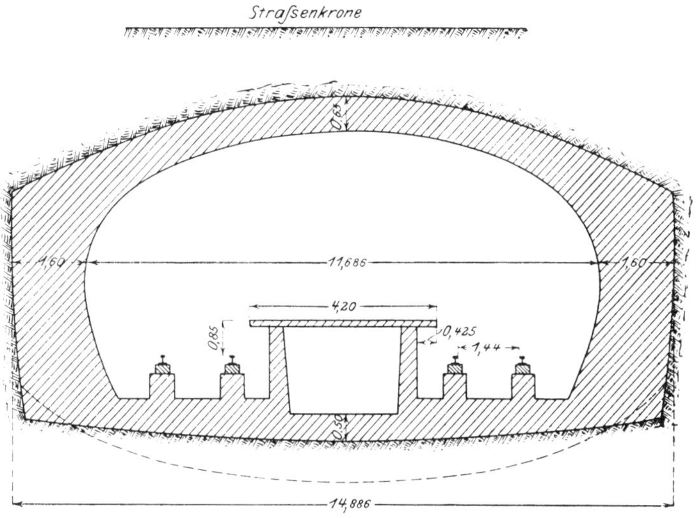

Mit vereinzelten Ausnahmen liegen die Stationsgleise durchweg in der Wagerechten und sind auch in der Regel noch beiderseits über die Station hinaus eine Strecke wagerecht durchgeführt, um den Zugbetrieb nicht zu erschweren. Das meines Wissens zuerst auf der City and South London-Bahn, der ersten Röhrenbahn Londons, angewandte Mittel, das Abfahren und Anhalten der Züge durch erhöhte Lage der Stationsgleise und daran anschlieſsende Rampen zu beschleunigen, das auch jetzt auf der neuen Rapid Transit-Untergrundbahn in New York zur Anwendung kommt, konnte hier der Geländebildung wegen kaum mit Vorteil benutzt werden.

Von den durch die Schleifen- und Einschnittstationen bedingten Abweichungen abgesehen, sind alle übrigen Haltestellen in 4 Gruppen tunlichst einheitlich behandelt, was von den mannigfachen, grundverschiedenen Ausführungen der älteren Londoner Untergrundbahnen in bemerkenswerter Weise absticht; sie seien gleich den Ausnahmen hier kurz erörtert.

a) Untergrundstationen mit Gewölbedecke.

Wie Fig. 53 zeigt, ist das 14,14 m weit gespannte Decken- und Sohlengewölbe zwecks Verminderung der Bauhöhe in der Leibung elliptisch gestaltet, auſsen ist es kreisförmig und im Scheitel 0,70 m bezw. 0,50 m stark, während die Widerlager 2 m Stärke besitzen, was eine gesamte

Aufsenbreite der Station von 18,14 m ergibt. Die beiden Gewölbescheitel haben auf der älteren Linie (Nr. 1) sowie den beiden kurzen ebenfalls im Jahre 1900 eröffneten Strecken von der Place de l'Étoile nach der Porte Dauphine und dem Trocadéro einen lichten Höhenabstand von 5,70 m, auf den neueren Linien dagegen, zwecks etwas günstigerer Spannungsverteilung, einen solchen von 5,90 m.

Fig. 53.

Querschnitt einer Untergrundstation mit Gewölbedecke.

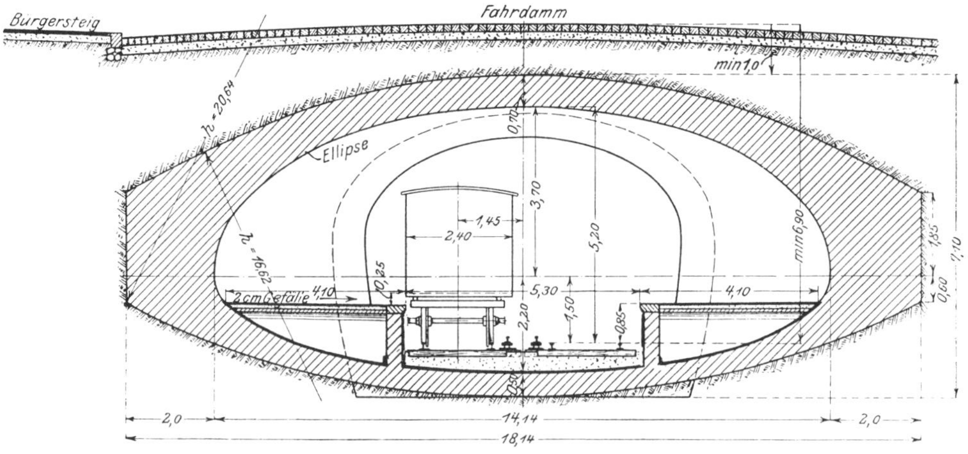

In ihrem unteren Teile sind die Stationen an der Innenfläche bis zur Bahnsteighöhe durch einen 2 cm starken Belag von Portlandzementmörtel (650 kg Zement auf 1 cbm Sand) abgedichtet, oberhalb dagegen mit weifsen Schmelzziegeln oder Fliesen, wie schon vorher kurz angedeutet, belegt. Die beiden vom Stadtbauamt erbauten Stationen der Linie Nr. 1: Porte de Vincennes und Place de la Nation (vergl. hierüber Abschnitt V), sind mit weifs glasierten Ziegeln bekleidet, die dem Stationsinnern den Eindruck des Kellerhaften nehmen und auch eine recht gefällige Lichtspiegelung der zahlreich angebrachten Glühlampen hervorrufen. Ihre Verwendung stellt sich aber recht teuer; sie hat z. B. für die letztgenannte Station (1403 qm Wandfläche) rd. 38600 ℳ gekostet.

Fig. 54.

Innenansicht einer Untergrundstation mit Gewölbedecke.
Station Avenue Kléber, aufgenommen am 26. März 1903.

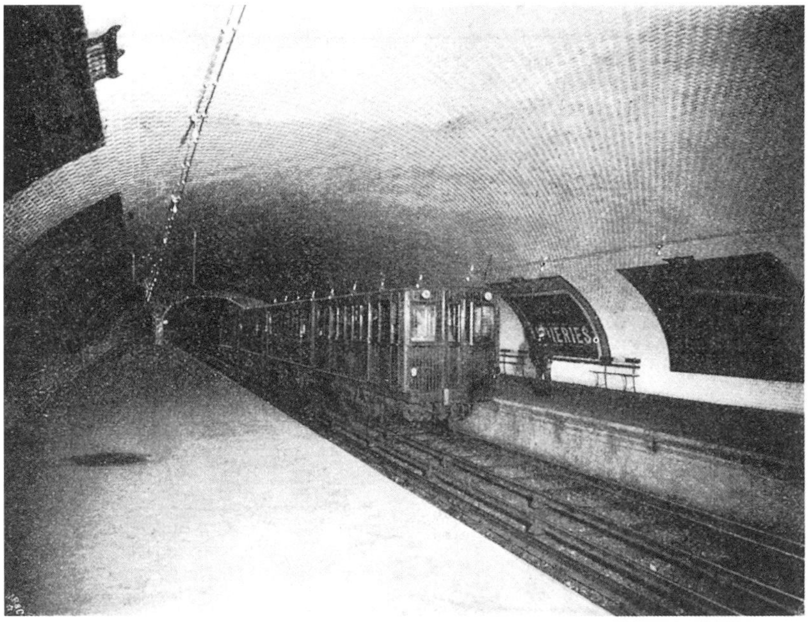

Für die übrigen durch Unternehmer erbauten Stationen sind geschliffene Tonfliesen, in einigen Fällen auch Opalinfliesen gewählt worden. Sie wirken ebenfalls recht schön, streuen sogar das Licht noch besser als die Schmelzflächen und sind dabei erheblich billiger als diese; denn nach den vom Bauamt aufgestellten Einheitspreisen, die als Unterlage bei der Ausschreibung der Arbeiten gedient haben — vergl. das Bordereau des prix vom 25. Mai 1900 —, kostet das laufende Meter Auskleidung 374 frs, was für die Station 22700 ℳ ergibt. Da die gesamten Herstellungskosten einer Station, jedoch ohne diejenigen der Treppenanlagen und der Ausrüstung, welche nach früherem die Betriebsgesellschaft zu tragen hat, sich nach dem Voranschlage auf rd. 3130 frs für das Meter stellen, also im ganzen auf 234750 frs = rd. 190000 ℳ, so beträgt die Fliesenauskleidung 12 vH und der Ziegelbelag sogar 20 vH davon.

Die Bezeichnung der Stationen ist in blauer Schrift an den Wänden angebracht. Leider macht sich auch hier das Reklamewesen bemerkbar, für dessen Ankündigungen die Verwaltung auf den neueren Stationen gröfsere Wandflächen frei von Fliesenbekleidung gelassen hat; vergl. Fig. 54. Die zu beklebenden Flächen sind dadurch allerdings in der Gröfse begrenzt, was immerhin vorteilhaft gegen das marktschreierische Gepräge der Stationen auf den älteren Londoner Untergrundbahnen absticht.

Bezüglich der Bauart der Bahnsteige ist zu berichten, dafs deren Plattformen an der Gleisseite durch eine 35 cm starke, auf das Sohlengewölbe gesetzte Längswand unterstützt werden, im übrigen durch 1,83 m weit gespannte Ziegelkappen von 6 cm Stärke, deren Widerlager durch winkelrecht zum Gleis angeordnete 30 cm starke Quermauern gebildet werden. Auf den Kappen ruht eine Betonschicht, darüber eine 1,5 cm dicke Asphaltlage. Die Aufsenkante ist durch Granitquader abgedeckt, Fig. 53, 55 und 56.

Ausnahmen von dieser Bauart finden sich in den Schleifenstationen, in der Doppelstation am Lyoner Bahnhof und an der Place de l'Étoile. Hier hat man die Bahnsteigdecke aus Zement mit Eiseneinlagen hergestellt und läfst sie 43 bis 66 cm weit über die Stützmauern hinausragen, um den Beamten und Arbeitern, die mit der in diesen Stationen stattfindenden Untersuchung des Laufwerkes der Wagen betraut sind, einen gesicherten Stand zu geben. Man vermag, wie ich mich überzeugen konnte, in dieser Weise ganz bequem die Betriebsuntersuchungen vorzunehmen und kleine Schäden an den Achslagern usw. abzustellen.

b) Untergrundstationen mit Eisenträgerdecke.

Bei den Stationen mit flacher Trägerdecke sind die beiden unten durch ein 50 cm starkes Sohlengewölbe verbundenen Längswände senkrecht und in 13,5 m lichter Entfernung voneinander angeordnet, Fig. 55 und 56. Darüber sind genietete Blechträger winkelrecht zur Tunnelachse gestreckt, zwischen die dann wieder je acht I-Längsträger zum Stützen von 7 Kappen genietet sind. Wo die Stationen unter dem Fahrdamm liegen, wie auf den Linien Nr. 1 und 3, sind die dreizehn Hauptträ-

Fig. 55 und 56.

Quer- und Längsschnitt einer Untergrundstation mit Eisenträgerdecke.

Schnitt A-B Schnitt C-D

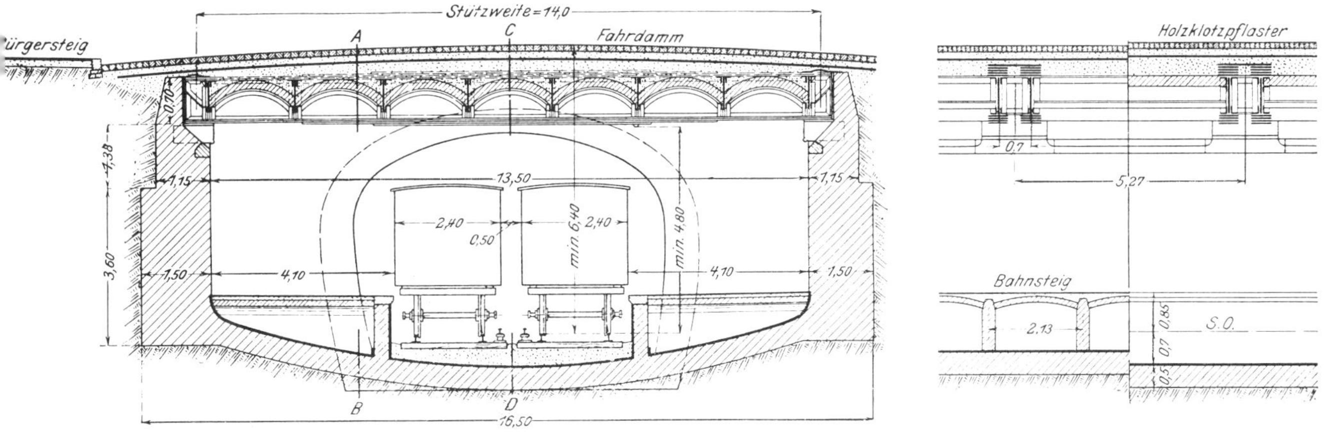

ger in Zwillingsform mit 0,95 m Steghöhe angeordnet, bei der unter einer Mittelpromenade befindlichen Station dagegen als einfache Blechträger von 1,20 m Höhe. Ihr gegenseitiger Abstand beträgt im ersteren Falle auf der Linie Nr. 1 5,40 m, auf den neueren Linien 5,27 m und im zweiten Falle 5,32 m (Station Rue de Rome). Die Kappenträger bestehen aus einem 70 cm hohen mit 4 Winkeleisen besäumten Stegblech. Die unter dem Fahrdamm 22 cm und unter der Mittelpromenade 11 cm dicken Ziegelkappen stützen sich auf die unteren Winkeleisen dieser Längsträger, sowie an jedem Stirnende auf ein gebogenes, an den Steg der Hauptträger genietetes Winkeleisen. Auf die Kappen legt sich wieder wie bei dem Tunnel mit Eisenträgerdecke unmittelbar die Betonunterlage der Strafsenbahn, auf welcher bei Fahrdämmen das 12 cm hohe Holzpflaster, bei Mittelpromenaden die 1,5 cm dicke Asphaltschicht ruht. Die Lücke zwischen Trägerrost und Mauerwerk ist durch Buckelplatten geschlossen.

Fig. 57.

Innenansicht einer Untergrundstation mit Eisenträgerdecke. Station Hôtel de Ville, aufgenommen am 18. Juli 1900.

Auch hier ist das Sohlengewölbe bis zur Bahnsteigkrone mit einer 2 cm dicken Zementlage überzogen; die senkrechten Innenflächen der Station sind mit weifsen Fliesen verkleidet, Fig. 57, während die Kappendekke, wie schon erwähnt, grau gestrichen ist. Da die freie Höhe über den Bahnsteigen rd. 4 m beträgt, so ist der Gesamteindruck dieser Stationen gegenüber der stark gedrückten Gewölbedecke etwas günstiger; ihre Lichtwirkung ist allerdings, wie schon kurz hervorgehoben, schlechter. Man hat letztere anfangs durch Bogenlampen zu verbessern gesucht; sie mufsten jedoch ihres zuckenden Lichtes wegen wieder entfernt werden. In Fig. 57 sind sie noch sichtbar. Sonstige Einzelheiten nebst Abmessungen der Bauart unter Strafsendämmen zeigen Fig. 55 und 56.

Fig. 58.

Grundriß einer Zwillingstation.

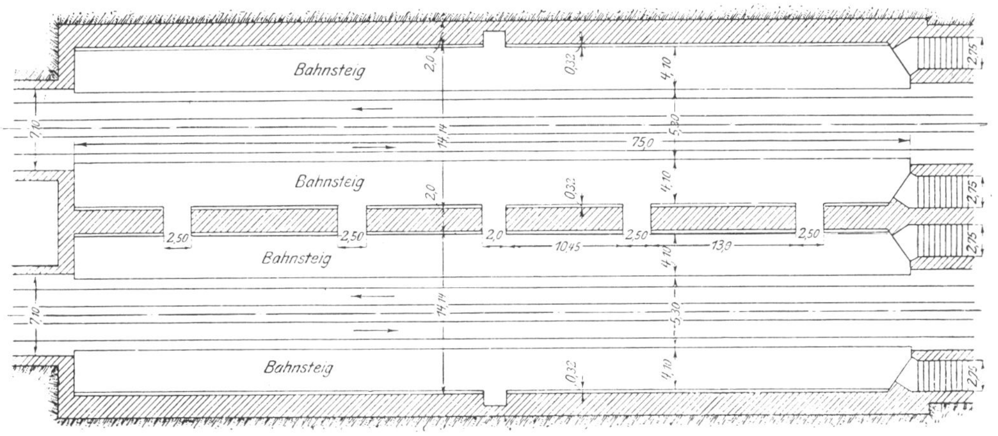

c) Untergrundstationen in Zwillingsanordnung.

1) mit Gewölbedecke.

Da, wo zwei verschiedene Linien in gleicher Höhenlage einander berühren, hat man Zwillingstationen errichtet, um den Reisenden den wechselseitigen Uebergang zu erleichtern. Sie bestehen entweder aus zwei gleichen Einzelanlagen des Musters a), die ein Widerlager gemeinsam haben, oder aus nur einer Station nach dem Muster a) und einer zweiten, davon verschiedenen. In beiden Fällen ist das gemeinsame Widerlager in ganzer Bahnsteiglänge mit Durchbrechungen nach Fig. 58 versehen, so daſs man aus einer Station unmittelbar in die andere gelangen kann. Die beiden zusammenstoſsenden Nachbar-Bahnsteige ermöglichen den unmittelbaren Wechsel der Fahrrichtung. Um den Bahnsteig gleicher Fahrrichtung zu erreichen, muſs man die vor Kopf der Station liegenden Gleisbrücken überschreiten. Derartige Doppelstationen befinden sich z. B. an der Place de l'Étoile für die Linien 1 und 2 Süd, an der Avenue de Villiers für die Linien 2 Nord und 3, ferner am Boulevard Raspail (Linie 2 Süd und 4) und a. a. O. Die letztgenannte Anlage, die eine Gesamtbreite von 34,28 m aufweist und damit das breiteste Bauwerk der Stadtbahn darstellt, ist mit allen Einzelheiten in Fig. 58 bis 60 zur Anschauung gebracht und bedarf wohl kaum weiterer Erklärung. In genau gleicher Weise war auch ursprünglich die schon 1901 erbaute Station Avenue de Villiers ausgeführt. Infolge der später von der Stadt beschlossenen Verlängerung der Linie Nr. 3 nach der Porte d'Asnières hin muſsten deren Gleise nachträglich zwecks Unterfahrung der Nordringgleise in ganzer Länge der Station um 1,6 m gesenkt werden, was dann auch zur Anlage von Treppen in den Durchbrechungen des gemeinsamen Widerlagers zwang. Näheres über diese Abänderung siehe unter »Besondere Bauwerke« w. u.

Von der reinen Zwillingsanordnung unterscheidet sich die Anlage an der Place de l'Étoile dadurch, daſs ihre Schleifenhälfte nur einen Seitenbahnsteig enthält und deshalb auch nach Fig. 61 auf 30,59 m Auſsenbreite beschränkt werden konnte.

Wo sich die beiden gleich hoch liegenden Nachbarstationen nicht Seite an Seite befinden, wie z. B. an der Place d'Italie (vergl. Fig. 21), da vermittelt ein Fuſsgängertunnel den Linienwechsel. Bei sich kreuzenden Linien sind auſserdem noch besondere Treppenanlagen eingeschaltet.

In ähnlicher Weise sind die Drillingstationen behandelt. An der Place de Nation z. B. liegen die Bahnsteige des Nord- und des Südringes sowie der Linie Nr. 1 gleich hoch. Mau-

Fig. 59 und 60.

Quer- und Längsschnitt einer Zwillingstation mit Gewölbedecke.

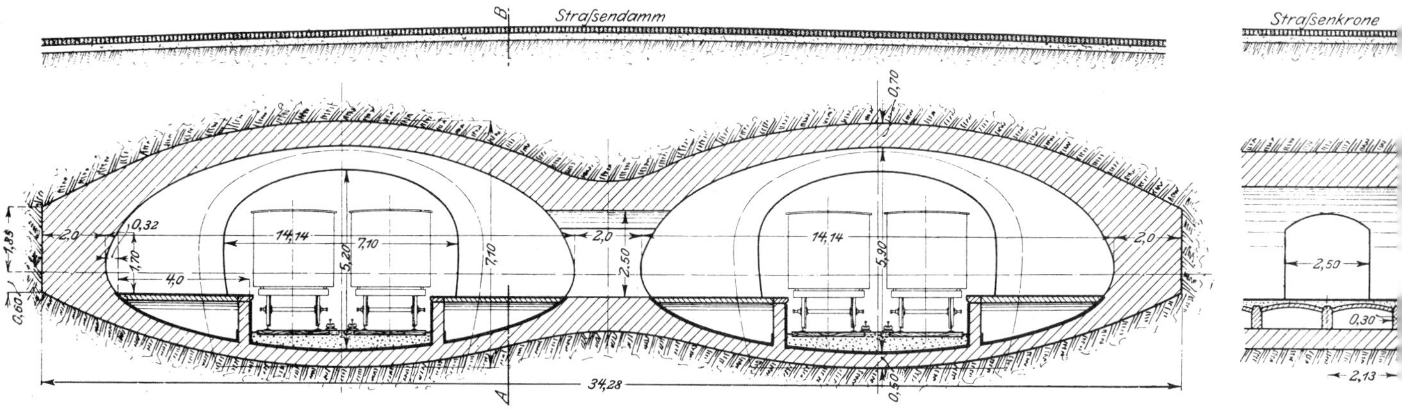

Fig. 61.

Querschnitt der Zwillingstation Place de l'Étoile.

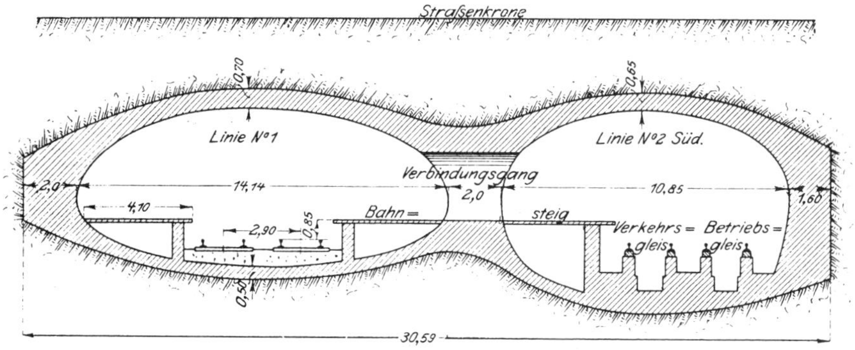

Fig. 62.

Lageplan der Station Gare de Lyon.

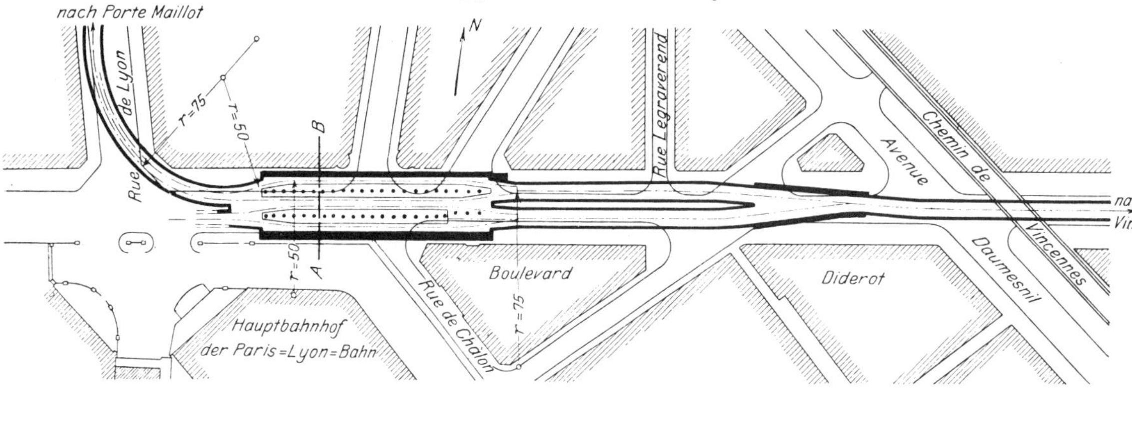

erdurchbrechungen und Gleisbrücken genügen hier. Die Einzelstationen sind jedoch nacheinander erbaut und verschieden ausgeführt; so ist diejenige der Linie Nr. 1 z. B. mit Gewölbedecke versehen, die des Nordringes dagegen mit Eisenträgerdecke.

An der Place de l'Étoile liegt die Nordringstation unter und seitlich derjenigen des Südringes und der Linie Nr. 1; hier treten vielstufige Verkehrstreppen (Fig. 11) noch hinzu, die unbequem sind und das Sichzurechtfinden trotz aller Anschriften erschweren. Hat gar bei einer dreifachen Stationsgruppe jede Linie eine andere Höhenlage, wie z. B. am Opernplatz, so wird das Treppengewirr naturgemäfs noch verwickelter; vergl. auch »Treppenanlagen«.

Fig. 63.

Querschnitt einer Zwillingstation mit Eisenträgerdecke.
(Station Gare de Lyon, Schnitt *A-B* der Fig. 62.)

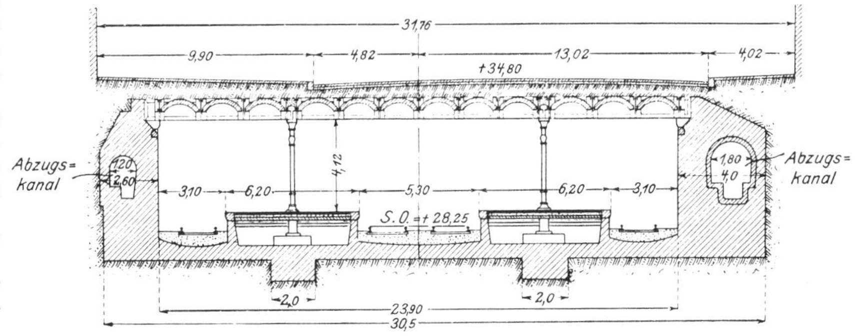

2) mit Eisenträgerdecke.

Bis jetzt ist nur eine Station dieser Art ausgeführt worden: die früher schon hinsichtlich ihrer Bahnsteige besprochene Gare de Lyon. Sie weicht in allem von den übrigen Stationen ab; ihre Länge mifst 100 m, ihre Aufsenbreite 30,5 m, das Lichtmafs zwischen den Widerlagern 23,9 m. Die geringe Ueberlagerung der Stationsdecke zwang zu einer Eisenträgerdecke mit Ziegelkappen. Zwecks Herabminderung des Eisenverbrauches ist die Station nach Fig. 62 und 63 dreischiffig mit Zweistützen-Trägern angelegt worden. Diese werden im Mittelschiff von gufseisernen Zwillingssäulen getragen, die ihren Standort auf den beiden 6,2 m breiten Inselbahnsteigen haben. Jedes Seitenschiff wird

Fig. 64.

Hochbahnstation Avenue de Suffren
Aufgenommen am 1. April 1903 mit Genehmigung der Union Française Photographique in Paris.

Fig. 65.

Grundriß einer Hochbahnstation.
Draufsicht auf die Bahnsteige und Gleise.

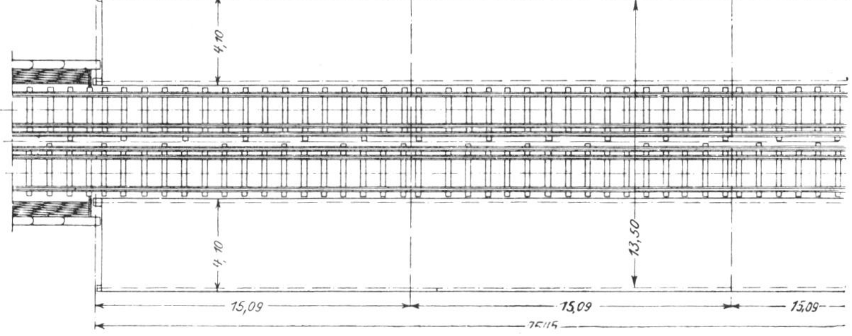

durch 0,95 m hohe und bis 9,5 m weit gespannte einfache Blechträger überdeckt, das Mittelschiff durch Zwillingsträger, die bis 11,5 m Stützweite besitzen. I-Längsträger bilden wieder die Widerlager für die 22 cm starken Ziegelkappen.

Doch nicht allein durch diesen etwas ungewöhnlichen Trägerrost ist die Station bemerkenswert, sondern auch noch durch ihren Anschlufs an die regelrechte zweigleisige Tunnelstrecke, namentlich durch denjenigen auf der Ostseite. Hier laufen nach Fig. 62 die 4 Gleise anfangs paarweise in zwei getrennten Tunneln nebeneinander her und ziehen sich dann in einer gemeinschaftlichen, im Grundrifs glockenartig gestalteten Tunnelhalle von 14 m gröfster und 7,1 m kleinster Spannweite in 2 Gleise zusammen. Auch dieser Glockentunnel ist durch Zwillingsträger abgedeckt, die 1,05 m Höhe und bis 14,5 m Stützweite besitzen. Ein ähnlicher und in gleicher Weise eingedeckter Anschlufstunnel von rd. 20 m gröfster Spannweite ist auf der Westseite vorhanden. Hier wird demnächst auch das früher erwähnte Verbindungsgleis mit der Linie Nr. 5 angeschlossen werden. Die ganze Stationsanlage einschliefslich der Tunnelgabelung mifst zwischen den Enden der Glockentunnel fast 300 m und war in einer sehr verkehrreichen, dabei nur 31,76 m breiten Strafse (Boulevard Diderot) und unmittelbar neben der Anfahrt des Kopfbahnhofes der Lyoner Bahn im Tagebau auszuführen. Ihr Bau war mit ungemein grofsen und mannigfachen Schwierigkeiten verknüpft. Wie Fig. 63 zeigt, tritt die nördliche Längswand der 30,5 m breiten Station bis auf wenige Zentimeter an die Häuserreihe heran. Für den vorhandenen Abzugkanal blieb kein Platz, da er wegen der Schlammablagerung nicht tiefer gelegt werden durfte; er mufste deshalb durch 2 neue Kanäle von 1,20 und 1,80 m lichter Breite ersetzt werden, die in die zu dem Zweck auf 2,60 und 4,0 m verstärkten Widerlager hineinverlegt wurden.

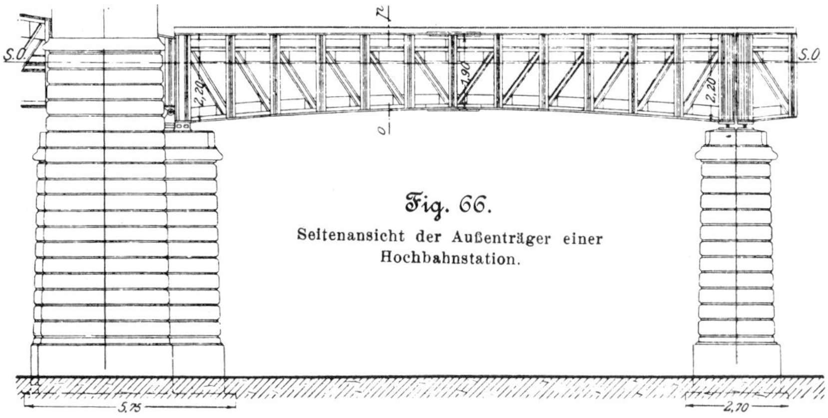

Fig. 66.
Seitenansicht der Außenträger einer Hochbahnstation.

Fig. 67.
Längsschnitt durch eine Hochbahnstation.

Schnitt q-r in Fig. 66 Schnitt s-t in Fig. 66.

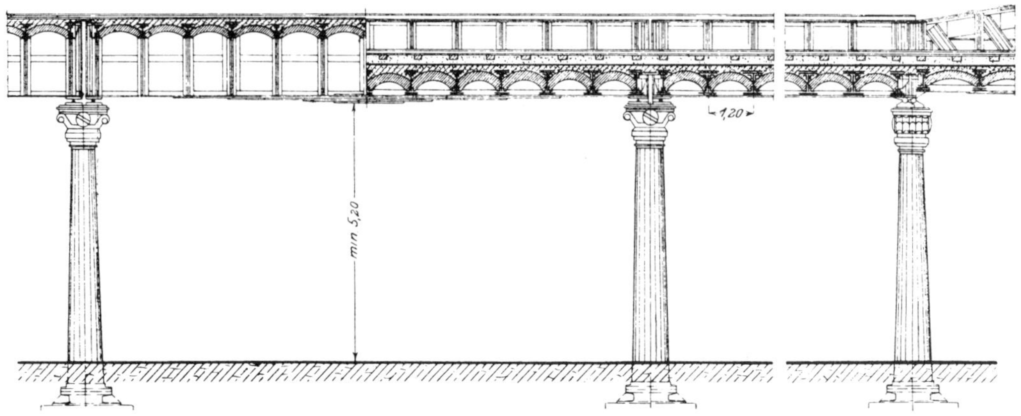

Fig. 68.
Querschnitt (o-p in Fig. 66) durch eine Hochbahnstation.

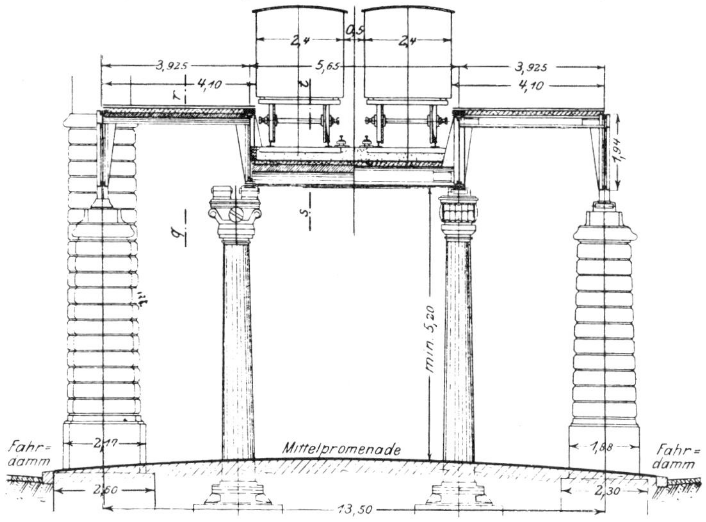

d) Hochbahnstationen.

Fig. 64 stellt eine im Bau befindliche Hochbahnstation dar, und zwar die Südringstation Avenue de Suffren; Fig. 65 bis 68 zeigen die allgemeine Anordnung einer solchen Station ohne Bedachung und Nebenräume, Fig. 69 und 70 sowie Fig. 71 und 72, Textblatt 5, geben das vollständige Aufsen- und Innenbild. Da die Lasten hier gröfser als auf der freien Strecke sind, so sind die Trägerstützweiten nur 15 m grofs gewählt, wodurch sich das Traggerüst jeder Station der Länge nach in 5 gleiche Spannweiten zerlegt. Diese sind durch je 4 Längsträger überbrückt, wovon die beiden inneren, welche die Fahrbahn und einen Teil der Bahnsteiglast zu tragen haben, in I-Form mit voller Blechwand ausgeführt sind, die äufseren dagegen als Fachwerkträger mit oben gerader und unten schwach parabolisch gekrümmter Gurtung. Die inneren Träger werden durch gufseiserne Säulen getragen, die äufseren stützen sich auf Mauerpfeiler. Nach Fig. 65a und 68 haben die Hauptträger der Hochbahnstrecke 7,15 m Abstand von einander, die beiden Stations-Mittelträger aber nur 5,65 m, und demgemäß liegen die Trägerauflager an

Fig. 65a.
Grundriß einer Hochbahnstation. (Draufsicht auf das Traggerüst.)

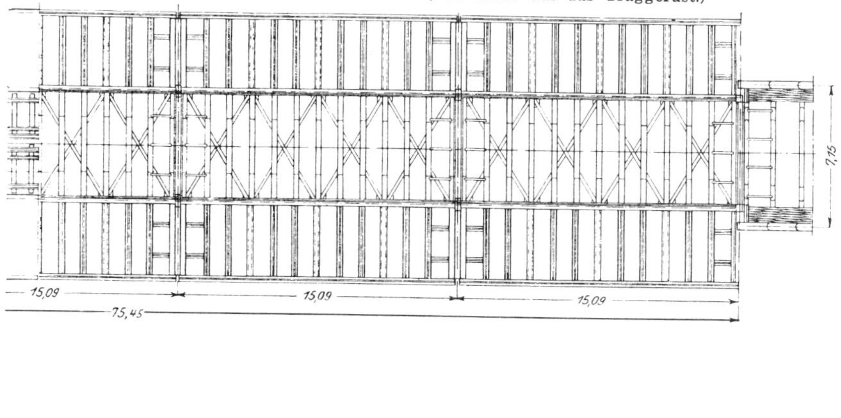

Fig. 71 und 72. Aufsen- und Innenansicht der Station Rue d'Allemagne.
(Aufgenommen am 16. und 26. Februar 1903.)

Fig. 66a und b.

Querschnitt des Fachwerkträgers und seiner Diagonalen.

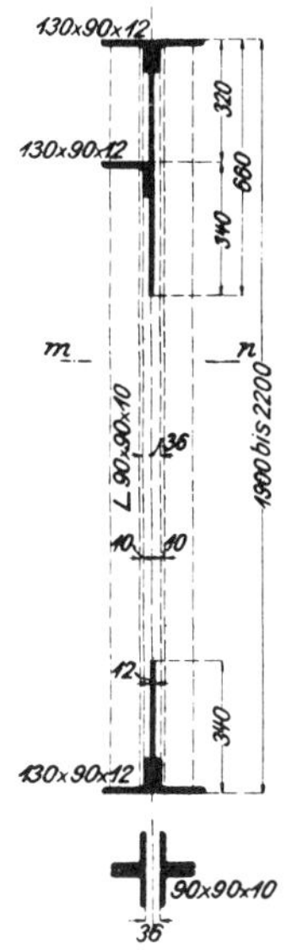

jedem Stationsende nebeneinander, statt wie sonst hintereinander. Um nun dasselbe Säulenmodell benutzen zu können, hat man die Endsäulen um 90° gegen die übrigen Stützen verdreht und sie zudem wegen der verschieden hohen Auflager um 175 mm tiefer in das Erdreich eingelassen. Fig. 67 und 68 zeigen diese etwas seltsame Anordnung, die übrigens in Wirklichkeit kaum auffällt, da die Endsäulen in der Längsrichtung der Bahn durch die kräftigen Eckpfeiler verdeckt werden.

Der Fahrbahntrog ist ähnlich demjenigen der freien Strecke angeordnet; nur sind die Querträger zum Stützen der Ziegelkappen stärker bemessen und um 0,3 m näher aneinander gerückt. Auch die Bahnsteige ruhen auf Ziegelkappen mit darüber liegender Betonlage und Zementschicht, die ihrerseits durch die unteren Winkeleisen der zwischen Innen- und Aufsenträger gespannten 30 cm hohen I-Querträger gestützt werden, wie in Fig. 67 veranschaulicht ist; zu oberst ist ein 15 mm starker Asphaltüberzug aufgebracht.

Um die Bahnsteigkappen nach aufsen zu verdecken, ist den seitlichen, an den Enden 2,2 m und in der Mitte 1,9 m hohen Fachwerkträgern eine eigentümliche Ausbildung gegeben. Nach Fig. 66 und 66a ist nämlich das obere Gurtblech fast doppelt so hoch wie das untere gehalten. Die aus je zwei C-Eisen gebildeten senkrechten Wandglieder sind bis zu den oberen Gurtwinkeleisen durchgeführt, die nach Fig. 66b kreuzförmigen, aus Winkeleisen bestehenden schrägen Wandglieder dagegen schliefsen an ein besonderes Winkeleisen des Obergurtes an, das zu den unteren Saumwinkeln symmetrisch sitzt. Es hat sich dadurch in Verbindung mit der Bogenform der unteren Gurtung eine ganz gefällige Wirkung erreichen lassen, zumal auch die Unterkante der vollwandigen, im Steg 1,85 m hohen und durch je 3 Gurtbleche oben und unten verstärkten Innenträger in der Aufrifsprojektion verdeckt ist. Aufsen- und Innenträger sind an den Enden durch gekreuzte Zugbänder miteinander verspannt, wie die Figuren 64 und 70 erkennen lassen.

Weitere Einzelheiten zeigen die beigefügten Abbildungen, durch die auch der Aufbau der Stationsbedachung usw. erläutert wird. Jeder Bahnsteig ist darnach durch eine reich verglaste Längswand und eine freitragende Riffelglas-Dachfläche gegen die Unbill der Witterung geschützt, was noch durch einen 1,2 m hohen senkrechten Glasvorhang am freien Dachende wirksam verstärkt wird, Fig. 70 und 72. In ihrem unteren Teile sind die Längswände bis zu 0,85 m Höhe über Bahnsteigfläche durch Kunstziegel geschlossen.

Fig. 69 und 70.

Seitenansicht und Querschnitt einer Hochbahnstation.

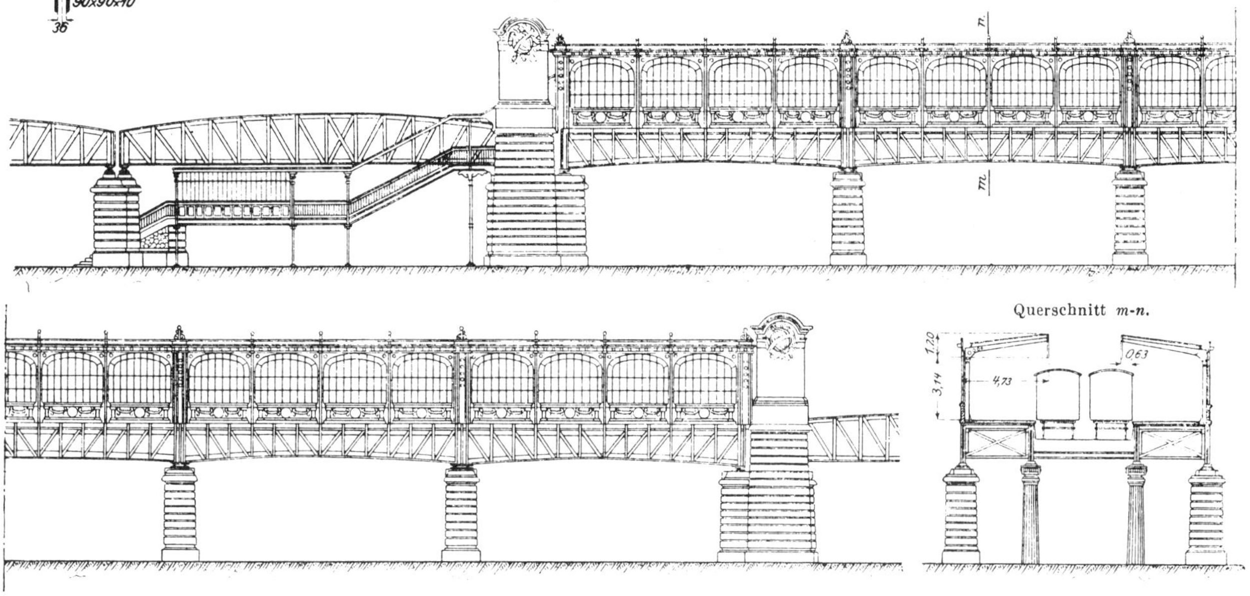

Die Stationen bringen in den sonst recht nüchtern wirkenden Eisenbau der Hochbahnstrecken eine vorteilhafte Abwechslung hinein. Das Bauamt hat sich bemüht, sie durch einfache Mittel zu erreichen, ohne den nicht immer einwandfreien Weg der überreichen Verzierung des Eisengerippes zu beschreiten.

Fig. 73.

Ansicht der Station Place de la Bastille. Aufgenommen am 12. Oktober 1900.

e) Stationen im offenen Einschnitt.

Von den bis jetzt ausgeführten oder in kurzem fertig werdenden Stationen sind 4, darunter 3 auf dem Südring, im offenen Einschnitt angelegt. Sie unterscheiden sich von den unter a) bis c) besprochenen auch noch dadurch, dafs sie sämtlich verschieden durchgebildet worden sind.

Die erste »offene« Station war die am Bastille-Platz, Fig. 73. Hier galt es, den St. Martin-Kanal so hoch zu überbrücken, dafs die Schiffahrt nicht gestört wurde, anderseits aber auch die Bahn unmittelbar vor und hinter der Station im Tunnel weitergeführt werden konnte. Die örtlichen Verhältnisse zwangen zur Anlage im offenen Einschnitt. Der genannte Kanal wurde 40 m lang auf 20 m Breite eingeschnürt und durch eine Eisenbrücke mit tiefliegender Fahrbahn überschritten. In Fig. 73 ist der in das Stationsinnere hineinragende mittlere Zwillingsträger sichtbar; die beiden Aufsenträger sind darin durch die Bahnsteige verdeckt. Letztere werden aufsen durch je einen 1 m hohen Fachwerkträger gestützt, der mit dem benachbarten Zwillingsträger durch Querträger verbunden ist. Die Bahnsteigflächen sind durch Wellblech mit darüberliegender Beton- und Asphaltschicht gebildet. Die zur Verbindung der beiden überdachten Bahnsteige dienende Gleisbrücke ist reich verglast.

Mit der Station wurde damals auch eine Strafsenverbreiterung ausgeführt, wie in Fig. 23 durch Strichelung angedeutet ist. Sie wurde durch acht je $2^1/_2$ m hohe Blechträger nebst Querträgern (und Ziegelkappen) im Gesamtgewicht von 270 t geschaffen. Die Station liegt nur auf 50 m Länge in der Wagerechten, 25 m liegen in der Neigung von 4 ‰. Auf steilen, 107 bezw. 77 m langen Rampen von 40 ‰ Gefälle wird sodann beiderseits des Kanales die erforderliche Tiefe wiedergewonnen, um die Gleise im eisengedeckten Tunnel auf längere Strecken fortführen zu können; vergl. Fig. 5.

Die das Bièvre-Tal überschreitende 1 km lange Hochbahnstrecke enthält zwei Einschnittstationen, die durch äufserst geschickte Ausnutzung des hier stark hügeligen Geländes in die Uebergangsrampen zwischen Hoch- und Untergrundbahn verlegt werden konnten, womit zugleich eine günstige Lage der Bahnsteige zu den Nachbarstrafsen geschaffen wurde. Allerdings ist der reine Einschnittcharakter nur bei einer Anlage, der Station Place St. Jacques, gewahrt, Fig. 74 bis 77. In ihr liegen die Gleise etwa $3^1/_2$ m unter Strafsenkrone, sodafs sie gegen diese durch eine niedrige Mauer mit Eisengeländer abgeschlossen werden konnten. Die Bahnsteige

Fig. 74.

Grundriß der Station Place St. Jacques.

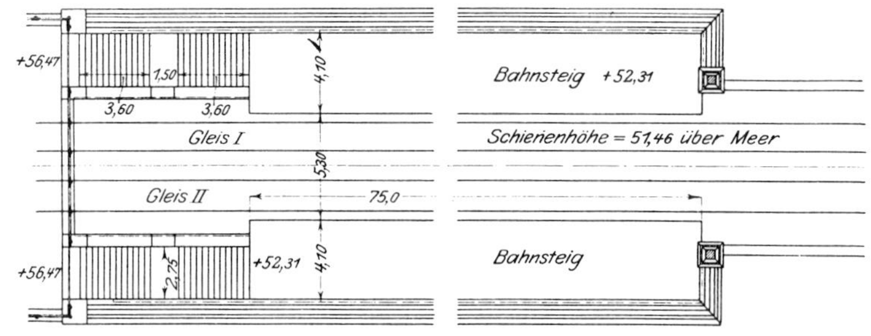

Fig. 75.

Längsschnitt durch die Station Place St. Jacques.

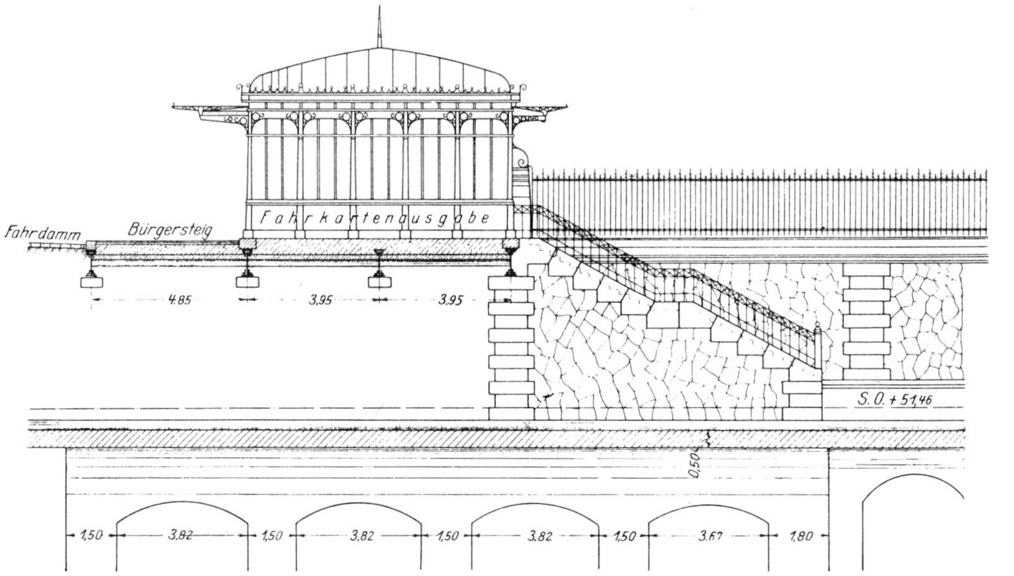

Fig. 76.

Querschnitt der Station Place St. Jacques. (Schnitt *O-P* von Fig. 77).

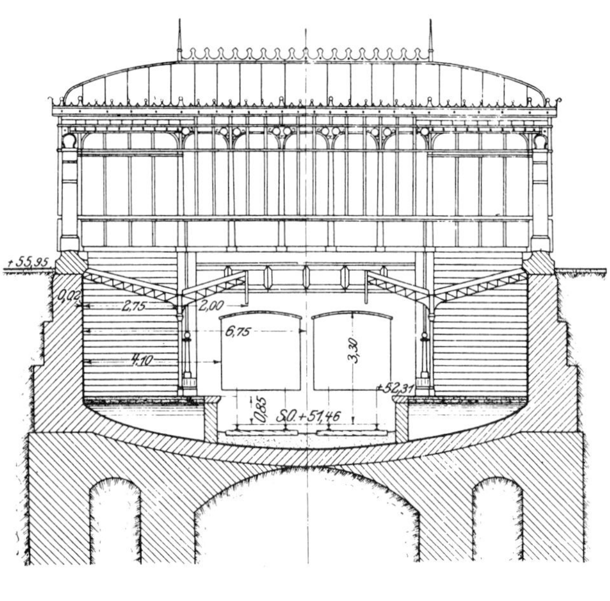

Fig. 77.

Längsschnitt durch eine Bahnsteigtreppe der Station Place St. Jacques

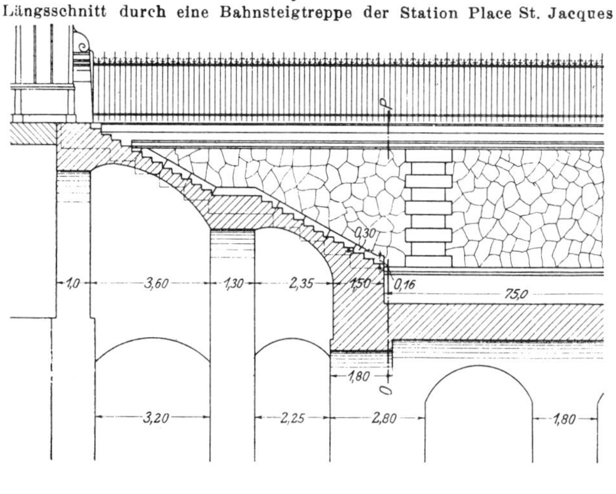

Fig. 78.

Ansicht der Station Rue Corvisart.

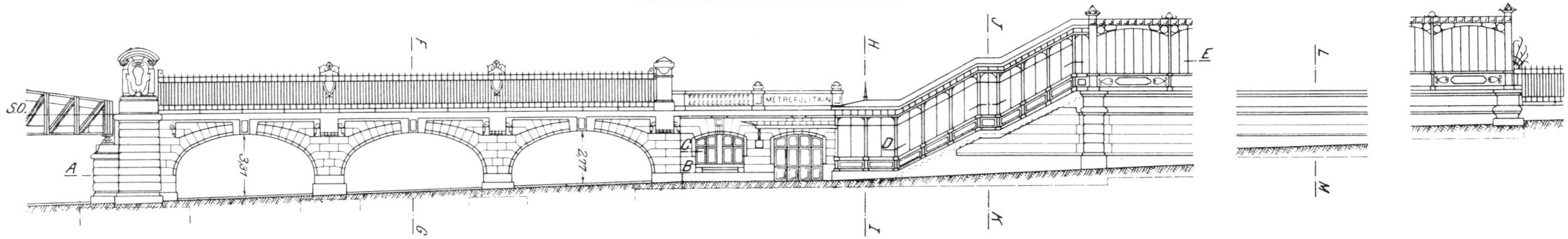

Fig. 79.

Längsschnitt nach O P

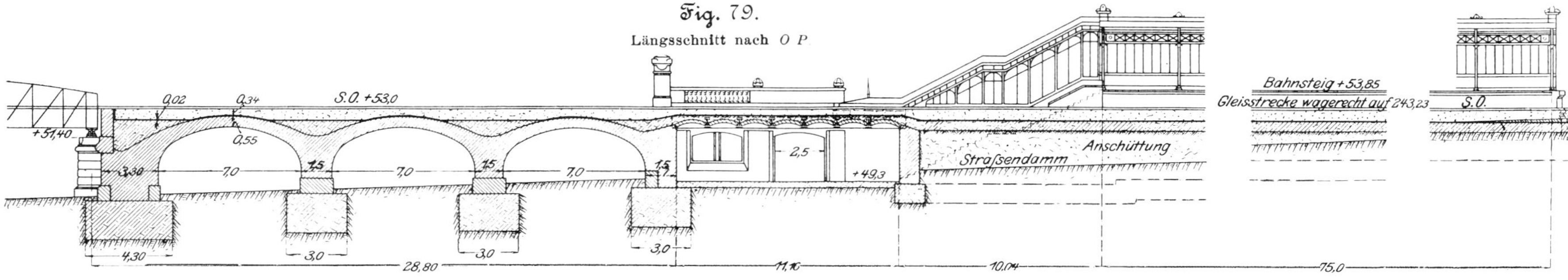

Fig. 79a.

Grundriß der Station Rue Corvisart.

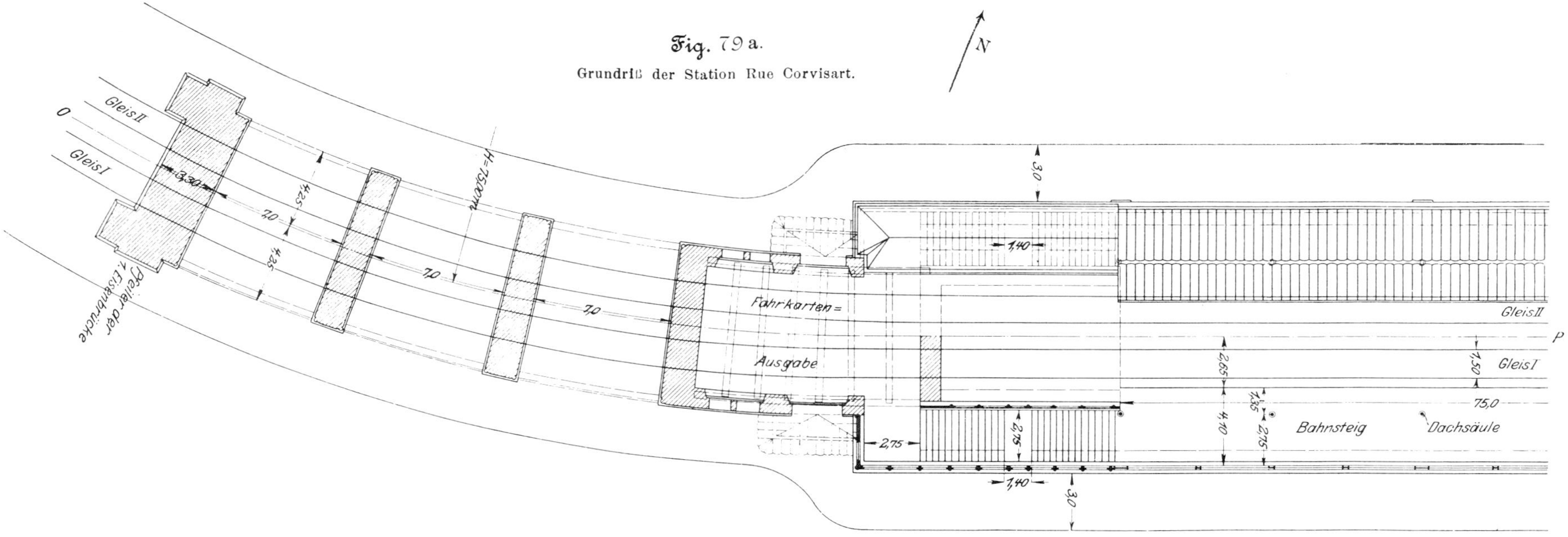

sind durch ein doppelt geneigtes Glasdach geschützt, das hier aber im Gegensatz zu der vortrefflichen Anordnung der Hochbahnstationen durch Säulen getragen wird, die in 7,5 m Längsentfernung aus den Bahnsteigen emporragen. In den beigefügten Figuren fällt der ungewöhnliche und kräftige Unterbau auf; er ist veranlafst worden durch die schon mehrfach erwähnten unterirdischen Steinbrüche, die sich unter dieser Station in 2 Stockwerken hinziehen, wie Fig. 3 deutlich erkennen läfst.

Die andere Station — Rue Corvisart — ragt mit ihrem Ostende gerade eben noch in die Einschnittrampe hinein, während sie im übrigen in der Auftragrampe liegt; vergl. Fig. 12. Die westliche Einfahrt liegt in einer 75 m-Krümmung auf steinerner Brücke, die östliche in Strafsenhöhe. Die ganze Anordnung ist höchst beachtenswert und daher hier auch in ihren wichtigeren Einzelheiten durch Fig. 78 bis 83 erläutert.

Stationszugänge und Treppenanlagen.

1) Zugänge.

Aeufserlich ist von den Untergrundstationen wenig zu bemerken, zumal von den bis jetzt erbauten Anlagen aufser den wenigen mit getrennten Abfahr- und Ankunftstellen angeordneten Schleifenstationen und einigen Zwischenhaltestellen alle übrigen nur einen einzigen Zugang aufweisen. Dieser liegt gewöhnlich in den Bürgersteigen oder Fufswegen, zuweilen auch auf dem Fahrdamm öffentlicher Plätze; von ihm führt eine Treppe nach den Bauten unter der Erde. Doppelte Zugänge finden sich bis jetzt nur bei den Stationen Champs Élysées und Trocadéro, wo Rücksichten auf den Weltausstellungsverkehr mafsgebend waren; ferner bei der Station Place de la Nation, die alljährlich um Ostern durch den sehr besuchten dreiwöchigen »Lebkuchenmarkt« einen

Fig. 80 bis 83. Station Rue Corvisart (s. Fig. 78 bis 79a).

Fig. 80. Schnitt *F-G.*

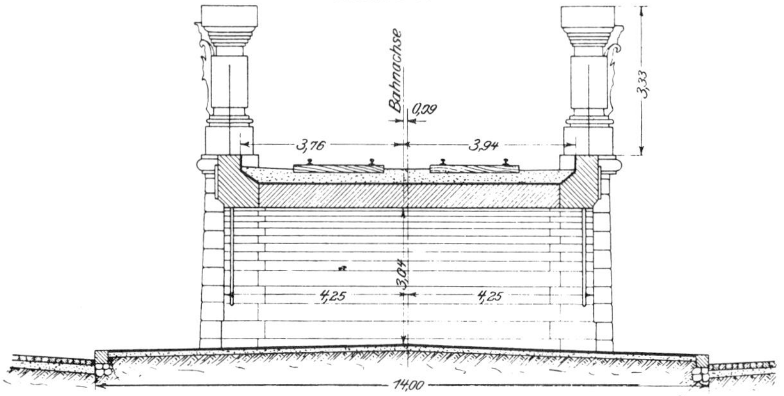

Fig. 83. Schnitt *J-K.*

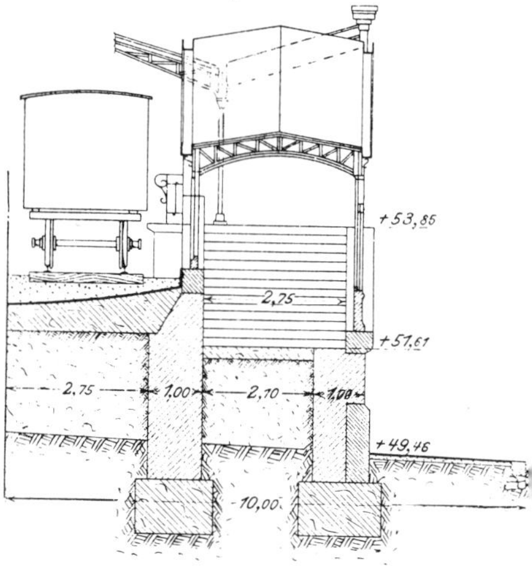

Fig. 82. Schnitt *L-M.*

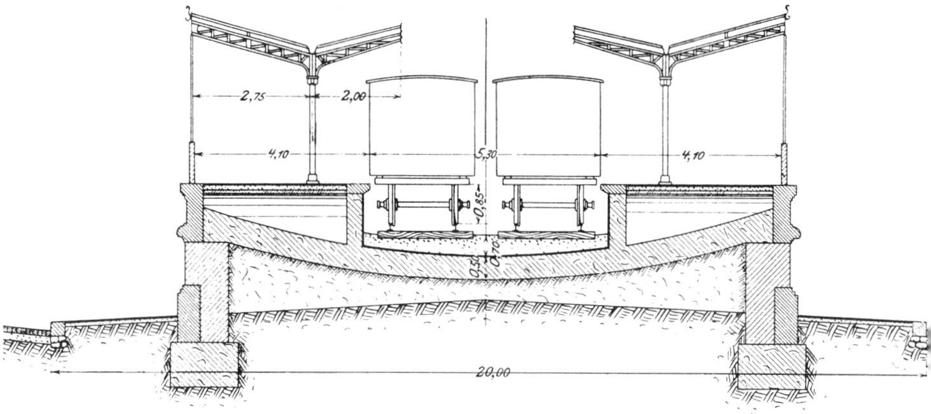

Fig. 81. Schnitt *H-I.*

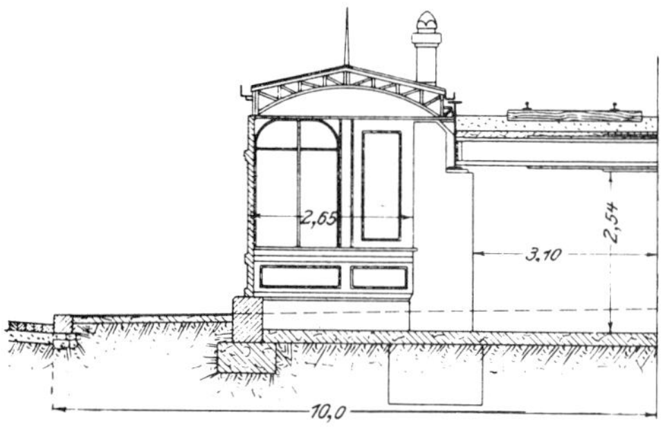

In ähnlicher Weise wird auch die auf dem rechten Seine-Ufer gelegene Station Bel Air (Südring) ausgeführt werden.

Schliefslich ist auch noch die Südringstation Quai de Passy zu nennen, die gleichsam ein Uebergangsglied zwischen Untergrund- und Hochbahnstation bildet; liegt sie doch am Ende des steilen Bahnabstieges vom Trocadéro nach der Seine mit $^1/_3$ ihrer Länge im Tunnel, im mittleren Teil im Einschnitt und am andern Ende auf der hier beginnenden Hochbahnstrecke. Infolgedessen zeigt sie auch alle Merkmale der vorstehend unter b), d) und e) besprochenen Anlagen. Da die hier auf die Seine ausmündenden Strafsenzüge des hochgelegenen Passy-Bezirkes durch Treppen an die Uferstrafse angeschlossen sind, so waren beiderseits der Station 73 stufige, 4,5 m breite Treppen für den öffentlichen Verkehr sowie für den Zugang der Station vom Quai aus anzulegen.

starken Verkehrszuwachs erfährt, während welcher Zeit dann der eine Eingang eben nur als solcher dient, die andere Anlage nur als Ausgang; und endlich bei der Station Place de la Bastille, um dieser durch den zweiten am benachbarten Hauptbahnhofe der Vincennes-Bahn gelegenen Zugang eine unmittelbare unterirdische Verbindung mit jenem zu geben. Er soll später auch als Zugang für die hier die Linie Nr. 1 kreuzende Linie Nr. 5 dienen. Für gewöhnlich war bis jetzt bei den erstgenannten drei Stationen nur ein Zugang für den Verkehr geöffnet.

Die Herstellung der Zugangswege von der Strafse bis nach den Bahnsteigen ist nach den im Abschnitt I schon kurz angezogenen Bestimmungen des Genehmigungsgesetzes Sache der Betriebsgesellschaft; die Art der Anordnung bedarf jedoch der Zustimmung der Stadtverwaltung.

Letztere legte nun ganz besonderen Wert darauf, ihre Strafsen und Plätze von störenden Bahnbauten freigehalten zu sehen, jene aber wollte wiederum aus naheliegenden Gründen die Zugänge möglichst kenntlich und bequem erreichbar gemacht wissen, anderseits auch so angelegt, dafs sie an Bedienungspersonal ersparten. Aus diesen teilweise einander widersprechenden Gesichtspunkten ging dann schliefslich die Anlage mit nur einem Stationszugang hervor, von der die Betriebsgesellschaft in ihrem Geschäftsbericht vom 30. Juni 1899 sagt: »Wir glauben, dieses doppelte Problem glücklich gelöst zu haben.«

In der Tat ist auch damit eine den Ansprüchen unter normalen Verhältnissen genügende, dabei nicht allzu teuere Lösung gefunden, die nur zur Voraussetzung hat, dafs die Treppenläufe stets und unter allen Umständen sicher beleuchtet sind und dafs ein Massenandrang nicht stattfindet. Infolge des am 10. August 1903 auf der Station Rue des Couronnes stattgehabten Unglücksfalles, der 84 Reisenden das Leben kostete (durch Ersticken) und bei dem zwei Züge mit insgesamt 12 Wagen am Nordeingange der Station Ménilmontant aufbrannten, sind von der Pariser Presse besonders scharfe Angriffe auf die Betriebsgesellschaft wegen dieser Treppenanlage gemacht worden; auch hat das Polizeipräsidium neben der Forderung besonderer Hülfsbeleuchtung und Speisung des Lichtnetzes durch eine vom Bahnstrom unabhängige und von aufsen in das Stationsinnere eingeführte Stromquelle sowie sonstiger Verbesserungen eine Aeufserung der Verwaltung innerhalb $2^1/_2$ Monate darüber verlangt, wie die Stationen durch 2 verschiedene Treppen leichter zugänglich zu gestalten seien.

Fig. 84.

Eingang der Station Porte Maillot.
Aufgenommen am 12. Oktober 1900.

Fig. 85.

Eingang der Station Hôtel de Ville.
Aufgenommen am 30. April 1902

Fig. 86.

Eingang der Nordring-Station Rue de Rome.
Aufgenommen am 15. Juni 1903.

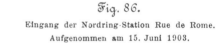

(Vgl. Abschnitt VI, 4). Jetzt sind bereits die meisten Bahnsteigtreppen durch eine grofse Notlampe mit der Inschrift »Sortie« (Ausgang) gekennzeichnet, was die Möglichkeit des Entkommens, falls die elektrische Lichtleitung versagt, wesentlich sichert. Die für elektrisch erleuchtete Theater usw. bestehende weise Vorschrift, dafs Notlampen an den Ausgängen brennen müssen, ist auch für Untergrundbahnen mit elektrischer Beleuchtung nicht minder geboten. Nach den bei dem vorerwähnten Brande gemachten Erfahrungen kann eine solche Notbeleuchtung allerdings auch nur elektrischer Art sein, da sie allein in stickigen Brandgasen in Tätigkeit bleibt, während jede andere Lichtquelle darin erlöschen mufs. Demgemäfs sollen in kurzem sämtliche Untergrundstationen mit grofsen Lampen ausgestattet werden, die in weifser Schrift die Richtung nach den Ausgängen deutlich anzeigen, und die durch den elektrischen Strom des städtischen Lichtnetzes, also »von aufsen«, gespeist werden, und zwar deshalb von aufsen, weil bei jenem Brandunglück die im Tunnel verlegte und an die Speicherbatterie der Unterstation Père Lachaise angeschlossene Lichtleitung durch das Feuer zerstört wurde, was natürlich das Erlöschen der elektrischen Lampen in den nördlich der Station Ménilmontant gelegenen Nordringstationen zur Folge hatte.

Die Stationszugänge sind in geradezu verblüffend einfacher Weise kenntlich gemacht. Wohl in keiner Stadt der Welt[1])

[1]) Auf der i. J. 1902 eröffneten Untergrundbahn in Berlin sind einige Stationseingänge in Anlehnung an das Pariser Vorbild, Fig. 86, zur Ausführung gebracht, wenngleich nicht in so gefälliger Weise wie dort.

sind die Mittel so unscheinbar wie in Paris, und dafs dieses Wenige schliefslich auch genügt, beweist der Riesenverkehr der Stadtbahn, den die einzelnen Stationen vermitteln, beweist auch das schnelle Zurechtfinden des Fremden, sobald er diese bescheidenen Einrichtungen kennen gelernt hat.

Auf der Linie Nr. 1, auf der man noch Erfahrungen bezüglich aller Neuanordnungen sammeln mufste, kommen dreierlei Umkleidungen der Stationseingänge vor, auf den späteren Linien ist nur eine Art zu finden. An den Endstationen der Linie Nr. 1, an einigen Zwischenhaltestellen ihres östlichen Gleisabschnittes sowie an der gemeinsamen Zugangstelle sind die Eingänge für die drei Stationen der Place de l'Étoile durch ein höchst eigenartig geformtes Glashäuschen über der Treppe gekennzeichnet. Die Wände und das fächerartige, überkragende Dach bestehen aus gelbbraunen Glastafeln, durch die in der Dunkelheit die über der Treppe angebrachten Glühlampen schwach hindurchscheinen, was ihnen ein eigenartiges Gepräge verleiht und sie nebenbei auch in praktischer Weise kenntlich macht. Fig. 84 zeigt das Stationshäuschen an der Porte Maillot (Ankunftseite), das bei

Fig. 87 bis 91.

Treppenanlage der Untergrundstationen, (meist gebräuchliche Anordnung).

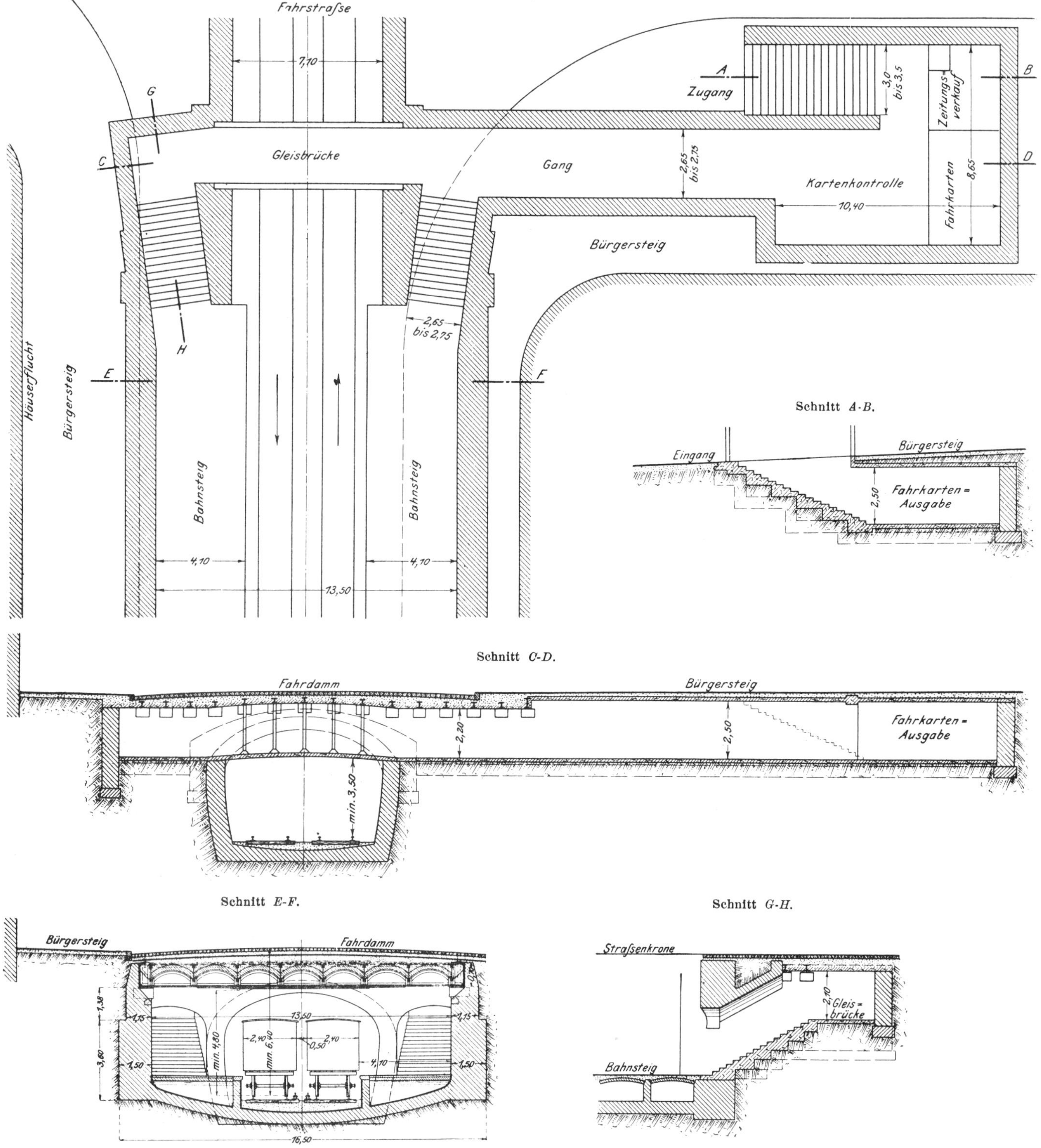

Fig. 92 bis 94.

Treppenanlage mit Gleisbrücke innerhalb der Station.

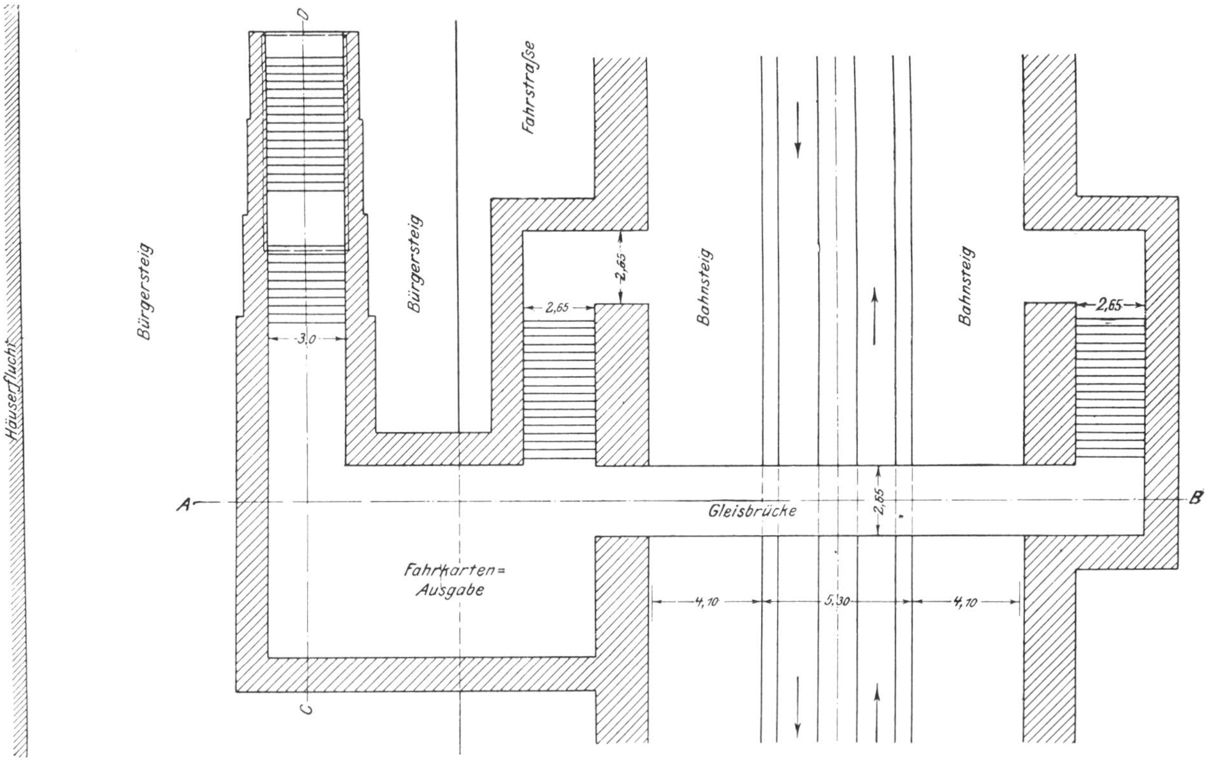

Schnitt A-B.

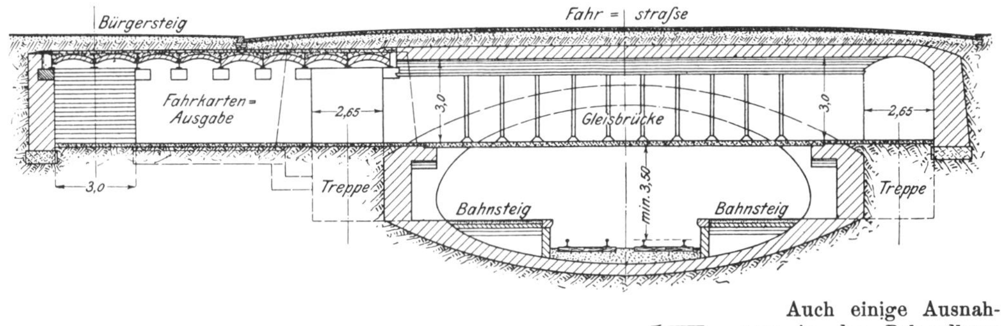

Schnitt C-D.

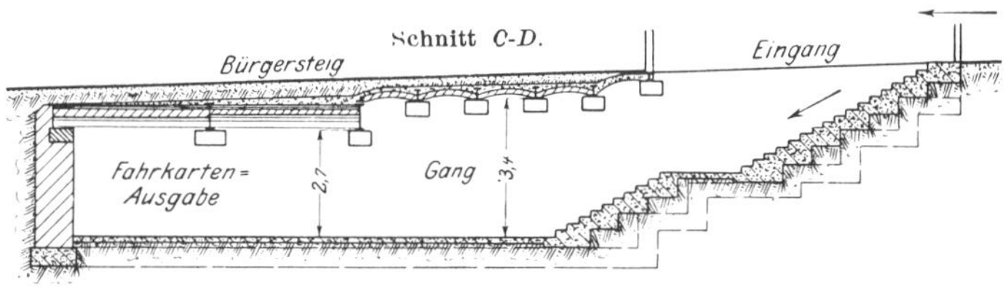

4,06 m Firsthöhe über Boden eine Grundfläche von 5,86 × 3,40 m einnimmt. Gegen diese von einem namhaften Pariser Architekten entworfenen Schutzhäuschen erhoben sich seinerzeit viele Stimmen, und so wurden bei einigen andern Anlagen, wie Gare de Lyon und Hôtel de Ville, die Umfassungswände fortgelassen und nur das Dach nebst Geländer beibehalten. Fig. 85 gibt die Strafsenansicht einer solchen Anordnung wieder. Obschon letztere durchsichtiger ist und weniger auffällig wirkt, und obgleich die Betriebsgesellschaft sich im Interesse des Publikums wiederholt bemüht hat, von der Stadtverwaltung die Erlaubnis zur Errichtung dieser Bedachungen an allen Stationen zu erhalten, wurde ihr diese aus Schönheitsgründen für die Strecke Châtelet - Place de l'Étoile (Linie Nr. 1) verweigert, ebenso für die Zweigstrecken vom letztgenannten Platz nach dem Trocadéro und der Porte Dauphine, und ihr dafür vorgeschrieben, die Stationseingänge nur mit einem verhältnismäfsig einfachen Eisengeländer zu umgeben.

Ein durch zwei Zierstangen gehaltenes Schild mit der Inschrift »Métropolitain« oder vereinzelt auch mit dem Stationsnamen kündigt in solchem Falle allein die Haltestelle an. In dieser ungewöhnlich einfachen, allerdings auch das Strafsenbild durchaus nicht beeinflussenden Weise ist z B. das Aeufsere der viel benutzten Station am Palais Royal gehalten. Ihr Zugang, der demnächst auch für die hier zu errichtende gleichnamige Station der Linie Nr. 7 dienen wird, liegt auf einem kleinen Inselperron, inmitten eines freien Platzes, auf dem sich ein Wagen- und Fufsgängerverkehr sondergleichen abspielt. Fig. 86 zeigt eine derartige Anlage, wie sie nunmehr die Regel bildet.

Auch einige Ausnahmen in der Behandlung dieser Stationseingänge kommen vor, und zwar auf der Linie Nr. 1 Die Haupttreppe der Station Tuileries z. B. konnte nur in dem an den gleichnamigen öffentlichen Garten anstofsenden schmalen Bürgersteig der Rue de Rivoli untergebracht werden, und das auch nur in 1,5 m (!) Breite. Sie ist unmittelbar an die von hohem Geländer gekrönte Gartenmauer gerückt, so dafs der Eingang nur noch auf 2 Seiten durch ein niedriges Geländer zu schützen war. Ueber diese wohl schmalste aller dem öffentlichen Verkehr dienenden Stationstreppen haben i. J. 1903 fast $2^1/_4$ Millionen Menschen ihren Weg genommen.

Am Konkordienplatze wiederum liegt der Eingang zur Haltestelle in einer Durchbrechung der die Terrasse des Tuileriengartens gegen den Bürgersteig abschliefsenden Futtermauer. Aufser der eingemeifselten Inschrift verraten nur zwei elektrische Lampen dieses Stationsversteck.

Für die im offenen Einschnitt liegenden Stationen mufsten der Kartenschalter wegen notgedrungen wieder Häuschen zugelassen werden; sie sind in anderer Weise und in gröfseren Abmessungen angeordnet als diejenigen der Linie Nr. 1, vergl. Fig. 76.

Soweit Stationshäuschen errichtet sind, mufs die Betriebsgesellschaft gemäfs gesetzlicher Vorschrift während der Dauer der Konzession eine Entschädigung dafür an die Stadt zahlen, die sich jährlich auf 10 frs für 1 qm der in Anspruch genommenen Bodenfläche beläuft.

2) Treppenanlagen.

a) Untergrundstationen.

Die von der Strafse hinabführende Treppe ist nach vorstehendem auf allen Zwischenstationen für die Reisenden beider Fahrrichtungen gemeinsam. Sie führt in 3 bis $3^1/_2$ m, bei Zwillingstationen in 4 m Breite mit etwa 18 bis 25 Stufen nach einem unter der Strafse liegenden etwa 7 m langen Vorraum, in welchem die Fahrkartenschalter und eine Zeitungsverkaufstelle liegen. Der Inhaber der letzteren ist verpflichtet, den Reisenden auf deren Anfordern Kleingeld unentgeltlich einzuwechseln, damit sie nach bahnseitiger Vorschrift das Fahrgeld — stets 15 cts = 12 Pfg für einen Platz II. und 25 cts = 20 Pfg für einen solchen I. Klasse — am Schalter bereit halten. Selbstverständlich wird es mit dieser Vorschrift auch hier nicht so genau genommen. Nahe dem Schalter werden von einem Beamten die Fahrkarten durchlocht, und von da aus erreicht man mittels eines 2,65 bis 2,75 m breiten und 13 m langen Ganges die ebenso breite Treppe nach dem nächstgelegenen Bahnsteig, oder nach Ueberschreiten einer rd. 14 m langen, in gleicher Höhe mit dem Gange liegenden Gleisbrücke die nach dem Bahnsteig der andern Fahrrichtung hinabführende Treppe. Richtungsschilder an den Treppen erleichtern das Auffinden des einzuschlagenden Weges.

Entgegen dem Brauch der französischen Hauptbahnen wird auf der Stadtbahn rechts gefahren. Die Pariser Stadtverwaltung hat dies einmal beschlossen in Uebereinstimmung mit den Strafsenbahnen, die ebenfalls rechts fahren, sodann aber wollte sie auch hierin wieder die völlige Unabhängigkeit von den Lokomotiveisenbahnen dartun. Das Publikum hat sich übrigens schnell an diese Abweichung gewöhnt.

Die Treppenanordnung ist in zweifacher Weise ausgeführt, je nachdem die Oertlichkeit es bedingt.

Gewöhnlich liegen alle drei Treppen vor dem einen Kopfende der Station. Die obere Treppe liegt entweder winkelrecht zu den Gleisen, wie z. B. bei Station Hôtel de Ville (Fig. 85) oder gleichgerichtet mit ihnen und zwar in letzterem Falle wiederum entweder seitlich des Tunnels, wie z. B. bei Station Palais Royal oder aber samt dem Schalterraum mitten über ihm, wie bei den Stationen unter der Mittelpromenade der äufseren Boulevards (Fig. 86). Auch die Gleisbrücke befindet sich bei der Kopflage etliche Meter aufserhalb der Station, damit die von ihr auslaufenden Stationstreppen, die die eine Stirnmauer in schräger Richtung durchdringen, unmittelbar auf den Bahnsteiganfang ausmünden. Weitere Einzelheiten geben Fig. 87 bis 91; sie beziehen sich zwar in erster Linie auf eine Station mit Eisenträgerdecke, gelten jedoch — abgesehen natürlich von dem eigentlichen Stationsbau — auch für die Stationen mit Gewölbedecke, wie Fig. 54 (Station Avenue Kléber) und der hierzu gehörige Grundrifs im Lageplan der Figur 11 erkennen lassen. Liegt der Stationseingang mitten über dem Tunnel, so stimmt die allgemeine Grundrifsanordnung der Treppen nebst Schalterraum fast genau mit Fig. 97 überein.

Nur vereinzelt kommt die zweite, in Fig. 92 bis 94 näher dargestellte Treppenanlage vor, z. B. auf der Nordringstation am Étoile-Platz (Fig. 11), wobei die das Deckengewölbe durchdringende Gleisbrücke mit den beiden Abstiegen sich zwischen den beiden Stirnmauern befindet.

Die Bahnsteigtreppen münden in diesem Falle je in einen besonderen Raum an der Aufsenseite der Widerlager, die an dieser Stelle auf 2,65 m Breite durchbrochen sind, um den Zugang nach den Bahnsteigen zu ermöglichen: eine Anordnung, die für stark benutzte Untergrundstationen weniger empfehlenswert erscheint und auch gegen die vorige zurücksteht. Selbst jene würde nur dann völlig einwandfrei sein, wenn sie sich an jedem Kopfende der Station vorfände; es würde dann die eine Treppe nur für den Eingang, die andere nur für den Ausgang nutzbar zu machen sein, wie solche Trennung bei den Stationen der Londoner Untergrundbahnen zum Vorteil der Reisenden überall streng durchgeführt ist. Doppelte Treppenanlagen freilich verteuern wiederum die Anlage, erfordern gröfseres Ueberwachungspersonal und, was hier besonders ins Gewicht fällt, sind aus örtlichen Gründen nicht immer durchführbar, namentlich nicht bei einer so dichten Stationsfolge, wie sie die Pariser Untergrundstrecken aufweisen. Auch diese Gegengründe wollen bei der Beurteilung der Gesamtanordnung berücksichtigt sein.

Das Unglück in der Station Rue des Couronnes hätte nicht den Umfang angenommen, die 76 in ihr Umgekommenen hätten sich aller Wahrscheinlichkeit nach retten können[1]), wenn sie der Aufforderung der Beamten, den Bahnsteig zu verlassen, Folge geleistet hätten. Zwischen dieser Aufforderung und dem Erlöschen des Lichtes sind nach den angestellten Erhebungen etwa 5 Minuten verflossen, eine Zeit, die genügend war, um alle damaligen Fahrgäste, deren Zahl auf ungefähr 300 geschätzt wird, die 19 Stufen der Bahnsteigtreppe ersteigen und sich damit in Sicherheit bringen zu lassen. Bei den meisten Stationen wird die einfache Treppenanlage beibehalten, da durch die getroffenen Verbesserungen, (vgl. hierüber Abschnitt VI, 4) die Wiederkehr eines solchen Unglücksfalles wohl ausgeschlossen erscheint.

Die Gleisbrücken sind aus Flacheisen gebildet und mit Ausnahme der Bastille-Station (Fig. 73) ringsum durch Zement mit Eiseneinlagen nach Bauart Hennebique verkleidet, sodafs jederAusblick nach den Gleisen verhindert ist. Ihre Unterkante liegt ungünstigenfalls 3,5 m über S.O., somit nur 20 cm über dem höchsten Punkt der Wagen.

Da, wo eine solche Brücke die Gleise innerhalb der Station kreuzt, ist sie nach Fig. 95 in einem überwölbten Ausschnitt der Gewölbedecke an diese letztere gehängt; wo

Fig. 95.

Aufhängung der Gleisbrücke innerhalb der Station.

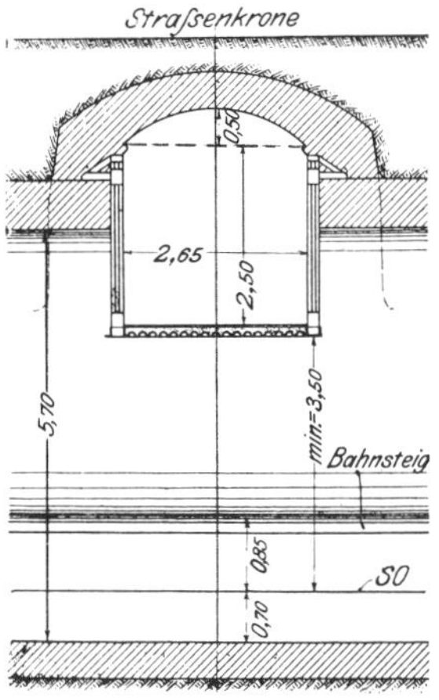

Fig. 96.

Aufhängung der Gleisbrücke außerhalb der Station (Tunnel im Gefälle).

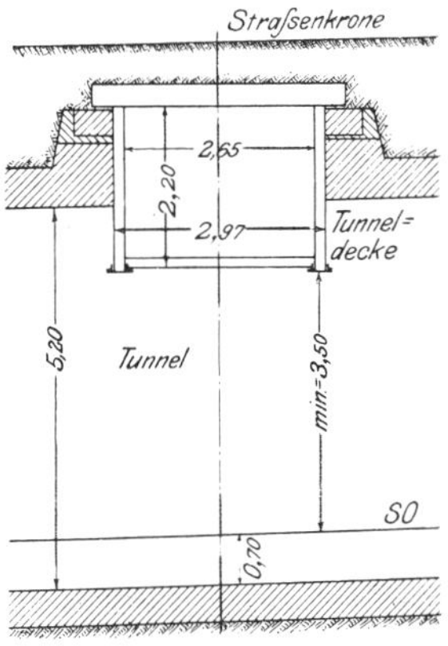

sie aber, wie meistens der Fall, vor Kopf der Station im Streckentunnel liegt, hängt sie an der verstärkten Tunneldecke, deren Ausschnitt, wie Fig. 96 erkennen läfst, durch eine Eisen-Zement-Decke abgedeckt ist.

Die Treppenstufen sind aus Stein, meistens Kunststein (Schlackenzement-Beton), hergestellt, zuweilen mit einem 14 cm breiten geriffelten Bleistreifen belegt (Station Gare de Lyon), um dem Fufse besseren Halt zu geben. Wie auf den Londoner Untergrundbahnen beträgt auch hier die Stufenhöhe 15 bis 16 cm, die Stufenbreite (Auftritt) 30 bis 32 cm, sodafs die Treppen auch für kleinere Leute bequem begehbar sind.

Die Bahnsteigtreppen verkehrsreicherer Untergrundstationen, mehrfach auch die von der Strafse hinabführenden

[1]) Sieben Personen sind auf der Station Ménilmontaut erstickt. Dort lag die Spitze der brennenden Züge — ein Vierwagen-Zug hatte den durch Kurzschluß schadhaft gewordenen Achtwagen-Zug bis dorthin geschoben — gerade am Stationseingang, also dicht bei den Bahnsteigtreppen und unter der Gleisbrücke. Diese 7 Verunglückten haben sich nach der Untersuchung wahrscheinlich zu lange auf den Bahnsteigen aufgehalten, um die brennenden Wagen zu beobachten. Als sie dann endlich fliehen wollten, waren die Treppen, die Gleisbrücke und der Schalterraum verqualmt, und so erstickten sie in diesen Räumen. Ein Toter wurde auch in der Tunnelstrecke zwischen Rue des Couronnes und Rue de Belleville gefunden; ihn hatten die Stickgase auf der Flucht erreicht. Die Zugbeamten und einige Fahrgäste hatten sich kurz vorher durch den Tunnel retten können.

Haupttreppen (vergl. Fig. 85 und 86), sind in ihrer ganzen Länge durch ein Eisengeländer in zwei Breiten getrennt, um die den Bahnsteig verlassenden Personen von den ankommenden zu sondern. Damit sich dieser Verkehr leichter regelt, ist das nur aus einigen Stützen und einer Rundstange bestehende Geländer derart schräg gestellt, dafs die an der Bahnsteigtreppe ankommenden Reisenden — sei es oben oder unten — stets eine gröfsere Breite vorfinden als die die Treppe verlassenden. Auf die Weise können immer nur wenige Reisende gleichzeitig den Bahnsteig oder die Gleisbrücke betreten und ist eine gewisse Ordnung geschaffen. Der Zugang zum Bahnsteig wird in gewissen Tagesstunden und bei besonders starkem Andrange von einem Beamten durch ein Gitter gesperrt[1]), sobald eine bestimmte Anzahl Personen den Bahnsteig betreten hat. Die ankommenden Züge sind in der Zeit gewöhnlich so stark besetzt, dafs die neu hinzukommenden Fahrgäste nicht alle auf einmal mitfahren können. Durch diese zeitweiligen Bahnsteigsperren sollen gröfsere Ansammlungen auf den Bahnsteigen vermieden und eine schnelle Zugabfertigung gewährleistet werden.

Da die Stationszugänge aber räumlich sehr beschränkt sind, so gehört das Warten auf den Treppen und Gängen nicht gerade zu den Annehmlichkeiten. Der Pariser ist jedoch in Verkehrssachen nicht verwöhnt und zeigt sich den Eisenbahnverhältnissen gegenüber weit nachsichtiger und viel geduldiger als im allgemeinen der Deutsche daheim.

Besonders stark belagert sind an schönen Sonntagnachmittagen die Abfahrtseiten der Schleifenstationen am Boulogner Gehölz. Die Reisenden stehen dann oft bis auf die Strafse hinaus in dichter Kette, trotzdem die Züge mit 2 bis 3 Minuten Zeitabstand abgelassen werden und Wagenüberfüllung ärgster Art dann die Regel bildet. An solchen Tagen genügt die Höchstleistung der Stadtbahn den Verkehrsanforderungen nicht mehr. Am stärksten ist davon die Station Porte Maillot betroffen, die im Jahre 1903 von mehr als sieben Millionen Reisenden benutzt worden ist. Die Betriebsverwaltung hat jetzt zur schnelleren Räumung des Ankunftbahnsteiges (Fig. 4 und 52) einen zweiten Ausgang eingerichtet, während die Abfahrtseite wegen der feststehenden Bahnsteiglänge usw. keine Verbesserung nach dieser Richtung erfahren kann.

Bei den in gröfserer Tiefe liegenden Umsteigstationen gestalten sich die Treppenanlagen naturgemäfs verwickelter, als vorstehend beschrieben. Es sei hier nur auf die Stationen Père Lachaise und Opéra hingewiesen. Beabsichtigt ist, solche Stationen mit Aufzügen auszustatten, und es sind auch die Schächte dafür schon vorgerichtet, auf dem Etoile-Platz schon seit dem Jahre 1900.

Fig. 97.

Treppenanlage der Hochbahnstation Rue d'Allemagne.

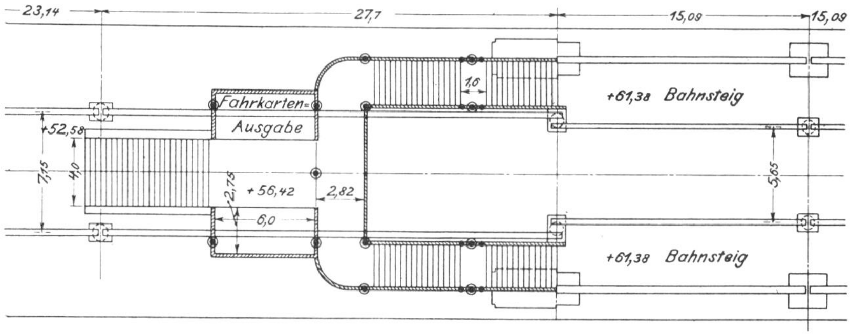

b) Hochbahnstationen.

Wesentlich einfacher gestaltete sich die Sachlage für die Hochbahnstrecken. Hier handelte es sich darum, die an dem einen Stationsende von den beiden Bahnsteigen abwärts führenden Treppen unter Vermittlung des Schalterraumes an eine gemeinsame Strafsentreppe anzuschliefsen. Fig. 97 veranschaulicht die zweckmäfsig durchgeführte Lösung, die durch Fig. 71 näher erläutert wird. Der Hauptaufbau vollzieht sich hiernach gabelförmig unter der ersten an die Station angeschlossenen Spannweite der Hochbahnstrecke. Während die vor Kopf der Station, also geschützt liegende 4 m breite Haupttreppe zwischen den beiden Säulen (bei andern Stationen nach Fig. 69 auch zwischen den beiden Pfeilern und dann in 5 m Breite) aufsteigt und sich an ihre obere Endstufe unterhalb der Eisenbrücke der 6 m lange Schalterraum mit einem winkelrecht dazu verlaufenden 2,85 m breiten Gang angliedert, ziehen sich die beiden überdachten, je 2,75 m breiten Bahnsteigtreppen an den Aufsenseiten der Hochbahnbrücke hin, um am oberen Ende auf den breiten Eckpfeilern der Station ihren unmittelbaren Anschlufs an die Bahnsteige zu finden. Die Haupttreppe ist in Stein ausgeführt, alles übrige in Eisen. Fig. 97 stellt die Anlage an der Rue d'Allemagne dar, die unter den vier Hochbahnstationen des Nordringes die ungünstigste hinsichtlich der Höhenlage über Strafsenkrone ist, weshalb ihre Haupttreppe auch mehr Stufen enthält als die der andern.

c) Einschnittstationen

Noch einfacher konnten die Treppen der Einschnittstationen angelegt werden. Eine gemeinsame Zugangstreppe kommt hier ganz in Fortfall, und die beiden Bahnsteigtreppen führen entweder unmittelbar von beiden Seiten des zur ebenen Erde gelegenen Schalterraumes nach den Bahnsteigen hinab, wie auf der Station Quai de Passy oder Place St. Jacques (Fig. 74 bis 77), oder es ist an den Schalterraum eine Gleisbrücke angeschlossen, von der aus sie wie sonst üblich abzweigen (Station Place de la Bastille), oder sie führen auch nach den Bahnsteigen empor, wie es auf der Rue Corvisart (Fig. 78 bis 79a) der Fall ist.

Warte- und Erfrischungsräume sowie Bedürfnisanstalten fehlen überall. Die Fahrt auf einer Linie dauert höchstens etwa $1/2$ Stunde, so dafs von diesen Nebenräumen abgesehen werden konnte, zumal die Pariser Hauptstrafsen nach nichtfranzösischen Begriffen überreichlich mit Bedürfnisanstalten versehen sind.

Besondere Bauwerke.

1. Abweichende Tunnelformen.

Eigenartig und völlig abweichend von den bisher betrachteten, einheitlich durchgeführten Bauwerken sind die Uebergänge von der gewöhnlichen Tunnelstrecke zur Schleife sowie die für Betriebszwecke eingerichteten Abzweigungen von der einen Linie nach der andern ihr benachbarten. Es handelt sich hier stets um eine starke Erweiterung des 7,10 bis 7,43 m breiten Tunnels auf das $1^1/_2$- bis selbst $2^1/_2$fache, womit in der Regel eine Gabelung der Tunnelgleise verbunden ist.

Die Erweiterung geht entweder in stetiger Folge, also gleichsam glockenartig vor sich, wobei auch die Verstärkung des Mauerwerkes stetig erfolgt (Glockentunnel), Fig. 98 und 99, oder sie wird nach Fig. 100 bis 102 stufenweise (teleskopartig) bewirkt, und dann werden auch die Tunnelwandungen in Absätzen verstärkt, z. B. nach Fig. 100 von 0,75 auf 2,30 m (Stufentunnel). Die Innenansicht eines solchen Stufentunnels zeigt Fig. 102. Diese letztere Ausführungsweise hat recht häufig auf den verschiedenen Linien Anwendung gefunden, wie die Schleifenabbildungen in Fig. 8 bis 21, desgl. die Figuren 112 und 113 erkennen lassen.

Schwieriger noch als diese Aufweitungen gestaltete sich der Bau der Gabelstrecken in mehreren der mit getrennten Abfahrt- und Ankunftstationen ausgestatteten Endschleifen. In ihnen trennen sich nicht nur die beiden Hauptgleise ziemlich weit voneinander, sondern verdoppeln sich auch gleichzeitig

[1]) Nachdem durch das Nordring-Unglück die Schädlichkeit aller derartigen Schranken und Hindernisse mit erschreckender Deutlichkeit klar gelegt ist, hat die Aufsichtsbehörde die Beseitigung solcher das schnelle Entkommen der Fahrgäste störenden Einflüsse gefordert.

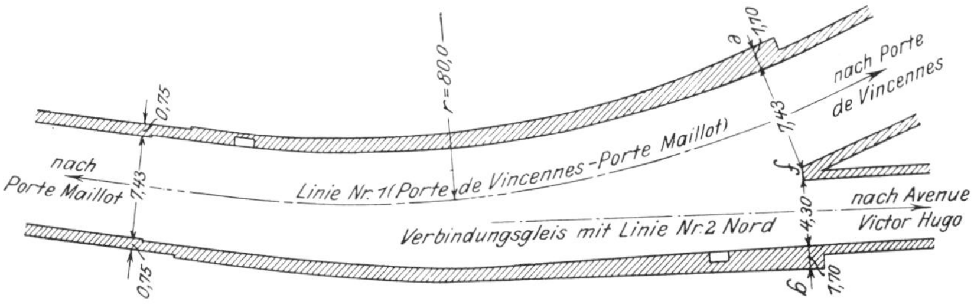

Fig. 98. Glockentunnel.
(Vergl. Fig. 11.)

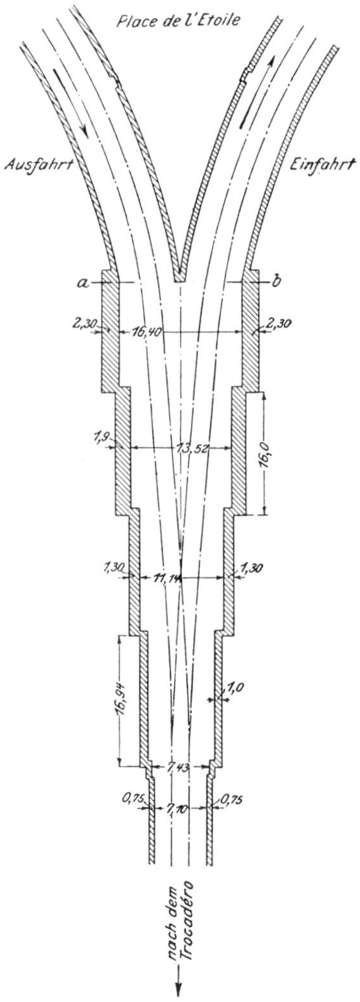

Fig. 100. Stufentunnel.
(Vergl. Fig 11.)

Fig. 99.
Querschnitt nach *e-f-g* in Fig. 98.

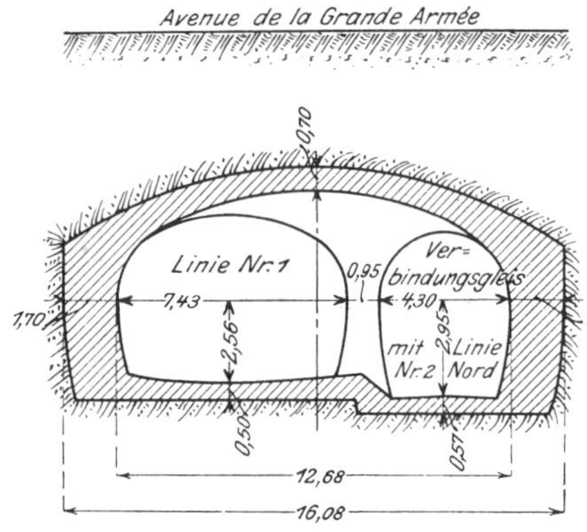

Fig. 101.
Querschnitt nach *a-b* in Fig. 100.

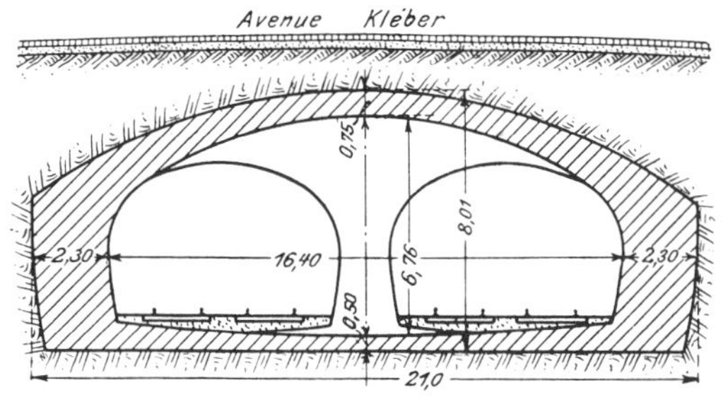

Fig. 102.
Innenansicht des Stufentunnels, Fig. 100, in Richtung nach dem Trocadéro.
Aufgenommen am 24. Februar 1900.

Auch die Tunnelquerschnitte für diese Gleisstrecken sind in zweifacher Art ausgestaltet worden.

a) Man hat zunächst wieder von der vorgenannten glockenartigen Erweiterung Gebrauch gemacht und sodann 2 getrennte Tunnel angelegt, diese allmählich wieder von 4,80 m Weite auf beispielsweise 10,90 m erweitert und sie dann nochmals in je 2 besondere kurze eingleisige Tunnel von 4,95 m Weite aufgelöst, an die sich dann unmittelbar je eine 11,68 m weite Station mit Inselbahnsteig anschliefst, Fig. 103.

In dieser Weise sind die Schleifenstationen der Linie Nr. 1 (Porte Maillot und Porte de Vincennes) behandelt worden. Die beigefügten Schnitte, Fig. 104 und 105, zeigen, wie das erweiterte gemeinsame elliptische Gewölbe hierbei durch 2 und schliefslich durch 4 Spitzgewölbe ersetzt wird.

Diesen Uebergang des einfachen Tunnels in 4 gesonderte Tunnelstrecken läfst sehr hübsch Fig. 106 erkennen. Eine ähnliche Lösung hat die Gabelung in der Schleifenspitze der Station Place Gambetta (Fig. 17) gefunden.

b) Der andere Weg ist einfacher und besteht darin, dafs die beiden Haltestellen der Schleife unmittelbaren Anschlufs an die hier in verstärktem Mafse durchgeführte glockenartige Erweiterung erhalten; er bedingt allerdings die Zulassung einer weitgespannten Tunneldecke.

Die Schleifenstation an der Porte Dauphine, Fig. 6, bietet hierfür ein Beispiel. Die beiden Haltestellen liegen nicht wie bei Linie Nr. 1 symmetrisch zur gemeinsamen Tunnelachse und sind auch bezüglich der Bahnsteige ungleich behandelt. Die Ankunftstation hat nach Fig. 107 die regelrechte Weite von 14,14 m erhalten, jedoch einen Seitenbahnsteig; die andere Stationsseite dient als Arbeitstätte bei der Wagenuntersuchung. Die Abfahrtstation ist wieder wie bei den Endstationen der Linie Nr. 1 im Innern 11,68 m weit und nach Fig. 108 mit einem Inselbahnsteig ähnlich demjenigen der Figur 54 ausgestattet. Die Gabelung der beiden Hauptgleise und ihr Uebergang in die 4 Stationsgleise, wovon übrigens zwei Sackgleise bilden, vollzieht sich, wie Fig. 109 erkennen läfst, unter einem bis 18,2 m erweiterten Gewölbe, welche Spannweite bis jetzt die gröfste auf der Stadtbahn ist. Seine Widerlager sind 2,5 m stark, sein Scheitel 0,85 m.

Ungewöhnlich reich an derartigen Tunnelerweiterungen ist die herzförmige Schleifenanlage des Südringes unter der Place de l'Etoile (vergl.

die 6 Aufweitungen in Fig. 11) sowie besonders diejenige des Nordringes unter der Place de la Nation (Fig. 8).

Dieser letztere hat, wie unter »Linie Nr. 2 Nord« erläutert, zweimaligen Anschluſs an die hier nierenförmig gestaltete Schleife und an den in Fig. 112 dargestellten viergleisigen Wagentunnel, endlich auch an die Linie Nr. 1. Infolgedessen liegen hier nahe gruppiert nicht weniger als 10 derartige Sonderbauten, die in kurzem durch den hier ebenfalls auslaufenden und mit Linie Nr. 1 in Verbindung gebrachten Südring (vergl. die Tafel) noch um etliche fünf vermehrt werden, sodaſs der Untergrund des Nationalplatzes eine wahre Musterkarte für diese schwierigen Tunnelformen abgibt, wie er auch zuvor durch die ausgedehnten Abänderungen an den Wasserleitungen und Abzugkanälen — 12 Straſsen münden ja auf diesen Platz — weit mehr Arbeit und weit gröſsere Kosten in dieser Richtung verursacht hat, als die andern von der Stadtbahn unterfahrenen Plätze.

Als Beispiel einer Abzweigung oder einer Verbindung zweier Hauptlinien, wie sie für die Wagenüberführung nach den Hauptwerkstätten und umgekehrt bei jeder Hauptlinie angelegt sind, sei diejenige zwischen den Linien Nr. 1 und Nr. 2 Süd an der Place de l'Étoile gewählt, da sie, wie ein Blick auf Fig. 11 zeigt, besonders geschickt durchgeführt ist. Sie beginnt in der 65 m-Krümmung der Südringschleife und mündet nach kurzem Lauf in die 50 m lange Zwischengerade zweier entgegengesetzter 75 m-Kurven der Linie Nr. 1 ein. In letzterer besitzt der Tunnel die für solche Gleisbogen übliche Weite von 7,43 m, während der Nachbartunnel 13,18 m weit gespannt ist. Fig. 110, welche einen Schnitt der Figur 11 nach *a-b* darstellt, erläutert diese Verhältnisse des näheren, während Fig. 111 eine Innenansicht dieser Stelle in Richtung nach der Station Place de l'Étoile liefert: rechts ist Linie Nr. 1 sichtbar, links sieht man in Richtung des Verbindungsgleises in den erweiterten Schleifentunnel des Südringes, während sich im Vordergrunde die rd. 13 m breite Tunnelerweiterung der Linie Nr. 1 zeigt. Die Aufnahme gibt den Tunnelbau in unfertigem Zustande wieder, das Sohlengewölbe ist noch nicht eingezogen.

Fig. 103.

Tunnelgabelung vor den Stationen Porte Maillot und Porte de Vincennes.

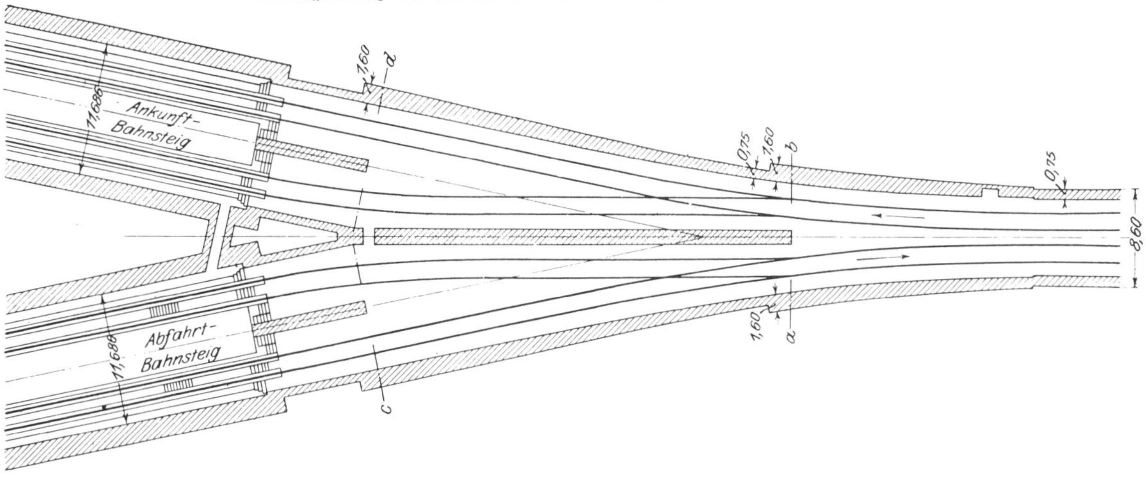

Fig. 104.

Querschnitt nach *a-b* in Fig. 103.

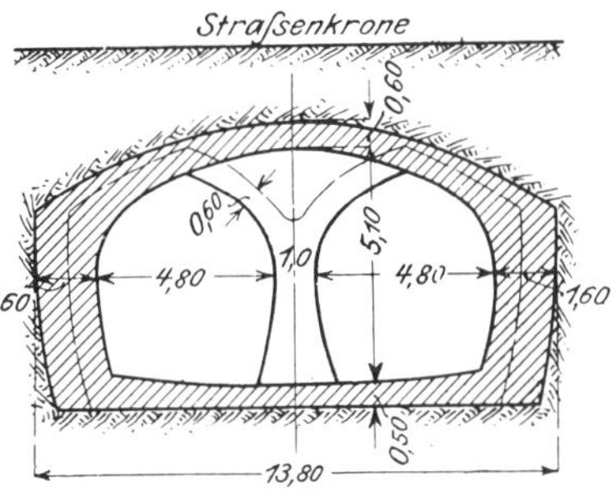

Fig. 105.

Querschnitt nach *c-d* in Fig. 103.

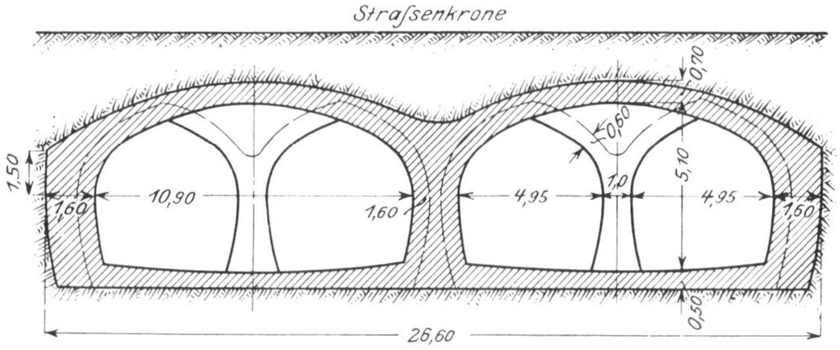

Fig. 106.

Innenansicht der Tunnelgabelung der Fig. 103 in Richtung nach den Bahnsteigen.

Aufgenommen am 24. Februar 1900.

2) Nebentunnel für Leerzüge.

Schon bald nach Eröffnung der Linie Nr. 1 machte sich der Mangel an Aufstellgleisen für Leerzüge empfindlich bemerkbar. Es stand für solche Zwecke nur die eine Hälfte der Doppelstation Gare de Lyon, Fig. 62, mit zwei etwa 140 m langen Gleisen zur Verfügung, die aber völlig ungenügend wurden, sobald die Zugfolge infolge anwachsenden Verkehrs auf $2^1/_2$ bis 3 Minuten in den Stunden lebhaftesten Andranges herabgedrückt werden mufste, also eine erhebliche Wagenvermehrung Platz griff. Auch konnten im Betriebe beschädigte Züge nicht schnell genug aus dem Verkehr gezogen werden. Ursprünglich waren zwar im Bauplan 2 Nebentunnel für derartige Züge vorgesehen gewesen, sie waren aber nicht gebaut worden. Auf dringendes Verlangen der Betriebsgesellschaft entschlofs sich dann die Stadtverwaltung zur nachträglichen Ausführung des in Abschnitt II unter »Linie 2 Nord« genannten viergleisigen, rd. 400 m langen Wagentunnels unter dem Cours de Vincennes. Er wurde gleichzeitig mit der grofsen Schleife am Nationalplatz, Fig. 8, gebaut, was die Abfuhr der ausgeschachteten Bodenmassen sehr erleichtert hat; denn aufser dem ersten Verbindungsstück mit jener Schleife erfolgte die Ausführung unterirdisch. Die Deckung der fast 2 Millionen frs betragenden Baukosten führte zu langwierigen Verhandlungen zwischen Stadt- und Betriebsverwaltung. Sie endeten durch das Eingreifen des Seine-Präfekten damit, dafs letztere einen Beitrag von 760000 frs beisteuerte.

Höchst bemerkenswert sind die Anschlüsse dieses etwas ungewöhnlichen Wagenschuppens an die Linien Nr. 1 und 2 Nord. Seine vier Gleise stehen nach Fig. 112 durch einen kurzen Stufentunnel in unmittelbarer Verbindung mit dem Nachbargleise der Linie Nr. 1, und es werden hier die Leerzüge hindurchgeführt, während anderseits eine etwa 200 m lange eingleisige Verbindung mit dem Zuführungsgleise der nahe gelegenen Hauptwerkstätte geschaffen ist. Ihre Einmündung in den Schleifentunnel hat den bauleitenden Ingenieuren viel Mühe gemacht; mufste sie doch bis an die Grenze der hier gelegenen Gasanstalt gerückt werden.

Die Verbindung des Schuppens mit der Nordringschleife ist in doppelter Weise mittels eines Tunneldreiecks hergestellt; auch vermittelt die Nordringstation Place de la

Fig. 107.

Querschnitt durch die Ankunftstation an der Porte Dauphine.

(Vergl. Fig. 6.)

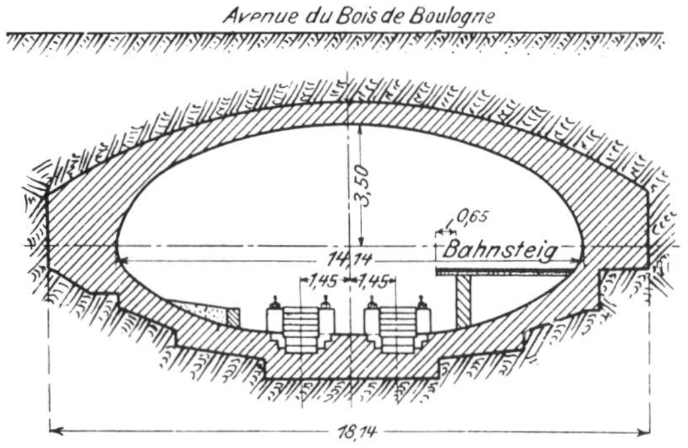

Fig. 108.

Querschnitt durch die Abfahrtstation an der Porte Dauphine.

(Vergl. Fig. 6.)

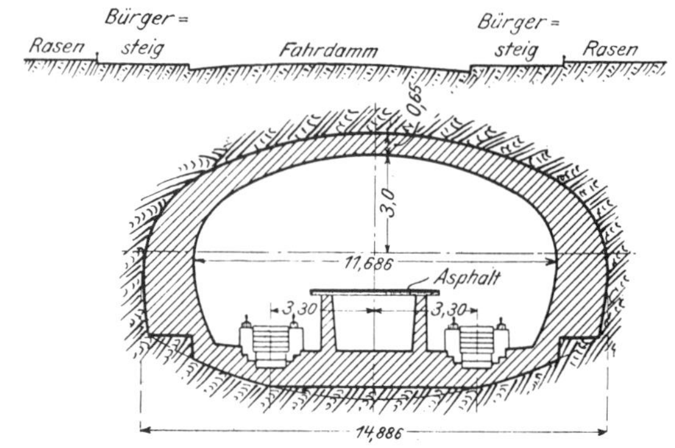

Fig. 109.

Querschnitt durch den Bahnsteiganfang der beiden Stationen an der Porte Dauphine.

(Vergl. Fig. 6.)

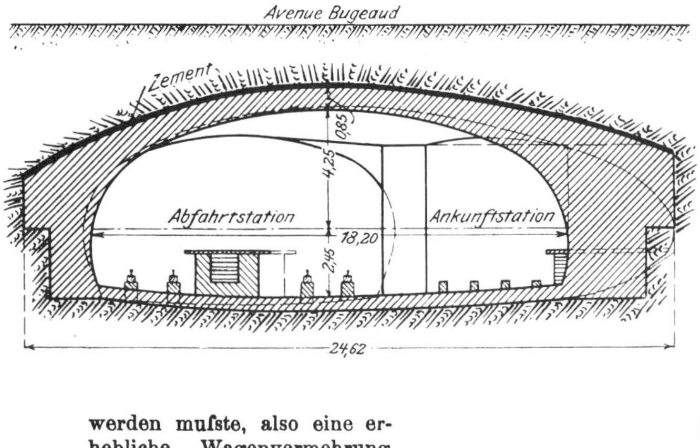

Fig. 110.

Querschnitt durch das Verbindungsgleis der Linie Nr. 1 mit der Linie Nr. 2 Süd unter der Place de l'Etoile.

(Vergl. Schnittlinie *a-b* in Fig. 11)

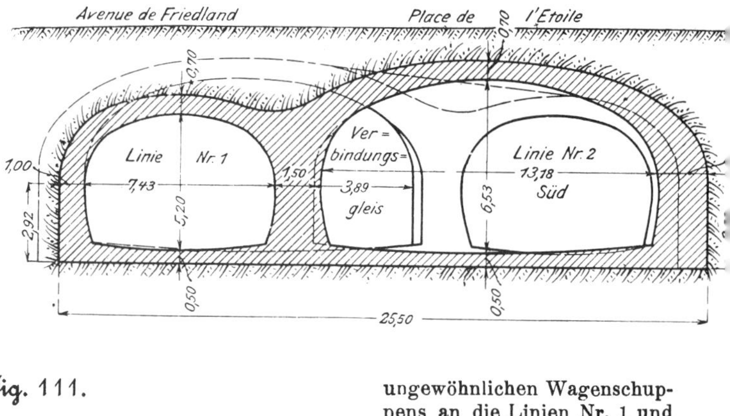

Fig. 111.

Innenansicht der Tunnelerweiterung der Linie Nr. 1 für das Verbindungsgleis mit Linie Nr. 2 Süd, in Richtung nach der Station Place de l'Étoile gesehen.

Aufgenommen am 19. Februar 1900.

Nation eine zweite Verbindung zwischen Schuppen und Linie Nr. 1. Es sind hierbei mehrfach Stufentunnel und Gabelungen notwendig geworden, deren Lage Fig. 112 nebst Fig. 8 veranschaulicht.

Die Linien Nr. 2 bis 8 werden sämtlich mit 1 bis 2 eingleisigen Nebentunneln ausgestattet, die, wie schon erwähnt, im Betriebe beschädigte Züge aufnehmen sollen, damit in solchen Fällen der übrige Verkehr möglichst wenig gestört wird.

Auf dem 12,4 km langen Nordringe liegen derartige gleicher Weise je in 5 Stufen von zusammen 34,5 m Länge das regelrechte Tunnelgewölbe von 7,10 m Breite auf 12,46 m erweitern, wobei die Widerlagerstärken von 0,75 m auf 1,70 m anwachsen.

3) Linienkreuzungen.

Besondere Schwierigkeiten boten auch die Kreuzungen verschiedener Linien, sei es infolge mangelnder Bauhöhe, sei es durch nachträglich veranlafstes Tieferlegen der Gleise oder

Fig. 112.

Viergleisiger Wagentunnel unter dem Cours de Vincennes.

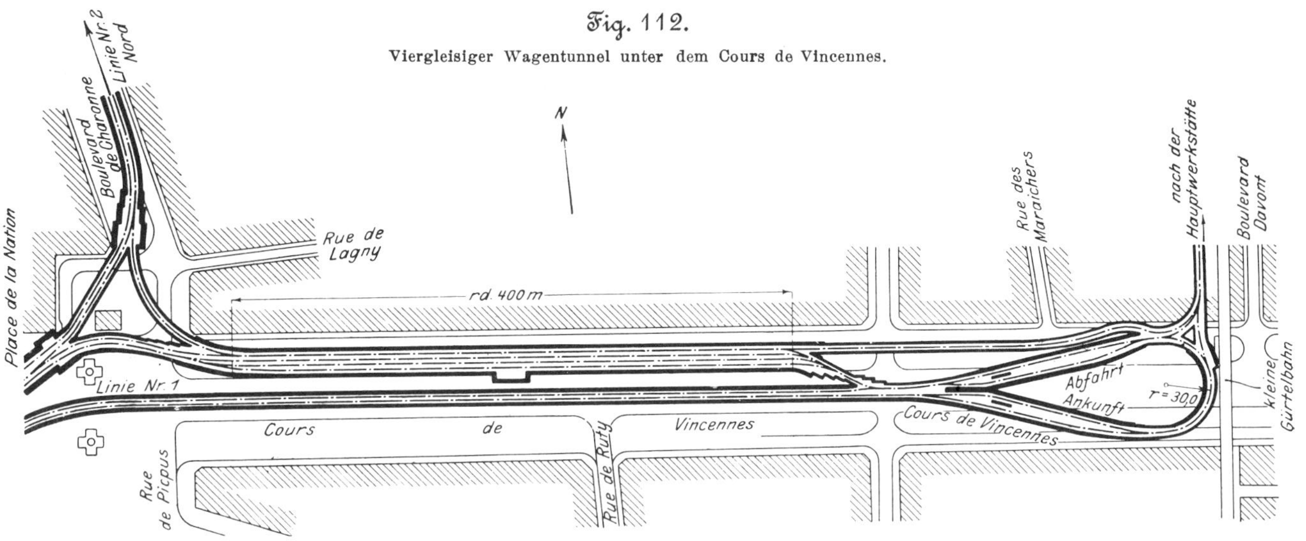

Fig. 113.

Nebentunnel für Leerzüge.

(Nebentunnel des Nordringes bei der Station Place Blanche.)

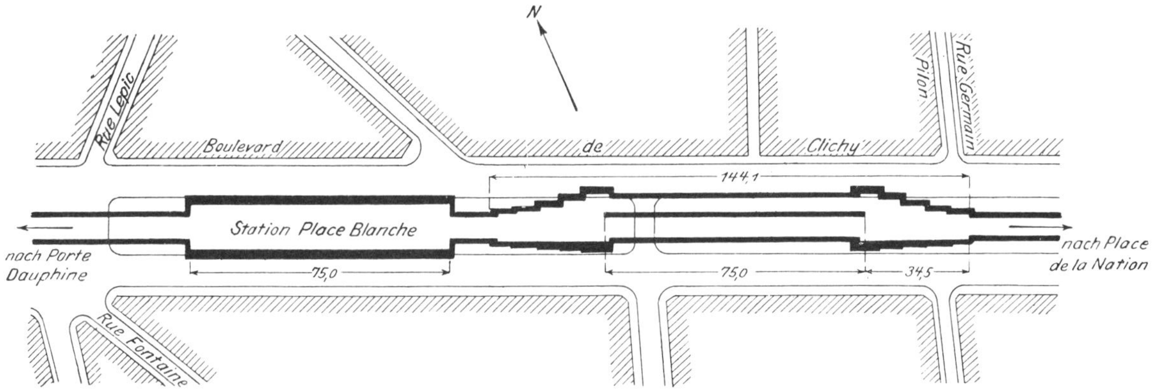

Fig. 113a.

Abzweigung des Nebentunnels (Fig. 113) aus dem Haupttunnel.

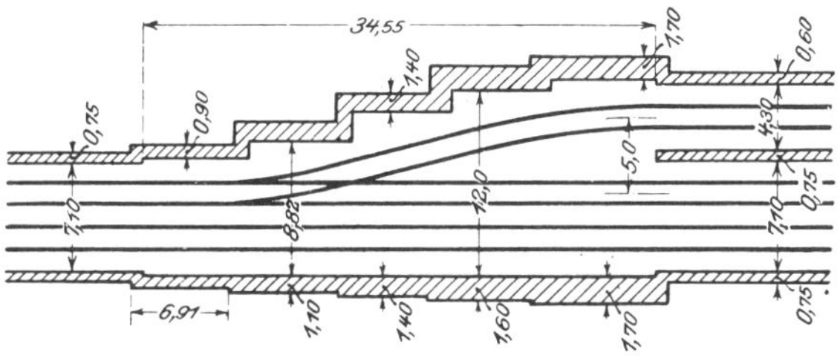

gar, wie vor der Oper, durch das Zusammentreffen dreier Linien.

a) Kreuzung der Linien Nr. 3 und 4.

Der verhältnismäfsig einfachste Fall ist der erstgenannte. Er kommt z. B. an der Ueberführung der Linie Nr. 4 über

Fig. 114.

Kreuzung der Linie Nr. 3 mit der Linie Nr. 4.

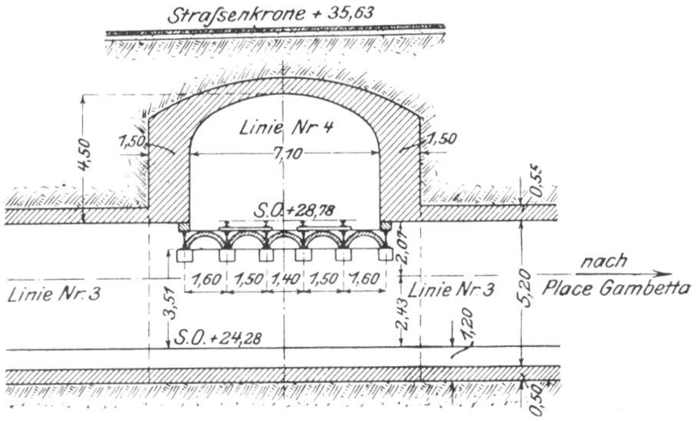

Seitentunnel bei den Stationen Place Blanche und Rue de Belleville; auf dem Südring ist vorläufig ein solcher, und zwar bei Station Bld. Raspail, im Bau, während er bei der Linie Nr. 3 fast in deren Mitte liegt (bei Station Arts et Métiers). Sie sind bezw. werden sämtlich nach gleichem Muster gebaut. Fig. 113 zeigt ihre Grundrifsanordnung. Die ganze Gleislänge zwischen den Weichenspitzen beträgt darnach 137 m, die Nutzlänge rd. 95 m, während die gröfste Zuglänge 72 m mifst. An beiden Abzweigstellen hat man von den unter 1) erörterten Stufentunneln Gebrauch gemacht, die in genau

Linie Nr. 3 vor, die im Kreuzungspunkt des Boulevard Sébastopol mit der Réaumur-Strafse erfolgt. Zwischen den beiden an dieser Stelle rechtwinklig zueinander gerichteten Schienenlagen standen nur 4,5 m Höhe zur Verfügung, also genau so viel, wie in der Bahnachse die freie Tunnelhöhe über Schienenoberkante mifst, Fig. 25. Es mufste deshalb an dieser Stelle das Deckengewölbe des unteren Bahntunnels nach Fig. 114 durch eine Eisenträgerdecke mit Ziegelkappen ersetzt werden, da sich hierbei das zulässig kleinste Lichtmafs der Tunnelhöhe (3,5 m nach Fig. 26) erreichen liefs. Die Widerlager beider Tunnel sind an der Kreuzungsstelle auf 10,1 m Länge in doppelter Stärke hergestellt. Der Oberbau ruht mit seinen Holzschwellen unmittelbar auf den I-Trägern.

b) Kreuzung der Linien Nr. 3 und 2 Nord.

Nachdem schon im Jahre 1901 bei Ausbau des Nordringes die ihm und Linie Nr. 3 gemeinsame Doppelstation Avenue de Villiers fertiggestellt war, beschlofs die Stadtverwaltung, wie schon im Abschnitt II kurz angedeutet, die nahe dieser Anlage als Schleife unter dem Parc Monceau auslaufend gedachte Linie Nr. 3 bis an die nordwestliche Stadtgrenze (Porte d'Asnières) weiterzuführen, um die hier vorgelagerten, dichtbevölkerten Vorstädte an das Stadtbahnnetz anzuschliefsen. Da jedoch die gesetzmäfsige Erledigung aller hierzu erforderlichen Schritte sowie die Bauausführung mit den ihr vorausgehenden Kanalisations- und Wasserleitungsarbeiten usw. eine geraume Zeit beanspruchte, anderseits die vom Publikum begehrte baldige Eröffnung der Linie Nr. 3 nicht unnötig verzögert werden sollte, so wurde letztere vorläufig mit der ursprünglich geplanten Schleife zur Ausführung gebracht und damit ihre Eröffnung im Jahre 1904 sichergestellt.

Diese Linienverlängerung bedingt aber am Boulevard Malesherbes, also in nächster Nähe der vorgenannten Doppelstation, eine Unterführung der Linie Nr. 3 unter dem Nordring her. Um nun die hierfür an dieser Stelle erforderliche Tiefenlage der unteren Gleise zu gewinnen, mufste nachträglich die für sie bestimmte Hälfte jener Station um 1,60 m gegen die Nordringhälfte tiefer gelegt und sodann am westlichen Stationsende eine Rampe von 40 ‰ Neigung eingeschaltet werden. Diese Abänderungen wurden in der durch die Figuren 115 bis 118 erläuterten Weise zur Ausführung gebracht; die erstere Abbildung läfst auch die durch Schraffur angedeuteten Verstärkungen der Widerlager erkennen, die sowohl an der einen Stationsseite als auch bei der ihr vorgelagerten viergleisigen 105 m langen und 15,63 m weiten Tunnelhalle notwendig wurden. Die Unterführung selbst erfolgte in der Weise, dafs der gesenkte zweigleisige Tunnel in zwei eingleisige Tunnel aufgelöst wurde, die an der Aufsenseite des Nordringes vorläufig durch Mauerwerk verschlossen worden sind, bis ihre Weiterführung und Wiedervereinigung zu einem Tunnel erfolgen kann.

Im mittleren Teile der Tunnelhalle mufsten die Nordringgleise durch 11,1 m weit gespannte Eisenträger mit zwischenliegenden Ziegelkappen gestützt werden, deren Auflager die neu eingezogenen, bis 8 m hohen Futtermauern bilden. Wie Fig. 117 zeigt, haben hier die Gleise beider Linien 5,37 m senkrechten Abstand, während sie am westlichen Hallenende, wo der Stufentunnel beginnt, bereits 6,5 m Höhenunterschied aufweisen.

Der Uebergang der Reisenden von einem Bahnsteig zum andern, unmittelbar benachbarten vollzieht sich nunmehr durch 10stufige Treppen, die in die 5 Durchbrechungen des beiden Stationshälften gemeinsamen Widerlagers eingebaut sind.

Ist schon der unterirdisch erfolgte Bau der grofsen Doppelstation — vergl. auch Fig. 59 und 60 — mit dem viergleisigen Hallenanschlufs ein ungemein schwieriges Werk

Fig. 115.

Nachträgliche Unterführung der Linie Nr. 3 unter Linie Nr. 2 Nord.

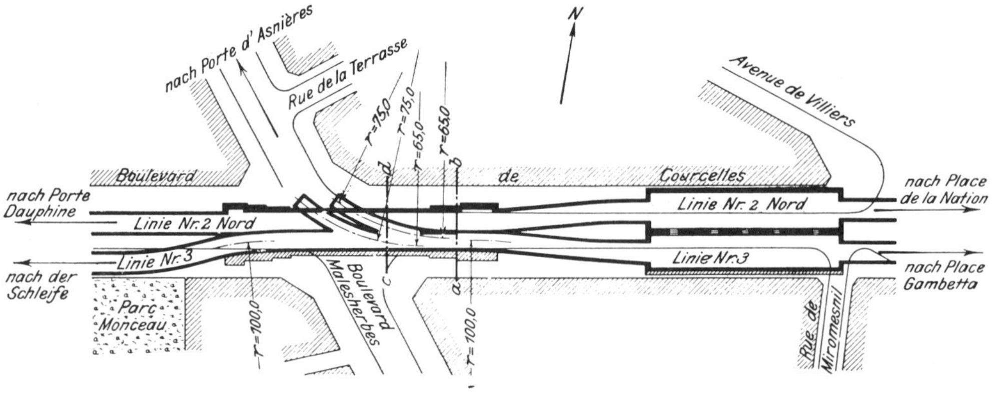

Fig. 116.

Schnitt *a-b* in Fig. 115.

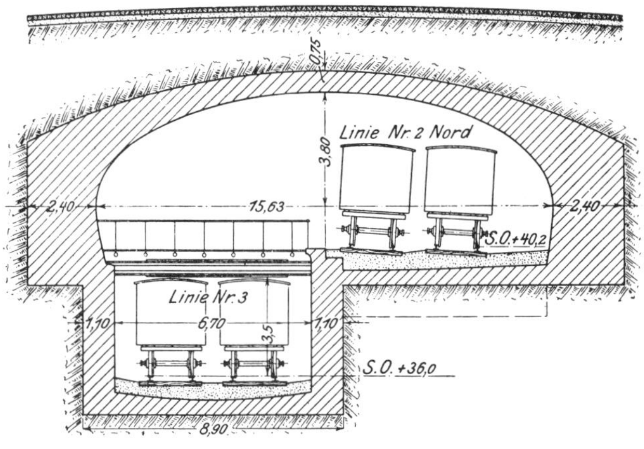

Fig. 117.

Schnitt *c-d* in Fig. 115.

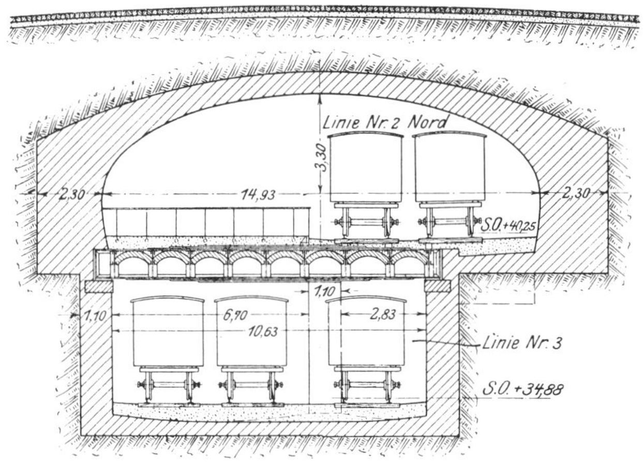

Fig. 118.

Tieferlegung der Linie Nr. 3 in der gemeinsamen Tunnelhalle für die Linien Nr. 2 Nord und Nr. 3.

Aufgenommen am 2. Juni 1902.

gewesen, um so schwieriger, als er nach den vom bauleitenden Ingenieur an Ort und Stelle mir gemachten mündlichen Angaben bis auf 0,8 m an die Keller der grofsen Nachbarhäuser des Boulevard de Courcelles herantritt, so erforderten diese nachträglichen Senkungsarbeiten, die hier nur angedeutet werden konnten, fast noch gröfsere Ueberlegung und Aufmerksamkeit.

c) Kreuzung dreier Bahnlinien.

Das eigenartigste und zugleich mühevollste Sonderbauwerk der Stadtbahn ist unstreitig das schon im vorigen Abschnitt erwähnte Kreuzungsstück der drei Linien Nr. 3, 7 und 8. Galt es doch hier, unmittelbar unter dem verkehrsreichsten Strafsen- und Knotenpunkt von Paris (vergl. Fig. 14) einen sowohl durch Anordnung wie durch Masse bedeutsamen dreistöckigen Bau von 20,82 m Gesamthöhe auszuführen, an den an 6 Stellen die regelrechten Tunnel der drei Hauptlinien anschliefsen, Fig. 119 (vergl. auch Fig. 15).

Trotzdem die Bauhöhe nach Fig. 119 bis 124 durch Ausstattung aller drei Stockwerke mit einer Eisenträgerdecke möglichst eingeschränkt worden ist, reichen die Grundmauern dennoch 21,22 m unter Strafsenkrone (12 m unter Seine-Spiegel) hinab und tauchen noch etwa 9 m in das Grundwasser ein. Aus letzterem Grunde mufste hier die Prefsluftgründung Platz greifen. Erschwerend für die Ausführung wirkte ferner noch die Vorschrift, dafs aller Bodenaushub unterirdisch abzufahren war, damit der um diese Baustelle sich abspielende gewaltige Strafsenverkehr nicht zu sehr belästigt wurde.

Die Schienenoberkante des oberen Tunnels (Linie Nr. 3) liegt 6,49 m unter Strafsenkrone, deren Betonschicht unmittelbar auf der Tunneldecke ruht; 4,5 m unter jener liegen die Schienen des Mitteltunnels (Linie Nr. 7), von denen diejenigen der Linie Nr. 8 um 5,1 m abstehen, so dafs diese 16,09 m unter Strafsenkrone lagern! Um nun die drei so gedrängt übereinander geschalteten Bahntunnel genügend gegeneinander und gegen das umschliefsende Erdreich abzusteifen, mufsten drei kräftige, je 9.10 m hohe Stützpfeiler angeordnet werden. Sie sind in Fig. 119 bis 121 mit I, II und III bezeichnet und messen im Grundrifs:

Fig. 119. Grundriß des oberen Trägerrostes der 3 Linien-Kreuzung vor der Oper. (Schnitt *R-S* in Fig. 122 und 123.)

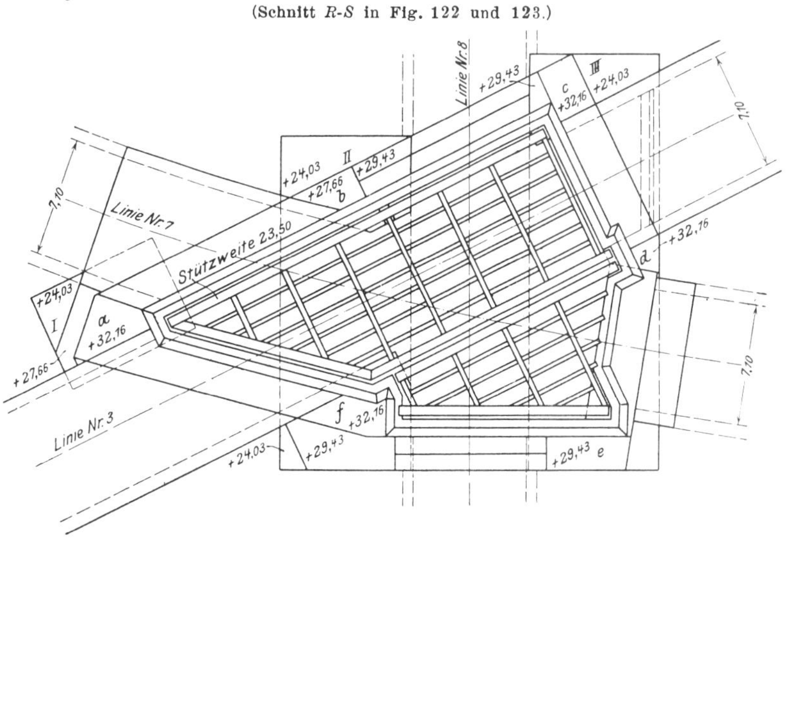

Aufsenpfeiler I: 8,25 $\times$ 6,00 m
Mittelpfeiler II: 19,50 $\times$ 8,00 »
Aufsenpfeiler III: 24,50 $\times$ 8,00 »

Pfeiler I stützt den ersten Deckpunkt zweier Widerlager der Aufsentunnel Nr. 3 und 7, II und III sind gleichgerichtet zu der untersten Bahnlinie Nr. 8, die sie nach Fig. 124 im Abstand von 7,5 m in der Längsrichtung begrenzen. Auf diese 3 Grundpfeiler sind in den Deckpunkten je zweier verschiedener Tunnelwände, d. s. in Fig. 119 bis 121 die mit *a* bis *f* bezeichneten Punkte, bis 11 m hohe Pfeiler kleineren Querschnittes gesetzt, die paarweise als Widerlager für Gurtbogen dienen, welche ihrerseits die äufseren Abschlufsmauern der Kreuzung tragen. Diese stellt sonach einen allseitig geschlossenen Stockwerkbau dar, aus welchem zweigleisige Tunnelröhren regelrechter Bauart herausragen, wie das die früher gebrachte Figur 15 sehr hübsch veranschaulicht und die hier beigefügten 6 Figuren näher erläutern. Die Decken in diesem Bauwerk sind aus I Trägern bis zu 23,5 m Stützweite und aus 22 cm starken Ziegelkappen gebildet. Der aus 60 Feldern bestehende zweiteilige Deckenrost des obersten Stockwerkes, Fig. 119, ist durch Form und Lagerung besonders bemerkenswert, nicht minder der mittlere, teilweise aus Zwillingsträgern gebildete, Fig. 120.

Linie Nr. 8 war bei Aufstellung der Bauzeichnungen, die den Figuren 119 bis 124 zugrunde gelegen haben, noch nicht von der Kammer genehmigt und ist deshalb vom Bauamt noch punktiert in diesen Plänen dargestellt. Sie erhält innerhalb des Kreuzungsstückes ein 0,80 m starkes Sohlengewölbe und als Decke einen Trägerrost. Vorläufig sind ihre Eintrittsöffnungen in dem Kreuzungsstück vermauert, was auch bei den kurzen, aus letzterem herausragenden Tunnelansätzen der Linie Nr. 7 der Fall ist. Sobald diese beiden Linien zum Ausbau gelangen, können sie hier unmittelbar eingeführt werden, ohne dafs der schon im Jahre 1904 zu eröffnende Betrieb der oberen Linie Nr. 3 eine Störung erleiden wird.

Um diesen eigenartigen, massigen Bau gruppieren sich nach Fig. 14 die drei Untergrundstationen des Opernplatzes mit ihren vielstufigen Treppenläufen, ihren Verbindungsgängen und Aufzugschächten.

Kein Eisenbahn-

Fig. 120. Mittlerer Trägerrost der 3 Linien-Kreuzung vor der Oper. (Schnitt *U-V* in Fig. 122 und 123).

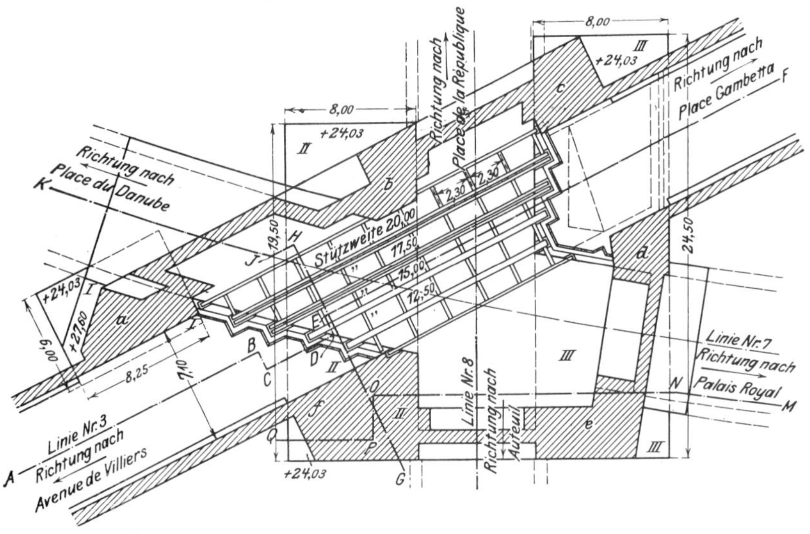

Fig. 121. Unterer Trägerrost der 3 Linien-Kreuzung vor der Oper. (Schnitt *X-Y* in Fig. 122 und 123.)

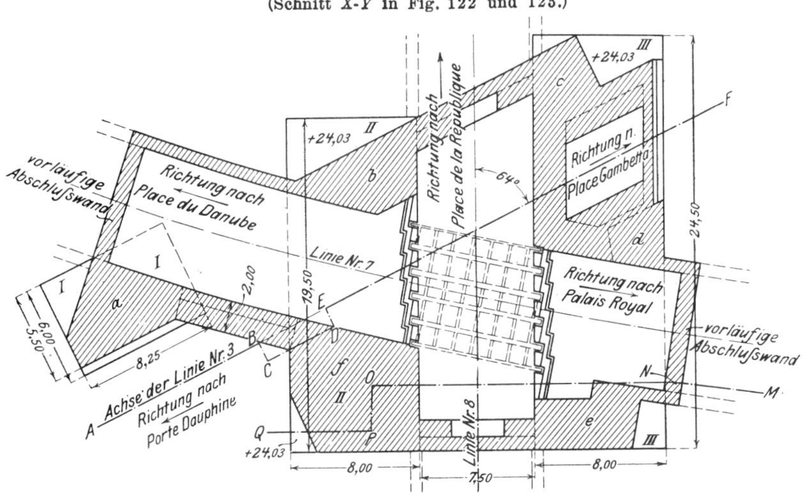

Fig. 122 Senkrechter Schnitt durch die 3 Linien-Kreuzung vor der Oper. (Schnitt *A-B-C-D-E-F* in Fig. 120 und 121).

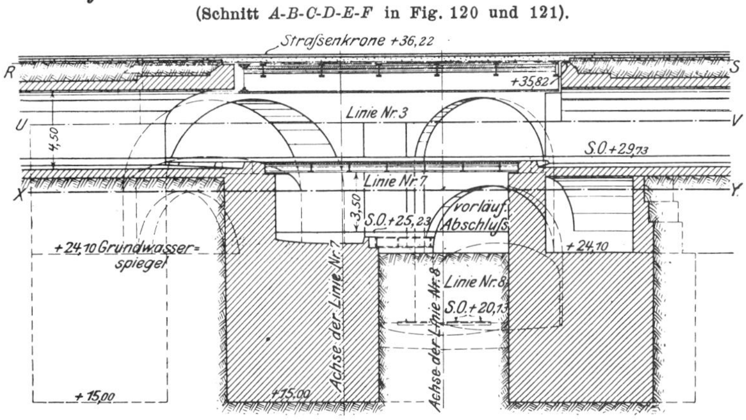

Fig. 123. Schnitt *G-H-J-K* in Fig. 120.

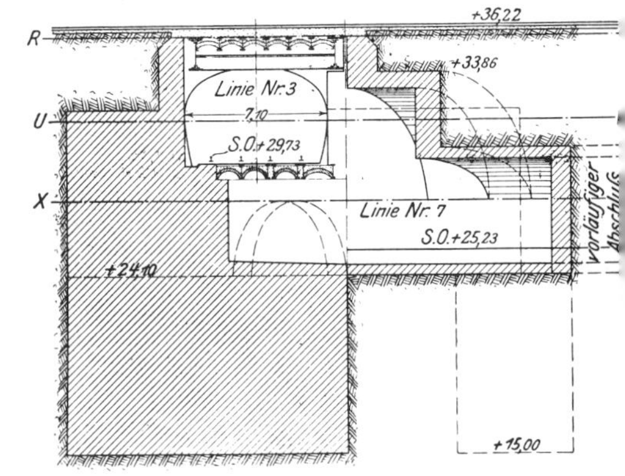

Fig. 124. Schnitt *M-N-O-P-Q* in Fig. 120 und 121.

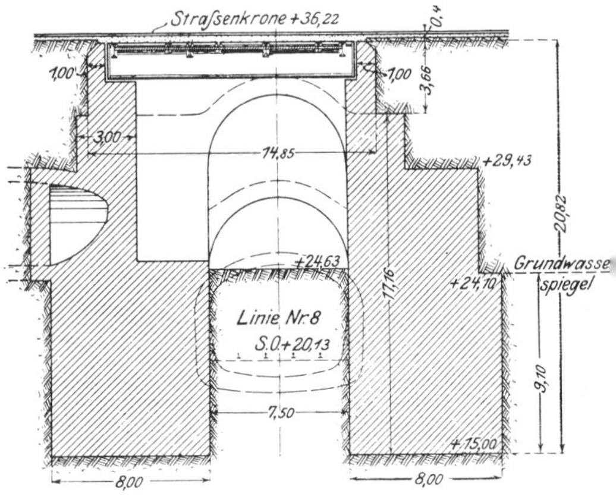

land hat einen ähnlichen Stockwerkbau unter der Erde aufzuweisen.

4) Seinebrücke der Linie Nr 2 Süd.

Der Südring überschreitet die Seine zweimal: im Westen beim ehemaligen Passy-Steg, im Osten über der alten Bercy-Brücke. Bezüglich der letzteren Flufskreuzung lagen noch keine endgültigen Pläne vor; ich mufs mich daher auf die Bemerkung beschränken, dafs die Bercy-Brücke für die Stadtbahngleise ein Stockwerk aufgesetzt bekommt. Ursprünglich sollte auch die Austerlitz-Brücke in dieser Weise für den Uebergang der Linie Nr. 5 nutzbar gemacht werden. Die Strombauverwaltung erhob jedoch dagegen Einspruch, da angeblich der Unterbau nicht kräftig genug für die Mehrbelastung durch die Stadtbahnbrücke war. Infolgedessen wird die letztere, wie schon unter »Linie Nr. 5« angeführt, etwa 190 m weiter oberhalb über den Fluſs gespannt.

Die westliche Flufskreuzung des Südringes, die nach Fig. 10 unter einem Winkel von 75° erfolgt, bedingte die zuvorige Beseitigung der seit der Weltausstellung vom Jahre 1878 daselbst befindlichen (im Höhenplan der Figur 12 einpunktierten) Fufsgängerbrücke[1]). Da letztere aber für den Stadtverkehr nicht entbehrt werden kann, so wird die Stadtbahnbrücke in Verbindung mit einer neuen 25 m breiten Strafsenbrücke für Wagen und Fufsgänger derart ausgeführt, dafs ihre Gleise 6,5 m hoch über dieser liegen und ihre Fahrbahn durch 2 Säulenreihen gestützt wird. Es ist also auch hier eine zweistöckige Brücke geschaffen.

Die Seine wird an der Baustelle durch eine lange, schmale Insel (Île des Cygnes) nach Fig. 10

[1]) Der 7 m breite eiserne Passy-Steg lag genau an derselben Stelle, die von der neuen zweistöckigen Brücke eingenommen wird; er mußte daher vor Beginn der für die neuen Brückenpfeiler auszuführenden Gründungsarbeiten beseitigt werden. Da aber während der Bauzeit der Fußgängerverkehr zwischen dem rechts- und linksuferigen Stadtbezirk hier nicht unterbunden werden durfte, so hat man den aus zwei Ueberbrückungen bestehenden Steg um 30 m parallel zu seiner ursprünglichen Lage flußabwärts verschoben. Vergl. Z. 1903 S. 1722.

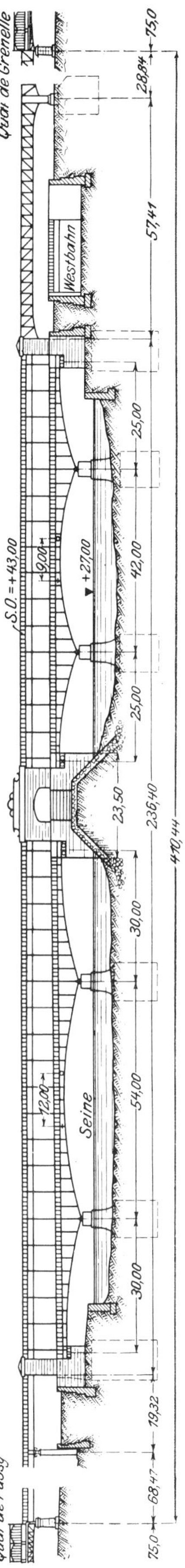

Fig. 125. Zweistöckige Seinebrücke bei Passy. (Vergl. Fig. 10.)

in zwei rd. 102 m und 81 m breite Arme geteilt, womit die Auflösung der Ueberbrückung in 2 Sonderbrücken gegeben war. Für die Höhenlage der Gleisbahn waren die beiderseitigen Anschlufsstrecken bei Passy und Grenelle sowie die durch die Uferstrafsen und die Schiffahrt bedingte Lage der unteren Brückenträger mafsgebend; sie wurde mit 16 m über Wasserspiegel festgelegt. Der Kostenersparnis wegen usw. wurden für jeden Flufsarm 2 Strompfeiler zugelassen, mit einem durch den Schiffsverkehr bedingten Abstand in den Armmitten von 54 m bezw. 42 m. Die Brücke selbst wurde im öffentlichen Wettbewerb vergeben, wobei besonderer Wert auf schnelle Lieferung und Aufstellung gelegt war, um die Vollendung der schon seit dem Frühjahr 1902 in Angriff genom-

Grenelle-Station durch eine 86,25 m lange 2feldrige Strecke von ebenfalls abweichender Konstruktion. Die Gleisbrücke ist von Ufer zu Ufer 236,4 m lang und in der durch Längs- und Querträger mit Blechabdeckung gebildeten Fahrbahn 7,3 m breit (zwischen den Geländern), während die sie stützenden beiden Säulenreihen 4,4 m Abstand voneinander zeigen.

Die 8 Auslegerarme der Gesamtanlage bestehen aus je 10 parallelen Einzelträgern mit geradem Obergurt und gekrümmtem Untergurt. Die beiden mittleren tragen die Gleisbrücke und vornehmlich die untere 8,7 m breite Brückenbahn für den Fufsgängerverkehr, während die übrigen nach der dem Génie Civil entnommenen Fig. 126 die beiden je 6 m breiten Fahrbahnen für Strafsenfuhrwerk sowie die 2 m breiten Aufsen-Fufssteige stützen. Dem letzteren Zwecke dienen auch die beiden äufseren Träger, die deshalb schwächer bemessen werden konnten als die übrigen.

Die Kragarme ruhen auf den Strompfeilern mittels Kipplager, auf den Landpfeilern mittels Rollenlager. Auch die in die Mittelöffnungen eingehängten kurzen Mittelträger sind an einem Ende verschiebbar gelagert.

Bemerkenswert ist die Verteilung der toten Lasten in den Kragarmen, um die erforderliche Standsicherheit der

Fig. 126.

Querschnitt der zweistöckigen Seinebrücke bei Passy.

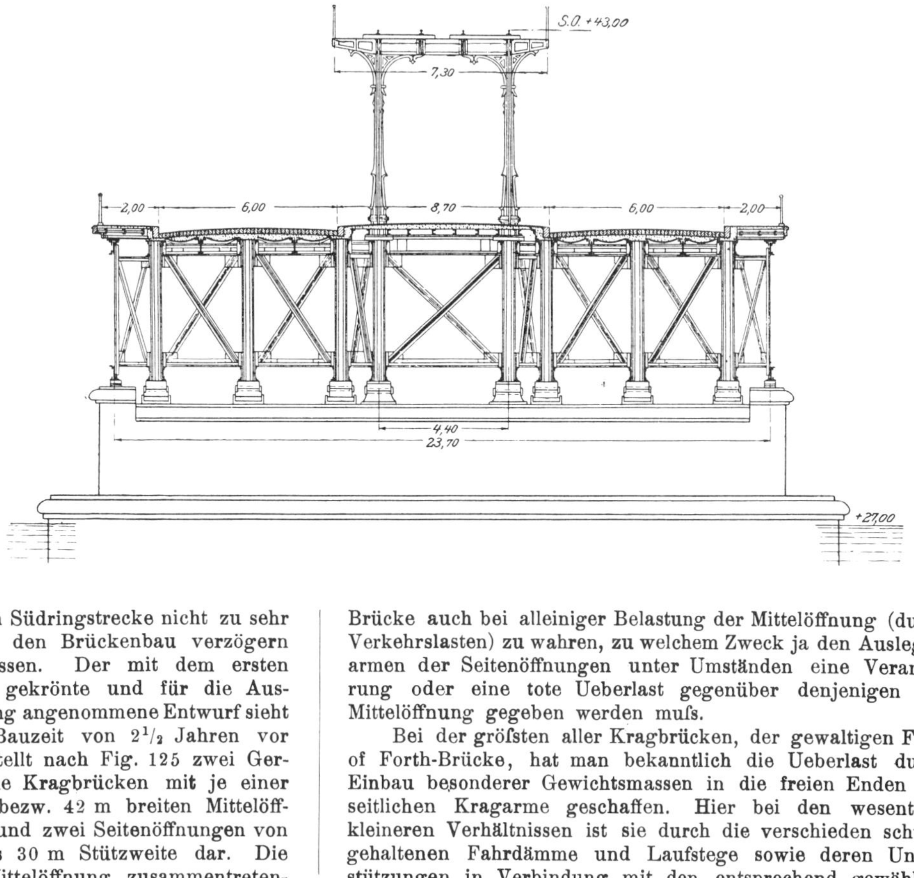

menen Südringstrecke nicht zu sehr durch den Brückenbau verzögern zu lassen. Der mit dem ersten Preis gekrönte und für die Ausführung angenommene Entwurf sieht eine Bauzeit von $2^1/_2$ Jahren vor und stellt nach Fig. 125 zwei Gerbersche Kragbrücken mit je einer 54 m bezw. 42 m breiten Mittelöffnung und zwei Seitenöffnungen von 25 bis 30 m Stützweite dar. Die zur Mittelöffnung zusammentretenden Kragarme sind durch einen 12 m bezw. 9 m langen Mittelträger miteinander verbunden. Beide Einzelbrücken erhalten auf der Schwaneninsel mittels eines 23,5 m breiten Mauerpfeilers Anschlufs aneinander. An die Passy-Station schliefst die Gleisbrücke durch eine 87,8 m lange, 5feldrige Hochbahnstrecke an, die von der früher beschriebenen Bauart abweicht, an die

Brücke auch bei alleiniger Belastung der Mittelöffnung (durch Verkehrslasten) zu wahren, zu welchem Zweck ja den Auslegerarmen der Seitenöffnungen unter Umständen eine Verankerung oder eine tote Ueberlast gegenüber denjenigen der Mittelöffnung gegeben werden mufs.

Bei der gröfsten aller Kragbrücken, der gewaltigen Firth of Forth-Brücke, hat man bekanntlich die Ueberlast durch Einbau besonderer Gewichtsmassen in die freien Enden der seitlichen Kragarme geschaffen. Hier bei den wesentlich kleineren Verhältnissen ist sie durch die verschieden schwer gehaltenen Fahrdämme und Laufstege sowie deren Unterstützungen in Verbindung mit den entsprechend gewählten Spannweiten erzielt worden.

Die Fahrdämme bestehen aus Holzklotzpflaster mit Betonunterlage, die Laufbahnen aus einer Asphaltschicht mit unterem Betonbett. Ruhen nun erstere in der Mittelöffnung auf Buckelplatten und zeigen eine 16 cm dicke Betonlage, so werden sie in den Seitenöffnungen von Ziegelkappen mit 26 cm dickem Betonbett gestützt. Die zugehörigen Laufstege weisen noch weit ungleichere Betonstärken auf.

Die Widerlager der Ufer- und Strompfeiler wurden in Senkkasten mittels Prefsluft gegründet und ruhen auf 8,5 m breiten Betonklötzen, deren Sohle 15,3 m unter Wasserspiegel egt; der grofse Doppelpfeiler der Schwaneninsel steht auf einem 2 m hohen Betonlager, das durch 2 Pfahlgruppen abgesteift wird.

Die Kosten des gesamten, einschliefslich der Anschlufsstrecken an die beiden Uferstationen 410,44 m langen Eisenbaues belaufen sich auf rd. 1130000 *M* und mit den Gründungs- und Baukosten der Pfeiler und Säulen auf mehr als 3 Mill. *M*.

Damit sind die den Bahnkörper betreffenden Anlagen allgemeiner und besonderer Art bis zu ihrem heutigen Stande in den Hauptzügen besprochen. Zweifellos werden die noch zu erbauenden Linien fernerhin Neues und Bemerkenswertes zeitigen und die Lösung mancher schwierigen Aufgabe der Ingenieurkunst bringen; aber auch schon aus den vorstehenden Erörterungen geht wohl zur Genüge hervor, was die französischen Ingenieure wissen, können und wollen.

An dieser Stelle sei mir auch schon gestattet, das überaus liebenswürdige Entgegenkommen der Pariser Fachgenossen lobend anzuerkennen und ihnen hier nochmals Dank zu sagen für die erfolgreiche Unterstützung, die ich stets bei der Besichtigung der Bauarbeiten und Betriebseinrichtungen durch Führung und Auskunfterteilung sowie bei Einsichtnahme der Baupläne usw. gefunden habe. Zu ganz besonderem Danke bin ich hierbei dem Leiter der Stadtbahnbauten, Hrn. Chefingenieur Bienvenue, verpflichtet, der mir aufserdem durch freundliche Ueberlassung einer grofsen Zahl von Zeichnungen und Photographien nebst Drucksachen das Studium der Stadtbahn in ihrer Entwicklung ganz wesentlich erleichtert hat. Nicht minder schulde ich Dank seinem technischen Bureauchef, Hrn. Hervieu, Conducteur des Ponts et Chaussées. Letzterer hat eine Reihe von Aufsätzen über die Pariser Stadtbahn in den Nouvelles Annales de la Construction 1899 bis 1902 veröffentlicht, die 1903 auf Veranlassung der Stadt Paris in Buchform mit mehrfachen Ergänzungen — unter der Bezeichnung: Le Chemin de Fer Métropolitain Municipal de Paris — neu erschienen sind und die beste Quelle über dieses grofse Ingenieurwerk bilden. Ihnen habe ich mit bereitwilligst vom Verfasser gegebener Erlaubnis Angaben sowie eine Anzahl von Abbildungen entnommen, deren Erbittung von der Bauleitung bei dem mir schon überlassenen reichen Material unbescheiden gewesen wäre. Einige wenige Abbildungen sind dem Génie Civil entlehnt, dessen Redaktion auch die Bildstöcke zu den Figuren 216 und 217 zur Verfügung gestellt hat.

Zu vielem Dank verpflichtet bin ich ferner Hrn. Bergingenieur Weifs, dem Leiter der eigenartigen, im nächsten Abschnitt näher beschriebenen Aussteifungsarbeiten in den unterirdischen Steinbrüchen unterhalb der Stadtbahn, sodann Hrn. Direktor Garreta von der Betriebsgesellschaft, der mir u. a. eine Fülle von wichtigen amtlichen Drucksachen überlassen hat, so die gesetzlichen und polizeilichen Bestimmungen, die Dienstvorschriften für den Betrieb, Verkehrstabellen usw., und endlich Hrn. de Grieges, Leiter der Hauptwerkstätte, mit dem ich bei meinen wiederholten Besuchen von Paris die Werkstatts- und Wageneinrichtungen besichtigt und im Führerabteil die Strecke befahren habe.

Zufolge eines solchen allseitigen Entgegenkommens war es mir denn auch möglich, ein abgerundetes Gesamtbild von dem heutigen Stande der Stadtbahn über und unter der Erde zu gewinnen; sein nachhaltiger Eindruck spiegelt sich in den vorstehenden und nachfolgenden Darlegungen wieder.

IV. Vorbereitende Arbeiten.

Ehe mit dem eigentlichen Bahnbau begonnen werden konnte, waren zuvor umfangreiche und kostspielige Nebenarbeiten auszuführen. Die wichtigsten davon sind:

1) Die Umlegung bezw. Abänderung der grofsen Wasserleitungen und Abwässerkanäle;

2) die Abdichtung einer Strecke des Schiffahrtskanales St. Martin durch ein Sohlengewölbe;

3) die Herstellung von Hülfsstollen, um ohne Störung des Strafsenverkehrs die ausgehobenen Bodenmassen ab- und Baustoffe heranzuführen;

4) die Bodenabsteifungen in den von den alten Steinbrüchen unterhöhlten Stadtbezirken;

5) die Gründungsarbeiten in alter Aufschüttung.

Diese Arbeiten seien hier kurz besprochen, da sie die Schwierigkeiten des Bahnbaues erheblich vermehrt haben und bemerkenswerte Einzelheiten von allgemeinem Interesse zeigen.

1) Wasserleitungen und Abzugkanäle.

Eine Eigentümlichkeit der Pariser Wasserversorgung besteht darin, dafs das ganze Stadtgebiet von 2 gesonderten Leitungsnetzen durchzogen ist, wovon das eine Quellwasser aus 95 bis 183 km Entfernung herbeiführt, das andere dagegen Flufswasser aus der Seine, der Marne und dem Ourcq[1]. Infolgedessen sind die Strafsen mit 2 Wasserleitungen ausgestattet, deren Röhren aber in der Regel nicht einfach in die Erde gebettet, sondern entweder in den Abwässerkanälen, oder auch in besonderen Galerien, auf Eisenstützen, Fig. 129 und 131 bis 133, oder Mauerklötzen, Fig. 128, verlegt sind. Sämtliche Kanäle und Galerien — die ersteren stets gemauert, die letzteren in neuerer Zeit auch aus Zement mit Eiseneinlagen hergestellt — sind begehbar, zu welchem Zwecke die gröfseren Abzugkanäle mit 2 seitlichen Fufssteigen von 35 bis 120 cm, vereinzelt auch bis 180 cm Breite, die kleineren zumeist mit einem schmalen Wege versehen sind.

Diese vorerwähnten Seitenwege in den Abzugkanälen liegen in trocknen Zeiten völlig frei, da dann die mittlere vertieft liegende Abzugrinne, die in einer Breite von 0,4 bis 4 m und einer Tiefe von 0,25 bis 1,70 m ausgeführt wird, für die

[1]) Einzelheiten zur Wasserversorgung. Infolge der geologischen Beschaffenheit des Untergrundes findet sich in der näheren Umgebung der Stadt kein gutes Trinkwasser, noch dazu in hinreichender Menge, vor. Die Stadtverwaltung hat deshalb nach und nach 4 grofse Fernleitungen angelegt, die aus dem hochgelegenen Quellengebiete der Flüsse Dhuis, Avre, Loing und Lunain sowie dem des Vanne-Flusses den 84000 Häusern von Paris täglich bis 292000 cbm trinkbares Wasser guter Beschaffenheit zuführen können. Das Wasser strömt in gemauerte Behälter, deren Ueberlauf bis 108 m über Meer, also bis 81 m über Seine-Spiegel gelegen ist, und die — mit Ausnahme des Avre-Behälters — mehrstöckig angeordnet sind. Weitere Einzelheiten dieser Fernleitungen enthält die Uebersicht auf nächster Seite.

Im Quellengebiet des Vanne-Flusses wird das Wasser der »unteren« Quellen künstlich auf den Spiegel der oberen gehoben; ebenso wird das Quellwasser des Loing-Flusses um 40 m gehoben. Die Leitung des letzteren läuft größtenteils dicht neben der Vanne-Leitung her und ist für eine tägliche Höchstleistung von 180000 cbm bemessen worden, damit sie erforderlichenfalls auch das Vanne-Wasser mitführen kann

Im Hochsommer sinken übrigens die vorstehend angegebenen täglichen Quellenleistungen, namentlich die des Avre, von zusammen 292000 cbm um etwa 70000 cbm, entsprechend einer Durchschnittsmenge von 26 ltr für den Einwohner, was sich natürlich in der Stadt empfindlich bemerkbar macht.

Dieser Ausfall muß dann durch filtriertes Flußwasser ausgeglichen werden. Die hierfür im Jahre 1897 vollendeten Sandfilter von Saint-Maur an der Marne liefern täglich bis 25000 cbm Trinkwasser, die durch eine Eisen-Zement-Leitung von 1,10 m Weite nach Paris geführt werden; die 2 Jahre später fertiggestellten Seine-Filter von Jvry leisten bis zu 35000 cbm. Neue Quellwassergebiete sollen demnächst für die Stadt erschlossen werden, um die Benutzung von filtriertem Wasser unnötig zu machen.

Für gewerbliche Zwecke, für Strafsen-, Hof- und Gartenbesprengung, für die öffentlichen Springbrunnen, Auffüllung der Parkteiche, Durchspülung der Abzugkanäle usw. dienen besondere Zuleitungen aus Seine, Marne und Ourcq, einem Nebenfluß der Marne.

Während die aus den erstgenannten beiden Flüssen entnommenen Wassermengen durch Hebewerke nach mehrstöckigen Hochbehältern — darunter die vierstöckige Speicheranlage auf dem Montmartre — gefördert werden, wird das Ourcq-Wasser in einem 107 km langen offenen und schiffbaren Kanale dem Stadtgebiet zugeführt. Es ergiefst sich zunächst in das 25 m über Seine-Spiegel gelegene, sowohl als Wasserspeicher als auch als Hafen dienende Bassin de la Villette im Nordosten der Stadt. Von da strömen täglich 177000 cbm durch 2 Hauptstränge in das weitverzweigte Sondernetz, während gleichzeitig durchschnittlich 70000 cbm zum Speisen der Haltungen in den Kanälen St. Martin und St. Denis entnommen werden und 19000 cbm sich in die Kanalisation und die Seine ergießen. Der Kanal führt also jeden Tag im Durchschnitt 266000 cbm Wasser nach Paris, das sind etwas über 3 cbm/sk. Da diese große Wassermenge nicht immer vom Ourcq abgegeben werden kann, so wird der vorgenannte Kanal zeitweilig durch zwei Pumpwerke aus der Marne gespeist. Diese werden durch

Abführung der Abwässer genügt. Nur bei starkem Wasserandrang werden sie überflutet, und es dient dann auch der obere Querschnitt teilweise zur Wasserabführung.

Auf diese Weise ist eine stete und sichere Kontrolle gewährleistet und sind Rohrbrüche für die Keller und Strafsen unschädlich gemacht, sowie Ausbesserungen erleichtert, wobei das Aufreifsen des Pflasters und ebenso jede Verkehrstörung vermieden ist. Desgleichen haben alle sonstigen Leitungen, wie diejenigen für verdichtete und verdünnte Luft, die Kabel- und Drahtleitungen für Fernschreib- und Fernsprechzwecke, in diesen Kanälen Unterkunft gefunden, jedoch aus naheliegenden Gründen nicht die Gas- und elektrischen Starkstromleitungen. Die Druckluftleitungen hatten zu Anfang des Jahres 1902, wie hier eingeschaltet sein mag, eine Länge von nicht weniger als 234105 m, wovon 170422 m der Energieübertragung und 63683 m dem Uhrenbetrieb dienten; aufserdem bestand ein Rohrnetz von 3533 m Länge für verdünnte Luft (Rohrpost).

Diese Einschliefsung der Wasserröhren und sonstigen Leitungen in begehbare Kanäle ist auch in dem Anschlufs

Leitung und Vollendungsjahr	Gesamtlänge	Querschnitt der Hauptleitung	Wassermenge in 24 Stunden	Quellenhöhe über Meer	Wasserbehälter in Paris			Baukosten
					Lage	Fassungsraum	Wasserspiegelhöhe über Meer	
	km	m	cbm	m		cbm	m	frs
Dhuis 1865	131	eiförmig 1,76 × 1,40	22000	128	Ostparis: Ménilmontant	100000	108	18 Mill.
Vanne 1874	183	kreisförmig 2,10	120000	88 bis 93 und 107 bis 136	Südparis: Montsouris	250000	80	50 Mill.
Avre 1893	108	kreisförmig 1,80	100000	146 bis 150	Westparis: Montretout bei St. Cloud.	300000	107	36 Mill.
Loing und Lunain 1900	95	kreisförmig 2,50	vorläufig 50000	53 bis 67	Südparis: Montsouris	gemeinsam mit dem Vanne-Wasser	80	24 Mill.

Turbinen (Isles-les-Meldeuses) und Wasserräder (Trilbardou) — darunter ein Sagebien-Rad von 11 m Dmr. und 6 m Breite — getrieben.

Aufserdem liefern noch 2 ältere kleine Quellenleitungen nicht trinkbares Wasser, wovon sich die eine in das Flufswassernetz, die andere in die Kanalisation (zu Spülzwecken) ergießt.

Endlich sind noch die 3 artesischen Brunnen zu nennen. Der älteste darunter ist der bekannte 549 m tiefe Grenelle-Brunnen unweit des Invalidendomes, der Grabeskirche Napoleons I; er liefert 27° warmes Wasser in geringer Menge. Die beiden anderen Brunnen sind 586,5 m (Passy) und 718 m (Place Herbert) tief und ergiebiger. Ein vierter Brunnen (Butte aux Cailles) naht sich seiner Vollendung.

Alle diese Schöpfstellen von nicht trinkbarem Wasser, einschließlich des Ourcq-Kanales, vermögen zusammen etwa 655000 cbm Wasser täglich an die Stadt zu liefern, darunter die Seinewerke bis 370000 cbm und die Marneanlage bis 100000 cbm.

Infolge der stark wechselnden Höhenlage des bebauten Geländes wird sowohl das Quell- als auch das Flufswasser in je 2 verschiedenen Höhenzonen getrennt zur Verteilung gebracht. Diese haben für das erstere nach obiger Zusammenstellung einen Höhenunterschied von 27 bis 28 m. Zwischen dem Leitungsnetz des Vanne-Wassers und dem höher hinaufreichenden des Dhuis-Wassers besteht im Nordosten der Stadt eine Aushülfanlage mit Pumpwerk (Usine de l'Ourcq), die bei Wassermangel in dem einen Netz dieses durch das andre speist. Für die höchsten Stadtbezirke: Montmartre (+ 128 m), Ménilmontant und Belleville im Nordosten (+ 129 m) sowie Plaisance im Süden, bestehen aufserdem noch besondere kleine Speisenetze, deren Behälter durch 4 Hülfspumpwerke aus den unteren Zonen gefüllt werden. In gleicher Weise wird auch das Flußwasser verteilt. Das tiefliegende, ausgedehnte Stadtgebiet auf beiden Seiten der Seine erhält Ourcq-Wasser, da dieses nur eine recht geringe Druckhöhe hat. Die höher liegenden Stadtteile werden mit Seine- und Marne-Wasser versorgt, das wieder für die Hügelbezirke durch besondere Hebewerke (Relais-Pumpen) nutzbar gemacht wird. Auch für das Ourcq-Wasser bestehen 4 Behälter, wovon 3 durch das Bassin de la Villette gefüllt werden, während der vierte durch ein Hülfspumpwerk versorgt wird und zum Speisen der Wasserfälle des malerischen, in alten Gipsbrüchen des Arbeiterviertels von Belleville angelegten Buttes-Chaumont-Parkes dient. Ein großes Pumpwerk wird zurzeit neben dem vorgenannten Bassin errichtet, das täglich 150000 cbm Ourcq-Wasser 25 m hoch heben soll, um auch dieses Wasser in der Stadt wirksamer als bisher verteilen zu können.

Die erwähnten zweistöckigen Behälter enthalten gewöhnlich in ihrem oberen Geschofs Quellwasser, in dem unteren Flufswasser, während der 4stöckige Montmartre-Speicher in den oberen zwei Stockwerken Quellwasser, darunter Flußwasser und in dem untersten Geschoß die Leitungen und Absperrvorrichtungen aufnimmt. Der gewaltige Wasserbehälter auf dem Montsouris enthält in seinen beiden Geschossen Quellwasser, jedoch wird das Leitungsnetz am Tage in der Regel nur aus dem oberen Speicher versorgt, nachts aus dem unteren.

In das Innere der Häuser gelangt nur trinkbares Quellwasser. Flußwasser wird nur an solche Personen abgegeben, die auch Trinkwasser aus dem Leitungsnetz beziehen. 22 Hochbehälter von zusammen rd. 803900 cbm Fassungsraum nehmen das von 25 Hebewerken geförderte Quell- und Flufswasser auf. Die letzteren werden in den Quellengebieten je nach den örtlichen Verhältnissen durch Wasserräder, Turbinen oder Dampfmaschinen betrieben, im Stadtgebiete natürlich nur durch Dampfmaschinen. Die beiden Verteilungsnetze haben zusammen eine Länge von 2558 km, ihre Rohrweiten wechseln zwischen 41 und 1500 mm. Sie sind als geschlossene Rohrleitungen mit eingespannten Maschen angeordnet. Die Anlagekosten betragen rd. 244 Mill. ℳ.

Bemerkenswert sind übrigens auch die Wasserpreise für 1 cbm. Während das Flufswasser bei geringer Abnahme mit 13 Pfg, bei gröfserer mit nur 6 Pfg abgegeben wird, kostet das Quellwasser für häusliche Zwecke 28 Pfg und für Motorzwecke (Aufzüge, Kleinmotoren usw.) sogar 48 Pfg. Durch den letzteren hohen Einheitssatz soll die Verwendung des Trinkwassers für Kraftmaschinen tunlichst beschränkt werden; diese können bei solchen Wasserpreisen billiger durch Druckluft oder Elektrizität betrieben werden. Der gesamte Wasserverbrauch der Stadt stellte sich im Jahre 1901 nach amtlicher Angabe für den Tag:

Quellwasser	221179 cbm	} Trinkwasser
filtriertes Flußwasser	4919 »	
Seine- und Marne-Wasser	282471 »	} Spül-, Spreng- usw. Wasser
Ourcq-Wasser und artesische Brunnen	180089 »	
zusammen täglich	688658 cbm.	

Da Paris nach der Aufnahme jenes Jahres 2714068 Einwohner zählte, so ergibt sich hiernach ein Wasserverbrauch von durchschnittlich 253 ltr für den Einwohner und den Tag, wovon 83 ltr Trinkwasser und 170 ltr Flußwasser waren. In der heifsen Zeit erhebt sich naturgemäß die Verbrauchszahl, die z. B. am 19. Juli 1901 ihren Höchstwert mit 319 ltr für den Einwohner erreichte, entsprechend einem Gesamtverbrauch von 866200 cbm. Der geringste Tagesverbrauch stellte sich im Winter mit rd. 500000 cbm ein, gleich 184 ltr für den Einwohner. Paris gebraucht also fast $1^1/_2$ mal so viel Wasser wie London und mehr als doppelt so viel wie Berlin; trotzdem macht es im allgemeinen nicht den sauberen Eindruck und bietet nicht die geruchlose Luft wie die deutsche Reichshauptstadt, was mir auch verschiedentlich von Parisern bestätigt wurde. Uebertroffen wird übrigens der Wasserverbrauch von Paris noch wesentlich durch denjenigen nordamerikanischer Großstädte.

Des unmittelbaren Vergleichs wegen sei hier eingefügt, daß sich in Berlin nach den freundlichen Mitteilungen der Wasserwerksdirektion folgende Verbrauchszahlen für den Einwohner und Tag ergeben:

	Jahr 1901	Jahr 1902
Höchstwert	114,02 ltr	114,86 ltr
Tiefstwert	51,55 »	54,11 »
Durchschnittswert	79,36 »	79,13 »

Nach der genannten Quelle ist hierbei aber in Betracht zu ziehen, daß mindestens der dritte Teil des Verbrauchwassers durch Privatpumpen dem Untergrund entnommen wird, so daß in Wirklichkeit im Tagesdurchschnitt etwa 120 ltr auf den Einwohner entfallen, das sind 47 vH des Pariser Wertes. (Einwohnerzahl von Berlin 1922177 am 25. Dezember 1902.)

Fig. 127.

Abwasserkanal in der Rue Rambuteau.

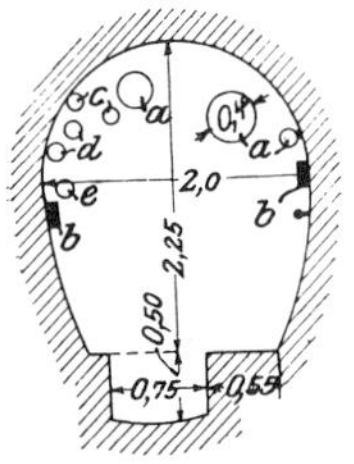

a Wasserleitungen
b Fernsprech-leitungen
c Rohrpostleitungen
d Druckluftleitungen
e Uhrenleitungen

Fig. 128.

Querschnitt des Kanals des Célestins am Châtelet-Platz. (unterfahren von Linie Nr. 4)

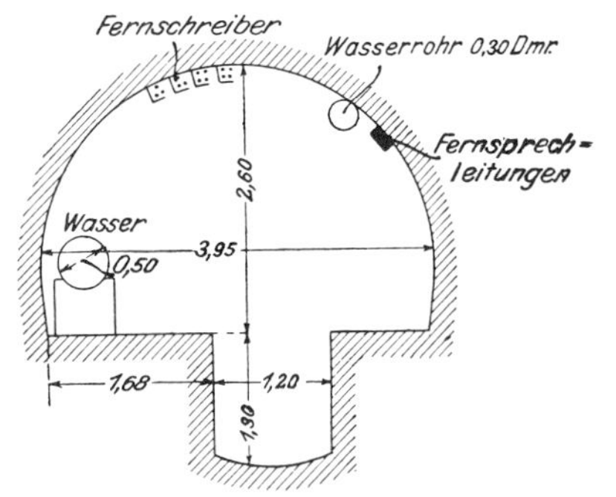

Fig. 129.

Querschnitt des Sammelkanals Boulevard Sébastopol. (unterfahren von Linie Nr. 1)

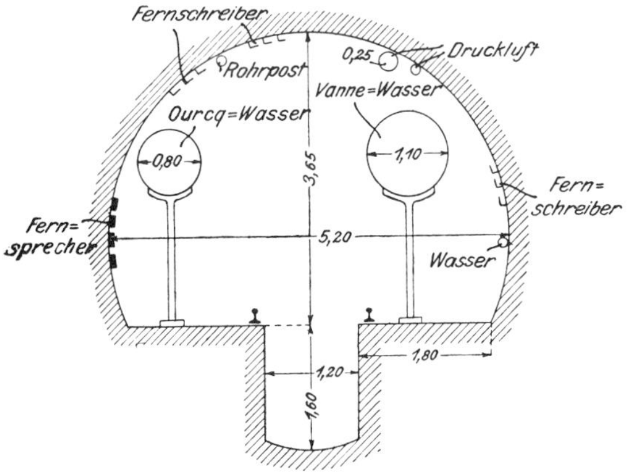

der Häuser an den nächstgelegenen Sammelkanal durchgeführt, und zwar in Gestalt eines 1,8 m hohen und 0,9 m breiten gemauerten Kanalzweiges. Darin finden dann ebenfalls die Nutz- und Abwässer-, Fernsprech- und sonstigen in das Hausinnere führenden Leitungen Aufnahme. Störungen in den Anschlufsteilen lassen sich also auch hier mühelos aufdecken und beseitigen, was für verkehrreiche Strafsen von besonderem Wert ist und einen Ausgleich für die höheren Anlagekosten bietet.

Da nun derartig verlegte Wasserleitungen nicht dem Erddruck, den Bodensackungen usw. ausgesetzt sind, so werden sie drüben aus glatten zylindrischen Röhren zusammengesetzt, die keinerlei Flansche oder Muffen besitzen. Die Verbindung erfolgt durch 8 bis 15 cm breite Ringmuffen mit Bleidichtung, ist also leicht herzustellen und zu lösen, indem in letzterem Falle der innen schwach kegelförmig gestaltete Muffenring durch Hammerschläge von dem Bleiring abgetrieben wird.

Eine für die Pariser Kanalisation[1]) charakteri-

Fig. 130.

Lageplan der Pumpstationen für die Rieselfelder.

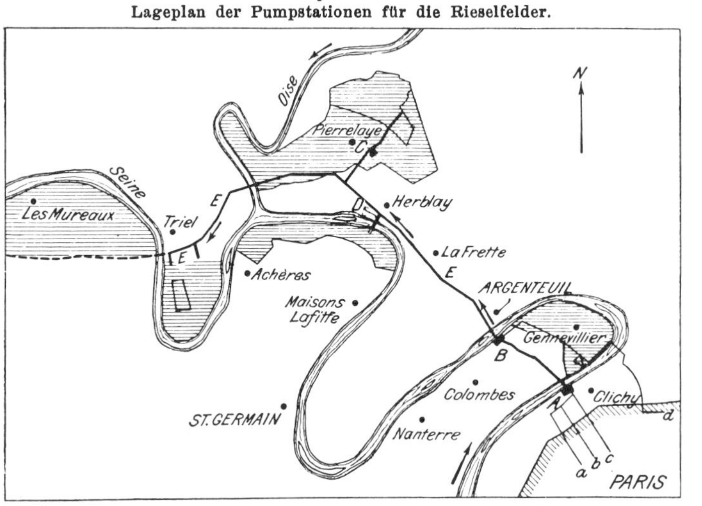

A Pumpstation von Clichy		*a* Sammelkanal Marceau		
B » » Colombes		*b*	»	d'Asnières
C » » Pierrelaye		*c*	»	de Clichy
D Abzweigung Herblay-Achères		*d*	»	St. Ouen
E Emissaire général				

[1]) Einzelheiten zur Kanalisation. Das Kanalnetz wies am 1. Januar 1902 rd. 1131 km begehbare gemauerte Kanäle auf, darunter 91,3 km Hauptkanäle bis zu 6 m Weite; rechnet man die Abzweigungen nach den Häusern und Einsteigeschächten hinzu, so ergibt sich eine Gesamtlänge von 1553 km.

In drei tief gelegenen Stadtteilen heben durch Dampf oder Druckwasser betriebene Pumpen und Hubräder die Abwässer nach höher liegenden Kanälen. In 4 grofsen Sammelleitungen wird das gesamte Abwasser nach den in den ausgedehnten Seine- und Oise-Krümmungen nordwestlich der Stadt gelegenen Rieselfeldern von Gennevilliers, Achères, Pierrelaye und Triel geführt. Der östliche dieser »Sammler« entwässert das hochgelegene Gelände des nördlichen und nordöstlichen Stadtgebietes; seine Abwässer werden durch die Schwerkraft nach den Ausgußstellen fortgedrückt. Die drei andern Sammelkanäle, darunter der in den Außenmaßen 7,2 m breite und 5,85 m hohe Clichy-Sammler mit 4 m breiter und 2 m tiefer Wasserrinne, treffen bei der an der Seine nordwestlich von Paris gelegenen Clichy-Pumpstation zusammen, Fig. 130. Ihre Abwässer werden hier durch Schleuderpumpen mit senkrechter Radwelle und Schwungrad gehoben und zu etwa $^1/_6$ in zwei je 2,3 m weiten Eisenröhren über die Seine nach den Rieselfeldern von Gennevilliers gedrückt, zu $^5/_6$ aber mittels zweier Röhren unter der Seine her (Tubes Berlier, vgl. Fußnote zu S. 3) geleitet und am andern Ufer so hoch gedrückt, daß sie in einem 5,5 km langen, 3 m weiten gemauerten Kanal kreisrunden Querschnittes (Emissaire général) mit dem Gefälle von 1 : 2000 über die erste Seineschleife hinweggeführt werden können.

In dem vor der zweiten Flußschleife gelegenen, mit 18 Wasserhaltungsmaschinen von je 300 PS ausgestatteten Pumpwerk von Colombes werden sie sodann zum zweitenmal gehoben, überschreiten die Seine in vier je 1,1 m weiten Eisenleitungen auf der hübschen Bogenbrücke von Argenteuil und werden nunmehr in zwei rd. 2 km langen und je 1,8 m weiten Rohrsträngen, die ihrerseits in einer kühn angelegten elliptischen Eisen-Zement-Galerie von 5,16 m Breite und 3,34 m Höhe gelagert sind, 30 m im steilen Geländeanstieg hochgepreßt, um wieder, wie auf der Strecke Clichy-Colombes, infolge ihrer Schwerkraft in einem fast 20 km langen Kanal gleichen Querschnittes bis nach dem in der vierten Seineschleife gelegenen Carrières-Triel mit Abzweigungen nach den Feldern von Achères und der Hochebene von Méry-Pierrelaye (nach ersteren mittels zweier unter der Seine hindurchgeführter Rohre von 1 m Dmr., nach letzterer mittels eines Hülfshebewerkes) geleitet zu werden. Auf diesem Wege durchsetzt der Kanal mehrere Höhenzüge im Tunnel, die breite Frette-Schlucht auf 95 m langer gemauerter Talbrücke und unterführt die Oise nahe deren Mündung in die Seine.

Als Höchstfüllung sind $^3/_4$ des Querschnittes zugelassen, damit die Kanalwässer infolge ihres ständigen Abfließens unter Luft möglichst unverändert nach den Rieselfeldern gelangen. Die sekundliche Leistung beträgt hierbei $9^3/_4$ cbm, was in 24 Stunden eine Wassermenge von 842 400 cbm ergeben würde.

Vergl. Näheres in Annales des Ponts et Chaussées 1897 VII. Série, 2me Trimestre: Aqueduc et Parc agricole d'Achères, von Bechmann und Launay.

Im Jahre 1901 wuden 209 246 000 cbm Abwässer zur Berieselung benutzt; etwa 17 Millionen cbm sind in die Seine eingelassen worden — abgesehen von den bei starkem Platzregen durch die Notauslässe ausgetretenen Mengen —, so daß nachweislich 226 246 000 cbm Abwässer abgeführt worden sind; das sind für den Tag 620 000 cbm im Durchschnitt und 228 ltr für den Einwohner und Tag.

Im Stadtgebiet werden Sand und Schlamm nach Einstellung von senkrechten, genau der Wasserrinne angepafsten Schützen selbsttätig durch den auf die hintere Schützenfläche ausgeübten Wasserüberdruck aus den Kanälen nach besonderen Sandkammern geschafft, wobei diese Schützen in den gröfseren Kanälen durch steuerbare Boote (25 Stück), in den engeren Kanälen durch kleine, auf Schienen laufende Wagen (122 Stück) getragen werden.

Aus den an verschiedenen Stellen eingeschalteten besonderen Sandkammern wird der Sand durch elektrisch, von Hand oder mittels Druckluft betätigte Bagger usw. entfernt, wobei letztere neuerdings an Schienen des Deckengewölbes derart aufgehängt sind, daß sie die Kammern in ganzer Länge bestreichen können. Diese Neuerung wurde zuerst bei dem Sammelkanal du Nord im Osten der

stische Innenansicht zweier grofser, mit Leitungen mannigfachster Art belegter Sammelkanäle geben die Figuren 131 und 132 wieder. Die in ersterer rechtsseitig sichtbare, in Kämpferhöhe liegende Wasserleitung des 5,20 m weiten Sébastopol-Kanales, der nach früher Gesagtem von der Stadtbahnlinie Nr. 1 unterfahren wird, mifst 1,10 m im Lichten und führt Vanne-Wasser, während die linksseitige, 0,80 m weite Leitung Ourcq-Wasser enthält. Nahe dem Kanalscheitel liegen Luftleitungen, aufserdem sind ganze Bündel von elektrischen Kabeln untergebracht, ferner kleinere Wasserleitungen usw., vergl. auch Fig. 129. Rohrleitungen von 1,10 m finden sich übrigens auch in Kanälen von nur 2,50 m Breite verlegt.

Die Photographien zu Fig. 131 und 132 wurden mir von dem Leiter der Pariser Wasserversorgung und Kanalisation, Hrn. Chefingenieur Bechmann, in liebenswürdiger Weise überlassen, zugleich mit einem von ihm bezw. seitens der Stadt Paris herausgegebenen Rechenschaftsbericht: Notes à l'appui du compte des dépenses de l'exercice 1901. Service des eaux et de l'assainissement. Paris 1903. Dieser vortrefflichen Quelle und ebenso dem Bechmannschen Werke: Distributions d'eau et assainissement, habe ich einige bemerkenswerte Zahlenangaben über die Pariser Wasserversorgung und Kanalisation entnommen, soweit ich solche nicht seinerzeit an Ort und Stelle gesammelt habe.

Die Abwässerkanäle waren nun in Folge des Bahnbaues an zahlreichen Stellen umzulegen oder abzuändern, und demgemäfs auch alle die darin untergebrachten mannigfachen Leitungen. Ihr Betrieb durfte aber naturgemäfs nennenswerte Pausen nicht erleiden, was die Bauarbeiten erheblich erschwerte und anderseits geschickt durchdachte, ineinander greifende Arbeitspläne erforderte. Ein besonders bemerkenswertes Beispiel hierfür bietet der Rivoli-Kanal beim Bau der ersten Stadtbahnlinie.

Fig. 133 zeigt den Querschnitt dieses mittelgrofsen, ähn-

Fig. 131.

Innenansicht des Sammelkanals Boulevard Sébastopol (Nordufer).

Stadt eingeführt, als dieser wegen der Stadtbahnlinie Nr. 2 Nord umgebaut werden mußte. Die Bagger schütten in Kippwagen aus, die durch eine elektrische Grubenlokomotive nach dem nächsten Schiffahrtskanale (St. Martin) geschleppt werden, um hier ihre Ladung an Boote abzugeben, die sie nach den Abladestätten bringen; ebenso dient die Seine zum Fortschaffen des Baggergutes anderer Abwässerbezirke. Insgesamt belief sich die im Jahre 1900 gebaggerte Sandmenge auf rd. 35000 cbm, welch große Masse sich dadurch erklärt, das aller Straßenschmutz unmittelbar in die Kanäle gelangt nach dem Grundsatz: tout à l'égout. Das Durchspülen der Kanäle erfolgt mittels Flußwassers durch 3832 selbsttätig wirkende, über das ganze Netz verteilte Spülbehälter.

Höchst eigenartig und verblüffend einfach ist dabei die Reinigung der Kanalunterführungen unter der Seine. Sie wird durch hölzerne Kugeln erzielt, deren Durchmesser 20 bis 30 cm kleiner als die Rohrleitung ist. Beispielsweise beträgt er 2 m für die 2,30 m weite Clichy-Unterführung und 1,60 m für diejenige an der Konkordienbrücke. Diese Riesenkugeln werden durch eine Eisenhaube in dem senkrechten Einlafsschacht niedergebracht und selbsttätig durch den Wasserstrom in die Kanalröhre geleitet. Diese durchschwimmen sie, indem sie sich gegen den Rohrscheitel legen, sodafs hinter ihnen ein Stau entsteht, der die unten liegenden Sandmassen mitreifst. In dieser Weise wird auch die 1 m weite Unterführung an der Alma-Brücke seit 1868 allwöchentlich einmal durch eine 80 cm grofse Holzkugel in zufriedenstellender Weise gereinigt.

Die Kugelreinigung ist von Belgrand, dem früheren hervorragenden Leiter des Pariser Bauamtes und Begründer der heutigen Kanalisation jener Stadt, erdacht worden. Ein Modell, das diese Kugelwirkung sehr anschaulich erkennen läßt, befindet sich in der reichhaltigen Modellsammlung der Kanalisationsverwaltung (Musée de l'Assainissement, zurzeit in der Rue d'Allemagne, demnächst am Rathausufer gelegen). Mit der Reinigung des Netzes sind im Jahre 1901 durchschnittlich 889 Arbeiter unter 33 Aufsehern und 122 Rottenführern, also insgesamt 1044 Personen beschäftigt gewesen, denen nach amtlicher Angabe 2342900 frs bezahlt wurden, was für den Mann 2246 frs im Jahr oder 187 frs im Monat ausmacht, eine gewiß auskömmliche Löhnung. Die Pariser bringen dem Kanalnetz grofses Interesse entgegen. Allsommerlich werden zweimal im Monate grofse Besuchstage dafür angesetzt, zu denen je bis 600 Karten von der Stadtverwaltung ausgegeben werden. Zur Bewältigung dieses Untergrundverkehrs dienen 5 besondere Boote sowie 9 Wagen (wagons de promenade), die elektrisch fortbewegt werden.

Auch die Rieselfelder werden viel besucht, was durch eine 10 km lange Schmalspurbahn in dem Achères-Bezirk sowie durch zahlreiche bequeme Wege in diesen Ländereien erleichtert wird. Die Kanalverwaltung stellt unentgeltlich Erlaubniskarten zu solchen, übrigens gern gesehenen Besichtigungen aus. Auf Grund dieser Karten verabfolgt die Westbahngesellschaft im Bahnhof St. Lazare ermäßigte Rückfahrkarten.

lich dem in Fig. 127 mit Leitungen geradezu gespickten Abzugkanales. In Kämpferhöhe liegen wieder 2 Wasserleitungsröhren, eine für Quell-, die andere für Flufswasser bestimmt; ein drittes Wasserrohr ist an die Decke gehängt. Daneben sind 2 Druckluft- und 4 Saugluftleitungen untergebracht, letztere für Rohrpostzwecke, ferner eine Anzahl von Kabeln für Fernschreiber und Fernsprecher. Dieser Kanal lag inmitten der im Abschnitt II schon als eine der wichtigsten Geschäfts- und Verkehrsstrafsen von Paris bezeichneten Rue de Rivoli und war die Ursache gewesen, dafs in dem ersten Bahnentwurf der Stadtverwaltung Schmalspur und enge Wagen gewählt worden waren. Infolge der gesetzlich vorgeschriebenen Normalspur und gröfserer Wagenbreite blieb aber zwischen dem Kanal und den Häuserreihen nicht mehr genügend Raum für den Bahntunnel; der Kanal mufste daher auf rd. 2,6 km Länge bis zur Place de la Concorde beseitigt werden, um der Bahnlinie Platz zu machen. Hierbei hat man den Tunnel in der durch die Figuren 134 bis 139 gekennzeichneten Weise um den Kanal herumgebaut, damit dieser nach Abdeckung seiner Wasserrinne und Einbau eines Schmalspurgleises sowie Anbringung seitlicher Oeffnungen als Materialstollen benutzt werden konnte, wofür er sich vortrefflich eignete. Die in Fig. 139 unter V angedeuteten Einspritzöffnungen für Zementmörtel sowie die Art der Vollendung des unteren Tunnelquerschnittes sind im Abschnitt V näher erläutert. Die Rohrleitungen waren während des Baues durch Holzrüstungen abgestützt. Der abgebrochene Kanal wurde durch mehrere neue Kanäle ersetzt, die die Rivolistrafse nunmehr nach verschiedenen Richtungen hin entwässern.

Auch sonst kamen beim Bau der Linie Nr. 1 noch anderweitige umfangreiche Aenderungen am Kanalnetz vor. Gerade die verhältnismäfsig geringe Tiefenlage der Bahn hatte ein häufiges Zusammentreffen mit den gleich tief gelegenen Abzugkanälen zur Folge, während sie anderseits während des Bahnbaues, selbst in den engeren Strafsen, für die beiderseitigen Häuserreihen nichts befürchten liefs.

Die rechtwinklig von der Bahnachse getroffenen grofsen Sammelkanäle am Konkordienplatz (Collecteur d'Asnières), am Boulevard Sébastopol usw. werden mit Rampen von 40‰ Neigung unterfahren, und zwar so unmittelbar, dafs sich die Kanalsohle auf die Gewölbedecke des Bahntunnels stützt, Fig. 140 bis 142. An diesen Kreuzungsstellen kam nicht nur die Tunnelsohle 5,6 m tief in das Grundwasser hinein, erforderte daher nach Fig. 142 eine besondere Verstärkung und Abdichtung des Mauerwerkes, sondern die Nähe dieser grofsen, wassergefüllten Abzugkanäle bildete auch während der Bauarbeiten eine nicht geringe Gefahr sowohl für den Tunnelbau, als auch für den Bestand der Kanäle selbst.

Seitens der Bauleitung waren aber die Vorsichtsmafsregeln so gut getroffen, dafs nur an einer Stelle infolge von Unvorsichtigkeit beim Bodenaushub die Kanalsohle aufrifs, was eine Ueberflutung der Baugrube zur Folge hatte. Der erzeugte Sachschaden konnte jedoch in wenig Tagen behoben werden. Infolge dieses Vorkommnisses traf übrigens das Bauamt bei dem Asnières-Kanal besondere Vorsichtsmafsregeln. Die 3,5 m breite Wasserrinne wurde an 2 Stellen durch eine Querwand vorübergehend geschlossen und das Kanalwasser mittels zweier Blechröhren über die Baustelle und deren nächste Nachbarschaft fortgeleitet. Den Grundwasserspiegel senkte man hier und an den andern ähnlichen Kanalkreuzungen soweit durch Pumpen, dafs die Bauarbeiten im Trocknen ausgeführt werden konnten.

Fig. 132.

Einmündung des Hauptkanals Quai d'Orsay in den Bosquet-Kanal nahe dessen Unterführung unter der Seine bei der Alma-Brücke (Südufer).

Eine vielleicht noch bemerkenswertere derartige Kreuzung stellt die Ueberführung der Linie Nr. 3 über den Clichy-Kanal dar. Sie erfolgt im Schnittpunkt der Rue Auber mit der Rue Scribe unmittelbar bei der Oper. Tunnel- und Kanalachse bilden einen Winkel von etwa 75° miteinander. Infolge der gegebenen Gefällverhältnisse liegt hier die Sohle des kreisförmig gestalteten, 5 m im Lichten messenden Kanales 10 m unter Strafsenkrone, der obere Scheitel also nur 4,5 m darunter. Der Tunnel mufste daher ziemlich tief in das Kanalprofil einschneiden, gegen das er unten durch sechs I-Träger mit zwischengespannten Ziegelkappen, seitlich durch 2 Segmentmauern abgeschlossen wurde. Sonstige Einzelheiten geben die Figuren 143 bis 145.

Wie auch sonst noch das Kanalnetz der Bahn hinderlich werden kann, veranschaulicht die in Fig. 146 dargestellte Pfeilergründung für einen Hochbahnträger des Nordringes. Nach dem bei Fig. 42 Gesagten, mufste eine Anzahl Hochbahnstützen alter unterirdischer Gipsbrüche wegen auf besondere Betonpfeiler gestellt werden. Einige davon liegen

Fig. 133.

Querschnitt des Rivoli-Kanals.

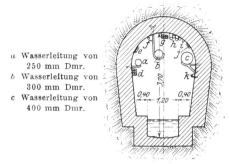

a Wasserleitung von 250 mm Dmr.
b Wasserleitung von 300 mm Dmr.
c Wasserleitung von 400 mm Dmr.

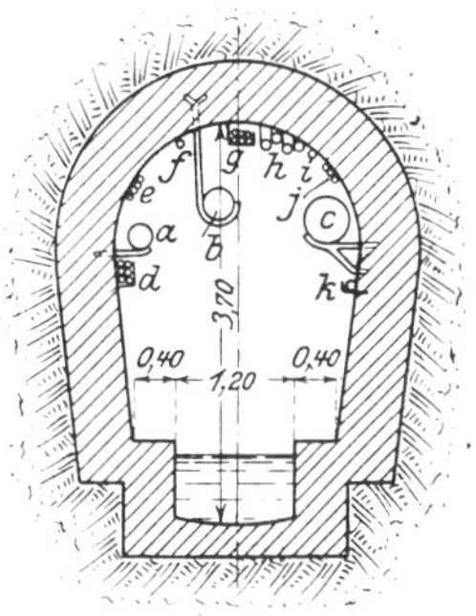

d bis *g* und *j* Leitungen für Fernsprecher u. Fernschreiber
h Rohrpostleitungen
i Luftleitungen für Uhren
k Druckluftleitungen

Fig. 134 bis 136.

Vortrieb der Bahnstollen.

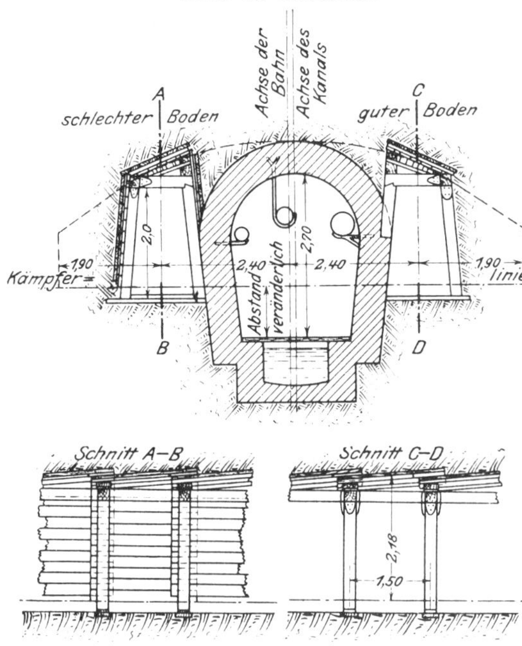

unmittelbar neben einem 3 m weiten Abzugkanale, der aus örtlichen Gründen nicht verlegt werden konnte. Einer dieser Pfeiler unterschneidet ihn zur Hälfte, sodafs eine Entlastung des Kanales von der erheblichen Pfeilerlast notwendig wurde. Zu dem Zweck wurde in den Beton eine schmiedeiserne Stütze eingebettet, deren oberhalb des Kanales weit auskragender Kopf das Lastgewicht aufnimmt und durch den Schaft auf einen Quader und weiter auf den Untergrund überträgt. Zur Vorsicht wurde die in die Baugrube hineinragende Kanaldecke noch mit einer dicken Lehmschicht überzogen.

Die Gasleitungen und elektrischen Kabel haben dem Bahnbau im allgemeinen wenig Schwierigkeiten bereitet, da sie in geringer Tiefe unter Strafsenoberfläche verlegt sind. Nur beim Bau der Linie Nr. 3 sind, wenigstens bis jetzt, umfangreichere Aenderungen an den ersteren vorgekommen. Hier mufsten, um dem Bahntunnel freien Weg zu schaffen, zwei je 1 m weite Gasleitungen in der Rue Auber beseitigt und durch andere Strafsenzüge umgeleitet werden. Es geschah dies auf gröfsere Länge durch ein gemeinsames Hauptrohr von 1,4 m l. Dmr., das nordwestlich von der Oper den Bahntunnel übersetzt; nach Abzweigung eines Nebenstranges war es in 1 m Weite weiterzuführen, um südöstlich von der Oper an die alte Leitung wieder anzuschliefsen. Hierbei mufste es zum zweitenmal die Linie Nr. 3 kreuzen, wofür sich jedoch nicht die erforderliche Bauhöhe vorfand. Die 1 m-

Fig. 137.

Aufweitung der Vortriebstollen über den Rivoli-Kanal hinweg und Einziehung der Lehrbogen für die Tunneldecke.

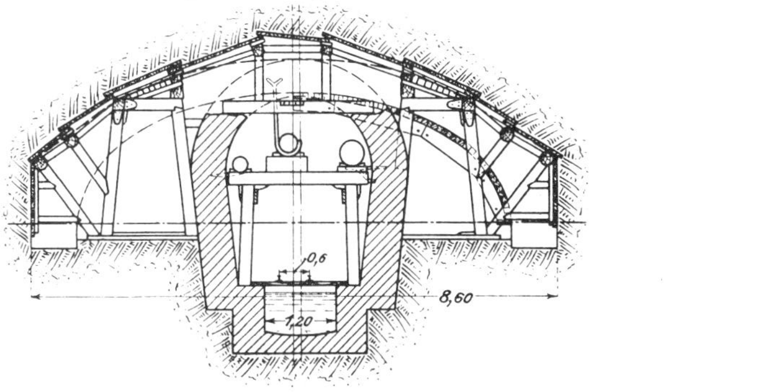

Fig. 138.

Streifenweiser Einbau der Tunnelwiderlager beiderseits der Wasserrinne des Rivoli-Kanals (links in lockerem Erdreich, rechts in festem).

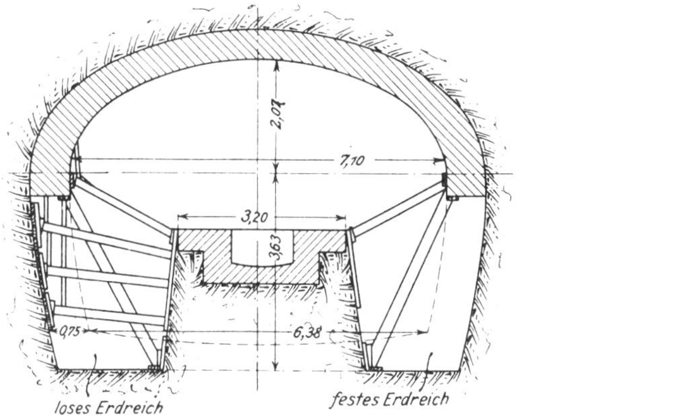

Fig. 139.

Schema des Arbeitsvorganges beim Bau des Bahntunnels.

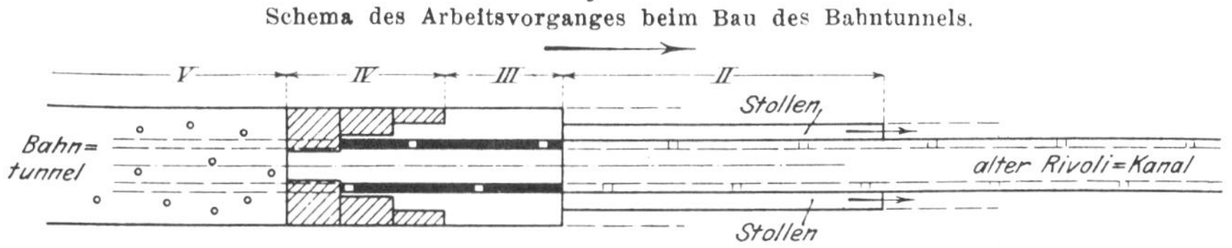

I Seitenöffnung im Rivoli-Kanal; *II* Vortriebstollen auf jeder Kanalseite (Fig. 134 bis 136); *III* seitliche Erweiterung der Vortriebstollen und Fortnahme der Kanaldecke (Fig. 137); *IV* Herstellung des Tunnelgewölbes in einzelnen Ringen; *V* fertiges Tunnelgewölbe mit Einspritzöffnungen; unter dessen Schutz Einbau der Widerlager (Fig. 138), Fortnahme der Mittelstrosse und Einziehung des Sohlengewölbes.

Leitung wurde deshalb in 2 Stränge von je 0,7 m aufgelöst, die unmittelbar dem Tunnelgewölbe aufgelagert wurden. Diese Stützweise bedingte an beiden Kreuzungsstellen die zuvorige Ausführung je einer kurzen Tunnelstrecke, an die sich dann der spätere Linienausbau angliederte. Die Kosten dieser Umleitung belaufen sich nach Angabe auf nahezu 200 000 frs.

Die Durchführung eines Bahntunnels durch das Pariser Strafsengelände erfordert hiernach recht umfangreiche Vorarbeiten an den Kanälen, den Gas-, Luft-, Quell- und Flufswasserleitungen. Fig. 147 zeigt einen Querschnitt durch den von dem Nordring durchfahrenen Untergrund der äufseren Boulevards, der so recht die kurz geschilderte Mannigfaltigkeit der Pariser Wasserversorgung und Kanalisation erkennen läfst. Der dieser Figur zugrunde gelegte Boulevard des Batignolles bildet eine wahre Musterkarte hierfür. Bedenkt man, dafs die Wasserleitungen im Stadtgebiet bis zu 1250 mm Weite verlegt sind und teilweise auch die Neuanlage der sie einschliefsenden Kanäle und Galerien bedingt haben, dafs ferner die neuen Kanäle meistens erheblichen Querschnitt erhielten, so wird klar, dafs die Kosten dieser Abänderungsarbeiten beträchtlich sein müssen. Sie belaufen sich denn auch allein für die Abwässerkanäle im Bereich der Linie Nr. 1 und ihrer beiden ehemaligen kurzen Ausläufer am grofsen Triumphbogen auf rd. 3833000 frs, während die Aenderungen an den Wasser- und Luftleitungen hier rd. 808000 frs erforderten, was zusammen durchschnittlich rd. 331500 frs auf 1 km Bahnlinie ausmacht. Bei der im Frühjahr 1903 vollendeten 10,54 km langen Neubaustrecke des Nordringes fallen diese Beträge noch weit erheblicher aus. Hier lagen grofse Trinkwasser- und Flufswasserleitungen inmitten der Boulevards; sie mufsten den Bahnbauten weichen und erhielten seitlich von diesen ihren Platz, und zwar entweder in den ihretwegen gröfser zu bemessenden, also auch zu erneuernden Abwässerkanälen oder in besonderen neuen Galerien. So sind nach Angaben Hervieus rd. 10 km Hauptleitungen von 400 bis 1100 mm l. Dmr. für Quell-, Seine- und Marne-Wasser neu verlegt worden, desgl. etwa 6 km kleinere Rohrweiten, während ungefähr 3 km begehbare Galerien auszuführen waren. Die in Fig. 147 sichtbare Ourcq-Wasserleitung von 1250 mm Dmr. ist in 1000 m Länge aus Zement mit Eiseneinlagen hergestellt worden.

Bei dieser Gelegenheit wurde selbstverständlich auch Be-

Fig. 140.

Unterfahrung des Sammelkanals d'Asnières durch Linie Nr. 1.

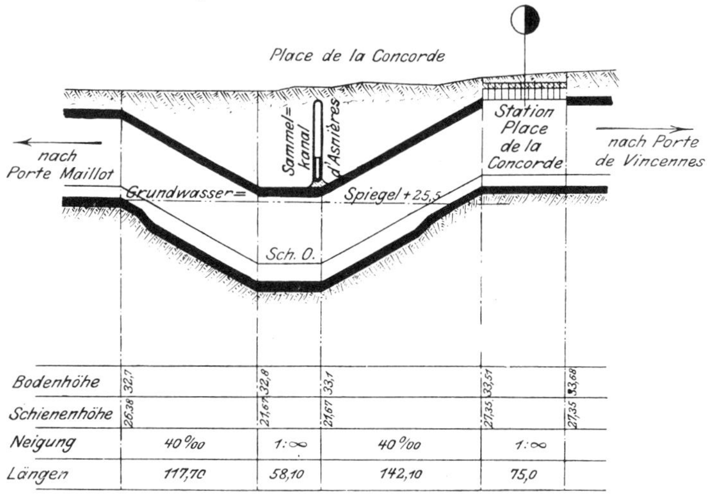

Fig. 141 und 142.

Längs- und Querschnitt an der Kreuzungsstelle in Fig. 140.

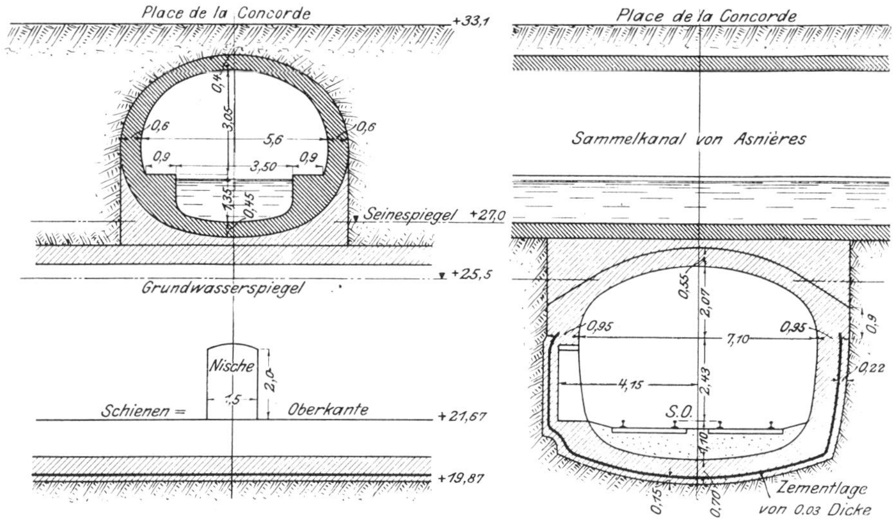

Fig. 143.

Querschnitt des neuen Clichy-Kanals.

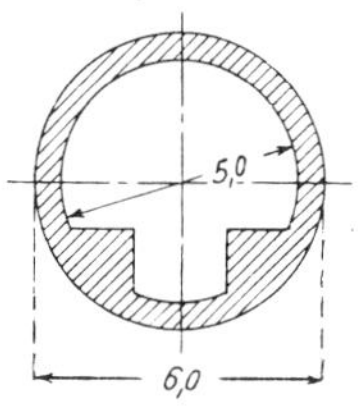

Fig. 144.

Ueberführung der Linie Nr. 3 über den neuen Clichy-Kanal.

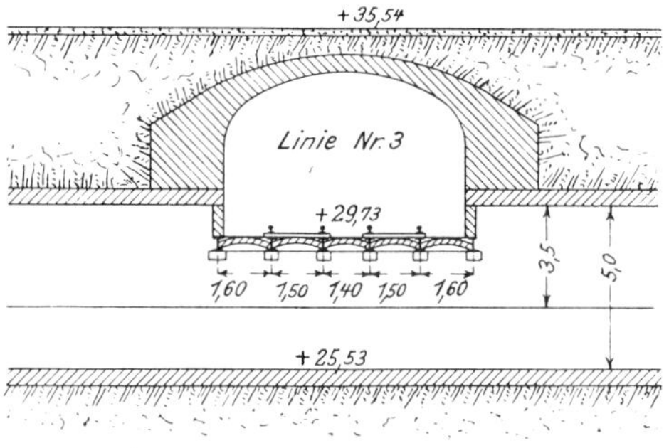

Fig. 145.

Grundriß der Bahnüberführung über den neuen Clichy-Kanal.

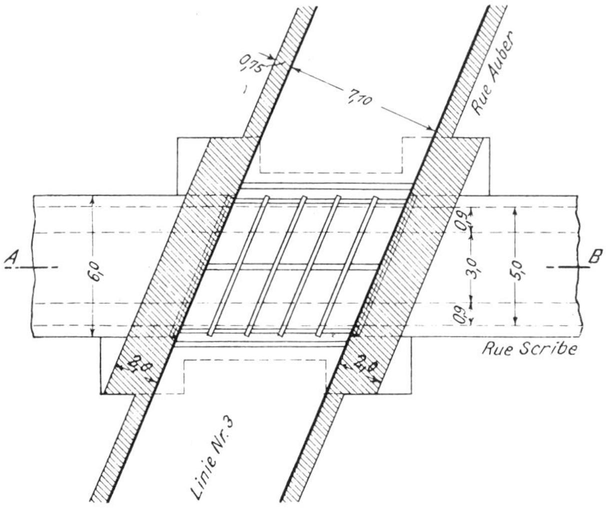

Fig. 146.

Entlastung eines Abwasserkanals unter einem Hochbahnpfeiler des Nordringes.

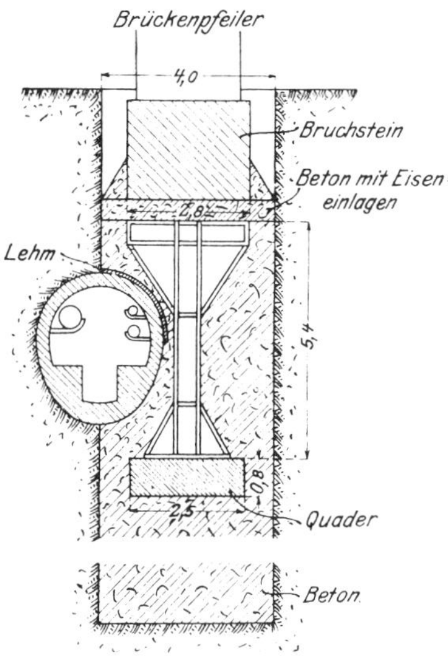

dacht darauf genommen, die alten Rohrweiten da zu vergröfsern, wo ungenügende Druckverhältnisse vorlagen. So fand z. B. in der alten 800 mm weiten Avre-Leitung, die von ihren gewaltigen Montretout-Behältern aus auch den vom Nordring durchzogenen Stadtteil am Montmartre-Hügel speist, ein Druckhöhenverlust bis zu 6 m statt, so dafs die oberen Stockwerke jener Gegend zeitweise kein Wasser entnehmen konnten. Nach Ingebrauchnahme der neuen 1100 mm weiten Leitung wurden mehr als 4,0 m Druckhöhe gewonnen, wodurch der erwähnte Uebelstand beseitigt ist.

Noch mehr haben die Aenderungen an dem Kanalnetz die Baukosten der Nordringlinie erhöht. So kostete z. B. eine 700 m lange Kanalstrecke des Boulevard Belleville mit einem oberen freien Querschnitt von 4,2 × 3,0 qm sowie einer 1,20 m breiten und 1,30 m tiefen Wasserrinne 490 000 frs.

Zieht man nur die dem Bahnbau zur Last fallenden Kanal- und Wasserleitungskosten in Betracht und läfst die auf Rechnung der Wasserwerk- und Kanalisationsverwaltung kommende Summe von 1 262 000 frs für gleichzeitig ausgeführte Verbesserungen und Ergänzungen an den Kanal- und Leitungsnetzen aufser acht, so stellen sich diese nach obiger Quelle auf zusammen 5 594 500 frs (worunter 2 450 000 frs für Wasserteilungen), also auf nicht weniger als 530 800 frs für 1 km Bahnlänge.

schlag usw. gelassen. Der Scheitel des Bahntunnels liegt nur 4,26 m unter der in Sand- und Kiesschichten ruhenden Kanalsohle, und taucht bereits in das Grundwasser ein. Der Kanal mufste daher an der Kreuzungsstelle nachträglich mit einem Sohlengewölbe ausgestattet werden, das auf 60 m Länge aus einer 50 cm dicken Betonschicht mit Eiseneinlagen gebildet wurde. Zu beiden Seiten dieser Strecke waren Fangdämme durch das Kanalbett gezogen, so dafs die Arbeiten im Trocknen sicher zu Ende geführt werden konnten, und das Kanalgewölbe war auf diese Länge sehr sorgfältig abgestützt worden. Die Eiseneinlagen wurden an den beiden Seitenwänden und am Boden des Kanalbettes in zwei 30 cm voneinander entfernten Lagen gezogen und durch Längsstreifen sowie Haken und Klammern in üblicher Weise verbunden. Der Tunnel selbst war in 509 m Länge auszuführen und wurde von zwei zu beiden Seiten des Kanales in etwa 65 m Abstand niedergesenkten, 21 m tiefen Betriebsschächten aus in Angriff genommen. Die Wasserschöpf- und Hebemaschinen sowie die Beleuchtung wurden elektrisch betrieben, und zwar wurde der Strom auf der Baustelle erzeugt, wie solches vielfach bei diesem Bahnbau der Fall war. Elektrische Beleuchtung hat die Stadtverwaltung im Interesse der Arbeiter für alle Arbeitsplätze der Stadtbahn vorgeschrieben.

Fig. 147.

Querschnitt durch den Untergrund des Boulevard des Batignolles. (Unterhalb des Westbahn-Tunnels ist ein zweiter Hauptbahntunnel geplant.)

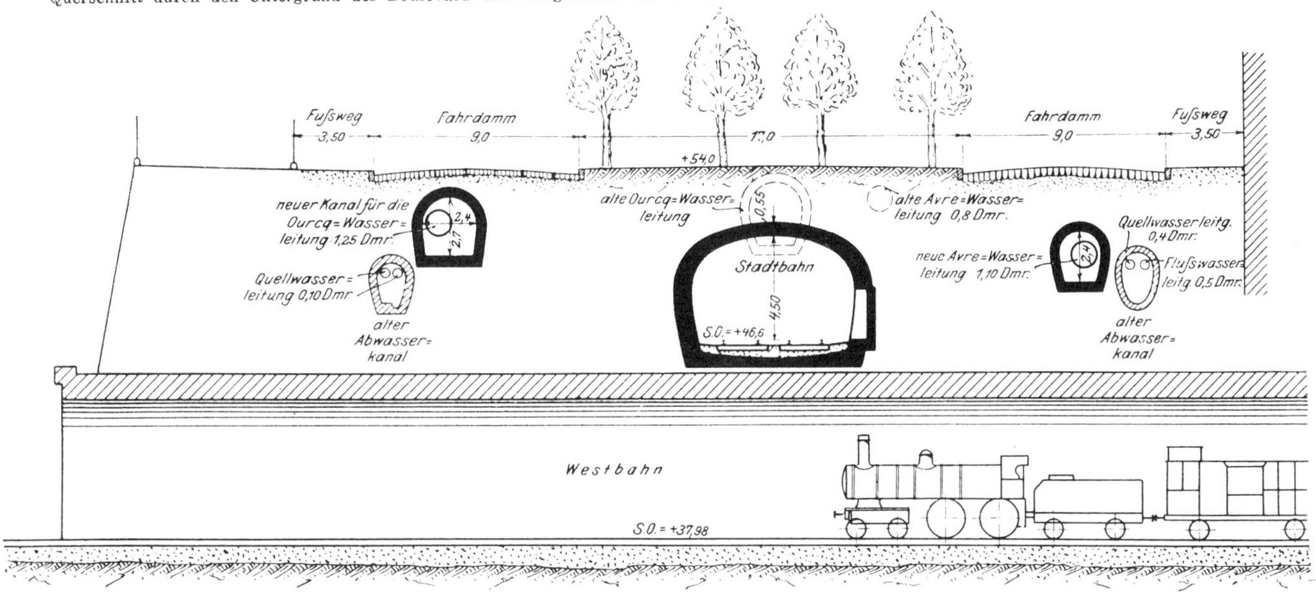

Linie Nr. 3 hat für diese Arbeiten eine Gesamtsumme von etwa $2^3/_4$ Millionen frs erfordert, davon fast 2 Millionen allein für die Kanaländerungen. Es ergibt dies rd. 340 000 frs für 1 km Bahn. Die bis jetzt vollständig durchgeführten Kanalisations- und Leitungsarbeiten der 31 km langen Linien Nr. 1, 2 Nord und 3 haben hiernach ungefähr 12 900 000 frs gekostet, so dafs auf 1 km dieser Liniengruppe durchschnittlich 410 000 frs für jene Nebenarbeiten entfallen.

2) Abdichtung der Sohle des Schiffahrtskanales St. Martin.

Im Abschnitt II ist unter »Linie Nr. 3« schon kurz angedeutet worden, dafs deren Unterführung unter dem St. Martin-Kanale her bereits vor Beginn des eigentlichen Bahnbaues hergestellt worden ist, da der Kanal zu jener Zeit (Sommer 1901) wegen Ausbesserungen auf zwei Monate trocken gelegt war. Der Kanal ist 4,5 km lang und überwindet auf diesem kurzen Lauf durch 8 Schleusen einen Höhenunterschied von 25 m; seine Wassertiefe in den Haltungen beträgt 2,3 m. Er wird von der Linie Nr. 3 unter etwa 45° gekreuzt. Wie Fig. 16 zeigt, ist das auf 2 km Länge überwölbte und vom Boulevard Richard Lenoir überzogene, im Wasserspiegel 16 m breite Kanalbett ohne Sohlengewölbe, auch ohne jede sonstige Abdichtung durch Lehm-

Die Gesamtkosten für den 509 m langen Tunnelabschnitt waren einschliefslich der Kanalabdichtung auf 1 815 000 frs veranschlagt, stellten sich jedoch im Verdingungswege 27,4 vH niedriger. Das Meter Tunnel hat daher 2590 frs erfordert, d. i. mehr als das Doppelte dessen, was die nicht im Grundwasser liegende und nicht Sonderarbeiten erfordernde Tunnelstrecke kostet; vergl. den Schlufs des Abschnittes V.

3) Hülfstunnel.

Das Bauamt hatte seinerzeit beabsichtigt, den Bau der Linie Nr. 1 tunlichst unterirdisch ausführen zu lassen; es hatte deshalb anfangs auch nur 11 Arbeitsöffnungen in den Strafsen — entsprechend den 11 Baulosen dieser Linie — gestattet und sogar denjenigen Unternehmern Prämien ausgesetzt, die die eisengedeckten Tunnelstrecken und Stationen unterirdisch herstellen würden. Die Aufsichtsbehörden (Seinepräfekt und Polizeipräsidium) hatten zudem vorgeschrieben, dafs in den wichtigeren Geschäftstrafsen sowie in den breiten Luxusstrafsen der Verkehr nicht durch das Abfahren der ausgeschachteten Bodenmassen und das Heranschaffen der Baustoffe auf den dazu erforderlichen zahlreichen Lastwagen zu hemmen und zu verunstalten sei. Das Bauamt beschlofs deshalb, gleich zu Anfang 4 besondere Transportstollen von dem Bahntunnel aus nach der Seine zu treiben. Sie wurden nach Fig. 148 beim Rathaus (Lobau-Strafse), am Louvre, am Konkordienplatz (Eingang zu den Champs-Elysées) und an der Antin-Allee angelegt, mündeten auf Holzbühnen am Seineufer und ermöglichten so, den Boden unmittelbar in die Seineboote abzuladen und die Baustoffe aus diesen zu entnehmen. Ihr Bau bot an sich keine besonderen Schwierigkeiten, kostete aber immerhin 400000 frs. Durch diese 4 Stollen ist ein Bodenaushub von insgesamt 270000 cbm und eine Baustoffmenge von rd. 80000 cbm befördert, also eine recht beträchtliche Entlastung der öffentlichen Strafsen geschaffen worden.

Für die an den Kanal St. Martin anstofsenden beiderseitigen Bahnstrecken diente dieser zur bequemen Abfuhr der Erdmassen usw. Dieser Kanal wurde auch für einen Abschnitt des Nordringes, Linie Nr. 2 Nord, dienstbar gemacht, indem eine unmittelbare Stollenverbindung zwischen ihm und dem Bahntunnel bei der Station Le Combat hergestellt wurde. Im übrigen erfolgte die Ab- und Anfuhr auf Strafsenwagen, die in den entlegeneren Stadtvierteln zugelassen werden mufsten, was hier um so eher statthaft war, als die Bahnlinie gröfstenteils die Mittelpromenade der breiten Aufsenboulevards durchzieht, auf der also auch die Ladebühnen angelegt werden konnten. Für den Südring lagen ähnliche Verhältnisse vor; Hülfstunnel waren daher entbehrlich, abgesehen davon, dafs sie auch recht lang ausgefallen sein würden. Dagegen gestaltete sich die Sachlage für Linie Nr. 3 wieder um so unbequemer. Diese unterfährt gröfstenteils wenig breite, dabei verkehrsreiche Geschäftstrafsen und kreuzt zudem den Opernplatz, Fig. 14. Für den westlichen Abschnitt St. Lazare-Arts et Métiers mufste unterirdische Ab- und Anfuhr Platz greifen. Es wurde deshalb nahe der erstgenannten Station ein Hülfsstollen nach den Gleisen des gleichnamigen Hauptbahnhofes der Westbahn getrieben und längs eines Schienenstranges der letzteren eine hölzerne Ladebühne errichtet. Die im Vortriebstollen gefüllten schmalspurigen Kippwagen wurden durch eine Luftdrucklokomotive (mit 80 at Anfangsdruck in den Luftbehältern) nach der Entladebühne gefahren und dort in die Westbahn-Wagen entleert, die ihren Inhalt dann aufserhalb Paris abgaben. Wären auf dem westlichen Abschnitt nicht einige Stationen mit Eisenträgerdecke im Tagebau herzustellen gewesen, und hätte nicht auf dem Opernplatz der Bau der Dreilinienkreuzung (Fig. 15 und 123) vorgelegen, so würden hier die Pariser von dem Bahnbau kaum etwas verspürt haben. Diese Tagebauten unterbanden natürlich den Wagenverkehr; sie wurden deshalb mit einer aufserordentlich grofsen Beschleunigung ausgeführt, was übrigens auch bei den meisten derartigen Stationen der Linie Nr. 1 der Fall gewesen ist, auf deren schnelle Fertigstellung allerdings die herannahende Weltausstellung besonderen Druck ausübte.

Auf dem östlichen Abschnitt der Linie Nr. 3 war die Abfuhr der Erdmassen durch Strafsenfuhrwerke gestattet. Hier war am Square Louis XVI eine ähnliche Ladebühne errichtet, die durch einen Hülfsstollen mit dem Bahntunnel in Verbindung stand und gleichfalls durch eine Luftdrucklokomotive die gefüllten Kippwagen zugeschoben erhielt, die dann in die üblichen zweirädrigen Strafsenwagen entleert wurden. Durch diese Hülfstunnel wurde natürlich auch wiederum das Baumaterial dem Haupttunnel zugeführt.

3) Aussteifungen des Untergrundes.

Diese in andern Grofsstädten unbekannten eigenartigen Vorarbeiten sind dadurch bedingt, dafs das Stadtgelände zum grofsen Teil auf einem vortrefflichen Baustein lagert, der seit Jahrhunderten, und zwar anfangs im Tagebau, später dann unterirdisch, abgebaut worden ist. Bekanntlich gehört das Pariser Becken der Tertiärformation an, unter der die Kreide lagert. In der untersten Schichtenfolge des Tertiärs kommen plastische Tone vor, die wieder von Grobkalk, Gips, Mergel mit zwischenliegenden Sanden (Sables de Beauchamps) usw. überlagert sind, vergl. Fig. 3. Der Grobkalk nun, der nach Norden stark abfällt und z. B. nahe der südlichen Stadtumwallung fast 30 m höher liegt als unter der Seine, liefert den guten Baustein.

Der Gips findet sich an dem Nord- und Nordostrande der Stadtmulde unter Sand-, Ton- und Mergelschichten in 2 bis 20 m Mächtigkeit, so am Montmartre, in den Buttes Chaumont, im Bezirk Belleville, Ménilmontant usw.[1]) Auch diese von tonigen und kieseligen Kalkmergeln durchzogenen Gipsbänke, die in vier unterschiedlichen Schichten auftreten, sind seit langer Zeit in ausgedehntem Mafse abgebaut worden, und zwar ebenfalls unterirdisch. Die Gipsbrüche innerhalb des damaligen Stadtgebietes wurden jedoch schon Ende des 18. Jahrhunderts auf königlichen Befehl geschlossen und die zum Stützen der oberen Decke von den Arbeitern stehen gelassenen Pfeiler gesprengt. Infolgedessen ist auch das Hangende meistens niedergebrochen und hat mit seinen Bruchmassen die Hohlräume ganz oder teilweise ausgefüllt. Da letztere nicht mehr begangen werden können, so fehlt jede Kenntnis von dem jetzigen Zustande im Bodeninnern; eine solche läfst sich nur durch mühseligen und kostspieligen Stollenvortrieb gewinnen. Bauten, die über diesen alten Gipsbrüchen errichtet werden, stofsen daher auf grofse Gründungsschwierigkeiten, da man gezwungen ist, die Tragpfeiler zuweilen bis 30 m, vereinzelt selbst bis 40 m tief hinabzutreiben, um sie auf gewachsenem, festem Stein aufruhen lassen zu können. Die den höchsten Punkt von Paris krönende, überaus prächtig ausgestattete Sacré Coeur-Kirche auf dem Montmartre, das bekannte hellschimmernde Wahrzeichen von Paris, hat äufserst umfangreiche Gründungsarbeiten und Absteifungen des Baugrundes notwendig gemacht, die häufig auf das Vorhandensein von Gipsbrüchen im Untergrunde der Kirche zurückgeführt werden, was aber nicht zutrifft. Die Bauleitung hat das Erdreich vor Beginn der Gründungen durch zahlreiche Sondierstollen untersuchen lassen, die von der Sohle eines eigens dazu niedergeteuften Schachtes vorgetrieben wurden. Es ergab sich dabei, dafs der Baugrund frei von derartigen Brüchen ist, dafs aber anderseits die den Gips überlagernde Tonschicht nach einer Richtung hin abfällt, also keine sichere Unterlage für das schwere Bauwerk abgibt,

Fig. 148.

Lageplan der beim Bau der Linie Nr. 1 benutzten Hülfsstollen.

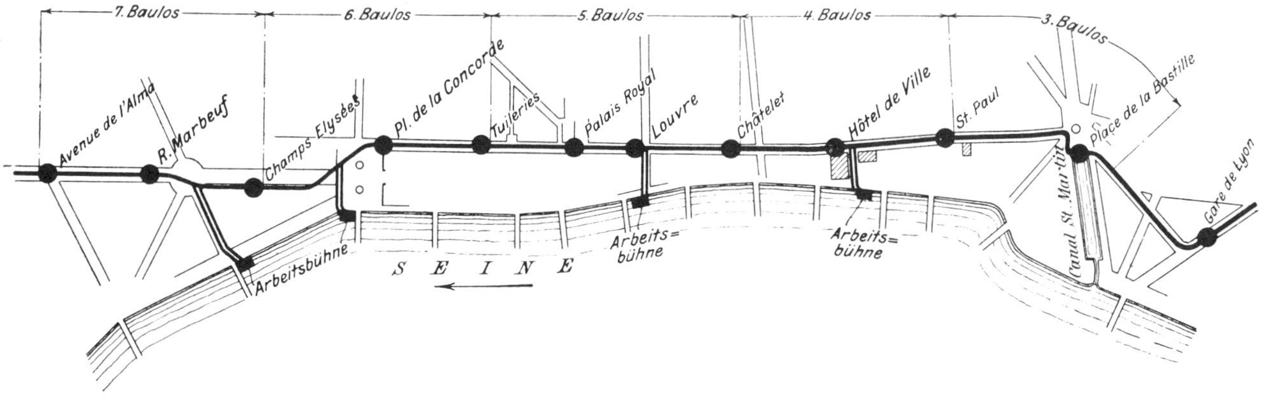

[1]) Außerhalb der Stadtumwallung findet sich Gips auch in den südwestlichen Höhenzügen von Meudon, des Mont Avron, Mont Valérien usw.

wie auch die Erfahrung im Pariser Weichbilde wiederholt früher gezeigt hat. Lediglich aus diesem Grunde mufste eine Bodenaussteifung Platz greifen. Es wurden mehr als 80 Brunnen — je etwa 42 m tief — bis auf die oberste gesunde Gipsschicht gesenkt, darunter 24 von je 25 qm Querschnitt; auf diese Riesenpfeiler stützen sich nunmehr die Kirchenpfeiler. In dem neben der Kirche befindlichen kleinen Baumuseum sind gute Pläne dieser wohl kostspieligsten aller bisher ausgeführten Gründungsarbeiten ausgestellt; haben letztere doch nahezu 5 Millionen frs erfordert.

Im Umkreis der Sacré Coeur-Kirche ist allerdings der Montmartre-Hügel stark ausgebeutet. In diesen Gipsbrüchen hat ja auch einst Cuvier seine Aufsehen erregenden Aufdeckungen fossiler Wirbeltierreste gemacht.

Im Gegensatz zu diesen Gipsbrüchen sind die besonders im südlichen Stadtteil gelegenen unterirdischen Kalksteinbrüche teilweis begehbar. Ihr Abbau innerhalb des Weichbildes wurde im Jahre 1813 endgültig verboten, aufserhalb der Stadt wurde er weiter betrieben [1].

Wären diese unterirdischen Steinbrüche nicht, so würde man den Baugrund der Stadtbahn im allgemeinen als gut bezeichnen können. So aber haben jene, namentlich auf dem linken Seineufer sowie bei den im Norden und Nordosten der Stadt endigenden Linien, umfassende Absteifungen notwendig gemacht und stellenweise auch dem Bau des Nordringes bei unvermutetem Anschneiden alter Steinbrüche Schwierigkeiten bereitet.

Durch das liebenswürdige Entgegenkommen des Oberleiters der Stadtbahnbauten war es mir möglich, eingehendere Kenntnis von der eigenartigen Beschaffenheit des Pariser Untergrundes und von den Sicherungsarbeiten zu nehmen.

Eine in zuvorkommendster Weise gestattete Einsichtnahme der bauamtlichen Pläne, sowie namentlich eine mehrstündige Wanderung unter freundlicher Führung des die unterirdischen Arbeiten leitenden Hrn. Ingenieur Weifs, dem ich auch die Zeichnungen zu fast allen Abbildungen dieses Abschnittes verdanke, durch die Steinbrüche und Katakomben gab ein übersichtliches und überraschendes Bild von den unterirdischen Strafsenzügen, Schuttbalden und Hohlräumen, über oder durch die der Bahntunnel geführt werden mufs, sowie von den damals in der Ausführung begriffenen verschiedenen Aussteifungsarten, sowohl in den eingeschossigen als auch in den zweistöckigen Steinbrüchen.

Es sei mir gestattet, eine kurze Schilderung dieser Verhältnisse hier einzuflechten, zumal ohne sie die beigefügten Abbildungen der mannigfachen Sicherungsbauten für die Stadtbahn nicht in allen Einzelheiten verständlich sein würden.

In der nach den Plänen der Mineninspektion von mir angefertigten Figur 149 ist ein geologischer Durchschnitt durch den vom Südring (Linie Nr. 2 Süd) durchzogenen Untergrund wiedergegeben. Die feste, tragfähige Felsschicht der Steinbruchsohle liegt hier im allgemeinen 15 bis 25 m unter Strafsenpflaster; aber auch 30 m Tiefenlage kommen vor, anderseits auch vereinzelt eine solche von nur 5 m. Der Grobkalk führt mehrere abbauwürdige Schichten, zwischen denen für Bausteine nicht geeignete Schichtenlagen eingebettet liegen. Vielfach ist der gute Kalkstein in 2 Stockwerken abgebaut, zuweilen auch nur in einem Geschofs, seltener in dreien [2]. Die früher gebrachte Figur 3 läfst z. B. unterhalb der Place d'Italie erkennen, dafs dort die obere Schicht abbauwürdigen Gesteins unberührt gelassen, also nur das untere Stockwerk ausgenutzt worden ist. Das Hangende des oberen Steinbruches besteht gewöhnlich aus einer im Mittel 60 cm dicken Felsschicht, roche genannt; das ist ein sehr harter, spröder und viele Versteinerungen führender Kalkstein. Die etwa 1 m dicke Sohlenschicht dieses oberen Steinbruchs, zugleich Decke für das untere Stockwerk, ist ebenfalls ein für Bauzwecke nicht geeigneter Kalkstein. Ueber diesen Steinbrüchen lagert Mergel verschiedener Beschaffenheit, zuweilen von kieseligen Kalksteinschichten durchsetzt und von tonigen Sanden überdeckt. Zu oberst liegt eine an manchen Stellen bis 15 m dicke Kulturschicht (Aufschüttung).

Naturgemäfs kamen für diese Steingewinnung nur die höheren Geländestellen der Seine-Mulde in Frage; denn bei der Tiefenlage der abbauwürdigen Schichten befinden sich diese beiderseits der niedrigeren Flufsufer im Grundwasser, was ihre Ausbeute natürlich behindert. Demgemäfs finden sich diese alten Kalksteinbrüche auf dem rechten Seine-Ufer vornehmlich bei Passy unter und um den Trocadéro-Palast herum, sowie bei Bercy, südöstlich vom Nationalplatz; auf dem linken Ufer dagegen sind sie in einigem Abstand vom Flusse in dem nach Süden stark ansteigenden Gelände sehr ausgedehnt.

Das alte Paris ist ganz aus solchen, meist unterirdisch gewonnenen Steinen erbaut, die anfangs der näheren, später der weiteren Umgebung entnommen worden sind. Mit der Vergröfserung der Stadt wurde dann dieses unterhöhlte Gelände nach und nach in den Bebauungsplan einbezogen, und so finden wir heute, namentlich auch infolge der im Jahre 1860 durchgeführten Eingemeindung zahlreicher Vororte, ganze Stadtbezirke über diesen unterirdischen Steinbrüchen errichtet.

Fig. 149.

Geologischer Durchschnitt
durch den Bld. St. Jacques (Südufer).

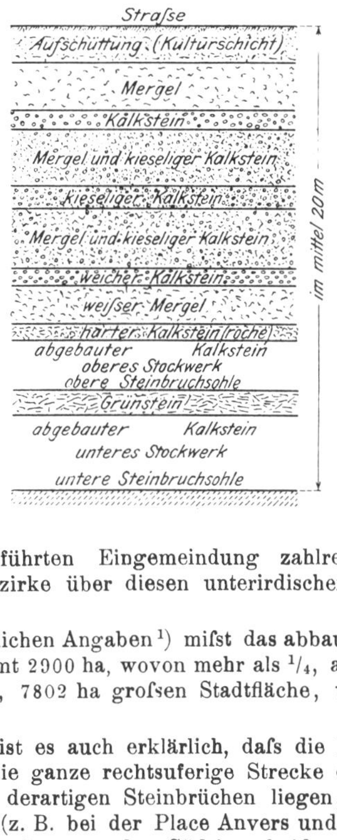

Nach amtlichen Angaben [1]) mifst das abbauwürdige Stadtgebiet insgesamt 2900 ha, wovon mehr als 1/4, also etwa 10 vH der umwallten, 7802 ha grofsen Stadtfläche, unterhöhlt worden ist.

Hiernach ist es auch erklärlich, dafs die Linien Nr. 1, 3 und 8 sowie die ganze rechtsuferige Strecke der Linie Nr. 5 nirgends über derartigen Steinbrüchen liegen, der Nordring nur vereinzelt (z. B. bei der Place Anvers und der Station Le Combat), dafs dagegen der Südring beiderseits der Place d'Italie insgesamt etwa 6 km lang derartiges Gelände durchzieht, desgl. eine kurze Strecke am Trocadéro-Palast.

Ebenso liegen die Endstrecken der Linie Nr. 4 in unterhöhltem Gelände, und zwar die nördliche über Gips-, die südliche über Kalksteinbrüchen. Letzteres trifft auch für das linksuferige Schlufsstück der Linie Nr. 5 zu, während der die

[1]) Vgl. Dunkel, Topographie et consolidation des carrières sous Paris, 1885.

[2]) Beim Bau der im Sommer 1901 teilweise eröffneten 17 km langen Linie Invalidenbahnhof-Versailles (Westbahn), die durch ihre ausgedehnten Viaduktbauten sowie durch die schwierige Herstellung des 3350 m langen Meudon-Tunnels und durch ihren elektrischen Betrieb bekannt geworden ist, stiefs man in den Hängen des Höhenzuges von Meudon auf grofse, durch die Kreidelager getriebene Galerien von 3 m Breite und 4 bis 5 m Höhe, die an gewissen Stellen bis zu vier Stockwerken übereinander angeordnet waren.

[1]) Statistique des voies publiques de Paris et des établissements publics minés par d'anciennes carrières, von Keller, Inspecteur général des carrières de la Seine.

Desgl. von demselben Verfasser: Plan d'ensemble des carrières souterraines de Paris usw. 1889.

Buttes Chaumont unterfahrende Ostabschnitt der Linie Nr. 7 stark abgebauten Gipsgrund durchzieht.

Der Abbau der unterirdischen Kalksteinbrüche ist in zweifacher Weise erfolgt: entweder nahm man das gute Gestein durch Längs- und Querstollen fort und beliefs an deren Kreuzungspunkten natürliche Sicherheitspfeiler zum Stützen der Decke, wie dies auch in den Gipsbrüchen allgemein üblich gewesen ist, soweit nicht Tagebau vorlag, oder es wurde, wie solches in den später betriebenen Brüchen stets üblich war, alles gute Gestein losgebrochen und der Hohlraum mit dem Abfall versetzt, teilweise auch mit Füllmasse, die von oben eingebracht wurde.

Die abgebauten Räume sind im allgemeinen 1,5 bis 3 m hoch; oftmals ist jedoch die ursprünglichte lichte Höhe infolge Senkens der Decke zurückgegangen. Für den Steintransport und den Verkehr der Arbeiter wurden unregelmäfsig verlaufende Gänge (rues de carrières) in dem Versatz freigelassen, die gewöhnlich durch schmale Trockenmauern aus Steinabfällen, welche durch eingeschaltete Pfeiler aus aufgeschichteten Bruchsteinen verstärkt wurden, seitlich begrenzt sind und nach den von oben abgesenkten Betriebsschächten führten. Letztere bildeten die Zugänge zu den Steinbrüchen, durch sie nahmen die Arbeiter und Lasten ihren Weg, soweit nicht einzelne davon mit benachbarten Tagebaubrüchen in Verbindung standen. Wie zahlreich und nahe gruppiert oftmals solche Schächte zur Ausführung gelangten, zeigt Fig. 194, die zugleich ein anschauliches Bild des einst im Schofse der Erde angelegten Strafsennetzes gibt.

Derartige Steinbruchstrafsen finden sich übrigens auch besonders zahlreich aufserhalb der jetzigen, i. J. 1861 angelegten Stadtumwallung, namentlich beiderseits des Bièvre-Flusses, dessen Hänge schon die alten Römer für ihre Bauten ausgebeutet haben sollen. Man kann beispielsweise von der südlichen Umwallung (Porte d'Arcueil) aus etwa 3 km weit diese unterirdischen Gänge ohne Unterbrechung und unter dem Glacis des Fort Montrouge her bis nach Arcueil verfolgen.

Die oben genannte Quellwasserleitung des Vanne-Flusses lagert hier über solchen Steinbrüchen in mehr als 3½ km Länge und hat in dieser Ausdehnung teure Bodensicherungen vor ihrem Verlegen nötig gemacht[1]), während die Befestigung des Baugrundes für die grofsen Wasserbehälter dieser Leitung 1800 starke Mauerpfeiler sowie ausgedehnte Stützmauern erfordert hat, wie im folgenden noch ausführlicher dargelegt wird. Sie stellt wohl die grofsartigste Arbeit dieser Art dar, die bis zum Jahre 1900 im unterirdischen Paris ausgeführt worden ist. Jetzt wird sie übertroffen durch die weiter unten näher besprochenen Absteifungsarbeiten für die Stadtbahn.

Nun bieten aber die Steinbrüche für alle Bauten noch einen besonderen Gefahrpunkt. Wie erwähnt, stützt sich ihre überlagernde Decke entweder auf stehengelassene Pfeiler oder auf Füllmassen. Im letzteren Fall ist jedoch der abgebaute Raum nicht immer vollständig ausgefüllt, mitunter auch wohl ohne allen Versatz gelassen worden. Durch die Deckenlast tritt nun, namentlich unter Einwirkung von Wasser, das durch die zahlreichen Felsspalten seinen Weg findet, oftmals eine Senkung des Geländes ein, die zuweilen ein Reifsen und Durchbrechen der Decke zur Folge hat.

Nicht selten ist dieses Senken usw. auch erst nach dem Bau von Häusern beobachtet worden, die dann Risse bekamen, auch wohl einstürzten.

Bei allen Steinbrüchen aber hat sich wiederholt auch gezeigt, dafs Hohlräume und ungenügend ausgefüllte Abbaustellen, namentlich bei Regenzeiten und Tauwetter, Anlafs zu Abbröckelungen der Steindecke geben, die allmählich unter Freilegung der oberen, noch widerstandsfähigen Schichten in einer nach unten hin glockenartig sich gestaltenden Erweiterung fortschreiten und schliefslich zutage treten. Derartige Deckenausbrüche, »Cloches de fontis« oder kurz »Fontis« genannt, haben wiederholt in Paris, in Strafsen wie bei Gebäuden, durch die herbeigeführten Bodeneinbrüche Menschenleben vernichtet und argen Sachschaden verursacht.

[1]) Vergl. Annales des Mines 1877, 7. Serie Bd. 11: Keller, Consolidation des carrières souterraines sous les réservoirs de Montrouge.

Was diese Fontis besonders gefährlich macht, ist der Umstand, dafs ihre Lage vor dem Zutagetreten ganz unbekannt ist. Die Zugänge zu ihnen sind häufig infolge früheren Auffüllens der benachbarten Gänge mit Steinabfällen versperrt. Diese teilweise mit Schuttmassen erfüllten Hohlräume können daher in solchem Falle nur mittels Stollen aufgedeckt werden, die durch die umliegenden Füllmassen hindurchgetrieben werden.

In früheren Jahren waren die durch diese Fontis veranlafsten Deckeneinstürze häufiger. Es wurde deshalb bereits gegen Ende des 18. Jahrhunderts eine besondere Behörde eingesetzt, die Inspection des mines, die sich mit der Aufnahme der alten Steinbrüche und mit ihrer Aussteifung zu befassen hatte. Im Jahre 1860 waren diese Arbeiten für die Strafsen und öffentlichen Bauten des damaligen Paris gerade beendet, als die durch die Eingemeindung der Vorortbezirke erfolgende Hinausschiebung des Festungswalles ein ausgedehntes, teilweise stark unterhöhltes Gelände der Mineninspektion neu unterstellte. Von allen von ihr aufgedeckten Steinbruchstrafsen, Hohlräumen, Fontis usw., sowie von den getroffenen Absteifungen wurden genaue Aufnahmen gemacht. Da wurde im Kommunardenaufstand 1871 das Rathaus eingeäschert, und mit ihm verbrannten alle Pläne. Sie konnten später nur zum Teil wieder aufgenommen werden, da viele Stellen infolge des bei den Aussteifungen erfolgten Versatzes nicht mehr zugänglich waren. Die jetzt vorhandenen Zeichnungen sind mit ungemein grofser Sorgfalt angefertigt und liefern ein klares Bild von dem seltsamen, engmaschigen Labyrinth des Pariser Untergrundes, von dessen geologischer Beschaffenheit und von den ausgeführten, vielseitigen Sicherungsarbeiten.

Wegen der — weiter unten angegebenen — Kostspieligkeit dieser Arbeiten lassen die Privatleute nur ungern ihren Baugrund sichern. Tatsächlich steht ein grofser Teil der vor dem Jahre 1881 über Steinbrüchen errichteten Privatbauten auf nicht abgesteiftem Untergrunde.

Noch Ende der 70er Jahre und zu Anfang der 80er zeigten sich in einigen Strafsen böse Erdsenkungen, die verschiedene Häuser arg mitnahmen und die Bewohner schwer bedrohten. Im Anschlufs an diese Vorkommnisse ordnete damals (1881) der Seinepräfekt auf Vorschlag der Mineninspektion an, dafs auch jeder Privatmann, der über alten Steinbrüchen bauen will, zuvor den Untergrund in gehöriger Weise unter Aufsicht dieser Behörde befestigen lassen mufs. Weigert er sich dessen, so kann die Inspektion diese Arbeiten auf seine Kosten ausführen lassen. Letztere beschränkt übrigens ihre Tätigkeit nicht auf die öffentlichen Wege und Bauten, sondern hat wiederholt auch schon innerhalb wie aufserhalb des städtischen Weichbildes, z. B. für private Eisenbahnen, Bodenaussteifungen geleitet, so u. a. im Hauptbahnhof Montparnasse, für die Vincennesbahn östlich von Bercy usw.

Ausführungsweise der Bodensicherung.

Die Aussteifungen der Steinbrüche werden in zweierlei Weise vorgenommen:

I. In gutem Boden, d. h. in solchem, der durch die darunter liegenden Hohlräume keine nachteiligen Veränderungen in seiner Lage oder Beschaffenheit erlitten hat, stützt man die Steinbruchdecke durch Mauern oder Einzelpfeiler sorgfältig gegen die Steinbruchsohle, d. h. gegen den gewachsenen Felsen, ab, so dafs die oberen Schichten tragfähig werden und nunmehr einen sicheren Untergrund für die Gebäudefundamente abgeben. Ist ein solcher Steinbruch mehrstöckig, so setzt man die Mauerstützen der verschiedenen Höhenlagen genau senkrecht übereinander, vergl. Fig. 160 und 180. Sie werden in den einzelnen Stockwerken stets so angelegt bezw. die Einzelpfeiler durch Zwischenmauern so verbunden, dafs begehbare, 1 bis 1,20 m breite Gänge entstehen, die auch später zur Untersuchung des Untergrundes dienen. Kleinere Deckenrisse, die sich in dem Kalkfelsen vielfach vorfinden, werden durch Zement geschlossen und abgedichtet, gröfsere müssen durch Einwölben des Ganges unschädlich gemacht werden.

II. In schlechtem Boden dagegen, d. h. also da, wo die Decke sich stark gesenkt hat oder eingestürzt ist, gründet man das Gebäude unmittelbar auf die Sohle des Steinbruches. In diesem Falle treibt man von oben durch den Baugrund hindurch eine Anzahl Schächte oder Brunnen unter sorgfältiger Holzaussteifung bis zu dem festen Sohlengestein, füllt sie mit Beton oder Mauerwerk aus und verbindet sie in entsprechendem Abstande von der Oberfläche gewöhnlich durch Bogen, auf die sich nunmehr die Fundamente stützen. Diese Schächte haben für Betonfüllung in der Regel einen runden Querschnitt von 1,20 bis 1,50 m Dmr., vergl. Fig. 168. Für schwere Oberbauten, ebenso für Mauerwerkauskleidung werden sie mit quadratischem Querschnitt in $1^1/_2$ bis 3 m Seitenlänge hergestellt.

Bei den mit Versatz versehenen Steinbrüchen steift man bei Privathäusern gewöhnlich im Verhältnis $^1/_4$ bis $^1/_5$ ab, d. h. wählt den gesamten Pfeilerquerschnitt gleich $^1/_4$ bis $^1/_5$ der bebauten Grundfläche; bei wichtigeren Bauten geht man auf $^1/_3$ und noch höher. Das Kubikmeter Absteifungsmauerwerk einschliefslich der Nebenarbeiten stellt sich nach Angabe auf 35 bis 65 ℳ.

Die glockenartigen Deckenausbrüche (Fontis) müssen von Fall zu Fall behandelt werden. Es wird bei derartigen Sicherungsarbeiten stets zuvor durch kräftig ausgezimmerte Stollen, die durch die Füll- oder Absturzmassen getrieben werden, festgestellt, ob ein solcher Fontis in der Nähe oder innerhalb der Baustelle verborgen liegt. Gegebenenfalls mufs sodann die Ausdehnung und tunlichst die Scheitellage ermittelt werden.

Liegt nun ein Fontis unter einer Verkehrstrafse, und kann in ihm ohne besondere Gefahr gearbeitet werden, so wird der Hohlraum nebst Stollen mit Trockenmauerwerk gut versetzt; andernfalls mufs von der Strafse aus ein Schacht bis zum Fontis-Scheitel niedergetrieben und durch diesen die Auffüllung mit Bodenmasse bewirkt werden.

Ist aber über einem Fontis ein Bauwerk zu errichten oder ein Bahntunnel darüber zu führen, so stützt man zunächst seine unteren Ränder durch einen Mauerkranz gegen die Steinbruchsohle gut ab, um das ihn begrenzende Deckengestein in seiner Lage zu sichern, räumt ihn dann aus und schliefst den Einbruch einige Meter über Sohle durch starke Gewölbe. Der Hohlraum darüber wird entweder von unten durch eine im Abschlufsgewölbe belassene Arbeitsöffnung mit Mauerwerk oder von oben mit Beton ausgefüllt. In letzterem Falle wird wieder von der Oberfläche aus ein Schacht gesenkt, durch ihn der Beton eingebracht und jener selbst auch damit ausgefüllt; vergl. Fig. 152 und 153.

Ragt jedoch das Bauwerk in den Fontis hinein, oder erscheint wegen der Ausdehnung oder aus sonstigen Gründen nicht ratsam, die unteren Bruchränder abzufangen, so müssen wieder Brunnen durch die Deckschicht und das Trümmergestein bis auf die feste Steinbruchsohle gesenkt werden, um in gleicher Weise, wie vorerwähnt, ein standfestes, tragfähiges Auflager für das Bauwerk zu schaffen.

Keller, ehemals Generalinspektor der Seine-Steinbrüche, beschreibt a. a. O. 5 Fontis, die bei den Aussteifungsarbeiten für die Wasserbehälter der Vanne-Leitung nach und nach entdeckt wurden. Der gröfste, s. Fig. 150 und 152, hatte fast 12 m Höhe und mafs in seinem unteren, nahezu elliptisch gestalteten Umfange 10 m in der grofsen und 6 m in der kleinen Achse. Der kleinste dieser Deckenausbrüche hatte immer noch über 8 m Höhe.

Wohl der ausgedehnteste aller bis jetzt in Paris bekannt gewordenen Deckenausbrüche wurde im Jahre 1901 bei den auf dem Südring ausgeführten Bodensicherungen aufgedeckt. Er war 13,5 m im Innern hoch und wies nach Ausräumen der Trümmermasse rd. 650 cbm Leerraum auf, vgl. auch S. 70.

Alle Strafsen, Eisenbahnen, Abzugkanäle usw., die über den alten Steinbrüchen liegen, werden in der beschriebenen Weise gesichert, wobei, soweit angängig, unten begehbare Gänge verbleiben. Jetzt zählt die Mineninspektion rd. 150 km der letzteren, und zwar

105 km unter öffentlichen Wegen,
45 » » » Gebäuden.

Unter Privateigentum liegen bereits mehr als 250 km solcher Gänge, so dafs Paris etwa 400 km dieser unterirdischen Galerien besitzt.

Zugänglich sind diese Gänge und Steinbrüche durch steinerne Wendeltreppen, die teils in den Gebäuden, teils auf der Mittelpromenade der Boulevards usw. ihren Eingang haben und im letzteren Falle über diesem einen kleinen, für gewöhnlich verschlossen gehaltenen Aufbau besitzen. Ihre Stufenzahl beträgt je nach der Tiefenlage der Steinbruchsohle 75 bis 120, ja am Observatorium, das seine Steinbruchsräume zu Wärme- und Feuchtigkeitsversuchen nutzbar[1]) gemacht hat, führen etwa 180 Stufen zur Sohle hinab. Die unterirdischen Gänge tragen, soweit sie unter öffentlichen Strafsen liegen, deren Namen, ferner das Jahr ihrer Aussteifung bezw. Herstellung und sonstige Bezeichnungen, so dafs der Ortskundige sich in ihnen zurecht finden kann.

Anders ist es natürlich mit den noch nicht erschlossenen und in dieser Weise behandelten Steinbruchstrafsen, an denen übrigens auch die südlichen Pariser Vororte besonders reich sind. In solche wagen sich Beamte zu Untersuchungen und Vermessungen nur zu zweien, da sich früher wiederholt Personen darin verirrt haben.

Zwecks Ausführung der Aussteifungsarbeiten werden von der Strafse aus besondere Arbeitsschächte niedergetrieben, durch die die Arbeiter und die Baustoffe ihren Weg nehmen; erstere müssen besonders geübt sein und dürfen das Abteufen der Schächte und Brunnen nur angeseilt vornehmen.

Den Umfang, den zuweilen die Sicherungsarbeiten in den Steinbruchbezirken annehmen, mögen einige Beispiele kurz erläutern.

a) Wasserbehälter von Montrouge.

Wie schon kurz erwähnt, bildet die Aussteifung des Untergrundes der beiden zweistöckigen Wasserbehälter von Montrouge oder Montsouris eine der grofsartigsten neuzeitlichen Arbeiten dieser Art.

Die beiden Behälter liegen innerhalb und nahe der südlichen Stadtumwallung auf dem höchsten Punkte des linksuferigen Paris. Sie sind auf der Karte gewöhnlich als Réservoirs de la Vanne bezeichnet und wurden 1875 in Betrieb genommen. Ihr Untergrund ist völlig von alten Steinbrüchen, und zwar durchschnittlich 2,1 m hoch, unterhöhlt, die gröfstenteils, jedoch mangelhaft, mit Abfallgestein versetzt worden waren. Da die überlagernde Decke im mittel 29 m Stärke aufwies und keine nachteiligen Veränderungen ihres ursprünglichen Zustandes erkennen liefs, so wurde die erste der beiden obengenannten Aussteifungsweisen gewählt. Zunächst wurden nach Keller a. a. O. 22 Arbeitsschächte bis auf die Sohle gesenkt und von diesen aus durch alle Füllmassen Stollen getrieben, sowohl winkelrecht zur Längs- als auch zur Querachse der 260 × 134 m grofsen Baugrundfläche. In diesen Galerien wurden in durchweg 4 m Abstand insgesamt 1800 Sicherheitspfeiler von quadratischem Querschnitt und 1,5 m Seitenlänge aufgemauert und teilweise durch Zwischenwände verbunden, Fig. 150. Für die Aufsenwände der Behälter wurden besonders kräftige

[1]) Andere Steinbrüche werden auch für gewerbliche Zwecke ausgenutzt, namentlich für Brauereien. Beispielsweise dient einer Brauerei in der Rue Dareau der obere Steinbruch als Gärkeller, der darunter liegende als Lagerkeller. Ein Dampfhaspel hebt und senkt die Fässer. Auch die Champignonzucht hat vielfach von den Untergrundverliefsen Gebrauch gemacht.

Bekannt ist ferner die Verwendung eines gröfseren Steinbruchgebietes als Lagerstätte für viele Millionen menschlicher Gebeine. Letztere stammen aus aufgehobenen Kirchhöfen her und sind hier sorgfältig aufgeschichtet worden. Diese eigentlichen Katakomben erfreuen sich eines regen Besuches der Pariser und Fremden. In $1^1/_2$stündiger Wanderung zieht man ständig an den etwa 2 m hohen, regelrecht geschichteten Knochenstapeln entlang, deren Vorderfläche mit 2 Reihen Totenköpfen und gekreuzten Schenkelknochen versehen ist. Auch in diesem »Ossuarium« kann man ausgedehnte und mannigfache Versteifungsarbeiten, darunter diejenige zweier grofser Fontis von 11,0 und 11,3 m Höhe kennen lernen. Letztere sind in ihrem Innern völlig freigelassen; nur ihre unteren Ränder sind durch einen 1 m starken Mauerkranz gegen die Steinbruchsohle abgesteift, und in dem einen Hohlraum ist ein Tragbogen eingezogen. Im übrigen sind die gesamten Innenwandungen mit einer Zementschicht überzogen und verputzt. Diese fast 3 Stockwerk hohen Deckenausbrüche fallen wohl jedem Besucher dieser seltsamen Riesensammlung menschlicher Ueberreste auf.

Pfeiler und durchlaufende Stützmauern angeordnet, wie solches der untere Teil der Figur 150 sowie Fig. 151 veranschaulichen. Der gesamte Pfeilerquerschnitt einschliefslich desjenigen der Stützmauern beträgt nicht weniger als 9920 qm, das macht $28^1/_2$ vH des Gebäudegrundrisses. Allerdings ist auch die Belastung des Baugrundes sehr hoch; fassen doch diese Riesenbehälter für gewöhnlich 250000 cbm und bei vollständiger Füllung 300000 cbm Wasser. Die unter den Behältern vorhandenen 1,2 m breiten Galerien sind zusammen 3632 m lang. Genau über den tiefliegenden Sicherheitspfeilern stehen im Innern des unteren Behälters 1800 Pfeiler, die den Boden des oberen Stockwerkes tragen[1]). Erschwert wurden die ohnehin schon schwierigen Sicherungsarbeiten noch durch die früher genannten 5 grofsen Fontis, deren Aussteifung besondere Aufmerksamkeit und Sorgfalt erforderte; s. Fig. 152 und 153.

Insgesamt sind 22000 cbm Mauerwerk in den Untergrund eingebaut worden, wobei die innerhalb des Versatzes aufgeführten Trockenmauern unberücksichtigt geblieben sind. Nicht weniger als 32160 cbm Galerien und Stollen haben durch die alten Abfallmassen getrieben werden müssen, und 11865 cbm neue Versatzmassen sind in die alten Steinbruchstrafsen eingebracht worden.

Die Kosten für die gesamten Sicherungsarbeiten des Untergrundes belaufen sich auf 917077 frs, die Gesamtkosten der Behälter (mit Landerwerb) auf rd. 7 Millionen frs.

Fig. 150 und 151.

Bodenaussteifung unter den Wasserbehältern von Montrouge (Südufer).

Westbehälter.

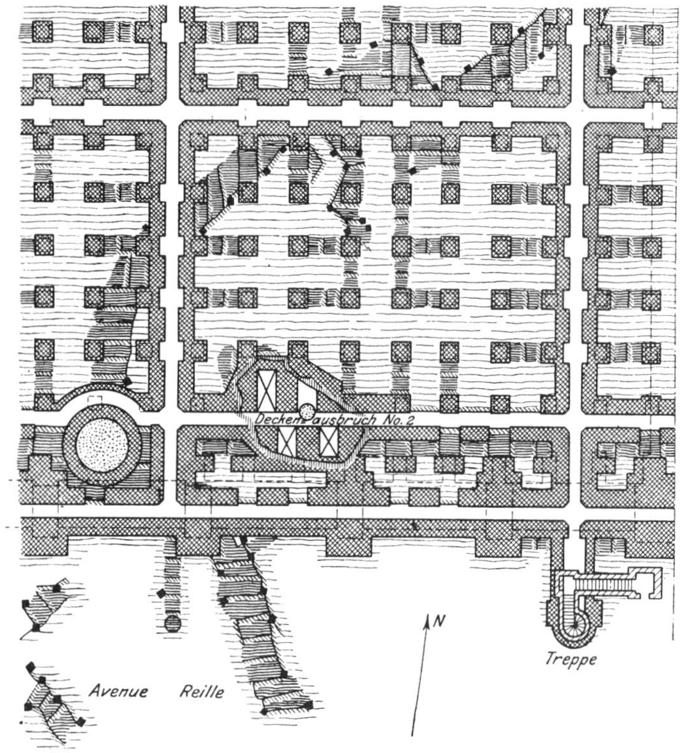

Ostbehälter.

Zeichenerklärung.

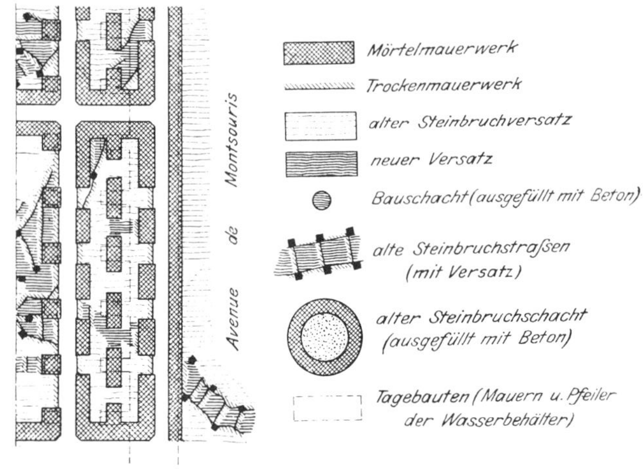

Fig. 152 und 153.

Sicherung des Deckenausbruches Nr. 2 (vergl. Fig. 150).

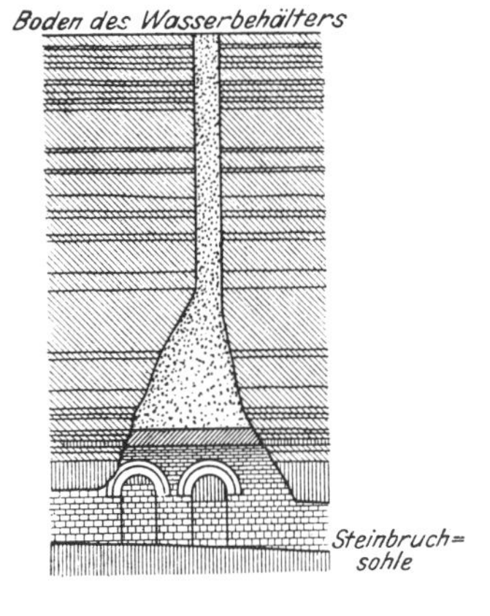

Sicherung des Deckenausbruches Nr. 3.

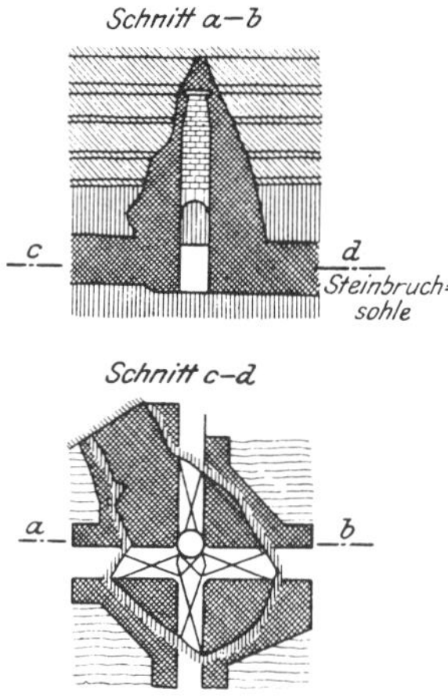

b) Kleine Gürtelbahn.

Die in der Einleitung erwähnte Kleine Gürtelbahn, deren linksufriger Abschnitt 1867 eröffnet wurde, nimmt im Süden der Stadt zwischen der Porte de Vaugirard und dem Parc de Montsouris auf insgesamt 3,3 km Länge ihren Weg über die alten Steinbrüche, und zwar teils im Tunnel, teils im tiefen Einschnitt. Vor dem Bahnbau war daher hier der Untergrund zu sichern. Zu dem Zwecke trieb man auf jeder Seite des Bahnkörpers einen Stollen durch die Füllmassen vor und kleidete beide Seiten mit Stützmauern von 1 bis 3 m Stärke aus. Die beiden so geschaffenen Längsgalerien stehen in gewissen Zwischenräumen durch ausgemauerte Querstollen miteinander in Verbindung. Die dabei aufgedeckten Fontis, ebenso die ehemaligen Betriebsschächte, wurden damals noch mit Trockenmauerwerk oder Erde ausgefüllt.

c) Sceaux-Bahn.

Die im Jahre 1895 vollendete unterirdische Verlängerung der Sceaux-Linie von der Place Denfert-Rocherau nach dem Luxembourg-Palast liegt in etwa 1 km Länge über alten, teilweise doppelgeschossigen Steinbrüchen, die namentlich um den genannten Platz herum ungewöhnlich reich an Deckenausbrüchen sind und deren Sohle sich 25 bis 30 m tief unter dem Strafsenpflaster befindet. Wie bei der Gürtelbahn, wurde auch hier die Steinbruchdecke in der Ebene der Tunnel-

[1]) Ein recht anschaulich gehaltenes Modell dieser grofse Wasserbehälter ist bei deren Aufseher aufgestellt. Erlaubnis zur Besichtigung erteilt die Wasserwerksdirektion.

längswände durch zwei parallele gemauerte Längsgalerien mit Querverbindungen abgestützt, deren Wandstärke aber in der Regel nur noch je 1 m stark bemessen wurde, so dafs auf das Meter Bahnlinie die Hälfte des Mauerwerks entfällt, das 30 Jahre zuvor bei der Gürtelbahn für notwendig gehalten worden ist. Wo jedoch Deckensenkungen vorlagen, wurden die Galeriewände naturgemäfs stärker gehalten. Fanden sich zwischen den beiden Galerien Hohlräume oder Steinbruchstrafsen, so wurde deren Decke durch Einzelpfeiler oder Stützmauern abgesteift, aufserdem jeder Hohlraum sorgsam mit Steinversatz ausgefüllt, in den, wie üblich, Trockenmauern in 1,5 m Abstand eingeschaltet worden sind.

Wo die Decke ausgebrochen war, und solches zeigte sich an 22 Stellen der noch nicht 1 km langen Aussteifungsstrecke,

Fig. 154.

Abstützung des Sceaux-Bahntunnels über einem Deckenausbruch.

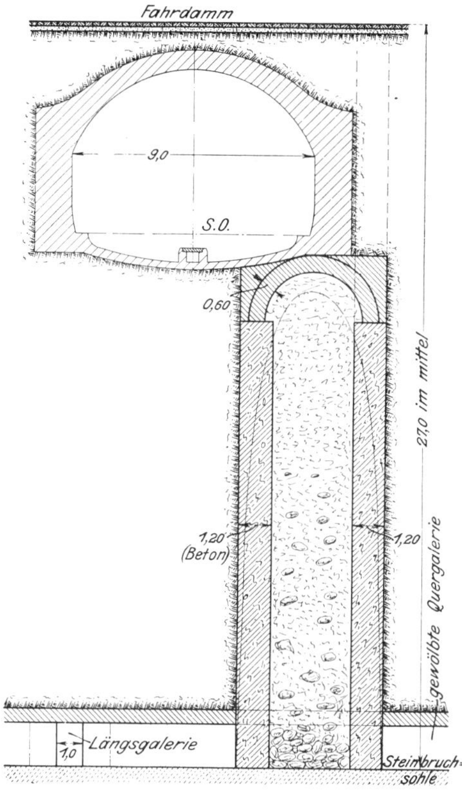

da wurden von der Strafse aus Brunnen von 1,20 bis 1,50 m Dmr. bis zur Sohle niedergetrieben, die, nach Ausfüllung mit Beton oben durch Steinbogen verbunden, den Bahntunnel stützen, Fig. 154. Diese 22 Fontis hatten eine lichte Höhe von 5 bis 15 m über Steinbruchsohle. Noch gröfsere Höhen wiesen 3 Fontis auf, die im Jahre 1892 nahe der im Bau befindlichen Bahnlinie plötzlich zutage traten[1]).

Auch da, wo in Nähe der Bahn unsicheres Gestein angetroffen wurde, ist dieses abgesteift worden, um jede Gefahr durch die Erschütterungen der vorüberfahrenden Züge von den Nachbarhäusern fern zu halten. So wurde an einer Stelle eine 35 m lange kräftige Stützmauer zwischen Tunnel und Häusergruppe aufgeführt, an einer andern (Bld. St. Michel) desgleichen 24 Pfeiler von je $1{,}0 \times 3{,}0$ qm Grundfläche usw. Die Sicherungsarbeiten haben 491 000 frs Kosten verursacht.

Die von der Mineninspektion mir freundlichst überlassene Figur 155 zeigt den höchst bemerkenswerten Lageplan

Fig. 155.

Bodenaussteifung der Sceaux-Bahn unter der Place und Rue Denfert.

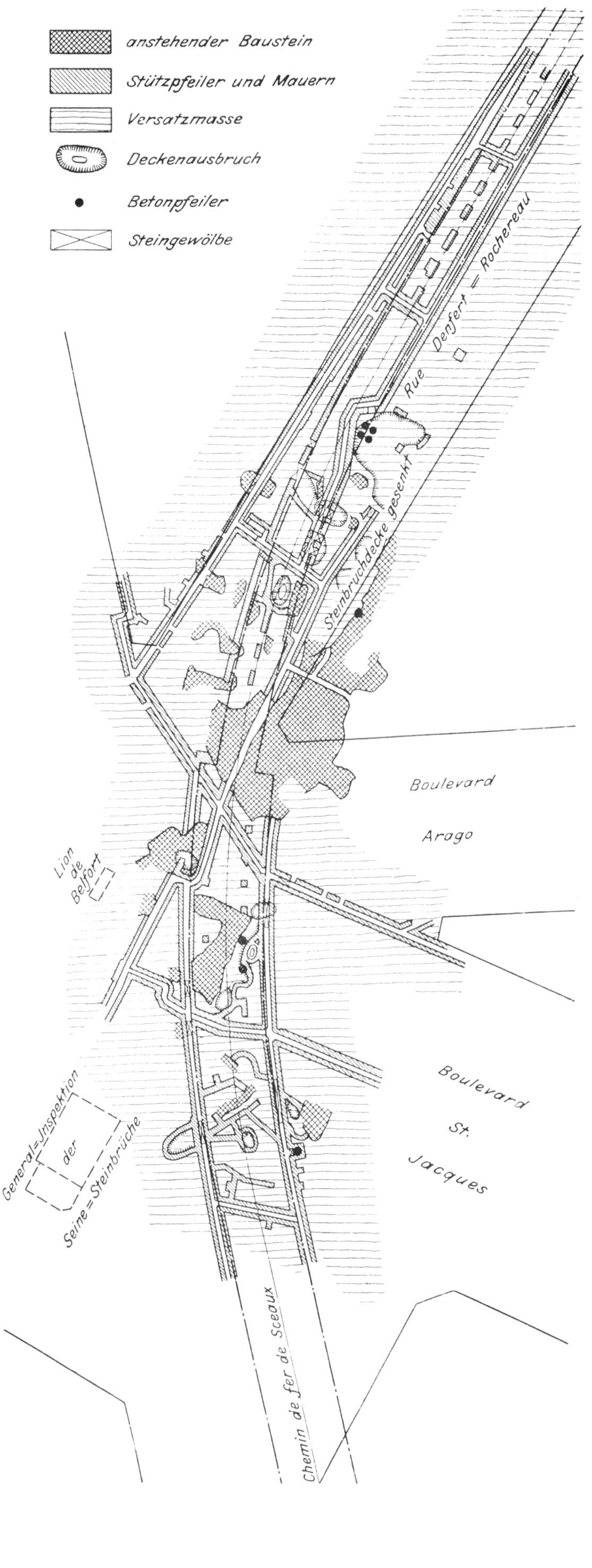

[1]) Annales des Mines 1895, 9. Serie Bd. VIII: Keller, Consolidation des carrières souterraines etc.

Fig. 156 und 157.

Aussteifung in einstöckigem, gutem Steinbruch auf der Südringstrecke Place de l'Etoile-Trocadéro, 1898/99.

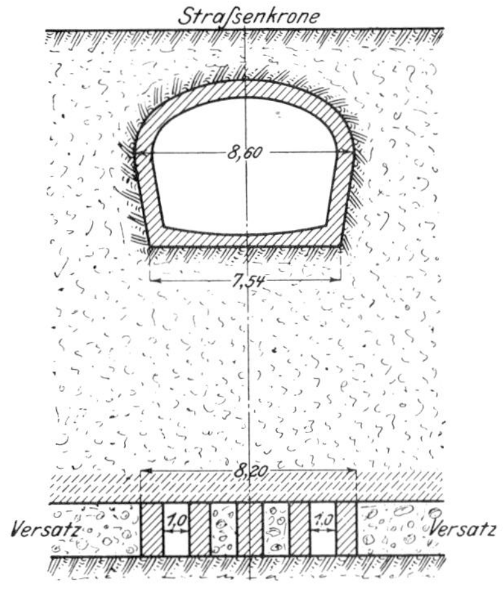

Grundriß.

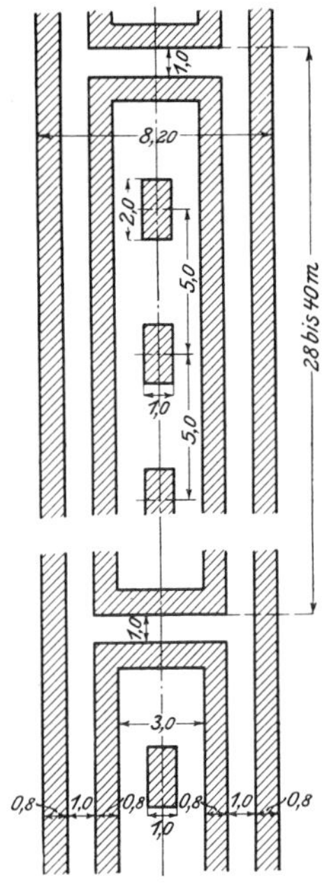

Fig. 158 und 159.

Aussteifung in einstöckigem, gutem Steinbruch, 1901/02.

Schnitt *A-B.*

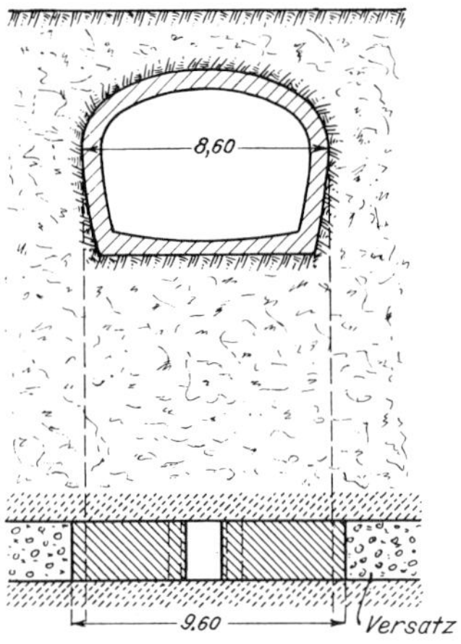

Grundriß.

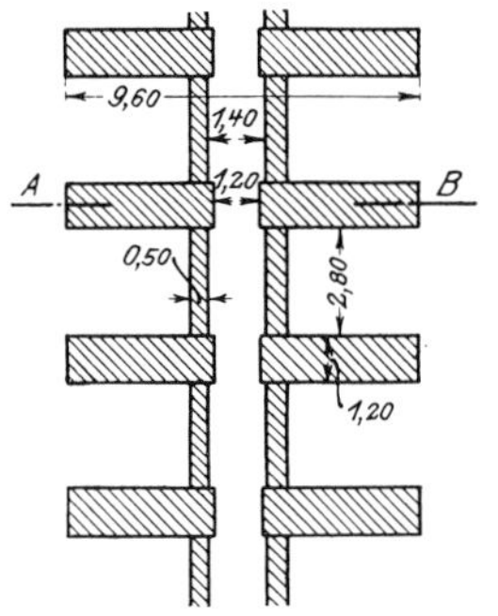

Fig. 160 und 161.

Aussteifung in zweistöckigem, gutem Steinbruch, 1901/02.

Schnitt *A-B.*

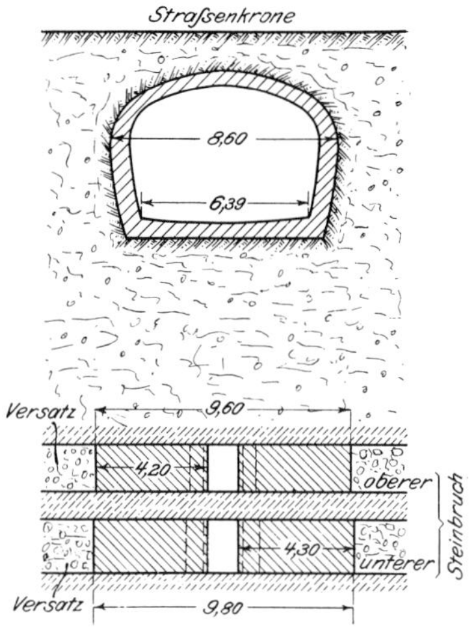

Grundriß.

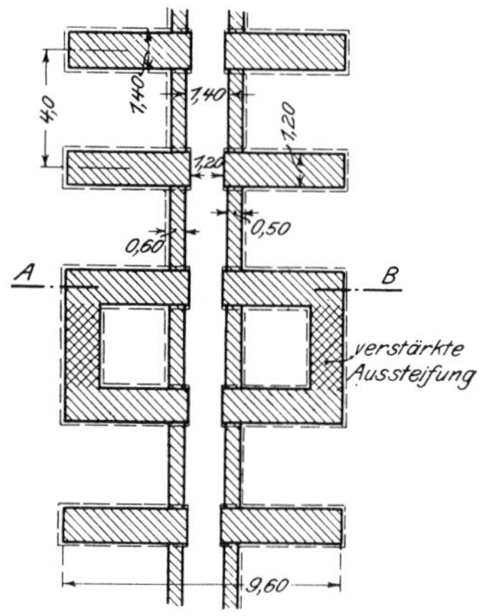

Fig. 168.

Querschnitt *A-B.*

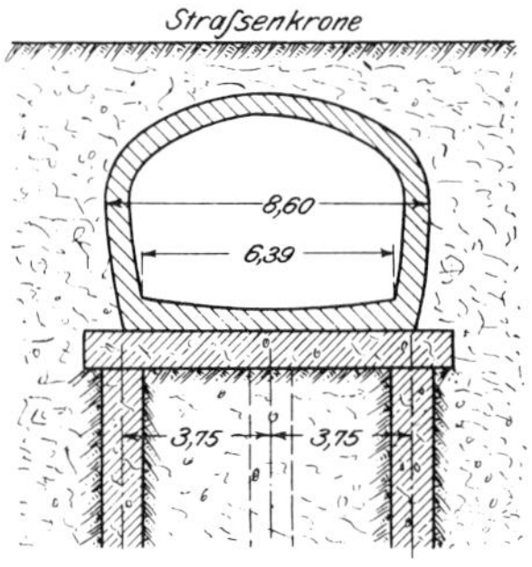

Fig. 168 bis 170.
Aussteifung in schlechtem Steinbruch mit Betondecke.

Fig. 169.

Längsschnitt *C-D.*

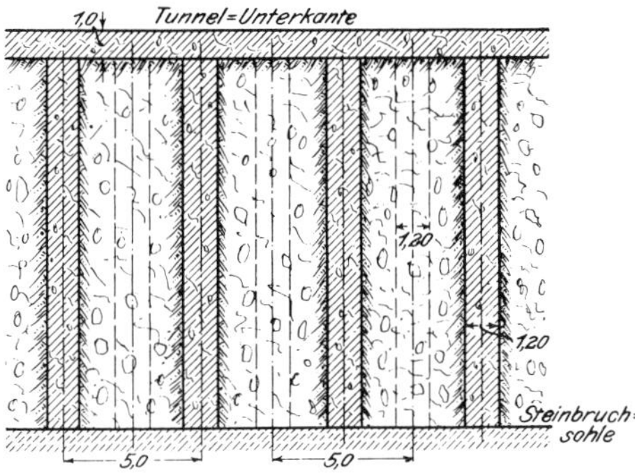

Fig. 170. Grundriß.

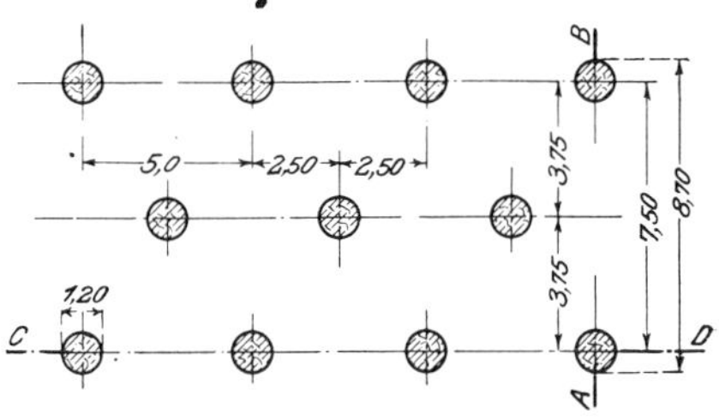

dieser zahlreichen Galerien, Absteifungen, Steinbruchstraßen usw. unterhalb der Place Denfert-Rocherau; letztere hieß früher Place d'Enfer, wurde aber später zu Ehren des tapferen Verteidigers von Belfort, dem auch der inmitten dieses Platzes errichtete Riesenlöwe gilt, umgetauft.

d) Stadtbahn.

Alle vorgenannten Arbeiten werden in der Neuzeit durch diejenigen für die Stadtbahn übertroffen. Bei diesen lehnte sich die Mineninspektion anfangs noch ganz an die Vorbilder der Sceaux-Bahn an, ging aber sehr bald erfolgreich zu neuen Bauweisen über, die sie im Laufe der nächsten Jahre mit Geschick weiter um- und ausbildete. So sehen wir die erste 1898/99 ausgeführte Aussteifung einer Stadtbahnstrecke, d. i. diejenige des Anfangsgliedes des Südringes von der Place de l'Etoile nach dem Trocadéro-Palast, wieder mittels zweier Längsgalerien unterhalb der beiden Tunnelwiderlager und durch eine Reihe von Mittelpfeilern unterhalb des Sohlengewölbes bewirkt, wie dies die Figuren 156 und 157 veranschaulichen.

Fig. 162 und 163.

Aussteifung in zweistöckigem, gutem Steinbruch unter dem erweiterten Tunnel.

Schnitt *A-B*.

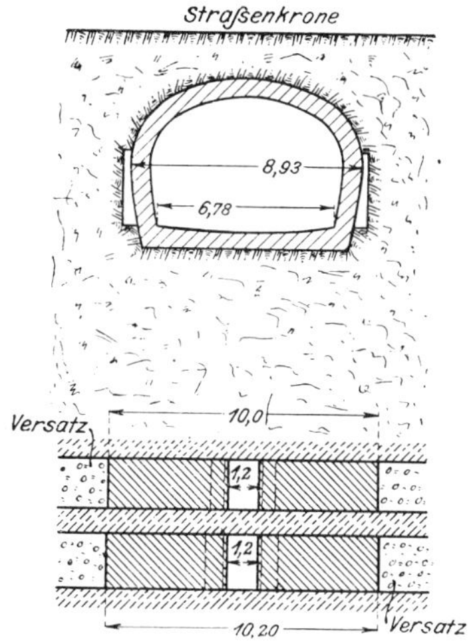

Grundriß.

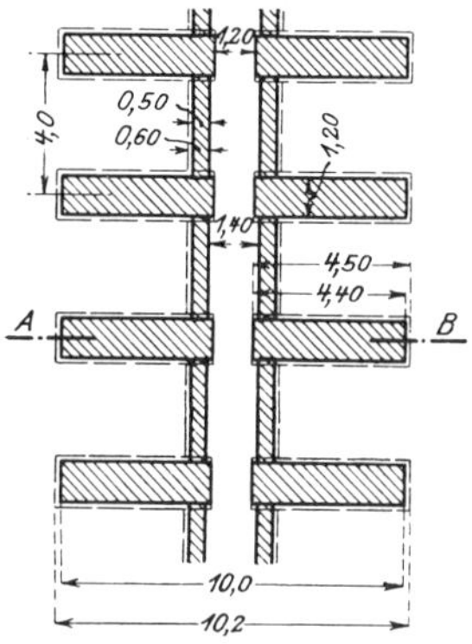

Fig. 164 und 165.

Aussteifung in zweistöckigem, gutem Steinbruch unter dem Tunnel mit Eisenträgerdecke.

Schnitt *A-B*.

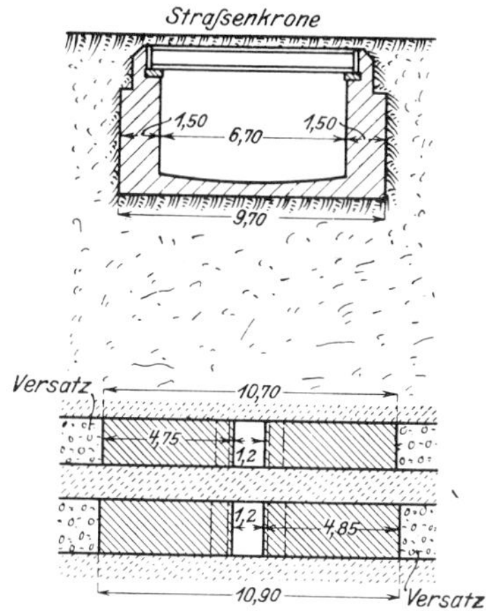

Grundriß.

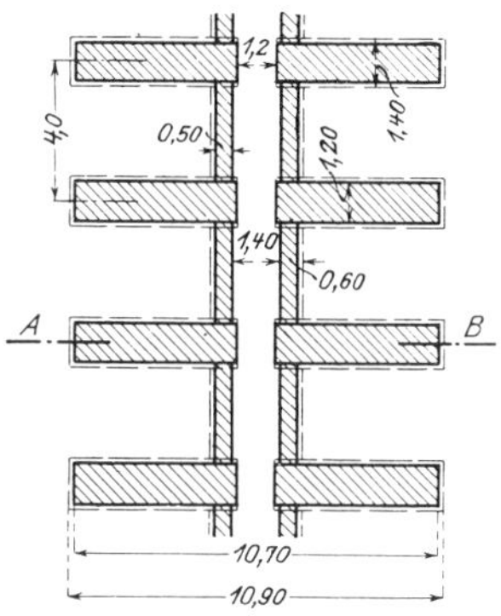

Fig. 166 und 167.

Aussteifung in gutem Steinbruch auf den neueren Linien, 1903/04.

Schnitt *A-B*.

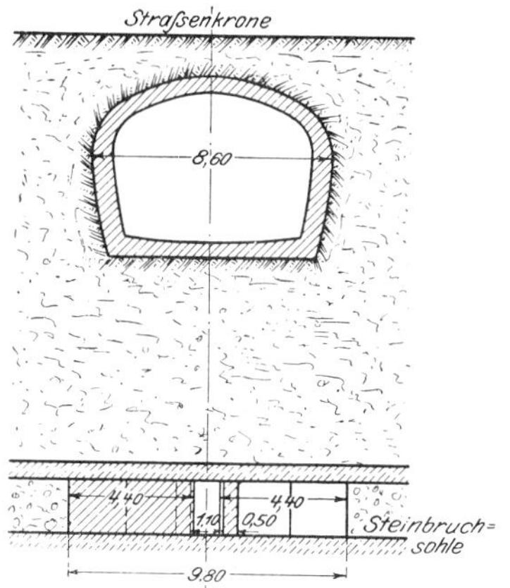

Grundriß.

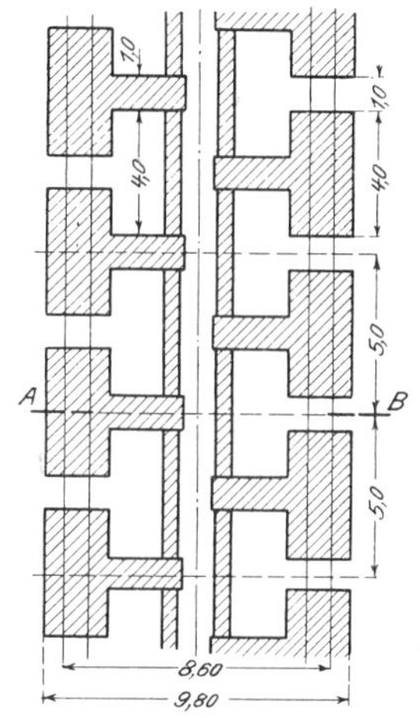

Fig. 171 bis 173.

Aussteifung in schlechtem Steinbruch unter dem Tunnel mit Eisenträgerdecke.

Fig. 171. Querschnitt *A-B*.

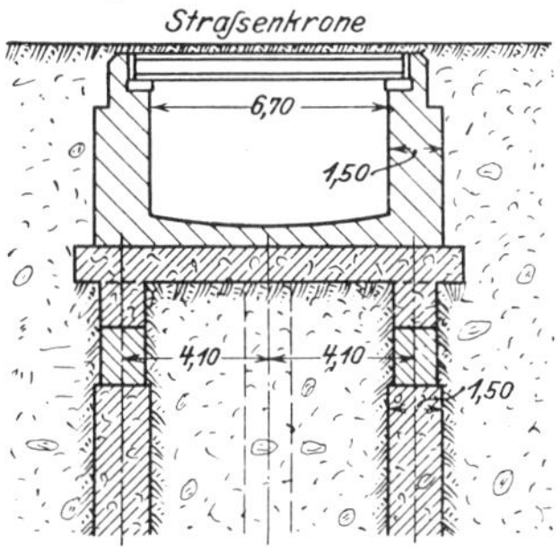

Fig. 172. Längsschnitt *C-D*.

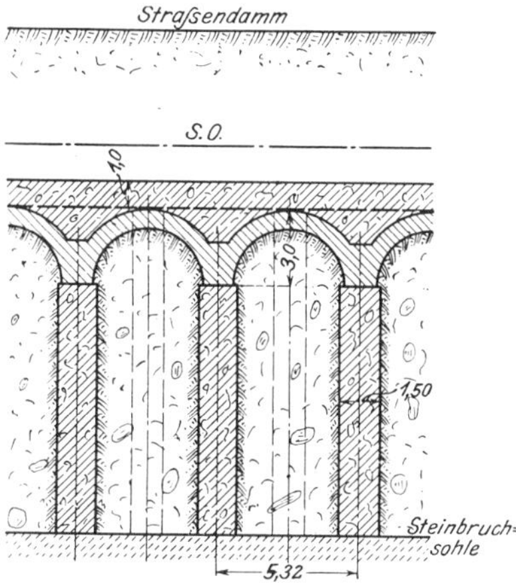

Fig. 173. Grundriß.

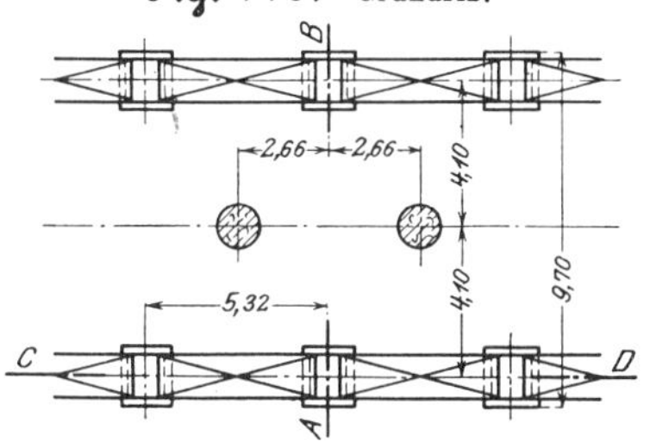

Ebenso wurden die nahe dem vorgenannten Palast, der selbst zum Teil auf alten Steinbrüchen steht und weitgehende Sicherungsarbeiten im Betrage von etwa 300 000 frs verursacht hat, angetroffenen Fontis in der Sceauxbahn-Weise tragfähig gemacht; nur sind hier die Brunnen statt durch Steinbogen durch eine gemeinsame Betonschicht mit Eiseneinlagen überdeckt worden, um das unmittelbare Auflager für den Tunnel zu schaffen. Linie Nr. 1 hat, wie schon erwähnt, keinerlei Aussteifungen erfordert; auch den Nordring hielt man für bruchfrei. Unvermutet wurden jedoch durch den Bahnbau im Sommer 1901 sowohl an der Station Le Combat als auch an der Place d'Anvers ehemalige Steinbrüche angeschnitten. Ihre Sohle lag im letzteren Falle 19 m unter Strafsenpflaster, und es mufsten hier 11 m tiefe Betongründungen Platz greifen, die nur mit kräftigster Verzimmerung ausgeführt werden konnten.

Im Juni 1901 begannen nun auch die Bodensicherungen für den Südring und den Südabschnitt der Linie Nr. 5, die unstreitig die mühevollsten Arbeiten auf diesem Gebiete darstellen. Wird doch jene Linie von der Place d'Italie aus westwärts auf 4,2 km, ostwärts auf etwa 1,8 km Länge vollständig von stark ausgebeuteten, vielfach zweigeschossigen Steinbrüchen unterzogen, und ist doch ferner die ganze Place d'Italie, unter der nach Fig. 21 die grofse Schleife der Linie Nr. 5 mit unmittelbarer Anschmiegung an den Südring anzulegen war, nebst einem 1 km langen Anschlufsstück der Linie Nr. 5 unterhöhlt.

Die früher gebrachte Figur 3 behandelt den eigenartigen Geländeabschnitt zwischen den Stationen Avenue de Suffren (Südring) und Boulevard St. Marcel (Linie Nr. 5), dessen Bodenaussteifungen bereits im Juni 1902 fertiggestellt waren. Die darin angedeuteten beiderseitigen Kalksteinhänge des jetzt mittels Hochbahn übersetzten Bièvre-Tales sind einst im Tagebau ausgenutzt worden. Später wurden sie durch Schuttablagerungen usw. überdeckt und boten daher den Gründungen der Hochbahnpfeiler mancherlei Schwierigkeiten. An sie schliefst sich die lange Kette der unterirdischen Brüche unmittelbar an, über deren Sohle die Stadtbahn 0 bis 15 m hoch liegt.

Die hier ausgeführten mannigfachen Aussteifungsarbeiten: verschieden in gutem und schlechtem Untergrund, verschieden für die Tunnelstrecke wie für den offenen und bedeckten Einschnitt, und endlich auch verschieden für gewölbte wie flach eingedeckte Stationen, sind in den Figuren 158 bis 193 übersichtlich nach den beiden früher geschilderten Hauptarten zusammengestellt und im folgenden getrennt für Strecke und Stationen kurz besprochen.

α) Bahnlinie über gutem Steinbruch.

Wo die Steinbruchdecke noch gut erschien, wurde sie durch Mauerpfeiler gegen die feste Sohle abgestützt. In den zweistöckigen Steinbrüchen mufsten beide Decken in dieser Weise gesichert werden, wobei die unteren Pfeiler etwas stärker bemessen sind als die oberen, genau darüber liegenden, um kleine Vermessungsfehler unschädlich zu machen. Die Art der Deckenstützung weicht jedoch völlig von den oben unter b) und c) besprochenen Bodensicherungen der älteren Bahnlinien sowie der Trocadéro-Strecke des Südringes ab. Statt der dort beliebten 2 Seitengalerien hat man jetzt eine Mittelgalerie vorgezogen, von der fischgrätenartig nach beiden Seiten lange und kräftige Mauerpfeiler in je 4 m Abstand auslaufen. Die anstofsenden Hohlräume wurden sorgfältig durch Steinpackung ausgefüllt, sofern sie nicht schon von alters her gut versetzt waren, und schliefslich die Stützpfeiler beiderseits des Mittelganges durch eine je 50 cm starke Mauer verbunden, um die Füllmassen in ihrer Lage zu erhalten und eine begehbare Inspektionsgalerie zu schaffen. Kleinere Deckenrisse in der letzteren wurden mit Zement gedichtet, gröfsere durch Einwölben der Galerie (vgl. auch Fig. 194) gesichert.

Die in Richtung der Tunnelachse verlaufende Mittelgalerie, die beim Vortreiben zugleich als Richtstollen dient, wurde gewählt, weil sie schnelleres und in bezug auf die Richtung sichereres Arbeiten gestattet als zwei 6 m voneinander entfernte Parallelstollen. Letzteres ist von erhöhter Bedeutung in den mehrgeschossigen Brüchen, da die Galerien der Einzelgeschosse senkrecht über einander liegen müssen. Die Sicherungsarbeiten waren zudem in längstens einem Jahre zu vollenden, bedingten daher zahlreiche Angriffstellen, die die Mittelgalerie für die Seitenpfeiler ohne weiteres bietet; dabei kann sie leichter etwaigen Hindernissen im Untergrunde, wie den Fontis, Betriebschächten, nicht abgebauten Steinmassen usw. ausweichen und gibt weniger zu Deckenrissen und Senkungen Anlafs als die Zwillingsgalerie.

Die Länge der Seitenpfeiler richtet sich nach der Breite des Bahntunnels und ist im oberen Stockwerk in der Regel so bemessen, dafs der Baugrund über die Breite des Bauwerkes hinaus abgestützt ist. Der regelrechte Tunnel ist z. B. aufsen 8,60 m breit, die gesicherte Breite der Steinbruchdecke in solchem Falle 9,60 m, Fig. 158 bis 161. Wo sich der Tunnel in den schärferen Gleisbogen auf 8,93 m verbreitert, wurden natürlich auch die Stützpfeiler entsprechend länger gewählt, Fig. 162 und 163. Unter dem Tunnel mit Eisenträgerdecke, vergl. Fig. 26, hat man die Bodenaussteifung gemäfs Fig. 164 und 165 ausgeführt.

Mit Rücksicht auf die Erschütterungen durch den Zugbetrieb sind die Pfeilergrundflächen zu rd. 30 vH der Tunnelgrundfläche bemessen worden. Wo die Steinbruchdecke allerdings zerklüftet war, wurde sie noch durch besondere, zwischen die freien Pfeilerenden gelegte Versteifungsmauern weiter gesichert, wie es in Fig. 161 und 181 angedeutet ist.

Für die seit dem Jahre 1903 in Angriff genommenen Bodenabsteifungen der östlich der Place d'Italie verlaufenden Südringstrecke (alte Linien Nr. 6) sowie auf dem Südende der Linie Nr. 4 wird eine von den bisherigen abweichende, noch kräftigere Aussteifung durchgeführt. Sie lehnt sich zwar an die Fischgrätenanordnung an; jedoch liegen hier die eigentlichen, 2 m breiten Stützpfeiler nach Fig. 166 und 167 senkrecht unter den Tunnelwiderlagern und, statt wie früher winkelrecht, nunmehr parallel zur Mittelgalerie.

β) Bahnlinie über schlechtem Steinbruch.

Hat sich die Steinbruchdecke im Laufe der Jahre mit den darüber liegenden Schichten erheblich gesenkt, oder ist sie eingebrochen, oder kommt die Bahnlinie gar in den Bereich eines Deckenausbruches (Fontis), so wurden von der Strafse aus mehrere Reihen Brunnen bis auf die feste Sohle gesenkt, sodann bis auf 1 m Entfernung von der Unterfläche des demnächstigen Tunnels mit Beton gefüllt und darüber vorläufig wieder mit Bodenmasse zugeschüttet. Später beim Bahnbau wurde dann über die Betonsäulen entweder eine wagerechte, 1 m starke Betonschicht mit Eiseneinlagen oder eine Reihe von Steinbogen gestreckt, auf denen der Tunnel unmittelbar aufruht.

Diese Aussteifungsweise wird durch die Figuren 168 bis 173 noch näher erläutert, und zwar für die beiden Tunnelquerschnitte der Figuren 25 und 26. Sie hat wiederholt auf verhältnismäfsig langen Strekken Anwendung finden müssen, so u. a. auf rd. 120 m Länge am Kirchhof Montparnasse.

Grofs war auch die Zahl der im Bereich der Bahnlinie aufgedeckten Einzel-Fontis: 70 auf der 4,2 km langen Südringstrecke und 17 auf dem 1 km langen Abschnitt der Linie Nr. 5. Ihre Aussteifung ist teils von unten, teils von oben erfolgt. Im letzteren Falle wurden die kleineren Ausbrüche nach Art der Fig. 154 durch einen oder einige Brunnen ge-

Fig. 174 bis 176.
Aussteifung eines bis in den Tunnel reichenden Deckenausbruches.

Fig. 174. Querschnitt *A-B*.

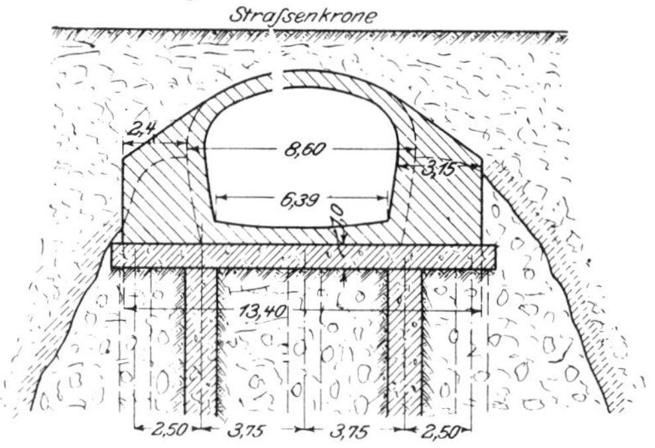

Fig. 175. Längsschnitt *C-D*.

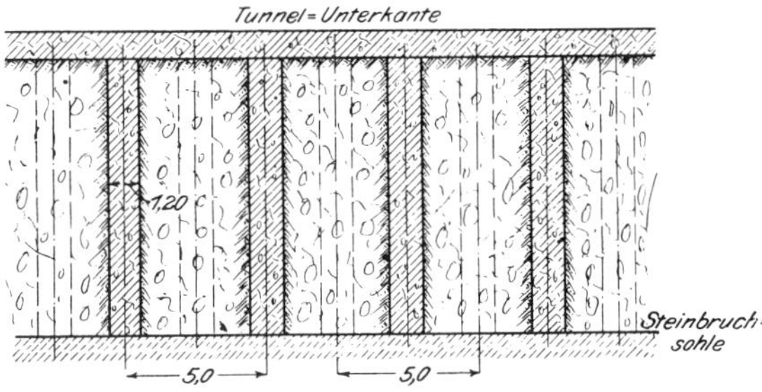

Fig. 176. Grundriß.

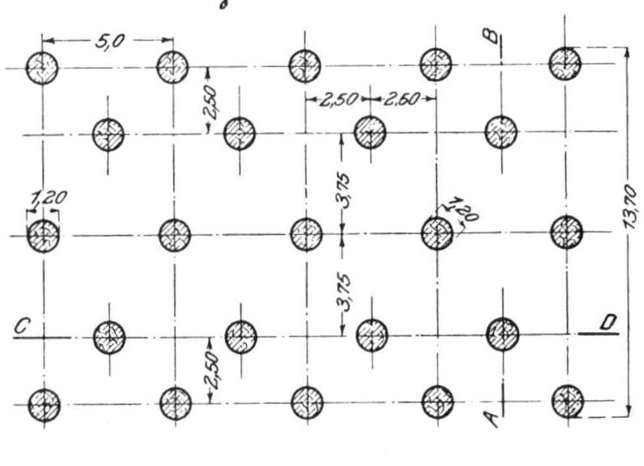

sichert, die gröfseren jedoch in zweierlei Art: je nach der Höhenlage ihres Hohlraumscheitels, und je nachdem ihre unteren Bruchränder durch einen Mauerkranz abgefangen werden konnten oder nicht. Lag nämlich dieser Scheitel unterhalb des zukünftigen Bahntunnels, und konnte der Glockenrand sicher ringsum gegen die Steinbruchsohle abgestützt werden, so wurden einfach durch die Trümmermassen drei Reihen Brunnen getrieben und diese oberhalb des Fontis-Scheitels in geschilderter Weise als Tunnelauflager hergerichtet.

Erschien jedoch das Abfangen nicht angängig, oder lag gar der Scheitel so hoch, dafs der Tunnel in das Trümmergestein hineinragte, so trat eine wesentliche Verstärkung sowohl der Aussteifungen als auch der Tunnelwiderlager ein. Die Zahl der dann nach Fig. 174 bis 176 in fünf Reihen angeordneten Betonpfeiler ist hier für je 10 m Gleislänge von 6 auf 10 vermehrt, und die Stärke der Tunnelwiderlager von 0,75 auf 3,15 m vergröfsert. Die Breite des Auflagers für den Tunnel beträgt dementsprechend 14 m gegen das sonst übliche Mafs von 9 m. Die Aufsenbegrenzung eines solchen Fontis ist in Fig. 174 angedeutet.

Ein besonders grofser Deckenausbruch von 13,5 m Höhe und 650 cbm Hohlraum ist teils von unten, teils von oben gesichert worden. Da die sehr stark bemessene Auszimmerung des Sondierstollens unter dem Druck des Trümmergesteins und der losen Erdmassen zusammenbrach, so mufste er entleert und durch ein Holzgerüst, das fünf über einander liegende Arbeitsbühnen besafs, abgesteift werden. Die oberste dieser Bühnen wurde aber durch einen neuen Ausbruch zertrümmert, ein Zutagetreten des Fontis war zu befürchten. Der Hohlraum wurde deshalb in ununterbrochener Tag- und Nachtarbeit etwa $6^1/_2$ m hoch ausgemauert, durch ein 0,8 m starkes Deckengewölbe geschlossen und darüber durch einen von der Strafse aus gesenkten Schacht eine ebenso starke Betonlage als Auflager für den Bahntunnel eingebracht. Die Sicherungskosten dieses Fontis betragen rd. 12 000 frs.

Fig 177 bis 179.
Aussteifung in schlechtem Steinbruch unter einer Einschnittrampe.

Fig. 177. Querschnitt A-B.

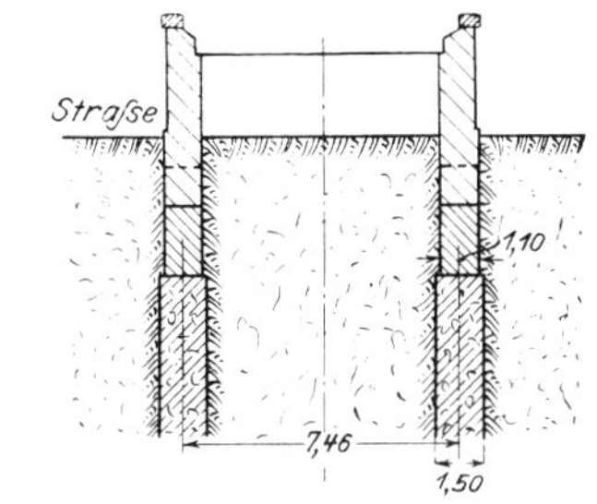

Fig. 178. Längsschnitt C-D.

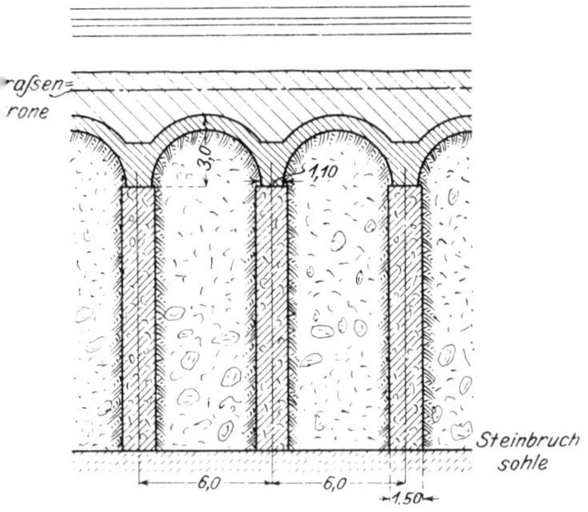

Fig. 179. Grundriß.

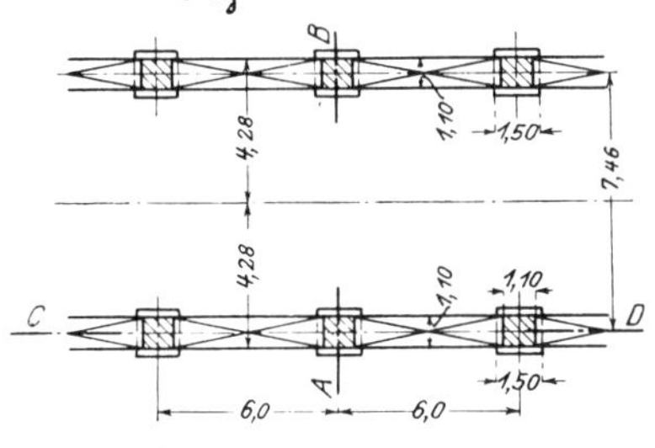

Einfacher konnten die zwischen Tunnelstrecke und Hochbahn eingeschalteten offenen Einschnitte der Rampen behandelt werden. Die Mittelbrunnen sowie die Betonschicht fehlen, und es werden nur die beiden Futtermauern nach Fig. 177 bis 179 durch je eine Reihe Brunnen quadratischen Querschnittes abgestützt (vergl. hierzu Fig. 49). [Derartige Steinbogen auf Betonpfeilern sind übrigens unter ähnlichen Verhältnissen auch zum Stützen der Pariser Abzugkanäle in Anwendung gekommen.]

γ) Absteifung des Baugrundes für Stationen.

Fig. 180 bis 193 zeigen die für Stationsanlagen je nach dem Zustande des Baugrundes und der Art ihrer Eindeckung gewählten Ausführungsweisen.

In guten Steinbrüchen wird der Untergrund in Länge der Station von 2 parallelen Seitengalerien durchzogen, die sich nach Fig. 181 unterhalb der sorgfältig unterstützten Stirnmauern an die Mittelgalerie der Tunnelstrecke anschliefsen. Von beiden laufen in jedem Geschofs wieder fischgrätenartig die eigentlichen Stützpfeiler aus.

Wo Brunnen gesenkt werden mufsten, konnten natürlich derartige Galerien, die, wie schon bemerkt, für die späteren Untersuchungen des Untergrundes usw. wertvoll sind, nicht angelegt werden. Die Aussteifung des Bodens mufste hier

Fig. 180 und 181.
Aussteifung in gutem Steinbruch unter einer Station.

Schnitt A-B.

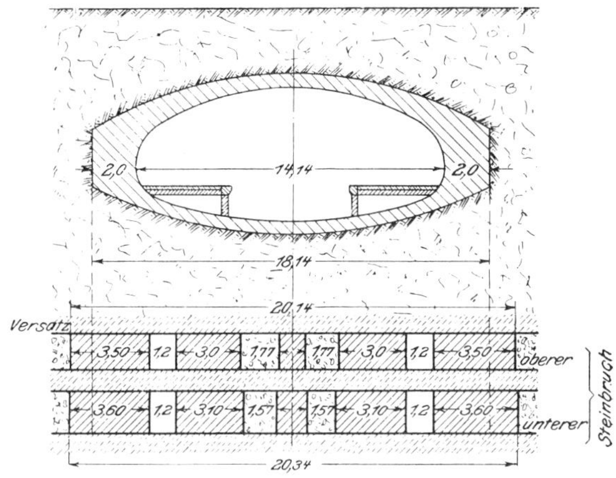

Grundriß.

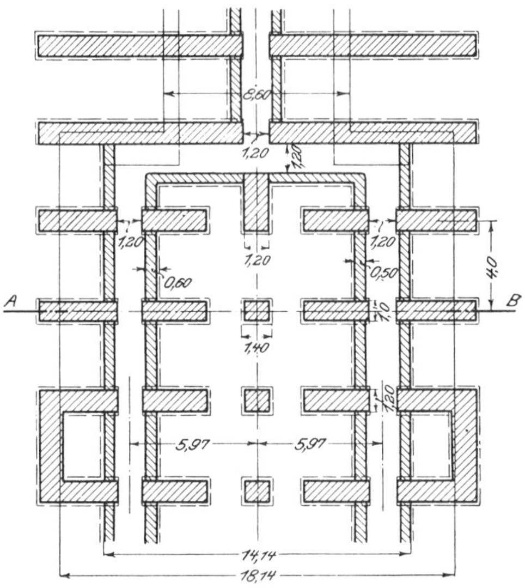

wegen der erheblich stärkeren Belastung kräftiger als beim Streckentunnel sein, weshalb hier 4 Reihen Brunnen, davon die beiden Aufsenreihen quadratisch, mit 2,2 m Seitenlänge bei überwölbter Station und 1,8 m bei flach gedeckter, angelegt sind, vergl. Fig. 182 bis 187.

Deckenausbrüche haben wieder besondere Vorsichtsmafsregeln nötig gemacht. Die Figuren 188 bis 193 liefern hierfür zwei höchst bemerkenswerte Beispiele, und zwar erläutern Fig. 188 bis 190 den Fall, wo die Station über einem unten nur teilweis oder überhaupt nicht abgefangenen Fontis liegt. Die Widerlager des Stationsgewölbes sind in Abständen von 5,89 m mauerzinnenartig verstärkt; die einzelnen Vorsprünge sind in der Längsrichtung 2,2 m breit und durch je einen besonderen Brunnen abgestützt. Der ganze Deckenausbruch

Fig. 182 bis 184.
Aussteifung in schlechtem Steinbruch unter einer gewölbten Station.

Fig. 182. Querschnitt A-B.

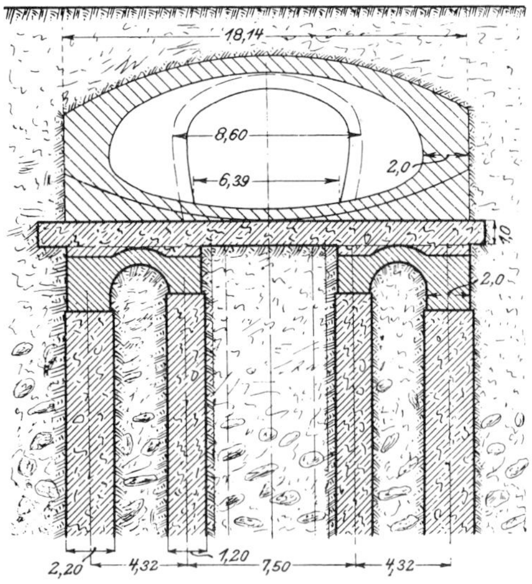

Fig. 183. Längsschnitt C-D.

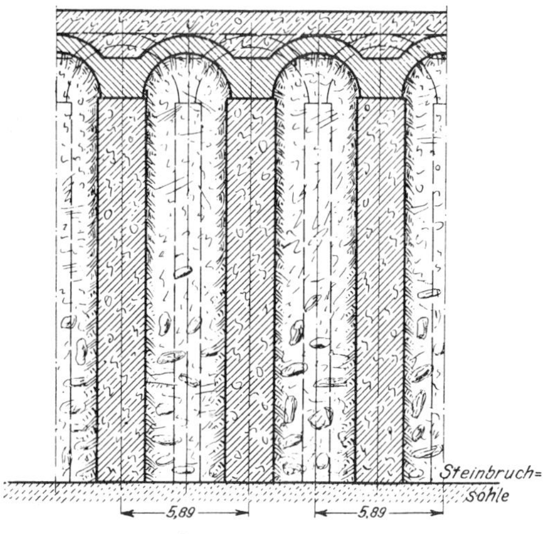

Fig. 184. Grundriß.

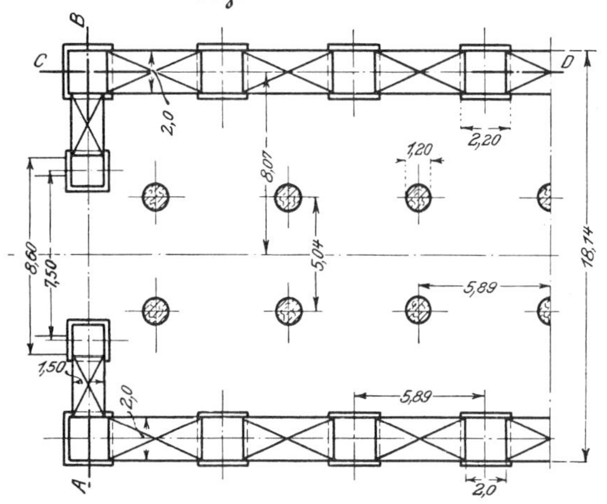

wird vollständig von einem durch 80 Betonsäulen getragenen Gewölbenetz überspannt, so daſs die Station gleichsam auf einer Brücke ruht.

Die Figuren 191 bis 193 spiegeln die ungünstigsten und unbequemsten Verhältnisse wieder, indem die Stationsanlage durch das Trümmergestein des Deckenausbruchs hindurchgeführt werden muſs. Hier sind beide Widerlager von 2 m auf je 5,10 m verstärkt worden, und das Doppelgewölbe ruht auf einem in ganzer Stationslänge durchlaufenden 25 m breiten Betonbett mit Eiseneinlagen, das von sechs Brunnenreihen gestützt wird. Die Stirnmauern haben zu ihrer Sicherung je zwei besondere Brunnen erfordert.

Diese vorstehend im einzelnen skizzierten Bodensicherungen waren nun in dichter Folge auf den einzelnen Boulevards der 5,2 km langen Strecke (vergl. Fig. 3) zur Ausführung zu bringen. Bei nicht weniger als 10 Stationen wurde der Untergrund in der geschilderten Weise in einer Länge von

Fig. 185 bis 187.
Aussteifung in schlechtem Steinbruch unter einer Station mit Eisenträgerdecke.

Fig. 185. Querschnitt A-B.

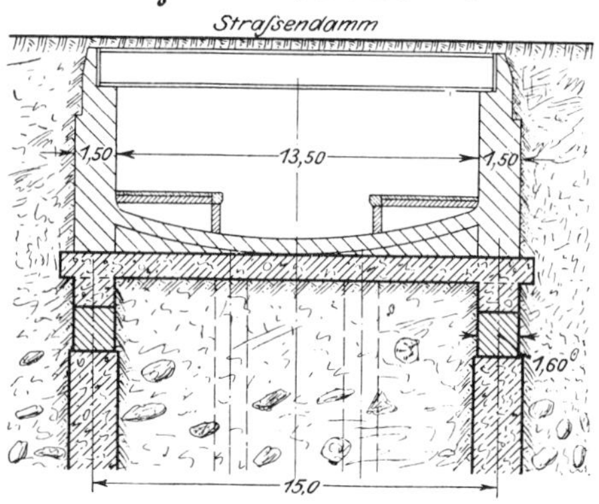

Fig. 186. Längsschnitt C-D.

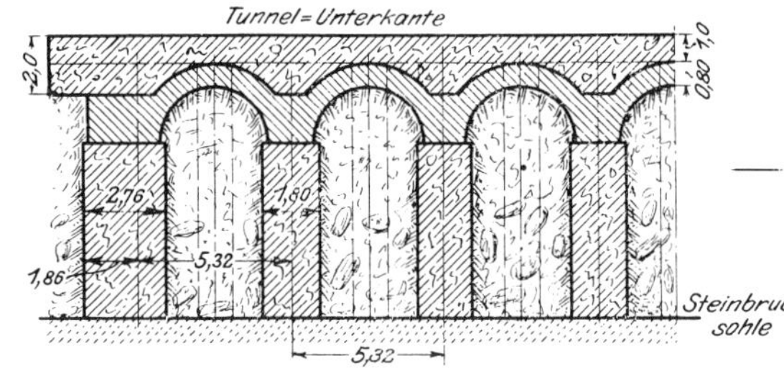

Fig. 187. Grundriß.

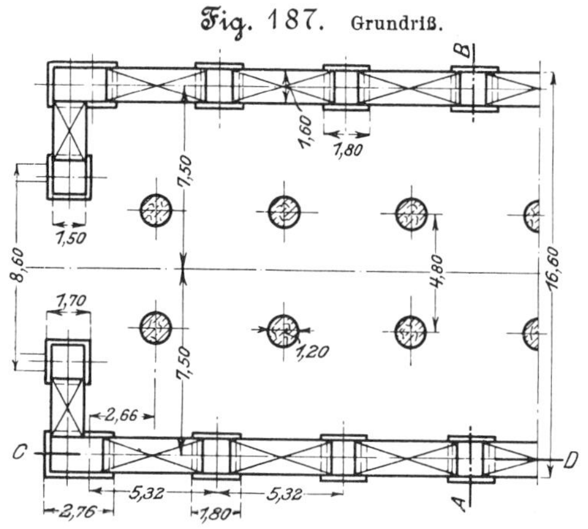

je rd. 80 m und einer Breite von 20 bis 25 m ausgesteift. Waren nun diese Einzelarbeiten an sich schon recht mühselig und höchst kostspielig, so werden sie doch noch weit übertroffen durch die umfangreichen Absteifungen unter der Place d'Italie. Galt es doch hier, die stark gekrümmte, an den Südring sich nach Fig. 21 eng anschmiegende Endschleife der Linie Nr. 5 mit ihren mannigfachen Kunstbauten zu sichern. Günstig war hier der Umstand, daſs unter dem Platze nur der untere Steinbruch ausgebeutet ist, nicht auch der obere, und daſs dessen Decke bis auf einige Fontis, Betriebsschächte und Wasserbrunnen als »gut« bezeichnet werden kann. Infolgedessen konnte die durch Fig. 158 und 180

Fig. 188 bis 190.
Aussteifung eines unterhalb des Stationsbaues verlaufenden Deckenausbruches.

Fig. 188. Querschnitt A-B.

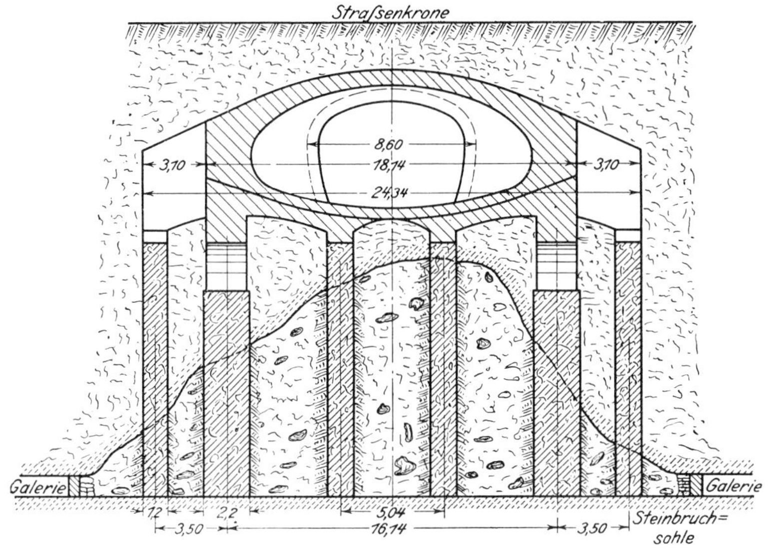

Fig. 189. Längsschnitt C-D.

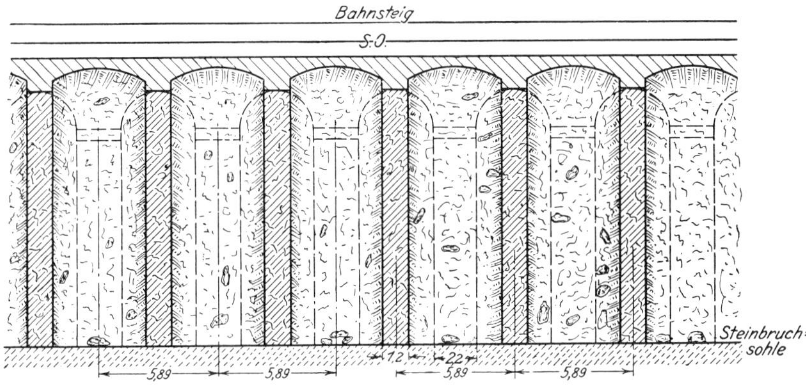

Fig. 190. Grundriß.

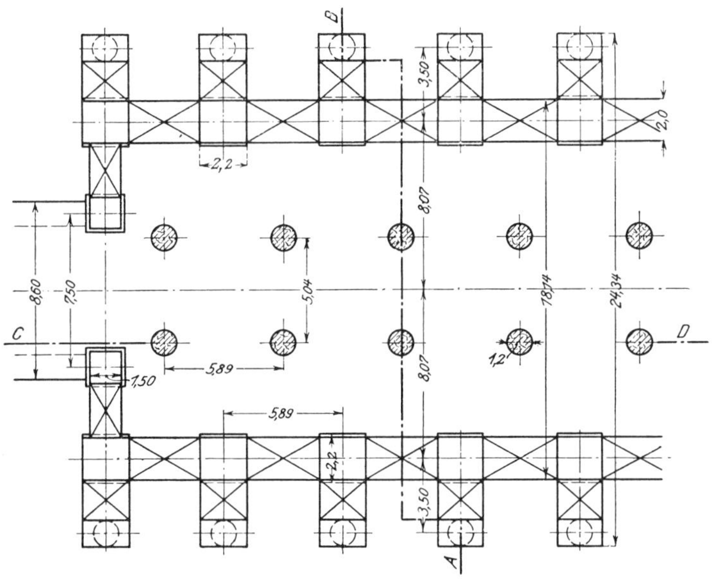

erläuterte Fischgräten-Aussteifung Platz greifen; sie durchzieht denn auch in grofsem Bogen den ganzen Untergrund. Da, wo die beiden Stadtbahnlinien nebeneinander herlaufen, sind die Stützpfeiler stellenweise bis auf 14 m verlängert worden. Die Deckenausbrüche konnten durch Mauerkränze unterfangen werden. Fig. 194[1]) spiegelt das charakteristische Gepräge dieser geradezu gewaltigen Platzaussteifung mit allen Einzelheiten und Zutaten eines alten unterirdischen Steinbruchgebietes so recht anschaulich wieder. Sie zeigt die nicht abgebauten Steinmassen, die alten Betriebsschächte, welche den Verkehr zwischen Aufsen- und Unterwelt vermittelten, die ehemaligen, mit Trockenmauern eingefafsten und mit Versatz ausgefüllten Steinbruchstrafsen, die neu angelegten, an einzelnen Stellen auch überwölbten Inspektionsgalerien, die für die jetzigen Absteifungsarbeiten neu gesenkten und nach deren Vollendung wieder zugeschütteten Arbeitsschächte, die wie auf den übrigen Strecken, durch Hand-, Dampf- oder elektrisch betätigte Haspel bedient wurden, usw.

Selbstverständlich geben die in den Figuren 156 bis 193 dargestellten Sicherungsarten die regelrechten Bauweisen wieder. Diese erlitten aber naturgemäfs häufige Abänderungen durch die im Untergrund angetroffenen Hindernisse früher erwähnter Art, die in »gutem« Steinbruch zu scharfen Krümmungen des Richtstollens und abweichenderLage sowie Gröfse der Stützpfeiler Anlafs gaben, in »schlechtem« Untergrund aber unregelmäfsige Brunnenstellung bewirkten. Letztere wurde übrigens auch durch Hindernisse über Tage, wie Bäume, Gebäude, Bürgersteige usw., hervorgerufen.

Erwähnt sei noch, dafs das in den obigen Figuren zur Anschauung gebrachte regelrechte Versetzen der Brunnen einzelner Reihen gegen diejenigen der andern bei den zurzeit in der Aussteifung befindlichen Linien Nr. 4 (Südabschnitt) und alte Nr. 6 unterbleibt. Die Brunnen werden hier in sämtlichen Reihen nebeneinander geschaltet, so dafs sie auch in der Querrichtung nur Gruppen gleicher Stützenzahl bilden.

Im Jahre 1901/02 waren auf der 5,2 km langen Aussteifungsstrecke täglich rd. 500 Arbeiter tätig. Sie haben nach Weifs nicht weniger als 70 000 cbm Bodenmasse ausgeschachtet, zu deren leichterem Transport ein Schmalspurgleis in den 1,3 m breiten Richtstollen verlegt war; ferner haben sie rd. 45 000 cbm Mauerwerk in Bruchstein oder Beton ausgeführt, darunter 439 Betonbrunnen, und 7000 cbm Hohlraum mit Versatz versehen.

Die Kosten stellen sich nach den mir von dem vorgenannten sachkundigen Leiter dieser Arbeiten auch hierüber in höchst dankenswerter Weise gemachten Mitteilungen durchschnittlich wie folgt:

1 m Tunnelstrecke in gutem Steinbruch	. . . .	150 frs.
1 » Station:		
a) in gutem »	. . . .	300 »
b) » schlechtem »	. . . .	1000 »

Demnach belaufen sich diese Sonderausgaben für eine Station, je nach der Natur des Untergrundes, auf mindestens 24 000 bezw. 80 000 frs.; das macht für 1 qm abgesteifter Bodenfläche:

15 frs. bei gutem Untergrund und 1 m hohem Hohlraum und 40 bis 50 frs. bei schlechtem Untergrund

Die vortehenden Einheitspreise für Arbeiten in gutem Steinbruch beziehen sich auf 1 m hohen Hohlraum. Die wirklichen Kosten ergeben sich durch Multiplikation vorgenannter Sätze mit den wirklichen Steinbruchhöhen.

---

[1]) Annales des Mines 1903, 10. Serie Bd. III: Wickersheimer u. Weiss, Notice sur la consolidation des anciennes carrières etc. de Paris.

Fig. 191 bis 193.

Aussteifung eines den Stationsbau überragenden Deckenausbruches.

Fig. 191. Querschnitt *A-B.*

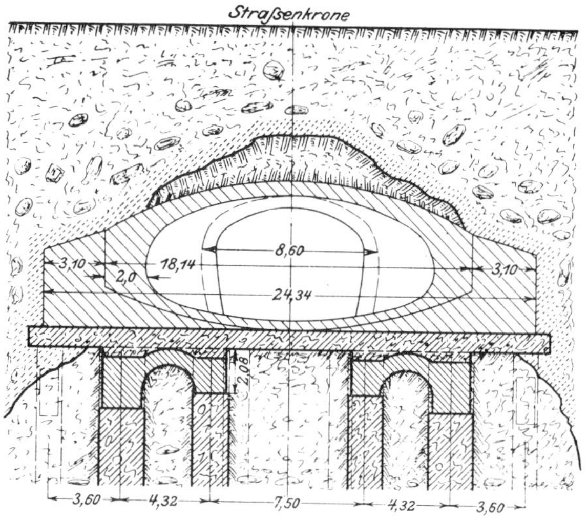

Fig. 192. Längsschnitt *C-D.*

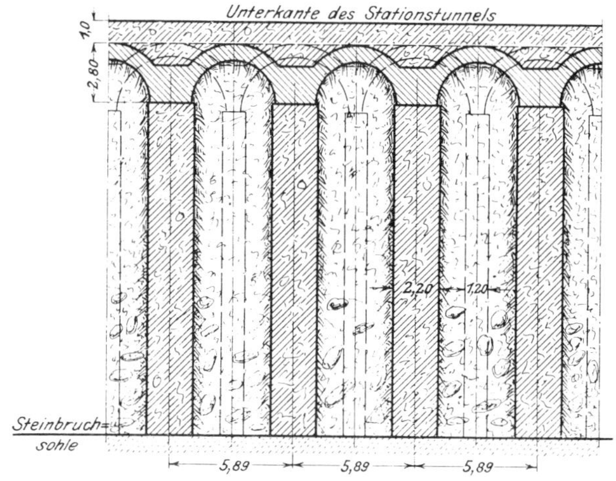

Fig. 193. Grundriß.

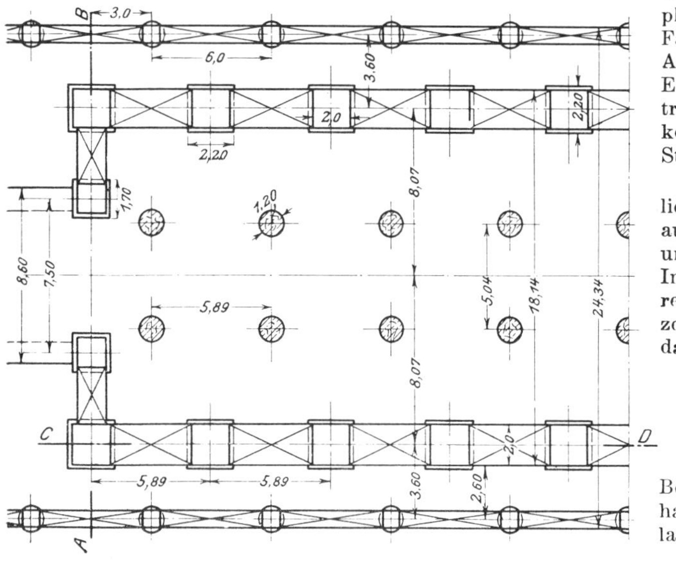

Die gesamten Sicherungsarbeiten auf der 5,2 km langen Strecke **waren ursprünglich auf 1 616 000 frs veranschlagt;** sie haben in Wirklichkeit rd. 1 860 000 frs einschließlich Bauleitung und Generalkosten erfordert, da sich während der Ausführung mehrfach »schlechte« Stellen vorfanden, die im Voranschlag als »gute« angenommen worden waren, und da namentlich im Untergrunde der Place d'Italie weit ausgedehntere Absteifungen zur Ausführung gebracht sind, als bei Aufstellung des Voranschlags vorgesehen waren. Zu jener Summe sind dann nachträglich noch etwa 100 000 frs hinzugekommen, die den Unternehmern für derartige Mehrarbeiten nachbewilligt werden mufsten, so dafs die Sicherungskosten insgesamt rd. 1 960 000 frs betragen, was für 1 cbm Absteifungsmauerwerk einschliefslich aller Nebenarbeiten durchschnittlich 43,55 frs und für 1 km Bahnlänge 363 000 frs ergibt.

5) Tunnelgründung in alter Aufschüttung.

Station Le Combat an der Rue de Meaux.

Aehnliche Schwierigkeiten bereiteten diejenigen Bahnstrecken, die durch alte Aufschüttungen hindurch zu führen waren. Auch hier erforderte der Tunnel oft ganz ungewöhnliche Gründungsarbeiten.

Als sprechendes Beispiel hierfür sei die im Ostzuge des Nordringes und am Schnittpunkt des Boulevard de la Villette mit der Rue de Meaux gelegene Untergrundstation Le Combat gewählt.

Beim Vortrieb des Richtungsstollens durch die alten Schuttmassen wurde am Südende dieser Station ein alter unterirdischer Gipsbruch aufgedeckt, der sich bei näherer Untersuchung bis in den Untergrund der Station als ehemaliger offener Tagebau fortsetzte. Erschwerend kam hinzu, dafs sich nicht abgebaute Gips- und Mergelbänke im Laufe der Zeit losgebrochen und verschoben hatten. Infolgedessen mufsten die der Anschüttung wegen bereits vorgesehenen besonderen Stützpfeiler wesentlich tiefer gegründet werden, damit sie auf dem unverletzten und tragfähigen Felsen (Travertin und Grünstein) auflagerten.

Die Figuren 196 bis 199 zeigen in ausgezogenen Linien die gewaltigen Mauermassen, die hier zur Abstützung des Stationstunnels für notwendig erachtet waren, während die in Fig. 196 gestrichelt eingezeichnete Pfeilerverlängerung die nachträglich notwendig gewordene Tieferlegung der Fundamentsohle bis 21 m unter Strafsenkrone darstellt. Die Stationswiderlager werden nach Fig. 200 durch je 19 Pfeiler von 8 bis 10 qm Grundfläche gestützt, während das Sohlengewölbe von 36 Pfeilern von je 1 qm Querschnitt getragen wird. Mit den Stützen für die Stirnmauern waren sonach im ganzen 82 Pfeiler unterhalb des Stationstunnels auszuführen. Gleichzeitig mufste in und neben dem einen Widerlager auch ein neuer Abzugkanal hergestellt werden. Fast ein Viertel der Grundrifsfläche ruht auf Mauerwerk oder Beton. In dem Lageplan der Pfeiler (Fig. 200) ist auch deren Lage zu dem Fahrdamm und dem Bürgersteige wiedergegeben; die eine Aufsenreihe erstreckt sich bis unter den letzteren. Sonstige Einzelheiten, wie auch beispielsweise die Lage der Bahnsteigtreppen (vor Kopf der Station), lassen die Figuren klar erkennen. Lehrreich ist ihr Vergleich mit Fig. 25, die den Stationsbau im festen Untergrund zeigt.

Auch die südliche Tunnelanschlufsstrecke hatte mit ähnlichen Gründungsschwierigkeiten zu kämpfen und erforderte auf etwa 50 m Länge besondere Absteifungen bis zu 6 m Tiefe unter dem Sohlengewölbe. Fig. 201 zeigt hierüber Näheres. Im Sommer 1891 waren diese unvorhergesehenen umfangreichen Gründungen in Angriff genommen worden; sie vollzogen sich ohne nennenswerte Inanspruchnahme des Strafsendammes.

V. Bauausführung.

1. Untergrundbahn.

Für die Bauausführung war die Linie Nr. 1 in doppelter Beziehung den übrigen Stadtbahnlinien vorbildlich. Einmal hatte sich die Stadtverwaltung den Bau eines rd. 1,8 km langen Abschnittes selbst vorbehalten, um an ihm Erfah-

Fig. 194.

Aussteifungen unter der Place d'Italie.

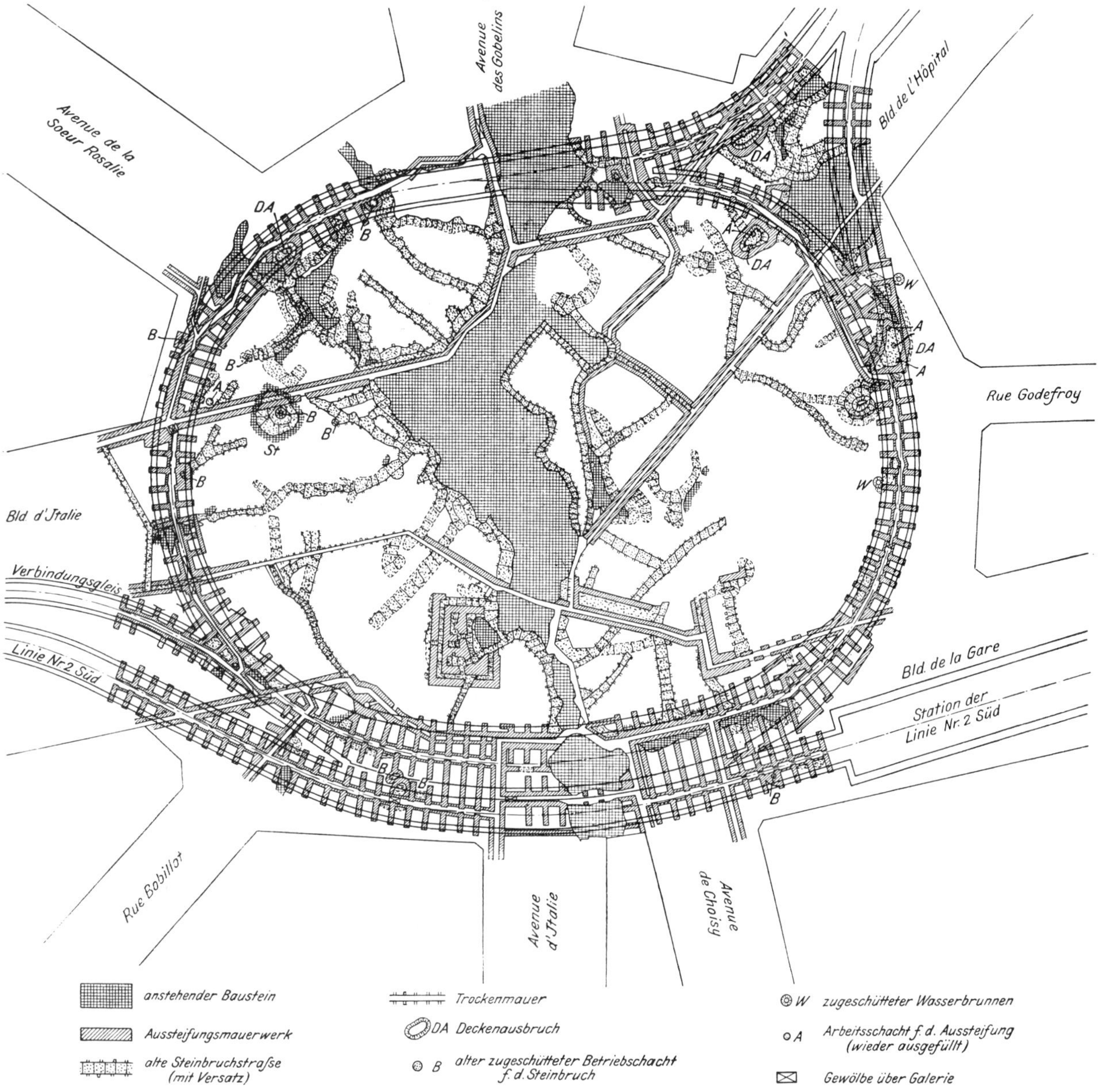

Fig. 195.

Lageplan der Station Le Combat und der darunterliegenden Gipsbrüche.

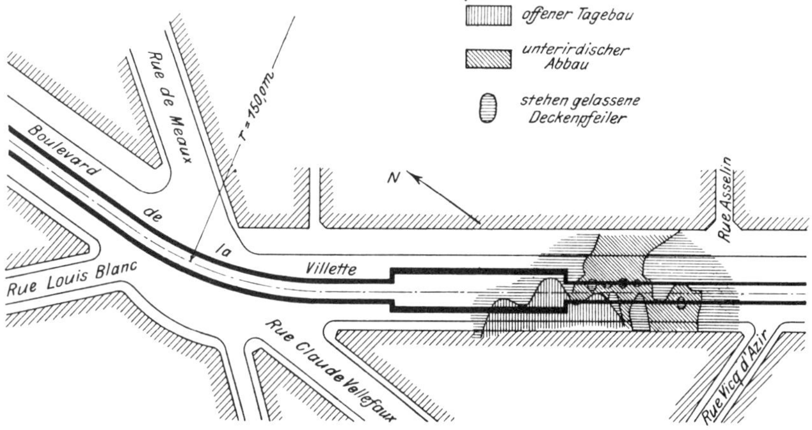

rungen, namentlich auch hinsichtlich der Kosten für die späteren Anschläge, zu sammeln, während der übrige Teil in 7 Baulosen durch Unternehmer zur Ausführung gebracht wurde; sodann aber wurde diese Linie zum Prüfstein für den Tunnelvortrieb mittels des Schildes.

In der französischen Ingenieurwelt herrschte vor dem Bau der Stadtbahn besondere Vorliebe, wenn nicht geradezu Begeisterung, für diese Tunnelbauweise. Berlier hatte, wie schon im Abschnitt I erwähnt, Anfang der 90er Jahre zwei Kanalunterführungen unter der Seine erfolgreich nach englischem Vorbilde mittels des Vortriebschildes vollendet. Auch in andern Ländern hatte sich letzterer mittlerweile aufs trefflichste bewährt. Er war aber, wenn wir von dem schon

Fig. 196 bis 200. Gründung der Station Le Combat.

Fig. 196.

Querschnitt *A-B*.

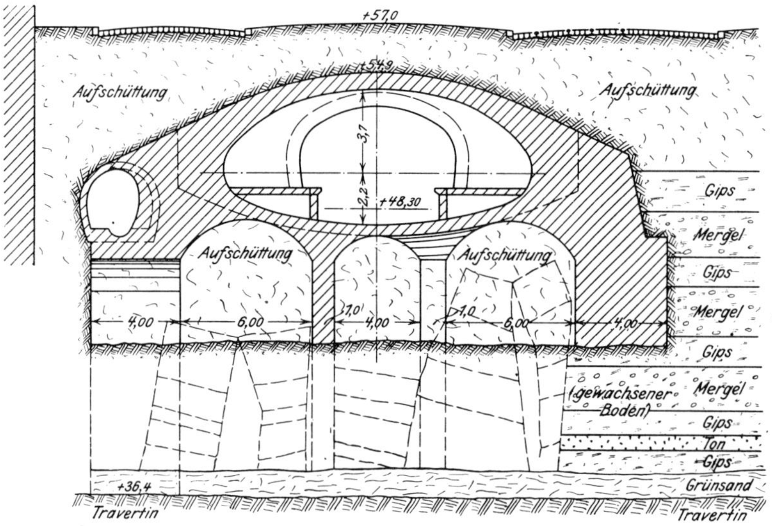

Fig. 197.

Querschnitt *C-D*.

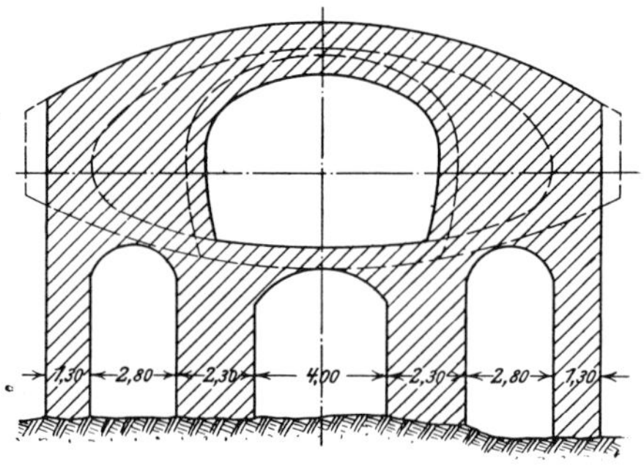

Fig. 198.

Längsschnitt *E-F*.

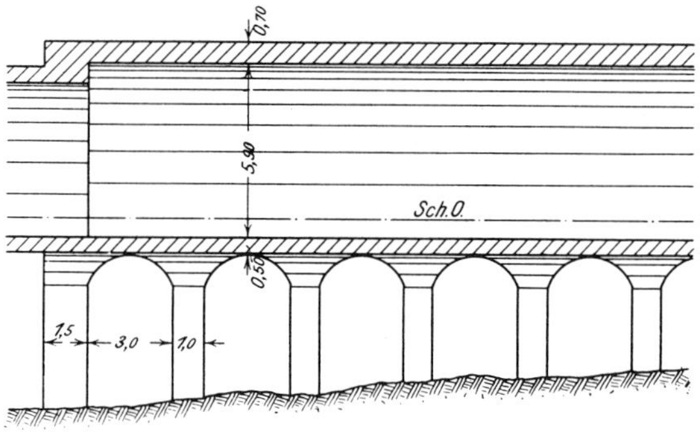

Fig. 199.

Längsschnitt *G-H*.

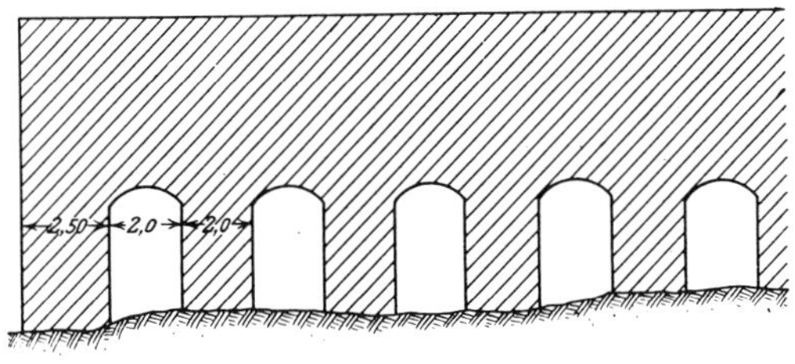

Fig. 200.

Lageplan der Stützpfeiler der Station Le Combat.

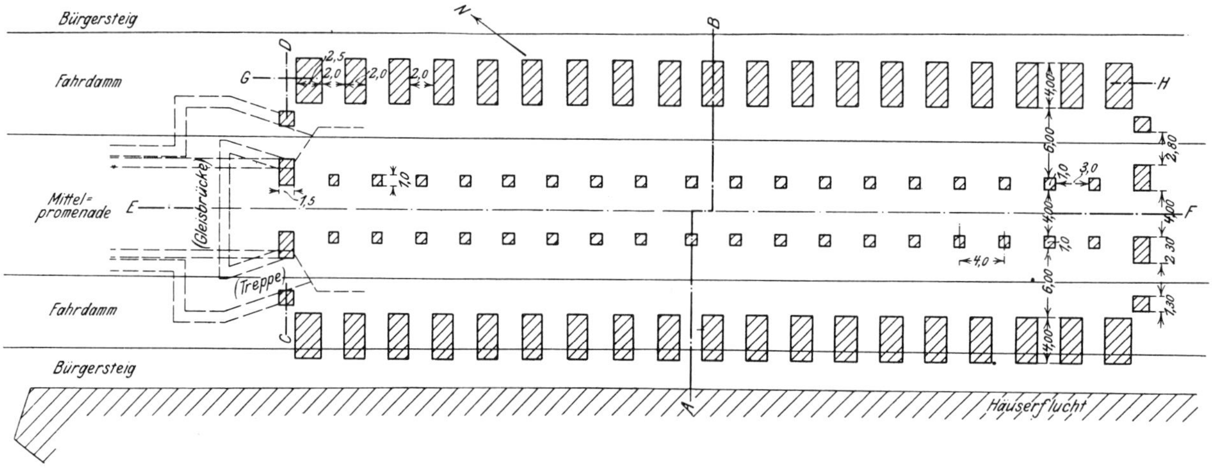

1825 bei dem ersten Themsetunnel[1]) benutzten Brunelschen Schilde, dem Vorbilde aller späteren Anordnungen, absehen, seit Barlow und Greathead (1865) stets nur in kreisförmiger Querschnittsform zur Anwendung gebracht worden, also in derjenigen, die den gröfsten Querschnitt bei gleichem Umfang aufweist.

[1]) Z. 1891 S. 148: **Troske, Londoner Untergrundbahnen.**

Da trat im Jahre 1895, als der grofse, in und aufserhalb Paris gelegene Clichy-Sammelkanal gebaut werden sollte, Chagnaud, Unternehmer eines Abschnittes davon, mit einem Schilde hervor, der entsprechend der oberen Kanalform einen halbelliptischen Querschnitt besafs und auch nur zur Herstellung der oberen Tunnelhälfte diente. Unter dem Schutze dieses nach Greatheadscher Art durch Wasserdruckpressen vorgeschobenen Schildes wurde jedoch lediglich das Erdreich losgelöst; die Aufmauerung der Tunneldecke (Bruchsteinmauerwerk) erfolgte in etwa 15 m Entfernung vom hinteren Schildende innerhalb einer besonderen Auszimmerung. Nach Abrüstung dieser Zimmerung wurde schliefslich unter dem Schutze des Deckengewölbes die untere Tunnelhälfte fertiggestellt und die Strosse ausgehoben.

Der gleich von Anfang an sichtbare Erfolg dieses Schildes gab bald hernach Fougerolle, einem zweiten Unternehmer bei diesem Kanalbau, Anlafs, einen Schild von völlig elliptischem, dem ganzen Tunnelprofil angepafstem Querschnitt anzuwenden. Unter dem Schutze dieses Schildes wurde nunmehr auch die ganze Tunnelauskleidung aufgemauert. Wie der Chagnaudsche Schild bewährte sich auch dieser Fougerollesche in vollem Mafse, sowohl im Mergelboden als auch in weicher Kulturschicht und in lockeren Sandmassen, und obschon sich der Tunnelscheitel zuweilen recht nahe der von schweren Wagen viel befahrenen Strafsenfläche hinzog.

Fig. 201.

Tunnelgründung in der südlichen Anschlußstrecke der Station Le Combat.

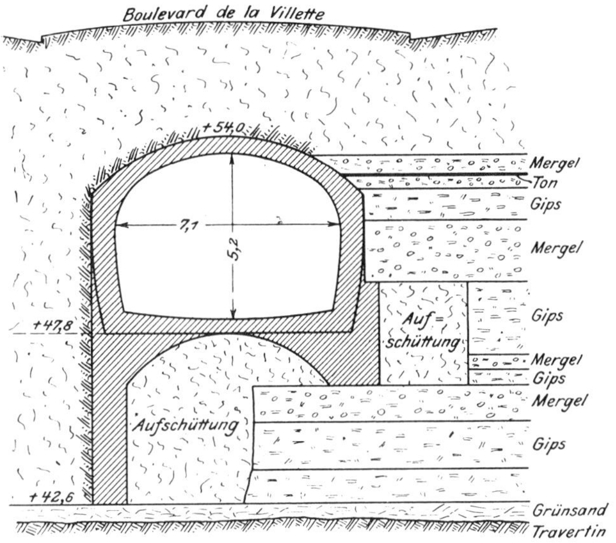

Die Herstellung des Bruchsteinmauerwerkes innerhalb des Schildes war eine beachtenswerte Neuerung, der wir dann bald hernach auch bei der Pariser Stadtbahn, und zwar nun in Verbindung mit dem Chagnaud-Schilde, begegnen.

Das Aufsehen, das der ohne Unfall vollendete Bau des Clichy-Tunnels durch die Anwendung des elliptischen Halb- und Ganzschildes hervorrief, gab R. Legouëz, damals Oberingenieur im Pariser Stadtbauamt (für Kanalisation und Wasserversorgung), Anlafs, in seinem 1897 veröffentlichten vortrefflichen Werke[1]) ein warmes Loblied der Benutzung des Schildes zu singen, und nun wurde der Schild an der Seine Mode. Alle Tunnel im Pariser Gelände, die in jener Zeit, kurz vor der Weltausstellung, in Angriff genommen wurden, zeigen seine Verwendung.

In die Bauverträge für die Stadtbahnlinie Nr. 1 und deren Trocadéro-Abzweigung hatte die Stadtverwaltung unter Artikel 30 die ausdrückliche Bedingung aufgenommen, dafs die ganze zweigleisige Tunnelstrecke nur mittels des Schildes hergestellt werden sollte. Eine Ausnahme bildeten — abgesehen von den im Abschnitt III beschriebenen besonderen Tunnelformen — lediglich die Stationen, für die der Schild zu kostspielig ausgefallen wäre, ferner die Strecke Châtelet-Tuileries, in der der schon genannte Rivoli-Kanal, dessen Längsachse mit derjenigen des Bahntunnels fast genau zusammenfiel (Fig. 134), den Schildvortrieb unmöglich machte, endlich drei kürzere Strecken nahe den Stationen Bastilleplatz und Lyoner Bahnhof. Hier lag die Tunneldecke so nahe dem Strafsenpflaster, dafs sie nur im offenen Tagebau aus Eisenträgern und Ziegelkappen hergestellt werden konnte; vergl. Fig. 26 und 26a.

Das Bauamt benutzte für die von ihm selbst zu bauende Strecke Porte de Vincennes-Rue de Reuilly 2 Schilde Chagnaudscher Form. In den übrigen 7 Baulosen und in dem Trocadéro-Zweige gelangten zusammen 9 ähnliche Schilde zur Verwendung. Gleichzeitig aber standen, wie hier eingeschaltet sein mag, beim Bau der städtischen Untergrundstrecke der Orléansbahn 2 ebenfalls halbelliptisch gestaltete Schilde in Benutzung, desgl. 3 ähnliche beim Bau des Bièvre-Sammelkanals und 1 Halbschild beim früher schon genannten Meudon-Tunnel (linksufrige Eisenbahnlinie Paris-Versailles). In demselben Zeitabschnitt kamen auch Schilde von kreisförmigem Querschnitt zur Anwendung, und zwar bei der Unterführung des in Fig. 130 als Emissaire général bezeichneten Abwasserkanales unter der Oise (für die Pariser Rieselfelder) sowie beim Bau der im Abschnitt IV erwähnten grofsen Wasserleitung des Quellengebietes des Loing- und Lunain-Flusses: alles in allem somit 19 Vortriebschilde während der Jahre 1898 und 1899, wovon nicht weniger als 16 Stück allein innerhalb der Stadt Paris gleichzeitig in Tätigkeit waren.

Aber der Erfolg dieser Tunnelbaumaschinen, als die man die Schilde mit vollstem Recht ansehen kann, war, ganz im Gegensatz zu den früher bei den Londoner Tiefbahnen und Themsetunneln gezeitigten, nur in wenigen Fällen gut zu nennen; teilweise war er recht mäfsig, teilweise fehlte er überhaupt.

Den Bauunternehmern der Stadtbahn, auf die ich mich hier zu beschränken habe, war die Anordnung des Schildes freigestellt worden. Infolgedessen gelangten verschiedene Abarten zur Verwendung. Sie stimmten jedoch darin sämtlich überein, dafs sie sich in ihrer Form an den Chagnaudschen Halbschild anlehnten, ihre Wasserdruckpressen durch elektrisch betriebene Pumpen betätigt wurden und endlich ihr Anschaffungspreis sich durchweg recht hoch stellte. Die Tonne Durchschnittsgewicht kostete nach den mir gemachten Angaben 800 bis 900 ℳ, was einen Gesamtpreis des Schildes, je nach dessen Gewicht, von etwa 65000 bis 80000 ℳ ergibt.

Wo also der Schild auf kurzer Strecke in Benutzung blieb, und solches war verschiedentlich nur auf 40 m und noch weniger der Fall, da wurden die Baukosten für die Längeneinheit sehr ungünstig beeinflufst. In einem einzigen Falle brachte es ein Schild auf $^3/_4$ km, und dieser allein ergab einen wirtschaftlichen Nutzen. Es ist hierbei zu berücksichtigen, dafs seinen Beschaffungs- und Unterhaltungskosten gegenüber eine wesentliche Ersparnis erzielt wird durch den Fortfall der zeitraubenden kostspieligen Auszimmerung des Firststollens und der darnach auf den vollen Querschnitt ausgeweiteten oberen Tunnelhälfte. Auch bietet der Schildvortrieb den schätzenswerten Vorteil, dafs er den Tunnel freiläfst, wohingegen die Auszimmerung unter den schwer belasteten Strafsen einen Wald von Steifen, Streben usw. bildet, der den Verkehr hemmt und trotzdem nicht einen so sicheren Schutz für die Arbeiter usw. wie der Schildmantel bietet.

Wie schon angeführt, besteht der von der Stadtbahn durchzogene Untergrund, vornehmlich zu oberst, aus alter Anschüttung, die vereinzelt bis 15 m Mächtigkeit zeigt; darunter liegen Sand- und Kiesschichten mit zuweilen toniger Beimengung, Mergel- und Kalksteinschichten, zu denen im Stadtnorden und Osten noch Gipsbänke treten.

Bei der Linie Nr. 1 kam in den östlichen Strafsenzügen noch mehrfach altes, sehr festes Fundamentmauerwerk hinzu, das den Schildvortrieb natürlich erschwerte. Bei ihr

[1]) Raynald Legouëz, Emploi de bouclier dans la construction des souterrains. Paris 1897.

Fig. 202 bis 204. Halbschild nach Chagnaud für den Tunnelvortrieb.

Fig. 202.

Querschnitt des Schildes.

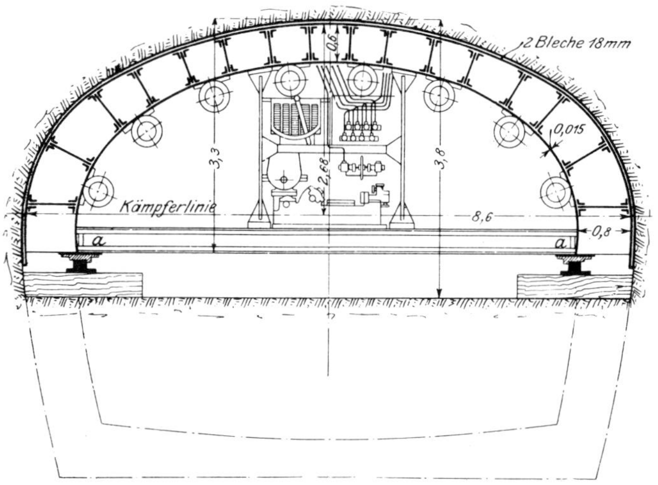

Fig. 203.

Längsschnitt. (Anordnung mit hängender Maurerbühne)

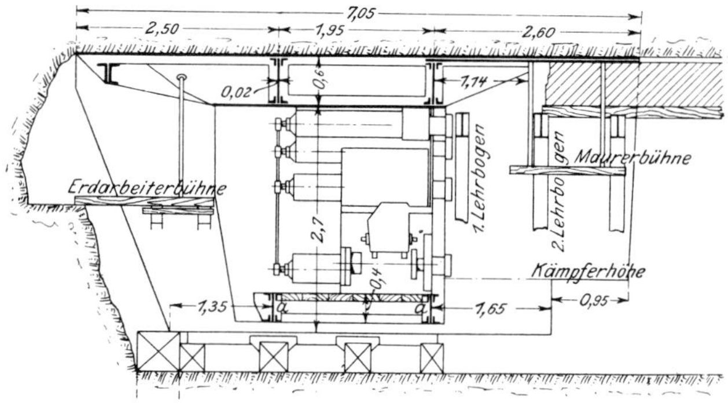

Fig. 204.

Längsschnitt. (Anordnung mit feststehender Maurerbühne)

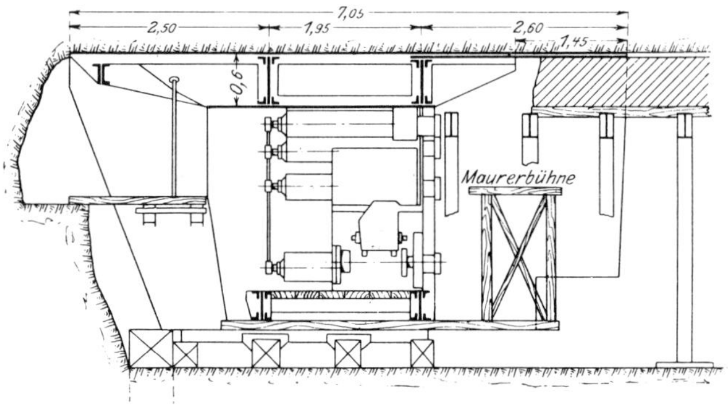

wie bei den Linien Nr. 2 und 3 liegt die Tunneldecke teils in der Anschüttung, teils in den Sanden und Mergeln; das Sohlengewölbe nebst den Widerlagern ruht meistens in letzteren. Grundwasser wurde nur beim Unterfahren der großen Abwässerkanäle, vergl. Fig. 5 und 140, sowie des Schiffahrtkanales St. Martin (Fig. 16) angetroffen.

Aus den benutzten elf Schilden sei hier der in Fig. 202 und 203[1]) wiedergegebene hervorgehoben und näher erläutert, da er im allgemeinen zufriedenstellend gearbeitet hat. Er kam in 4 Ausführungen zur Verwendung, worunter die beiden der Stadtverwaltung.

In der Hauptsache besteht dieser Halbschild aus 2 der elliptischen Form der Tunneldecke genau angepafsten, 1,95 m voneinander abstehenden I-Blechträgern, die durch 16 Längsträger ähnlichen Querschnittes verbunden und ausgesteift sind, und um die sich aufsen und innen je ein Blechmantel legt. Der innere davon ist oben 2,9 m, unten 2,7 m lang, während der äufsere, am hinteren Schildteil verdoppelte Mantel im Scheitel 7,05 m lang und nach unten auf 6,7 m verkürzt ist. Die beiden weit auskragenden Stirnenden sind durch je 16 kräftige Konsolen versteift.

Unten ist der Schild offen bis auf eine Betriebsbühne, die von zwei I-förmigen, im mittleren Teil an der Schilddecke aufgehängten Quersteifen getragen wird. Am inneren Mantel sitzen 8 Wasserdruckpressen von je 1 m Hub und 24 cm Dmr., auf der Bühne befinden sich eine dreizylindrige Druckpumpe mit einem 12 pferdigen Elektromotor nebst Zubehör und die 8 Absperrvorrichtungen der Prefswasserleitungen. Zur Beleuchtung dienen Glühlampen.

Der ganze Schild stützt sich mittels angeschraubter, an ihrer Innenseite mit Führungsleisten versehener Gleitplatten aus Stahlformgufs auf 2 Schienenstränge, die aus je 3 Stücken von 1 m Länge (gleich Pressenhub) bestehen und auf einer auf dem Erdboden verlegten Eichenholzunterlage ruhen. Die vorderen Schienen wurden gegen Längsverschiebung nach jedem Hube sorgfältig gesichert, soweit dies der Boden zuliefs.

Im vorderen Schildteil ist in der Mitte eine kleine Arbeitsbühne für die Erdarbeiter aufgehängt, im hinteren Teil eine solche für die Maurer. Beide Arbeitergruppen konnten somit unter dem Schutze des Schildmantels ihre Tätigkeit ausüben, was ein grofser Vorzug dieser Bauweise ist. Die Aufhängung der Maurerbühne an dem die Kragstützen um 1,45 m überragenden Mantelblech hat sich übrigens insofern nicht bewährt, als die Bühne nach jedem Vorschub losgenommen werden mufste, damit der vordere Lehrbogen für das Gewölbe aufgestellt werden konnte. Dieses Losnehmen und Wiedereinbauen verursachte unnötigen Zeitverlust. Die Bühne wurde deshalb in den beiden gleichgebauten Unternehmerschilden nach Art der Figur 204 durch eine feststehende Plattform ersetzt, die von einigen an der Betriebsbühne angebrachten Kraghölzern gestützt wurde.

Hatten die Erdarbeiter vorne durch Hacke und Schaufel eine entsprechende Oeffnung im Erdreich hergestellt, so traten die Pressen in Tätigkeit und schoben den Schild um 1 m vorwärts. Sie stützten sich hierbei nicht unmittelbar auf die Tunnelauskleidung, wie solches bei den englischen Rundschilden[1]) der Fall ist, sondern auf 30 eiserne Lehrbogen, die zugleich zur Herstellung des Deckengewölbes dienten und dieses in je 1 m Abstand trugen. Die Lehrgerüste waren sämtlich in der Achse der Pressen noch auf ihren beiden Seiten durch Blech- und besondere Druckstücke verstärkt, sowie durch $8 \times 29 = 232$ gufseiserne, in den letzteren gehaltene Hohlzylinder gegeneinander wirksam ausgesteift.

War der Schild um den Hub der Pressen (= 1 m) vorgeschoben, so wurde der letzte Lehrbogen in 2 Teilen losgenommen und vorn unter dem Schildmantel unmittelbar hinter den Prefszylindern, deren Kolben mittlerweile zurückgeholt waren, wieder aufgebaut und abgestützt. Nach erfolgter Aufmauerung des 1 m-Ringes sowie Berichtigung und Festlegung des Schienengleitweges konnte das Spiel der Pressen abermals beginnen. Ihr Druck wechselte mit der Bodenart.

Pressen und Pumpe waren für eine gesamte Druckäufserung von rd. 720 t bei 250 at Wasserpressung bemessen; im ungünstigsten Boden (harter Sand) mußte bei einem der Unternehmer-Schilde ein Druck bis zu 600 t ausgeübt werden, bei den Schilden des Stadtbauamtes war jedoch nur ein solcher von etwa 400 t erforderlich, der vereinzelt unter besonders günstigen Verhältnissen auf rd. 115 t sank, sich aber meistens

[1]) Fig. 202 bis 205 nach R. Philippe, Le bouclier. Paris 1900.

[1]) Troske, Londoner Untergrundbahnen, S. 84.

auf der mittleren Höhe von 210 t[1]) hielt, wobei die durchschnittliche Zeit eines Hubes 25 Minuten betrug.

Die Pressen waren, wie bei allen in Paris derzeit benutzten Schilden, mit Rückziehkolben versehen, um die Preßkolben nach beendetem Hub schnell und leicht in ihre Ruhestellung zurückführen zu können. Hier war nun die Neuerung getroffen, daß der Rückziehkolben nicht, wie sonst üblich, in einem besonderen Hülfszylinder außerhalb und seitlich des Hauptzylinders gelagert war, sondern innerhalb der hohlen Hauptkolbenstange. Ist diese Anordnung auch nicht so einfach bezüglich der Dichtungen usw., so vermeidet sie anderseits jegliches Klemmen der Prefskolben, das erfahrungsgemäfs bei der einseitigen Lage der Rückziehvorrichtung eintreten kann. Dieselbe Neuerung fand sich auch bei dem einen aus gleicher Fabrik stammenden Chagnaudschen Schilde der Orléans-Bahn.

Die Zahl der in einem Schilde verteilten Pressen ist naturgemäß von erheblichem Einfluß auf den Vortrieb. Je gröfser sie bei gleichem Gesamtdruck bemessen wird, desto günstiger stellt sich die Druckverteilung, und desto leichter und dabei genauer lassen sich gewollte Abweichungen aus der ursprünglichen Richtung sowie Krümmungen bewerkstelligen. Die Schilde z. B., die nur mit 4 Pressen arbeiteten, versagten bei diesem Bahnbau völlig, wie weiter unten dargelegt ist. In andern Ländern hat man dann auch die Halbschilde mit weit mehr Pressen ausgestattet. So besaß z. B. der beim Bau des 1900 begonnenen Unterwassertunnels in

Fig. 205.

Vortrieb des Schildes mit vorangehendem Sohlenstollen.

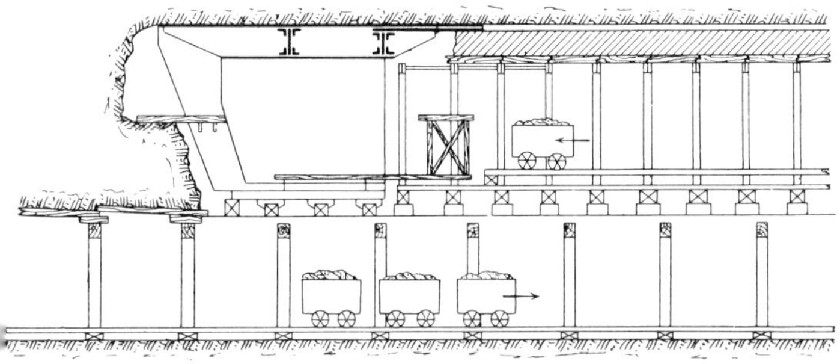

Boston mit Erfolg benutzte Schild ihrer nicht weniger als 18, die gleichmäßig mit nur 0,4 m Abstand über den Umfang verteilt waren und mit 220 at höchster Wasserpressung arbeiteten. Dabei war dieser halbkreisförmig gestaltete Schild im Querschnitt nur 120 mm breiter als der Stadtbahnschild der Figur 202, dessen 8 Pressen rd. 1,1 m Abstand hatten.

Die beiden städtischen Schilde wurden beiderseits der Stadtbahnstation am Nationalplatz in Betrieb gesetzt, der eine westwärts, der andere in östlicher Richtung. Auf beiden Abschnitten wurde ein verschiedenes Verfahren eingeschlagen. Auf dem einen liefs man dem Schilde und den 30 Lehrbogen einen bis auf die Ebene des Sohlengewölbes reichenden, etwa $2^{1}/_{4}$ m breiten Strossenschlitz nachfolgen und führte durch ihn die vorn im Schilde losgelösten Erdmassen ab, wobei ein recht praktisch durchgeführter Wagenwechsel unter dem Schilde und den Lehrbogen mittels zweier Gleise und Drehscheiben eingerichtet war, der die schnelle Abfuhr und das Abstürzen des Bodens in die in dem Strossenschlitz weiter rückwärts stehenden Transportwagen gestattete. In dem andern Bauabschnitt dagegen liefs man dem Schilde einen etwa 80 m langen Sohlenstollen vorangehen, der dann unter dem Schilde zum Sohlenschlitz ausgebildet wurde, Fig. 205. Er erleichterte nicht nur das Innehalten der Richtung, sondern ließ auch die vom Schild anzutreffenden Schichten frühzeitig erkennen. Vor allem beschleunigte er die Abfuhr des losgenommenen Erdreiches, indem die Arbeiter vorn im Schilde dieses gleich nach unten in die bereit stehenden Wagen fallen lassen konnten. Auch war der Raum unter dem Schilde nicht mehr durch die Gleise und Wagen beengt, und es hielten sich nicht so viele Personen in ihm auf, wie es bei dem Nachbarschilde notwendig war. Diese zweite Bauweise war daher in jeder Beziehung der ersten überlegen.

Beide Abschnitte stimmten aber wieder darin überein, dafs die Erdwagen durch den Strossenschlitz hindurch nach dem Vorbilde der 1894/97 in London erbauten Waterloo and City-Bahn mittels elektrischer Lokomotive (Oberleitung mit 220 V Spannung) nach einem doppelschaligen elektrisch betriebenen Aufzuge gefahren wurden, der sie auf eine etwa $2^{1}/_{2}$ m über Strafsenpflaster gelegene Holzbühne hob, von der aus sie ihren Inhalt in Strafsenkarren abstürzten. Dasselbe Abfuhrverfahren war auch auf dem Ostende des Nordringes im Gebrauch, während in dessen andern Abschnitten die Wagen durch Pferde zu den Aufzügen, deren Elektromotoren teilweise von der Stufenbahn der Weltausstellung stammten, geschleppt wurden. Die Pferdeställe waren in der Ecke einer bereits fertiggestellten Station untergebracht.

Die beiden obigen Abschnitte hatten übrigens auch das noch gemeinsam, dafs die Zufuhr der Baustoffe auf einem über dem Strossenschlitz auf Holzunterlagen ruhenden Gleise erfolgte; also oben Zufuhr, unten Abfuhr. Die Herstellung der Widerlager und des Sohlengewölbes ging später unter dem Schutze des Deckengewölbes vor sich.

Prüfen wir jetzt kurz die mit dem Schild erzielten Ergebnisse.

Nach Angabe hat der eine städtische Schild in 224 Tagen 747 m zurückgelegt. Rechnet man die Tage ab, an denen der Schildvortrieb ruhte, so wurden anfangs in 24 Stunden (Tag- und Nachtbetrieb) 3 m, später 4 m Vorschub erzielt.

Der zweite Schild legte in 130 Tagen 485 m zurück, was nach Abzug der Ruhepausen ebenfalls 4 m täglichen Baufortschritt ergibt. Die geringere Nutzlänge erklärt sich daraus, dafs dieser Schild zu spät von der Fabrik angeliefert wurde, weshalb das Stadtbauamt von dem andern Bahnende aus den Tunnel in gewöhnlicher Weise zu bauen angefangen hatte.

Die tägliche Baulänge von 4 m ist als eine befriedigende Leistung anzusprechen; mehr haben auch die Greathead-Schilde in dem für sie im allgemeinen vortrefflich geeigneten Londoner Untergrunde für gewöhnlich nicht geleistet[1]). Aber dieses Ergebnis wurde bei keinem der andern Stadtbahnschilde wieder erreicht. Schon die beiden andern, von Privatunternehmern benutzten Schilde ganz gleicher Bauart wie die städtischen verhielten sich weit ungünstiger. Der eine leistete in harten Sandschichten, in denen der Gesamtdruck der Pressen, wie schon erwähnt, auf mehr als 600 t gesteigert werden mußte, durchschnittlich immerhin 3,2 m in 24 Stunden und hat 322 m Tunnellänge erschlossen; der andere — in der Trocadéro-Abzweigung eingebaute — mußte trotz guten Baugrundes bereits nach wenigen Tagen aufgegeben werden, da er schlecht zusammengebaut war und mangelhaft geleitet wurde.

Auch die übrigen, in Einzelheiten und Abmessungen abweichend angeordneten Schilde zeitigten sämtlich trübe Ergebnisse. So wurden in dem der städtischen Baustrecke benachbarten Abschnitt in 46 Tagen nur 40 m Tunnel durch den Schild vorgetrieben, worauf der Unternehmer zur gewöhnlichen Stollen-Bauweise überging.

Unter den Champs-Elysées, dem in bezug auf Bodenbeschaffenheit günstigsten Abschnitt der ganzen Linie Nr. 1 (Erdaufschüttung in ganzer Gewölbehöhe, darunter Sand), legte der betreffende Schild in 135 Tagen 210 m zurück, d. s. durchschnittlich 1,55 m in 24 Stunden, während ein anderer vom Konkordienplatz vorgetriebener Schild in 88 m langem Lauf es kaum auf 0,6 m täglich brachte. Versuche, den Schild auf den zuvor fertiggestellten Widerlagern auf-

[1]) Zum Vordrücken des 3,5 m grofsen Greathead-Schildes der City and South London-Bahn genügte nach meinen Darlegungen in Z. 1892 S. 56 im Tonboden ein Gesamtdruck (6 Pressen) von nur 36 t. Anderseits hat der ebenfalls kreisrunde 2235 t schwere Schild des Blackwall-Themsetunnels, dessen Durchmesser 8,46 m betrug, einen Gesamtdruck (28 Pressen) von 2800 bis 4000 t erfordert.

[1]) Bei der Waterloo and City-Eisenbahn betrug der durchschnittliche Vortrieb des 4 m weiten Schildes 3 m in 24 Stunden (im Tonboden), beim Blackwall-Tunnel 3,81 m, während die Schilde des City-Tunnels es auf 5,45 m durchschnittlich brachten und vereinzelt sogar das Höchstmafs von 9,10 m in 24 Stunden erreicht haben.

lagern zu lassen und die aus Beton gefertigte Gewölbedecke als Widerlager für die Pressen zu benutzen, schlugen gänzlich fehl. Ueberall kehrten die Unternehmer zum alten Tunnelbauverfahren mittels Stollenvortriebes zurück.

In einem Hauptpunkte liefsen es alle Schilde, auch die beiden städtischen, fehlen: sie gaben Anlafs zu argen Senkungen des Strafsenpflasters, die mitunter so stark waren, dafs der Wagenverkehr an solchen Stellen gänzlich gestört wurde. Sie führten also gerade das herbei, was sie verhindern sollten. Wohl bemühte man sich, den unvermeidlichen Zwischenraum zwischen Gewölberücken und Erdreich, herrührend von der Dicke des Schildmantels und dem notwendigen Spielraum des Mauerwerkes, nach jedem Vorschub möglichst schnell mit Mörtel auszufüllen; allein man erzielte selbst durch die mit 3 bis $3^1/_2$ at Luftpressung arbeitende Greatheadsche Füllvorrichtung[1]) nur mangelhafte Ergebnisse. Der Mörtel verlor sich oftmals in Spalten und Hohlräumen und sammelte sich in solchen in zuweilen beträchtlicher Menge an, statt sich in dem etwa 7 cm hohen Zwischenraume abzulagern.

Dieser Fehlschlag im Schildvortrieb lag zum Teil begründet in den ungünstig gewählten Abmessungen mancher Schildmäntel, in mangelhaftem Zusammenbau, nicht genügend geschultem Personal, zum Teil auch in zu schwachem Widerlager für die Druckpressen, das einige Unternehmer aus Holz hergestellt hatten; teils lag er auch daran, dafs nicht Zeit vorhanden war, Abänderungen an den Schilden vorzunehmen. Die Bauzeit war den Unternehmern angesichts der nahenden Weltausstellung knapp bemessen, und für jeden Tag verspäteter Vollendung war ihnen vertragsgemäfs eine Strafe von 2000 frs auferlegt, während ihnen allerdings auch eine gleiche Summe als Belohnung für jeden Tag früherer Fertigstellung zufiel.

Jener Fehlschlag gab nun der Baubehörde Anlafs, nicht nur den Unternehmern der Linie Nr. 1 und ihrer beiden Abzweigungen nachträglich die gewöhnliche Tunnelbauweise zu gestatten, sondern auch schon bei Ausschreibung der Arbeiten für die Linie Nr. 2 Nord (Nordring) auf den Schildvortrieb vollständig zu verzichten. Letzterer ist damit wohl bis auf weiteres für die Stadtbahn zu Grabe getragen, abgesehen von der späteren Untertunnelung der Seine im Zuge der Linie Nr. 4 und 8. Seitdem wurden bezw. werden die Tunnelstrecken nach der sogenannten belgischen Bauweise hergestellt, wie sie in der ersten Hälfte des vorigen Jahrhunderts in Belgien und Frankreich ausgebildet worden ist. Ist sie auch vielfach in andern Ländern zur Anwendung gelangt, seit 1870 wiederholt auch in Deutschland (u. a. bei dem Marienthaler Tunnel der Westerwaldbahn), so ist sie meines Wissens für eine Stadtbahn doch erst jetzt zum erstenmal, und zwar in Paris, gewählt worden. Sie hat übrigens dort

Fig. 206.

Anordnung der Vortriebstollen.

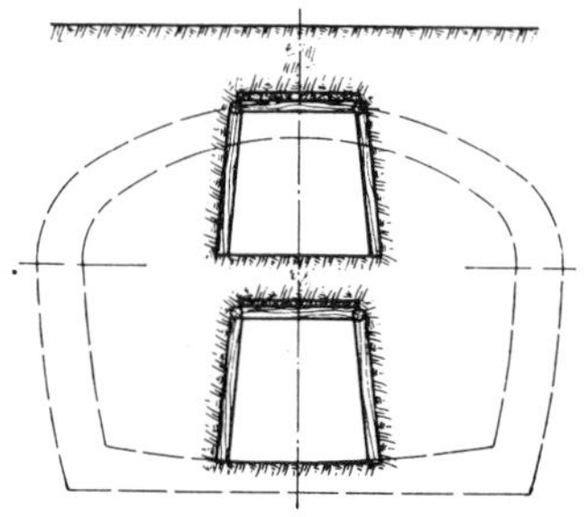

auch einige bemerkenswerte Abänderungen erfahren und sei darum hier kurz geschildert, wie ich sie unter wiederholter sachkundiger Führung unterhalb des Pariser Strafsenpflasters in den verschiedenen Bodenarten kennen gelernt habe.

Tunnelvortrieb nach belgisch-französischer Bauweise.

In gutem wie in schlechtem Baugrund, d. h. in festem, anstehendem wie in losem, nachstürzendem Erdreich, treibt man einen Richt- oder Firststollen von etwa $2^1/_4$ m Höhe und 2 m mittlerer Breite derartig vor, daß sein First in Höhe des Gewölbescheitels liegt, seine Sohle in derjenigen der Kämpfer.

[1]) Z. 1892 S. 56.

Fig. 207.

Streifenweise Aufweitung des Firststollens.

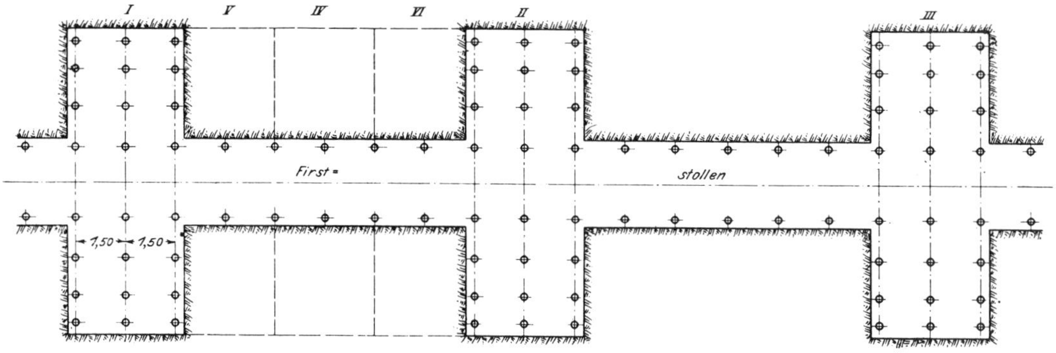

Fig. 208.

Auszimmerung des aufgeweiteten Firststollens.

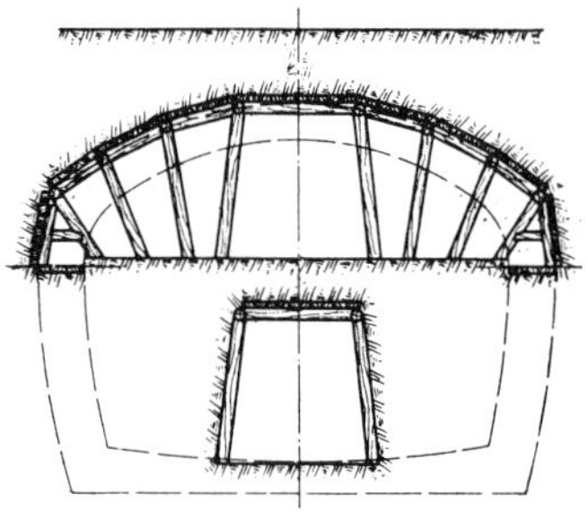

Fig. 209.

Abstützung des Lehrgerüstes und der Erddecke.

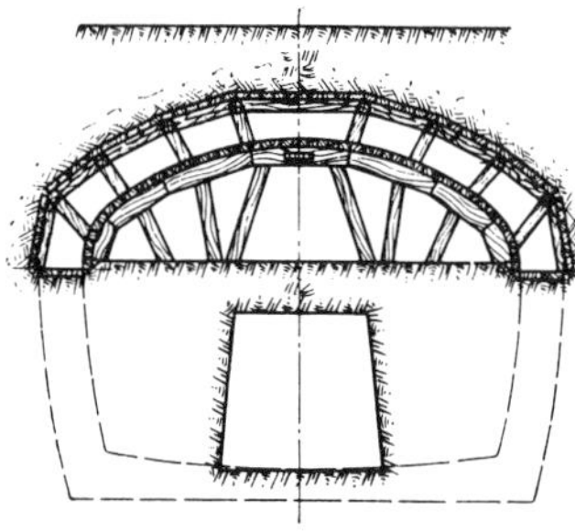

Fig. 210.

Fertiges Deckengewölbe.

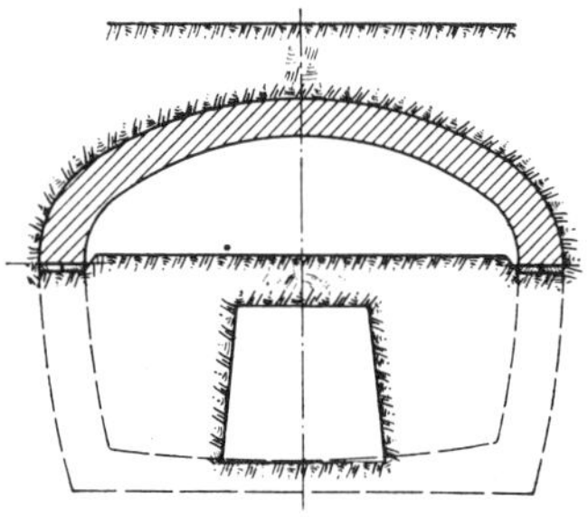

Ebenso wird in festem Boden senkrecht darunter ein gleich grofser Sohlenstollen angelegt, dessen Unterfläche in die Ebene des Sohlengewölbes fällt, vergl. die nach Handskizzen angefertigten Fig. 206 bis 215. Beide Stollen stehen in gewissen Abständen durch Oeffnungen in der sie trennenden Schicht miteinander in Verbindung. Der untere Stollen, der in der Regel dem oberen einige Meter vorauseilt, dient zur Abfuhr der oben losgelösten und durch die genannten Oeffnungen in die Transportwagen gestürzten Erd- und Gesteinmassen; der obere dient zur Anfuhr der Baustoffe.

Der Firststollen wird dann nach beiden Seiten bis zu den Kämpfern auf den vollen oberen Tunnelquerschnitt ausgeweitet und den schweren Strafsenlasten entsprechend ausgezimmert, und zwar nach Fig. 207 in einzelnen, je 3,5 m breiten und je 10,5 m von einander entfernten Streifen, deren fächerartige Verbölzung Fig. 208 andeutet. Darauf werden nach Fig. 209 die Lehrbogen für das Gewölbe aufgestellt und die Leibungsbohlen eingelegt. Das Gewölbe wird alsdann in diesen kurzen Längen oder Ringen aus Bruchsteinen in Zementmörtel geschlagen, wobei unter die Kämpfer etwa 4 cm dicke Bohlen gelegt und die Erdmassen über den Leibungsbohlen durch besondere Holzsteifen gegen die letzteren abgestützt werden. Nunmehr werden die stehen gebliebenen Erdstreifen in der in Fig. 207 durch die Ziffern IV bis VI angegebenen Reihenfolge nacheinander aufgeweitet und auch in ihnen die Gewölberinge eingebaut. Nach Abbinden des Zementes wird das Lehrgerüst nebst der Auszimmerung entfernt, so daß das Gewölbe sich mit den Kämpferbohlen unmittelbar auf das Erdreich stützt, Fig. 210.

Unter seinem Schutze werden nunmehr alle weite-

Fig. 211.

Fortnahme der mittleren Strosse.

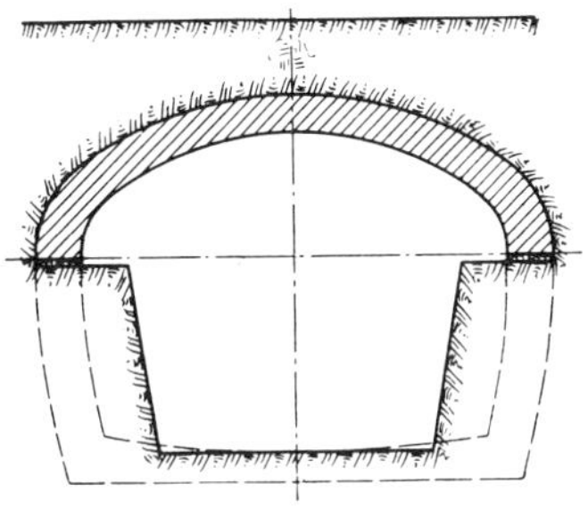

Fig. 212.

Streifenweise Fortnahme der Seitenstrosse.

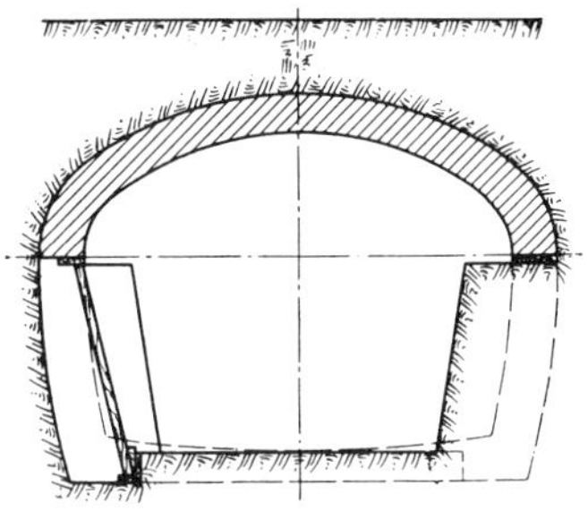

Fig. 213.

Herstellung der Betonwiderlager.

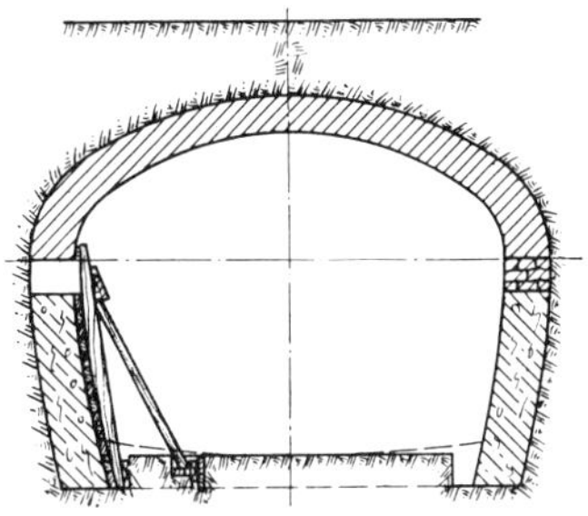

Fig. 214.

Streifenweiser Einbau der Widerlager.

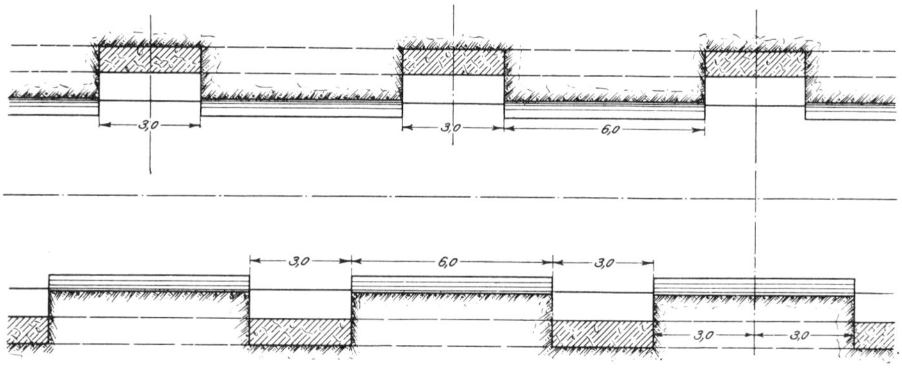

Fig. 215.

Einbau des Sohlengewölbes (aus Beton).

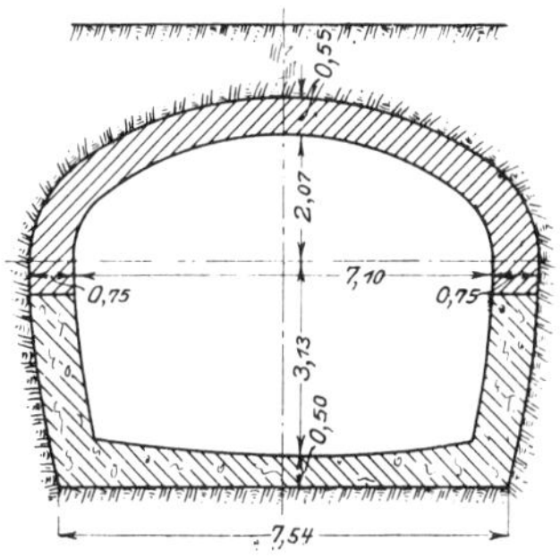

Fig. 216.

Ansicht des Tunnelinnern nach Fortnahme der Decke des Sohlenstollens.

Fig. 217.

Ansicht des Tunnelinnern nach Fortnahme der Mittelstrosse.

ren unterirdischen Arbeiten ausgeführt, wie Herstellung der Widerlager, Fortnahme des mittleren Erdkernes, der Strosse, Einbau des Sohlengewölbes und Anbringung des Zementüberzuges.

Die beiden ersteren Arbeiten müssen aber in verschiedener Weise vorgenommen werden, je nachdem der Baugrund gut oder schlecht ist. Sie seien hier getrennt angedeutet.

Fig. 218.

Streifenweise Fortnahme der Seitenstrosse in schlechtem Boden.

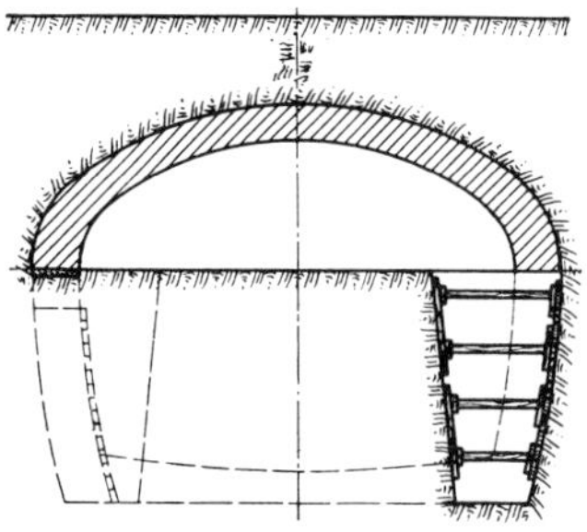

Fig. 219.

Streifenweiser Einbau der Widerlager in schlechtem Boden.

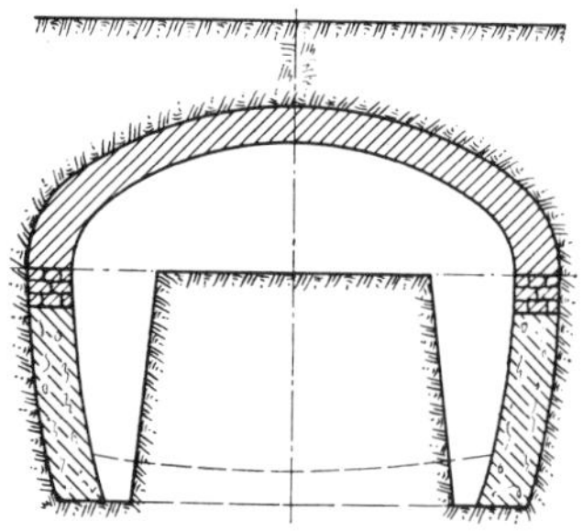

Gegenüber einem schon abgebundenen Widerlagerstreifen wird nun ein neuer 3 m breiter Erdschlitz ausgehoben, der Raum mit Beton ausgefüllt und so unter steter Beachtung des Streifenwechsels auf beiden Seiten fortgefahren, bis schliefslich die Widerlager fortlaufend fertiggestellt sind.

Auf der Linie Nr. 1 sind die Schlitze verschiedentlich je nach der Bodenbeschaffenheit in Breiten

Fig. 220.

Bau des zweigleisigen Doppeltunnels am Ostende der Nordringstation Place de la Nation. Ansicht gegen die Porte de Vincennes. Aufgenommen am 12. Februar 1902.

a) Guter Baugrund.

In gutem Boden wird zunächst die Decke des Sohlenstollens beseitigt und der so geschaffene $2^{1}/_{2}$ m breite Strossenschlitz auf etwa 5 bis $5^{1}/_{2}$ m erweitert, Fig. 211. Nun werden in je 9 m Abstand 3 m breite Schlitze unter den Kämpfern bis zur Tunnelsohle herab ausgehoben, wobei diese Schlitze zur Sicherung des Gewölbes auf beiden Längsseiten regelrecht gegeneinander versetzt werden, wie dies Fig. 212 bis 214 erkennen lassen. Die auf 3 m freigelegte Kämpferstrecke wurde hierbei zuweilen nicht wieder unterstützt, wie ich verschiedentlich beobachtet habe, sondern trug sich frei, was bei dem verwendeten ausgezeichneten Bruchstein statthaft war; an manchen Baustellen wurde sie durch einfache Streben abgesteift, Fig. 138. Wird für die Widerlager Beton genommen, was die Regel bildet, während Bruchsteinmauerwerk die Ausnahme ist, so wird an jedem Schlitz die Verschalung eingerüstet und hinter ihr der Beton bis auf etwa 40 cm Abstand von den Kämpfern eingebracht, worauf der Zwischenraum mit Bruchsteinmauerwerk scharf ausgefüllt wird.

von $1^{1}/_{2}$, 2, 3, 4 und 6 m ausgehoben worden, wobei natürlich stets zu Anfang zwischen je zwei aufeinander folgenden Schlitzen ein Erdkern von doppelter Schlitzbreite belassen wurde; es hat sich jedoch das Mafs von 3 m als das zweckmäfsigere ergeben und ist daher auf dem Nordring usw. allgemein zur Anwendung gekommen. Nach Vollendung der Widerlager wird schliefslich das Sohlengewölbe in Beton hergestellt, Fig. 215.

Die Figuren 216 und 217 veranschaulichen zwei der vorgenannten Bauabschnitte nach photographischen Aufnahmen der Bauleitung und nach freundlichst zur Verfügung gestellten Bildstöcken des Génie Civil, und zwar zeigt erstere Figur das Tunnelinnere nach Durchschlag der Trennwand zwischen First- und Sohlenstollen, die andere dasselbe nach Fortnahme des mittleren Strossenkernes.

Fig. 213 zeigt die Art der Verschalung für die Betonwiderlager, wie ich sie an Ort und Stelle aufgenommen habe. Man verwendet hierbei teils entsprechend geschnittene Hölzer, teils gebogene I- und Π-Eisen.

b) Schlechter Baugrund.

Anders gestaltet sich nun die Sache in schlechtem Boden. Hier hebt man nach Fig. 218 und 219 unterhalb der Kämpfer unter Belassung des mittleren Erdkernes je 3 m lange und etwa 1,5 m breite Gruben aus, steift sie ab und führt in ihnen das Betonwiderlager auf. Natürlich sind auch hier die Gruben beider Seiten stets gegeneinander versetzt. Sind so nach und nach die Widerlager auf eine gewisse Länge fertiggestellt und die Kämpfer abgefangen, so wird die Strosse fortgenommen und das Sohlengewölbe geschlagen.

Nach Abrüstung der Gewölbdecke trat die Mörtel-Einspritzvorrichtung in Tätigkeit, um zur Vermeidung späterer Strafsensenkungen alle etwaigen Hohlräume über der Decke mit Zementmörtel unter Druck auszufüllen und etwa über dem Gewölbe zurückgelassenes Holz damit tunlichst einzuhüllen.

Zu dem Zweck wurden in die Tunneldecke entsprechend verteilte Tonröhren von etwa 35 mm Weite eingemauert, vgl. Fig. 139, durch die mittels des Druckschlauches der flüssige Mörtel eingeführt wurde. Die Einspritzvorrichtung war die Greatheadsche, wie sie von mir in Z. 1892 S. 56 beschrieben worden ist. Entweder werden die mit etwa $3^1/_2$ at Pressung arbeitende zweistieflige Luftdruckpumpe und das Rührwerk von Hand bewegt, oder wie im westlichen Abschnitt des Nordringes elektrisch. An letzterer Baustelle erfolgten die Einspritzungen erst nach Fortnahme der Strosse. Es mufste deshalb ein auf einem Schienengleis von 60 cm Spur fahrbares Holzgerüst benutzt werden, das ähnlich den bei Oberleitungsarbeiten der Strafsenbahnen verwendeten Fahrgerüsten oben eine Plattform für die Arbeiter besafs, und aufserdem unten eine Bühne für die Pumpe, den Elektromotor und den Mörtelbehälter. Die Flügelwelle des letzteren wird mit Hülfe eines Riemens ebenfalls vom Elektromotor angetrieben.

Im Tagebau sind nur ganz vereinzelt Tunnelstrecken ausgeführt worden, so u. a. auf der allerdings sehr geräumigen Place de la Nation, wo nach früherem eine Reihe besonderer Kunstbauten anzulegen war. Fig. 220 gibt eine Ansicht der Ostecke dieses Bauplatzes wieder, in der hinter der gleichnamigen Station ein teilweis stufenartig erweiterter Doppeltunnel einzubauen war; vgl. hierzu Fig. 8. Nach den beiden in letzterer Figur eingezeichneten Säulensockeln läfst sich die Figur 220 leicht orientieren.

Bau der Tunnelstationen.

a) Untergrundstationen mit Gewölbedecke.

Bei den Stationen verbot sich der Schildvortrieb ohne weiteres durch ihre grofse Breite (18,14 m) und geringe Baulänge (78 m). Sie sind daher auch schon auf der Linie Nr. 1 von vornherein entweder gänzlich unterirdisch oder teilweise unterirdisch und teilweise im Tagebau hergestellt worden. Im ersteren Falle wurden im Gegensatz zu der Tunnelstrecke zunächst die Widerlager und sodann erst die Gewölbedecke hergestellt, unter deren Schutz wiederum die übrigen Arbeiten vorgenommen werden konnten. Die Aufweitung des Firststollens auf vollen oberen Querschnitt wurde im allgemeinen auch hier nicht auf einmal in ganzer Stationslänge durchgeführt, sondern in 2,5 bis 4 m langen Streifen oder Ringen, zwischen denen zunächst breite Streifen Erdreich belassen wurden. Darnach erfolgte auf die Länge dieser Streifen die Ausschachtung für die Widerlager. Während dann in den zuerst vollzogenen Ausweitungen die Lehrbögen aufgestellt und nun zuerst die Widerlager aufgemauert und darnach die Gewölberinge eingeschlagen wurden, weitete man an den Zwischenstellen in ähnlicher Weise und Reihenfolge, wie es Fig. 207 für die Strecke erläutert, andere Streifen aus.

Die Figuren 221 bis 225 veranschaulichen diese 5 Bauvorgänge in ihrer Reihenfolge:

1) Richtstollenvortrieb, Fig. 221,
2) Aufweitung für das Deckengewölbe, Fig. 222,
3) Ausschachtung und Verbölzung für die beiderseitigen Widerlager, Fig. 223,
4) Aufmauerung der Widerlager, Fig. 224,
5) » des Deckengewölbes, Fig. 225.

Hieran schließt sich dann in weiterer Folge an:

6) Beseitigung der Mittelstrosse, Fig. 226,
7) Einziehen des Sohlengewölbes, Fig. 227,
8) Einbau der Bahnsteige und Anbringung des inneren Zementbezuges, Fig. 228.

Die Art der Bauausführung war den Unternehmern freigestellt; sie weicht daher bei verschiedenen Stationen von der vorstehend angedeuteten regelrechten Bauweise ab. So sind z. B. die Stationen Marbeuf und Rue d'Obligado (Linie Nr. 1) in der nach Hervieu a. a. O. durch die Figuren 229 bis 234 erläuterten bemerkenswerten Art erbaut. Hier hat man zunächst 3 Parallelstollen vorgetrieben, Fig. 229; während dann in den beiden äußeren die Widerlager aufgemauert wurden, legte man über dem Mittelstollen einen Firststollen an, Fig. 230. Nach Aufweiten des letzteren, Fig. 231, und Einbringen der Lehrbogen für die Tunneldecke wurde letztere aufgemauert und gleichzeitig für den fortgefallenen

Fig. 221 bis 228. Regelrechter Bauvorgang für eine Tunnelstation.

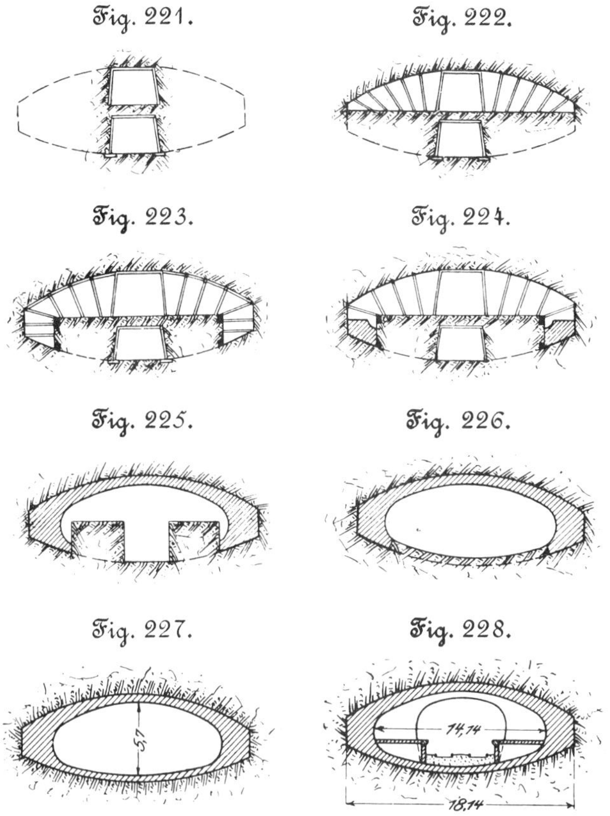

Firststollen ein Sohlenstollen angelegt, Fig. 232, der vornehmlich zur Abfuhr der oberen Strosse diente, Fig. 233. War der Erdkern gänzlich beseitigt, Fig. 234, so griffen die schon durch die Figuren 227 und 228 gekennzeichneten Vollendungsarbeiten Platz. Bei diesem Verfahren sind sonach 5 Stollen zur Anwendung gekommen; von den drei in der Mittelachse liegenden waren jedoch stets nur zwei gleichzeitig vorhanden.

Auf dem Nordring wiederum ist die Station Place Victor Hugo in gänzlich anderer Weise hergestellt worden. Nach Herrichtung ihrer Widerlager (aus Beton) mittels zweier Längsstollen wurde das Deckengewölbe nach und nach in 6 stufenförmig nebeneinander geschalteten Längsgalerien in einzelnen Längsstreifen aufgemauert. Beiderseits der Tunnelachse war in je einer Galerie ein Transportgleis verlegt, das mit fortschreitendem Gewölbebau in eine neue Galerie nachgenommen wurde. Die Figuren 235 bis 237 geben 3 Abschnitte dieser jedenfalls eigenartigen Ausführungsweise wieder.

War für diese unterirdische Bauausführung nicht eine genügend dicke Bodenschicht über dem Deckengewölbe vorhanden, oder war das Erdreich zu locker, so führte man nur die Widerlager in vorgetriebenen Seitenstollen unterirdisch auf, legte aber die Decke im offenen Tagebau ein, stellte die Strafse wieder her und beseitigte nun unterirdisch die Strosse, schlug das Sohlengewölbe und brachte den inneren Zementüberzug an. Für das Steingewölbe benutzte man hierbei den Erdkern (Strosse) als Lehrbogen, der zu dem Zwecke elliptisch abgerundet und durch einen 3 cm starken Gipsüberzug geglättet wurde. In solcher Weise ist z. B. die ganz in einer 200 m-Krümmung liegende Station am Nationalplatz (Linie Nr. 1) hergestellt worden. Auf den Gipsbelag wurden unmittelbar die weifsemaillierten Ziegel im Verband verlegt und darüber das übrige Deckenmauerwerk. An dieser Stelle gestatteten die örtlichen Verhältnisse neben dem Einbau der Widerlager in offenen Gruben die Herstellung des Gewölbes in ganzer Breite.

In den Strafsen war das jedoch nicht angängig. Hier wurde zunächst, wie z. B. bei den Stationen St. Paul, Rue de Reuilly (Linie Nr. 1) oder Rue Boissière (Südring) die eine Hälfte des Strafsendammes freigelegt, das Erdreich als Lehrbogen hergerichtet, die halbe Tunneldecke aufgemauert

Fig. 229 bis 234. Bauvorgang für die Stationen Marbeuf und Rue d'Obligado (Linie Nr. 1).

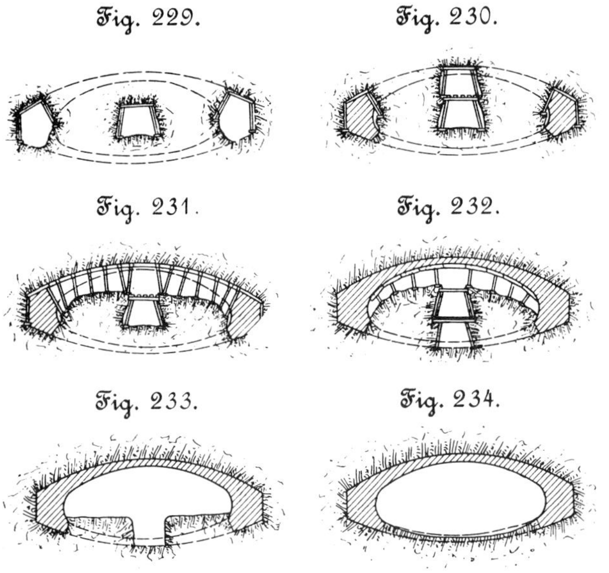

und dann der Fahrdamm neu hergerichtet, worauf die andere Strafsen- bezw. Gewölbehälfte in Angriff genommen wurde.

Eine Ausnahme machte lediglich die Station Châtelet (Linie Nr. 1). Diese mußte in ziemlich lockerer Aufschüttung und mit ihrem Scheitel fast 3 m tief unter Straßenkrone angelegt werden, wobei ihre Widerlager nach Fig. 238 unter die Bürgersteige fielen. Hier war die Freilegung des Erdkernes in ganzer Deckenbreite geboten. In der Straßenmitte lag der früher schon erörterte Rivolikanal, vergl. auch Fig. 133 bis 139, den man zuvor durch zwei bis dicht an die beiderseitigen Häuserfundamente gerückte schmale Einzelkanäle ersetzt hatte. Mit den beiden Widerlagerstollen durch Querschläge in Verbindung gebracht und mit einem 40 cm-Schmalspurgleis in ganzer Länge ausgestattet, leistete er auch hier als Materialstollen vortreffliche Dienste.

Die Station fand zwischen den beiden Abwässerkanälen nur eben Platz, was im Verein mit dem schlechten Baugrunde eine besondere Absteifung der über den Widerlagern liegenden Bürgersteige wie überhaupt die größte Sorgfalt bei allen Arbeiten erheischte.

Um den Wagenverkehr möglichst wenig zu stören, wurde die 78 m lange Stationsdecke gemäß Fig. 239 von der Mitte aus nach beiden Stirnenden hin in etwa 3 m langen Ringen ausgeführt und der Bau mit solchem Nachdruck betrieben, daß in 17 Tagen das Gewölbe vollendet und der Fahrdamm darüber wieder benutzbar war, trotzdem rd. 1000 cbm Mauerwerk einzubringen und mehr als das Dreifache davon an Bodenmasse auszuschachten waren.

Auch das im Abschnitt III unter den besonderen Bauwerken genannte 18,20 m weite Gewölbe am Anfang der Porte Dauphine-Schleife (Fig. 109) ist in ähnlicher Weise erbaut worden, und zwar in 3 Längsstreifen, um den Strafsenverkehr möglichst wenig zu behindern.

Diese Art der Gewölbeherstellung ist bekanntlich schon 1828 beim Tunnel des Schiffahrtkanales Brüssel-Charleroi zur Anwendung gebracht worden, als in dem angetroffenen »schwimmenden« Gebirge die damals üblichen Tunnelbauweisen versagten.

In Paris ist sie in den Jahren 1893/94 auf der Untergrundstrecke der Sceaux-Bahn, Fig. 154 und 155, gewählt worden. Bei dieser lag ein Teil der Neubaustrecke so nahe dem Strafsenpflaster, dafs die unterirdische Bauweise nicht angängig war. Man hat damals das Gewölbe in zwei möglichst langen Längsstreifen nach einander zur Ausführung gebracht; an einer Stelle beispielsweise in einer solchen von 600 m. Die Ingenieure waren aufgrund eingehender Vergleiche zu diesem Verfahren veranlafst worden, weil es sich mindestens um 40 vH billiger stellte als die Eisendecke mit dazwischen gespannten Kappen, und weil es vor allem erheblich schnellere Vollendung gewährleistete und den Strafsenverkehr nicht unterband.

Fig. 235 bis 237.

Drei Abschnitte des Bauvorganges für die Station Victor Hugo.

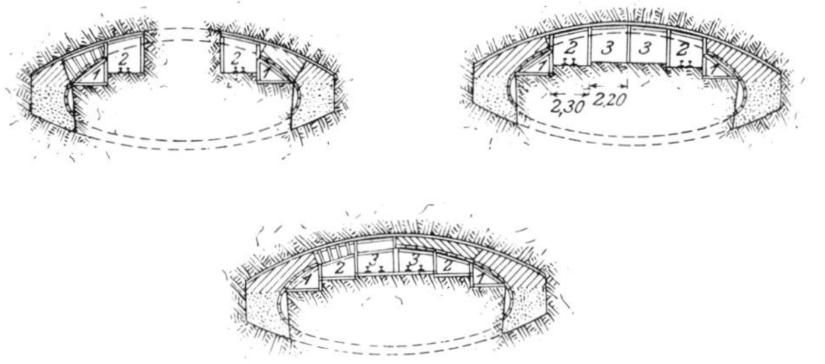

Zufolge dieser guten Ergebnisse wurde jene Bauweise dann auch bei den verschiedenen Stadtbahnstationen der im Jahre 1899 bis 1900 erbauten Strecken gewählt. Bei den Linien Nr. 2 und 3 konnten die Untergrundstationen mit wenigen, eine Eisenträgerdecke erfordernden Ausnahmen gänzlich unterirdisch eingedeckt werden. — Uebrigens ist auch der in scharfer Gleiskrümmung liegende und nach der Rue Saint-Antoine einschwenkende Tunnelabschnitt westlich der Station Bastilleplatz (Fig. 23), der sich bis auf 0,8 m den Häusern nähert, mittels Erdbogens eingewölbt worden. Hier zwang der kleine Krümmungshalbmesser (= 50 m) der Bahnachse trotz des dadurch gestörten Strafsenverkehrs zur Freilegung des Erdbogens in ganzer Tunnelbreite, nachdem zuvor die Widerlager im Stollenvertrieb hergestellt waren.

b) Untergrundstationen mit Eisenträgerdecke.

Wo bei den Stationen die Eisenträgerdecke (Fig. 55) zur Anwendung kommen mufste, wurden die Widerlager in der Regel unterirdisch und die Tunneldecke im Tagebau hergestellt. Unter dem Schutze der wieder überpflasterten Decke wurde dann später die Strosse fortgenommen und das Sohlengewölbe eingezogen. Beim Bau der Linie Nr. 1 bestand für diese Stationen anfangs die Vorschrift, dafs die Strafse von 6 Uhr morgens bis 8 Uhr abends in ihrer ganzen Breite für den Verkehr freizuhalten war; während der Nacht durfte er nur auf eine Länge von 10 m unterbunden sein. Notgedrungen hat man im Interesse schnelleren Baufortschrittes den Unternehmern Erleichterungen zugestehen müssen.

Fig. 238.

Bau der Station Châtelet.

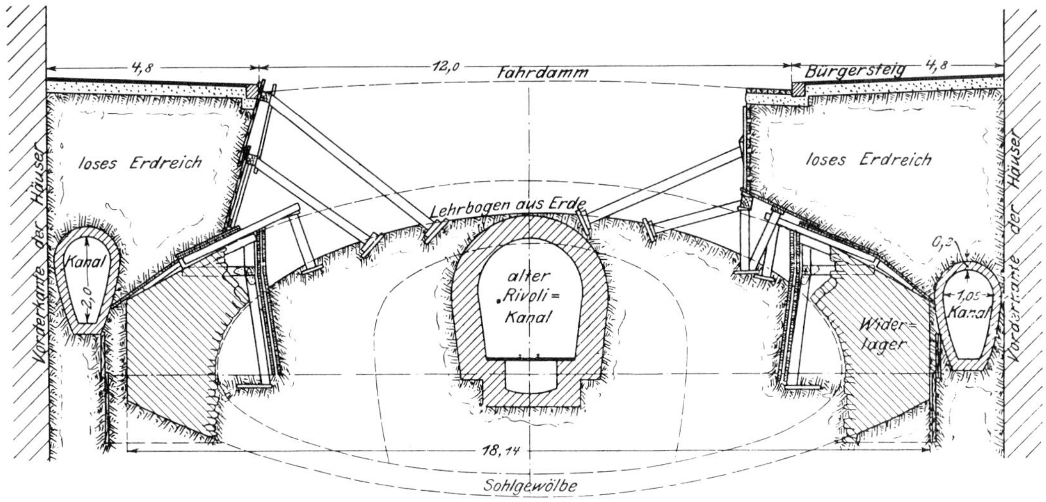

Fig. 240 zeigt eine derartige Station des Nordrings in der Bauausführung. Die Fahrstrafse ist hier auf etwa 100 m Länge vollständig für den Verkehr gesperrt.

Entwässerung.

Die Tunnelarbeiten sind durch Grundwasser nur wenig behelligt worden. An den vereinzelten Stellen, wo sich solches zeigte, wurde zunächst ein Brunnen bis zur Tiefe des Sohlengewölbes getrieben, aus dem eine Pumpe das Wasser schöpfte. Der stärkste Wasserandrang auf der Linie Nr. 1,

Fig. 239.

Einbau des Deckengewölbes der Station Châtelet.

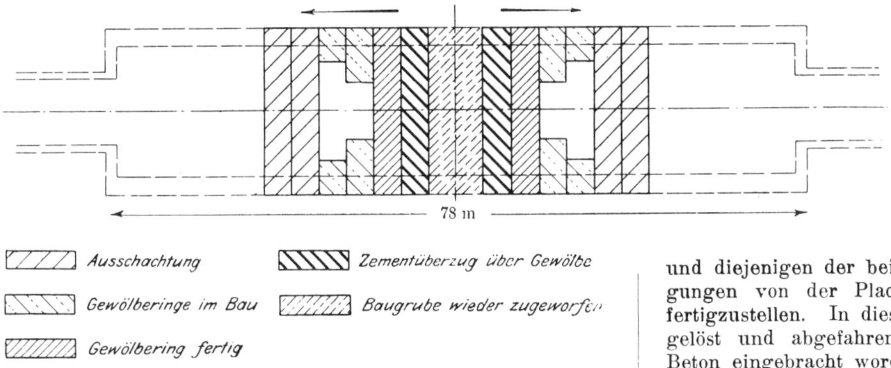

die an den Kreuzungsstellen mit den grofsen Sammelkanälen in das Grundwasser taucht, hat 20 ltr/sk nicht überschritten. Auf der ganzen von mir begangenen 10 km langen Baustrecke des Nordringes habe ich nur an 3 Stellen ganz unbedeutenden Wasserandrang bemerkt; gleich günstige Verhältnisse lagen auch bei der Linie Nr. 2 Süd und Nr. 3 vor.

Bodenaushub.

Im allgemeinen lagert die Tunneldecke in alter Aufschüttung oder in Sanden; die Widerlager nebst Sohlengewölbe liegen zuweilen gleichfalls in diesen, häufiger jedoch in den Mergeln oder den Gipsen; vereinzelt ragt auch wohl das Deckengewölbe in die letzteren Gesteinschichten hinein. Im mittleren Stadtgebiete, zwischen der Place de la Bastille und dem Palais Royal (Linie Nr. 1), desgleichen zwischen der Oper und dem Conservatoire des Arts et Métiers (Linie Nr. 3) ist der früher kurz beschriebene Untergrund mehrfach von altem Gemäuer durchsetzt. So haben z. B. auf der 1,3 km langen Strecke westlich der Station Châtelet rd. 12 000 cbm derartiges Mauerwerk losgebrochen werden müssen.

Die Festigkeit des Erdreiches war jedoch auf der Linie Nr. 1 überall derartig, dafs die Spitzhacke zum Lösen genügte und Sprengungen entbehrlich waren.

An einigen Punkten des Nordringes dagegen zwangen harte Gipsbänke zur Anwendung von Sprengmitteln. Die Bohrlöcher wurden von Hand niedergetrieben. Der Besatz war natürlich wegen der Strafsennähe schwach.

Programmgemäfs sollten die unterirdischen Baustellen der Linie Nr. 1 und ihre beiden Abzweigungen an der Place de l'Etoile nur je einen Strafsenzugang in jedem der 11 Baulose besitzen, um nicht den Verkehr zu sehr zu behindern. Als jedoch die Schilde fast überall versagten und abgebrochen werden mufsten, wobei meistens der Aufsenmantel im Untergrund belassen wurde, sah sich die Stadtbehörde im Interesse der rechtzeitigen Vollendung der Bahnlinie gezwungen, nach und nach noch 22 derartige Zugänge zuzulassen, so dafs schliefslich ihrer 33 vorhanden waren. Dank dieser Mafsregel gelang es, die Bauarbeiten der 10,57 km langen Linie Nr. 1 in 17 Monaten durchzuführen und diejenigen der beiden insgesamt 3,43 km langen Abzweigungen von der Place de l'Etoile wenige Monate darnach fertigzustellen. In dieser Zeit sind 850 000 cbm Erdreich losgelöst und abgefahren sowie 310 000 cbm Mauerwerk und Beton eingebracht worden, eine auf jeden Fall tüchtige Leistung in Anbetracht der schwierigen Verhältnisse in und unter den zumeist sehr verkehrreichen Strafsen.

Diejenigen Bauabschnitte, die durch Hülfsstollen bedient oder vom Kanal St. Martin gekreuzt wurden, waren in bezug auf Beseitigung der ausgehobenen Erdmassen sehr günstig gestellt, im Gegensatz zu den übrigen, von denen die Erde mittels Pferdekarren, vereinzelt auch, wie an der Place de l'Etoile, mittels Strafsenbahnlokomotive durch die Strafsen abzuführen war.

Die wichtigeren oberirdischen Arbeitstellen waren mit den Hülfsmaschinen zur Erzeugung des elektrischen Stromes für die Lampen, Aufzüge sowie anfangs für den Schildbetrieb usw. ausgestattet, ferner mit einer Schmiede und Speichern für Zement usw. In dieser Hinsicht war namentlich der i. J. 1899/1900 benutzte städtische Bauplatz an der Place de la Nation bemerkenswert. Hier waren 4 Gaskraftmaschinen — darunter eine Ottosche — von zusammen 180 PS aufgestellt, die durch Riemen ebenso viele Dynamos abwechselnd antrieben. Zur Beleuchtung der 1800 m langen Tunnelstrecke und Arbeitstelle dienten 400 Glühlampen von 10 und 16 NK, die in der ersteren in je 10 m Abstand aufgehängt waren. Die Beleuchtung war übrigens an allen Tunnelabschnitten reichlich, und die Baustellen machten unter der bereits abgerüsteten Gewölbedecke einen recht behaglichen Eindruck, grundverschieden von demjenigen sonstiger unterirdischer Arbeitstätten. Die Luft liefs nur in den oberen ausgezimmerten Tunnelquerschnitten, in denen es eng und niedrig war, etwas zu wünschen übrig; da, wo die Decke freigelegt oder gar schon die Strosse fortgenommen war, war sie gut und kühl.

Baustoffe.

Wie schon angedeutet, sind auf der Untergrundstrecke in der Regel die Deckengewölbe aus Bruchsteinen, die Widerlager nebst Sohlengewölbe aus Beton hergestellt.

Zu dem Bruchsteinmauerwerk wird ein vorzüglicher bräunlicher Quarzstein (meulière) verwendet, der in der Umgegend von Paris gewonnen wird. Er zeichnet sich durch Härte und Zähigkeit aus, ist dabei von vielen kleinen Poren durchsetzt und daher leicht, was ihn gerade für den Gewölbebau in hohem Grade geeignet macht. Zum Verlegen erfordert er keine andere Vorbereitung als einfaches Annässen. Der Mörtel haftet besonders gut an ihm, so dafs die Lehrbogen früher abgerüstet werden können als bei andern Gesteinarten. Es ist dies bei eiligen Arbeiten von Wert. Bei den Pariser Abwässerkanälen, die meistens auch aus diesem Quarzitgestein erbaut sind, wurden die Lehrbogen oft schon nach wenigen Stunden losgenommen. Bei der Stadtbahn ist für alles Bruchsteinmauerwerk grundsätzlich Zementmörtel (Schlakken- oder Portlandzement) vorgeschrieben, wobei auf 1 cbm gesiebten Sand 350 kg Schlacken- oder 300 kg Portlandzement zu nehmen sind.

Der Beton ist aus 8 Raumteilen Bruchkiesel und 5,5 Raumteilen Zementmörtel zusammengesetzt, letzterer aus je 1 cbm Flufssand und je 400 kg Portland- oder 500 kg Schlackenzement. Er wurde von Hand, vereinzelt auch durch Maschinen zubereitet.

2) Hochbahn.

Die Hochbahnstrecken liegen, wie früher erörtert, auf dem Nord- und Südring sowie der Linie Nr. 5 und haben insgesamt rd. 8,1 km Länge, was 10,7 vH des ganzen Stadtbahnnetzes ausmacht. Tunlichst sind sie in die Mittelpromenade der Boulevards gelegt worden, so daß ihr Aufbau den Straßenverkehr im allgemeinen wenig störte. In solchem Fall wurden die Hauptträger in den Eisenwerken und Brückenbauanstalten vollständig zusammengesetzt und in möglichst großen, durch den Transport begrenzten Teilen fertig genietet. Die einzelnen Stücke wurden dann auf dem Mittelwege der Boulevards zusammengenietet und jeder Träger durch zwei Portalkrane auf die Säulen und Pfeiler gehoben, Fig. 241, wobei der eine Träger auf seine endgültigen Auflager, der andere auf Winden gestellt wurde. Letztere waren zwecks bequemeren Einbringens der Querträger etwas weiter nach außen gesetzt, als die Trägerentfernung bedingte; mit ihrer Hülfe wurde schließlich der Hauptträger an die Querträger herangeschoben und nun alles vernietet. Die Straßentransporte der größeren Trägerstücke vollzogen sich teilweise während der Nachtzeit.

An Straßenkreuzungen mit lebhafterem Verkehr mußten naturgemäß feststehende Gerüste für den Aufbau zuhülfe genommen werden, wie dies Fig. 242 für eine 35 m weit gespannte Ueberbrückung andeutet. Die hier die Stadtbahnlinie kreuzenden Straßenbahngleise sind durch ein dichtes Bohlendach gesichert worden.

Im Interesse der Anwohner war weitestgehende Anwendung mechanischer Nietung vorgeschrieben. Sie wurde durch bewegliche Wasserdrucknieter, die mit 125 at Wasserpressung

Fig. 240.

Bau der Station Rue de Rome (Nordring).
Aufgenommen am 17. März 1902.

arbeiteten, ausgeführt, wobei die Nietbolzen in Petroleumfeuern erhitzt wurden. Die Bauplätze inmitten der Boulevards boten das regelmäßige Bild einer Brückenbaustelle und erfreuten sich großer Aufmerksamkeit seitens der Bevölkerung.

Ungleich bemerkenswerter war eine zweite Aufstellungsweise, die für den 1472 m langen Ostabschnitt der Nordring-Hochbahnstrecke (Fig. 9) gewählt wurde. Hier galt es, nicht nur 6 verkehrreiche Querstraßen zu übersetzen, sondern auch die Hochbahn zwischen den Stationen Rue d'Aubervilliers und Rue d'Allemagne in etwa 300 m Länge über den

Fig. 241.

Bau der Hochbahn auf dem Boulevard d'Italie (Südring).
Aufgenommen am 13. Mai 1903.

Fig. 242.

Einbau eiher 35 m langen Ueberbrückung an der Kreuzungstelle der Boulds. Magenta und Barbès (Nordring).
Aufgenommen am 20. März 1902.

Fig. 243 und 244. Aufbau des östlichen

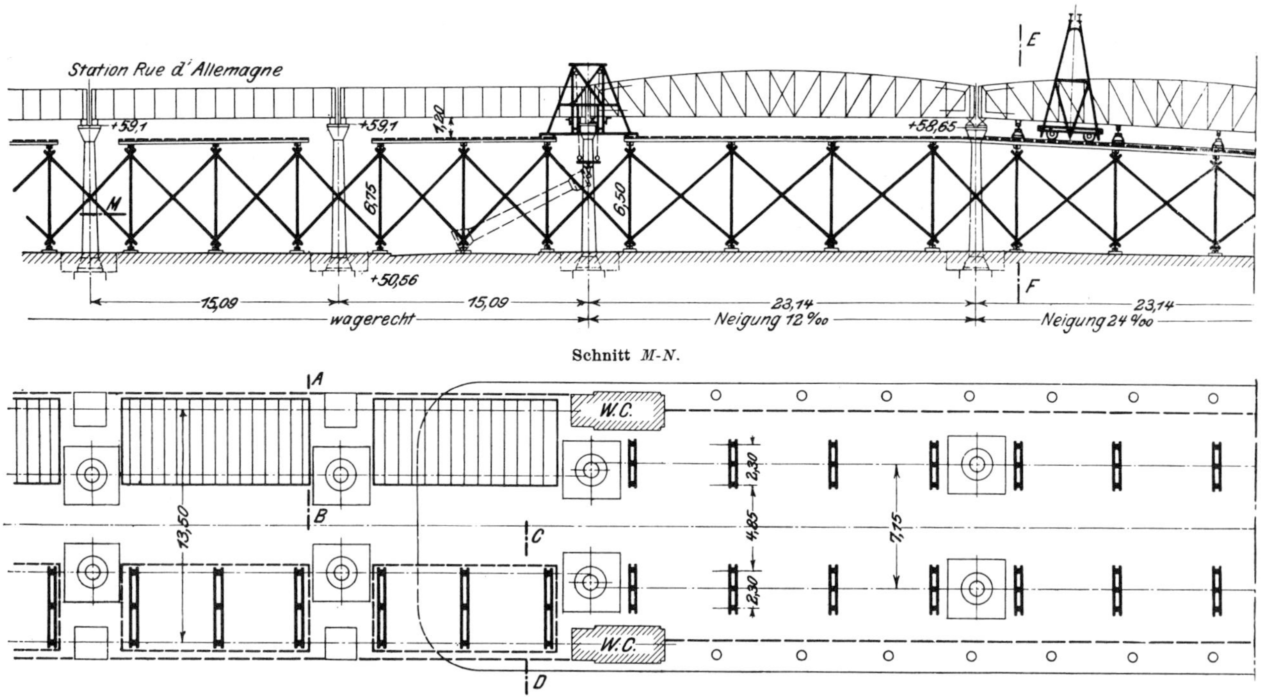

Fahrdamm zu führen, ohne daß der Verkehr eine nennenswerte Störung erfahren durfte. Zu dem Zwecke wurde hier nach und nach über der ganzen Baulänge eine kräftige Holzbrücke errichtet, deren Bohlenbelag den Neigungs- und Krümmungsverhältnissen der Bahnlinie angepaßt war und 1,20 m unter den Trägeruntergurten lag. Recht übersichtlich läßt dies Fig. 243 erkennen, sowohl für die Steilrampe von 40‰ (= 1:25) als auch für die Wagerechte (Station), während Fig. 252 das Anschmiegen an die Bahnkrümmung zeigt. Der Bohlenbelag lief über Querstraßen in ganzer Breite der Holzbühne durch, bahnkonstruktion in der Querrichtung umrahmten; s. Fig. 245 und 246, 253 und 254 sowie 258. Hierdurch war das Anheben der in verhältnismäßig kleinen Stücken zur Baustelle gefahrenen Trägerteile und deren Zusammenbau auf der Holzbühne recht bequem gestaltet. Die Einzelstücke wogen hier höchstens etwa 5 t, wohingegen sie bei der erstgenannten Aufstellungsweise bis fast zum Dreifachen dieses Gewichtes angefahren wurden.

Zum Hochheben und Einsetzen der gußeisernen Säulen, (Fig. 42) diente ein besonderes, durch 2 Handwinden be-

Fig. 245.

Stationsgerüst mit Montagekran.

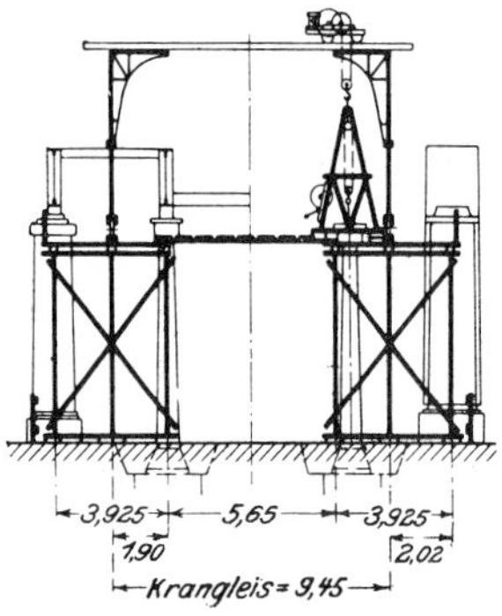

Fig. 246.

Streckengerüst mit Montagekran.

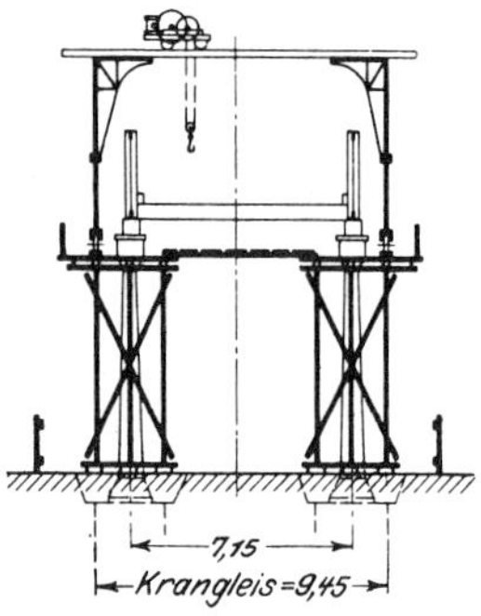

Fig. 247.

Stationsgerüst mit Niethalle.

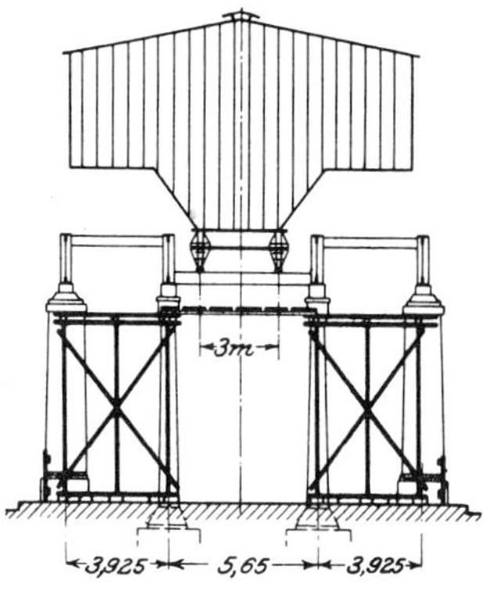

Fig. 248.

Streckengerüst mit Niethalle.

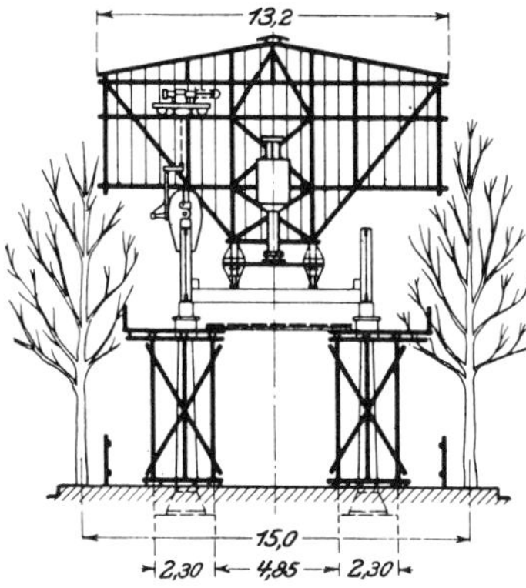

im übrigen jedoch nur in 2 Außenstreifen, die bis zum Einbau der Querträger an einzelnen Arbeitstellen durch einen mittleren versetzbaren Laufsteg — vergl. Fig. 244 rechts — vorübergehend zu einem vollen Belag ergänzt wurden.

Die Holzbrücke trug ein Krangleis, das bei den 15 bis 30 m weit gespannten Trägern 9,45 m Spurweite hatte, bei den größeren Ueberbrückungen dagegen 11 m. Auf ihm liefen verschiedene, elektrisch betriebene Hebezeuge von 6 t Tragkraft, die mit ihrem Traggerüst die ganze Hochdientes Krangerüst von 16 t Tragkraft. Seine Wirkungsweise ist links in Fig. 243 dargestellt. Die auf der Holzbrücke zusammengesetzten und durch Heftschrauben zusammengehaltenen Hauptträger wurden auch hier zunächst auf Winden und Holzkeile und nach dem Vernieten auf die Kipp- und Rollenlager gestellt. Infolge der zahlreichen kleinen Trägerteile gestaltete sich das Nieten zu einer umfangreichen Arbeit. Das ausführende Eisenwerk — Ateliers Moisant-Laurent-Savey in Paris —, dem ich die freundliche

Abschnittes der Nordring-Hochbahnstrecke.

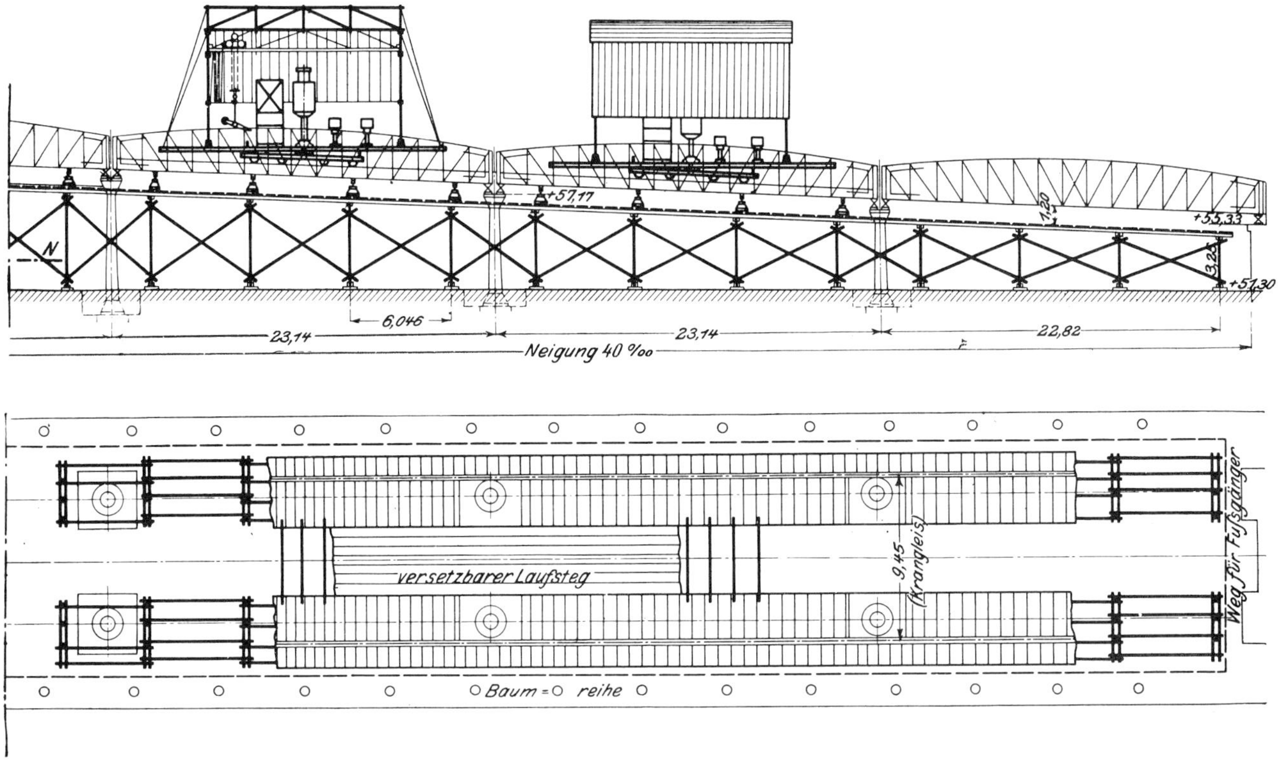

Fig. 249.

Fahrbare Niethalle.

Ueberlassung der Zeichnungen und Photographien zu den Figuren 243 bis 265 verdanke, hatte zu dem Behufe drei sehr zweckmäßig eingerichtete fahrbare Niethallen in Dienst gestellt. Sie liefen auf einem besonderen, auf den Querträgern verlegten Gleis von 3,0 m Spurweite und enthielten außer zwei mittels Laufkranes in Längs-, Quer- und Höhenrichtung zu bewegenden Nietmaschinen eine elektrisch betriebene Druckpumpe (Bauart Champigneul) nebst Akkumulator für 110 at Wasserpressung sowie 2 Nietfeuer. Der Elektromotor für die Pumpe arbeitete mit 110 V und 50 Amp.

Fig. 250.

Innenansicht der fahrbaren Niethalle.

Der auf den Nietschaft von 22 mm Dmr. ausgeübte Höchstdruck betrug 35 t = rd. 90 kg für 1 qmm Nietquerschnitt. Die Niethallen, Fig. 247 bis 250, desgl. 255 und 259, hatten eine 11,0 × 13,2 qm große Arbeitsbühne, die einstellbar war, damit sie auch in der stärksten Bahnneigung (= 40 ‰) wagerecht lag; sie waren mit Schutzwänden gegen die Unbilden der Witterung versehen.

Dank diesen Einrichtungen war es möglich, den Zusammenbau erheblich zu beschleunigen, so daß auch ein wirtschaftlicher Nutzen erzielt wurde. Nach den mir von dem Leiter des genannten Eisenwerkes gemachten Angaben sind mittels einer Niethalle in zehnstündiger Arbeitszeit bis 853 Niete von 22 mm Dmr. eingezogen worden, wobei die zugehörige Mannschaft aus 1 Rottenführer (Nieter), 2 Hülfsarbeitern und 2 jugendlichen Hitzemachern bestand; es ist das zweifellos ein hervorragend günstiges Ergebnis.

Bei den Spannweiten über 40 m zwang die Zwillingsanordnung der Hauptträger zu etwas abweichenden Einrichtungen, wie das die Figuren 251 bis 255 für die 40,76 und 44,73 m weiten Ueberbrückungen und die Figuren 256 bis 259 für die 75,25 m weiten veranschaulichen. Hervorzuheben ist noch bei der ersteren Figurengruppe das durch eine breite Querstraße (Rue de la Chapelle) mit doppelgleisiger Straßenbahnabzweigung veranlaßte weite Freitragen der Holzbühne. Es sind hier nach Fig. 251 und 255 drei 2 m hohe hölzerne Parallelträger von 18 m Spannweite über das durch die hohen Decksitzwagen bedingte Freiprofil gestreckt worden. Fig. 259 zeigt sodann noch zwei bemerkenswerte, auf den Kranschienen laufende Arbeitsbühnen.

Wie früher schon angegeben ist, mußten bei der Kreuzung der Nordbahn zwei 75,25 m weite Brücken hintereinander geschaltet werden, um einer geplanten späteren Verbreiterung des jetzt 56 m weiten Hauptbahneinschnittes Rechnung zu tragen. Die Holzbühne war daher für jede dieser beiden Brücken anders zu gestalten, wie Fig. 256 dies näher erläutert. Wo die beiden Brücken zusammentreffen, werden sie gemeinsam von einem Pfeilerpaar gestützt, dessen Gründung

Fig. 251 und 252. Aufbau der

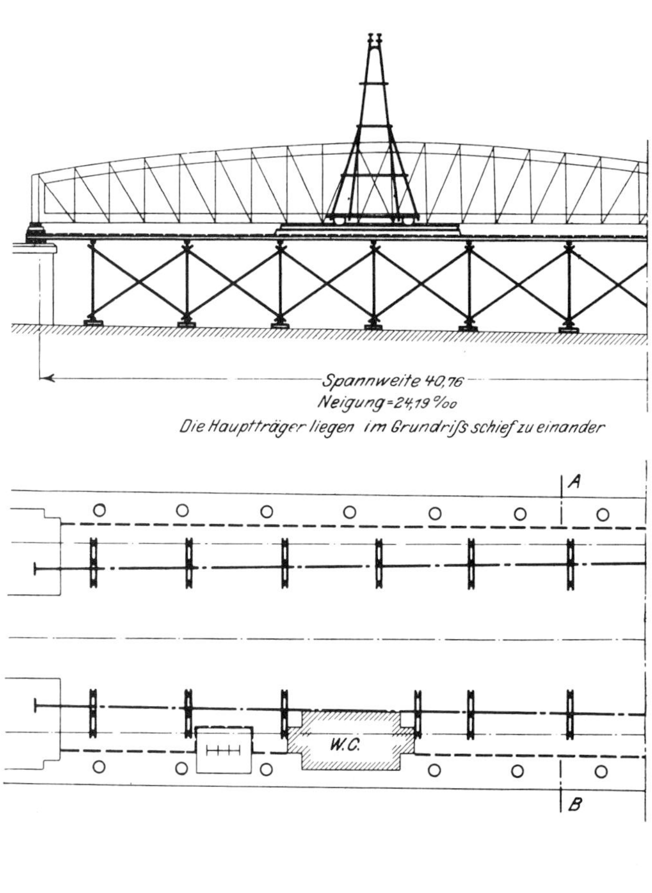

Fig. 253.
Elektrischer Montagekran für Zwillingsträger.

ordring-Hochbahnstrecke für Spannweiten über 40 m.

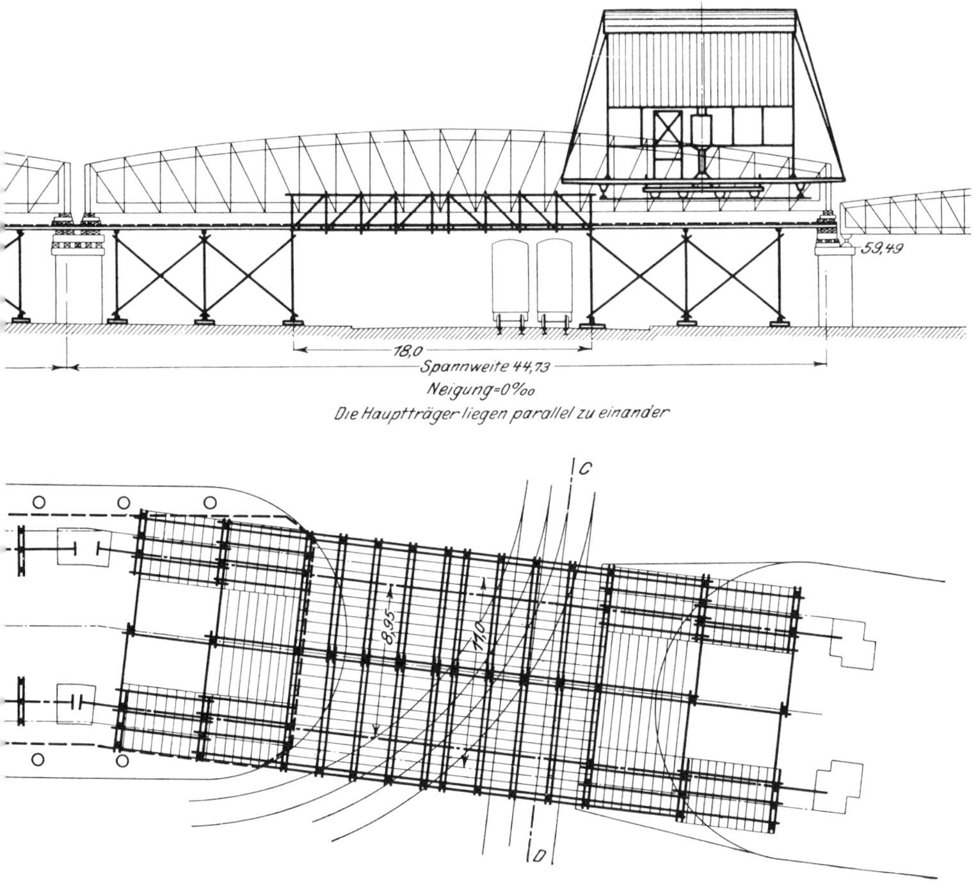

Fig. 254. Streckengerüst und Montagekran.
Schnitt A-B.

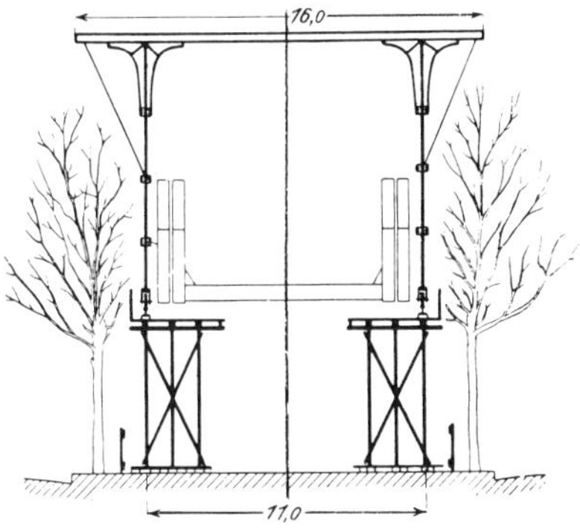

Fig. 255.
Streckengerüst und Niethalle.
Schnitt C D.

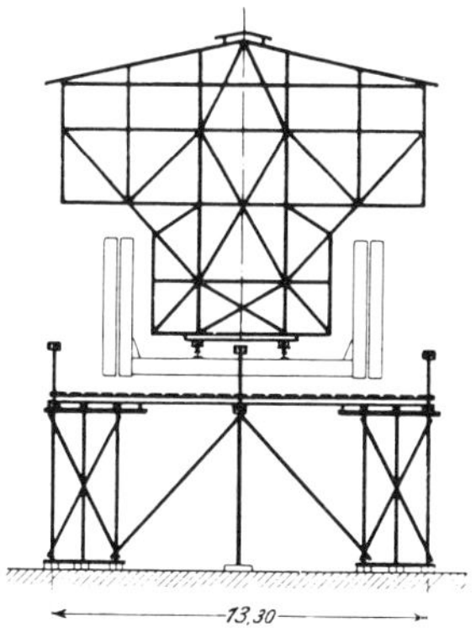

Fig. 256

Holzgerüst mit Montagekran und Niet-

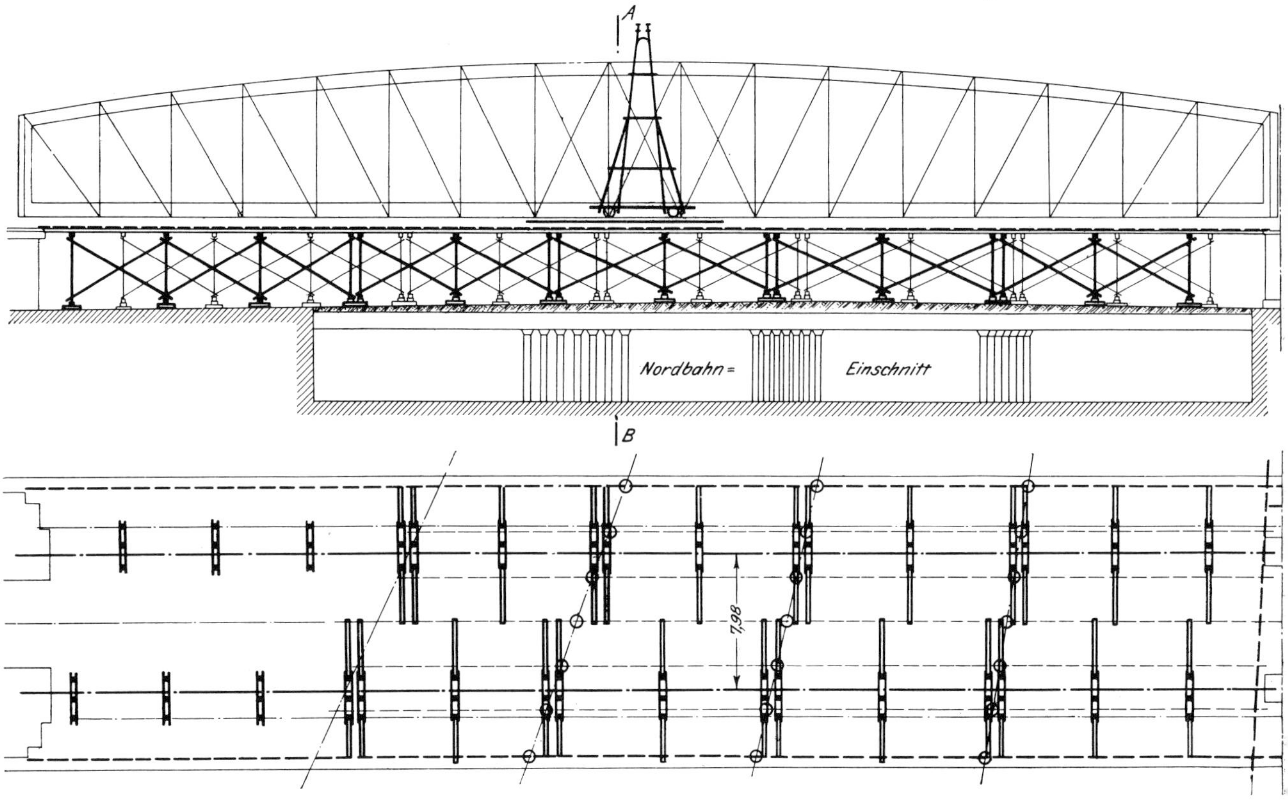

Fig. 258.

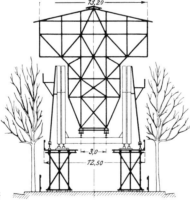

Holzgerüst nebst Montagekran für die 75,25 m weiten Brücken.

Schnitt *A-B* in Fig 256.

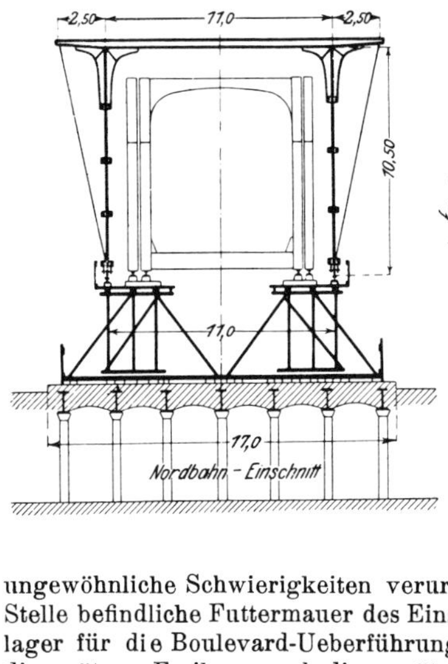

Fig. 259.

Holzgerüst mit Laufbühnen und Niethalle für die 75,25 m weiten Brücken.

Schnitt *C-D* in Fig. 256.

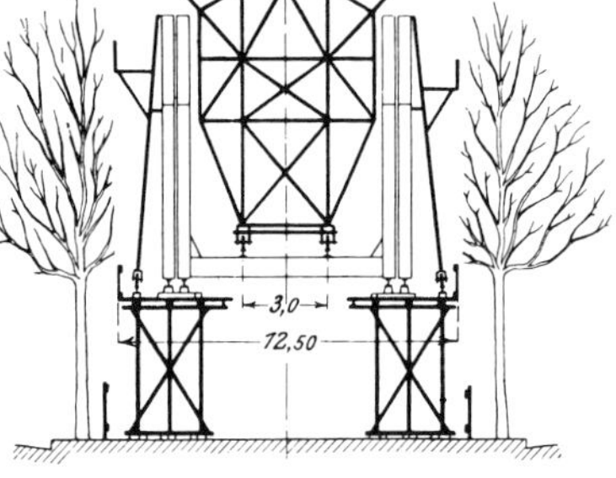

Fig. 260.

Querschnitt der Kast npfeiler.

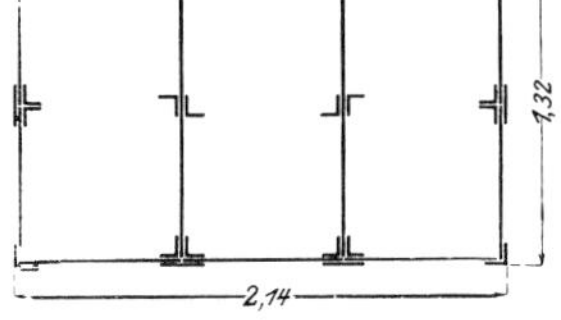

Fig. 261.

Abstützung der unter der Hochbahn des Nordringes liegenden Straßenbrücke durch Betonmauern und Holzsteifen.

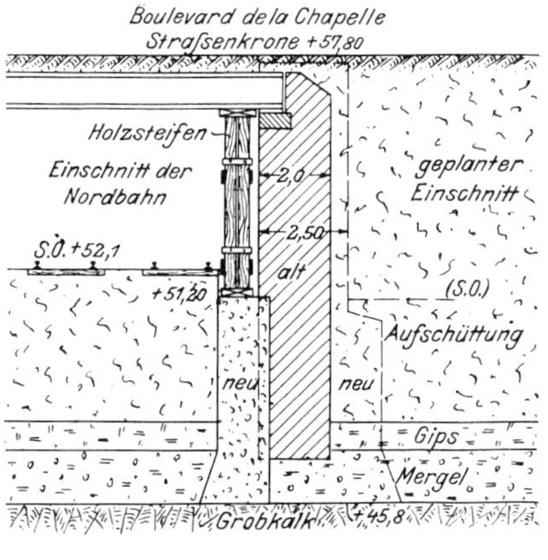

ungewöhnliche Schwierigkeiten verursacht hat. Die an jener Stelle befindliche Futtermauer des Einschnittes, zugleich Widerlager für die Boulevard-Ueberführung, vergl. Fig. 40, war für die spätere Freilage und die zusätzliche Stadtbahnbelastung zu schwach. Sie mußte deshalb verstärkt und zugleich tiefer gegründet werden, damit sie auf der festen Grobkalkschicht aufruhte, statt wie zuvor auf einer Mergellage; s. Fig. 261. Sodann war die einschließlich der Züge 915,6 t betragende Stadtbahnlast (davon 303,6 t = Auflagerdruck der Nutzlast) unmittelbar auf den tragfähigen Untergrund zu übertragen, was durch zwei je 15,26 m hohe Eisenpfeiler von kastenförmigem Querschnitt bewirkt wurde, Fig. 260, 262 und 263. Das Einbringen dieser gewaltigen Pfeiler im Verein mit der teilweisen Erneuerung der alten Futtermauer bedingte nun wiederum die zuvorige Absteifung von fünf I-Trägern, welche den Straßendamm über dem Bahneinschnitt stützen. Sie wurde durch einen 5,4 m tief gesenkten und 1,4 m dicken Betonklotz mit Eiseneinlagen geschaffen, der 4,5 m Länge erhielt und

und 257.

halle für die 75,25 m weiten Brücken.

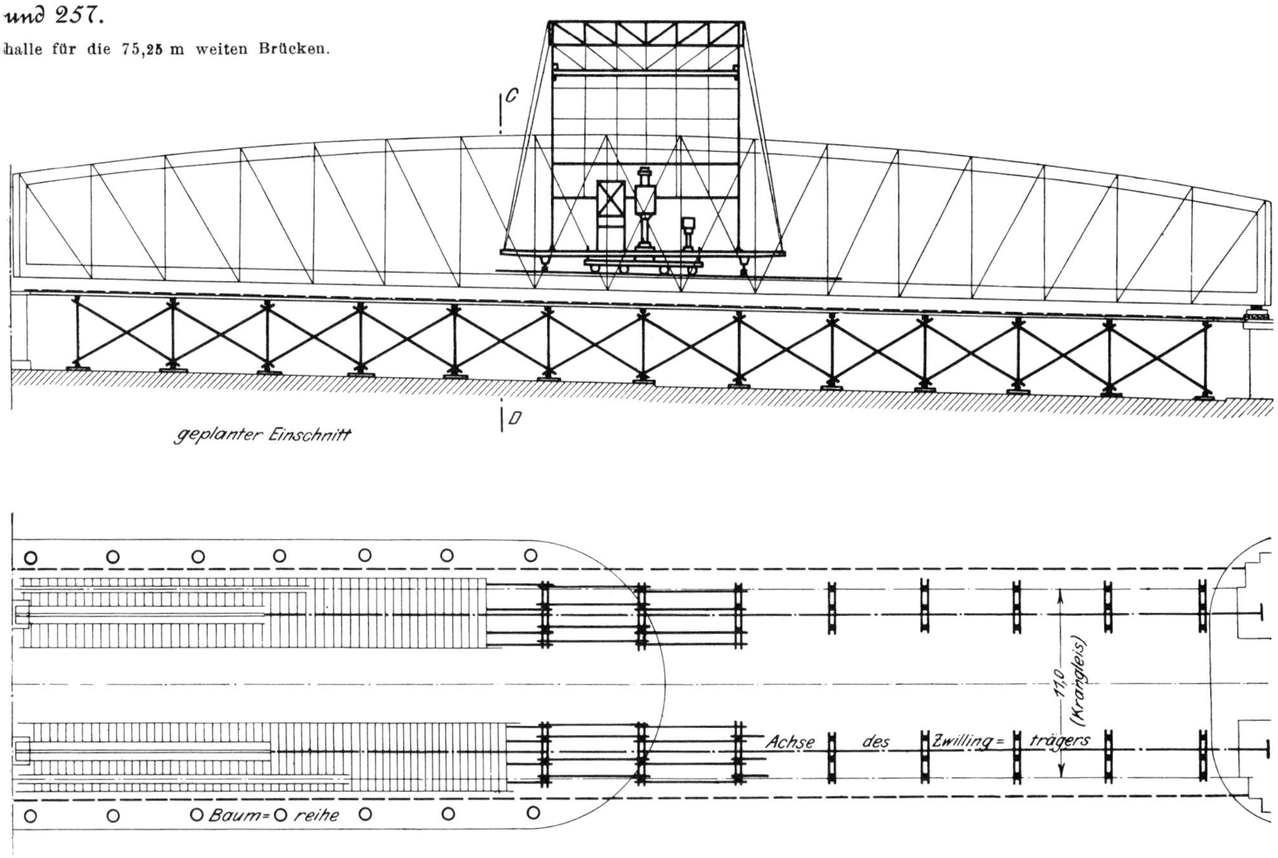

Fig. 262 und 263.

Einbau des Kastenpfeilerpaares für die Hochbahn nebst Abstützung der Straßenbrücke.

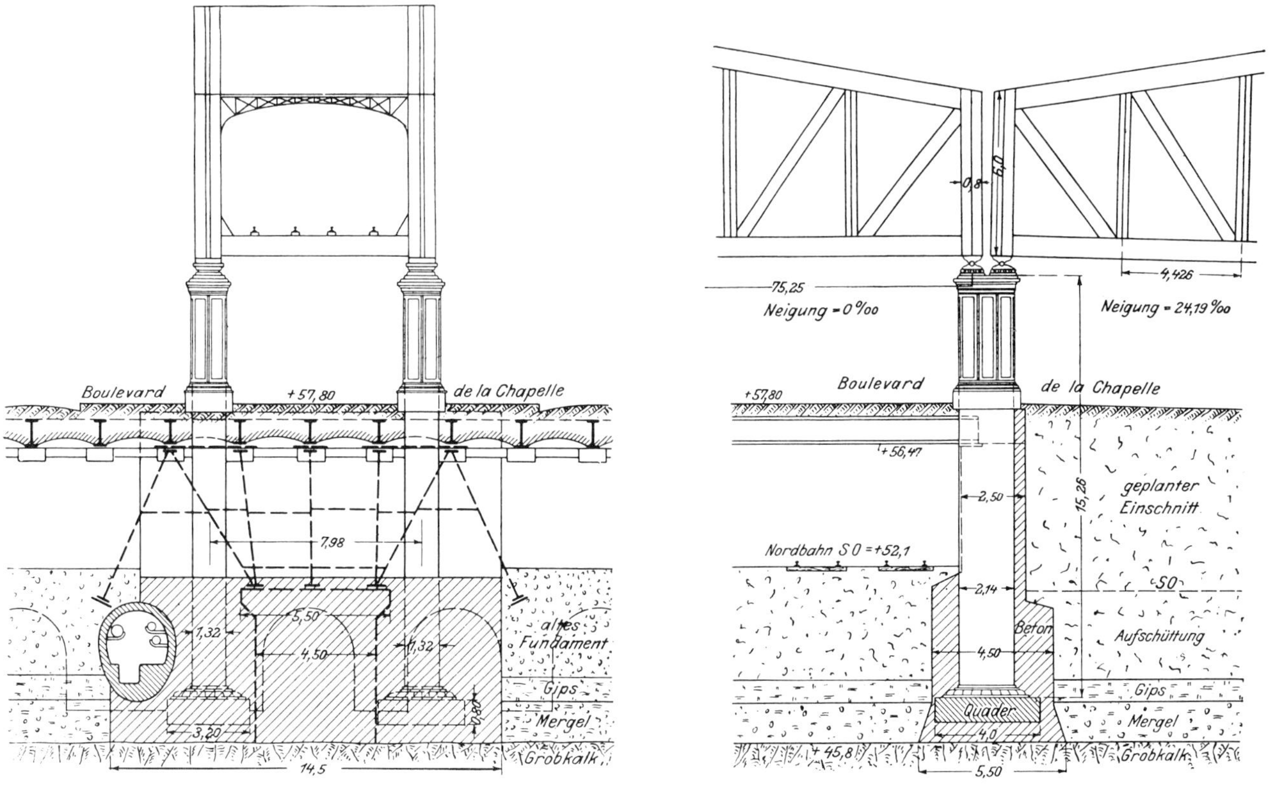

als Widerlager für die oberen Holzsteifen diente. Letztere sind in Fig. 262 schematisch dargestellt.

Nunmehr wurde die alte Futtermauer auf 14,5 m Länge beseitigt, das Pfeilerpaar nach Fig. 264 eingebracht, sodann mit Beton ausgefüllt und schließlich die neue Futtermauer in 2,5 m oberer und 4,5 bezw. 5,5 m unterer Stärke eingezogen; vergl. Fig. 261 bis 263. Soweit die Kastenpfeiler mit ihrer Vorderfläche aus der Futtermauer heraustreten, sind sie zum Schutz gegen Rostbildung mit Rabitzputz belegt; oberhalb des Straßendammes sind sie des besseren Aussehens wegen ummantelt.

In den 75 m-Krümmungen, wie solche am Nordende des Boulevard de la Villette notwendig wurden, vergl. auch Fig. 44, 45 und Textblatt 4, mußten schiefe Ueberbrückungen eingebaut werden. Fig. 265 zeigt eine derartige Ausführung; die Träger beider Seiten sind hier verschieden lang, auf der einen Seite 21,03 m, auf der andern 26,4 m.

Zum Einrammen der Pfähle für die Hochbahnsäulen und -pfeiler diente die auch bei uns viel benutzte Dampframme von La Cour in La Rochelle; ihr Rammbär, drüben mouton genannt, wog 1000 kg. Die 8 bis 12 m langen Pfähle bestanden zumeist aus Eichenholz, vereinzelt auch aus Ulme, und hatten eine eisenbewehrte Spitze. Sie wurden von der Sohle einer etwa 4 m tiefen Baugrube aus eingetrieben, die für die bis 30 m weit gespannten Ueberbrückungen $3,7 \times 3,7$ qm Grundfläche hatte und je $4 \times 4 = 16$ Pfähle aufnahm. Die Stützen der größeren Spannweiten haben natürlich eine größere Pfahlzahl erhalten; so ruht beispielsweise ein Widerlager der 75,25 m weiten Brücken auf $17 \times 12 = 204$ Pfählen.

Fig. 264.

Einbringen der Kastenpfeiler.

Die Pfahlenden wurden $^1/_2$ m über Grubensohle abgeschnitten und mit einem 1 m hohen Betonlager überbettet, auf dem das Pfeiler- und Säulenfundament aus Bruchsteinen (meulière) aufgemauert wurde.

Wo in schlechtem Boden nicht gerammt werden konnte, mußten Betonbrunnen bis auf den anstehenden Grobkalk, in einem Falle bis 25 m Tiefe, gesenkt werden.

Bauüberwachung.

Die Stadt läfst durch ihre Ingenieure die Bauausführung scharf überwachen; auf allen Baustellen waren zur Zeit meines Besuches Beamte mit der Prüfung der Baustoffe beschäftigt; gröfsere Mengen zurückgewiesener Bruchsteine zeugten ebenfalls von ihrer gründlichen Arbeit. Die Lieferbedingungen lauten recht klar und bestimmt. Es sind beispielsweise vier Zementsorten vorgeschrieben, die durch die Verpackung und den Bleiverschlufs kenntlich gemacht werden müssen. Für jeden der letzteren Bedingung nicht entsprechenden Sack Zement hat der Unternehmer 4 ℳ Strafe zu zahlen. Für die Mörtelmischungen sind je nach dem Verwendungszweck 5 verschiedene Kalkmörtel und 18 Zementmörtel festgesetzt.

Arbeiterfürsorge.

Zum Besten der Arbeiter hat die Stadtverwaltung eine ganze Reihe scharfer Bestimmungen in die Bauverträge eingefügt. Dahin gehört zunächst die Vorschrift, alle Arbeitstellen elektrisch zu beleuchten, um, wie es im Vertrage heifst, die besten gesundheitlichen Verhältnisse zu schaffen und eine gute Arbeitsausführung und Bauüberwachung zu ermöglichen.

Namentlich sind die Arbeitzeit (nicht über 10 st) und die Lohnfrage einschließlich der Ueberstunden genau geregelt, so daß sich die Arbeiter hinsichtlich der Bezahlung in auskömmlichen Verhältnissen befinden. Wöchentlich muß den Arbeitern und Angestellten ein Ruhetag gewährt werden, der für alle auf einer Baustelle Beschäftigten der gleiche Tag sein muß. Ausländer dürfen nur bis 10 vH der in jedem Arbeitzweige vorhandenen Gesamtzahl eingestellt sein. Stellt die Stadtbehörde einen Unterschied zwischen dem gezahlten Lohn und den von ihr vorgeschriebenen Sätzen fest, so kann sie die Arbeiter unmittelbar aus den wegen der Haftpflicht einbehaltenen Bausummen und aus der 40 000 bis 60 000 frs betragenden Kaution der Unternehmer entschädigen, ohne daß letztere ein Einspruchrecht haben.

Aufserdem zieht jeder Verstofs gegen diese durch ihre starke soziale Färbung auffallenden Paragraphen eine Strafe von 10 frs für den Tag und den ungenügend bezahlten oder unzulässig beschäftigten Arbeiter nach sich, sowie die Absetzung des Unternehmers von der für städtische Arbeiten aufgestellten Verdingliste. Die Pariser Stadtverwaltung hat hier ein rühmliches Vorbild der Arbeiterfürsorge geschaffen, die allerdings sonst im allgemeinen in Frankreich weit weniger gepflegt wird, als es bei uns dank den gesetzlichen Vorschriften Regel ist.

Baukosten.

Die Fülle der vor der Weltausstellung in Paris in Angriff genommenen grofsen Bauten aller Art einschliefslich der vielen Tunnelarbeiten hatte den Bau des ersten Stadtbahnabschnittes nicht unwesentlich verteuert. Die Linie Nr. 1 stellt sich daher hinsichtlich ihrer eigentlichen Baukosten ungünstiger dar als die bald nach jener baulichen Hochflut in Angriff genommenen Untergrundstrecken; denn während den Unternehmern der ersteren der Zuschlag gröfstenteils zu genau den Preisen erteilt werden mufste, die das Bauamt in die Kostenanschläge eingesetzt hatte, ermäfsigten diejenigen der Linie Nr. 2 Nord, 2 Süd und 3 ihre Forderungen um 11 bis 30,7 vH gegenüber jenen Anschlägen. Bezeichnenderweise hat übrigens kein Unternehmer der Linie Nr. 1 sich später am Bau der Linie Nr. 2 Nord beteiligt, trotzdem

1 m zweigleisiger Tunnel in Krümmungen von 50 bis 99 m Halbmesser		1280 frs
1 m eingleisiger Tunnel (Schleifen- und Verbindungsgleise)		744 »

2) Stationen.

1 m Station mit Gewölbedecke		3130 »
1 » mit Eisendecke	a) unter Fahrdamm	4500 »
	b) » Mittelpromenade	4170 »

3) Hochbahn.

1 m im Durchschnitt . . . . 4300 bis 5700 », je nach der Zahl der großen Ueberbrückungen und der Stationen.

Hiernach stellt sich der eingewölbte Tunnel halb so teuer wie die im Tagebau durch Eisenträger und Ziegelkappen eingedeckte Strecke, während die steingewölbte Station um etwa 1/3 billiger ausfällt als die flachgedekte. Die Vorliebe der Stadtverwaltung für die erstere Bauweise ist daher auch

Fig. 265.
Schiefe Ueberbrückung in einer 75 m-Kurve des Nordringes.

hier böse Schilderfahrungen nicht zu sammeln waren. Auf die Ermäfsigung der Baukosten hat neben den günstigeren Straßen- und Bodenverhältnissen mancher Linien vor allem das Sinken der Löhne und Baustoffpreise eingewirkt, das nach der Weltausstellung mit dem Abflauen der gewerblichen Tätigkeit eintrat.

Nachstehend sind die verschiedenen Einheitspreise wiedergegeben, wie sie in dem Kostenanschlage des Bauamtes, dem »Borderau des prix«, für den Nord- und den Südring im Jahre 1900 zum Ausdruck kommen. Darnach war u. a. veranschlagt:

1) Tunnelstrecke.

1 m zweigleisiger Tunnel mit Gewölbedecke		1220 frs
1 » » » Eisendecke		
	a) unter Fahrdamm	2500 »
	b) » Mittelpromenade	2000 »

vom wirtschaftlichen Standpunkte wohl begründet. Die Hochbahn ist am kostspieligsten. Uebrigens sind diese Einheitspreise für die 1902 begonnene und jetzt (1904) vollendete Linie Nr. 3 etwas erhöht worden, und zwar bis 40 frs für die Endabschnitte und um 100 bis 200 frs für die mittlere Strecke. Man hat letzteres mit Rücksicht auf die hier verhältnismäßig engen, dabei ungemein verkehrreichen Straßen getan, um den erhöhten Transportschwierigkeiten Rechnung zu tragen. Danach ist der zweigleisige Tunnel auf 1340 frs, die gewölbte Station auf 3370 frs und eine solche mit Eisendecke auf 4700 frs/m veranschlagt worden.

Zur Erkennung der für 1 m zweigleisige Tunnelstrecke auszuführenden Erd- und Mauerarbeiten und zur Beurteilung des Gesamtpreises sei hier nach den behördlichen Kostenanschlägen eine Zusammenstellung der Einzelpreise wiedergegeben. Sie bezieht sich auf die gerade Tunnelstrecke oder auf Tunnelgleisbogen mit 100 m und mehr Krümmungshalbmesser.

Art der Arbeit	Menge	Einheitspreis frs	Gesamtsumme frs
Bodenaushub	47,64 cbm	14	666,96
Bruchsteinmauerwerk (Deckengewölbe)	6,71 »	33	221,43
Beton (Widerlager und Sohlengewölbe)	8,12 »	29	235,48
Zementüberzug { Deckengewölbe . .	8,09 qm	2,40	19,42
Zementüberzug { Widerlager und Sohlengewölbe . .	13,29 »	2,55	33,89
Zementmörtel zum Einspritzen in den Hohlraum über dem Deckengewölbe	10,09 »	4,00	40,36
Zuschlag für die Sicherheitsnischen	—	—	2,46
		zusammen	1220,00

Bei den gewölbten Stationen beträgt der Bodenaushub für 1 m Länge 101 cbm, die Gewölbedecke hat 12,72 cbm Inhalt, Sohle und Widerlager 25,2 cbm. Die Einheitspreise sind dieselben wie vorstehend. Die Bahnsteigkappen kosten 68 frs/cbm, was für 1 m Stationslänge 25,8 frs ergibt; die Auskleidung der 18,7 qm großen Innenfläche mit weißemaillierten oder Opalin-Fliesen stellt sich auf 280,5 frs.

Von diesen Einheitspreisen ist der von den Unternehmern bei Abgabe ihres Angebotes gewährte Preisnachlaß von 0 bis 30 vH in Abzug zu bringen. Er hat z. B. für den in 3 Baulose geteilten, 2,072 km langen Hochbahnabschnitt des Nordringes 22,2 bis 24,4 vH betragen, was die tatsächlichen Ausführungskosten auf durchschnittlich 3805 frs/m (einschließlich Stationen) herabdrückt, während der für die ganze Strecke veranschlagte durchschnittliche Einheitspreis 5000 frs/m war.

Die Anlagekosten der einzelnen Linien stellen sich wie folgt:

1) Linie Nr. 1.

Die zwischen den Scheiteln ihrer Endschleifen 10,576 km lange Linie Nr. 1 war für die ursprünglich in Aussicht genommene Schmalspur veranschlagt auf 27 Millionen frs. Durch ihre Abänderung auf Normalspur erhöhte sich dieser Betrag. Zu den eigentlichen Baukosten kommen die Kosten für die 4 Hülfsstollen nach der Seine, diejenigen für Abänderungen an den Abwässerkanälen, Wasser- und Luftleitungen usw. sowie die Verwaltungskosten. Die letzteren Beträge waren nicht getrennt für die Linie Nr. 1 erhältlich. Sie sind vereinigt mit denen für die beiden Abzweigungen nach der Porte Dauphine (1,829 km) und nach dem Trocadéro (1,601 km). Für diese Gesamtlänge von 14,006 km lautet die Kostenübersicht:

1) Baukosten	28253900 frs
2) vorbereitende Arbeiten:	
4 Hülfsstollen	400000 »
Aenderungen an den Wasser- und Luftleitungen sowie Abwässerkanälen . .	4641000 »
3) Verwaltung, Bauüberwachung, Unvorhergesehenes	4012700 »
zusammen	37307600 frs

1 km Bahn kostet also durchschnittlich der Stadt 2664830 »

das macht für die Linie Nr. 1 allein 10,576 mal 2 664 830 = rd. 28 183 300 frs. Hierzu kommen aber noch die seitens der Betriebsgesellschaft aufzuwendenden Kosten für die Stationseingänge und Treppen, für den Oberbau, die ganze sonstige Ausrüstung, die Wagen und für den auf die Linie entfallenden Anteil der Anlagekosten für Kraftwerke, Unterstationen, Hauptwerkstätten und Tunnelschuppen. Diese Ausrüstungskosten betragen nach den mir vor kurzem freundlichst gemachten Angaben des Bauamtes durchschnittlich 1,3 Millionen frs für 1 km abgewickelte Linienlänge, mithin gemäß untenstehender Uebersicht für Linie Nr. 1: 14 142 700 frs, sodaß sich als gesamte Anlagekosten für diese Linie 42 326 000 frs ergeben oder für 1 km . . . . , ... 4002070 frs

2) Linie Nr. 2 Nord.

a) ausschließlich der i. J. 1900 gebauten 1,829 km langen Strecke Etoile-Porte Dauphine.

Baulänge = 10,586 km.

1) Baukosten	23314200 frs
2) Abänderungen an Wasserleitungen und Abwässerkanälen	5594500 »
3) Wiederherstellung der Straßen	450800 »
4) Verwaltung, Bauüberwachung, Unvorhergesehenes	3735000 »
zusammen	33094500 frs
1 km Bahn kostet also der Stadt	3126250 »

Die Bahnlinie ist sonach für 1 km wesentlich teurer als Linie Nr. 1, trotz der starken Preisermäßigungen, die die Unternehmer gegen den bauamtlichen Kostenanschlag eintreten ließen. Der Grund liegt namentlich darin, daß diese Ermäßigungen durch den mehr als doppelt so hohen Preis der 2,07 km langen Hochbahnstrecke reichlich aufgewogen werden. Die letztere hat der Stadt ohne die Nebenarbeiten 6385243 frs gekostet, d. i. durchschnittlich:

1 km Hochbahn = 3805600 frs.

Läßt man die Hochbahn außer Betracht, so hat 1 km gemauerte Bahn ohne die Neben- und Ausrüstungskosten durchschnittlich erfordert:

a) bei Linie Nr. 2 Nord (8,51 km)	1812200 frs
b) » » » 1	rd. 2018000 »

Darnach ist Linie Nr. 1 in den reinen Baukosten (ohne Stationseingänge und Treppen) um 205800 frs/km teurer als Linie Nr. 2 Nord, und 1 km Hochbahn hat fast genau so viel gekostet, wie 2 km Tunnelbahn der Linien Nr. 1 und Nr. 2 Nord zusammengenommen.

In diesem Punkte verhält sich die Pariser Stadtbahn gerade umgekehrt wie die elektrische Hoch- und Unterpflasterbahn in Berlin. Bei letzterer hat sich die Hochbahnstrecke durchschnittlich auf 1700000 ℳ/km = 2125000 frs/km gestellt, die Untergrundstrecke dagegen auf 2250000 ℳ = 2812500 frs/km; dabei hat der Berliner Tunnel einen kleineren Querschnitt als der Pariser, während die Fahrbahnen beider Hochbahnstrecken annähernd gleich breit sind. Diese entgegengesetzten Preislagen sind außer durch die leichtere Bauart der Berliner Hochbahn vornehmlich auch durch die Grundwasserverhältnisse veranlaßt; denn in Berlin liegt der Tunnel in der Regel im Grundwasser, in Paris dagegen nur in seltenen Ausnahmefällen.

b) Gesamte Länge
(Place de la Nation-Porte Dauphine).

Führt man die Anlagekosten der im Jahre 1900 fertig gestellten 1,829 km langen Anfangstrecke mit 1,829 mal 2664830 = rd. 4874000 frs in die Rechnung ein, so ergibt sich als Gesamtbetrag der stadtseitig für den 12,415 km langen Nordring aufgewendeten Kosten 37968500 frs. Die Ausrüstungskosten belaufen sich auf 18080400 frs, mithin die gesamten Anlagekosten auf 56048900 frs oder auf 4514600 frs für 1 km.

3) Linie Nr. 3.

Für die jetzt vollendete 7,903 km lange Linie Nr. 3 betragen

die stadtseitigen Baukosten	24800000 frs
die Ausrüstungskosten der Betriebsgesellschaft	12000000 »
also insgesamt	36800000 frs

oder

4658220 frs für 1 km.

Dieser selbst dem Nordring gegenüber höhere Preis ist veranlaßt worden durch die nachträglichen Senkungsarbeiten in der Station Avenue de Villiers, vergl. Fig. 115 bis 118, durch die Unterführung unter dem Kanal St. Martin her sowie durch die auf dem Ostabschnitt eingetretenen unvorhergesehenen Bauschwierigkeiten, welche die Fertigstellung um ein Vierteljahr hinausgerückt haben.

Der Südring (Nr. 2 Süd) wird unter den Linien Nr. 1 bis 3 der kostspieligste Bau sein, da nicht nur $^1/_3$ seiner

Länge als Hochbahn mit zweimaliger Seine-Ueberbrückung auszuführen ist, sondern bei ihm auch die ausgedehntesten Bodenaussteifungen notwendig geworden sind. Endgültige Zahlen lassen sich jedoch erst bringen, wenn das Schlußstück Place d'Italie-Place de la Nation (alte Nr. 6) ausgebaut sein wird.

Einen guten Anhalt betreffs der Kostenfrage gewährt immerhin der Voranschlag des Stadtbauamtes, den nachstehende Uebersicht wiedergibt.

Linie	Länge zwischen den Schleifenscheiteln km	Länge der abgewickelten Linie km	Baukosten der Stadt frs
Nr. 1 (fertig)	10,576	10,879	28 183 300
» 2 Nord (fertig) .	12,415	13,908	37 968 500
» 3 (fertig)	7,903	9,264	24 800 000
» 2 Süd (im Bau) .	13,740	14,903	zusammen 199 000 000
» 4 (im Bau)	11,252	11,929	
» 5 (im Bau)	6,721	8,411	
» 7 (in Vorbereitung)	6,858	7,147	
» 8 (in Vorbereitung)	7,700	8,247	
zusammen	77,165	84,688	289 951 800 oder rd. 290 Mill.

Zu diesen Unkosten kommen aber noch 7 Mill. frs für Begebung der im Abschnitt I erwähnten beiden Stadtbahnanleihen; ferner sind rd. 28 Mill. frs für Straßenverbesserungen usw. vorgesehen, um der Stadtbahn an gewissen Stellen Platz zu machen. Der Stadt erwachsen sonach durch die Bahn 325 Millionen frs Baukosten. Die beiden ihr genehmigten Anleihen belaufen sich auf 335 Mill. frs[1]). Aus dem Mehrbetrag sollte der im Abschnitt II unter »Linie Nr. 4« erwähnte Straßendurchbruch nahe dem Institut de France sowie ein Umbau dieses Gebäudes bestritten werden. Infolge der im vorigen Jahr eingetretenen Abänderung des mittleren Laufes der Linie Nr. 4, vgl. Fig. 432, kommt jedoch dieser Teil der Anleihe zu anderweitiger Verwendung. Die Betriebsgesellschaft hat für die Ergänzungsbauten und die Ausrüstung des Netzes rd. 84,6 mal 1,3 = 110 Mill. frs. aufzuwenden. Die Gesamtkosten werden daher für die acht 77,165 bezw. 84,688 km langen Linien 435 Mill. frs betragen, das macht durchschnittlich

5,6 bezw. 5,13 Mill. frs für 1 km.

VI. Ausrüstung.

1) Oberbau.

Nach englisch-amerikanischem Vorbild wird der elektrische Betriebstrom durch eine neben dem Fahrgleis in der Bahnmitte isoliert verlegte »dritte« Schiene zu-, durch das auf hölzernen Querschwellen ruhende Fahrgleis rückgeleitet. Auf den doppelgleisigen Linien liegen sonach 6 parallele Schienenstränge, für die die von Vignoles eingeführte Breitfußschiene und die in England allgemein verwendete Doppelkopfschiene in Frage kamen. Beide Arten haben in Frankreich starke Verbreitung gefunden. Für die Stadtbahn ist die Breitfußschiene gewählt, und zwar seit dem Jahre 1902 ausschließlich für Fahr- und Stromschiene, während auf den im Jahr 1900 eröffneten Strecken auch die Doppelkopfschiene als Stromzuleiter benutzt wird.

Die Spurweite beträgt nach gesetzlicher Vorschrift durchweg 1440 mm. Versuchsweise hat man auf der Linie Nr. 1 in einem Gleisbogen von 65 m Halbmesser eine Spurerweiterung von 15 mm gegeben, in einer der beiden Schleifen (Krümmungshalbmesser = 30 m) eine solche von 20 mm. Sie hat sich in beiden Fällen zwar bewährt, jedoch im allgemeinen keine weitere Nachahmung gefunden. Allerdings sind auch 30 m-Schleifen nicht mehr gebaut und überhaupt Unterschreitungen der 75 m-Krümmung möglichst vermieden worden. Bemerkt sei, daß der Radstand der zweiachsigen Motorwagen 3 m, derjenige der mit 2 freien Lenkachsen ausgerüsteten Anhängewagen $3^3/_4$ m beträgt. Infolge der im Gegensatz zu unsern Bahnen überall in den Gleiskrümmungen fehlenden Spurerweiterung zeigt sich in den schärferen Bogen eine verhältnismäfsig starke Abnutzung der Spurkränze (Radflansche) und Schienen.

Die letzteren sind wie bei uns mit 1:20 gegen die Senkrechte geneigt, und mit gleicher Neigung sind auch die Laufflächen der Radreifen begrenzt.

Die Schienenüberhöhung beträgt in den 50 m-Krümmungen 10 cm, in den Schleifenbogen von 30 m Krümmungshalbmesser sogar 13 cm; in den übrigen Gleisbogen ist sie entsprechend schwächer gehalten. Für die Gröfse der Ueberhöhung ist bekanntlich die gröfste Fahrgeschwindigkeit der Züge maßgebend; diese beträgt nach Art. 37 der Polizeivorschriften vom 3. August 1901[1]) im allgemeinen 36 km/st, mufs aber auf den Gefällen mit einer Neigung von mehr als 20‰ (1:50), ebenso in Gleiskrümmungen von weniger als 50 m Halbmesser ermäßigt werden.

Auffallenderweise fehlen auf der Stadtbahn die seit Jahrzehnten in England allgemein bei Gleisbogen unter 200 m Halbmesser[2]) und später auch in andern Eisenbahnländern bei scharfen Krümmungen mit Erfolg benutzten Streich- oder Schutzschienen, die den Seitendruck der Spurkränze gegen den Kopf der Außenschiene mildern und die Räder sicher führen. Auch aus diesem Grunde tritt in den scharfen Kurven der Stadtbahn eine so erhebliche Schienenabnutzung ein, wie bereits in dem zu Fig. 23 Gesagten näher ausgeführt ist.

Fig. 266 bis 268 zeigen Form und Abmessungen der Fahrschiene, die darnach 150 mm Höhe und Fußbreite sowie 65 mm Kopfbreite hat, also sehr widerstandsfähig ist, namentlich auch gegen Kanten oder Kippen. Ihr Gewicht beträgt dementsprechend auch 52 kg/m, ist also größer als dasjenige unserer Schienen für Schnellzuglinien (= 42 kg/m), wie solche unter anderm auch auf der Berlin-Zossener Versuchstrecke für die bis 200 km/st und mehr ausgeführten Schnellfahrten verlegt worden sind.

Die Schienenlänge mißt auf den im Jahre 1900 erbauten Strecken 15 m, auf den neueren Linien 18 m; nur für die Kurven mit einem Krümmungshalbmesser $\leqq$ 150 m werden des leichteren Biegens wegen 9 m lange Schienen verwendet.

Da die Bettung nur bis zur Schwellenoberkante reicht, so sind die Schienen völlig den Wärmeschwankungen der Luft ausgesetzt. Diese betragen in den Tunnelstrecken nach mir gemachter Angabe 15 bis 20° im Jahre, so daß sich die größte Ausdehnung der 18 m-Schiene zu

$$\lambda = \frac{L\,\text{mm} \times t^0}{90000} = \frac{18000 \cdot 20}{90000} = 4 \text{ mm}$$

berechnet. Von diesem Gesichtspunkt aus betrachtet, erscheint die Verwendung so langer Schienen einwandfrei und mit Rücksicht auf die durch sie erreichte Verminderung der Stoßfugenzahl empfehlenswert. Dagegen sind sie in den Tunnelstrecken unbequem zu handhaben, besonders beim Biegen für die Ausrundung scharfer Gefällsbrüche; wiegt doch auch eine solche Schiene 936 kg.

Die 15 m langen Schienen sind mit 600 mm langen Flachlaschen und mit ruhendem Stoß verlegt, d. h. die Stoßfuge liegt über einer Querschwelle, wobei der Stoß der einen Fahrschiene stets um eine Schwellenentfernung gegen denjenigen der andern Schiene versetzt ist. Die Schienen ruhen auf den Schwellen mittels flußeiserner Unterlagsplatten und werden durch Schraubbolzen (Tirefonds) in ihrer Lage gehalten. An den Stößen, Fig. 268, greifen diese Schrauben entgegen gutem heutigem Brauch in halbrunde Ausklinkungen des Schienenfußes, um das Wandern zu verhindern.

[1]) Die zweite Anleihe im Betrage von 170 Mill. frs ist im Sommer 1904 zur Zeichnung aufgelegt worden. Die auf 500 frs Nennwert lautenden Schuldverschreibungen wurden zum Kurse von 440 frs abgegeben. Der Zinsfuß beträgt 2,5 vH, entspricht also einer tatsächlichen Verzinsung von 2,84. Die Anleihe wurde in wenigen Stunden stark überzeichnet, was nicht wunder nehmen kann, da die Stadtbahnlinien stetig eine starke Verkehrszunahme aufweisen und die Stadt mit ihrem Bau ein gutes Geschäft macht.

[1]) Ordonnance concernant l'exploitation du Chemin de Fer Métropolitain de Paris.

[2]) Troske, Londoner Untergrundbahnen, S. 29; desgl. Z. 1891 S. 046

Fig. 266 bis 268.

Fahrschiene nebst Verlaschung auf der Linie Nr. 1.

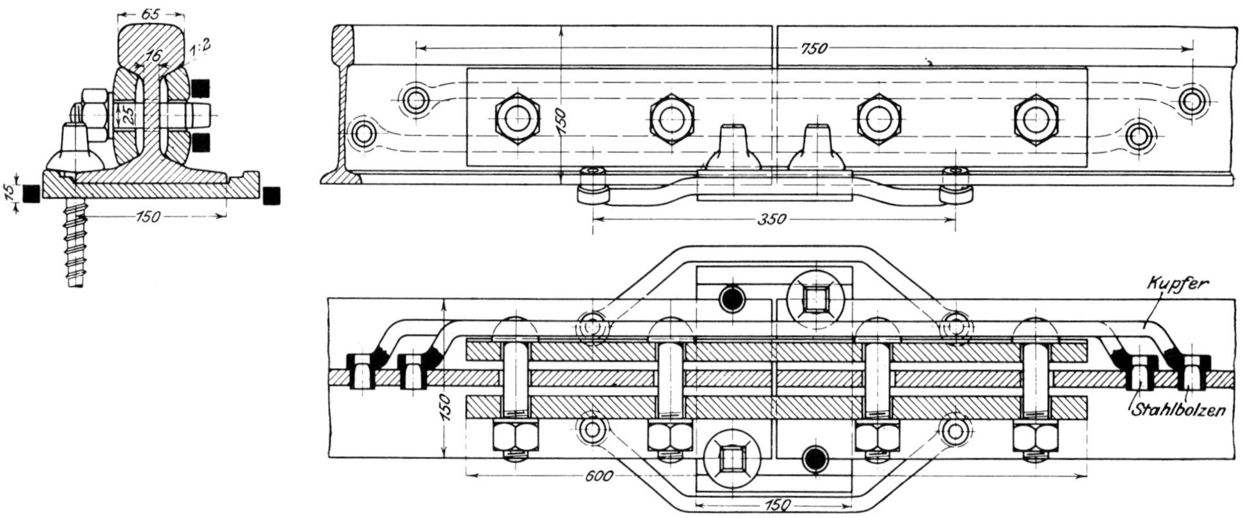

Die 18 m langen Schienen lagern mittels dünner Pappelholzscheiben auf den Schwellen und sind mit 800 mm langen Winkellaschen und schwebendem Stoß verlegt, Fig. 269; hier fällt also die Stoßfuge zwischen zwei Schwellen, was sich im Eisenbahnwesen schon längst als vorteilhaft erwiesen hat. Festgehalten werden die Schienen gleichfalls durch Schwellenschrauben, die, wie beim Stoß der im Jahre 1887 in Belgien eingeführten Goliathschiene, aber abweichend vom deutschen Brauch, durch den einen Laschenschenkel hindurchgehen, um so gleichzeitig das Wandern der Schienen wirksam zu verhüten.

Die Laschen, Fig. 266 und 269, haben am Schienenkopf und -fuſs den starken Anzug von 1:2. Zur Sicherung der Schienenausdehnung sind die Laschenlöcher kreisrund, die Schienenlöcher dagegen länglich.

Im Gegensatz zu den kräftigen Schienen sind die Querschwellen etwas schwach bemessen, wenn auch immerhin völlig ausreichend für den Raddruck der Wagen, der höchstens 5600 kg ausmacht. Ihre Länge miſst 2,2 m, ihre Breite bei den Mittelschwellen 200 mm und bei den Stoßschwellen 300 mm; die Höhe beträgt 140 mm.

Die Schwellen bestehen auf der Linie Nr. 1 aus Pyrenäen-Buchenholz und sind sehr stark mit Kreosot durchtränkt, das die nur mangelhaft erneuerte Tunnelluft mit seinem Geruch unangenehm erfüllt. Auf den neueren Linien hat man den lästigen Kreosotgeruch dadurch vermieden, daß das getränkte Buchenholz nur auf den offenen Viaduktstrecken Verwendung gefunden hat, in den Tunneln aber nur Schwellen aus nicht kreosotiertem Eichenholz verlegt sind.

Zahl und Abstand der Schwellen für die verschiedene Schienenlänge zeigt die nachstehende Uebersicht.

Schienenlänge	Schwellenzahl auf 1 Schiene	gegenseitiger Abstand der	
		Mittelschwellen	Stoßschwellen
m	m	m	m
15	16	0,985	0,74
18	20	0,920	0,54
9 [1]	12	0,790	0,54

[1] Kurvenschiene.

Die schweren Schienen hatte man ursprünglich gewählt, um die Unterhaltungskosten des Oberbaues zu vermindern und den Gang der Betriebsmittel sanft zu gestalten. Nun fährt es sich aber auf der Linie Nr. 1 und ihren beiden gleichalterigen Nachbarzweigen weder sanft noch geräuschlos, sondern vielmehr hart und ziemlich laut. Dieser unerwartete Uebelstand hat seinen Grund wohl kaum in der Bettungsstärke; denn diese mißt unter den äußeren Schwellenenden 250 mm, unter den inneren 400 mm, wobei die Schwellen bis zu ihrer Oberfläche in die Bettung eingesenkt liegen, vergl. Fig. 25. Auf 1 m Tunnellänge sind nach dem Geschäftsbericht der Betriebsgesellschaft 2,6 cbm Bettung (Seine-Kiesel oder Steinschlag) eingebracht worden, was mit den eben genannten Schichtmaßen übereinstimmt.

Um nun auf den neueren Strecken das harte Fahren zu vermeiden, hat die Betriebsgesellschaft für diese den altbewährten, auch auf den französischen Hauptbahnen gebräuchlichen schwebenden Stoß eingeführt, ferner die schon genannte 3 m längere Schiene mit engerer Schwellenlage und endlich statt der eisernen Unterlagsplatten solche aus 5 mm

Fig. 269.

Fahrschiene nebst Verlaschung auf den neueren Linien.

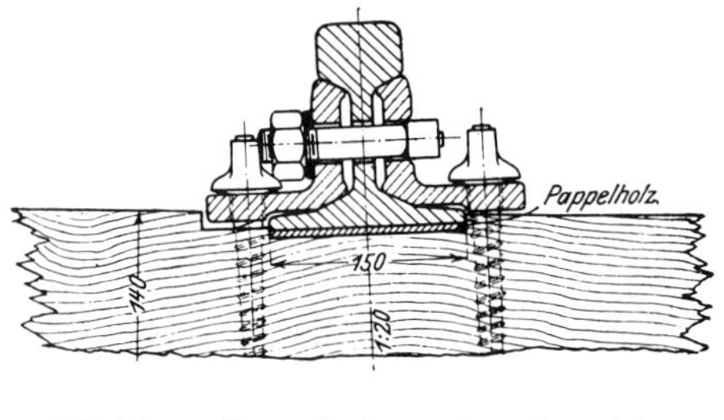

dickem getränktem Pappelholz, wie sie sich auf einer französischen Hauptbahn bewährt haben sollen. Diese Mittel haben etwas geholfen; sie würden aber durch bessere Bauart der Wagen oder gar durch Einführung von Drehgestellwagen noch wesentlich unterstützt werden.

Die Stromzuleitschienen haben auf den älteren Bahnabschnitten die in Fig. 270 bis 272 dargestellten Querschnittsabmessungen, wiegen $38^3/_4$ kg/m und sind an den Stößen durch eine 450 mm lange Lasche und zwei je 100 mm lange Laschenstücke verbunden. Sie werden in gußeisernen Stühlen durch Holzkeile gehalten, wie solches auch auf der elektrisch betriebenen linksufrigen Linie Invalidenbahnhof-Versailles der Westbahn üblich ist.

Die Schienenstühle liegen auf jeder vierten Querschwelle der Fahrgleise, die zu dem Zwecke 300 mm länger ist als die übrigen drei Zwischenschwellen. Es ist dies eine den amerikanischen Bahnen entlehnte Anordnung, wie denn jene überhaupt vorbildlich für die elektrischen Einrichtungen der Stadtbahn gewesen sind. Die Stromschiene wird hiernach nur etwa alle 3 Meter unterstützt. Sie steht von der benachbarten Fahrschiene 325 mm ab und liegt mit ihrer Kopffläche

110 mm höher als diese, um den freien Uebergang der in senkrechter Richtung beweglich aufgehängten Stromabnehmer (vergl. Abschnitt VII, Wagen) über die Weichenschienen und Herzstücke zu sichern.

Isoliert sind die Doppelkopfschienen durch eine aus Harzen (besonders Schellack) und Füllstoffen hergestellte

im geraden Gleis durch jede vierte verlängerte Querschwelle, in den Krümmungen durch jede dritte.

Die Figuren 273 bis 275 geben die genaueren Einzelheiten hierüber an. Die Schwellenanordnung ist hiernach überall so durchgeführt, daß niemals eine Stoßschwelle zum Stützen der dritten Schiene benutzt wird. Es ist dies eine

Fig. 270 bis 272.

Stromschiene nebst Verlaschung auf der Linie Nr. 1.

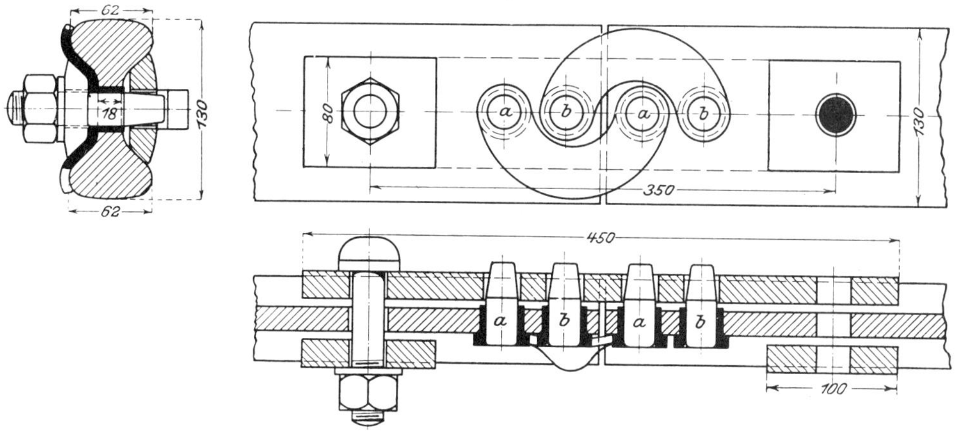

Masse, die in Plattenform unter den Schienenstühlen liegt und unter der Bezeichnung »Hekla« in Amerika bei elektrischen Bahnen für diesen Zweck vielfach angewendet wird.

Auf den neueren Linien hat die Stromschiene denselben Querschnitt erhalten wie die stählerne Fahrschiene, nur ist sie zur Verbesserung ihres elektrischen Leitvermögens aus

unerläßliche Bedingung, da sonst die gegenseitige Höhenlage zwischen Fahr- und Stromschiene verloren geht, was mangelhaftes Anliegen der Stromabnehmer zur Folge hat, und damit starke Funkenbildung, Energieverlust und vermehrte Abnutzung. Aber auch schon bei der alleinigen Unterstützung durch Mittelschwellen erfordert die dritte Schiene häufiges

Fig. 273 bis 275.

Schwellenlage auf den neueren Linien.

a) in geradem Gleis.

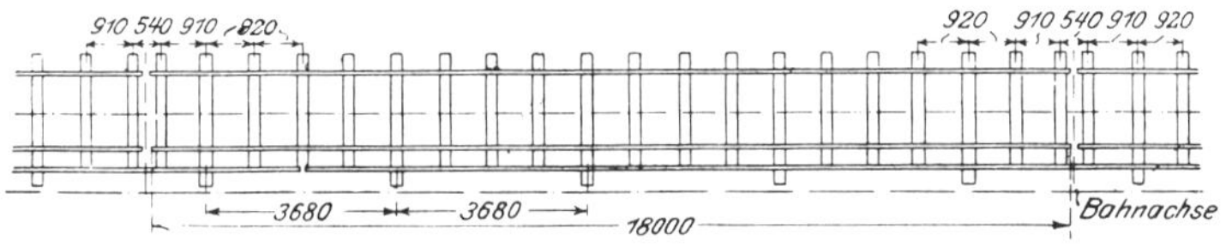

b) in Gleisbogen mit Halbmessern über 150 m.

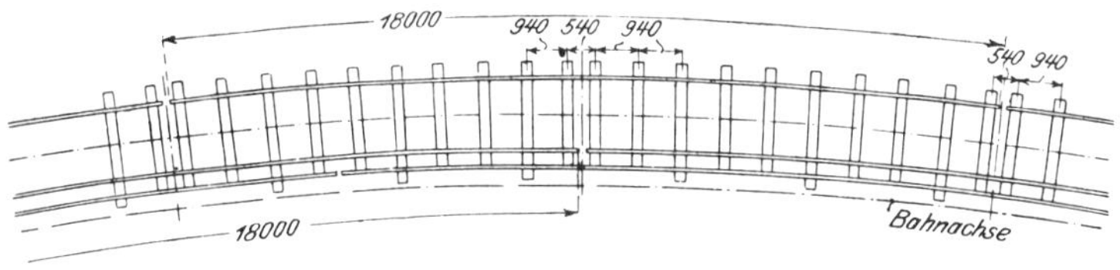

c) in Gleisbogen mit Halbmessern unter 150 m.

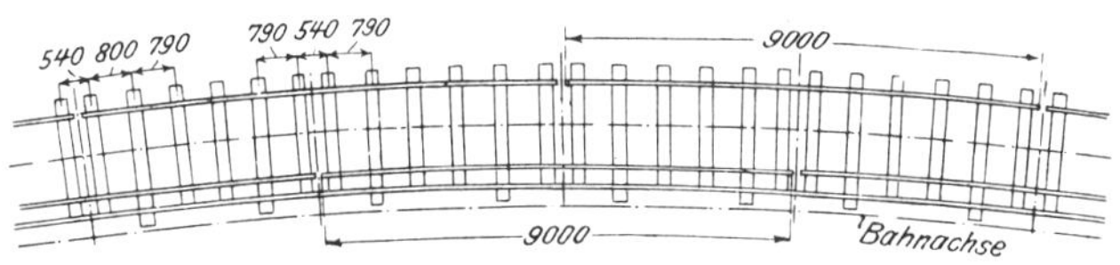

Fig. 276 bis 277.

Isolator für die dritte Schiene auf dem Nordring und der Linie Nr. 3.

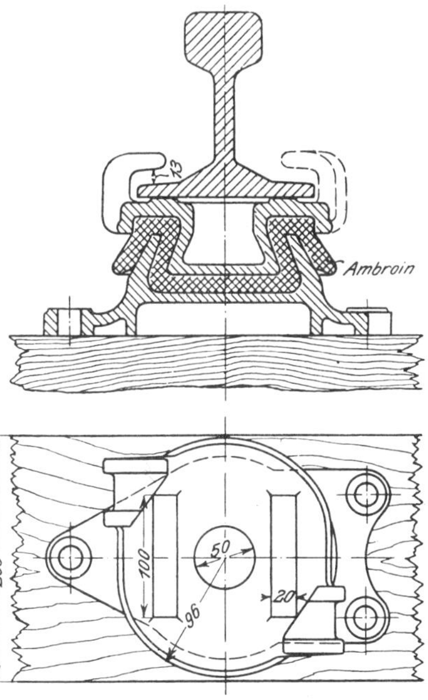

einem weniger Kohlenstoff und Mangan enthaltenden Material, also aus Flußeisen, hergestellt. Die Verlaschung ist ähnlich der in Fig. 270 bis 272 dargestellten, jedoch ist hier die Hauptlasche zur besseren Sicherung einer ebenen Schienenfläche für die darüber gleitenden Stromabnehmer 920 mm lang, jede der beiden Nebenlaschen 200 mm. Die Unterstützung erfolgt

Nachprüfen der Höhenlage und besondere Sorgfalt beim Stopfen und Ausrichten des Fahrgleises.

Die Befestigung auf den Schwellen geschieht nach Fig. 276 und 277 mittels zweiteiliger zylindrischer Stühle, die zugleich die Isolierschicht aufnehmen. Die Stromschiene sitzt lose in dem mit der Schwelle fest verschraubten Isolator, damit ihre Längsbewegungen nicht gehemmt werden und die über den Schienenfuß greifenden Isolatorknaggen die Höhenlage dieser Schiene nicht ändern sowie selber nicht abbrechen, wenn sich beim Ueberrollen der Zuglast die Querschwelle mit dem Isolator senkt.

Die Isolierschicht kragt mit ausgekehltem Rande trichterartig über den unteren Stuhlteil, um bei feuchter Eisenfläche den Stromübergang zu erschweren. Es wird jedoch über den Stromverlust infolge von Isolierfehlern geklagt.

Als Isoliermittel ist auf dem Nordring Ambroin verwendet, eine aus Kopalharzen unter Beimengung von Silikaten hergestellte Masse, die dem Hekla überlegen ist und für mancherlei Isolierzwecke mit Erfolg benutzt wird. Auf den offenen Rampen hat sie sich allerdings nicht bewährt. Sie schmolz bei dem ersten Schneefall im November 1903 infolge von Kurzschlußerscheinungen wiederholt in einigen Dutzenden dieser Stühle aus, als am Morgen die verschneite Rampe von den Frühzügen genommen werden sollte. Eine völlige mehrstündige Betriebstockung auf jener Linie war die unvermeidliche Folge.

Sämtliche Schienen sind an den Stößen zur Vermeidung von Spannungsverlusten durch Kupfer leitend verbunden.

Fig. 266 bis 268 zeigen die ursprüngliche Anordnung bei den Fahrschienen der Linie Nr. 1. Zwei je 15 mm starke Leiter quadratischen Querschnittes greifen mittels angelöteter Hülsen in den Steg, zwei in den Fuß. In die Hülsen sind kegelförmige Stahlpfropfen eingetrieben. Diese Verbindung hat sich jedoch als zu starr erwiesen, da sie oft gebrochen ist; sie wird deshalb nach und nach durch Lamellenleiter (2 Stück von je 175 qmm für jeden Stoß) ersetzt, wie sie sich auf dem Nordring bewährt haben.

Die Kupferleitung der Doppelkopfschienen ist nach Fig. 270 bis 272 durch gebogene, 104 mm lange Blechstreifen bewirkt.

Auf dem Nordring sind Drahtleiter für die dritte Schiene gewählt worden, während man auf der jetzt ihrer Vollendung entgegen gehenden Linie Nr. 3 die Stromschiene nach dem Goldschmidtschen Thermitverfahren an den Stößen vergossen und verschweißt und so die wirksamste und dauerhafteste Verbindung geschaffen hat. Zum Ausgleich der Wirkung der Wärmeschwankungen sind in Abständen von je 8 Schienenlängen offene Stoßfugen eingeschaltet, die durch Lasche und Kupferlamellen verbunden sind.

Ueber die Zweckmäfsigkeit der Lage der Stromzuleitungschienen, ob innerhalb der beiden Fahrgleise oder aufsen seitlich, sind die Ansichten geteilt. In London wurde für die neuesten Untergrundbahn-Entwürfe von den die Baugenehmigung nachsuchenden Ingenieuren ausdrücklich die Seitenlage zwischen Fahrgleis und Tunnelwand als die den Reisenden weniger gefährliche vorgeschlagen, falls diese durch Liegenbleiben eines Zuges gezwungen sein sollten, zu Fufs die nächste Station aufzusuchen. Sie würden dabei den Mittelweg zwischen den Fahrgleisen zu benutzen haben, wie dies auch im Tunnel der Berliner Unterpflasterbahn der Fall ist. Für jene »Röhrenbahnen« kommt allerdings in Betracht, daß die Reisenden den im Tunnel stecken gebliebenen Zug wegen seiner engen Umgrenzung durch die kreisrunde Tunnelauskleidung an dem Stirnende verlassen müssen, daher von vornherein auf den Mittelweg angewiesen sind, zumal zwischen den Schienen und der Tunnelwand kaum Platz ist, um sicher zu wandern. Ursprüglich ist auch für die Pariser Stadtbahn diese Seitenlage der Starkstromschiene geplant gewesen; man hat sie später abgeändert, da durch den gesetzlich vorgeschriebenen freien Raum zwischen Tunnelwand und Wagenkasten (= 700 mm) ein leidlich sicherer Weg in solchem Notfalle für Fufsgänger geschaffen ist und man zudem hier nicht nötig hat, beim Erreichen der Station die gefahrbringenden Hochspannungsschienen zu überschreiten, wohl aber bei dem Mittelwege. Aufserdem ist es bei der Seitenlage im allgemeinen wohl ausgeschlossen, dafs Züge die Fufsgänger kreuzen oder gar überholen.

In der Betriebsordnung[1]) ist dem Zugführer vorgeschrieben, die Reisenden aussteigen und sie durch einen Beamten nach der nächsten Station führen zu lassen, sobald der Zug aus irgend einer Ursache auf der Strecke liegen bleibt und die unfreiwillige Pause länger als eine Viertelstunde andauern kann. Die Fahrgäste sind dabei auf die Gefahren, die ihnen aus einer Berührung mit den Schienen und Leitungen erwachsen können, aufmerksam zu machen und während des Weges scharf zu überwachen. Da die Tunnel elektrisch erleuchtet sind, so ist einer solchen Notwanderung das Unheimliche genommen, falls nicht der Lichtstrom versagt oder Personen planlos fortlaufen.

Weichen.

Aufser den Abzweigweichen in den Endschleifen, Verbindungsgleisen sowie Aufstellungsgleisen für Leerzüge sind auch bei einzelnen Stationen Verbindungsweichen in die Hauptgleise eingelegt, um im Fall einer Zugentgleisung oder sonstigen Störung eines Fahrgleises den Betrieb an solcher Stelle eingleisig, im übrigen aber zweigleisig durchführen zu können. Sie sind für gewöhnlich verschlossen. Bezüglich der Bauart bieten sie nichts Besonderes. Ueber ihre Deckung durch Signale wird unter VII) »Signalwesen« Näheres gebracht werden.

Die Strecke wird allnächtlich während der $4^1/_2$stündigen Betriebspause durch Rottenarbeiter begangen. Diesen sind bestimmte Gleisabschnitte zugewiesen, die sie sorgfältig in allen Einzelteilen nachzusehen und erforderlichenfalls auszubessern haben.

2) Mittel zur Entwässerung.

Bauliche und maschinelle Einrichtungen zur Entwässerung der in Betrieb genommenen Tunnelstrecken sind bis jetzt nur in geringem Maß erforderlich gewesen, da die Strecken der Linien Nr. 1, 2 Nord und Etoile-Passy im allgemeinen trocken sind. Der in dem ursprünglichen Bauplane zwischen den beiden Gleisen der Linie Nr. 1 vorgesehene Entwässerungskanal ist deshalb auch nicht zur Ausführung gekommen. Die Tunnelsohle des Nordrings und der Trocadéro-Strecke liegt nirgends im Grundwasser, diejenige der Linie Nr. 1 nur auf vier kurzen Strecken, und zwar da, wo

Fig. 278.

Entwässerung der Tunnelstrecke am Boulevard de Courcelles (Nordring).

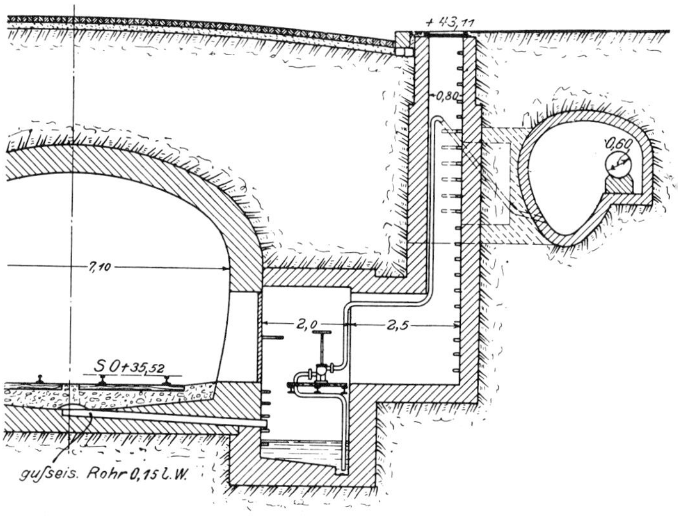

sie die großen Abwässerkanäle, z. B. an der Rue Ledru Rollin, Place de la Concorde, unterfährt; vergl. den Höhenplan in Fig. 5. Hier ist natürlich infolge möglichst wasserdichter Herstellung der Tunnelwände (vergl. Fig. 140 bis 142) die Sickerwassermenge sehr gering. An diesen Stellen sind kleine Brunnen angelegt, aus denen das angesammelte Wasser von Zeit zu Zeit durch elektrisch betriebene Pumpen abgesaugt und nach dem benachbarten, höher liegenden Sammelkanal

[1]) Règlement général d'exploitation du Chemin de Fer Métropolitain de Paris. Approuvé par décision préfectorale du 8. Février 1901.

Fig. 279 und 280.

Entwässerung der Hochbahnstrecken

Schnitt m-n.

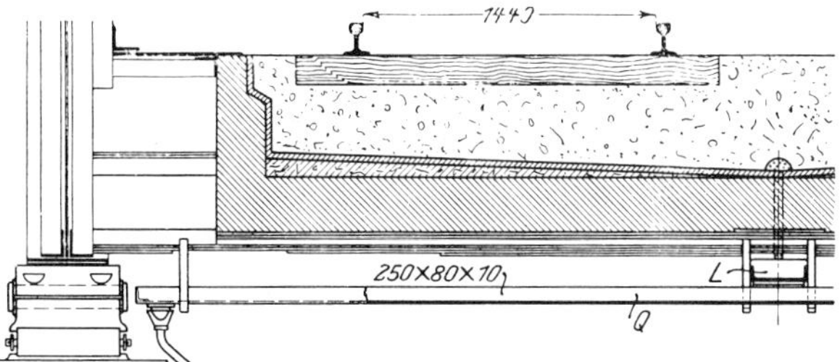

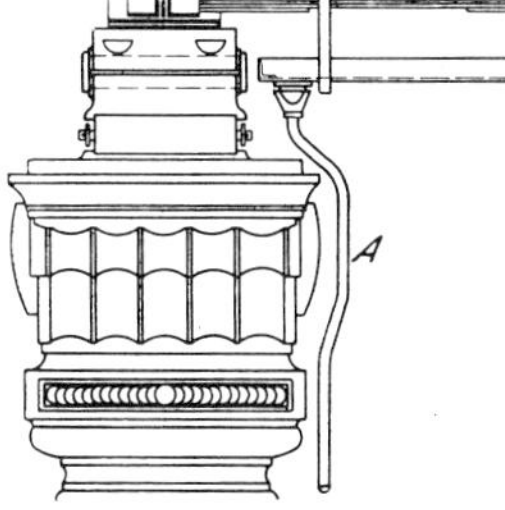

Längsschnitt durch die Fahrbahn.

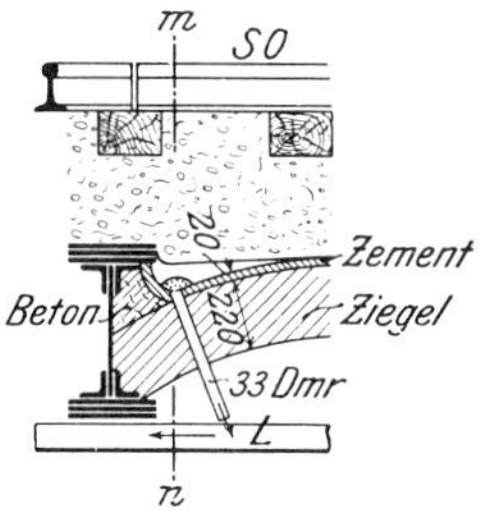

gedrückt wird. Aehnliche Einrichtungen bestehen auch in den Schleifenstationen zwecks Entwässerung der Arbeitsgruben und Verbindungsgänge.

Auf dem Nordring hat die Betriebsleitung in den Tunnelstrecken nicht mit Sickerwasser zu rechnen, sondern nur hier und da mit Zufallwasser. Dagegen kommen für die offenen Einschnitte der beiden Uebergangsrampen (Fig. 46) Regenwasser und Schneeschmelze inbetracht, ebenso auf dem Hochbahnabschnitt. Das Rampenwasser wird am oder nahe dem Ende der Einschnitte durch eine kleine Querwand gestaut und von da dem nächsten, hier natürlich tiefer liegenden Abzugkanal zugeführt.

Das durch Zufälligkeiten in das Tunnelinnere gelangende Wasser wird an den sieben tiefsten Punkten der Untergrundstrecken, einschließlich beider Endstationen, vergl. Fig. 9, in einem seitlich der Linie angelegten Brunnen von 4 bis 6 cbm Fassungsraum angesammelt und in 4 Fällen durch eine Handpumpe nach dem nächstgelegen Kanal hochgedrückt. Der unweit der Station Le Combat befindliche Brunnen, der auch etwas Tagwasser von dem Fuße der nicht weit davon entfernten Rampe empfängt, wird durch eine elektrisch betriebene Schleuderpumpe entleert. Die Brunnen sind nach Fig. 278 mittels Einsteigeschachtes von der Straße aus für den Pumpenwärter zugänglich, vom Tunnel aus durch eine für gewöhnlich abgeschlossene Tür.

Wo der Tunnel unter der mit Bäumen bepflanzten Mittelpromenade der Boulevards liegt, würde er im Sommer unter dem Wässern und Sprengen zu leiden haben; hier sind deshalb besondere Schutzmaßregeln getroffen.

Die Hochbahnstrecken lassen sich infolge ihres wasserdichten Steintroges bequem entwässern. Es sind zu dem Zweck nach Fig. 279 und 280 Rinnen aus U-Eisen in Richtung der Fahrbahn und quer dazu mit entsprechendem Gefälle unter letztere gehängt. Der Boden der Längsrinne L bildet einen langen, vielfach gebrochenen Linienzug, dessen untere Gefällbrüche in der Ebene der Hochbahnstützen liegen und hier ihr Wasser an eine Querrinne Q abgeben, die an eine bis nahe Straßendamm neben jenen Stützen hinabgeführte Abfallröhre A anschließt.

Für die übrigen Linien des Stadtbahnnetzes werden voraussichtlich ähnliche einfache Einrichtungen wie für Nr. 1 und den Nordring genügen.

3) Mittel zur Lüftung.

Auf der Linie Nr. 1 läßt die Tunnelluft sehr zu wünschen übrig. Der allein durch die Stationseingänge bewirkte Luftwechsel ist ungenügend; dabei herrscht noch immer ein starker Geruch nach Kreosot, den, wie schon unter 1) angedeutet, die damit getränkten Buchenschwellen erzeugen. Hat man sich einige Zeit auf der Bahn aufgehalten, so duftet sogar die Kleidung nach jener Flüssigkeit. Auch über zu warme Luft ist im Sommer zu klagen. Versuchsweise ist nun zwar an der Vincennes-Schleife ein Flügelgebläse aufgestellt worden, das frische Luft in den Tunnel drücken soll; die Wirkung war jedoch mangelhaft, und der Betrieb wurde eingestellt.

In den neuen Tunnelstrecken kommen zur Vermeidung des Geruches Eichenschwellen zur Verwendung, die nicht mit Kreosot oder sonstwie getränkt sind. Auf den Hochbahnstrecken dagegen verbleibt es bei den billigeren kreosotierten Buchenschwellen.

Die beiden Linien Nr. 2 und Nr. 5 werden sich hinsichtlich der Lüftung etwas günstiger stellen als der übrige Teil des Netzes, da ihre Hochbahnabschnitte frische Luft gewähren und auch die Einschnittrampen wohl eine kräftigere Lüftung bewirken werden als die Stationseingänge.

Weitere Versuche über künstliche Lüftung der Tunnelstrecken sind im Gange. Sie sind nach dem Brandunglück im August 1903 wieder lebhafter aufgenommen worden.

4) Beleuchtung.

Die Stationen und sämtliche Tunnelstrecken sind durch elektrische Glühlampen von je 16 NK beleuchtet, die nach

Fig. 281.

Anordnung der Glühlampen in den Stationen.

a) Station mit Gewölbdecke (36 Glühlampen von je 16 NK).

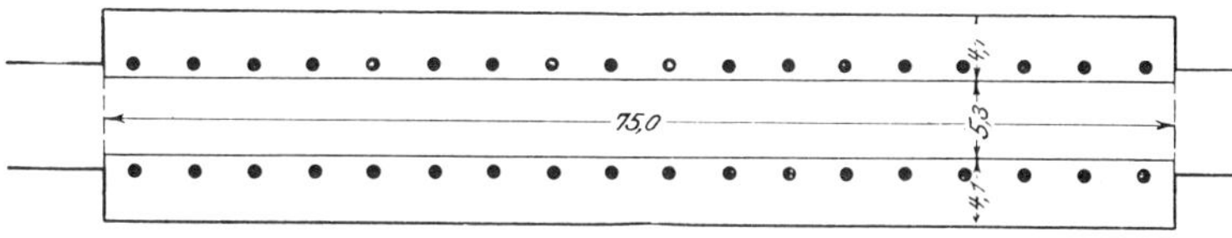

b) Station mit Eisenträgerdecke (56 Glühlampen von je 16 NK).

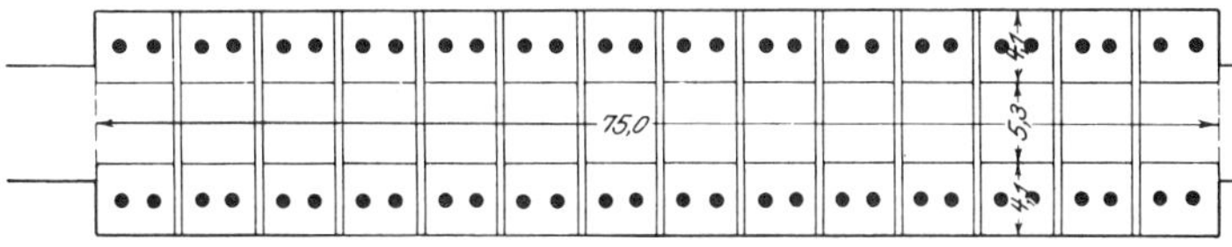

Fig. 281 und 282 verteilt sind. Darnach haben die gewölbten Stationen je 18 solcher Lampen über jedem Bahnsteig, die mit flacher Trägerdecke ausgeführten Stationen je 28. Aber selbst bei dieser großen Kerzenzahl — fast 900 für 1 Station — ist die Helligkeit infolge der zahlreichen Kappenhöhlungen und des grauen Farbanstrichs nicht so gut wie in den mit weißen Fliesen ausgekleideten Stationen, vgl. Fig. 54 und 57. Es wurden deshalb anfangs, wie im

Fig. 282.

Anordnung der Glühlampen in der Tunnelstrecke.

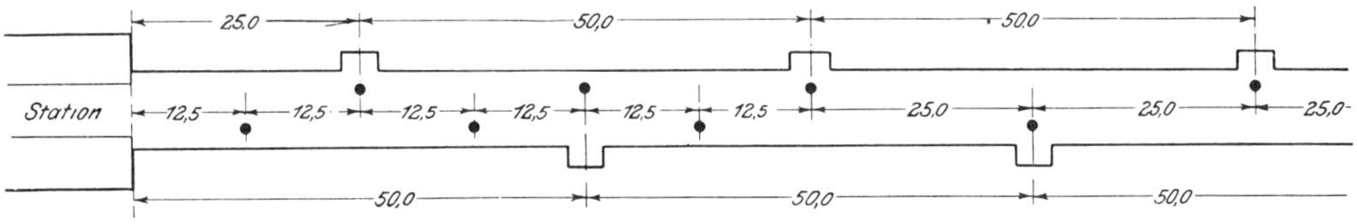

Abschnitt III schon angegeben ist, noch je 5 Bogenlampen über jedem Bahnsteig eingeschaltet und aus der Stromschiene gespeist; sie mußten jedoch wegen ihres zuckenden Lichtes wieder beseitigt werden.

Die Tunnelstrecken sind zu beiden Seiten jeder Station auf 75 m Länge durch Glühlampen in je 12,5 m Abstand, im übrigen in je 25 m Entfernung beleuchtet. Die Lampen sind in regelmäßigem Wechsel auf beiden Tunnelseiten derart verteilt, daß sich stets über einer Sicherheitsnische eine Glühlampe befindet. Infolge dieser verhältnismäßig reichen Beleuchtung gewährt das Tunnelinnere, wenigstens vom fahrenden Führerabteil aus, einen freundlichen Anblick. Im Verein damit sind auch die Wagen recht gut erleuchtet, was von den Reisenden um so angenehmer empfunden wird, als die Beleuchtung der Pariser Straßenbahnwagen und vollends gar der Omnibusse höchst trübselig ist.

Die zu je 5 in Reihe hintereinander geschalteten Glühlampen werden aus Speicherbatterien durch 2 getrennte Lichtleitungen mit 550 V gespeist, wovon die eine die linke Seite der Bahnlinie, die andere die rechte versorgt. Diese Anordnung ist seinerzeit ausdrücklich deshalb gewählt worden, um beim Versagen einer Leitung wenigstens noch die halbe Lampenzahl in Benutzung zu haben. Es war dies jedenfalls eine gute Vorsichtsmaßregel, die auch meinen liebenswürdigen Führer, einen Oberingenieur der Betriebsgesellschaft, zu der Bemerkung mir gegenüber veranlaßte, daß der Stadtbahntunnel während des Betriebes nie dunkel werden könne. Da brannten am 10. August 1903 bei der Station Rue de Ménilmontant die beiden Züge im Tunnel auf, ein Fall, der in den 40 Jahren, seit denen Untergrundbahnen bestehen, noch niemals eingetreten war. Bei dieser Gelegenheit wurden die beiden dicht über dem Feuerherde gelegenen Lichtleitungen zerstört, und die natürliche Folge war völlige Finsternis auf der ganzen Strecke nördlich von der in der Unterstation Père Lachaise aufgestellten Speicherbatterie. Aber gerade hierdurch hat das Unglück auf der vorgelegenen Station Rue des Couronnes den betrübend großen Umfang angenommen, weshalb auch mit Recht die öffentliche Meinung und das Pariser Polizeipräsidium in erster Linie unter allen Umständen sicher wirkende Kenntlichmachung der Treppenlage und der Stationsausgänge forderten. Die genannte Behörde verlangte die Speisung dieser besonderen Stationslampen durch eine nicht im Tunnelinnern verlegte, sondern von außen kommende, also von der Bahnbeleuchtung und der Zugbeförderung unabhängige Leitung, damit im Fall einer Zerstörung der Tunnelleitungen alle auf den Bahnsteigen befindlichen Personen sicher die Treppenausgänge finden und sich in Sicherheit bringen könnten. Demgemäß sind jetzt über die ganze Bahnsteiglänge verteilte Leuchtzeichen geschaffen worden, die klar und deutlich die Treppenlage und den Ausgang bezeichnen, ferner eine Anzahl Notlampen, die sich von den übrigen Glühlampen unterscheiden. Alle diese Sicherheitslichter werden durch eine besondere, gegen Brandgefahr geschützte und von dem Bahnbetrieb unabhängige Leitung gespeist. Sodann erhalten die neuen Motorwagen ein feuersicheres Führerabteil, und die alten Treibwagen werden nach und nach durch solche neuen Wagen ersetzt. Endlich sind auch Wasserzapfstellen für Feuerlöschzwecke usw. in den Stationen aufgestellt, und die besonders verkehrreichen Stationen sollen einen zweiten Ausgang erhalten, so daß nach menschlicher Voraussicht die Wiederholung eines solchen Unglücksfalles ausgeschlossen erscheint.

5) Signalwesen.

Nach dem bewährten Vorgange nordamerikanischer Bahnen, die von französischen Ingenieuren vor Ausrüstung der Linie Nr. 1 besichtigt worden waren, wurde für die Stadtbahn das selbsttätige Hallsche Signalverfahren gewählt. Die selbsttätige Einstellung der Signale war auf der Pariser Bahn um so eher zulässig, als ja der Betrieb nach Abschnitt II ein sogen. Pendelbetrieb ist, bei dem höchstens in den Schleifenstationen zeitweilig vereinzelte Abzweigweichen zu stellen sind. Die aus betriebstechnischen Gründen auf einzelnen Zwischenstationen eingebauten Verbindungsweichen sind nach dem unter 1) Gesagten gewöhnlich verschlossen; sie dürfen nur im Notfalle mit besonderer Erlaubnis des verantwortlichen Stationsbeamten benutzt werden, falls Züge infolge einer Streckensperrung durch sie auf das andre Fahrgleis übergeleitet werden sollen. Diese Weichen sind mit den Stationssignalen derart verbunden, daß letztere nicht auf Fahrt eingestellt werden können, wenn jene geöffnet werden, wie das auf S. 107 näher erläutert ist.

Die Wahl des Hallschen Signalsystems konnte nicht schwer fallen, da es in Nordamerika seit 1892 unter schwierigen Betriebsverhältnissen wiederholt glänzende Proben bestanden und sich im Dauerbetrieb — es sei hier nur an die New Yorker Hochbahnen erinnert — vollauf bewährt hat.

Im Anfang wurde es auf der Stadtbahn in der Weise benutzt, dafs nicht in Raumabständen, sondern in Zeitabständen gefahren wurde; d. h. zwischen 2 aufeinander folgenden Zügen lag nicht ein durch 2 Haltsignale gedeckter Gleisabschnitt (Blockstrecke), sondern nur eine gewisse Zeitdauer. Neben dem Fahrsignal (weißes Licht) stand grünes Licht als Haltsignal in Anwendung. Die Zug- oder Wagenführer — hier in der Bedeutung von Lokomotivführern gebraucht — durften an einem solchen grünen Signalbilde vorbeifahren, wenn sie eine Minute lang davor gehalten hatten. Ein Unglücksfall, der sich am 19. Oktober 1900 dadurch ereignete, dafs ein vor einer besetzten Station auf steiler Rampe wartender Zug beim Lösen der Bremse ins Rückwärtslaufen kam und nun auf einen andern in der hinterliegenden Blockstrecke langsam vorfahrenden Zug unter bösen Begleiterscheinungen auflief, schuf darin Wandel.

Abgesehen von einer mit Bezug auf die Neigungsverhältnisse nunmehr gewählten zweckmäfsigeren Aufstellung des betreffenden Einfahrsignales wurde das sogen. absolute Blockverfahren, d. i. das Fahren in Raumabständen, eingeführt, und es bestehen seitdem die beiden Signalbilder:

weifs für „Bahn frei“ oder Fahrt,
rot für „Bahn gesperrt“ oder Halt.

Jede Durchgangstation besitzt ein Einfahr- und ein Ausfahrsignal; die mit gesonderter Ankunft- und Abfahrstation ausgestatteten Endschleifen haben für die erstere nur ein Einfahr-, für die letztere nur ein Ausfahrsignal. Das Einfahrsignal steht je nach den Neigungs- und Krümmungsverhältnissen 25 bis 50 m vor dem Eingang der Station; das Ausfahrsignal befindet sich stets unmittelbar am Abfahrende des Bahnsteigs, etwa 1,7 m über dessen Plattform, also ungefähr in Augenhöhe der Zugführer. Stationsabstände über 750 m sind durch ein Zwischensignal zerlegt, um eine zweiminutige Zugfolge zu ermöglichen.

Auf der zwischen ihren Endstationen 10,328 km langen Linie Nr. 1 gibt es 6 derartige Zwischensignale, und zwar sind die ersten 5 Stationsabstände von der Porte de Vincennes bis St. Paul sämtlich in dieser Weise in 2 Blockabschnitte geteilt, aufserdem die Strecke Place de la Concorde-Champs Elysées. Fig. 283 zeigt die Lage der Signale. Da Linie Nr. 1 18 Stationen berührt, so besitzt sie 80 Standsignale. Ende 1902 wurde sie werktäglich in beiden Fahrrichtungen von insgesamt 736 fahrplanmäfsigen Zügen befahren, die somit das Einstellen von täglich fast 30000 Signalbildern auf dieser einen Linie notwendig machten. Seitdem ist die tägliche Zugzahl der Linie infolge der immermehr auf ihr eingeführten langen Wagenzüge — 7 bis 8 gegen früher 4 Wagen — vermindert worden. Sie betrug z. B. im Sommer 1903 für beide Fahrrichtungen zusammen 627, was immerhin noch täglich 25000 Signalwechsel ergab, oder durchschnittlich für 1 km Doppelgleis 2420 Signale. Auf dem zwischen den Endstationen im Mittel 12,322 km langen Nordring, der nur auf der Strecke Place de l'Etoile-Place Victor Hugo ein Zwischensignal besitzt, wurden in derselben Zeit täglich 595 Züge gefahren; das ergibt für seine 98 Standsignale täglich 29155 Wechsel oder durchschnittlich für 1 km Doppelgleis 2366 Signalbilder. Beide Linien waren also nach dieser Richtung hin nahezu gleich stark beansprucht.

Dieses selbsttätige Ein- und Umstellen der Signalbilder Rot und Weiß, also das Blocken (Sperren) und Entblocken (Freigeben) der Strecke, erfolgt nach Raumabstand durch die

Fig. 283.

Standsignale der Linie Nr. 1.

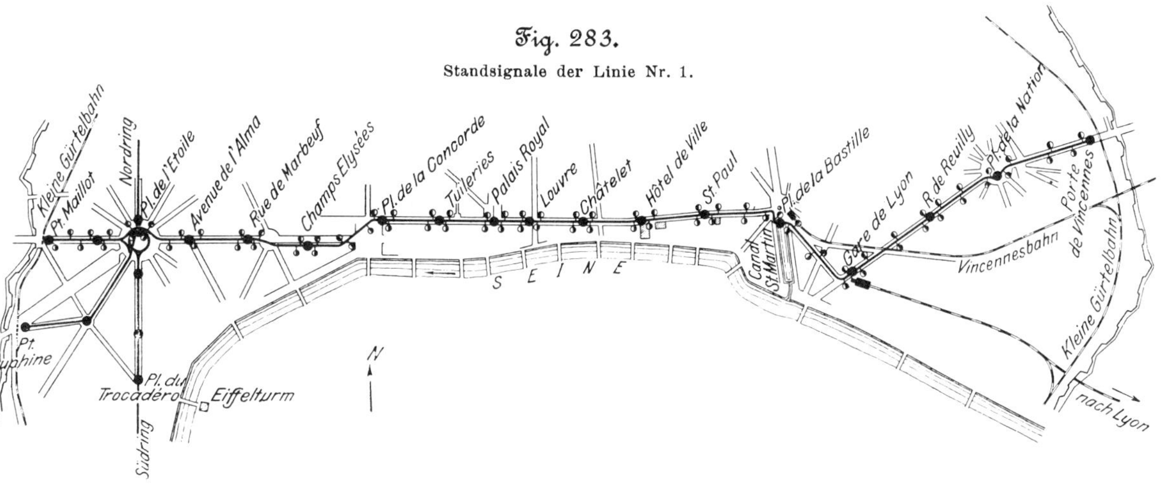

Züge, und zwar wird das Haltsignal durch jeden einzelnen Zug eingestellt, das Fahrsignal dagegen gemeinsam durch 2 Züge, wie unter d) näher ausgeführt ist. Grundsätzlich wird jeder Zug rückwärts durch 2 Haltsignale gedeckt, so daß bei aufmerksamer Beachtung der Signalbilder unbedingt zwischen 2 aufeinander folgenden Zügen mindestens eine von allen Fahrzeugen freigelassene Blockstrecke verbleibt.

Die Länge der Blockstrecken und vor allem deren Neigungs- und Krümmungsverhältnisse sind naturgemäß recht verschieden. Es gehört daher ein ungemein gewandtes Fahren und eine schnelle Zugabfertigung auf den Stationen dazu, um die Züge bei dichter Folge nirgends vor einem Haltsignal unnötig zum Liegen zu bringen.

Nach meinen wiederholten zahlreichen Beobachtungen (mittels sog. Stoppuhr) schwankt der Aufenthalt der Züge an den Bahnsteigen je nach der Verkehrstärke gewöhnlich zwischen 12 und 20 sk. Ausnahmen von nur 3 sk, wie anderseits solche von 2 bis $2^1/_2$ min habe ich ebenfalls beobachtet. Die längeren Stationsaufenthalte sind in der Regel durch Warten auf Freigabe des Ausfahrsignals bedingt. Die Züge folgen einander in der geschäftigsten Zeit in $2^1/_2$ und selbst 2 min Abstand. Eine Dreiminutenfolge ist den öffentlichen Fahrplänen zugrunde gelegt; jedoch werden in Stunden besondern Andranges Bedarfzüge eingeschoben.. Ein glattes Durchfahren der ganzen Linie von Station zu Station läßt sich infolge der außerordentlich kurzen Stationsabstände bei Zweiminutenfolge und kurzer Bahnsteigpause wohl kaum ermöglichen; auch bei $2^1/_2$- bis 3 minutlicher Zeitfolge und 15 sk Stationsaufenthalt ist solches schwierig, wie ich bei wiederholten Fahrten vorn im Führerstande sowie durch vielfache Beobachtungen in den Wagen und vom Bahnsteig aus feststellen konnte. Gefördert wird ein solcher Zugdienst allerdings ganz ungemein durch den elektrischen Betrieb, dessen Elastizität hier besonders ausgenutzt werden kann. Er gestattet bekanntlich, die Züge beim Anfahren erheblich stärker zu beschleunigen, als dies beim Dampfbetrieb möglich ist, wie er auch für das Nehmen von Steigungen die wirksamste Energieform ist.

Die Signalbilder werden an Standsignalen eingestellt, was durch einen Radtaster eingeleitet wird, der sich nahe dem Standsignal neben der äußeren Fahrschiene befindet. Durch das erste überrollende Rad niedergedrückt, beeinflußt dieser Taster den Stromkreis einer Batterie und betätigt so unter Vermittlung zweier Relais und noch andrer Stromkreise die Signale.

Ein Standsignal (Ausfahr-, Einfahr-, Zwischensignal) bildet mit dem zugehörigen Radtaster, den beiden Relais und zwei Zellenbatterien einen Signalposten. Sämtliche Posten sind durch vier Hauptleitungen miteinander verbunden, wovon die eine die gemeinsame Rückleitung für die verschiedenen Batterieströme bildet.

Um nun das durch diese Posten selbsttätig ausgeübte, nicht gerade einfache Signalverfahren klar erkennen zu können, sind zuvor ihre Haupteinzelheiten zu erörtern.

Einzelheiten.

a) Standsignale.

Von den Tagsignalen der Hochbahnstationen und der zutage liegenden Einschnittstationen, wie z. B. »Place de la Bastille«, Fig. 73, und Rue Corvisart, Fig. 78, abgesehen, werden alle Signale als Lichtsignale gegeben.

Die genannten Ausnahmen zeigen das in Fig. 284 wiedergegebene Signalgehäuse mit zwei runden verglasten Oeffnungen von 356 bezw. 164 mm Dmr., wovon die untere große für das Tagsignal benutzt wird, die obere kleine für das Nachtsignal. Das Haltsignal wird am Tage durch eine hinter dem unteren Fenster erscheinende Scheibe aus rotem Stoff angezeigt, in der Dunkelheit mittels einer roten Glasscheibe, die hinter die kleine Oeffnung tritt und von einer Lichtquelle durchleuchtet wird. Das Fahrsignal zeigt weißes Licht bezw. nicht rot verdecktes Fenster. Auf den Hochbahnstrecken sitzt das Signalgehäuse an einem 50 cm hohen Pfosten, der seinen Platz auf einem Brückenträger hat.

Fig. 284.

Standsignal für offene Strecke.

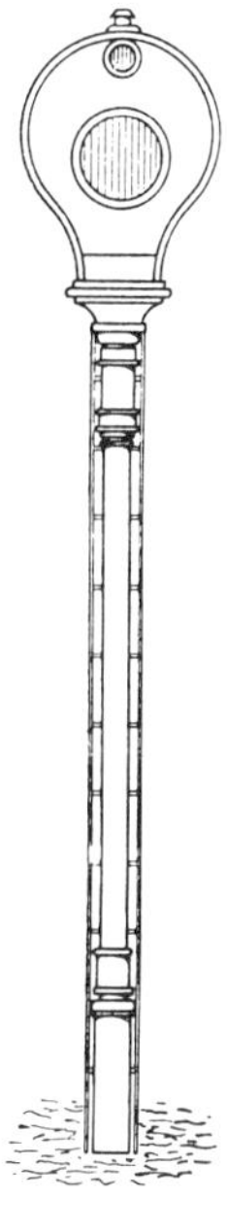

Fig. 285.

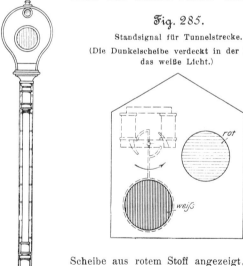

Standsignal für Tunnelstrecke.

(Die Dunkelscheibe verdeckt in der Figur das weiße Licht.)

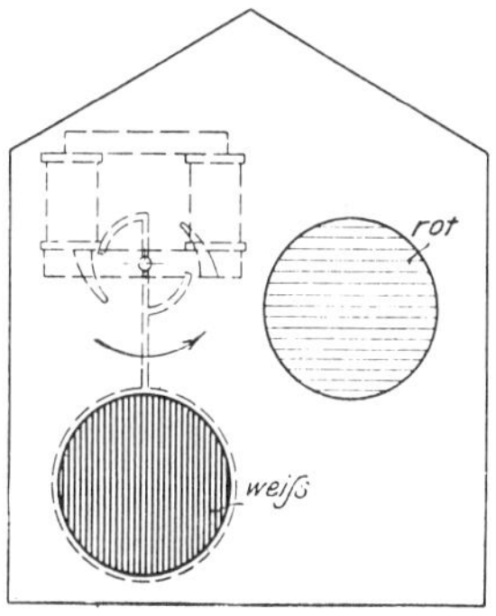

Die Tunnelsignale werden an einem 500 mm langen Blechgehäuse gegeben, dessen Querschnitt Fig. 285 erkennen läßt. In seiner dem Bahnsteig zugekehrten Vorderseite befinden sich 2 Oeffnungen von 90 mm Dmr., wovon die untere weiſs, die obere rot verglast ist. In den Gehäusen sind zwei

Fig. 286.

Dunkelscheibe und Elektromagnet.

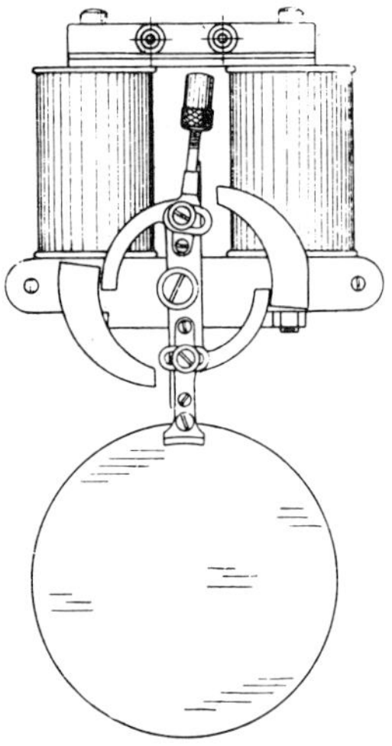

Gruppen von je 5 zehnkerzigen Glühlampen in Reihenschaltung aufgestellt, die aus der Hauptlichtleitung (550 V) gespeist werden. Eine Gruppe dient als Ersatz, falls die andre erlischt. Durch eine 105 mm grofse, drehbar aufgehängte Aluminiumscheibe wird stets eines der beiden Glasfensterchen verdunkelt, zu welchem Zweck die Hängeschiene nach Fig. 286 mit 2 Stahlbogen versehen ist, die innerhalb eines Elektromagneten schwingen können. Solange die Magnetspulen vom Strom durchflossen werden, ist die Magnetscheibe gehoben und das weifse Signallicht frei; sobald aber der Strom unterbrochen wird oder verschwindet, fällt die Dunkelscheibe herab, das weifse Licht verschwindet, rotes wird sichtbar. Die Signale zeigen in der Ruhelage, also in ihrer Normalstellung, rot = halt.

b) Radtaster.

Zur Einleitung der Signalverstellung dient der Hallsche Radtaster. Er besteht nach Fig. 287 und 288 aus einem Doppelhebel, dessen freies Ende 3 mm von dem Schienenkopf absteht und winkelrecht zur Bildebene oben gewölbt ist, um den Stofs der überrollenden Räder zu mildern.

Das andre Hebelende ist, damit es nicht mifsbräuchlich oder auch unbeabsichtigt durch Arbeiter usw. niedergedrückt wird, mit einem Gummipuffer versehen, der sich gegen ein festes Querstück legt. Nur ein Druck von mindestens 900 kg auf das freie Ende vermag dieses abwärts zu bewegen. Da die leichtesten zweiachsigen Stadtbahnwagen leer 8000 kg wiegen, so beträgt der Raddruck mindestens 2000 kg; die durch ihn zu veranlassende Hebelbewegung ist also anderseits vollauf gesichert. Fährt nun das erste Rad eines Zuges über den Hebel, so drückt dessen abgepuffertes Ende eine in besonderem Gehäuse geführte, an ihrem oberen Ende kegelförmig gestaltete Stange aufwärts, die dann ihrerseits mittels Gelenkes zwei am Gehäusekopf angebrachte Stromschlüsse betätigt. Einer hiervon beeinflußt die Signale, der andre eine Alarmglocke (vergl. d).

Damit bei dem plötzlichen Niederdrücken des Radtasters die Einrichtung nicht leidet, ist die die Stromschlüsse bewegende Stange mit einem Scheibenkolben ausgestattet, der als Luftpuffer wirkt. Zu diesem Zweck stehen die beiden Räume über und unter dem Kolben durch eine feine Längsbohrung *b* und eine Seitenöffnung *v* miteinander in Verbindung. Wird der 115 mm Hub besitzende Kolben durch den Radstofs aufwärts getrieben, so entweicht über ihm die Luft durch *b* und strömt in den Raum unter ihm. Sobald er jedoch die Oeffnung *v* deckt, dient die nun über ihm noch eingeschlossene Luft als elastisches Kissen. Ein Ventil *t* gestattet genaue Regelung der Kolbenbewegung, auch für den Abwärtsgang. Letzterer wird noch gedämpft durch einen unten in das Tastergehäuse gelegten Gummipuffer, der auch die Hebelbewegung mildert.

Die Stromschlüsse nebst Ventil *t* usw. werden durch eine Eisenkappe geschützt, während die untere, dem Hebelausschlag dienende Gehäuseöffnung durch ein verschiebbares, mittels Feder angeprefstes Blech verschlossen gehalten wird.

Bislang bestanden die Wagenzüge teils aus je 4, teils aus je 8 zweiachsigen Wagen; jeder der 80 vorhandenen Signal-Radtaster der Linie Nr. 1 hatte werktäglich rd. 4600 mal die Stromkreise der Signale zu beeinflussen. Trotz dieser großen Zahl und dem immerhin heftigen Räderangriff hat sich die Einrichtung nach Angabe des Vorstehers des Signalwesens voll bewährt.

c) Relais.

Die durch den Radtaster veranlafste kurze Stromunterbrechung bezw. Einschaltung mufs nun für die Signale zu einer Dauerwirkung umgestaltet werden, wozu das Relais dient. Die Hall-Signal-Gesellschaft verwendet hierfür im allgemeinen verschiedene Bauarten. Auf der Stadtbahn steht die Anordnung von Buchanan in Benutzung, der mannigfache Vorzüge gegenüber den andern Arten, namentlich auch größere Betriebsicherheit bei Blitzschlägen, nachgerühmt werden. Sie hat nach Fig. 289 vier Kontakte, wovon abwechselnd einige geschlossen und die andern geöffnet sind, je nachdem die Relaisspulen erregt oder stromlos sind und dem entsprechend ihren Anker angezogen oder fallen gelassen haben. Die Kontakte vermitteln und unterbrechen auf diese Weise verschiedene Stromkreise. Die Wirkungsweise dieses Wechsels in den letzteren ergibt sich aus der Schilderung der Zugsignalisierung. Jedem Signalposten sind 2 Relais beigegeben, wovon das eine, das sogenannte Hauptrelais, seine Spulen in gewöhnlicher Weise hintereinander

Fig. 287.

Außenansicht des Radtasters.

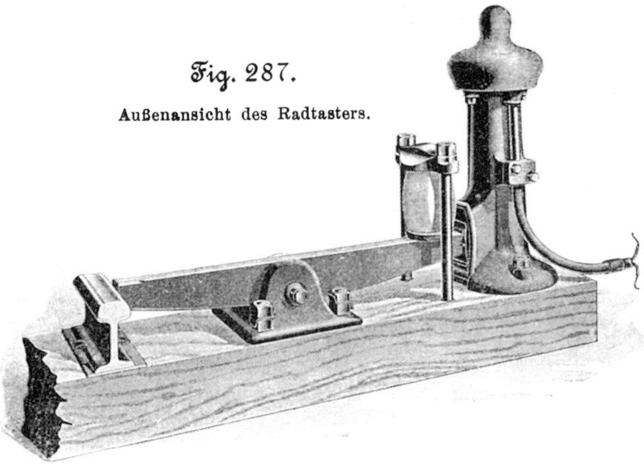

Fig. 288.

Schnitt durch den Radtaster.

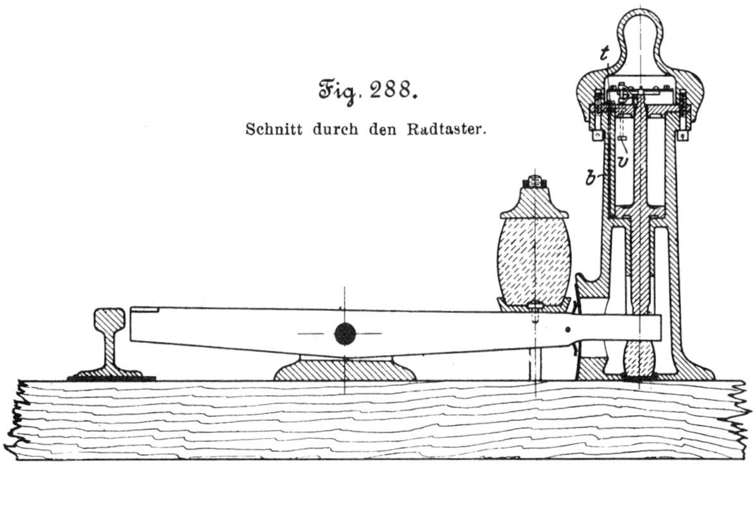

Fig. 289.

Buchanan-Relais.

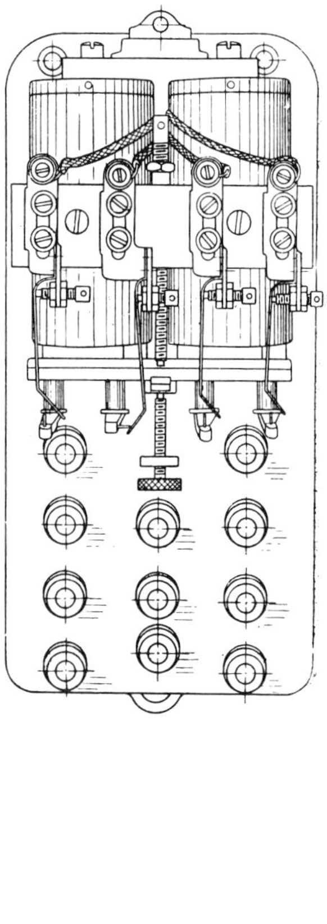

geschaltet enthält, das andere — Kontroller-Relais genannt — sie jedoch unabhängig voneinander hat, so daß jede Spule getrennt erregt oder stromlos gemacht werden kann. In der Figur 295 ist diese verschiedene Spulenschaltung kenntlich gemacht.

d) Selbsttätige Zugsignalisierung nach dem neuen Hall-Verfahren.

Bis gegen Ende 1903 stand auf der Linie Nr. 1 das ältere Hall-Verfahren in Anwendung. Es zeichnet sich durch verhältnismäßige Einfachheit in der Ausübung ebenso wie in der Ausrüstung der Signalposten aus. Letztere enthielten außer dem Standsignal einen Radtaster mit nur einem Stromschluß, ein Relais und eine Batterie. Das Verfahren hat sich in regelrechtem Betriebe nach den mir gemachten Angaben gut bewährt, krankte aber in den außergewöhnlichen Betriebsfällen an einem bösen Uebelstand. Trat z. B. durch Liegenbleiben eines Zuges oder dergl. eine Betriebstörung ein, die das Nachsenden eines Hülfszuges oder die vorübergehende Einrichtung eingleisigen Betriebes notwendig machte, wobei dann einzelne Haltsignale überfahren werden mußten, so waren bei Wiederaufnahme des regelrechten Betriebes die betreffenden Signale zuvor zu berichtigen, damit jeder Zug wieder durch 2 Haltsignale gedeckt wurde. Diese Berichtigung war auch jedesmal erforderlich, wenn ein Führer versehentlich an einem Haltsignal vorbeifuhr. Denn das Niederdrücken des Radtasterhebels übte bei diesem älteren Verfahren keinerlei Wirkung auf das zugehörige Relais aus, solange das Signal auf Halt stand. Alle nachfolgenden Züge würden mithin das Haltsignal erhalten haben und an der Weiterfahrt gehindert worden sein, selbst wenn der »falsche« Zug, wie er hier kurz bezeichnet werden mag, seine Fahrt fortgesetzt hätte. Eine Richtigstellung jenes Signals von Hand war daher unbedingt notwendig. Sie hatte zu erfolgen, sobald der falsche Zug die nächste Station erreichte. Zu dem Zwecke waren auf allen Stationen »Unterbrecher« in die Signalleitungen, sowohl der Ein- und Ausfahrsignale als auch der Zwischensignale, eingeschaltet. Sie konnten nach Lösen eines Bleisiegels am Schutzkasten durch den verantwortlichen Beamten mittels besonderer »Schlüssel« (Druckknöpfe) betätigt werden. Der Stationsbeamte drückte in solchem Falle den betreffenden Schlüssel nieder und unterbrach dadurch den Signalstrom jenes Haltsignals, was Fahrtstellung des rückwärtigen Signals nach sich zog, also den regelrechten Zustand wieder herbeiführte.

So einfach und sicher wirkend nun auch der Gebrauch der Berichtigungsschlüssel für den Kundigen ist, und so klar die Vorschriften darüber in der Signalordnung waren, so ist es doch vorgekommen, daß die Signalbilder durch einen mit dem Signalverfahren nicht genügend vertrauten Beamten erst recht in Unordnung gebracht wurden, was natürlich für eine so verkehrreiche und so dicht mit Stationen besetzte Bahnlinie höchst unliebsame Verkehrstockungen und Störungen zeitigte. Ferner war es ein Mangel im System, daß das versehentliche Ueberfahren eines Haltsignals der vorgelegenen Station nicht selbsttätig angezeigt wurde. Unterließ der betreffende Führer die Meldung hierüber an den Stationsvorsteher, so erhielt dieser erst später durch Anruf der rückwärtigen Haltestelle Kenntnis von dem Liegenbleiben der Züge.

Aus diesen Gründen, und um überhaupt derartige Eingriffe in die Signalgebung von Hand zu vermeiden, ist dieses Verfahren für die neuen Linien entsprechend abgeändert worden und, nachdem es sich auf dem Nordring hinlänglich bewährt hatte, auch auf der Linie Nr. 1 und dem im Betriebe stehenden Teile des Südrings eingeführt worden.

Wird jetzt ein Haltsignal überfahren, so werden die Signalbilder hinter dem Zuge gerade so beeinflußt, als ob das Signal auf Fahrt gestanden hätte, die Signale vor diesem Zug erleiden jedoch keinerlei Aenderung. Der falsche Zug deckt sich also durch zwei blockierte Haltsignale und deblockiert das drittletzte Signal hinter sich. Die nachfolgenden Züge werden sonach nicht mehr zum Liegenbleiben veranlaßt. Da jedoch zwischen dem falschen Zug und seinem Vorderzuge der vorgeschriebene Blockabstand verloren geht, so muß der Vorsteher der nächsten Station vor dem überfahrenen Signal durch ein untrügliches Mittel sofort Kenntnis vom Ueberfahren des Haltsignals erhalten, damit er augenblicklich die nötigen Maßnahmen treffen kann. Dieses Mittel besteht in einer elektrischen Alarmglocke, die beim Vorbeifahren am Haltsignal sofort und so lange auf der Station ertönt, bis sie von dem Beamten abgestellt wird. Zu jedem Standsignal, ausgenommen das Einfahrsignal der Endstation, gehört eine derartige Glocke, die oberhalb des Bahnsteiges der nächsten Station in der Fahrrichtung angebracht ist. Wo also ein Zwischenblock eingeschaltet ist, sind in der Station drei Alarmglocken vorhanden, sonst nur zwei. Sie sind durch ihre verschiedene Lage kenntlich gemacht und folgen einander, in der Fahrrichtung gesehen, wie folgt:

Glocke für Ausfahrsignal der nächsten rückwärtigen Station,
» » Zwischensignal,
» » Einfahrsignal der eigenen Station.

Das neue, auf der Stadtbahn jetzt allgemein übliche Signalverfahren ist äußerst sinnreich durchgebildet und verdient daher eingehendere Würdigung, namentlich auch hinsichtlich des sehr geschickt durchgeführten Verlaufes der verschiedenen Stromkreise. Nach dem Gesagten ist Rot = Halt die Grundstellung aller Standsignale; nur bei dem Ausfahrsignal der Endstation einer jeden Linie ist sie Weiß = Fahrt. Ist daher kein Zug auf der Strecke, so zeigen alle Signale außer dem eben genannten Ausgangsignal Rot; jedoch sind sie durch den Zug, der die Strecke zuletzt durchfahren hat, deblockiert, d. h. für das Umstellen auf Weiß freigegeben worden, Fig. 290. Der erste Zug, der jetzt wieder die Linie befährt, stellt beim Vorbeifahren an dem Ausgangsignal das nächst vorgelegene entblockte rote Signal auf Fahrt, öffnet sich also selbst die Fahrstraße; er verfährt so auch an jedem

Fig. 290.

Kein Zug auf der Linie, alle Signale zeigen halt, sind aber entblockt.

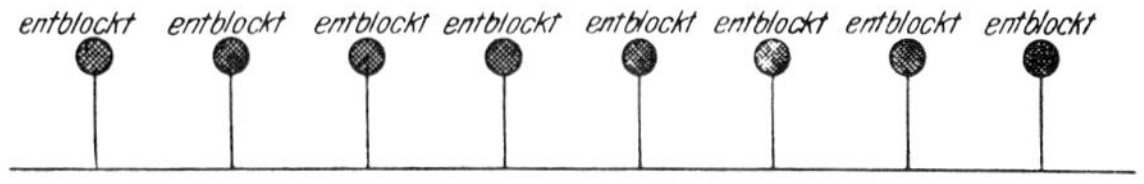

Fig. 291.

Ein Zug auf der Linie.

Fig. 292.

Zwei Züge auf der Linie.

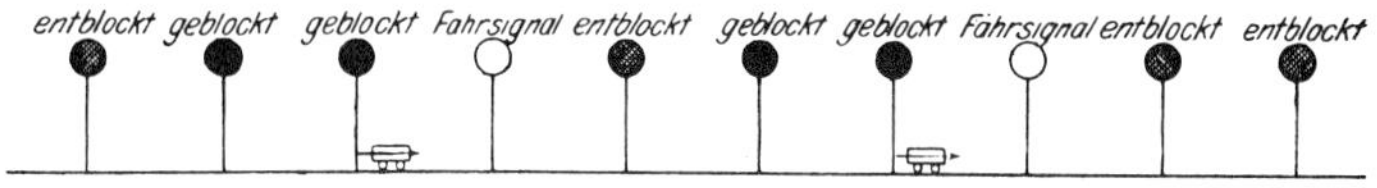

Fig. 293.

Vier Züge in kleinstem Raumabstand auf der Linie.

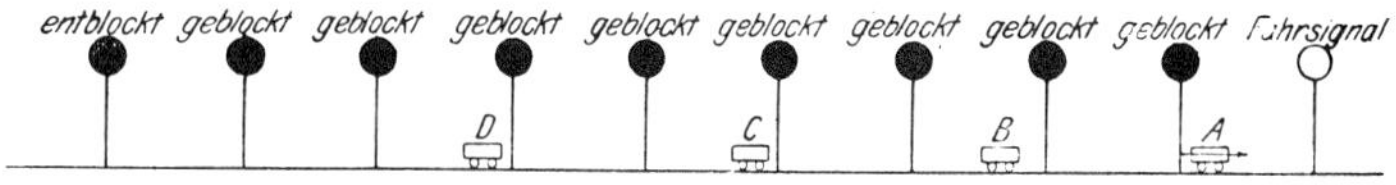

folgenden Fahrsignal. Gleichzeitig stellt er hinter sich die beiden nächsten Signale auf Halt und blockiert oder sperrt sie, so daß sie von einem etwa nachfolgenden Zuge nicht auf Fahrt zurückgelegt werden können; er verriegelt also gleichsam hinter sich die Fahrstraße. Bei weiterer Fahrt deblockiert oder entriegelt er ferner stets das dritte rückwärtige Signal, das im übrigen rot bleibt, Fig. 291. Nur ein solches Signal kann von einem nachfolgenden Zug in das Fahrsignal umgewandelt werden. Folgt kein Zug, so sind nach und nach alle Signale wieder deblockierte Haltsignale geworden; folgen mehrere Züge, so wiederholt sich bei jedem von ihnen das eben geschilderte Spiel; vergl. Fig. 292. Fahren diese Züge in dem denkbar geringsten Abstande voneinander, so sind sie sämtlich durch je 2 blockierte Haltsignale von einander getrennt, Fig. 293. Die in dieser Figur angedeuteten

Züge *B* bis *D* können natürlich nicht eher ihre Fahrt fortsetzen, wenn sie vor dem Haltsignal angelangt sind, als bis *A* an dem gezeichneten Fahrsignal vorbeigefahren ist, dieses auf Rot umgestellt und verschlossen sowie das unmittelbar vor *B* befindliche Signal entblockt und in Weiß verwandelt hat. Ist dann *B* an letzterem Signal vorbei, so kann *C* weiterfahren, darauf endlich *D*.

Zum Geben des Fahrsignals müssen hiernach stets 2 Züge auf den betreffenden Signalposten mittels des Radtasters einwirken; die Reihenfolge dieser Zugbetätigungen ist dabei gleichgültig. Jenes Signal kann daher je nach dem Abstande dieser Züge in zweierlei Weise zustande kommen:

Fig. 294.

Beeinflussung des Fahrsignals durch 2 Züge.

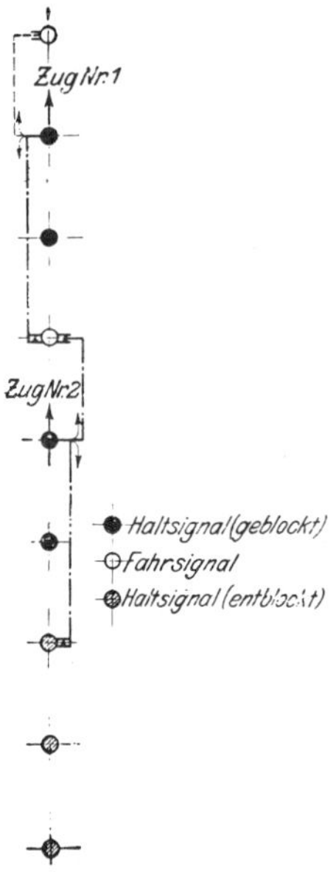

1) Erstreckt sich der Abstand über mehrere Blockstrecken, Fig. 292, so entblockt der vorauffahrende Zug das betreffende rückwärtige Haltsignal von dem ihm in der Fahrrichtung zweitvorgelegenen Posten aus, und der nachfolgende Zug bewirkt den Farbenwechsel, wenn er am letzten hinter dem Signal gelegenen Posten vorbeifährt.

2) Folgen die Züge einander aber unmittelbar im Abstand einer Blockstrecke, Fig. 293, dann bereitet der nachfolgende Zug vom gleichen Signalposten aus den Farbenwechsel vor, den dann der vorauffahrende Zug endgültig herbeiführt. Fig. 294 veranschaulicht schematisch den ersteren Fall.

Wie spielen sich nun diese einzelnen Vorgänge ab?

In Fig. 295 ist die ganze Signaleinrichtung einer Linie für eine Fahrrichtung in einfachen Linien übersichtlich dargestellt. Die Kontakte der verschiedenen Relais sind darin schematisch angedeutet. Die Relaisanker sind fortgelassen, um das Bild der verschiedenen Stromkreise und der Kontaktwirkungen nicht zu trüben.

Es bedeuten nun bei jedem der dargestellten Signalposten:

t, *t'* die beiden Stromschlüsse des Radtasters,
V das Hauptrelais (Relais de voie),
a, *b*, *c*, *d* dessen 4 Kontakte,
C das Kontrollrelais (Relais de controleur),
e, *i*, *o*, *p* dessen 4 Kontakte,
○ *T* das Ausfahrsignal der Endstation, in der der Zug seine Fahrt beginnt,
○ *E* das Einfahrsignal einer Zwischenstation,
○ *S* das Ausfahrsignal einer Zwischenstation,
○ E_z » Einfahrsignal der Endstation, in der der Zug seine Fahrt beendet.
R die gemeinsame Rückleitung.

Die einzelnen Drahtleitungen, die für die Batterieströme in Frage kommen, sind durch Zahlen bezeichnet, die auch in den nachstehend angegebenen Stromkreisen der Einfachheit wegen ohne näheren Zusatz benutzt sind. Die Alarm- oder Kontrollglocken sind in der Figur besonders bezeichnet. Es ist in letzterer die Ruhelage vorausgesetzt und kein Zug auf der Linie befindlich. Sämtliche Signalvorrichtungen zeigen demnach ihre Grund- oder Normalstellung, d. h. alle Hauptrelais *V* sind erregt, alle Kontrollrelais *C* sind stromlos; die Signale aller Zwischenstationen zeigen Halt und sind deblockiert, die zugehörigen Radtaster haben beide Stromschlüsse offen. Im Gegensatz dazu zeigt das Ausfahrsignal *T* allein Weiß und hat den Radtasterkontakt für die Signalgebung geschlossen; denn hinter diesem Signal liegt nicht mehr eine Blockstrecke, die durch einen in sie einfahrenden Zug auf das Signal *T* einwirken kann; hier muß also der ausfahrende Zug allein das Fahrsignal einstellen. Anderseits fehlen naturgemäß der andern Endstation der Linie die zum selbsttätigen Entblocken der Signale S_y und E_z erforderlichen vorgelegenen beiden Blockstrecken mit ihren Signalposten; daher müssen diese beiden letzten Signale unter der Kontrolle des Vorstehers jener Endstation stehen, der mittels eines besonderen »Schlüssels« das Entblocken der Signale S_y und E_z von Hand besorgt, wenn diese durch den vorbeifahrenden Zug von Fahrt auf Halt zurückgestellt worden sind. Das Vorbeifahren eines Zuges an beiden Fahrsignalen wird dem Beamten durch je eine besondre Signalglocke angezeigt. Naturgemäß zeigen die Signalposten S_y und E_z einige Aenderungen gegen die übrigen; so hat das Hauptrelais von S_y in der Grundstellung 3 geschlossene und 1 offenen Kontakt (vergl. Fig. 289) und ist der Posten E_z mit 3 Relais und 5 Batterien ausgestattet, Fig. 295a.

Ganz ohne menschliche Hülfe, die übrigens auch bei dem alten Verfahren in der Endstation notwendig war, geht es also auch hier nicht, aber eine etwaige Nachlässigkeit des den Zugdienst regelnden Beamten kann höchstens Zugverspätungen nach sich ziehen. Eine völlig selbsttätige Zugsignalisierung läßt sich naturgemäß nur in dem Fall einrichten, wo die Endschleifen als Blockstrecken eingerichtet werden können und die Schleifenstationen keine Ausweichgleise für die ankommenden und abfahrenden Züge enthalten.

Gesetzt nun, aus der Endstation *T* der in Fig. 295 dargestellten Linie fahre ein Zug ab. Sobald dieser über den Radtaster von *T* fährt, öffnet er dessen Stromschluß *t* und unterbricht dadurch am vorgelegenen Signalposten *E* den Stromkreis der Batterie B_I, der das Hauptrelais *V* in *E* sowie den mit letzterem in Reihe geschalteten Elektromagneten des Signales *T* (Fig. 286) erregt.

Fig. 29

Einrichtung der selbsttätigen Zugsignalisier

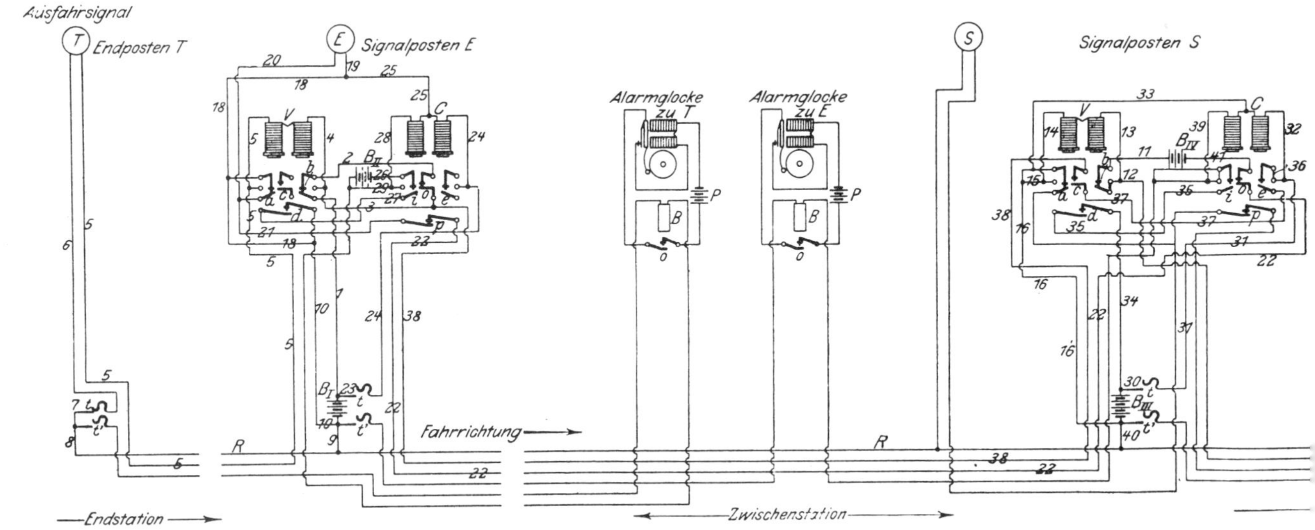

Fig. 295a.

Einrichtung der selbsttätigen Zugsignalisierung auf den 2 letzten Blockstrecken einer Linie.

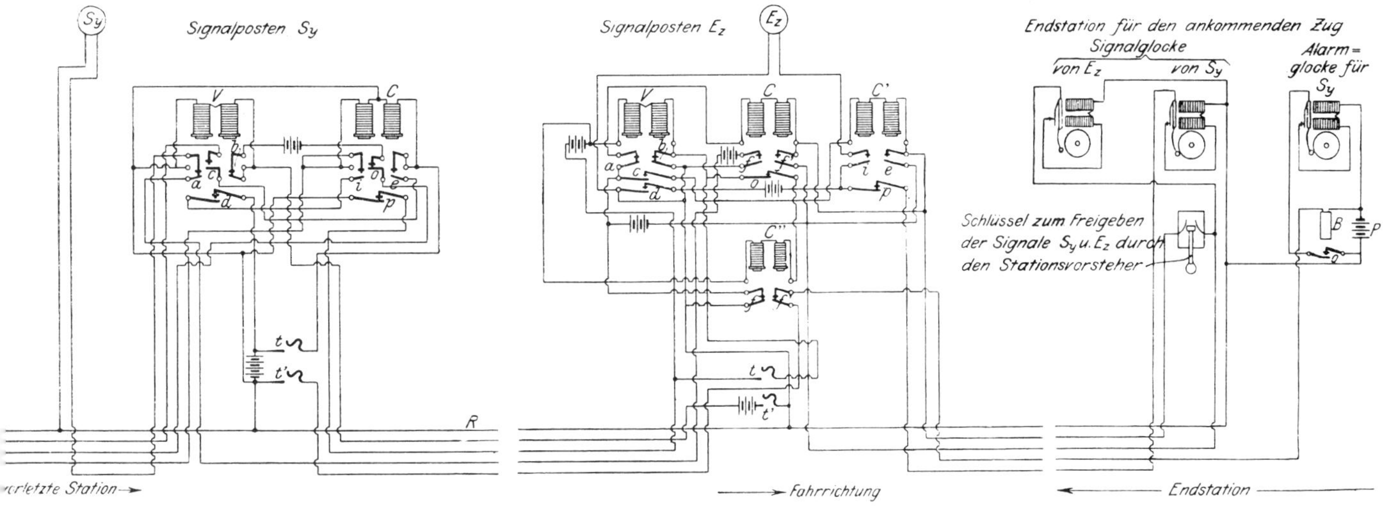

[Stromkeirs: Batterie B_I des Postens E-1-Kontakt b im Relais V-2-Kontakt o im Relais C-3-4-Relaisspulen V-5-Signal T-6-Radtasterkontakt t-7-8-Rückleitung R bis Posten E-9-B_I]

Infolge der Stromunterbrechung wird T auf Halt umgestellt und zugleich durch das stromlos gewordene Relais V des Postens E geblockt, da sich beim Abfallen des Relaisankers die Kontakte a und b öffnen. Solange b offen ist, muß Signal T auf Halt stehen. Anderseits wird durch den sich öffnenden Kontakt a der bis dahin kurz geschlossene Batteriestrom B_{IV} in dem weiter vorgelegenen Posten S wirksam und stellt in E das Signal auf Fahrt ein.

[Stromkreis: B_{IV} des Signalpostens S-11-Kontakt b des Relais V-12-13-Relaisspulen V-14-15-16-40-Rückleitung R bis Posten E-9-10-18-19-Signal E-20-21-Kontakt p im Relais C des Postens E-22 bis Posten S-Kontakt o im Relais C des Postens S-41-B_{IV}]

Der Zug findet also bei E das Fahrsignal vor und kann in die Station einlaufen. Indem er aber über den Radtaster dieses Signales fährt und dessen Kontakt t schließt, wird mittels der Ortsbatterie B_I die rechte Spule des Relais C erregt und dessen Anker angehoben.

[Stromkreis: Batterie B_I in E-23-Radtasterkontakt t-24-rechte Spule von C-25-18-10-B_I]

Dadurch schließt sich der C-Kontakt i, und, da vorher der Kontakt d im Relais V geschlossen worden war, wird nunmehr auch die linke Spule von C aus der zweiten Ortsbatterie B_{II} erregt, was die Ankerhebung in C zu einer länger dauernden macht.

[Stromkreis: B_{II}-26-Kontakt i-27-Kontakt d-18-25-linke Spule von C-28-29-B_{II}].

Gleichzeitig hat sich aber auch der C-Kontakt p geöffnet, so daß der vorhin genannte Batteriestrom aus B_{IV}, der das Signal E auf Fahrt stellte und das V-Relais in S erregte, wieder unterbrochen wird. Signal E wandelt sich daher in Halt um, der Anker des Relais V in S fällt ab, öffnet also den Kontakt a und schaltet selber damit die Batterie IV von seinem Relais ab, was Blockung des Haltsignals E zur Folge hat.

Anderseits ist auch der V-Kontakt b geöffnet worden, wodurch das Signal S mittels der Batterie B_{VI} des zweitvorgelegenen Postens E' auf Fahrt eingestellt wird, da B_{VI} das V-Relais in E' und das Signal S in Hintereinanderschaltung erregt. Der Zug hat sich also abermals die Fahrstraße geöffnet und kann aus der Station ausfahren, während er gleichzeitig hinter sich die Signale E und T sperrt. Beim Vorüberfahren am Fahrsignal S stellt er dieses mittels des Radtasters sofort auf Halt und entblockt dafür jetzt das drittletzte Signal, hier also T.

Prüfen wir nun weiter an der Hand der Figur 295, wie diese Freigabe von T vor sich geht. Zunächst wird beim Fahren über den Radtaster am Pfosten S die rechte Spule des Relais C erregt, und zwar nur während der Dauer des Kontaktschlusses in t.

[Stromkreis: B_{III}-30-t-31-32-rechte Spule von C-33-16-B_{III}]

Damit erfolgt aber die Dauererregung durch die linke Spule.

[Stromkreis: B_{III}-34-Kontakt d-35-Kontakt i-39-linke Spule von C-33-16-B_{III}]

Nunmehr kommt eine neue Stromwirkung zur Geltung, die vorhin beim Endposten T nicht auftreten konnte und die sich bei Weiterfahrt des Zuges ständig wiederholt: das Anheben des C-Ankers am eigenen Posten hat Anheben des V-Ankers am nächsten rückwärtigen Posten zur Folge.

Hier in S hebt sich also der C-Anker und damit auch der V-Anker in E.

[Stromkreis: B_{III}-30-t-31-36-Kontakt e-37-Kontakt c-38 bis Posten E-3-4-Relais V in E-5-Signal T-6-Radtasterkontakt t-7-8-Rückleitung R bis Posten S-40-B_{III}]

Hebt sich aber der V-Anker, wie hier in E, so wird dadurch der Erregerstrom des zugehörigen C-Relais unterbrochen, und der C-Anker fällt ab; damit ist dann der regelrechte Zustand beider Relais in E wieder herbeigeführt. Am vorgelegenen Signal S ist aber der C-Anker gehoben, der V-Anker gefallen; ersteres blockiert nun das eigene Signal (S), letzteres das rückwärts nächstgelegene (E), umgekehrt gibt der fallende C-Anker das eigene Signal wieder frei und der angehobene V-Anker das rückwärtige. Unter Beachtung dieses Grundsatzes ersieht man leicht mit Hülfe der Figur 296, in der die jeweiligen Relaislagen durch Pfeilspitzen schematisch angedeutet sind, daß ein Zug stets

dem neuen Hall-Verfahren.

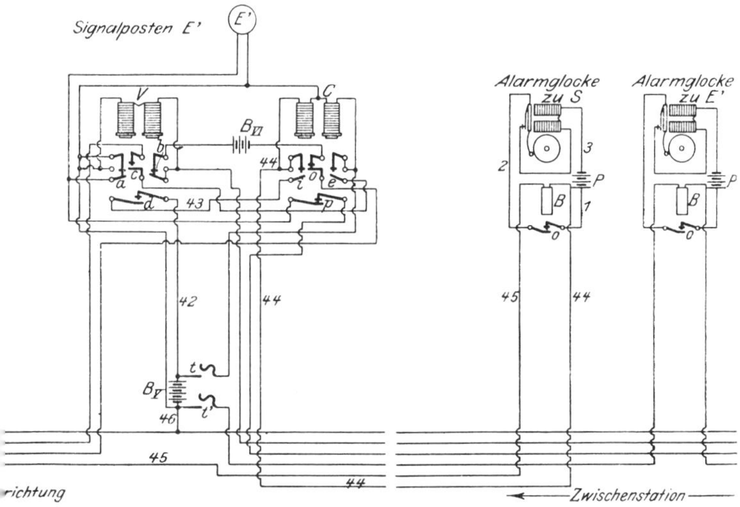

zuerst hinter sich die Fahrstraße durch 2 gesperrte Haltsignale schließt und dann erst das drittletzte rückwärtige Signal einem nachfolgenden Zuge für den Farbenwechsel freigibt und sich selber das nächste Signal auf Fahrt einstellt. Von jenen beiden gesperrten Signalen ist das dem Zuge zunächst befindliche in doppelter Weise blockiert: 1) durch das eigene *C*-Relais und 2) durch das vorgelegene *V*-Relais; vergl. hierzu die strichpunktierten Linien der Figuren 296 und 297. Beim Vorbeifahren an einem Fahrsignal werden also stets durch den Zug 4 Relais und 4 Signale beeinflußt.

Wird ein gesperrtes Haltsignal irrtümlicherweise überfahren, vergl. Gruppe *b* in Fig. 297, so spielt sich hinter diesem falsch gefahrenen Zuge derselbe Vorgang ab wie in regelrechter Fahrt; vor ihm dagegen tritt eine Aenderung in den Signalbildern nicht ein, wie die beiden Signalgruppen dieser Figur verdeutlichen. Es ertönt jetzt aber auf der vor dem überfahrenen Haltsignal gelegenen Station die Alarmglocke, so daß der Stationsbeamte den verloren gegangenen Blockabstand wieder herbeiführen kann.

Der Vereinfachung halber ertönt die zugehörige Glocke nur beim Ueberfahren des zuerst angetroffenen Haltsignals. Wird auch noch das andre Haltsignal überfahren, so bleibt dessen Alarmglocke stumm, was zulässig ist, da ja das erste Signal unter allen Umständen überfahren sein muß, ehe das zweite an die Reihe kommt.

Fig. 296.

Schema der Signalverriegelung.

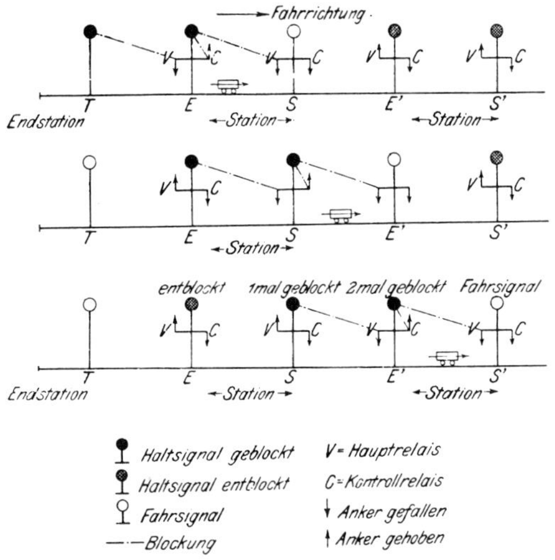

Die Alarmglocken, drüben Controleurs genannt, sind nach Fig. 295 mit einer eigenen Batterie sowie einem elektrischen Fallmagneten ausgestattet und ertönen, sobald der Fallmagnet ausgelöst wird. Letzteres geht in dem Augenblick vor sich, wo der Zug an dem auf Halt stehenden Signal vorüberfährt. Die in diesem Zeitpunkt vorliegenden Signalbilder und Relaisstellungen sind durch die Postengruppe b) in Fig. 297 wiedergegeben.

Z_2 ist der Zug, der das Haltsignal S überfährt, sein Vorderzug Z_1 ist durch die Signale E' und S hinten gedeckt. Schließt Zug Z_2 den Radtasterkontakt t' am Posten S, so wird der Fallmagnet auf der zu E' gehörigen Station durch die Batterie B_V des Postens E', Fig. 295, ausgelöst.

[Stromkreis: B_V-42-Kontakt d des Relais V-43-Kontakt i des Relais C-44 bis Alarmglocke S-Fallmagnet B-45 bis Signalposten S-Radtasterkontakt t'-40-Rückleitung R bis zum Posten E'-46-B_V]

Das Fallstück B schließt den Kontakt o, und die Glockenbatterie P bringt die Alarmglocke zum Tönen.

[Stromkreis: Batterie P-1-Kontakt o-2-Glocke-3-P]

Die Glocke tönt solange fort, bis der Beamte das Bleisiegel an dem Schutzkästchen des Fallmagneten gelöst und das Fallstück B von dem Kontakt o abgehoben und in seine obere Lage gebracht hat. Wie man sieht, ist ein Eingriff in die Signalgebung hierbei gänzlich ausgeschlossen. Uebrigens schließt sich stets der Radtasterkontakt t', wenn der Kontakt t durch die Räder des Zuges betätigt wird; er übt aber nur dann eine Wirkung auf den Fallmagneten aus, wenn das Signal auf Halt steht.

Es ist sonach bei aufmerksamen Beamten unmöglich, daß Züge aufeinander rennen. Treten Störungen oder Beschädigungen in den Signaleinrichtungen ein, die deren Wirksamkeit aufheben, so müssen sich nach dem Gesagten die Signale auf Halt einstellen, sie vermögen aber niemals freie Fahrt anzuzeigen. Solche Störungen können somit auch nur Zugverzögerungen nach sich ziehen, aber nicht Zusammenstöfse, vorausgesetzt natürlich, dafs das Zugpersonal aufpaßt. Wie mir angegeben wurde, sind auf der Linie Nr. 1 bei dem alten Hallschen Verfahren auf rd. 5 500 000 zugseitig ausgeführte Signalwechsel nur zweimal Versager vorgekommen, d. h. zweimal hat sich das Haltsignal zu Unrecht eingestellt. Gewiß ein gutes Zeugnis für das immerhin mit vielen feinen Teilen arbeitende Signalverfahren! Des Vergleichs wegen sei angeführt, daß das bei uns angewendete vortreffliche Blockverfahren von Siemens & Halske im Direktionsbezirk Berlin nach Aufzeichnungen der Verwaltung durchschnittlich 1 Versager auf 3 Millionen Signalgebungen aufweist.

Das neuere Hallsche Verfahren ist jedoch infolge seiner gegen früher etwa doppelt so groß gewordenen Anzahl von Kontakten und Batterien ungleich empfindlicher als das alte; es weist daher auch mehr Versager auf als das ältere System. Zahlen hierüber stehen mir nicht zu Gebote.

Das bewufste Ueberfahren der Haltsignale, das namentlich bei Störungen des einen Fahrgleises notwendig werden kann, darf nur dann von einem Führer vorgenommen werden, wenn er schriftliche Anweisung dazu erhält, oder sein Zug von einem besonderen Beamten, Lotse (Pilote) genannt, begleitet wird. Letzterer tritt grundsätzlich bei eingleisigem Hülfsbetrieb in Tätigkeit, da die Blocksignale beim Befahren des einen Gleises in beiderlei Richtung unbrauchbar sind, und er regelt unter persönlicher Verantwortung den ganzen Zugdienst auf dem eingleisig betriebenen Gleisabschnitt. Er muß jeden Zug auf diesem persönlich begleiten, es sei denn, daß mehrere Züge derselben Richtung nacheinander abzufertigen sind, ehe ein Zug aus der andern Richtung eintrifft. In diesem Falle fährt er mit dem letzten Zuge jener Schar, deren Einzelzüge sich jedoch nur in mindestens 5 minutlichen Zeitabständen folgen dürfen. Seine Tätigkeit ist im übrigen durch bündige Vorschriften genau geregelt.

Fig. 297.

Schema der Signalverriegelung bei überfahrenem Haltsignal.

Gruppe a: regelrechter Zustand bei 2 Zügen im Blockabstand.

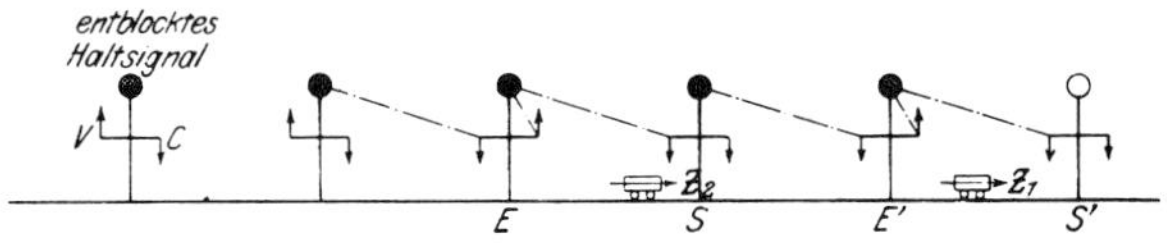

Gruppe b: das Haltsignal ist überfahren.

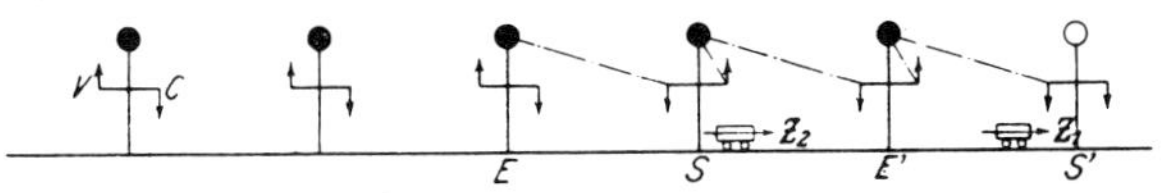

Ein solcher Lotsendienst, der übrigens auch in England, u. a. auf den Londoner Untergrundbahnen[1]), bei Sperrung eines Abschnittes des einen Fahrgleises üblich ist, ist zwar mit Zeitverlust verbunden, aber er ist völlig betriebsicher und beseitigt auch unter solchen schwierigen Verhältnissen die Gefahren des Zusammenstofses, wieder vorausgesetzt natürlich, dafs die Beamten ihre, übrigens einfachen, Vorschriften befolgen.

Kommt während des eingleisigen Betriebes ein Zug in diesem Abschnitt aus irgend einer Ursache zum Halten, so muß er sofort hinten durch rotes Laternenlicht gedeckt werden

Diese streng vorgeschriebene Regel ist auch zu beachten, wenn die Blocksignale unbrauchbar geworden sind. In solchem Falle mufs der im letzten Wagen des Zuges mitfahrende Beamte das Haltzeichen in mindestens 200 m Abstand vom Zug aufstellen und so lange auf seinem Posten

[1]) Troske, Londoner Untergrundbahnen S. 37, auch Z. 1891 S. 468.

verharren, bis er vom nächsten vorgelegenen Stationsvorsteher schriftlich den Befehl zum Einziehen des Signales erhält. Er begibt sich dann zu dieser Station, um hier nunmehr den Dienst desjenigen Beamten zu versehen, der seine Stelle vorher in dem weiterfahrenden Zuge aushülfsweise eingenommen hat. Sobald jener Zug auf seinem Rundlauf die Station wieder berührt, treten beide Beamten in ihren ursprünglichen Dienst zurück.

Aufser den feststehenden Blocksignalen finden auch feststehende Langsamfahrsignale mit grünem Licht Verwendung. Sie sind an solchen Punkten aufgestellt, wo nach behördlicher Vorschrift die Fahrgeschwindigkeit ermäßigt werden muß, wie z. B. auf steilen Gefällen, vor Spitzweichen usw., s. Abschnitt IX: Zugbetrieb. Im Verschiebedienst kommen sodann noch bewegliche Signale vor. Sie werden durch rotes, grünes und weifses Licht gegeben, auf den Tagesstrecken auch durch Handflaggen gleicher Farbe.

Im Notfalle kann auch durch Schwenken irgend eines Gegenstandes oder Lichtes, sowie durch den senkrecht hochgestreckten Arm das Haltsignal erteilt werden. Die weifse und die rote Farbe haben dieselbe Bedeutung wie bei den Blocksignalen; grün bezeichnet wieder »Langsam fahren«. Jeder Zug und jeder etwa allein fahrende Motorwagen mufs nach Polizeivorschrift vorn weifs, hinten rot leuchtende Laternen zeigen, wovon mindestens je eine statt des elektrischen Lichtes Oel- oder Petroleumlicht besitzen mufs.

Hörbare Signale werden in verschiedener Weise mit der Mundpfeife (bei Abfahrt der Züge), dem Horn usw. gegeben.

Fig. 298 und 299.

Weichenkontakt.

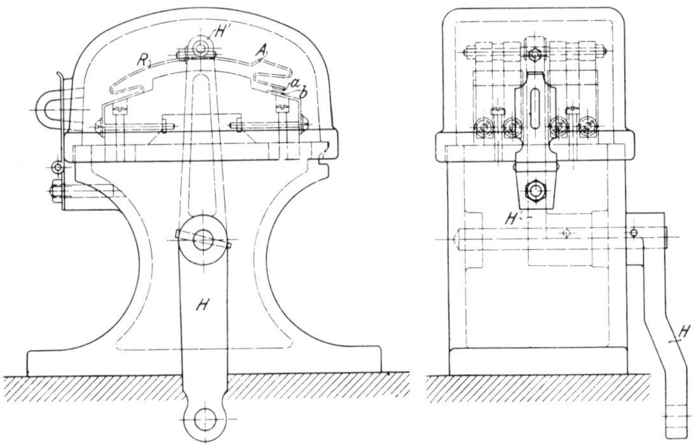

In das Signalnetz sind auch die eingangs dieses Abschnittes kurz erwähnten Verbindungsweichen einbezogen. Sie stehen unter Kontrolle eines in den Stromkreis des Stationssignals eingeschalteten Stromkontaktes, Fig. 298 und 299. Liegt die Weiche in ihrer Grundstellung, d. h. ist sie auf das durchgehende Hauptgleis gerichtet, so ist der in der Figur mit *H* bezeichnete, mit den Weichenzungen verbundene Hebel nach links verdreht, der Gegenhebel *H'* nach rechts. Letzterer trägt an seinem freien Ende eine Druckrolle, die beim Verstellen der Weiche über eine Kontaktfeder *R* streicht. Bei der vorausgesetzten Weichenstellung ist die Rolle über den Federansatz *A* hinweggeglitten, hält daher das Federende *a* fest gegen die Kontaktfläche *b* gepreßt und unterbricht auf die Weise nicht den Stromkreis für das Deckungssignal der Station. Wird eine solche Weiche aus ihrer Grundstellung umgelegt, so tritt schon nach einer geringen Bewegung der Zungen eine Unterbrechung des Stromschlusses *ab* und damit des Stromkreises des benachbarten Deckungssignales ein. Das Fahrsignal kann jetzt nicht gegeben werden, oder wenn es bereits stand, so verwandelt es sich in das Haltzeichen. Zur größeren Betriebsicherheit ist der Kontakt *ab* — Fig. 299 — vierfach angeordnet.

Fernsprecher.

Die Stationen verständigen sich untereinander durch den Fernsprecher.

Bis zum Herbst 1903 waren die Stationen unter einander nur durch den weiter unten besprochenen Dardeauschen Fernsprecher verbunden. Bei dem vorjährigen Brandunglück zeigte sich aber, daß diese eine Anlage nicht genügte für die zahlreichen Mitteilungen, die zwischen den nicht minder zahlreichen Stationen einer Linie auszutauschen waren. Es wurde daher eine Vermehrung der Fernsprechanlagen vorgeschrieben. Jetzt sind alle Linien mit je 3 verschiedenen derartigen Anlagen ausgestattet, und zwar mit einer

1) Lokalleitung und gewöhnlichen Fernsprechvorrichtungen, an die jede Station angeschlossen ist;

2) Leitung für das Dardeausche Fernsprechverfahren, an die etwa jede dritte Station angeschlossen ist, wobei jedoch der Wichtigkeit einer Station bezüglich des Anschlusses Rechnung getragen wird;

3) Fernleitung, die nur die beiden Endstationen miteinander verbindet und wie 1) betrieben wird.

Fig. 300 veranschaulicht schematisch die Anschlüsse der Stationen einer Linie an diese 3 Fernsprechanlagen.

Damit die Stationen verschiedener Linien auch miteinander sprechen können, besteht für jede Linie ein Umschaltposten, der in einer mehreren Linien gemeinsamen Station untergebracht ist.

Sämtliche Linien endlich sind verbunden mit einer Hauptstelle, die sich in dem Gebäude der Betriebsverwaltung neben dem Bercy-Kraftwerk (Z. 1903 Taf. 26) befindet. Diese Stelle ruft jeden Morgen vor Beginn des Betriebes sämtliche Stationen an, um sich von dem gutem Zustand der Fernsprechanlagen und von der Anwesenheit der Fernsprechbeamten zu überzeugen. Die Stationen ihrerseits haben alle Meldungen über Bahnunfälle, Schäden an den elektrischen Einrichtungen usw. auf gleichem Weg an die Betriebsleitung zu erstatten.

Die Einrichtungen zu 1) und 3) bieten nichts Besonderes, wohl aber die zu 2), weshalb diese hier kurz erörtert werden sollen.

Fig. 300.

Anschluß der 3 Fernsprechleitungen an die Stationen einer Bahnlinie.

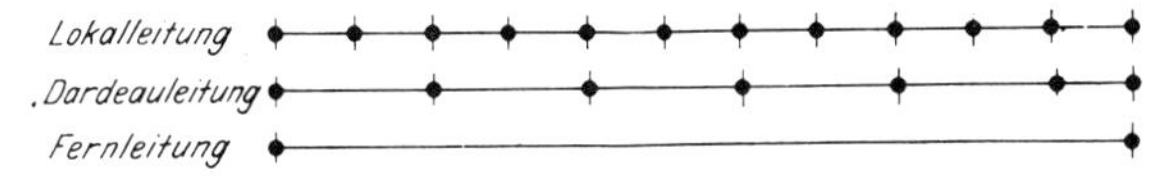

Der Dardeausche Fernsprecher.

Dieser Fernsprecher weist eine höchst beachtenswerte Neuerung auf, die von dem Telegrapheningenieur der Stadtbahn, Hrn. Dardeau, herrührt. In der Hauptsache besteht sie darin, dafs sich sämtliche Sprechstellen einer Leitung — bis zu 25 — ohne Vermittlung einer Zwischenstelle durch unmittelbaren Anruf miteinander in Verbindung setzen können.

Irgend eine der angeschlossenen Stationen kann sowohl sämtliche andern Sprechstellen der Linie anrufen und ihnen allen gleichzeitig eine Mitteilung machen, als auch eine beliebige Anzahl davon, und diese sogar in beliebiger Reihenfolge. Dabei bleibt die Unterhaltung zwischen zwei oder mehr Sprechstellen den nicht verbundenen Stationen gegenüber völlig geheim.

Das Dardeausche System gestattet aber auch, dafs irgend eine Station in dringendem Fall durch ein bestimmtes Zeichen die sich unterhaltenden Stationen ersuchen kann, das Gespräch abzubrechen und die Leitung freizugeben. Sofern diesem Ersuchen nicht nachgekommen wird, kann jene die Verbindung zwischen den Sprechenden aufheben.

Dabei ist die Handhabung der Einrichtung höchst einfach. Man schaltet durch einmaliges Niederdrücken eines weißen Druckknopfes die Apparate ein und stellt dann durch entsprechend oftmaliges Niederdrücken eines schwarzen Knopfes den Zeiger eines über dem Fernsprechkasten befindlichen Zifferblattes auf die Nummer derjenigen Station, mit der man reden will. Diese Zeigerstellung zeigt auch allen nicht beteiligten Stationen an, daß die Leitung besetzt ist, während der Zeiger bei freier Leitung auf ein Kreuz in der Skala zeigt. Nunmehr drückt man abermals auf den weißen Knopf, um der anzurufenden Station das Glockenzeichen zu geben. Dieses ertönt in der angerufenen Station solange, bis von dort der Beamte dem Anrufer ein Glockenzeichen als Antwort gibt. Ist niemand anwesend, so kann der Anrufer das Anschlagen in jener Station aufheben. Sollen sämtliche Stationen gleichzeitig angerufen werden, so wird der Zeiger auf die Bezeichnung »Appel général« eingestellt und ähnlich wie sonst verfahren. Man sieht, die Einrichtung ist recht vollkommen durchgebildet. Sie umfaßt außer dem Fernsprecher von übrigens beliebiger Bauart ein Relais, eine Glocke und 2 Druckknöpfe, 3 Batterien (eine für die Streckenleitung, eine Ortsbatterie von 6 Elementen für das genannte den Dardeau-Apparat bedienende Relais und eine von 3 Elementen für das Mikrophon) sowie den eigentlichen Dardeauschen Apparat. Dieser besteht im wesentlichen aus einem Zeigertelegraphen mit Uhrbewegung und ist mit den beiden Druckknöpfen über dem Fernsprecher auf derselben Holztafel befestigt.

Auf eine nähere Beschreibung der Einrichtung und Wirkungsweise mufs ich hier leider verzichten. Ein ausführlicher Bericht mit guten Abbildungen findet sich übrigens in L'Éclairage électrique 1900 Nr. 21 S. 277 bis 285.

Außer auf der Stadtbahn steht die Dardeau-Einrichtung bereits auf verschiedenen Pariser Straßenbahnen in Benutzung, darunter auf mehr als 60 km der Linien der Allgemeinen Omnibusgesellschaft in Paris. Die Westbahngesellschaft verwendet sie für die Verbindung ihres prächtigen Pariser Elektrizitätswerkes mit dessen Unterstationen, die Orléansbahn für ihre Weichentürme; auch im Ausland hat sie mehrfach Eingang gefunden. Auf der Stadtbahn hat sie sich nach Angabe bestens bewährt; sie wurde dort, auch von unparteiischer Seite, sehr gelobt.

VII. Betriebsmittel.

1) Bauart der zweiachsigen Wagen.

Für einen lebhaften Stadtbahnbetrieb, der eine möglichst schnelle Abfertigung der in kurzen Zeiträumen einander folgenden Züge zur Voraussetzung haben muß, ist die Bauart der Wagen: Abteil- oder Durchgangswagen, von wesentlicher Bedeutung. Auf den älteren Stadtbahnen in London und Berlin stehen Abteilwagen, am letzteren Ort mit Seitengang, in Benutzung, die sich bekanntlich schnell füllen und entleeren. In Nordamerika (New York, Chicago[1]) usw.), auf den Londoner Röhrentunnelbahnen, auf der Liverpooler Hochbahn und der neuen Berliner Stadtbahn sind Durchgangswagen zur Einführung gelangt, wodurch die der andern Bauart eigentümlichen vielen Seitentüren und damit die Gefahr sowie die Belästigung bei dem heftigen Zuschlagen (London!) vermieden ist. Beide Anordnungen haben ihre Verteidiger gefunden. Hüben wie drüben sind die beteiligten Verwaltungen und auch das Publikum mit der gewählten Bauart zufrieden.

Die Verwaltung der Pariser Stadtbahn entschied sich auf Grund der Wahrnehmungen, die die nach Amerika entsandten Ingenieure gemacht hatten, für das Durchgangsystem, wählte jedoch statt der amerikanischen Endtüren in den Stirnseiten Schiebetüren in den Längswänden. Diese Anordnung, die später auch auf der Berliner Hochbahn zur Anwendung gelangt ist, bietet Dreh- oder Klapptüren gegenüber gewisse Vorteile und ist bei so engen Tunnelquerschnitten wie in Paris und Berlin auch allein am Platze, zumal wenn, wie am ersteren Ort, ein 70 cm breiter Raum zwischen Wagen- und Tunnelwand frei gelassen werden muß.

Die Schiebetür in der Längsseite beschleunigt ferner das Ein- und Aussteigen der Fahrgäste, da diese erst innerhalb des Wagens die Seitenwendung zu machen haben, nicht aber auf der schmalen Plattform vor der Wagentür, während ihnen anderseits die Annehmlichkeit bleibt, sich nach dem Einsteigen einen Platz im Wagen suchen zu können, solange dieser noch nicht voll besetzt ist.

Nach gesetzlicher Vorschrift kamen für die Pariser Stadtbahn nur 2 Wagenklassen in Frage, die erste und die zweite. Die Züge bestehen aus Trieb- und Beiwagen. Mit Rücksicht auf das Geräusch der Motoren, Luftpumpen usw. führen die

[1]) Im Jahre 1903 sind sogar auf den Chicagoer Vorortlinien der Illinois Central-Bahn 21,9 m lange und 3,2 m breite Wagen in Dienst gestellt (s. Z. 1903 S. 1720), die auf jeder Längsseite einen Seitengang haben, auf den 12 Türen münden. Wohl zum ersten Male sind damit Seitentürwagen auf nordamerikanischen Bahnen in Benutzung genommen, und zwar unter ersichtlicher Anlehnung an das Berliner Vorbild, das nach dem oben Gesagten raschesten Personenwechsel mit der Möglichkeit des Platzsuchens im Wagen sichert.

Fig. 301 und 302.

Beiwagen I. Klasse, Bauart 1900.

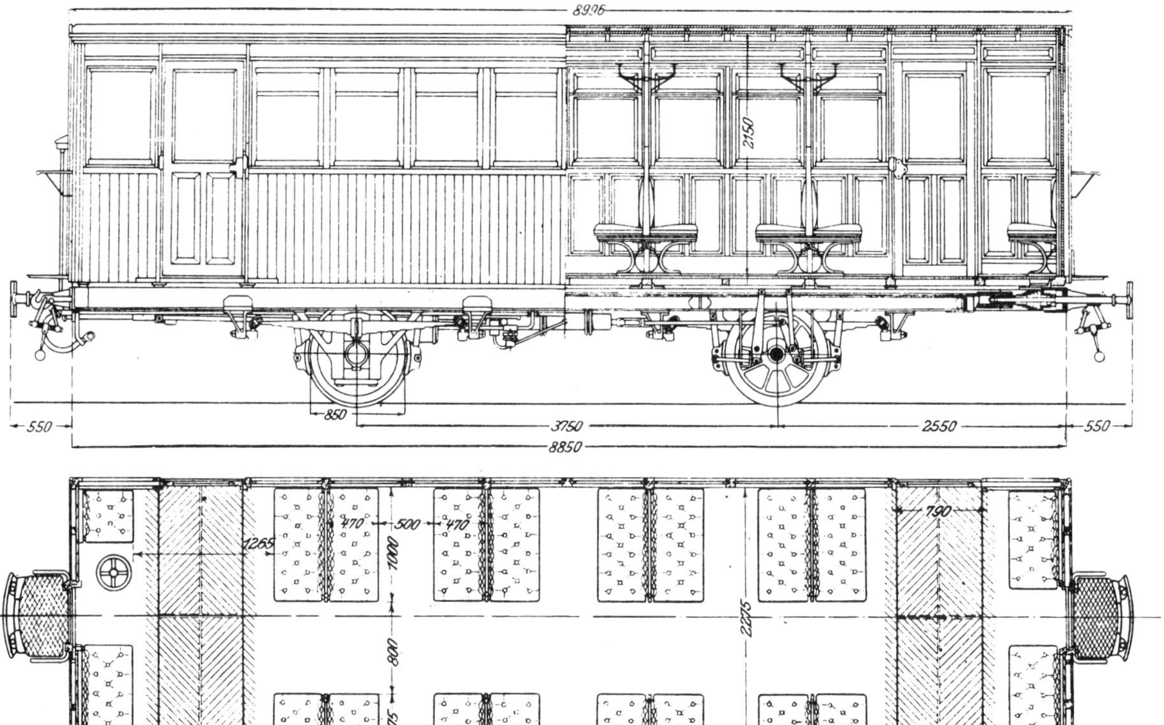

Triebwagen nur die zweite Wagenklasse; von den Beiwagen sind $^2/_3$ der Zahl solche zweiter und $^1/_3$ solche erster Klasse. Die anfänglich auch in Dienst gestellten Wagen I./II. Klasse haben sich nicht bewährt, da bei den kurzen Haltezeiten und dem starken Andrange von Fahrgästen, namentlich von solchen mit Fahrkarten II. Klasse, das Ein- und Aussteigen durch die den beiden Wagenklassen gemeinsame Tür zu Mißhelligkeiten führte. Diese gemischten Wagen sind deshalb auch baldigst wieder aus dem Verkehr zurückgezogen und umgebaut worden.

Auf die Bauart und Größe der Wagen ist die anfangs herrschende Annahme von Einfluß gewesen, daß die Pariser sich schwer an die Untergrundbahn gewöhnen würden und infolgedessen der zu erwartende Bahnverkehr nicht ungewöhnlich stark sein werde. Die Betriebsgesellschaft nahm daher von den in Amerika allgemein üblichen Drehgestellwagen Abstand und führte 4rädrige Wagen ein, deren Radstand wegen der scharfen Gleiskrümmungen naturgemäß auch lich erhöht worden sind und Rücksicht auf die vorhandenen, mit 2 Trittbrettern an jeder Seite ausgestatteten Wagen usw. zu nehmen war.

Jede Langseite hat 2 Schiebetüren, wovon anfänglich eine für das Besteigen, die andre für das Verlassen der Wagen bestimmt war und demgemäß auch die betreffende Anschrift trug; dabei waren die Türen anfangs nur 720 mm breit und gaben eine 680 mm breite Oeffnung frei. Für den Massenandrang, der sich jedoch wider Erwarten bald einstellte, zeigte sich diese Anordnung als verfehlt, so daß sie abgeändert werden mußte. Auch der Fassungsraum erwies sich zu gering.

Fig. 301 und 302 zeigen den Wagen I. Klasse, wie er im Ausstellungsjahr und im Jahre 1901 in Benutzung stand. Seine wichtigsten Abmessungen sind im Verein mit denjenigen der Trieb- und Beiwagen II. Klasse unten zusammengestellt.

Die Zahl der Stehplätze war hiernach zu Anfang recht gering bemessen, etwa $^1/_5$ der Gesamtzahl. Das Publikum

Fig. 303 bis 305.

Triebwagen, Bauart 1901.

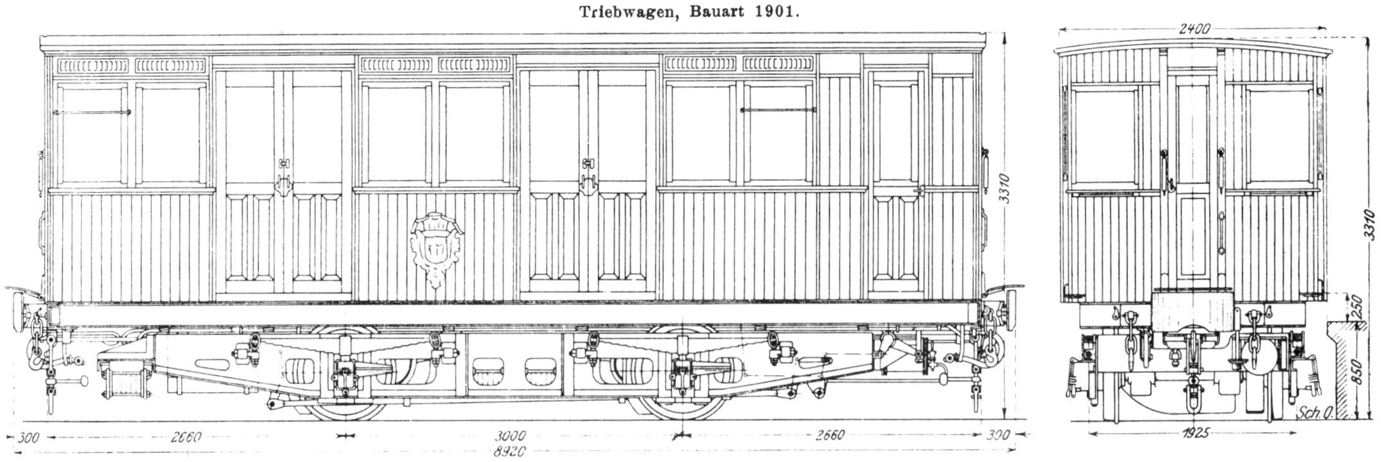

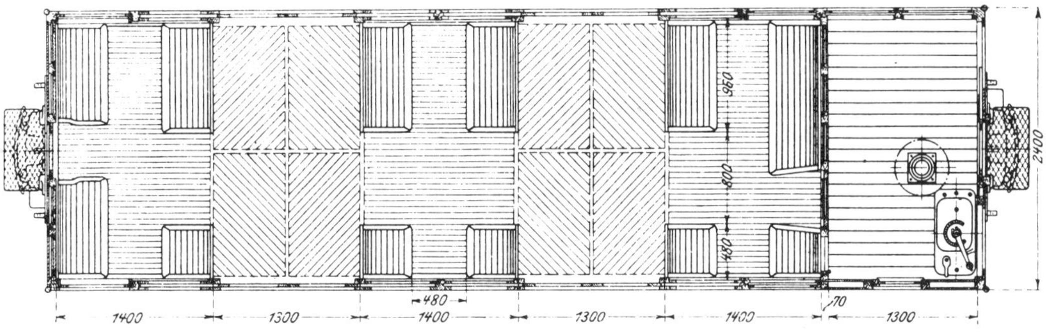

kehrte sich jedoch nicht daran, sondern füllte in den Stunden lebhaftesten Verkehrs die Wagenräume bis aufs äußerste. Wohl bestand das Verbot, die vorgeschriebene Platzzahl zu überschreiten, die Fahrgäste standen jedoch in den Wagen in ähnlich fürchterlicher Enge, wie es die Berliner Stadtbahn an sommerlichen Sonn- und Festtagen zeigt — nur erträgt in Paris alle Welt die Ueberfüllung höchst geduldig sowie mit gutem Humor und nimmt sie als etwas Unvermeidliches hin.

nur kurz sein konnte. Er beträgt bei den Triebwagen 3 m, bei den Beiwagen 3,75 m. Kurze Radstände bedingen aber wieder kurze Wagenkasten, damit die überhängenden Massen nicht zu groß ausfallen und den ruhigen Gang der Wagen beeinträchtigen. Man ist hier bis an die zulässige Grenze (2 mal Radstand) gegangen, um die mangelnde Breite möglichst durch Länge zu ersetzen; so beträgt die Länge des Wagenkastens bei den älteren Beiwagen II. Kl. 8,7 m = 2,32 mal Radstand.

Bei den Stationen, s. Fig. 53 und 55, ist schon hervorgehoben worden, daß die den Bahnsteigen zugekehrte Längswand der Wagen mit der Bahnsteigkante abschneidet, vgl. auch Fig. 304, und der Fußboden vollbesetzter Wagen nur 22 cm und noch weniger über Bahnsteigfläche liegt. Trittbretter besitzen daher die Wagen überhaupt nicht. Ein sicheres und bequemes Besteigen und Verlassen der Wagen ist dadurch selbst in stark hastendem Gedränge gewährleistet. In dieser Hinsicht sticht die Pariser Anordnung vorteilhaft von derjenigen der älteren Berliner Stadtbahn ab, wo allerdings die Bahnsteige erst nachträg-

Wagen	regelrechte Platzzahl		Länge zwischen den Bufferflächen	Wagenbreite im Lichten	Wagenhöhe im Lichten über Fußboden
	Sitzplätze	Stehplätze	m	m	m
Triebwagen . .	26	8	8,7	2,24	2,15
Beiwagen II. Klasse	32	8	9,85	2,24	2,15
Beiwagen I. »	32	8	9,95	2,24	2,15

Schon im zweiten Betriebsjahre wurden neue Wagen abgeänderter Bauart beschafft und danach die älteren nach und nach einem Umbau unterzogen. Vor allem wurden die Schiebetüren zweiteilig und 1200 mm breit gemacht, so daß sie eine freie Oeffnung von 1100 mm bieten; ferner kamen 2 Reihen Sitze in Fortfall, um den dadurch gewonnenen

Raum für Stehplätze auszunutzen, deren Zahl nunmehr größer als diejenige der Sitzplätze ist, wie nachstehende Uebersicht zeigt.

Wagen	regelrechte Platzzahl		Länge zwischen den Bufferflächen	Wagenbreite im Lichten	Wagenhöhe im Lichten über Fußboden
	Sitzplätze	Stehplätze	m	m	m
Triebwagen . .	20	30	8,920	2,24	2,15
Beiwagen II. Klasse	25	30	8,935	2,24	2,15
Beiwagen I. »	25	25	8,935	2,24	2,15

Fig. 306 und 307.

Beiwagen II. Klasse, Bauart 1901.

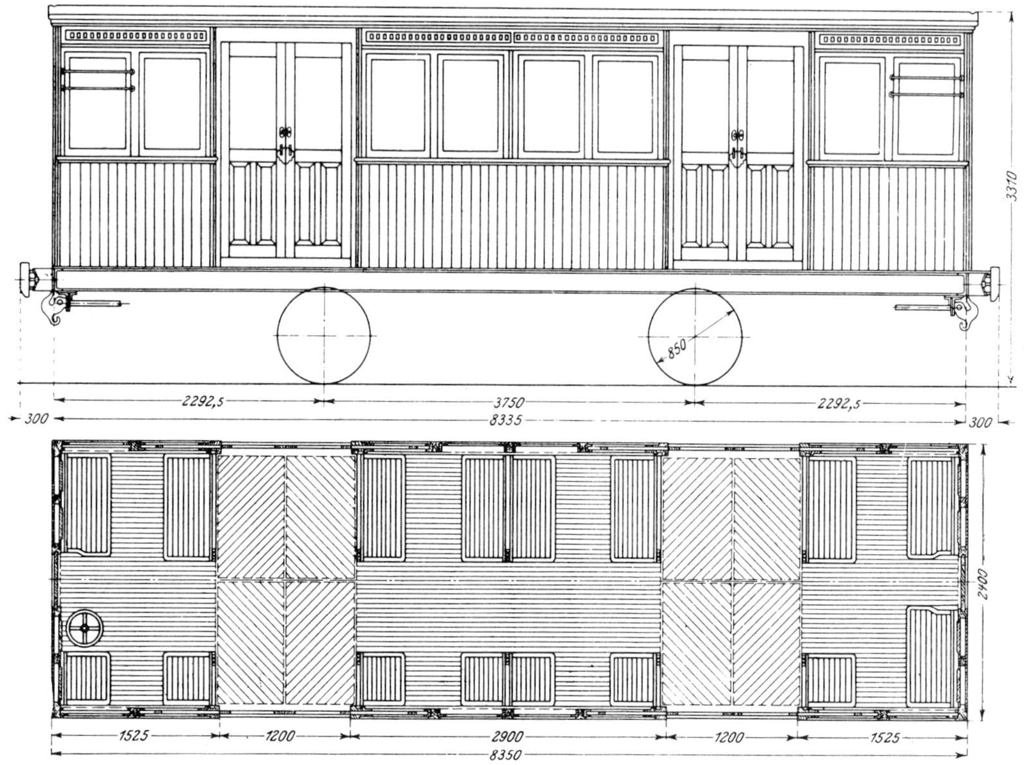

Fig. 308 und 309. Triebwagen, Bauart 1901.

Die Verwaltung machte sich hier also das eben erwähnte Wohlverhalten des Publikums zunutze, wobei freilich zu beachten ist, daß alle angewandten Hülfsmittel, wie Vermehrung der Zugzahl, Verstärkung der Züge und Beschleunigung der Zugfolge, die leidige Ueberfüllung nicht beseitigt haben und auch nicht mehr beseitigen können. Mit ihr werden eben die Pariser, namentlich auf den Linien Nr. 1 und 3, dauernd zu rechnen haben.

Die neuen Wagen sind etwas kürzer als die alten und haben nur 300 mm lange Buffer (gegen früher 550 mm), so daß sie von Buffer- zu Bufferfläche nicht ganz 9 m messen. Dadurch ist erreicht worden, daß die Züge aus 8 Wagen zusammengesetzt werden können, ohne die erlaubte Höchstlänge von 72 m zu überschreiten. Ein derartiger, aus 2 Trieb- und 6 Beiwagen gebildeter Zug vermag sonach regelrecht 420 Personen zu fassen, befördert aber auch in gewissen Stunden gegen 500 und mehr.

Die Konstruktionseinzelheiten der neueren Wagen II. Klasse geben Fig. 303 bis 309. Ein Vergleich der Figur 307 mit Fig. 302 zeigt die vorerwähnte, sonst im neuzeitlichen Eisenbahnwesen wohl nirgends anzutreffende eigenartige Verteilung der Wagengrundfläche auf Steh- und Sitzplätze. Letztere sind durch den Gang so gruppiert, daß auf dessen einer Seite Doppelsitze liegen, auf der andern dagegen nur Einzelsitze. Die Sitzlänge beträgt 475 mm, die Sitzhöhe über Fußboden 450 mm. Die Wagen I. Klasse haben gepolsterte Sitze und Rücklehnen mit braunrotem Lederbezug, die Wagen II. Klasse lackierte naturfarbene Lattensitze. Empfehlenswert wäre es meines Erachtens, bei Untergrundbahnen überhaupt auf Polsterungen zu verzichten, da gerade sie in Brandfällen die Entwicklung stickiger Gase fördern. Die Fahrten auf solchen Bahnen sind ja stets nur kurz, und Feuersicherheit ist in erster Linie anzustreben. Die bessere Ausstattung und größere Bequemlichkeit der ersten Wagenklasse gegenüber der zweiten läßt sich hier auch in andrer Weise erreichen. Holzsitze lassen sich zudem leichter und gründlicher reinigen.

Der Fußboden ist in beiden Klassen mit einem Lattenrost belegt, um den Füßen besseren Halt zu geben; seine Reinigung ist allerdings dadurch erschwert. Da kleines Handgepäck mitgeführt werden darf, so sind alle Wagen mit Gepäcknetzen ausgestattet, die oberhalb der nur bis zur halben Wagenkastenhöhe durchgeführten Rücklehnen ihren Platz haben.

Die Beleuchtung der Wagen erfolgt durch je 10 Glühlampen von 10 NK, wovon 6 an der Decke verteilt sind und je 2 sich an der Stirnwand befinden. Die Anlage zum Genehmigungsgesetz schreibt übrigens auch vor, daß die Wagen »sehr gut« beleuchtet sein müssen. Die Lampen sind zu je

zugleich zur Lagerung der Radachsen, die bei den Triebwagen in einem besondern Laufgestell untergebracht sind, das nach Fig. 310 und 311 auch die Elektromotoren nebst den Anlaßwiderständen sowie die Hauptluftbehälter der Luftdruckbremse aufnimmt, und auf das sich jener Gestellrahmen in 12 Punkten mittels Schraubenfedern stützt.

Die Radachsen der Beiwagen sind als freie Lenkachsen ausgebildet, können sich also in den Gleisbogen nahezu radial einstellen, was hier auf den kurvenreichen Linien ganz besonders am Platz ist. Haben doch die vor etwa 12 Jahren auf der Berliner Stadtbahn sehr sorgfältig ausgeführten Dauerversuche an einem Zuge mit »steifen« Achsen und einem Zuge mit freien Lenkachsen erwiesen, daß letztere infolge ihrer mehr oder weniger radialen Einstellung

Fig. 310 und 311. Laufgestell der Triebwagen mit Thomson-Houston-Motoren.

a) Seitenansicht.

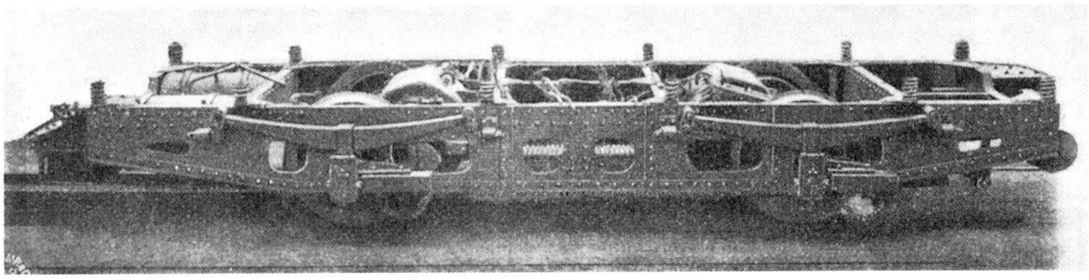

b) Ansicht von oben.

5 hintereinander geschaltet und erhalten den Strom aus der dritten Schiene. Für den Fall, daß diese einmal stromlos werden und der Zug liegen bleiben sollte, ist dem Wagenführer ein 2 m langer Holzstab mit Metallhaken, Leitung und Stöpsel beigegeben. Dieser wird in solchem Fall an eine der blanken Kupferleitungen gehängt, die zur Speisung der Tunnellampen dienen, während sein Stöpsel in den im Führerabteil vorgesehenen Steckkontakt eingeführt wird. Die Wagen bleiben auf die Weise erhellt und die Fahrgäste ruhig.

Die Lüftung der Wagen, wie überhaupt die Tunnelluft, läßt sehr zu wünschen. Man hat jene durch verschiedene Mittel, z. B. durch schmale, über den Hauptfenstern angebrachte Drehfenster zu verbessern gesucht. Bestrebungen zur wirksameren Lüftung der Tunnelstrecken sind nach früher Gesagtem im Gange; falls sie Erfolg haben, wird auch wohl die Wagenluft günstig beeinflußt werden. Stets nachteilig hierfür wird allerdings die arge Ueberfüllung der kleinen Wagenräume bleiben.

Der Wagenkasten ruht auf einem aus ⊏-Eisen usw. gebildeten Gestellrahmen, der auch die Stoß- und Zugvorrichtungen trägt. Bei den Bei- oder Anhängewagen dient dieser

in den Gleisbogen eine Ersparnis an Zugkraft und damit an Brennstoff (Koks) ergaben, die sich gegenüber den steifen, also auch in den Kurven parallel zueinander gerichteten Achsen für jenes verhältnismäßig kleine Bahngebiet auf jährlich etwa 100000 ℳ berechnet. Dabei ist die Anordnung der freien Lenkachsen höchst einfach und daher im Eisenbahnwesen doppelt wertvoll.

Die Achsbüchsen haben, ähnlich wie bei unsern Wagen, in der Längsrichtung des Zuges je 15 mm Spielraum in ihren Führungen, in der Querrichtung jedoch weniger. Ferner ist das Wagengestell an den auf ihnen ruhenden Tragfedern nach deutschem Vorbilde mit Kettengliedern aufgehängt, so daß die Federn dem Lagenwechsel der Achsen nachgeben können und anderseits auch die Achsen wieder in die regelrechte Stellung zurückführen, sobald der Wagen die Kurve verläßt und in das gerade Gleis wieder eintritt. Die verstellbaren Federkloben sind wagerecht gelagert, was ihren genauen Einbau durch Abschnüren erleichtert. Die Achsbüchsen sind einteilig. Die Achsen der Triebwagen sind wegen des Zahneingriffes der Antriebvorrichtung weniger beweglich gelagert, ihr Abstand voneinander ist deshalb auch 0,75 m kleiner als bei den Beiwagen; im übrigen ist die Federaufhängung usw. die gleiche.

Die Abnutzung der Radreifen und der damit in Wechselwirkung stehenden Fahrschienen ist dennoch ungemein groß, wie schon bei Besprechung der Krümmungsverhältnisse der Station Place de la Bastille, Fig. 23, gezeigt wurde. Die zugelassenen scharfen Gleisbogen rächen sich hier empfindlich an den »Zweiachsern«. Aus diesem Grunde beabsichtigt z. B. auch die Berliner Stadtverwaltung, für ihre demnächst zu erbauenden Untergrundlinien tunlichst nicht kleinere Krümmungshalbmesser als 125 m zuzulassen.

Die Zapfen oder Schenkel der Radachsen haben in neuem Zustande die in Fig. 312 dargestellte Form und Größe, wobei die ausgezogenen Linien sich auf die Achsen der Triebwagen (Zapfendruck des regelrecht besetzten Wagens = 5,2 t) beziehen, die gestrichelten auf diejenigen der Beiwagen (Zapfendruck desgl. = rd. 3 t). Zugelassen ist in beiden Fällen eine Abnutzung des Durchmessers um 10 mm. Das Längenverhältnis dieser Zapfen beträgt daher im Mittel:

$$\frac{l}{d} = \frac{170}{85} = 2.$$

Da die 850 mm großen Räder bei der zulässigen Höchstgeschwindigkeit von 36 km/st 225 Uml./min machen, so ist jenes Verhältnis, auch ohne Berücksichtigung des günstigen Einflusses der Luftkühlung, zweckentsprechend.

Die Räder waren anfangs als einfache Speichenräder ausgebildet, später sind sie nach dem neueren Arbel-Verfahren mit einer dünnen Radscheibe an der Speichenaußenseite beschafft worden, die die Staubentwicklung mindert.

liche Fahrzeuge mit der Westinghouse-Bremse gewöhnlicher Bauart. Die Schnellbremse ist hier in Anbetracht der kurzen Züge und der verhältnismäßig geringen Fahrgeschwindigkeit ($\leqq$ 36 km/st) entbehrlich.

An jedem Wagen befindet sich ein Bremszylinder von 254 mm Weite, ein schmiedeiserner Hülfsluftbehälter von 48 ltr Rauminhalt und ein Steuerventil von 76 mm Kolbendurchmesser. Jeder Triebwagen führt außerdem zwei Hauptluftbehälter von je 120 ltr Inhalt, die durch eine Luftpumpe unter rd. 5,5 at Druck gefüllt gehalten werden. Sie speisen ihrerseits die unter dem ganzen Zuge herlaufende 25 mm weite Hauptleitung sowie alle an diese angeschlossenen Hülfsluftbehälter. Steht die Leitung unter vollem Druck, so sind alle Bremsen gelöst, tritt in ihr eine Druckverminderung ein, so werden sie angezogen.

Dem Steuerventil fällt eine dreifache Aufgabe zu; es verbindet

1) die Hauptleitung mit dem Hülfsluftbehälter, um ihn mit Druckluft aufzufüllen,

2) den Hülfsluftbehälter mit dem Bremszylinder, um an diesen die erforderliche Druckluft abzugeben, wenn gebremst werden soll,

3) den Bremszylinder mit der Außenluft, um die Bremsen zu lösen.

Die Vorgänge 1) und 3) vollziehen sich stets gleichzeitig.

Die Anordnung dieses Ventils ist naturgemäß nicht ganz einfach; in der neuesten, verbesserten Bauart erfordert es 20 Einzelteile. Seine sinnreiche Durchbildung und Wirkungsweise sei an der Hand der Figur 315 kurz erläutert,

Fig. 312.

Zapfen der Radachsen.

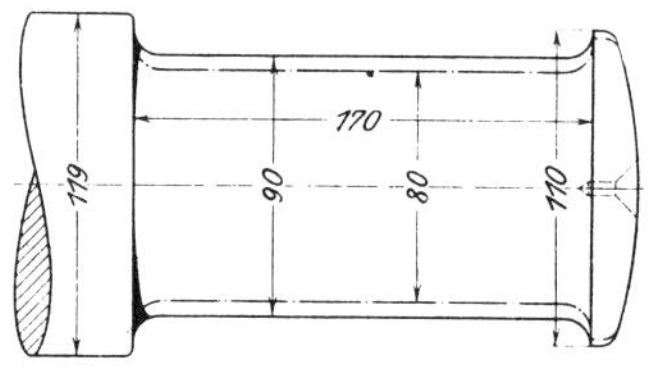

——— Triebwagen
— · — Beiwagen

Fig. 313.

Neuer Radreifen.

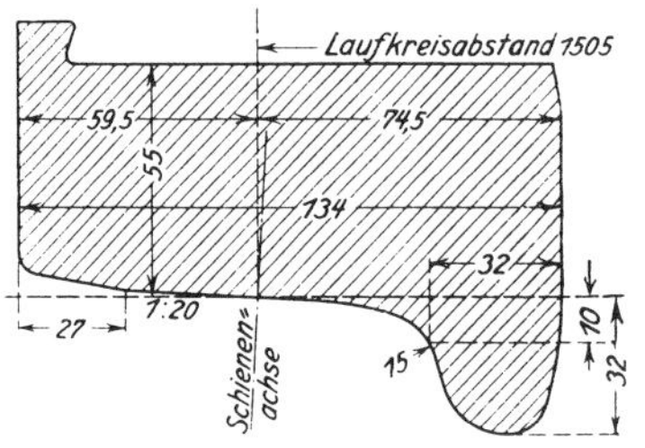

Fig. 314.

Völlig abgenutzter Radreifen bei Nietbefestigung.

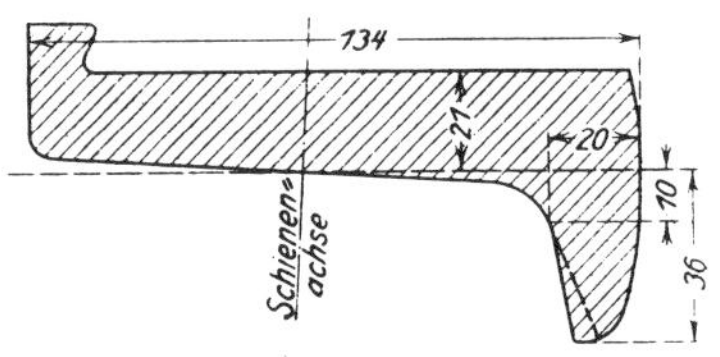

Die Radreifen sind 134 mm breit, 55 bis 60 mm im Laufkreis stark und entsprechen im übrigen den internationalen Festsetzungen vom Jahre 1887, betreffend die technische Einheit im Eisenbahnwesen (Berner Vereinbarungen). Fig. 313 zeigt den neuen Reifen, Fig. 314 den völlig abgenutzten, also erneuerungsbedürftigen. Bei den älteren Rädern war der Reifen mit dem Felgenkranz noch durch Niete verbunden, bei den neueren durch den bei uns schon längst als zweckmäßiger und betriebsicherer erkannten und darum angewandten Sprengring. Die Radreifen werden in letzterem Falle nach Werkstattvorschrift erneuert, sobald ihre Stärke 30 mm beträgt oder durch nochmaliges Abdrehen unter 34 mm sinken würde.

Sämtliche Wagen sind mit einem Mittelbuffer ausgestattet, dessen 350 mm hohe Stoßfläche wegen der scharfen Gleisbogen nicht weniger als 750 mm breit gehalten ist; seine Mitte liegt bei leeren neuen Wagen 970 mm über S.O.

Die Zugvorrichtungen, die neben hoher Sicherheit den Fahrzeugen genügend große Kurvenbeweglichkeit gestatten müssen, sind bei den älteren Wagen an jeder Stirnseite paarweise angebracht (vergl. Fig. 301) und bestehen aus je einem elastisch gelagerten Zughaken und einer Schraubenkupplung. Die beiden in Bufferhöhe liegenden Zughaken können in breiten Schlitzen der Bufferbohle seitlich ausschlagen; sie sind des Kräfteausgleichs halber durch einen ebenfalls elastisch aufgehängten Schwinghebel verbunden. Die neueren, mit kurzen Buffern ausgerüsteten Wagen haben dagegen an jedem Ende nur einen Zughaken mit Schraubenkupplung unterhalb des Buffers und beiderseits des letzteren je eine Notkette (vergl. Fig. 304 und 309).

Die Triebwagen sind mit Sandstreuern ausgestattet, sämtder der regelrechte Zustand bei gelöster Bremse zugrunde gelegt ist. Der Hülfsluftbehälter, die Ventilkammer über und unter dem Steuerkolben *d* und die Hauptleitung stehen hierbei unter gleicher Pressung.

Soll gebremst werden, so läßt der Wagenführer mittels des Führerbremsventils mehr oder weniger Luft aus der Hauptleitung ausströmen, um je nach dem Grade der beabsichtigten Bremswirkung in ihr und damit auch in allen Steuerventilen unterhalb des Kolbens *d* eine stärkere oder schwächere Druckverminderung zu erzeugen. Der so hervorgerufene Ueberdruck der Hülfsluftbehälter zwingt die Kolben *d* zum Sinken, zunächst bis über die Verbindungsnut *a* hinweg, um jene von der Leitung abzuschalten, und sodann noch, entsprechend der Höhe des Ueberdrucks, über einen Teil oder die ganze Hubstrecke.

Will oder muß der Führer z. B. kräftig bremsen, damit der Zug schnell zum Halten kommt, so macht er das Bremsventil mit kurzem Ruck weit auf und erzeugt so schnell eine **starke** Druckverminderung. Der Kolben *d* sinkt dann bis auf die Lederscheibe *f* hinab und zieht dabei einen eigenartigen Rotgußschieber *g* abwärts, der bis dahin den Weg *c* nach dem Bremszylinder sperrte, ihn nun aber beim Hinabgleiten völlig freigibt. Die Druckluft im Hülfsluftbehälter tritt jetzt ungehindert in den Bremszylinder über und treibt dessen Kolben mit voller Kraft — hier = rd. 1600 kg — vorwärts: die Bremsklötze werden mit dem Höchstdruck gegen die Räder gepreßt.

Soll jedoch zunächst nur schwach gebremst werden, wie es zur Regelung der Geschwindigkeit auf den Gefällstrecken usw. notwendig sein kann, so wird **wenig** Luft aus der Leitung ausgelassen; der Kolben *d* sinkt dann höchstens etwa um die Hälfte seines Hubes. Hierbei öffnet ein kleines mit ihm verbundenes »Abstufungsventil« *h* den Schieberkanal *s* und läßt durch eine Seitenöffnung des Schiebers Druckluft aus dem Behälter durch *s* nach dem Bremszylinder überströmen, und zwar solange, bis der Druck über dem Kolben *d* kleiner als unter ihm wird. Nunmehr drückt der letztere *d* so weit in die Höhe, bis Ventil *h* den Kanal *s* wieder verschließt. Durch erneuerte Druckverminderung in der Hauptleitung kann der Führer dieses Spiel wiederholen, bis schließlich auch hier der Bremskolben den Höchstdruck erleidet. Die Bremskraft kann so nach und nach von null auf Vollwirkung gesteigert werden.

Um die Bremse zu lösen, läßt der Führer Luft aus den Hauptbehältern in die Leitung übertreten; sie drückt den Steuerkolben *d* nebst Schieber *g* in die Anfangstellung (vgl. Fig. 315) zurück, strömt sodann durch die Nuten *a* und *b* nach dem Hülfsluftbehälter über und füllt ihn wieder auf. Gleichzeitig ist der Bremszylinder durch den Schieberkanal *t* mit der Außenluft verbunden worden, und die tätig gewesene Bremsluft entweicht durch *e* ins Freie. Eine Spiralfeder drückt den Bremskolben in seine Ruhelage zurück.

Fig. 315.

Verbessertes Steuerventil der Westinghouse-Bremse.

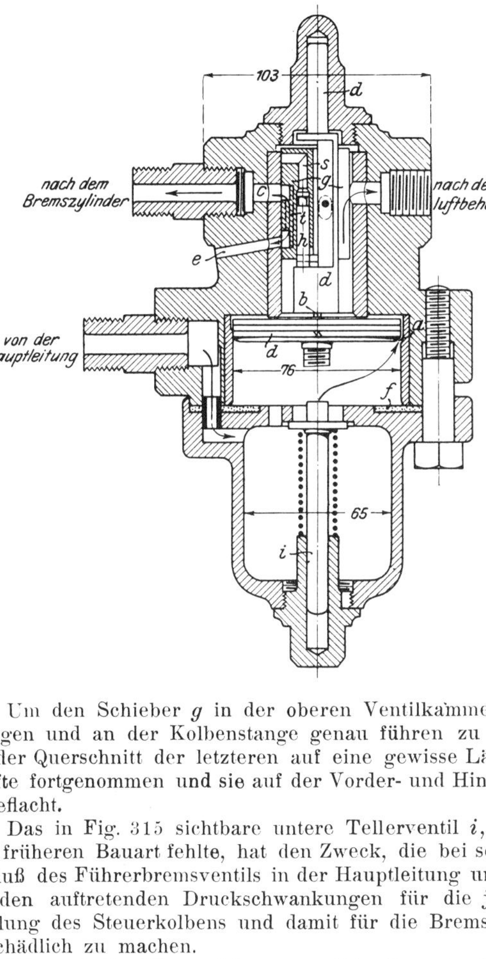

Um den Schieber *g* in der oberen Ventilkammer unterbringen und an der Kolbenstange genau führen zu können, ist der Querschnitt der letzteren auf eine gewisse Länge zur Hälfte fortgenommen und sie auf der Vorder- und Hinterfläche abgeflacht.

Das in Fig. 315 sichtbare untere Tellerventil *i*, das bei der früheren Bauart fehlte, hat den Zweck, die bei schnellem Schluß des Führerbremsventils in der Hauptleitung unter Umständen auftretenden Druckschwankungen für die jeweilige Stellung des Steuerkolbens und damit für die Bremswirkung unschädlich zu machen.

Die auf die Wagenräder ausgeübte Bremskraft ist so groß, daß die Verzögerung bis 1 m/sk beträgt, was die Fahrgäste, besonders die stehenden, kräftig empfinden, jedoch mit Gleichmut ertragen. Als Luftpumpe wurde anfangs nur diejenige der Christensen-Bremsgesellschaft in Amerika (mit zwei einfachwirkenden Pumpenstiefeln) verwendet; später sind auch noch andre Bauarten, darunter die der französischen Thomson-Houston Gesellschaft, in Benutzung genommen. Ihr Antrieb erfolgt elektrisch, und zwar selbsttätig mittels eines Regulators oder Anlassers, dessen Tätigkeit durch zwei Schraubenfedern geregelt wird. Sobald ein bestimmter Luftdruck im Luftbehälter, z. B. 5,5 at, erreicht ist, schaltet der Regulator die Pumpe aus; fällt jener unter ein gewisses Maß, z. B. 5 at, so springt die Pumpe von neuem an. Dem Führer erwächst hierdurch eine nicht unwesentliche Entlastung, und die Einrichtung wird sehr gelobt. Jedenfalls hat sie auf der Pariser Stadtbahn eine glänzende Probezeit hinter sich und ihre Zweckmäßigkeit und Zuverlässigkeit überzeugend nachgewiesen. Bei wiederholten Fahrten im Führerabteil habe ich mich von ihrer guten Wirkung überzeugen können. Sie wurde übrigens in ähnlicher Ausführung schon im Jahre 1895 auf der Hochbahn in Chicago eingeführt und steht in Amerika allgemein, auch bei Dampflokomotiven, hier natürlich in andrer Anordnung, in Benutzung. Auch auf den preußischen und andern deutschen Hauptbahnen ist ein selbsttätiger Anlasser für die Luftpumpen nunmehr zur Einführung gelangt.

Bei den erhöhten Anforderungen, die heutigentags an den Führer einer Lokomotive gestellt werden, ist jede derartige Erleichterung des schweren Dienstes nur freudig zu begrüßen.

Außer der durchlaufenden Luftdruckbremse ist auch noch eine Handbremse vorhanden, die mittels Schraubenspindel und Handrades das Bremsgestänge vom Trieb- und auch vom Beiwagen aus betätigen kann; außerdem ist für Gefahrenfälle die elektrische Bremse vorhanden, indem der Führer die Elektromotoren mittels des noch zu besprechenden Fahrtwenders schnell zum Rückwärtslaufen bringen kann.

Die Bremsklötze waren anfangs aus Gußeisen hergestellt und erlitten infolgedessen, zumal bei ihrer starken Benutzung, eine große Abnutzung. Es wurde auch über eine allzu reichliche Metallstaub-Entwicklung geklagt, die zu unliebsamen Kurzschlußerscheinungen Anlaß gegeben haben soll. Bremsklötze aus sogenanntem Stahlguß, einer Mischung von etwa 75 Teilen Gußeisen und 25 Teilen Stahlabfällen, wie sie auf deutschen Bahnen üblich ist, würden vielleicht auch dort besser am Platze sein. Zurzeit wird eine härtere Eisenmischung für die Klötze versucht.

Die Wagenkasten sind bei allen drei Wagengattungen ähnlich gebaut: das Kastengerippe aus Eichenholz, die Verschalung (doppelt für Dach und Seitenwände) aus Tannenholz; die Außenwand ist nur 10 mm stark. Die Triebwagen haben an einem Ende ein 1,3 m langes Führerabteil mit je einer Tür in 3 seiner Wände. Aeußerlich sind die Wagenklassen nur durch die Klassennummern unterschieden, nicht durch den Farbenanstrich, was in Anbetracht des ungemein kurzen Aufenthaltes der Züge auf den Stationen nicht zweckmäßig erscheint und auch viele Leute irreführt. Sind doch im Jahre 1904 mehr als 1 Million Personen auf insgesamt 140,24 Mill. Fahrgäste mit einer Fahrkarte II. Klasse in Wagen I. Klasse angetroffen worden. Ein gewisser Teil hiervon wird in letztere allerdings auch mit Absicht eingestiegen sein, um nur mitzukommen, was bei den Wagen I. Klasse, die seltener überfüllt sind, eher möglich ist als bei den meist stark umdrängten Wagen II. Klasse. Der Fahrgast hat in solchem Falle nur den Fahrpreis-Unterschied (10 cts = 8 Pfg auf eine 15 cts-Karte) an den die Wagen I. Klasse stets revidierenden Schaffner zu zahlen, vgl. Abschnitt IX.

Die Wagenkasten sind im Verhältnis zu ihrer Inanspruchnahme recht leicht gebaut. Die Beiwagen wiegen leer 8,6 t, was für den Fahrgast bei regelrechter Besetzung mit 55 Personen durchschnittlich nur 156 kg tote Last ergibt, ein ungemein niedriger Wert.

Die die schwere elektrische Ausrüstung tragenden Triebwagen wiegen mit ihrem kräftigen Laufgestell rd. 18 t, so daß hier eine mittlere Totlast von 360 kg auf den Fahrgast entfällt. Der Wagenkasten ist nicht schwerer gehalten als bei den Beiwagen. Diese leichte Bauart hat sich bei dem großen Brandunglück im August 1903 bitter gerächt; denn die Flammen haben sich ungemein schnell über die 12 Wagen der beiden Züge verbreitet und sie in kurzer Zeit vernichtet. Die Bauart ist deshalb damals in der Pariser Presse scharf verurteilt worden. Als ein besondrer Fehler wurde es mit Recht bezeichnet, daß das die elektrischen Schalt- und Sicherungsvorrichtungen enthaltende Führerabteil und ebenso der Fußboden über den Elektromotoren ohne jeglichen Feuerschutz, wie Blech- und Asbestbekleidung usw., gelassen worden war, obschon diese Teile naturgemäß dem Feuerfangen bei Kurzschlußbildung am meisten ausgesetzt sind und sich leicht entzünden können, wenn sie aus so leicht brennbarem Holz hergestellt sind, wie hier z. B. die aus 10 mm starken Tannenbrettern bestehende Außenverschalung. Die verwaltungsseitig den Führern mitgegebenen Löschgranaten waren nur ein dürftiger Notbehelf.

Nach jenem Unglück hat die Betriebsgesellschaft kräftige Hydranten in den Stationen aufstellen lassen und eingehend erwogen, ob sie fernerhin noch 2achsige, aber dann feuersicher gebaute Wagen beschaffen solle oder aber Drehgestellwagen. Sie kam zu dem Ergebnis, die letzteren einzuführen, und zurzeit steht bereits eine größere Zahl von ihnen im Betriebe.

Die zweiachsigen Wagen werden als Anhängewagen auf den Linien Nr. 1, 2 Nord und 2 Süd in Benutzung bleiben, jedoch sollen als Triebwagen überall Drehgestellwagen verkehren, während auf der Linie Nr. 3 nur Wagen letzterer Art laufen.

Ehe jedoch auf diese neueste Bauart eingegangen wird, ist die elektrische Ausrüstung der Wagen, wie sie bis jetzt bestand und auf den beiden Ringlinien weiter bestehen wird, klarzulegen. Es bedingt dies allerdings zuvor eine kurze Erörterung der Zugbildung und des Zugbetriebes.

2) Elektrische Ausrüstung der zweiachsigen Wagen.

Für den elektrischen Zugbetrieb der Stadtbahn konnte in Frage kommen:

a) Lokomotive und Anhängewagen,

b) ein Triebwagen und Anhängewagen,

c) zwei Triebwagen und Anhängewagen (Zweieinheiten-System),

d) zwei oder mehr Triebwagen und Anhängewagen oder auch lauter Triebwagen (Vieleinheiten-System).

Der elektrische Lokomotivbetrieb hatte sich auf den Londoner Röhrenbahnen eingebürgert, zuerst auf der City and South London-Bahn, sodann auf der Waterloo and City-Bahn, und schließlich auch auf der mit der Pariser Stadtbahn gleichalterigen Central London-Bahn. Die allgemeine Bauart dieser Lokomotiven, von mir in Z. 1892 S. 95 beschrieben, war im wesentlichen die gleiche; die Anker der Motoren saßen auf den beiden Achsen, und die ganze elektrische Ausrüstung des Zuges einschließlich der Widerstände war in der Lokomotive vereint. Diese war feuersicher, etwaige Kurzschlüsse auf ihr konnten den Wagen wohl kaum gefährlich werden. Aber diese Betriebsform hat den großen Nachteil, daß sie zur Erzeugung genügend hoher Reibungszugkraft große Raddrücke bedingt, die ihrerseits kräftigen Oberbau und bei Hochbahnen starke Traggerüste voraussetzen. Ferner ist die Beschleunigung beim Anfahren zwar größer als diejenige einer gleich leistungsfähigen Dampflokomotive, aber im allgemeinen doch noch nicht genügend für einen flotten Betrieb. Auch das auf den Fahrgast durchschnittlich entfallende tote Gewicht ist in der Regel größer als bei Verwendung einzelner Trieb- und Beiwagen. Die elektrische Lokomotive ist deshalb auch auf amerikanischen Stadtbahnen nie zur Einführung gelangt und war für die Pariser Anlage von vornherein ausgeschlossen.

Daß der Lokomotivbetrieb auch noch in andrer Weise unzweckmäßig sein könne, lehrte die Central London-Bahn. Auf dieser traten durch die heftige Einwirkung der ungefederten Massen auf die Schienenstöße Erschütterungen auf, die trotz der tiefen Lage der Schienen unter Straßenkrone (12 bis 28 m) recht unliebsam von den Bewohnern der Nachbarhäuser empfunden wurden und berechtigte Klagen über den Bahnbetrieb hervorriefen, die bekanntlich sogar zu Erörterungen im Parlament geführt haben. Letzteres legte der Bahngesellschaft die Verpflichtung auf, den Uebelstand zu beseitigen. Eine Probelokomotive, deren Motoren größtenteils abgefedert waren und die Energie durch Zahnräder auf die Radachsen übertrugen, ergab nur eine Milderung der Erschütterungen, nicht deren Beseitigung. Diese gelang erst bei einem im Jahre 1902 aus Drehgestellwagen gebildeten Probezug, der nach Pariser Vorbild aus 2 Trieb- und 5 Beiwagen zusammengesetzt war, womit dann auch auf jener Bahn die elektrische Lokomotive zu Grabe getragen war.

Ursprünglich hatte die Verwaltung der Pariser Stadtbahn die oben genannte Betriebsart b) gewählt, da sie glaubte, mit kurzen, aus höchstens 4 Wagen gebildeten Zügen auskommen zu können, wovon einer ein Triebwagen war. Der schnell riesenhaft anschwellende Verkehr, dem in gewissen Stunden diese Züge nicht annähernd genügten, legte der Verwaltung die Entscheidung auf, die notwendigen längeren Züge entweder nach der vorgenannten Betriebsart c) oder nach d) zu fahren. Die letztere war bereits durch Sprague im Jahre 1897 in seinem »Multiple Unit System« (Vieleinheiten-System) praktisch auf der South Side-Hochbahn in Chicago erprobt worden, das die Brauchbarkeit der von ihm erfundenen elektrischen Zentralsteuerung[1]), d. h. die elektrische Beeinflussung aller Motoren des Zuges von einer Stelle aus, glänzend dargetan hatte. Ihm folgten 1898 die Westinghouse Co. sowie die General Electric Co.[2]) mit andern Vieleinheiten-Anordnungen.

Der Pariser Stadtbahnverwaltung erschien das Multiple Unit System zu kostspielig, auch zu verwickelt, zumal sie die langen Züge (von 8 Wagen) auf den Linien Nr. 1 und 2 durch Verbindung zweier kurzer (von je 4 Wagen) bilden wollte, so daß höchstens 4 Motoren zu steuern waren. Die französische Thomson-Houston Gesellschaft in Paris[3]), eine Tochtergesellschaft der General Electric Co., arbeitete daraufhin im Jahre 1901 ein besondres, ihr unter Nr. 310281 vom 26. April 1901 patentiertes[4]) System für nur 2 Triebwagen mit insgesamt 4 Motoren aus, das sie System der doppelten Einheiten (Zweieinheiten-System) nennt. Dieses gestattet ebenfalls, die beiden im Zuge beliebig gestellten Triebwagen von einem Führerabteil aus gemeinsam zu steuern, und zeichnet sich dabei durch große Einfachheit aus.

Mit dem verhältnismäßig geringsten Kostenaufwande war es nunmehr möglich, die Zugstärke dem jeweiligen Verkehrsbedürfnis leicht und schnell anzupassen, d. h. lange Züge in den Stunden starken Andranges und kurze in verkehrschwachen Zeiten zu fahren.

Zweieinheiten-System.

Jede Einheit besteht aus 1 Triebwagen und mehreren — in der Regel 3 — Beiwagen, also aus einem »kurzen« Zuge, Fig. 316. Zwei solcher Einheiten oder Züge werden bei lebhaftem Verkehr einfach zusammengekuppelt und bilden einen langen, vom vordern Führerabteil zu fahrenden Zug, Fig. 317, der nach Abflauen des Andranges durch Loskuppeln wieder in zwei unabhängige Einzelzüge zerlegt werden kann, die dann für sich gefahren oder zum Teil aus dem Betriebe zurückgezogen werden.

Ob nun lang oder kurz: ein jeder Zug wird unter gleichen Kraft-, Reibungs-, Beschleunigungs- und Verzögerungsverhältnissen gefahren; denn die auf die Tonne Zuggewicht entfallende mittlere Triebkraft, Schienenreibung und Bremswirkung ist bei dem Achtwagenzuge die gleiche wie bei dem Vierwagenzuge. Das Zweieinheiten-System paßt sich sonach einem veränderlichen Verkehr gut an.

Jeder Triebwagen enthält in der Hauptsache nur einen Fahrschalter nebst Umschalter und Fahrtwender. Die Kontaktgeber für die Motoren sind wie bei dem Fahrschalter eines gewöhnlichen Straßenbahnwagens räumlich mit dem erstgenannten Schalter vereint, dessen Bedienung die gleich

---

[1]) Die erste Steuerung für Züge mit mehreren Triebwagen ist bereits von Siemens & Halske i. J. 1883 auf der von ihnen erbauten elektrischen Bahn Mödling (bei Wien) -Vorderbühl ausgeführt worden; jedoch war sie mechanischer Art.

Sprague hat zuerst i. J. 1885 in der Bostoner Society of Arts die Möglichkeit, einen Zug durch mehrere elektrisch gesteuerte Triebwagen zu befördern, dargelegt.

[2]) Vergl. Z. 1903 S. 848.

[3]) Die Thomson-Houston Gesellschaft hat mich in höchst liebenswürdiger Weise durch Ueberlassung von Zeichnungen, Photographien usw. für die Abschnitte VII und VIII in meiner Arbeit unterstützt, weshalb ich ihr auch an dieser Stelle meinen Dank ausspreche.

[4]) In Deutschland der Union E.-G.-Berlin unter Nr. 138397 vom 31. Dezember 1901 patentiert.

Bereits am 30. Juli 1898 ist unter Nr. 107666 ein ähnliches, allerdings ohne selbsttätige Fahrtwender arbeitendes Zweieinheiten-System der Aktiengesellschaft Siemens & Halske in Berlin patentiert worden. Es stand bei dem Probezug der Wannseebahn (Berlin-Zehlendorf) in Anwendung und ist jetzt auf der Berliner elektrischen Hochbahn in Benutzung. Auf letzterer laufen zurzeit auch 2 Probezüge mit dem Vieleinheiten-System von Siemens & Halske, davon der erste Zug seit Herbst 1903.

einfache ist. Der gesamte Betriebstrom für die 4 Motoren wird der dritten Schiene durch die Schleifschuhe desjenigen Wagens entnommen, von dem aus gesteuert wird; der andre Triebwagen dagegen empfängt den Fahrstrom von ihm durch ein Kabel von 120 qmm Kupferquerschnitt. Außer diesem Hauptkabel läuft noch ein dünnes Doppelkabel von 8 qmm Querschnitt von Trieb- zu Triebwagen, um den beiden die

Die langen Züge lassen sich aus zwei kurzen Zügen in der Weise zusammensetzen, daß diese einfach hintereinander geschaltet werden, Fig. 318, oder daß sie in umgekehrter Richtung, also mit ihrem Schlußwagen, aneinander gekuppelt werden, so daß an jedem Zugende ein Triebwagen steht, Fig. 319. Ursprünglich hatte die Verwaltung die letztere Anordnung gewählt, und zwar aus be-

Fig. 316.

Vierwagenzug der Linie Nr. 1, aufgenommen im Jahre 1903 auf der Station Place de la Bastille.

Fig. 317.

Achtwagenzug der Linie Nr. 1, aufgenommen im Jahre 1903 auf der Station Place de la Bastille.

Umkehr der Fahrrichtung veranlassenden Fahrtwendern den erforderlichen Steuerstrom zuzuführen.

Eine solche Richtungsumkehr ist nicht nur beim Verschiebedienst in dem großen Wagentunnel, Fig. 112, und in der Reparaturwerkstätte notwendig, sondern auch bei Betriebstörungen eines Fahrgleises, die eingleisigen Streckenbetrieb im Gefolge haben, endlich auch in Gefahrenfällen, um, wie schon angedeutet, eine besonders kräftige Bremswirkung zu erreichen.

triebs- und verkehrstechnischen Gründen: nicht nur erleichterten die Gleisanlagen bei der Schleifenstation Porte de Vincennes, vergl. Fig. 112, diese Zugbildung, sondern letztere gestattete auch bei notwendig werdendem eingleisigem Betrieb ohne weiteres die Umkehr des Zuges; und sodann lagen die beiden Wagen I. Klasse hierbei unmittelbar hintereinander und in der Zugmitte, konnten also von den Fahrgästen schneller aufgefunden werden als bei der ersteren Gruppierung.

Nach dem Brandunglück war aber einige Male leichter Kurzschluß in dem am Zugschlusse laufenden Triebwagen eingetreten, der das nervös gewordene Publikum stark beunruhigt und unliebsame Zwischenfälle veranlaßt hatte. Die Aufsichtsbehörde ordnete deshalb im Herbst 1903 an, daß beide Triebwagen an die Spitze des Zuges zu stellen seien, wo sie leichter vom Führer beaufsichtigt werden können. Es ändert diese Stellung natürlich nichts an der Wirkungsweise der Zugsteuerung, nur ist das Zusammenkuppeln zu langen Zügen und die Trennung in Vierwagenzüge etwas umständlicher geworden und der Vorteil sofortiger Bereitschaft bei eingleisigem Betriebe verloren gegangen. Anderseits sind dafür aber auch die stromführenden elektrischen Leitungen, die sonst unter dem ganzen Zuge herliefen, auf die beiden Vorderwagen beschränkt worden.

Wiederum werden durch die unmittelbare Hintereinanderschaltung beider Triebwagen die Zugvorrichtungen nebst Kupplungen erheblich stärker beansprucht als bei der getrennten Lage; auch ruft jene beim Anfahren u. U. etwas heftigere Stöße hervor als diese.

Die Entgleisungsgefahr, die dem am Schlusse laufenden Triebwagen anfangs nachgesagt wurde, ist praktisch nicht vorhanden, wie neben dem regelrechten Betriebe Sonderversuche auf der Stadtbahn dargetan haben. Die seinerzeit auf der Central London-Bahn erfolgte Entgleisung eines Zuges mit zwei Triebwagen, die wohl Anlaß zu jenem Zweifel gegeben hat, ist nach den mir gewordenen Mitteilungen darauf zurückzuführen, daß der am hinteren Zugende befindliche Triebwagen den Zug allein vorwärts schob, und dazu noch durch eine scharfe Gleiskrümmung, in der eine Weiche lag.

Die Betriebsverwaltung der Stadtbahn beabsichtigt deshalb auch, auf den beiden Ringlinien Nr. 2 nach Fertigstellung der neuen Triebwagen mit feuersicherem Führerabteil wieder zu der getrennten Anordnung (Fig. 319) zurückzukehren, die behördliche Genehmigung hierzu natürlich vorausgesetzt.

Nun sah sich die Verwaltung durch den stetig anschwellenden Verkehr bereits im Jahre 1903 gezwungen, auf der Linie Nr. 1 alle kurzen Züge durch Achtwagenzüge zu ersetzen. Da diese aber, wie früher schon erörtert, nur 3 m kürzer sind als die Bahnsteige, so brachte ihr Betrieb mancherlei Uebelstände; sie wurden infolgedessen gegen Ende jenes Jahres auf beiden Linien um einen Wagen gekürzt. Seitdem laufen auf der Linie Nr. 1 Siebenwagenzüge, jedoch ist ihre Triebwagenzahl vor kurzem auf 3 erhöht worden, Ueber diese neueste Aenderung, die zugleich die Einführung der Betriebsart d) bedingte, s. weiter unten 3) »Drehgestellwagen«. Auf dem Nordring verkehrten bis in den Sommer d. J. teils Siebenwagen-, teils Vierwagenzüge; nunmehr aber Züge mit 6 Wagen, worunter 2 Triebwagen.

Fig. 318 und 319.

Triebwagengruppierung und Kabelanordnung beim Achtwagenzug.

a) 1 Triebwagen in der Mitte des Zuges.

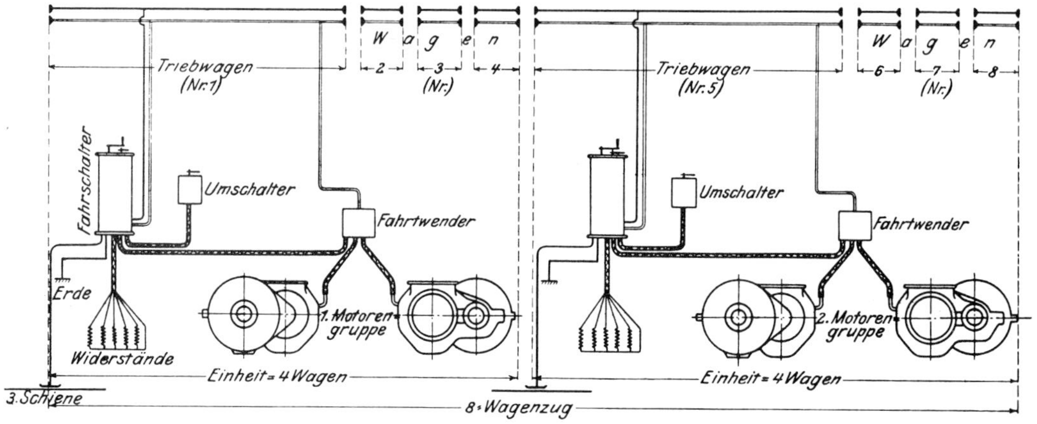

b) 1 Triebwagen an jedem Zugende.

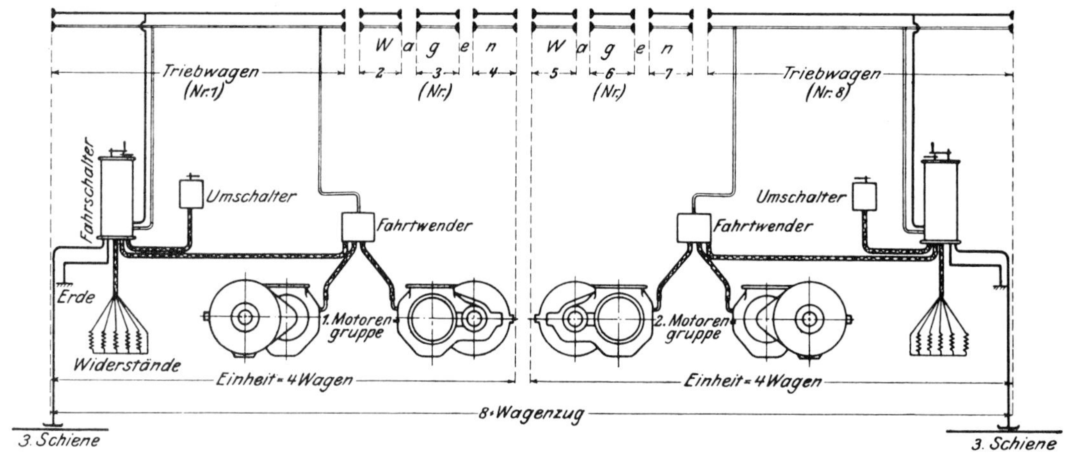

Die Einzelheiten der elektrischen Ausrüstung des Zweieinheiten-Systems seien nun kurz besprochen.

a) Führerabteil und Stromleitung.

Der Führerabteil eines Triebwagens, von dem Fig. 320 eine Außenansicht wiedergibt, enthält außer dem Fahrschalter, auch Meisterwalze genannt, den schon erwähnten Umschalter, der die Steuerung von 2 auf 4 Motoren und umgekehrt einstellt, je nachdem mit langen oder kurzen Zügen gefahren werden soll, ferner den Fahrtwender, die Schalt- und Sicherungseinrichtungen, die für den ordnungsmäßigen Betrieb erforderlich sind, wie Hand- und selbsttätige Ausschalter, Schmelzsicherungen, Blitzableiter usw., sowie endlich die Luftpumpe mit ihrem Anlasser, das Brems- oder Führerventil, die Spindelbremse usw.

Fig. 321, die zugleich den Leitungsplan für einen Triebwagen wiedergibt, läßt alle diese elektrischen Einrichtungen klar erkennen. Die oben links angedeutete »Stromentnahme durch Oberleitung« erfolgt in den Hauptwerkstätten und Aufstellungsschuppen, da hier aus Sicherheitsgründen die dritte Schiene durch Oberleitung ersetzt ist. Die Wagen werden an diesen Orten mittels Stöpsels und biegsamen Kabels an ein auf der Oberleitung laufendes Stromentnahme-Wägelchen angeschlossen und empfangen dadurch den Motoren- und Lichtstrom.

Die beim Anfahren stets erforderlichen Vorschaltwiderstände, durch die der Strom zunächst geleitet wird, damit die Motoren ihn nicht sofort in voller, sondern vielmehr in nach und nach anwachsender Spannung empfangen, sind nebst ihren Verbindungen in Fig. 321 und 322 dargestellt. Sie sind in gußeisernen Rahmen untergebracht und liegen unter dem Wagenfußboden, und zwar eine Hauptgruppe von 10 Sätzen (Fig. 322) unter der Wagenmitte, eine kleinere (4 Sätze) an dem einen Ende (Fig. 321); beide Gruppen sind für 4 Motoren berechnet.

Fig. 320.

Seitenansicht des Führerabteils.

Fig. 321.

Elektrische Einrichtung des Triebwagens.

(Die den Leitungen beigefügten Zahlen bezeichnen die Kupferquerschnitte.)

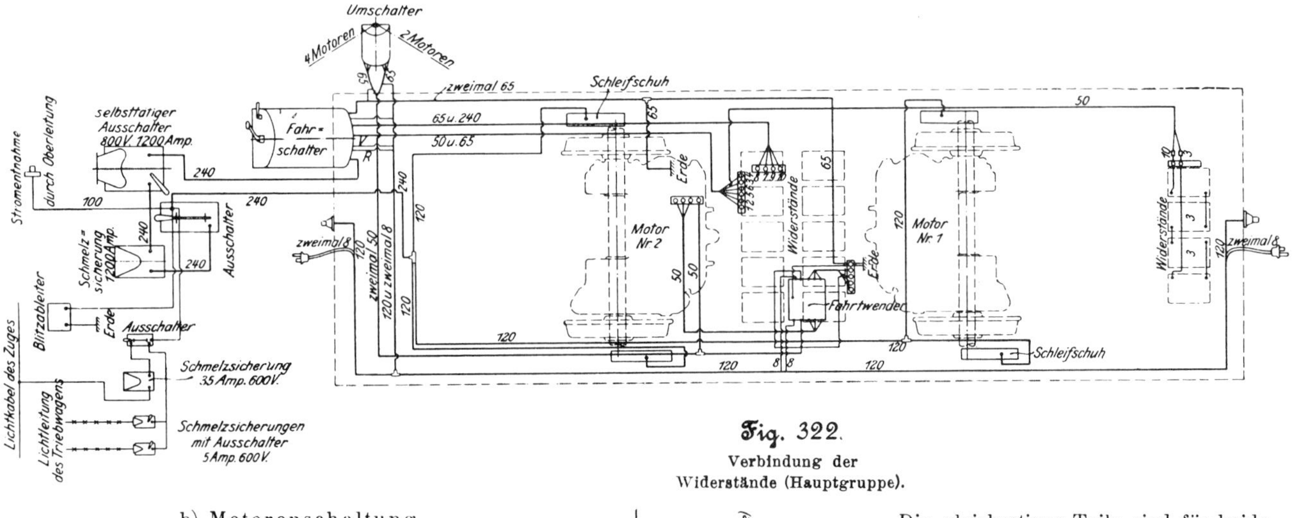

b) Motorenschaltung.

Soll ein Zug mit zwei Triebwagen gefahren werden, so hat der Führer zunächst in diesen den Umschalter von 2 auf 4 Motoren umzustellen, wodurch die beiden Motoren jedes Triebwagens zu einer Gruppe nebeneinander geschaltet werden. Die beiden so geschaffenen Motorengruppen des Zuges lassen sich nun hinter- und nebeneinander schalten. Beim Anfahren findet, wie allgemein auf elektrischen Bahnen üblich, Hintereinander- oder Reihen-(Serien-)Schaltung statt, Fig. 323. Die beiden Motorengruppen arbeiten dann mit halber Stromspannung (Höchstwert = 300 V). Nach Erreichung einer bestimmten Fahrgeschwindigkeit werden sie nebeneinander oder parallel geschaltet, Fig. 324, so daß jede Gruppe, also auch jeder Motor, nunmehr die volle Spannung (Höchstwert = 600 V) erhält.

Erleidet das Motorenpaar eines Triebwagens eine Beschädigung, so kann es ausgeschaltet und die Fahrt mit dem andern Paar, also mit halber Zugkraft, fortgesetzt werden. Fig. 325 und 326 zeigen die beiden hierfür in Frage kommenden Fälle.

Wird nur mit einem Triebwagen gefahren, wozu sein Umschalter auf »2 Motoren« eingestellt werden muß, so lassen sich natürlich auch dessen Motoren hinter- und nebeneinander schalten, Fig. 327 und 328 ebenso kann jeder einzelne davon für sich ausgeschaltet werden, Fig. 329 und 330.

c) Zugsteuerung.

In Fig. 331 ist ein aus zwei Einheiten zusammengesetzter Zug schematisch, auch in den Steuerungsteilen, angedeutet.

Fig. 322.

Verbindung der Widerstände (Hauptgruppe).

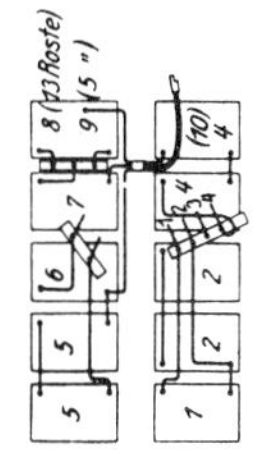

Die gleichartigen Teile sind für beide Triebwagen mit denselben Buchstaben bezeichnet, jedoch für den an der Zugspitze stehenden Wagen durch den Zeiger 1, für den andern Motorwagen durch den Zeiger 2 voneinander unterschieden.

Gesetzt, ein solcher Zug solle seine Fahrt beginnen. Der Führer hat zunächst in jedem Triebwagen

Fig. 323 bis 326.

Schaltungen der beiden Motorengruppen.

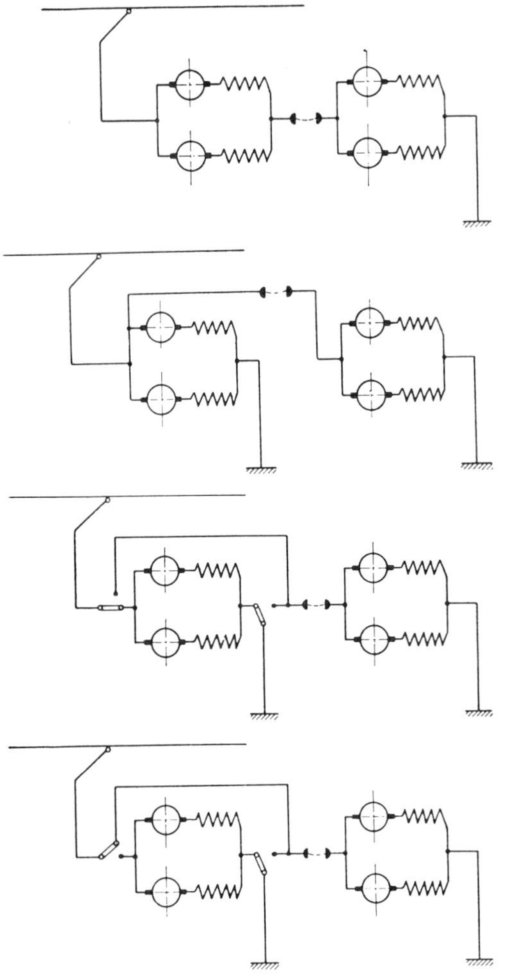

den Umschalter E auf »4 Motoren« einzustellen, sodann im ersten Wagen den Handschalter AV_1-L_1-N_1 auf Vorwärtsfahrt, dagegen den Schalter AV_2-L_2-N_2 auf Mittelstellung. Letzterer stellt durch den Kontakt N_2 die Verbindung der Motorenleitung des zweiten Triebwagens mit dem Hauptkabel A her und durch L_2 diejenige mit der Erdleitung.

Der Fahrschalter D_2 mit seinem Reihen-Parallelschalter P_2 bleibt in der Ruhelage, die Kurbel also auf null. Durch AV_1 erhält das Steuerkabel C Strom aus der dritten Schiene, und damit die Solenoidspulen SA_1 und SA_2, deren Eisenkerne b_1 und b_2 mit den Stellstangen t_1 und t_2 infolgedessen nach links gezogen werden, was die in Fig. 329 gezeichnete Lage der Fahrtwendeschalter M_1 und M_2 herbeiführt. Betätigt nun der Führer bei Abfahrt den Fahrschalter D_1, so gelangt der am ersten Triebwagen ebenfalls der dritten Schiene T entnommene Motorenstrom von D_1 durch R_1-E_1-P_1 nach den parallel geschalteten Motoren J_1 des ersten Triebwagens, durchfließt deren Mag-

Fig. 327 bis 330.

Schaltungen der Motoren einer einzelnen Gruppe.

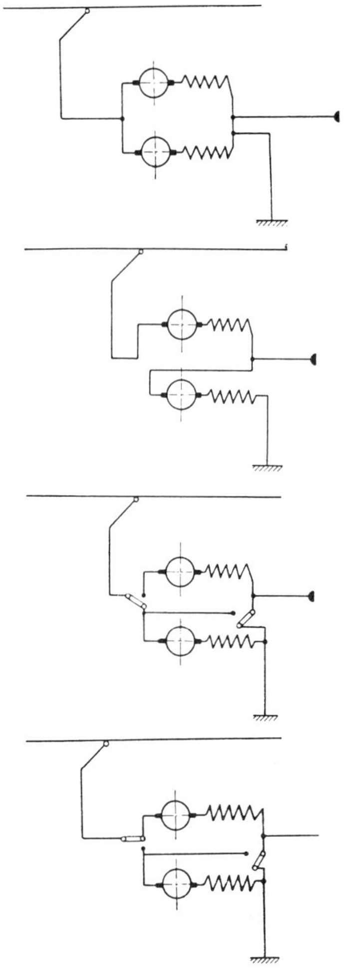

Fig. 331.

Steuerung des Zweieinheiten-Systems.

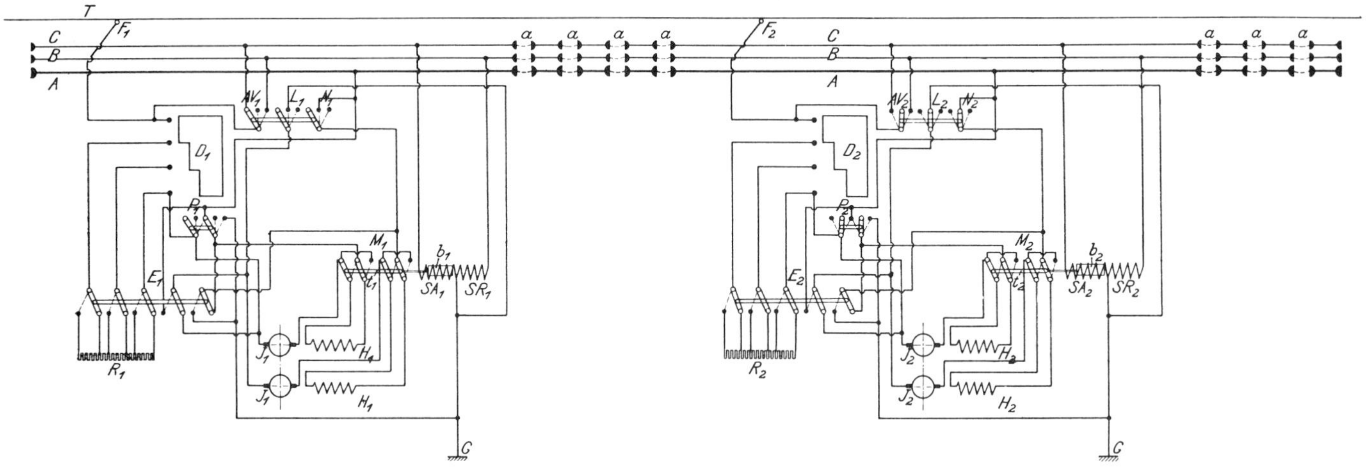

T dritte Schiene (Stromschiene)
F Stromabnehmer
A Hauptkabel für den Motorenstrom
B, C } Steuerkabel für die Fahrtwender
a Kupplung der Kabel
D Fahrschalter oder Meisterwalze
P Reihen-Parallelschalter
E Umschalter von 2 auf 4 Motoren und umgekehrt
R Vorschaltwiderstand
J Motoranker
H Magnetspule zu J
SA und SR Solenoidspulen des Fahrtwenders
b Eisenkern zu SA und SR
t Stellstange für den Schalter M
M Fahrtwendeschalter oder Kehrtschalter
AV-N-L Handschalter für M, und zwar
AV für Kontakt mit Steuerkabel B oder C
N » » » Hauptkabel A
L » » » Erdleitung G.

Anmerkung: Der mit dem Umschalter E vereint gezeichnete Widerstandschalter hat sich im Betriebe der Stadtbahn als überflüssig erwiesen und ist fortgefallen.

netspulen H_1 und geht durch die M_1-P_1-E_1-Kontakte in das Kabel A, das ihn durch den Kontakt N_2 den Motoren J_2 des zweiten Triebwagens zuführt, von wo er durch den Kontakt L_2 in die Erdleitung tritt. Die J_2-Gruppe ist sonach hinter die Gruppe J_1 geschaltet. Sobald der Zug eine gewisse Geschwindigkeit erreicht hat, schaltet der Führer mittels des Reihen-Parallelschalters P_1 die beiden Motorengruppen nebeneinander.

Für die Rückwärtsfahrt wird der Handschalter AV_1-L_1-N_1 nach rechts in Fig. 331 umgelegt; Kabel B bekommt dann den Steuerstrom, der die Solenoide SR_1 und SR_2 durchfließt und die rechtsseitigen oberen Stromschlüsse für den Motorenstrom in M_1 und M_2 herstellt, die die Motoren zum entgegengesetzten Umlauf bringen.

Will oder muß der Führer nur mit den Motoren eines einzigen Triebwagens fahren, so stellt er den Umschalter E von 4 auf 2 Motoren um.

Fig. 332.

Fahrschalter.

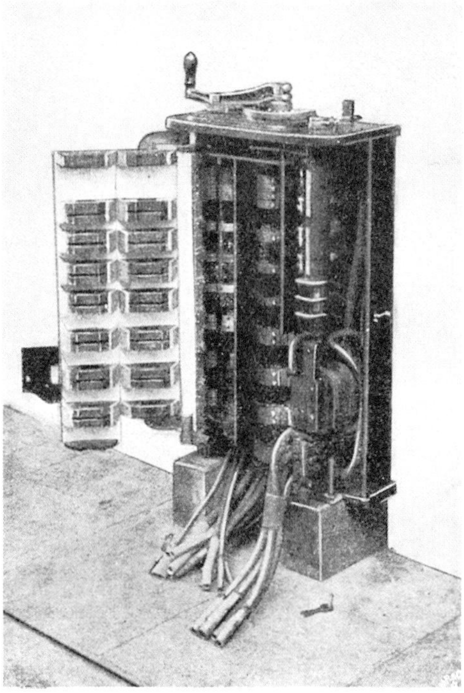

Sämtliche Teile des Fahrschalters und der Steuerung sind so angeordnet, daß der Führer keine falschen Zwischengriffe ausführen kann.

d) Fahrschalter.

Der Fahrschalter besteht nach Fig. 332 bis 334 aus zwei senkrechten Walzen, die mittels der Handkurbel und eines unter dem Gehäusedeckel gelagerten Zahnräderpaares gleichzeitig, jedoch in entgegengesetztem Sinne gedreht werden. Von ihren Kontaktstücken, auf denen die mit den Widerständen und Motoren verbundenen Kontaktfinger schleifen, sind 7 für das Hintereinanderschalten der Motoren bestimmt, 6 für das Nebeneinanderschalten; außerdem sind bei je einer weiteren Kurbelstellung sämtliche Widerstände für jede dieser beiden Schaltweisen ausgeschaltet, während bei der Kurbelstellung auf null der Betriebstrom abgeschaltet ist. Außer der Nullage sind sonach 15 verschiedene Kurbelstellungen möglich. Der Schalter hat 4 Motoren nebst deren Widerstände zu bedienen.

Fig. 335 gibt das Schaltschema. Die beiden Kontaktwalzen sind darin abgewickelt dargestellt; beim Lesen dieser Figur müssen stets die gleichen Nummern beider Mantelhälften verfolgt werden. Die übrigen Bezeichnungen sind dieselben wie in Fig. 321.

In dem unteren rechten Teile des Gehäuses befindet sich ein magnetischer Funkenlöscher, der die beim Uebergang von einer Kurbelstellung in die andre zwischen Kontaktstück und Kontaktfinger auftretenden Oeffnungsfunken selbsttätig auslöscht.

In dem 737 mm breiten Gehäuse des Fahrschalters ist auch die Einstellvorrichtung für den Fahrtwender untergebracht, dessen Handgriff gleichzeitig auch zur Betätigung des Umschalters für den Betrieb mit 2 und 4 Motoren dient. Der Wagenführer muß ihn zu dem Zweck von dem Fahrschalter abnehmen und auf den Umschalter aufsetzen; ersteres kann er aber nur dann, wenn die Kurbel in ihre Nullage gebracht ist. Hierdurch ist in einfachster Weise die für die richtige Handhabung erforderliche gegenseitige Abhängigkeit der beiden Schalter geschaffen.

Fig. 333 und 334.

Außenansicht des Fahrschalters.

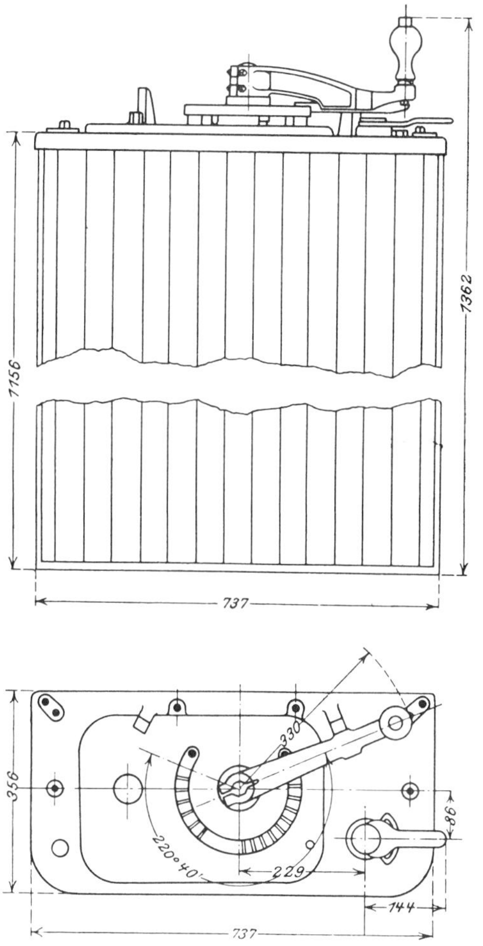

e) Fahrtwender.

Der Fahrtwender, Fig. 336, besteht im wesentlichen aus zwei Solenoidspulen — in Fig. 331 mit SA und SR bezeichnet — deren Eisenkerne mit einem um wagerechte Zapfen drehbar gelagerten Schwing- oder Doppelhebel derart über Kreuz verbunden sind, daß jeder von ihnen ein anderes Ende des Hebels hochzieht, wenn seine Erregerspule vom Strom durchflossen wird. Beide freien Endflächen der Schwinge tragen Kontaktstücke, die mit je 2 schmalen an der

Fig. 335.

Schaltschema des Fahrschalters.

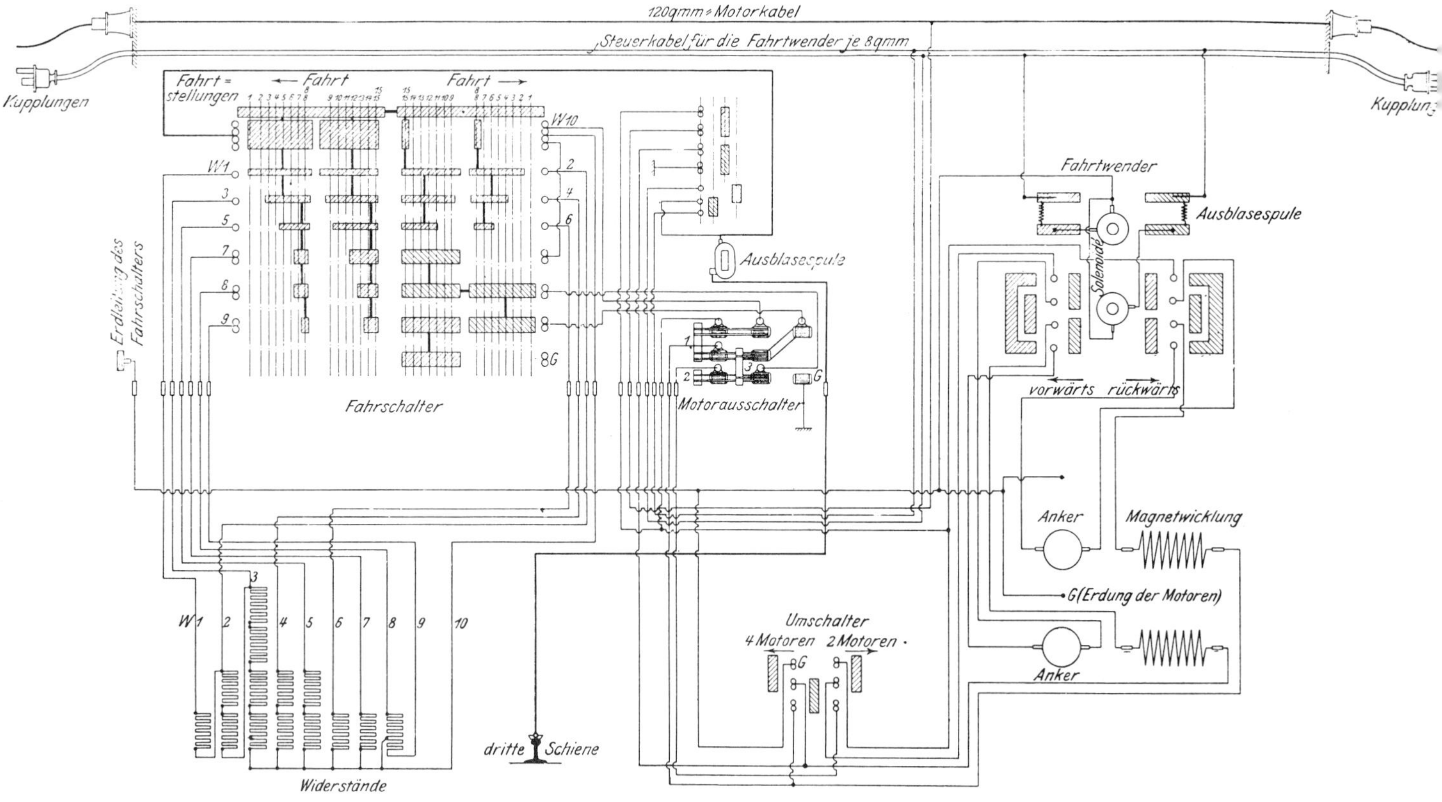

Fahrt mit 2 Motoren.
Um den Motor Nr. 1 auszuschalten, ist der Schalthebel 1 hochzuziehen, desgleichen für den Motor Nr. 2 der Hebel 2.

Fahrt mit 4 Motoren.
Um den Triebwagen Nr. 1 auszuschalten, ist der Schalthebel 1 hochzuziehen, desgleichen für den Triebwagen Nr. 2 der Hebel 2.

Wenn alle Motoren eingeschaltet sind, ist der Schalthebel 3 niederzudrücken.

Solenoidplatte isoliert sitzenden Kontaktfingern für den Steuerstrom und ebenso mit 4 breiten Fingern für den Motorenstrom in Berührung treten können. Wird der Fahrtwender eingeschaltet, so wird immer nur eine der beiden Spulen vom Strom durchflossen; infolgedessen kann auch während der Fahrt immer nur ein Schwingenende hochgezogen sein, dessen untere Kontaktflächen dann an den Kontaktfingern anliegen und den Strom den Motoren zuführen. Wird umgesteuert, so geht die andre Kontaktseite der Schwinge hoch, der Strom fließt nun in entgegengesetzter Richtung durch die Motoren, der Wagen läuft also umgekehrt wie früher. Die Schwinge ist so gebaut, daß sie in der durch die Solenoide veranlaßten Stellung selbsttätig verharrt. Der Fahrtwender wird stets vor der Ingangsetzung des Zuges betätigt; während der Fahrt sind keinerlei selbsttätige Einrichtungen, wie Relais, Kontaktschützen usw., in Wirksamkeit, was ein Vorzug dieses Systems gegenüber dem Multiple Unit-System ist. Die Zugbedienung gestaltet sich für den Führer ebenso einfach wie die eines einfachen Triebwagens oder eines Straßenbahnwagens, bei dem außer Bremse und Sandstreuer auch nur der Fahrschalter in Frage kommt.

Fig. 336.

Fahrtwender.

f) Stromabnehmer.

Der Strom wird nach amerikanischem Muster zugeführt und entnommen. Schon die erste elektrisch betriebene Stadtbahn in Amerika, die im Mai 1895 eröffnete West Side-Hochbahn in Chicago, der wiederum die Ausstellungsbahn dieser Stadt als Vorbild gedient hat, benutzte eine dritte außerhalb des Fahrgleises liegende Schiene zur Stromzuführung und wegen der namentlich beim Anfahren erforderlichen großen Strommenge 4 in Gelenkschlitzen am Triebwagen isoliert aufgehängte Schleifschuhe als Stromabnehmer[1]). Die Isolierung erfolgt durch Holzstücke, die mit Paraffin getränkt sind und von den Achsbüchsen gestützt werden. Durch diese Stützung bleiben die Stromabnehmer unbeeinflußt von den Federschwingungen.

Genau in dieser, jetzt in Nordamerika allgemein üblichen Weise wird der Strom auf der Pariser Stadtbahn abgenommen. Für gewöhnlich werden hier nur die beiden nach der Tunnelmitte zu gelegenen Schleifschuhe des Triebwa-

[1]) Bereits 10 Jahre früher war auf der irischen Bessbrook and Newry-Bahn ein inmitten des Fahrgleises isoliert verlegtes [-Eisen als Stromschiene benutzt worden, das Vorbild der Londoner Röhrenbahnen.

gens benutzt; die beiden andern treten bei eingleisigem Streckenbetrieb in Tätigkeit. Es wird also die gesamte Strommenge — nach Fig. 347 bis 1200 Amp — nur von zwei Gleitschuhen aufgenommen. Wird einer da von schadhaft, so kann der Führer den Zug nach Angabe doch noch bis zur Endstation der Linie fahren, wo dann die Wagen ausgewechselt werden müssen.

Die Aufhängung der Stromabnehmer geht aus Fig. 308 und 310 hervor. Sie sind aus Stahlformguß hergestellt, 280 mm lang, 160 mm breit und 20 mm stark, Fig. 337 bis 339. Ihr Eigengewicht allein preßt sie gegen den Schienenkopf, so daß die oberen Gehängebolzen kaum beansprucht werden. Die aus Stahl geschmiedeten Hängeschienen gestatten den Schuhen, aus der regelrechten Lage um 20 mm nach unten und 90 mm nach oben auszuweichen. Die Schuhe können somit den Unebenheiten der Stromschiene leicht nachgeben und Abweichungen in der Aufhängung ausgleichen. Da nun die Stromschiene mit ihrer Kopffläche 110 mm höher als die Fahrschiene liegt, so ist es selbst bei größter Abnutzung der Radreifen und der Schuhe ausgeschlossen, daß letztere beim Fahren durch Weichen an den Fahrschienen streichen. Die Schleifschuhe sind zudem leicht aus-

Fig. 337 bis 339.

Stromabnehmer.

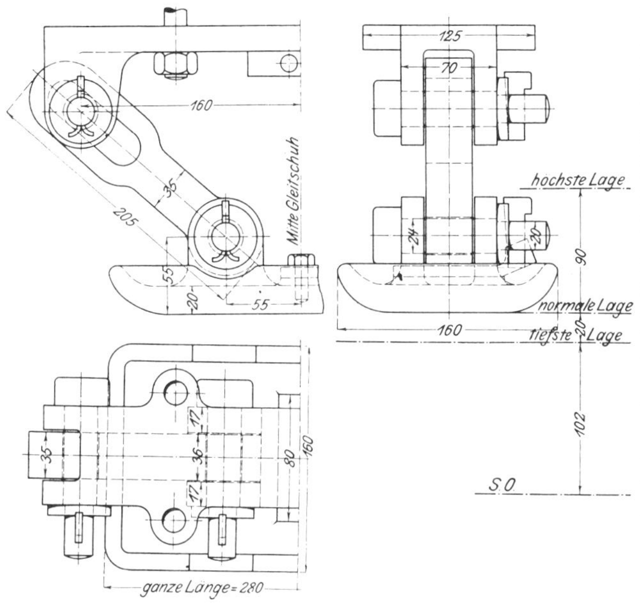

wechselbar, erfordern bei Umkehr der Fahrrichtung keine Umstellung und haben auch verhältnismäßig geringe Masse, also auch geringes Schlagvermögen, während sie anderseits wiederum schwer genug sind, um einen zuverlässigen Kontakt mit der Schiene herzustellen; sie erfüllen somit alle billigen Ansprüche.

g) Motoren.

Auf einer mit Stationen dicht besetzten Stadtbahn werden die Elektromotoren infolge des häufigen Anfahrens stark beansprucht, und dies um so mehr, wenn die Bahn so zahlreiche Steigungen und scharfe Krümmungen aufweist, wie es hier der Fall ist. Dazu kommt ferner noch, daß die Stationsaufenthalte recht kurz sind, was für die Abkühlung zumal der zum Schutz gegen Verstaubung eingekapselten Motoren ungünstig ist. Die von Thomson-Houston — von 1901 bis in 1904 hinein alleinigem Lieferer der elektrischen Ausrüstung der Stadtbahn — gebauten Hauptstrommotoren, Fig. 340 bis 344, sind vierpolig und können nach Angabe mit 500 V Klemmenspannung und 245 Amp Stromverbrauch eine Stunde lang 140 PS an die Wagenachse abgeben (Wirkungsgrad einschl. Zahnreibung etwa 0,86), bei einer Uebererwärmung von 75°. Sie sind ähnlich den Motoren der New Yorker und Chicagoer Hochbahnen angeordnet und an einem Ende mittels zweier als 306 mm lange Lager ausgebildeter Gehäuseansätze an die 150 mm starke Radachse, Fig. 344, am andern Ende federnd an das Wagenuntergestell gehängt, wie solches die Figuren erkennen lassen. Die Bewegungsenergie wird durch Zahnräder mit Uebersetzung 1 : 2,69 vom Anker auf die Radachse übertragen; das Ankerrad (26 Zähne) besteht aus geschmiedetem Stahl, das Achsenrad (70 Zähne) aus Stahlformguß; die Zähne sind geschnitten, ihre Breite ist gleich dem Fünffachen der Teilung, also recht günstig bemessen.

Fig. 345 zeigt die Leistungskurven des Wagenmotors.

h) Versuchsfahrten.

Fig. 346 und 347 spiegeln die Ergebnisse von Versuchsfahrten wieder, wie sie auf der schwach geneigten Gefällstrecke Louvre-Place de la Concorde (Linie Nr. 1) im regelrechten Betrieb im Mai 1902 mit einem Vier- und einem Achtwagenzuge gewonnen sind. Sie zeigen klar und über-

Fig. 340.

Innenansicht des Wagenmotors.

sichtlich die Wirkung der abgestuften Stromverstärkung beim Anfahren — je 8 Stufen für die Hintereinanderschaltung und je 7 Stufen für die Nebeneinanderschaltung der Motoren bezw. Motorengruppen —, die Dauer und die Größe der Beschleunigung bis zum Erreichen der Höchstgeschwindigkeit von 36 bis 37,5 km/st, das dann erfolgende Auslaufen des Zuges ohne Strom, endlich die Bremswirkung sowie auch den nur wenige Sekunden betragenden Aufenthalt auf den Zwischenstationen. Das oben hervorgehobene gleichbleibende Verhältnis zwischen Zuggewicht und Reibungszugkraft usw. tritt in diesen Figuren scharf hervor. Der 54,3 t schwere Zweimotorenzug hat nach Fig. 346 beim Anfahren bis 600 Amp gebraucht, der 106,5 t schwere Viermotorenzug nach Fig. 347 1125 bis 1200 Amp. Die Beschleunigungszeit bis zur Erreichung der genannten Höchstgeschwindigkeit betrug beim kurzen Zuge 16 bis 24 sk und beim Achtwagenzuge 20 bis 26 sk, entsprechend einer mittleren Beschleunigung von 0,416 bis 0,625 m/sk im ersten und 0,384 bis 0,5 m/sk im letzten Falle, während sich die Bremszeiten beim langen Zug etwas kürzer stellten, z. B. auf 10 sk beim Einlaufen in die Station Palais Royal, was eine mittlere Verzögerung von 1 m/sk ergibt.

Fig. 341 bis 343. Wagenmotor.

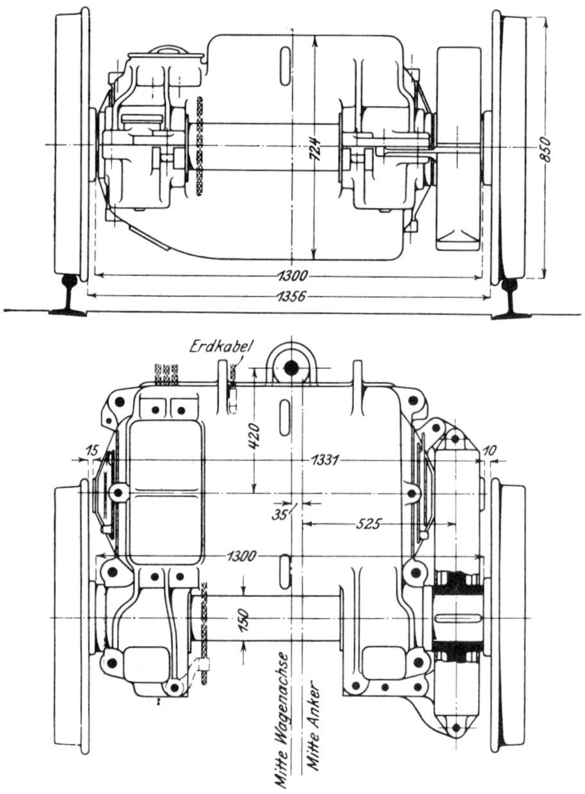

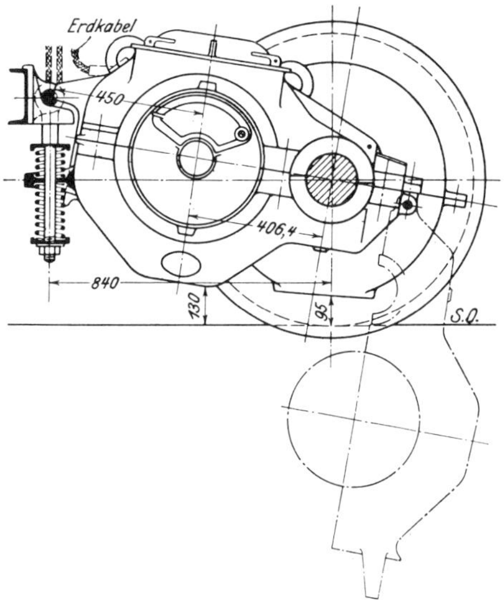

Fig. 344. Triebachse der Motorwagen.

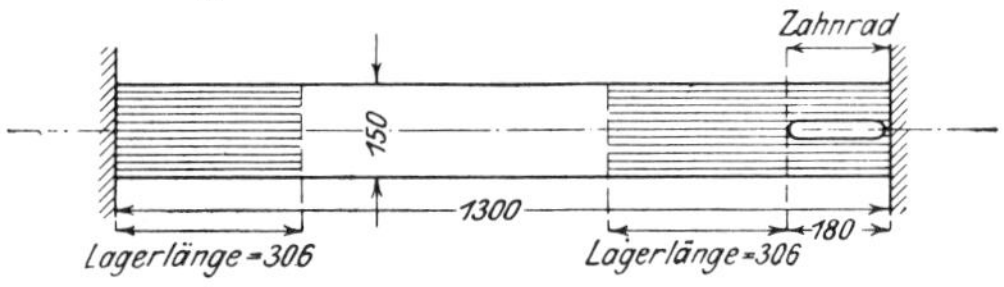

Auch sonstige noch bemerkenswerte Einzelheiten, wie die in den Zeiteinheiten durchlaufenen Gleislängen, das gegenseitige Verhalten der Strommenge und der (annäherungsweise gemessenen) Spannung usw., sind diesen Figuren zu entnehmen.

Fig. 345.

Leistungskurven des Wagenmotors.

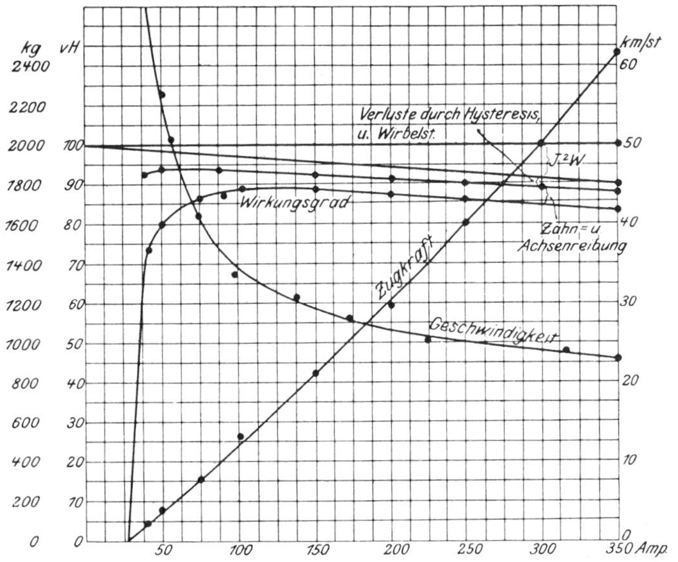

3) Drehgestellwagen und Multiple Unit-System.

War das Zweieinheiten-System im Spätherbst 1901 unter dem Zwange der eigenartigen Verkehrsverhältnisse und wegen seiner größeren Billigkeit eingeführt worden, so zeigte sich schon ein Jahr später, daß der Hauptgrund seiner Wahl: Bildung langer Züge durch Zusammenkuppeln zweier kurzer bei Verkehrsanschwellungen und Wiederauflösung in letztere beim Abflauen des Andranges, für die Linie Nr. 1 mehr und mehr hinfällig wurde. Deren Verkehr verlangte, wie schon früher erwähnt, Züge längster Art während der ganzen Betriebszeit. Hierbei wurden die Motoren naturgemäß sehr stark beansprucht, und ihre Unterhaltungskosten nahmen zu. Durch die nach dem Brandunglück im August 1903 behördlicherseits erlassene Vorschrift, die beiden Triebwagen an die Spitze des Zuges zu stellen, erwuchsen der Betriebsleitung neue Uebelstände, wenn auch dafür die Feuersicherheit des Zuges durch Fortfall der bis 600 Amp Strom führenden, 120 qmm starken Kupferleitung an den Anhängewagen gewonnen hatte. Zudem läßt sich auch rechnerisch nachweisen[1]), daß sich die Betriebskosten beim Zweieinheiten-System unter Umständen höher stellen als beim Vieleinheiten-Verfahren.

Da nun ferner unter dem Druck des Wettbewerbes die Ausrüstungsteile des Vieleinheiten-Systems letzthin eine starke Preisermäßigung erfahren haben, so entschloß sich die Betriebsgesellschaft in diesem Jahre, auf der Linie Nr. 1 das Multiple Unit-System in Verbindung mit Drehgestell-Triebwagen einzuführen. Die Züge bestehen aus 3 derartigen Triebwagen und 4 zweiachsigen Anhängewagen. Für die Züge der kürzlich in ihrem Hauptabschnitt eröffneten Linie Nr. 3 hatte die Gesellschaft bereits früher eine Vermehrung der Triebwagen beschlossen und damit ohnehin das Vieleinheiten-System wählen müssen, da die steile Rampentreppe des Ostabschnittes, Fig. 18, mit 72 m langen Zügen und 36 km/st höchster Fahrgeschwindigkeit durch 2 Triebwagen der vorerörterten Bauart nicht genommen werden kann.

Wegen des zu erwartenden sehr starken Verkehrs dieser Linie wurden von vornherein nur lange Züge in Aussicht genommen. Sie bestehen aus je 5 Drehgestellwagen, wovon der erste, dritte und letzte Triebwagen sind, und bieten wie beim früheren Achtwagenzuge der Linie Nr. 1 rd. 420 Fahrgästen Raum.

Auf die Wahl dieser — für derartige Bahnen wohl zweckmäßigsten — Wagengattung ist die Berliner elektrische Hochbahn nicht ohne Einfluß gewesen; denn deren Einrichtungen wurden nach dem Brandunglück auf dem Nordring von einem Ausschuß der Pariser Betriebsverwaltung eingehend besichtigt.

Auf den beiden Ringlinien Nr. 2 Nord und Nr. 2 Süd werden die Züge aus 2 Drehgestell-Triebwagen und 4 dazwischen geschalteten zweiachsigen Anhängewagen gebildet. Es werden also dreierlei Züge auf den 4 Linien verkehren; weiteres hierüber s. w. u. im Abschnitt IX, Zugbildung und Verkehr.

a) Bauart.

Die Triebwagen der Linien Nr. 1 und 2 Nord sind im Wagenkasten nur 10,85 m und von Buffer zu Buffer 11,47 m lang, da die 30 m-Schleifen der in Fig. 4 und 6 darge-

[1]) Vergl. hierüber den lesenswerten Aufsatz von J. de Traz: La traction électrique usw., in Mémoire et Compte rendu des travaux de la Société des Ingénieurs Civils de France 1903 Nr. 8 S. 149 bis 180.

Fig. 346 und 347. Versuchsergebnisse über den Energieverbrauch der Züge.

a) Vierwagenzug.

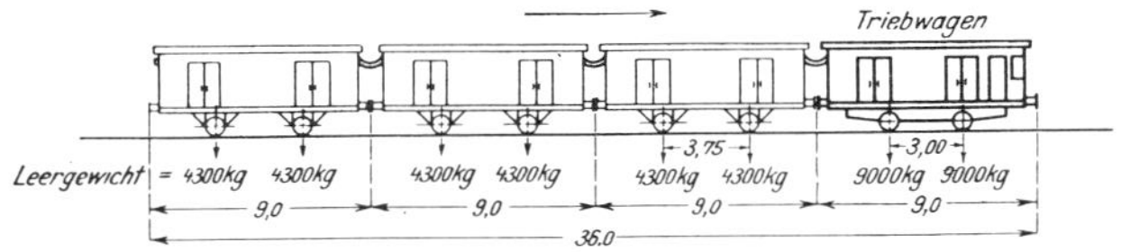

Zuggewicht bei den Versuchsfahrten.

1 Triebwagen	= 18000 kg
3 Beiwagen, je 8600 kg	= 25800 „
Leergewicht	= 43800 kg
150 Reisende, je 70 kg .	= 10500 „
gesamtes Zuggewicht	= 54300 kg

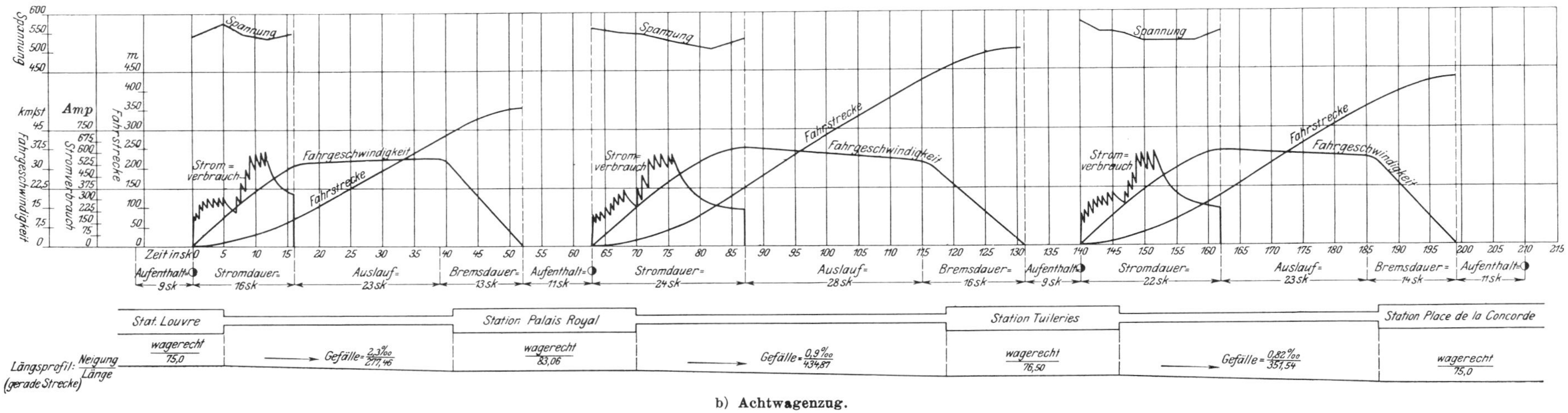

b) **Achtwagenzug.**

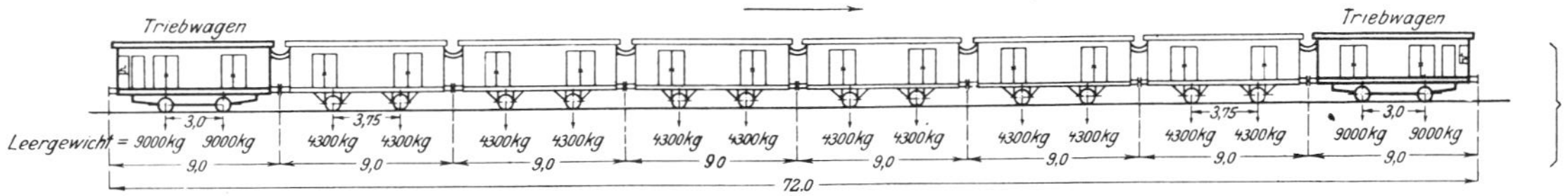

Zuggewicht bei den Versuchsfahrten.

2 Triebwagen, je 18000 kg	= 36000 kg
6 Beiwagen, je 8600 „	= 51600 „
Leergewicht	= 87600 kg
270 Reisende, je 70 kg .	= 18900 „
gesamtes Zuggewicht	= 106500 kg

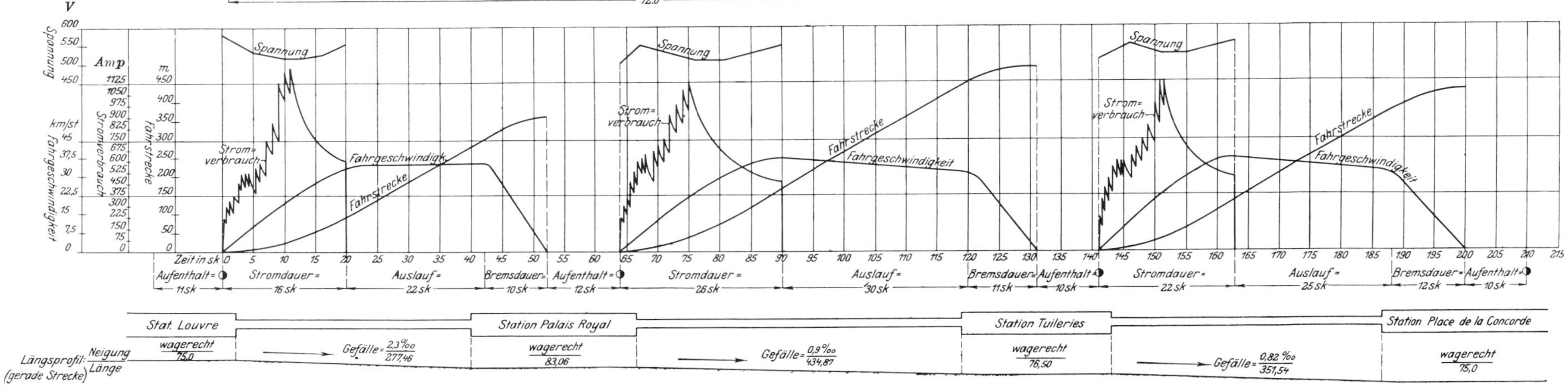

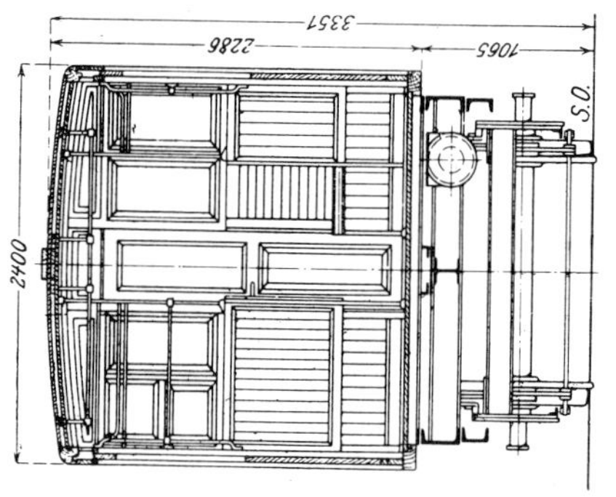

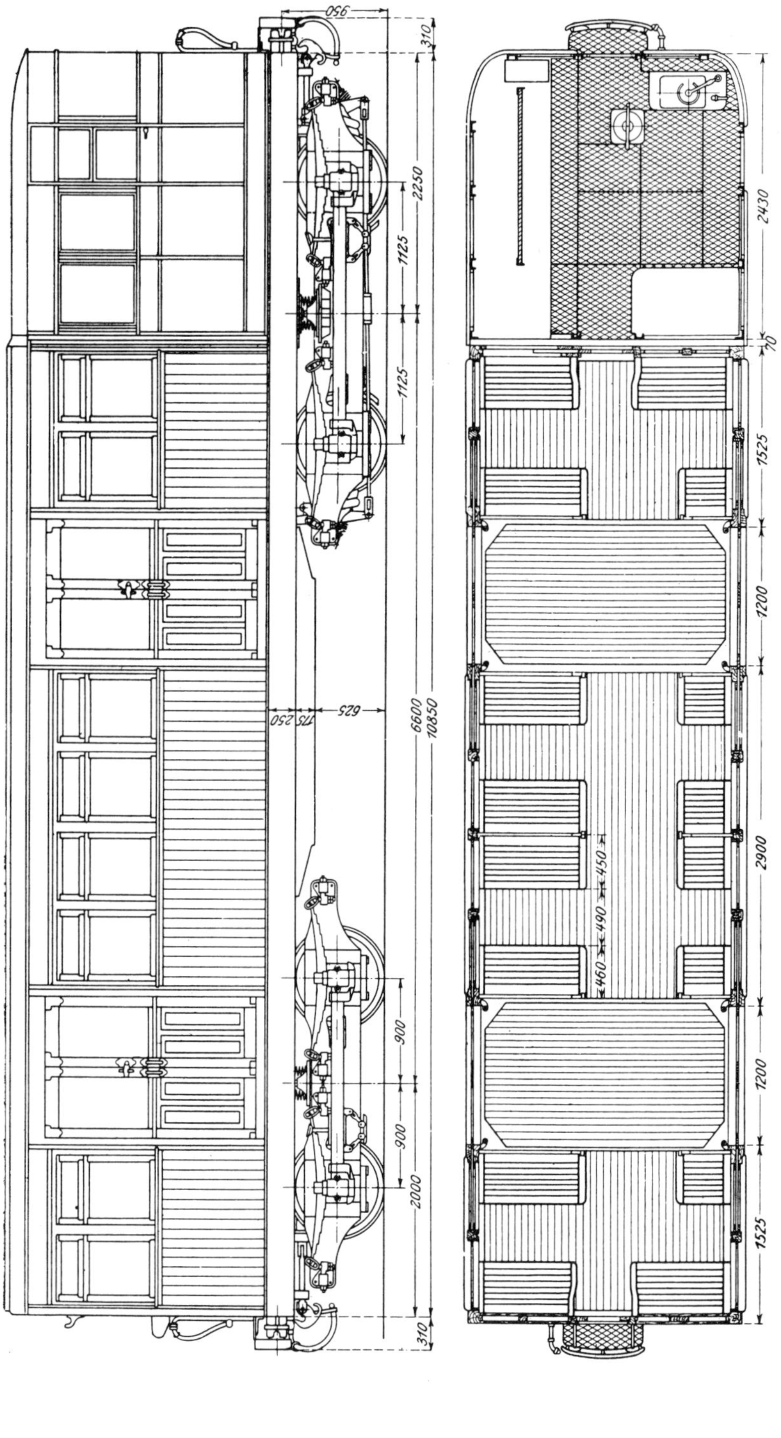

Fig. 348 bis 350.

Drehgestell-Triebwagen der Linien Nr. 1 und 2, Bauart 1904.

stellten Endstationen die Wagenlänge einschränken; diejenigen der Linie Nr. 3 konnten dagegen gleich ihren Beiwagen um 2,50 m länger bemessen werden. Ihre allgemeine Anordnung lassen die Figuren 348 bis 353 erkennen. Darin fällt zunächst nicht nur das jetzt sehr geräumige, fast doppelt so lange Führerabteil auf, sondern auch dessen ausschließliche Herstellung aus Eisen.

Auf Grund der bösen Erfahrungen mit den zweiachsigen Triebwagen, deren Führerabteil ganz aus Holz ausgeführt und ohne jede Blech- oder Asbest- bezw. Uralite-Auskleidung gelassen war, ist hier nach dem bewährten Vorbilde der neuen Wagen der Central-London-Bahn besonderes Gewicht auf die feuersichere Herstellung des Führerabteils gelegt worden. In diesem sind nunmehr auch die Widerstände untergebracht, und die beiden Motoren liegen unter einem feuersicheren Fußboden, was ein Vorzug gegen die ältere Bauart ist; diese ist übrigens nach dem Brandunglück bei einer Anzahl Wagen in ähnlicher Weise — abgesehen von dem eisernen Aufbau des Führerabteils — abgeändert worden. Die Leitungen unter dem Zuge werden beim Vieleinheiten-System nur von schwachen Steuerströmen durchflossen.

Der für die Fahrgäste bestimmte Teil des Wagenkastens besteht allerdings nach wie vor aus Holz, jedoch ist bei den rd. 14 m langen Wagen, Fig. 351, Blechverkleidung hinzugekommen.

Ein Vergleich mit Fig. 304 zeigt die alte Platzanordnung des zweiachsigen Wagens: zwischen den Quersitzen ein 800 mm breiter Längsgang, an den Türen Stehplätze.

Besonders bemerkenswert ist nach dieser Richtung der Wagen der Linie Nr. 3; er stimmt bezüglich der Sitzplätze mit dem Drehgestellwagen der andern Linien überein, hat aber zwischen diesen und dem Führerabteil einen 2,5 m breiten Stehraum eingeschoben erhalten, der durch eine besondre Tür vom Bahnsteig aus zugänglich ist; es sind also 3 Stehräume und auf jeder Längseite 3 Einsteigtüren vorhanden. Damit die Fahrgäste auf den nächsten Sitzplätzen nicht zu sehr unter dem Gedränge der Stehenden leiden, sind sie von diesem größeren Stehraum durch eine Querwand mit Tür getrennt. Ueberwiegen nun schon bei den zweiachsigen Wagen die Stehplätze, so übertrifft diese Wagengattung wohl alles Dagewesene: auf 26 Sitzplätze entfallen nicht weniger als 54 Stehplätze, also 67,5 vH der Gesamtzahl. Die ganze Linie ist allerdings nur 7 km lang, die Fahrzeit der einzelnen Fahrgäste währt durchschnittlich nur etwa 10 Minuten; der Wunsch, nur mitzukommen, läßt daher die Unbequemlichkeit des Stehens nicht so fühlbar werden. Die Stehräume sind mit Haltestangen ausgerüstet, vergl. Fig. 350 und 352.

Die Höhe des Wagenkastens ist um 41 mm vergrößert, die Breite ist natürlich unverändert, ebenso sind die Türen gleich denen der zweiachsigen Wagen, also Doppel-Schiebetüren von 1200 mm Rahmenbreite.

Sind nun auch die neuen Trieb-

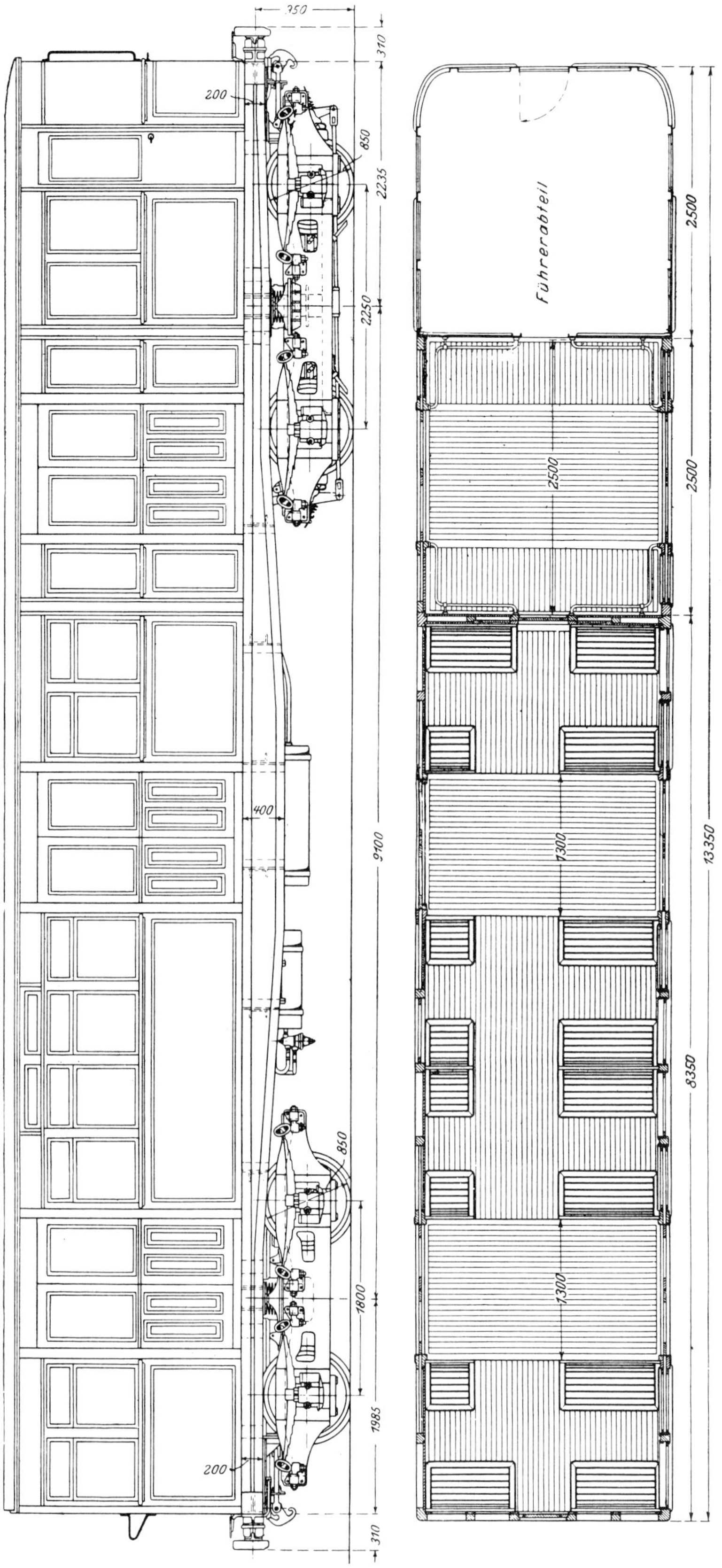

Fig. 351 bis 353.
Drehgestell-Triebwagen der Linie Nr. 3, Bauart 1904.

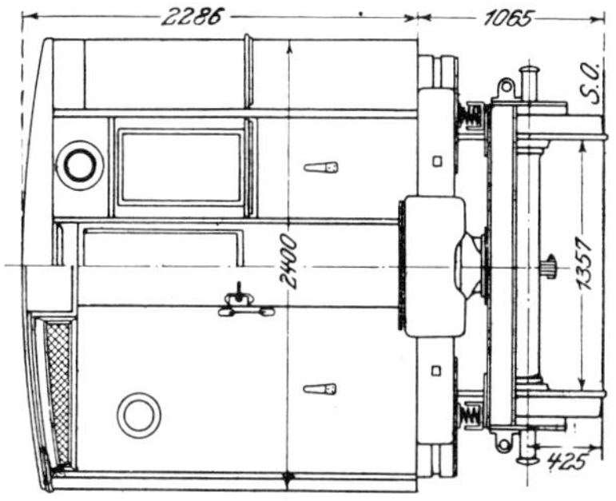

Stirnansicht des Führerabteils.

wagen der verschiedenen Linien von ungleicher Länge, so stimmen doch ihre Drehgestelle überein, was hinsichtlich ihrer Auswechslung und Unterhaltung eine Erleichterung bedeutet. Nur das in der Fahrrichtung liegende vordere Drehgestell wird durch je 2 Motoren von etwa 175 PS Einzelleistung angetrieben. Abweichend von der oben beschriebenen Bauart besteht hier das Polgehäuse aus einem Stück, in das der Anker seitlich eingeführt wird.

Das andre Drehgestell, das sogenannte Laufgestell, hat einen um 0,45 m geringeren Radstand als jenes, um ihm möglichst große Kurvenbeweglichkeit zu sichern. Die Drehgestelle der Anhängewagen (Linie Nr. 3) haben natürlich beide diesen kleineren Radstand.

Sonstige bemerkenswerte Einzelheiten, wie seitliche Abstützung der Wagenkasten durch die Drehgestellrahmen, Aussteifung der Hauptträger, Aufhängung der Schleifschuhe usw., lassen die Figuren 348 bis 353 klar erkennen.

Räder, Achsen, Federaufhängung, Buffer, Bremse usw. sind von der früher beschriebenen Art.

Einige Hauptzahlen über Plätze und Radstand bringt die nachstehende Zahlentafel.

Triebwagen der Linien Nr.	regelrechte Platzzahl		Länge zwischen den Bufferflächen	Radstand der Drehgestelle		größter Radstand
	Sitzplätze	Stehplätze	m	Motorgestell m	Laufgestell m	m
1 u. 2	26	30	11,470	2,25	1,80	8,625
3	26	54	13,970	2,25	1,80	11,125

Das Leergewicht beträgt nach Angabe in abgerundeten Zahlen bei den kurzen Triebwagen 23 t, bei den langen 30 t und bei den vierachsigen Anhängewagen 20 t, während sich dasjenige der zweiachsigen Beiwagen nach 1a auf 8,6 t stellt. Es wiegt also ein Wagenzug der

Linie Nr. 1 leer rd. 103 t, vollbesetzt rd. 130 t
» » 2 » » 80 » » » 105 »
» » 3 » » 130 » » » 160 »

b) Elektrische Ausrüstung.

Für das Vieleinheiten- oder Multiple Unit Control-System sind zweierlei Anordnungen zugelassen: Die Züge der Linie Nr. 1 (91 Triebwagen) werden von der Westinghouse-Gesellschaft nach ihrem neuesten »Turret«-System ausgerüstet, diejenigen der Linie Nr. 3 (90 Triebwagen) sind von der Thomson-Houston-Gesellschaft nach dem neuesten System von Sprague-General Electric Co. hergerichtet. Je drei weitere Züge (= 9 Triebwagen) der Linie Nr. 1 werden in kurzem auch von der letztgenannten Gesellschaft ausgestattet werden, je drei andre Züge der Linie Nr. 3 (= 9 Triebwagen) von der Westinghouse-Gesellschaft. Es wird sich also hier im Dauerbetrieb unter genau gleichen Verhältnissen ein Wettkampf zwischen den beiden führenden[1]) Systemen der Jetztzeit vollziehen, wie er gründlicher und besser nicht gedacht werden kann. Die übers Jahr zu erwartenden Ergebnisse über Stromverbrauch, Unterhaltungskosten, Betriebstörungen durch ein getretene Schäden usw. sowie die etwaigen Verbesserungen müssen daher mit Spannung erwartet werden, da sie zu einem maßgebenden Urteil über die Vor- und Nachteile des einen wie des andern Systems die sicherste Unterlage geben werden.

Beide Anordnungen seien hier in einigen Hauptpunkten erörtert.

α) Multiple Unit-System der Thomson-Houston-Gesellschaft.

Seit einigen Jahren stehen die drei älteren Hauptformen des Multiple Unit-Systems, die von Sprague, Westinghouse und der General Electric Co. (Thomson-Houston) miteinander im Wettbewerb[2]).

Fig. 354.

Anbringung des Fahrschalters und Bremsventiles im Führerabteil.

Die General Electric Co. hat nun vor nicht langer Zeit die Sprague-Patente aufgekauft[3]), um die Vorzüge des Spragueschen Systems mit denen ihres eigenen zu vereinigen, und hat einen vollen Erfolg damit erzielt.

Ein mit diesem System von Thomson-Houston in Paris ausgerüsteter Probezug der Stadtbahn lieferte recht zufriedenstellende Ergebnisse, die für jene Firma die endgültige Uebertragung der Ausrüstung von 90 Triebwagen der Linie Nr. 3 im Gefolge hatten. Letztere laufen seit wenigen Wochen in regelrechtem Betriebe; Versuchsergebnisse liegen bei der Kürze der Betriebszeit noch nicht vor.

Nach diesem System werden zurzeit auch die Züge der Londoner Metropolitan District-Untergrundbahn ausgerüstet, die gegen Ende dieses Jahres in Betrieb gesetzt werden, womit dann auch die leidige Rauchplage auf jenem Netz endgültig beseitigt sein wird. Besonders verbreitet ist das Multiple Unit-System in Nordamerika, wo bereits über 2500 Triebwagen auf rd. 60 verschiedenen Bahnen, darunter auch diejenigen der Herbst 1904 eröffneten New Yorker Untergrundbahn, allein mit dem System Sprague-General Electric Co. ausgestattet sind.

Das Charakteristische dieses Systems gegenüber dem Zweieinheiten-System besteht in dreierlei:

Erstens kann ein Zug mit Leichtigkeit aus beliebig vielen Einheiten (= 1 Triebwagen mit einem oder mehreren Anhängern), aus einer einzigen Einheit oder auch aus lauter Triebwagen zusammengesetzt und ebenso mühelos wieder in lauter einzelne Einheiten getrennt werden; an der Bedienung der Steuerung ändert sich nichts, nur ein Umschalter ist vor der Fahrt auf die Zahl der vereinigten Einheiten einzustellen.

Fig. 355.

Aufstellung der Steuerschützen und Widerstände im Führerabteil.

Zweitens arbeitet es zwar auch mit 2 getrennten Stromkreisen, aber nur das Kabel für den schwachen Steuerstrom von 550 V im Mittel ist an dem Zuge hergeführt, während der Hauptstromkreis lediglich auf die einzelnen Triebwagen beschränkt ist. Es gibt also kein unter dem Zuge herlaufendes Hauptkabel. Die beiden Motoren eines Triebwagens entnehmen, unabhängig von den andern Wagen, durch eigene Schleifschuhe ihren Strom der dritten Schiene, es sind also im Zuge 6 Stromabnehmer tätig, so daß, falls ein Triebwagen schadhaft wird, der Zug immer noch durch 2 Triebwagen und doppelt so viele Schleifschuhe bedient wird. Es ist demnach ein großer Sicherheitskoeffizient vorhanden, was für eine solche Bahnstrecke wie Linie Nr. 3 von hoher Bedeutung ist.

Drittens sind die den Motoren ihren Strom gebenden Kontakte von dem Fahrschalter losgelöst — der damit in seinen Breitenabmessungen wesentlich zusammenschrumpft, Fig. 354 — und entweder in einer Reihe unter den Wagen gelegt oder wie hier an die eine Längseite des Führerabteils oberhalb der Widerstände und des Fahrtwenders, vgl. Fig. 355. Sie müssen natürlich vom Fahrschalter aus, d. h. aus der Ferne, betätigt werden, was hier durch elektromagnetische Steuer-

[1]) Ein drittes neuzeitliches Multiple-System, das nur auf der Verwendung von Luftdruck beruht, sei hier mitgenannt. Es ist das System von Auvert, das bei den elektrischen Zügen der Fayet-Chamounix-Bahn erfolgreich durchgeführt ist. Vergl. hierüber Génie Civil Bd. 41 Nr. 9 S. 133.

[2]) Vergl. System Thomson-Houston in Génie Civil Bd. 39 S. 59.
» » Westinghouse » » » » 43 S. 33.
» » Sprague » » » » 39 S. 419,
» » » » Bulletin de la Société Internationale des Electriciens 1903, Bd. III, Nr. 23.

[3]) In ihrem danach veröffentlichten Geschäftsbericht ist eine Ausgabensumme von 6 770 000 ℳ für den Erwerb von Patenten, insbesondre von Sprague-Patenten, aufgeführt, was die Bedeutung des Multiple Unit-Systems kennzeichnet.

schützen (Solenoide) geschieht. Ihre Spulen werden vom Fahrschalter mit Strom versorgt und stellen dann durch Anziehen ihres Eisenkernes je einen Kontakt her. Dadurch werden die Motoren in Reihe oder nebeneinander, die Vorschaltwiderstände aus- oder eingeschaltet. Je nach Belieben kann der Führer den Zug von Hand in Gang setzen und beschleunigen, indem er die Fahrschalterkurbel stufenweise dreht, oder er kann auch selbsttätig mittels eines sogenannten Regulators anfahren. Letzterer regelt die dann in zulässig schnellster Folge vor sich gehenden Schaltungen. Die doppelte Anfahrmöglichkeit ist für das stark gebrochene Längenprofil der Linie Nr. 3 von besondrer Wichtigkeit.

Jeder Wagen enthält 13 Steuerschützen, das Steuerkabel 9 Adern für je etwa 2 Amp. In Fig. 356 sind vier solcher Schützen mit ihrem Kontakt unter Fortlassung aller Nebenteile schematisch dargestellt. In der Ruhelage des Fahrschalters sind sämtliche Kontakte geöffnet, die Eisenkerne mit ihrem Kontaktarm liegen unten; fließt jetzt Strom dem ersten »Kontaktmacher« zu, so schließt sich dessen Kontakt, der Motor erhält den Betriebstrom unter Vorschaltung aller Widerstände; sie sind in der vorliegenden Figur bereits nach Schließen des vierten Kontaktes ausgeschaltet, in Wirklichkeit nach Betätigung einer größeren Zahl von Schützen. Fig. 357 zeigt die äußere Ansicht eines Steuerschützenpaares.

Fig. 356.

Vereinfachte schematische Darstellung der Steuerschützen und Kontakte für den Motorstrom.

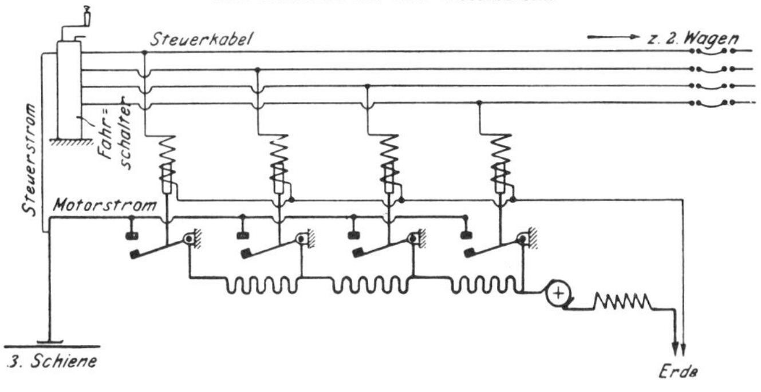

Sämtliche Schützen gleicher Ordnung eines Zuges werden durch den einen Fahrschalter gleichzeitig gesteuert, schalten also gleichzeitig z. B. die Motoren in Reihe und sodann die ersten Widerstandstufen aus, darauf die Motoren nebeneinander und schließlich den Rest der Widerstände aus. Letztere sind nach Fig. 358 satzweise in gußeisernen Rahmen untergebracht.

Das Kuppeln der Steuerkabel zwischen den einzelnen Wagen eines Zuges erfolgt mittels der in Fig. 359 wiedergegebenen Kuppelvorrichtung.

Jeder Triebwagen enthält einen Umschalter, Fig. 360, der hier von etwas andrer Bauart ist als beim Zweieinheiten-System. Das Steuern kann natürlich von jedem Triebwagen aus vorgenommen werden.

Der Fahrschalter hat, ähnlich wie früher unter 2d erwähnt, eine magnetische Ausblasespule in seinem unteren Gehäuseabschnitt, ebenso eine solche in seinem oberen Gehäuseteil, um den Oeffnungsfunken am Schnappfingerkontakt zu löschen; außerdem hat jede der 13 Steuerschützen ihre eigene Ausblasespule.

Die Anordnung und Bedienung des Fahrtwenders ist genau dieselbe, wie früher unter 2e erörtert. Seine in dem Fahrschaltergehäuse gelagerte Schaltwalze ist mit derjenigen des Fahrschalters derartig gekuppelt, daß, wenn jene auf null steht, der Steuerstrom also abgeschaltet ist, diese mecha-

Fig. 357.

Ansicht zweier Schützen.

Fig. 358.

Widerstände.

Fig. 359.

Kupplung des Steuerkabels.

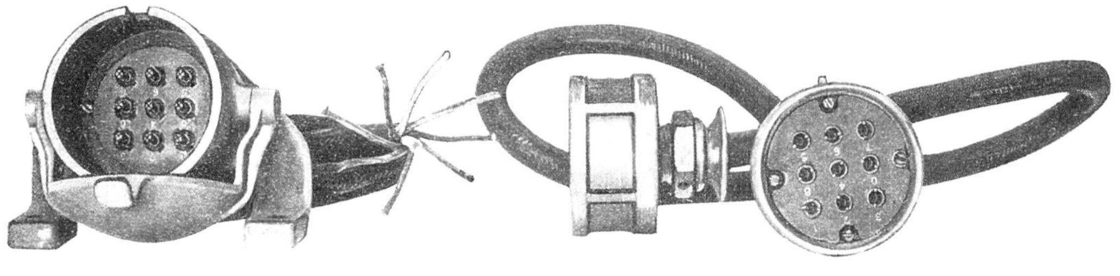

Fig. 360.

Umschalter.

nisch gesperrt ist und so lange gesperrt bleibt, wie der Fahrtwender-Schalter noch nicht in die richtige Vorwärts- oder Rückwärtsstellung gebracht ist.

Zieht der Führer den handlichen Fahrtwendergriff ab, was ihm nur in dessen Nullstellung möglich ist, so bleibt die Kurbel des Fahrschalters für jedermann unbeweglich. Es ist dies eine wertvolle Sicherung für den Fall, daß der Führer den Wagen verläßt oder wechselt, wie es z. B. zurzeit bei den Zügen der Linie 3 in der bis zur Eröffnung ihrer Ostschleife (s. Fig. 17) vorübergehend als Endstation dienenden Haltestelle Père Lachaise der Fall ist.

Eine andre wirkungsvolle Sicherung weist der Fahrschalter auf. Er ist mit einem sogenannten Schnappfingerkontakt ausgestattet, dessen am Handgriff der Fahrkurbel befindlichen Druckknopf der Führer, solange er Strom gibt, abwärts drücken muß, was mühelos geschehen kann. Sobald er den Kurbelgriff losläßt, springt der Druckknopf hoch und unterbricht damit den Steuerstrom: alle Schützen lassen sofort ihren Eisenkern fallen und öffnen unter dem Einfluß der Schwere und eines Federdruckes die Stromkontakte. Diese Einrichtung leistet wertvollen Dienst, wenn der Führer z. B. bei einem drohenden Zusammenstoß unterläßt, die Fahrkurbel auf null zurückzuführen, oder wenn er plötzlich erkrankt usw. Es wird dadurch der zweite Mann im Führerabteil, der auf gewissen Hauptbahnen vorgeschrieben ist, entbehrlich.

Man sieht, daß das auf Grund vieljähriger Erfahrung durch mehrere auf diesem Sondergebiet hervorragend tätige Ingenieure erst einzeln und dann gemeinsam ausgebildete Multiple Unit-System höchst vortrefflich arbeitet.

β) Multiple Unit Turret-System der Westinghouse-Gesellschaft.

Dieses neue System ist aus dem älteren hervorgegangen, das z. B. noch vor wenigen Jahren auf der Mersey-Tunnelbahn angewandt worden ist. Seine Bezeichnung »Turret-(Türmchen-)System« leitet sich von dem Schützenaufbau und dessen oberer kegelförmiger Schutzhülle her.

Von dem vorbeschriebenen Multiple-System unterscheidet sich dieses System in 2 Hauptpunkten:

1) Die Steuerschützen werden durch Druckluft betätigt, deren Einlaßventile durch elektrische Ströme geöffnet werden;

2) diese Ventil-Steuerströme haben nur 14 V Spannung und werden einer kleinen 7zelligen Batterie entnommen.

Für die Zugsteuerung sind hier also 2 verschiedene Energieformen dienstbar gemacht: Luftdruck und Elektrizität. Die Erfahrung muß lehren, ob die dadurch geschaffene Zweiteilung der Kontaktbetätigung in einem so stark beanspruchten Bahnbetriebe bedeutungslos ist. Zu beachten bleibt, daß infolge Verwendung der Luftdruckbremse allerdings ohnehin eine Druckluftquelle im Zuge mitgeführt wird. Hier die Vor- und Nachteile beider Systeme abzuwägen, erscheint in Rücksicht auf die später zu erwartenden und allein maßgebenden Betriebsergebnisse zwecklos; letztere werden zwischen beiden eine zutreffende Entscheidung fällen.

Das Bemerkenswerteste an diesem System ist zweifellos die Steuerschützengruppe, die eine sinnreich durchdachte Anordnung gedrängtester Bauart bildet. In Fig. 361 ist sie mit ihren Schutzhüllen im Schnitt wiedergegeben, während Fig. 362 die Aufhängung am Wagen im Verein mit den Vorschaltwiderständen zeigt. Letztere Figur bezieht sich allerdings auf die neuen Stadtbahnwagen der Londoner Metropolitan-Untergrundbahn, gilt aber auch — abgesehen vom Wagengestell und den Widerständen — für die Pariser Wagen, von denen leider eine photographische Abbildung noch nicht zu beschaffen war.

Die hier benutzten 15 Steuerschützen eines Triebwagens sind mit ihren Kontaktarmen in einem Kreise gruppiert. Sie bestehen aus einem oberen elektro-magnetisch bewegten Nadelventil mit darunter befindlichem Arbeitszylinder, dessen Kolben beim Einlassen von Druckluft durch jenes Ventil das eine Ende des doppelarmigen Kontakthebels niederdrückt, so daß das andre hochgeht und den Kontakt K, Fig. 361, schließt. Unter dem Kolben liegt eine kräftige Schraubenfeder, die hierbei zusammengepreßt wird, vergl. Fig. 361 links, die also beim Auslassen der Luft den Kolben in die Höhe drückt und schnell den Kontakt öffnet, dessen Arm dann die rechts in der Figur gezeichnete Lage einnimmt. Die Luftdruckzylinder von rd. 60 mm Weite sind in die starke Wandung eines hohlen Gußstückes gebohrt, dessen Hohlraum D als Speicher für die Druckluft dient, die ihm durch ein Rohr R zugeführt wird. Auf die Weise sind alle zu Undichtigkeiten Anlaß gebenden Rohrverbindungen zwischen Speicher und Zylindern vermieden. Von den beiden rechts in der Figur sichtbaren wagerechten Bohrungen in der Wandung von D leitet die untere die Druckluft aus D in das Ventil, wenn es durch seinen Elektromagneten geöffnet wird, die obere dagegen aus diesem Ventil nach dem Arbeitszylinder. Unterhalb D liegt eine allen Schützen gemeinsame, starke magnetische Ausblasespule A, deren Gehäuse unten einen Armstern für die unteren ⊔-förmigen

Fig. 361.

Anordnung der Steuerschützen.

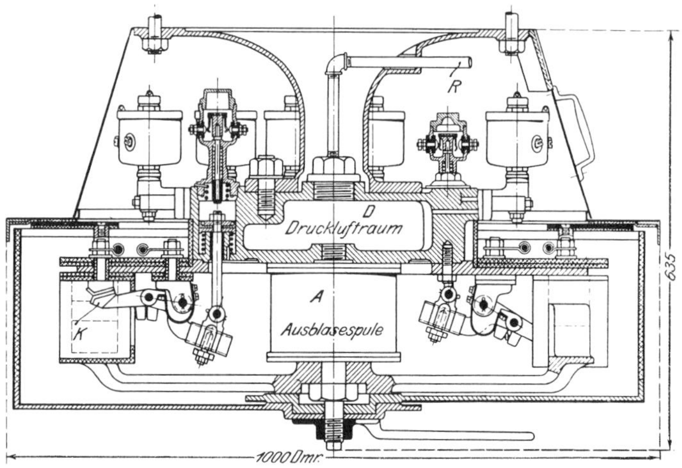

Fig. 362.

Anbringung des Kontaktträgers (Turret) und der Widerstände bei den Triebwagen der Londoner Metropolitan-Bahn.

Polstücke der Spule trägt, vergl. Fig. 362; die oberen ⊔-Pole sind gegen den Boden von D geschraubt. Die einzelnen Kontakte sind mit einem Schutzrahmen aus Isoliermasse umgeben. Sobald der Führer durch entsprechende Drehung der Fahrschalterkurbel einem Schützenventil durch das 9adrige Steuerkabel Strom zuführt, öffnet sich dieses, der zugehörige Luftzylinder erhält aus D Druckluft und schließt den Kontakt für den Motorenstrom. Durch weitere Kurbeldrehung schließt er so nach und nach die Kontakte. Bei einer gewissen Kurbelstellung werden die bereits geschlossenen Kontakte auf einmal geöffnet und gleichzeitig andre Kontakte geschlossen, wodurch die bis dahin in Reihe geschalteten Motoren parallel geschaltet werden.

Auch hier geht während des Anfahrens selbsttätiges Schalten vor sich. Sollte z. B. der Führer beim Anfahren die Kurbel sofort in die Stellung für Parallelschaltung drehen, so führt trotzdem die Steuerung selbsttätig zunächst die Reihenschaltung durch und schont so die Motoren.

Der Fahrschalter, Fig. 363, ist hier dank den in bezug auf Stromstärke und Spannung sehr schwachen, daher einer Ausblasespule nicht bedürfenden Steuerströmen noch kleiner bemessen als beim vorigen System. Seine Kurbel ist wie bei diesem als Sicherheitskurbel ausgebildet, um den Strom sofort auszuschalten, wenn der Führer sie aus irgend einem Grunde losläßt, und zwar ist hier eine Federwirkung gewählt, die die losgelassene Kurbel in ihre Nullstellung zurückschnellt und dadurch den Steuerstrom abschaltet. Gleichzeitig wird hierbei ein Nebenstromkreis unterbrochen, der ein Auslaßventil der Bremsleitung öffnet und damit die Bremsen im Zuge in Tätigkeit setzt.

Auch die Fahrtwender, deren Schaltwalze wie beim vorigen System in gewisser Stellung den Fahrschalter mechanisch sperrt, ebenso wie dieser sie, werden durch Druckluft betätigt, die Einlaßventile wie bei den Schützenventilen elektrisch beeinflußt.

In Verbindung mit den Steuerschützen ist außerdem noch ein eigenartiges Relais tätig, das die Motoren gegen Stromstöße unter voller Betriebspannung schützen soll, falls nach einer unvorhergesehenen Stromunterbrechung auf der Linie oder nach einer durch Sachschäden veranlaßten Unterbrechung der Stromentnahme am Wagen plötzlich der Strom auf die Motoren wieder einwirkt.

Damit ist in Kürze das Wesentliche auch über dieses Steuersystem gesagt. Es ist zurzeit auf der Linie Nr. 1 bei den mit 3 Triebwagen fahrenden Siebenwagenzügen sowie auf dem Nordring bei den mit 2 Triebwagen fahrenden Sechswagenzügen im Gebrauch, wird jedoch demnächst auf die Linie Nr. 1 beschränkt werden, da nach dem früher Gesagten die Züge auf den beiden Ringlinien nach dem Zweieinheiten-System, jedoch mit dem Drehgestell-Triebwagen, gefahren werden sollen. In Amerika steht es auf einigen Bahnen in Anwendung, in England ist es jetzt auf der Londoner Metropolitan-Untergrundbahn eingeführt, während nach 3 *a*) auf der Metropolitan District-Bahn das vorgenannte System verwandt wird. Also auch auf diesen beiden Bahnen, die ja den so verkehrreichen Londoner Innenring gemeinsam betreiben, ringen beide Systeme um den Sieg.

Fig. 363.

Anbringung des Fahrschalters und Bremsventiles im Führerabteil.

VIII. Erzeugung und Verteilung der elektrischen Energie.

Die Stadtbahn wird mit Gleichstrom von 600 V Höchstspannung — gemessen an den Sammelschienen der Stromlieferstellen — betrieben. Bei den infolge der dichten Zugfolge und der kurzen Stationsabstände hierfür erforderlichen Strommengen können nur große Kraftwerke für die Stromerzeugung in Frage kommen. Ihre Unterbringung im Schwerpunkt des Verbrauchnetzes, also im Herzen der Stadt — dem für die Stromverteilung günstigsten Ort —, ist aber naturgemäß ausgeschlossen, und sie sind daher auf Gebiete an der Stadtgrenze oder im Vorgelände angewiesen. Die Betriebsgesellschaft hatte ursprünglich zwei Kraftwerke an der Seine geplant, das eine im Osten, das andre im Südwesten von Paris. Die Nachbarschaft des Flusses war hierauf von bestimmendem Einfluß gewesen; denn er liefert nicht nur die für die Kesselspeisung und Kondensation nötigen großen Wassermengen billigst und ergiebig und nimmt auch das Abwasser wieder auf, sondern er gestattet auch den billigen Kohlenbezug und die bequeme Aschenabfuhr auf dem Wasserwege.

Nur das erstere, im Stadtbezirk Bercy gelegene Werk ist bis jetzt zur Ausführung gekommen; seine Leistung beträgt 14 400 KW. Statt auch das zweite, im Bezirk Vaugirard geplante Werk zu bauen, hat die Betriebsgesellschaft vorgezogen, vorläufig von 2 andern, in den Vororten Moulineaux und Asnières gelegenen Elektrizitätswerken den ihr noch fehlenden Strom pachtweise zu beziehen. Ihre Geldleute haben sodann im vorigen Jahr eine neue unabhängige Gesellschaft für Stromerzeugung gegründet, die jetzt im Norden von Paris, außerhalb der Stadtumwallung, bei St. Ouen unmittelbar an der Seine ein Kraftwerk für zunächst 20 000 KW errichtet. Es soll im Mai 1905 in Betrieb gesetzt und später auf 40 000 KW ausgebaut werden. Neben der Stromlieferung an Straßenbahnen wird es vornehmlich der Energieversorgung der Stadtbahn dienen.

Beide Kraftwerke haben sich zwar die Vorteile der Flußlage gesichert, aber ihr Hinausrücken an und über die Stadtgrenze schaffte für die Stromverteilung ungünstige Verhältnisse. Das St. Ouen-Werk kann das Bahnnetz überhaupt nicht mit 600-voltigem Gleichstrom wirtschaftlich versorgen, das Bercy-Werk nur einen kleinen, ihm nahe gelegenen Teil. Der Strom muß daher mit hoher Spannung in das Stadtinnere eingeführt und hier in Unterstationen auf die Betriebspannung umgeformt werden. Für die Fernleitung konnte aus wirtschaftlichen Gründen wohl nur hochgespannter Drehstrom in Frage kommen, dessen Spannung zu 5000 V gewählt worden ist. In den Unterstationen muß also auch die Stromart umgewandelt werden. Dies wird ganz nach dem Muster neuerer amerikanischer Kraftwerke (New York, Boston, Buffalo-Niagarafälle usw.) bewirkt, d. h. die Hochspannung wird zunächst durch feststehende Umformer — nachstehend gemäß dem eingebürgerten Brauch kurz Transformatoren genannt — verringert und dann in umlaufenden Umformern mit nur einem Anker — nachstehend kurz Umformer genannt — in 600 voltigen Gleichstrom umgewandelt. In diesen Umformern setzt sich der Drehstrom unmittelbar in Gleichstrom um, ohne erst, wie bei den Umformern mit 2 getrennten Ankern, die Zwischenform der Bewegungsenergie annehmen zu müssen. Ihr Wirkungsgrad ist daher hoch (vergl. weiter unten c, 1, β). Da sie jedoch bei hoher Periodenzahl zum Pendeln neigen, so geht man mit letzterer nicht gern über etwa 35 i. d. Sek. In Nordamerika ist ihr gebräuchlichster Wert 25; er ist auch für die Pariser Stadtbahn[1]) gewählt worden. Diese niedrige

[1]) Auf der gleichalterigen Central-London-Bahn (Röhrenbahn) wird ebenfalls 5000 voltiger Drehstrom von 25 Perioden verwandt.

Auf der jetzt von der Westinghouse-Gesellschaft für elektrischen Betrieb umgewandelten Metropolitan-Untergrundbahn in London beträgt die Periodenzahl (= $^1/_2$ Polzahl mal Uml./sk) $33^1/_3$. Hier stehen allerdings auch Parsons-Westinghouse Dampfturbinen von 3500 KW und 1000 Uml./min als Kraftmaschinen in Benutzung. Im übrigen erfolgt die

Periodenzahl schränkt übrigens auch den Kollektordurchmesser (infolge geringer Polzahl) sowie die Umlaufzahl des Ankers ein. Beides ist für die Stromumwandlung und die Stromabnahme nur günstig. Eine Verwendung dieses Drehstromes für Lichtzwecke ist natürlich ausgeschlossen, denn für den Fall müßte die Polwechselzahl zweckmäßigerweise etwa doppelt so groß sein.

In den ersten beiden Betriebsjahren besaß die Stadtbahn nur zwei Umformerstationen, die eine im Bercy-Werk selbst und die andre unter der Place de l'Etoile. Beide teilten sich in die Versorgung der 10,57 km langen Linie Nr. 1 mit Gleichstrom. Als aber der Verkehr dieser Linie den unerwarteten Umfang annahm und zu einer starken Vermehrung und Verstärkung der Züge zwang, da traten auf dem Abschnitt Gare de Lyon-Place de l'Etoile ganz erhebliche Energieverluste in der überlasteten Stromschiene auf, denen baldigst begegnet werden mußte. Die Betriebsgesellschaft richtete deshalb 1902 zunächst vorübergehend auf der Station Champs Elysées eine Aushülfe-Unterstation mit 2 Umformergruppen von je 750 KW ein, während sie gleichzeitig bei der Louvre-Station eine endgültige unterirdische Anlage (Fig. 376) in Angriff nahm, die Weihnachten jenes Jahres in Tätigkeit gesetzt wurde.

Mit fortschreitendem Ausbau des Bahnnetzes wurden dann für den Nordring zwei Unterstationen bei den Haltestellen Bld. Barbès und Père Lachaise geschaffen, ebenso 1904 für Linie Nr. 3 eine solche Anlage neben der Großen Oper. Um nun auch diese Umformerstationen für noch andre Linien bequem benutzen und die Transportwege für den Strom möglichst kurz halten zu können, ist ihre Lage tunlichst nahe dem Kreuzungs- oder Berührungspunkte mehrerer Stadtbahnlinien gewählt worden. So dient z. B. die Unterstation Place de l'Etoile den Linien Nr. 1, 2 Nord und 2 Süd; Père Lachaise den Linien Nr. 2 Nord und 3; Opéra den Linien Nr. 3, 7 und 8.

Fig. 364.

Lageplan der Kraftwerke und Unterstationen, Herbst 1904.

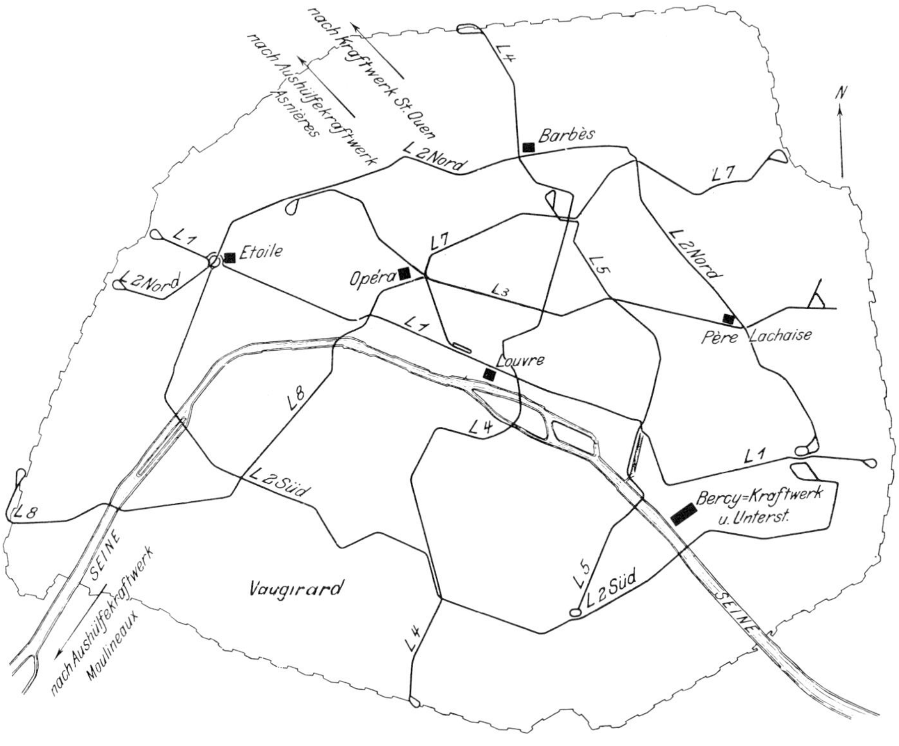

Im Betrieb sind Linie Nr. 1, 2 Nord, 2 Süd zwischen Etoile und Seine, sowie Nr. 3.

Fig. 364 zeigt den Lageplan der Kraftwerke und Unterstationen.

All den über das ganze Bahn- und Stadtgebiet verteilten Umformerstationen wird der 5000voltige Drehstrom durch Bleikabel mit drei Kupferleitern zugeführt; umgeformt gelangt er von da durch Gleichstrom-Speisekabel nach den verschiedenen Abschnitten der Einzellinien. Neben dem Gleisnetz besteht sonach ein weitverzweigtes Kabelnetz für die Energieverteilung.

Die Betriebsgesellschaft hatte beispielsweise bereits am 1. Januar 1904 außer den im Tunnel der Linie Nr. 1 liegenden Hochspannungskabeln weitere 43,6 km solcher Kabel in den Straßen und dem Nordringtunnel verlegt, um die drei genannten Unterstationen der Linien Nr. 1 und 2 Nord mit Drehstrom zu versorgen, sei es vom eigenen Bercy-Werk, sei es von den zugleich eine wertvolle Reserve für letzteres bildenden Aushülfewerken in Moulineaux und Asnières, deren Anschlußkabel ohnehin schon weit in das Stadtgebiet hineinreichen.

Umformung des hier 11000voltigen Drehstromes ähnlich wie in Paris. Ebenso ist es auf der von der britischen Thomson-Houston Gesellschaft umgewandelten Londoner Distrikt-Untergrundbahn, deren Kraftwerk ebensolche Dampfturbinen, jedoch von 5500 KW, erhalten hat.

Kraftwerke und Unterstationen seien nachstehend getrennt erörtert.

1) Das Bercy-Kraftwerk.

Das am Quai de la Rappée zwischen dem Hauptbahnhofe der Lyoner Bahn und der Seine etwa 200 m von der Linie Nr. 1 gelegene Kraftwerk bedeckt jetzt nach zweimaliger Erweiterung eine Grundfläche von 11800 qm. Wie Fig. 365 und 366 veranschaulichen, enthält es 54 Dampfkessel von zusammen 13320 qm Heizfläche, 8 Maschinensätze für die Stromerzeugung von insgesamt 20000 PS_{el}, außerdem die erforderlichen Erreger- und Umformermaschinen, eine Bufferbatterie von 1800 Amp/st, Kohlenbunker von etwa 4500 t Fassungsraum, ferner eine mechanische Werkstätte, Schmiede, Bade- und Ankleideräume, sowie ein dreistöckiges Magazin- und Verwaltungsgebäude. Das letztere nimmt bis auf 2 Zufahrtswege die ganze Breite des Grundstückes ein. Seine nach dem Flusse gerichtete Front ist in recht gefälligen Formen gehalten, deren Wirkung durch zwei etwas zurückliegende, in ihrem Aeußern ebenso behandelte Kohlentürme noch gehoben wird.

Das Maschinen- und Kesselhaus ist ein dreischiffiger einstöckiger Bau von 147 m Länge; im 16,3 m breiten und ebenso hohen Mittelschiff stehen die 8 Maschinensätze in einer Reihe, in den beiden 4 m niedrigeren Seitenschiffen die Kessel ebenfalls in je einer Reihe, während sich an die Außenseite eines jeden Kesselhauses in dessen ganzer Länge ein überdachter, rd. 9 m hoher und 4,5 m breiter Bunkerraum mit 33 bezw. 38 Kohlenzellen anlehnt.

Trotzdem die 4 neuen Maschinensätze je 4200 PS_i Höchstleistung aufweisen, die 4 andern je 3300 PS_i, hat sich hier bei der zweireihigen Kesselanordnung dennoch erreichen lassen, daß die Längen von Kesselhaus und Maschinensaal übereinstimmen, ohne daß mehrschiffige Kesselhäuser notwendig gewesen wären. Da der Untergrund aus wenig tragfähigen Alluvialschichten besteht, so erforderten Gebäude, Maschinen und Kessel umfangreiche, 12 m unter Straßenkrone, also 6 m unter den mittleren Seinespiegel hinabgehende Fundamente. Für die Umfassungswände und die Dampfkessel wurden Betonpfeiler von 1,2 bis 3,5 m Dmr. abgesenkt, für die Dampfmaschinen eiserne, mit Beton gefüllte Senkkasten zuhülfe genommen. Beispielsweise stützen sich die

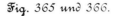

Fig. 365 und 366.

Grundriß. Das Bercy-Kraftwerk. Querschnitt.

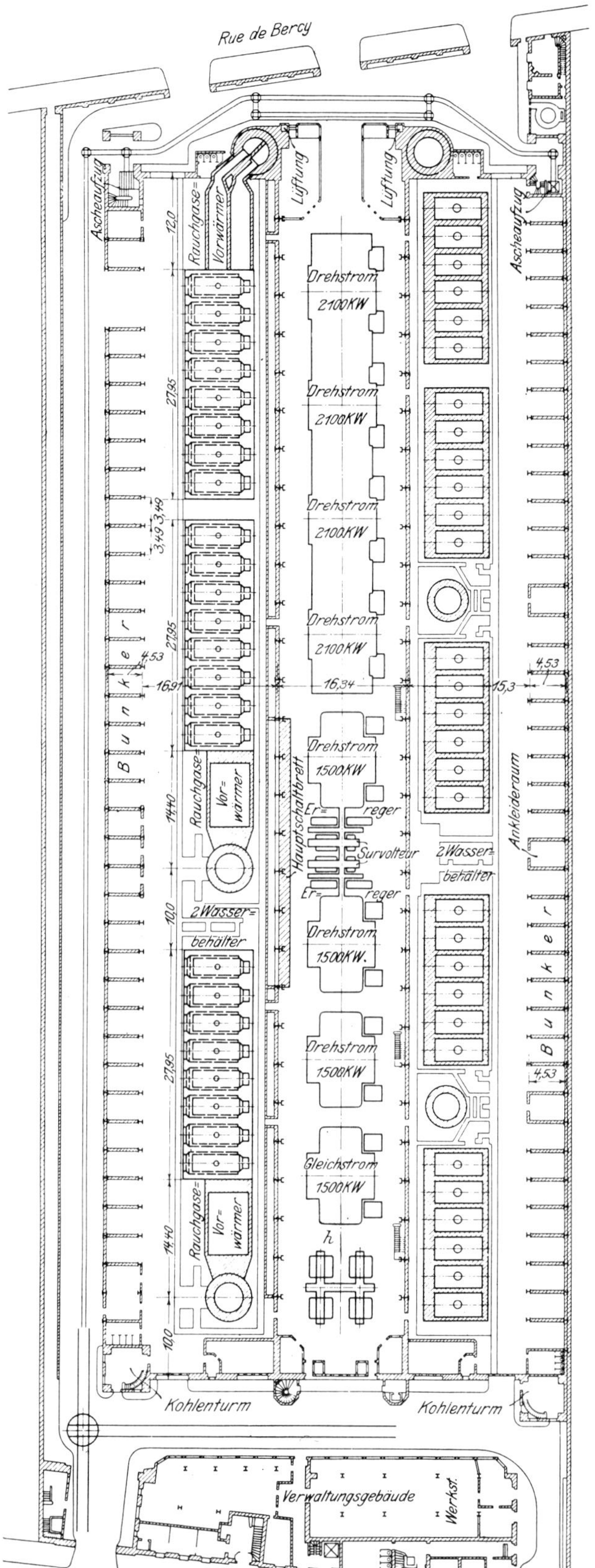

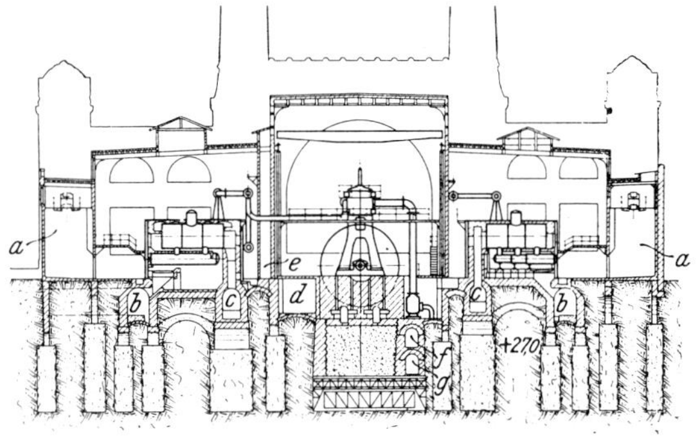

a Kohlenbunker
b Aschengalerie
c Fuchskanal
d Galerie für die elektrischen Kabel
e Lüftung
f Ableitung für warmes Kondensationswasser
g Zuleitung für kaltes Kondensationswasser
h (in der Grundrißfigur) 4 Umformergruppen von je 750 KW

Fundamente der vier je 2100 KW starken Maschinen auf einen gemeinsamen Unterbau von 56,4 m Länge und 10,5 m Breite. Fig. 366 läßt diese umfangreichen Arbeiten erkennen.

Die Maschinenhalle mit den beiden Kesselhäusern ist nach amerikanischer Bauweise als Eisengeripppe mit Steinauskleidung und mit feuersicherer Decke ausgeführt; erstere steht mit der Seine durch 2 gemauerte Kanäle in Verbindung, letztere haben unmittelbaren Anschluß an den Fluß durch 2 unterirdisch geführte Kohlentransporteinrichtungen.

Die Steinkohlen, teils aus dem eigenen Lande, teils aus England und Belgien bezogen, werden zu Schiff an das Werk herangebracht, mittels elektrischen Kranes gelöscht und auf einen Eisenrost von 100 mm Maschenweite geschüttet, auf dem die zu großen Stücke von Arbeitern zerschlagen werden. Aus dem Rumpf unterhalb des Rostes gelangen sie mittels eines 95 m langen, die breite Uferstraße unterfahrenden Burtonschen Förderwerkes nach dem Kohlenturm, werden in ihm durch ein Becherwerk etwa 22 m hoch gehoben und fallen durch eine selbsttätige Wage auf ein über die Bunker hinwegführendes Förderwerk, das sie in die einzelnen Zellen abstürzt; einstellbare Anschlagknaggen bestimmen dabei die Bunkernummer. Jede der beiden Fördereinrichtungen, deren allgemeine Anordnung Fig. 367 bis 369 nach Génie Civil 1900 veranschaulichen, wird elektrisch angetrieben und kann nach Angabe der Betriebsverwaltung in der Stunde 60 t Kohlen bewältigen. Die Wage wägt stets 1 t ab, so daß sich in je 1 min eine Wägung vollzieht.

Zur Abfuhr der Asche dient in jedem Kesselhaus eine lange, geräumige Galerie unterhalb der Feuerungen, Fig. 366 und 370. Der Raum vor den Kesseln bleibt daher stets frei, zumal auch nur kleine Kohlenmengen aus den Bunkern vorgezogen werden. Ein Aufzug hebt die gefüllten Aschenwagen auf Geländehöhe.

a) Maschinelle Ausrüstung.

Die maschinelle Ausrüstung des Kraftwerkes einschließlich der Kessel hat für den ersten halben Ausbau (6000 KW) die Firma Schneider & Co. in Creusot geliefert, für den zweiten (8400 KW) dagegen die Thomson-Houston-Gesellschaft in Paris im elektrischen Teil, während die Dampfmaschinen und Kessel der Société Alsacienne de Constructions Mécaniques in Belfort (Zweighaus der Elsässischen Maschinenbau-Gesellschaft in Grafenstaden und Mülhausen i/E.) entstammen.

α) Dampfkessel.

In dem älteren Kesselhaus — in Fig. 365 rechts gelegen — sind die Kessel in 5 Gruppen zu je 6 Stück aufgestellt, in dem neuen in 3 Gruppen zu je 8. Jede der letzteren hat $8 \times 250 = 2000$ qm Heizfläche und ihren besondern Schornstein von 2,8 m Mündungsweite und 50 m Höhe, während 4 der älteren Gruppen mit je $6 \times 244 = 1464$ qm Heizfläche paarweise an eine 45 m hohe, oben 2,4 m weite Esse angeschlossen sind und nur die fünfte Gruppe ihren eigenen Schornstein hat. Sämtliche 54 Kessel bestehen aus 2 Siedern mit darüber liegendem Heizrohrkessel und haben Unterfeuerung mit Handbeschickung.

Im Gegensatz zu den 30 in den Jahren 1900 bis 1902 aufgestellten Creusot-Kesseln sind die 24 Belfort-Kessel sowohl mit Dampfüberhitzung als auch mit Abgasvorwärmern ausgestattet, arbeiten daher weit wirtschaftlicher als die doch nur wenig ältere Anlage. Die wichtigeren Abmessungen sind in der nebenstehenden Uebersicht für beide Lieferungen nach freundlichst gemachter Angabe der ausführenden Fabriken zusammengestellt.

Die Speisewasser- und Dampfleitungen einschließlich der Dampfsammler sind als Ringleitungen ausgebildet, an die die einzelnen Kessel mit Absperrvorrichtungen angeschlossen sind. In jedem Kesselhaus ermöglicht ein hochliegender eiserner Laufsteg von etwa 110 bezw. 135 m Länge die Ueberwachung der Kesselarmaturen, das Speisen der Kessel und das Reinigen der Heizrohre.

Die aus nahtlosen, ⊏-förmig gebogenen Röhren von 42 mm Weite hergestellten Ueberhitzer der Belfort-Kessel

		Kessel von Creusot, 30 Stück aus den Jahren 1900/02.	Kessel von Belfort, 24 Stück aus den Jahren 1903/04.
Dampfdruck	at	10	10
Heizfläche	qm	244,0	250,0
Rostfläche	»	3,6	5,0
Verhältnis der Heizfläche zur Rostfläche		67,7	50
Dmr. der Sieder	m	0,9	1,0
Länge der Sieder	»	6,1	6,5
Dmr. des Heizrohrkessels	»	2,2	2,2
Länge des Heizrohrkessels	»	5,65	6,0
Zahl der Heizrohre		102	104
davon Ankerrohre		16	12
Ankerrohre, Außendmr.	mm	90	90
» , Innendmr.	»	74	74
ausziehbare Heizrohre, Außendmr.	»	104	105
» » , Innendmr.	»	97	97
Verhältnis des Gesamt-Rohrquerschnittes zur gesamten Rostfläche		$\frac{1}{5}$	$\frac{1}{6,8}$
Wasserinhalt	cbm	18	21,0
Dampfinhalt	»	7,5	7,2

Fig. 367 bis 369.
Fördervorrichtung für die Kohlen.

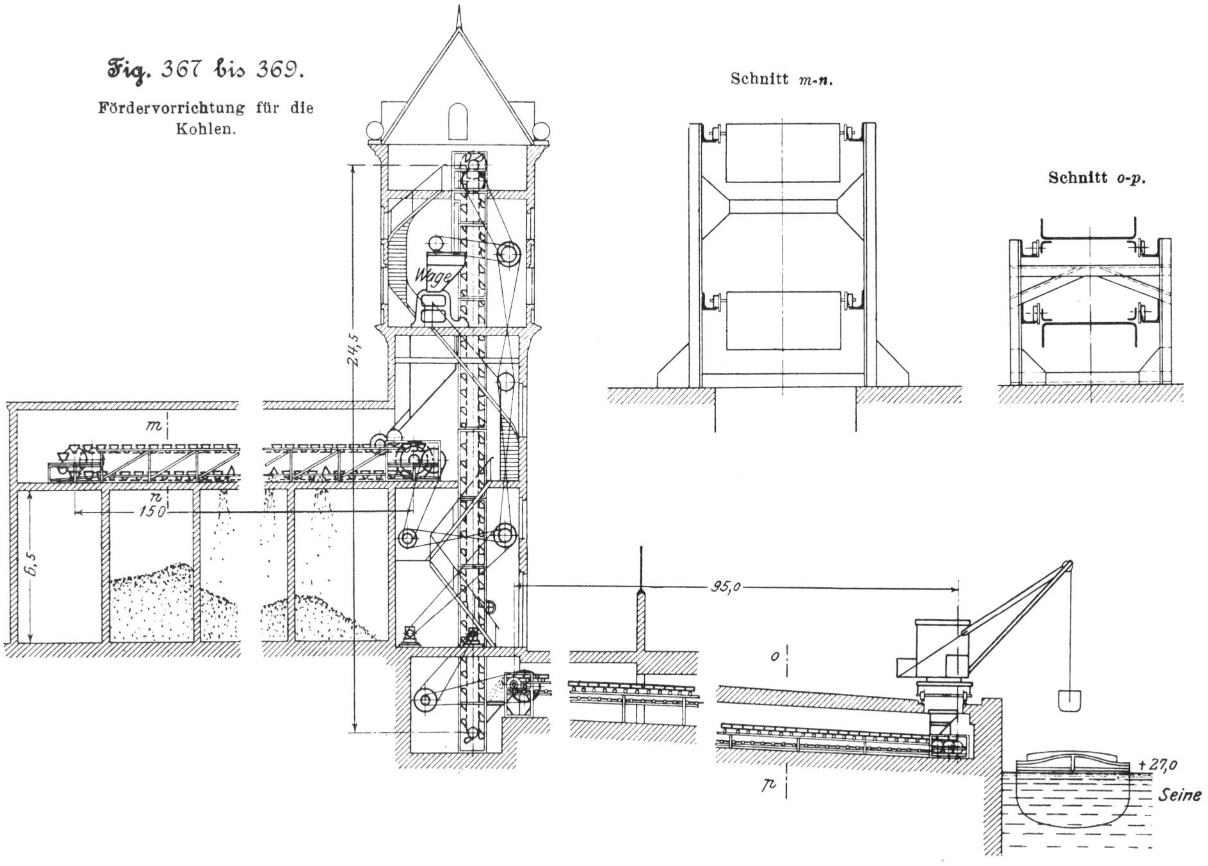

sind paarweise eingebaut; der eine liegt im zweiten Heizzuge parallel zum Röhrenkessel, der andre unter den Siedern, Fig. 370 bis 372. Jener ist an den Dom angeschlossen, dieser an den Dampfsammler; jeder kann für sich ausgeschaltet werden. Auf ungehinderte Ausdehnung und Zusammenziehung aller Dampfrohre ist ausgedehnte Rücksicht genommen. Die Ueberhitzung wird bis 250^0 — gemessen an der Eintrittstelle in den Hochdruckzylinder — getrieben.

In neueren Krafthäusern findet man jetzt wohl fast allgemein den Rauchgasvorwärmer in Benutzung. Er liefert eine nicht unwesentliche Brennstoffersparnis durch die starke Erhöhung der Speisewasserwärme, außerdem lagern sich Beimengungen des Wassers in ihm ab, die sich zumeist aus ihm leichter entfernen lassen als aus dem Kessel. Im Bercy-Werk ist hinter jede Achtkessel-Gruppe ein Greenscher Vorwärmer geschaltet, der in 6 Abteilungen 720 je 3 m lange Röhren

Fig. 370 bis 372.

Kessel der Société Alsacienne de Constructions Mécaniques in Belfort.

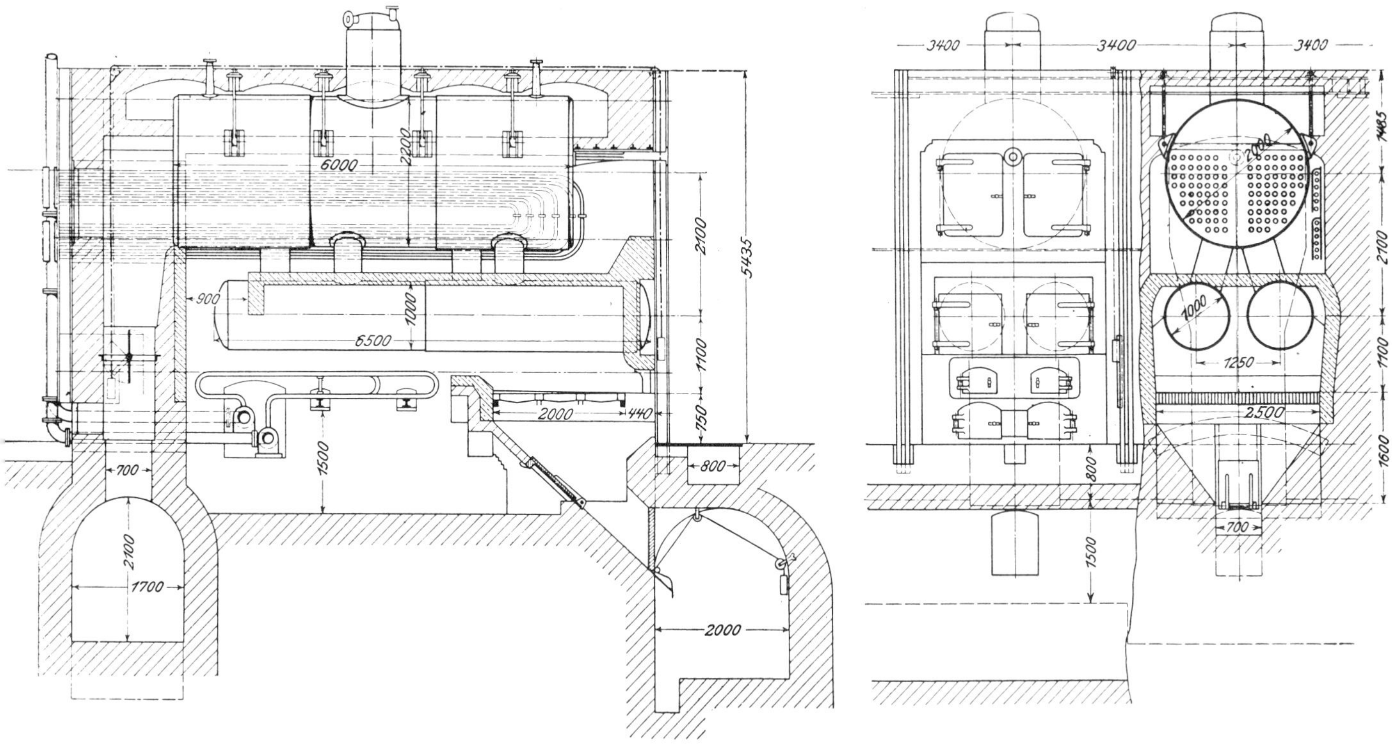

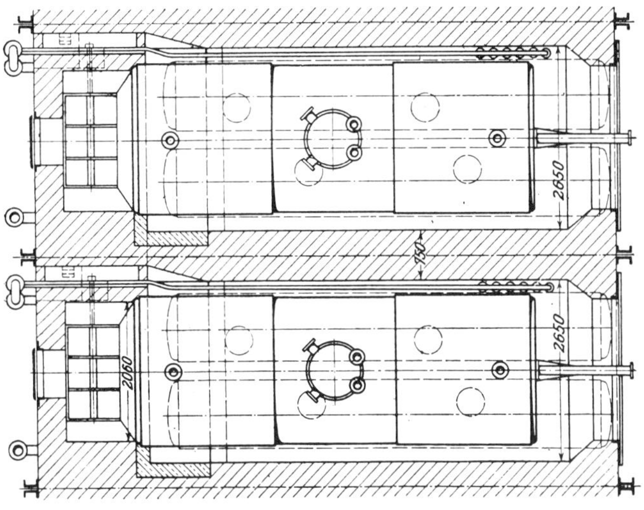

von 101 mm innerer Weite, also insgesamt 720 qm Heizfläche enthält, was für 1 qm Rostfläche 18 qm Vorwärmer-Heizfläche ergibt.

Das Kesselwasser wird durch elektrisch betriebene Zentrifugalpumpen einem von der Seine gespeisten Brunnen entnommen und wie bei den Creusot-Kesseln in zwei im Kesselhaus aufgestellte zylindrische Wasserbehälter gedrückt, aus denen es unter 5 m Druck den eigentlichen Dampfspeisepumpen zufließt. Von diesen sind 4 Stück mit je 40 cbm/st Leistung vorhanden; zwei genügen für den regelrechten Betrieb. Ihr Abdampf dient zum Vorwärmen des Wassers auf etwa 40°. Alles Speisewasser wird durch einen Wassermesser geschickt, von dem aus es unmittelbar in die Kessel oder zuvor durch die Vorwärmer gedrückt werden kann. Die letzteren geben das erhitzte Wasser an zwei Sammler ab, an die jeder einzelne Kessel angeschlossen ist. Durch besondre Hülfspumpen wird eine alkalische Lösung in den Saugraum der Speisepumpen eingeführt, um den Kalkniederschlag in den Rauchgasvorwärmern zu fördern.

Sonstige Eigentümlichkeiten, auch in der Kessellagerung und Einmauerung, lassen die Figuren erkennen.

β) Dampfmaschinen.

Im Maschinensaal tritt das amerikanische Vorbild wieder deutlich in die Erscheinung. Die 8 Dampfmaschinen sind sogenannte Hammermaschinen, stehende zweizylindrige Verbundmaschinen, mit Corliss-Steuerung und mit Kondensation.

		Maschinen von Creusot 4 Stück aus den Jahren 1900/02	Maschinen von Belfort 4 Stück aus den Jahren 1903/04
regelrechte Leistung an den Kolben (bei $^1/_4$ Füllung im Hochdruckzylinder)	PS$_i$	2500	3400
Dmr. des Hochdruckzylinders	mm	1000	1150
» » Niederdruckzylinders	»	1800	2000
Kolbenhub	»	1500	1500
Uml./min		70	79
Kolbengeschwindigkeit	m/sk	3,5	3,95
Lagerzapfen der Kurbelwelle, Dmr.	mm	490 u. 550	600
» » » , Länge	»	1000	1200
Zylinderdurchmesser der Luftpumpe	»	900	1150
Hub der Luftpumpe	»	450	400
äußerer Schwungraddurchmesser	»	7500	7500
Schwungradgewicht	kg	63000	80000
Ungleichförmigkeitsgrad		$^1/_{260}$	$^1/_{345}$
Gesamtgewicht der Maschine	kg	320000	375000

Schwungrad und Stromerzeuger liegen unmittelbar nebeneinander zwischen den Dampfzylindern. Es bietet dies einen gewissen Vorteil für den Lauf der Stromerzeuger, indem die bei getrennter Außenlage der Räder möglichen kleinen elastischen Verdrehungen der Kurbelwelle fortfallen; auch spart man unter Umständen an Lagern und vermeidet Wellenkröpfungen. Anderseits aber fällt der Abstand der Zylindermitten voneinander groß aus. Die nur mit 2 Wellenlagern ausgestatteten Belfort-Maschinen, deren Schwungrad unmittelbar neben dem Stromerzeuger sitzt, sind 11 m breit, die Creusot-Maschinen, die nach Fig. 373 und 374 noch ein Lager zwischen Schwungrad und Stromerzeuger haben, sogar $11^3/_4$ m. Das Gestell ist ganz aus Gußeisen, die Bauart kräftig; die maschinenbetrieb, das sich in Amerika allgemeiner, bei uns nur sehr geringer Anwendung erfreut. Bei den Creusot-Maschinen ist ein Servomotor zwischen Absperrregulator und Absperrorgan eingeschaltet, so daß der Regler nur ein kleines Steuerventil zu bewegen hat. Die beiden Regulatoren, Bauart Watt mit Urne, stehen auf der mittleren Laufbühne neben dem Hochdruckzylinder. Für diese alten statischen Regulatoren, mit und ohne Urne, herrscht in Frankreich besondre Vorliebe, ebenso auch für die Corliss-Steuerung, was beides auf der letzten Pariser Weltausstellung ja auch in auffallendem Maße zutage trat.

Im Gegensatz dazu erfolgt die Regulierung und die Absperrung bei den von der Elsässischen Maschinenbau-Gesellschaft in Belfort gelieferten Maschinen durch neuzeitliche pseudoastatische Federregulatoren, die bekanntlich einen kleineren Ungleichförmigkeitsgrad bei größerem Hülsenhub gewähren und sich hinsichtlich des Ueberregulierens günstiger verhalten als die Watt-Konstruktion mit Urne.

Fig. 373 und 374.

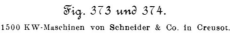

1500 KW-Maschinen von Schneider & Co. in Creusot.

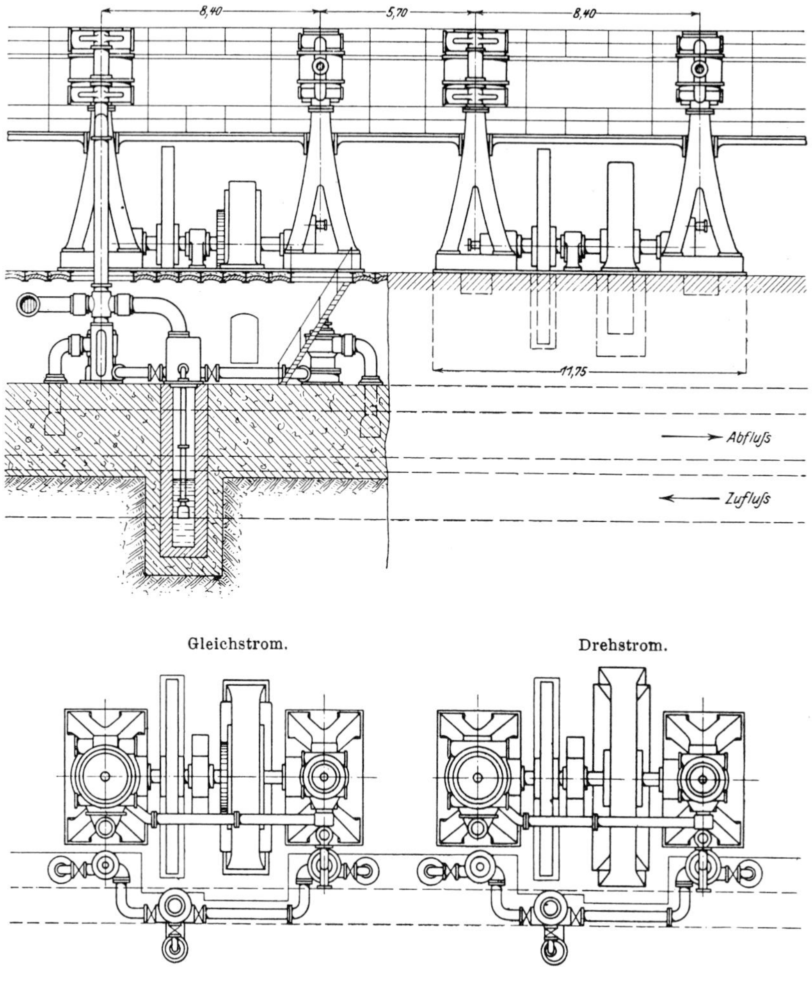

Maschinen, namentlich diejenigen von Belfort, machen einen stattlichen Eindruck. Die Creusot-Maschinen leisten regelrecht an den Klemmen ihrer Stromerzeuger 1500 KW, die Belfort-Maschinen 2100 KW. Die Hauptabmessungen beider Gattungen sind nebst einigen andern Werten vorstehend zusammengestellt, um einen Vergleich beider zu ermöglichen.

Jede Dampfmaschine ist mit zwei Regulatoren ausgerüstet, wovon der eine auf ein Absperrorgan in der Dampfleitung einwirkt, um sie beim Eintritt einer bestimmten Geschwindigkeitssteigerung abzuschließen und so das Durchgehen wirksam zu verhüten. Es ist dies ein wertvolles, dabei in der Anlage nicht kostspieliges Sicherheitsmittel im Dampf-

Bei den ersteren Maschinen wirkt der Steuerungsregulator nur auf die Einlaßhähne des Hochdruckzylinders; der Niederdruckzylinder arbeitet mit fester Expansion. Bei den Belfort-Maschinen dagegen, die allein hier noch erörtert werden sollen, haben beide Dampfzylinder auslösende Drehschiebersteuerung; beide werden deshalb auch von einem am Niederdruckgestell befindlichen Regulator unter Zuhülfenahme einer gemeinsamen Zwischenwelle beeinflußt, Fig. 1

L. Troske: Die Pariser Stadtbahn.

Stehende Verbundmaschine von 1150 und 2000 mm Zyl.=Durchmesser und 1500 mm Hub,

erbaut von der Société Alsacienne de Constructions Mécaniques in Belfort.

1:70.

Fig. 1.

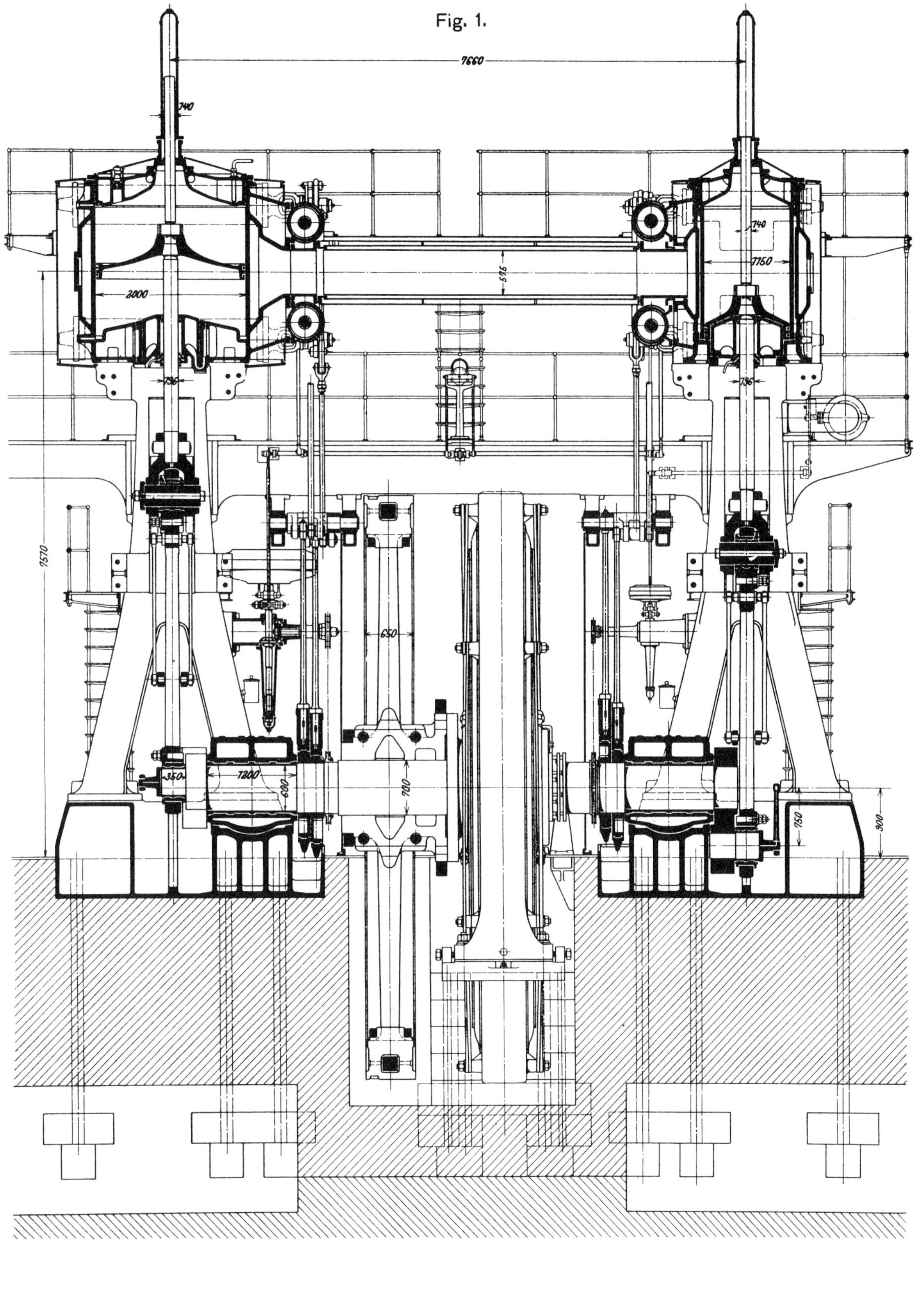

Fig. 2.

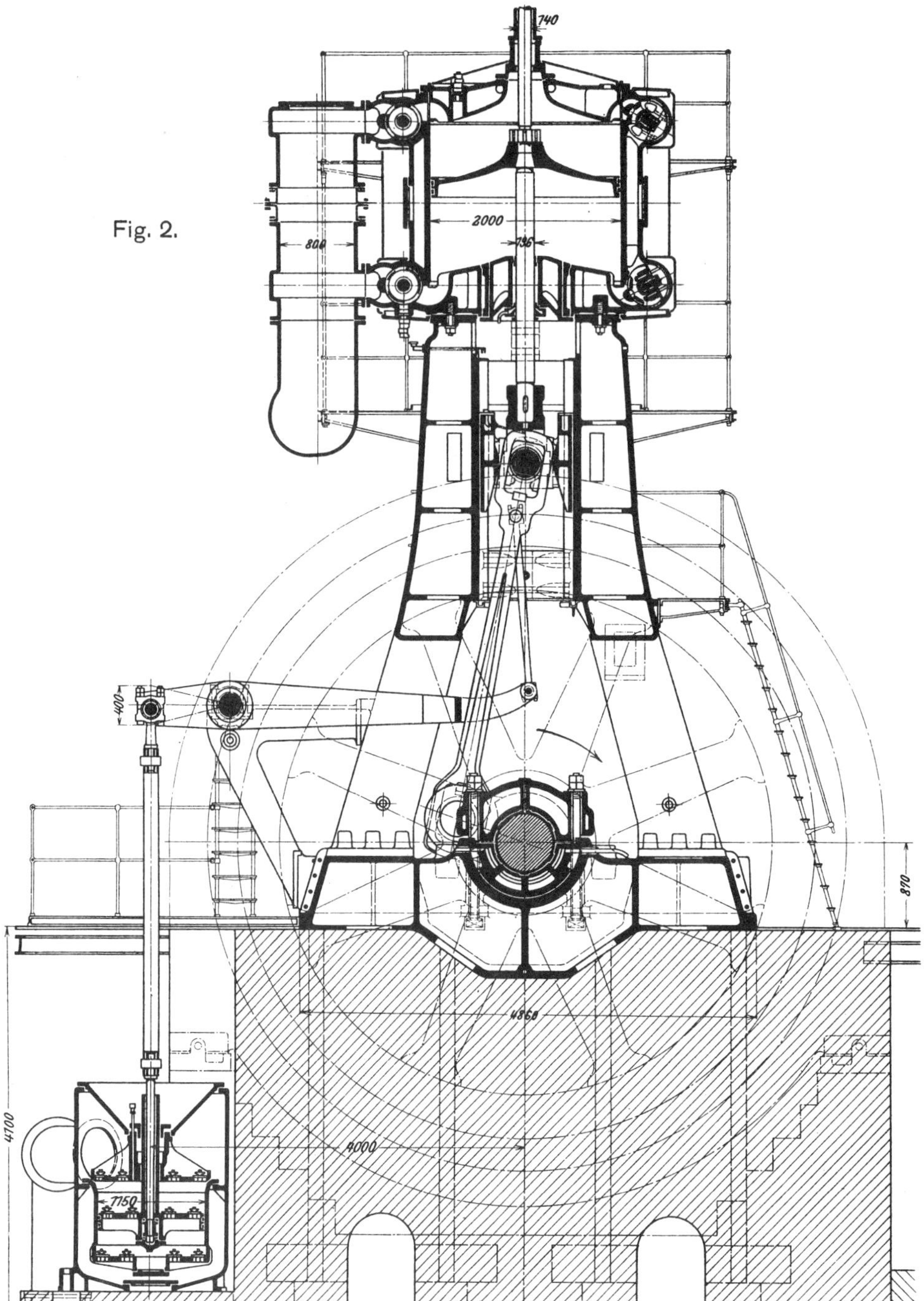

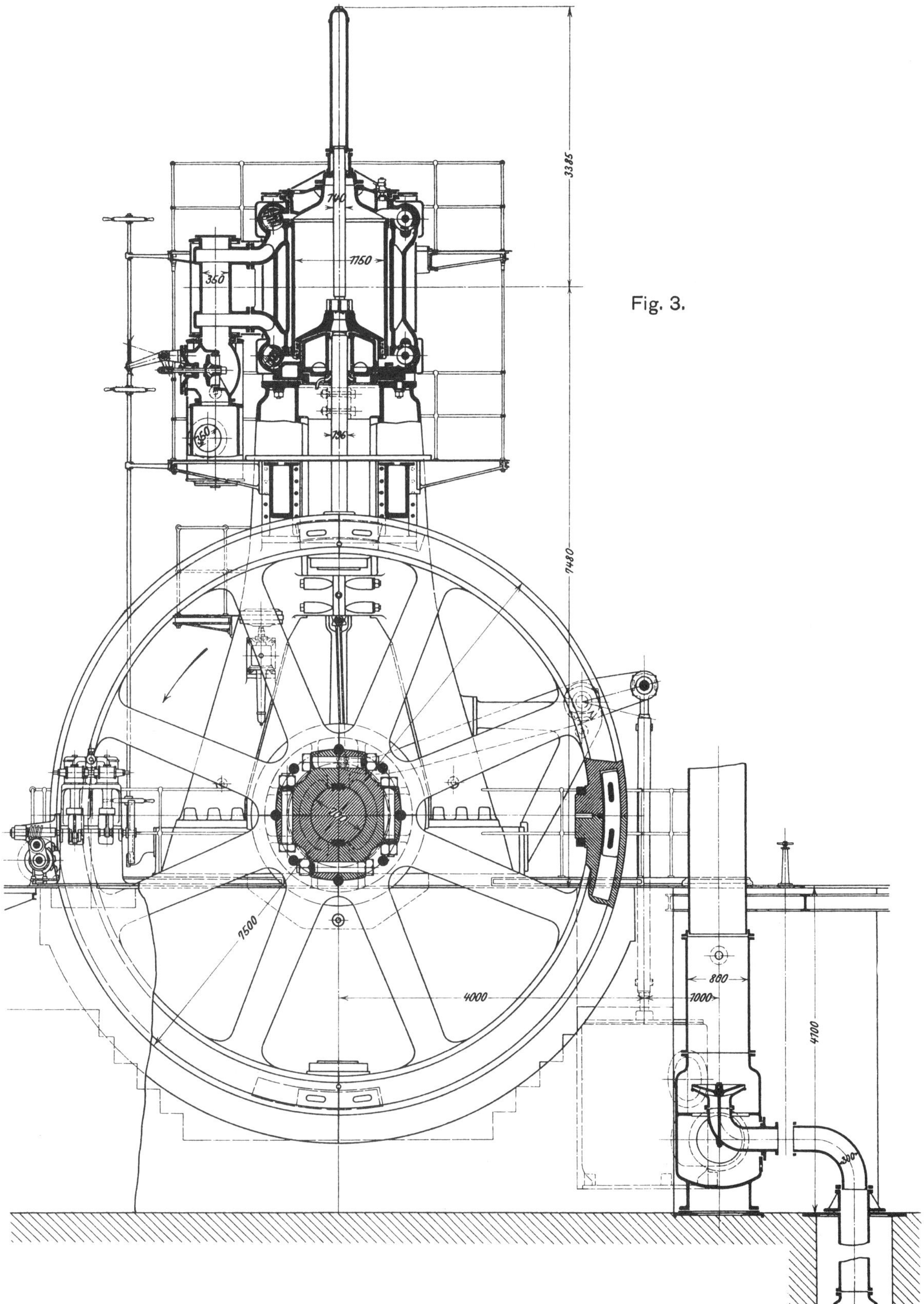

Fig. 3.

Fig. 4.

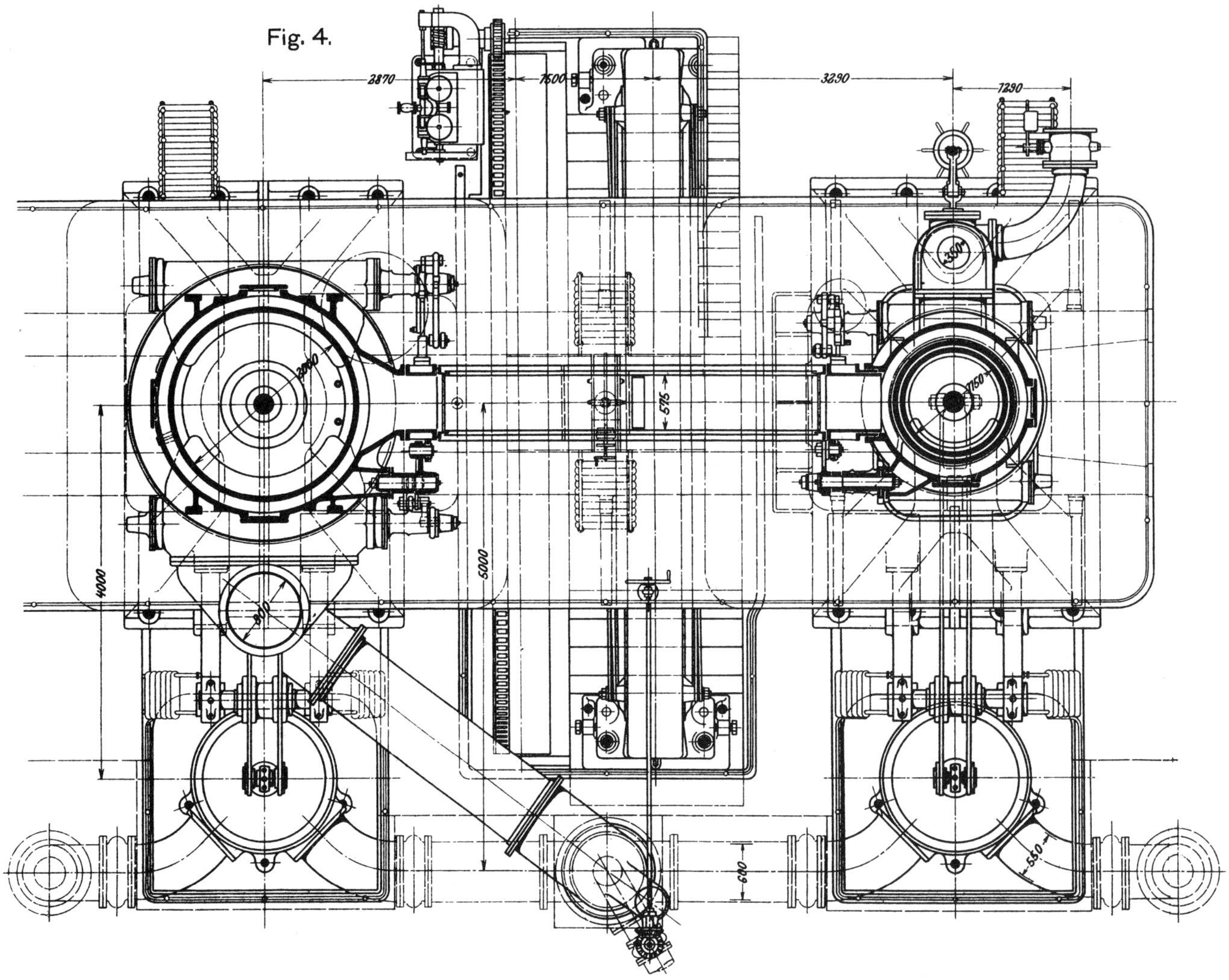

Fig. 5.

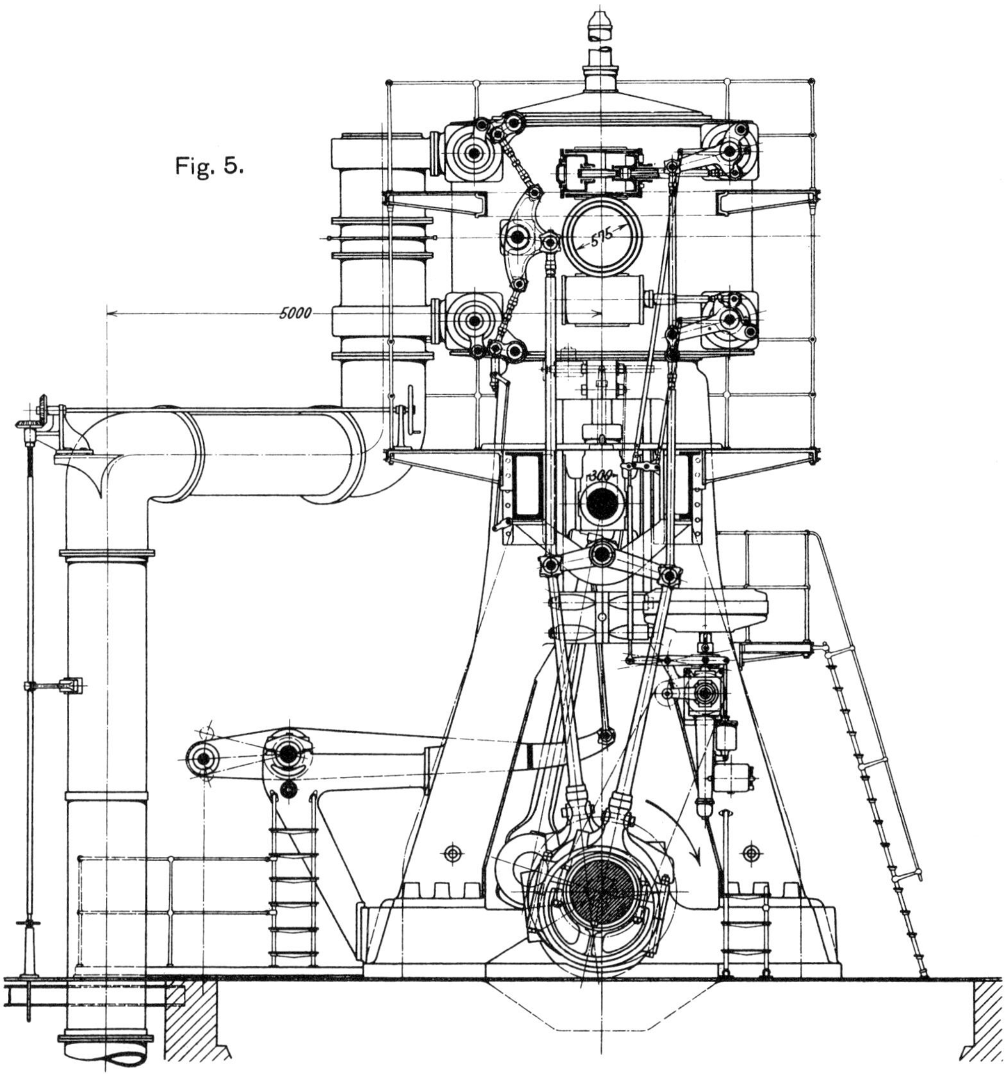

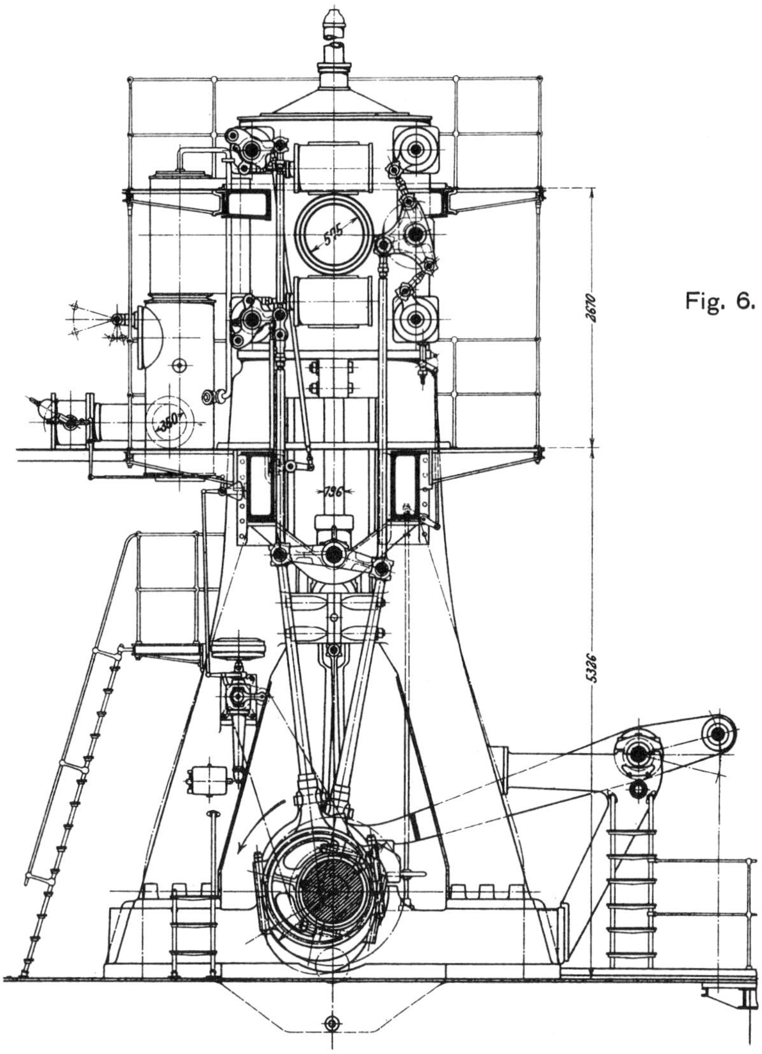

Fig. 6.

Photolithographie der techn.-art. Anstalt von Alfred Müller in Leipzig der Tafel. Der andre, nur zur Absperrung dienende und deshalb erheblich kleiner bemessene Regulator hat seinen Platz am Hochdruckgestell; er wirkt mittels Schnapphebels auf eine durch Kugelgewicht beschwerte Drosselklappe in der 350 mm weiten Frischdampfleitung, wie es die Tafelfiguren 1 und 6 in allen Einzelheiten veranschaulichen. Zweckmäßig erscheint hierbei die Schraubeneinstellung des unteren Spurtopfes der durch Kegelräder bewegten und in einer freitragenden Tasche aufgehängten Regulatorspindel. Ihr Antrieb von der Kurbelwelle aus erfolgt zwangläufig, wie das für Kraftmaschinen der vorliegenden Gattung empfehlenswert ist, und zwar durch eine besondere Art von Gallscher Kette, drüben »Chaines Varietur« genannt. Die Belforter Fabrik verwendet diese Antriebweise seit Jahren ganz allgemein bei ihren Regulatoren

Die Füllung des Hochdruckzylinders kann durch den Regulator zwischen 0 und 0,50 eingestellt werden, diejenige des großen Zylinders zwischen 0 und 0,40. Bei verschiedenen Füllungsgraden im kleinen Zylinder leisten die Maschinen nachstehendes:

Füllung	0,10	0,15	0,20	0,26
Leistung . . . . . . PSi	1296	2037	2760	3480

Die Höchstleistung beträgt nach Angabe der Fabrikleitung, der ich auch die freundliche Ueberlassung der Kessel- und Maschinenzeichnungen zu verdanken habe, 4200 PS_i. Die Zylinder haben Dampfmäntel, die am Hochdruckzylinder mit Frischdampf, am Niederdruckzylinder mit Aufnehmerdampf geheizt werden, während die unmittelbar zwischen die Zylinder geschaltete 575 mm weite Bei- oder Zwischenkammer vom Frischdampf umspült wird.

Die Einlaß- und Auslaß-Drehschieber des Hochdruckzylinders sind 1350 mm lang, diejenigen des Niederdruckzylinders 2290 mm. Die Einlaßschieber werden durch Federdruck gegen die Sitzflächen gepreßt, können daher bei Wasseransammlung im Zylinder abklappen. Einlaß- wie Auslaßschieber werden paarweise durch je ein Exzenter gesteuert, dessen Bewegungsübertragung durch die Tafelfiguren 5 und 6 genügend klargelegt wird. Der Rückgang wird bei ersteren durch wagerecht liegende Dampftöpfe mit Luftpuffer bewirkt, Tafelfig. 5.

Die in einem Stück gefertigte, in ihrem mittleren Teil 900 mm starke Schwungradwelle ruht in zwei kugelförmig abgestützten, mit Wasserkühlung versehenen Lagern, Tafelfig. 1. Ihre Tragzapfen sind doppelt so lang wie dick, also mit günstigem Längenverhältnis ausgeführt. Die Lagerentfernung beträgt 5,6 m. Die Welle ist in ihrer ganzen Länge durchbohrt. Ihre Kurbeln bilden, um das Schwungradgewicht auf Grund des Drehkraftdiagrammes gering zu halten, einen Winkel von 112° miteinander, wobei die Kurbel des Niederdruckzylinders voreilt. Der Ungleichförmigkeitsgrad ist mit Rücksicht auf das Parallelschalten der Drehstrommaschinen sehr klein gewählt; er beträgt nur $\frac{1}{i} = {}^1/_{345}$. Zur Erleichterung des Schaltens ist die die beiden Dampfzylinder beeinflussende Welle des Steuerungsregulators mit einem auf besonderm Hebel verschiebbaren Gegengewicht versehen, das entweder mit der Hand von der mittleren Betriebsbühne aus oder durch einen vom Schaltbrett aus betätigten kleinen Elektromotor eingestellt werden kann; vergl. Tafelfig. 1, 4 und 5. Durch die dadurch herbeigeführte Aenderung des Ungleichförmigkeitsgrades des Regulators läßt sich die Umlaufzahl der Maschine gegen die regelrechte (= 79) um 7 vH steigern oder verringern.

Der mit 31 m/sk Umfangsgeschwindigkeit sich drehende Schwungring wiegt 50000 kg. Er wird in bezug auf den Ungleichförmigkeitsgrad der Maschine wirksam unterstützt durch das 41000 kg schwere und 6,1 m große Magnetrad der ihm benachbarten Drehstrommaschine, dessen Umfangsgeschwindigkeit 25,2 m/sk an den Polenden beträgt. Das Schwungmoment GD^2 der umlaufenden Massen beträgt beim

a) Schwungrad . . . . 2400000 kg/m²
b) Magnetrad . . . . . 740000 »

also insgesamt 3140000 kg/m².

Der A-Wert in der Gleichung für das Schwungringgewicht ermittelt sich zu 2820. Die 4fache Teilung des Schwungrades und die Verbindung durch Schrauben, Schrumpfringe und Kranzeinlagen zeigt Tafelfig. 3. Die Andrehvorrichtung, vgl. Tafelfig. 3 und 4, besteht aus einer kleinen Zwillingsmaschine von 160 mm Zyl.-Dmr. und Hub, die mittels Schraube ohne Ende ein stählernes Zahnrad antreibt, das den Schwungring nach Bedarf verdreht.

Jede Maschine hat unter Flur ihren eigenen Mischkondensator von 1100 mm lichtem Durchmesser, dem zwei symmetrisch dazu stehende einfach wirkende und mittels Schwinge vom oberen Kurbelstangenkopf aus betriebene Luftpumpen beigegeben sind, Tafelfig. 2 und 4. Im Notfall genügt eine Pumpe zur Fortschaffung des Kondensates. Zwei Schieber ermöglichen die Ausschaltung der Luftpumpen, ein dritter stellt die Verbindung mit der Auspuffleitung her. Der Abdampf fällt durch ein 800 mm weites Rohr, in das ein 350 mm hoher Ausdehnungsstutzen aus 3 mm starkem Kupferblech eingeschaltet ist, von oben ein, das Kühlwasser strömt durch eine eigenartige, 700 mm weite Tellerdüse in schräger Richtung gegen den Dampfstrom aus, Tafelfig. 3; dieser Anordnung wird gute Wirkung nachgerühmt.

Da die Düse nur 4 m über dem mittleren Seinespiegel liegt, so wird das Kühlwasser durch die Luftverdünnung im Kondensator unmittelbar angesogen. Es wird einem unter dem Maschinensaal hergeführten Kanal entnommen, dessen Sohle sich 2,6 m unter dem Flußspiegel befindet, während das warme Kondensationswasser — nach Absetzung des Oeles in den vor Kopf des Maschinenaales liegenden Oelfängern — in einem senkrecht darüber liegenden Kanal der Seine wieder zufließt; vergl. Fig. 359 und 366. Beide Kanäle münden natürlich an verschiedenen Stellen in das Flußbett, und zwar der Warmwasserkanal weiter flußabwärts.

Sämtliche Dampfmaschinen sind ausgiebig mit bequemen Laufstegen versehen, deren unterer auf eine den ganzen Maschinensaal durchziehende Seitengalerie ausläuft. Die Bedienung der Maschinen ist dadurch recht bequem gemacht; so kann z. B. das Dampfabsperrventil vom Fußboden wie von den beiden oberen Laufbühnen aus betätigt, der Wasserzufluß zum Kondensator vom unteren oder vom oberen Stande geregelt werden usw.

Die Schmierung erfolgt durch einstellbare Tropföler, wobei diejenige der Dampfzylinder durch besondre Oelpumpen mit ebenfalls sichtbarem Tropfenfall gesichert wird. Das benutzte Oel wird in üblicher Weise in Filtern unter Flur gereinigt und durch eine Pumpe in die auf den verschiedenen Laufbühnen befindlichen Oelbehälter zurückgedrückt, aus denen wieder die Tropföler gespeist werden.

Betreffs der Bauart der manches Eigenartige aufweisenden Einzelteile sei auf die Tafel verwiesen.

Der von der Fabrik vertraglich gewährleistete Gesamt-Wirkungsgrad eines Maschinensatzes und der Dampfverbrauch stellen sich wie folgt:

Belastung	Wirkungsgrad	Dampfverbrauch kg/PSi-st
1/4	0,55	6,44
1/2	0,70	5,87
3/4	0,775	5,70
1/1	0,82	5,43

Diese Vertragszahlen sind bei den anfangs Oktober 1904 an 3 Maschinen angestellten amtlichen Versuchen erheblich unterschritten worden. Hierbei sind nach freundlicher Mitteilung der Fabrikleitung folgende Ergebnisse ermittelt worden:

Versuchsdauer . . . . 8 st
Anfangsdruck in der Maschine . . . . 9 kg
Dampfwärme beim Eintritt in den H.-D.-Zylinder 250° C

mittlere Belastung	2100 KW
Luftverdünnung im Kondensator	66 cm
Dampfverbrauch für 1 PS_i-st	4,750 kg
» » » KW-st, bezogen auf die Klemmen des Generators	7,662 »

Die letzteren Zahlen sind besonders bemerkenswert, da sie zeigen, was der neuere französische Maschinenbau zu leisten vermag. Lehrreich ist ihr Vergleich mit den Ergebnissen führender deutscher Maschinenfabriken, wie sie wiederholt in dieser Zeitschrift veröffentlicht sind.

b) Elektrische Ausrüstung.

Die elektrische Ausrüstung umfaßt:

1 Gleichstrommaschine von 1500 KW und 600 V,
3 Drehstromerzeuger von je 1500 KW und 5000 V,
4 » » » 2100 » » 5000 »,
4 Erregermaschinen von je 65 KW und 150 V,
2 Zusatzmaschinen von je 200 KW Nennleistung und 50 bis 100 V für die in der Magazinabteilung aufgestellte Bufferbatterie von 1800 Amp-st,
4 umlaufende Umformer von je 750 KW und 370/600 V,
4 ruhende Transformatorengruppen von je 750 KW und 5000/370 V.

Ursprünglich sollten 2 Gleichstrom- und 2 Drehstromerzeuger von je 1500 KW beschafft werden. Man hat jedoch nach Aufstellung der ersten Gleichstromdynamo vorgezogen, statt der zweiten Maschine dieser Art einen Drehstromerzeuger gleicher Leistung in Betrieb zu nehmen und dafür die Zahl der Umformergruppen von 2 auf 4 zu erhöhen. Es ist dies geschehen, um der unmittelbaren Stromversorgung der Linie Nr. 1 mit Gleichstrom eine größere Elastizität in der Anpassung an die tagsüber stark schwankenden Verkehrsverhältnisse zu geben, allerdings auf Kosten der Energieausnutzung.

Die einzelnen Maschinengattungen bieten mancherlei Beachtenswertes, das hier kurz eingeflochten sei.

α) Gleichstrommaschine von 1500 KW.

Die Gleichstrommaschine hat Außenpole und Nutenanker; sie liefert regelrecht bei 600 V Klemmenspannung 2500 Amp, kann aber nach Angabe ohne starke Erwärmung erheblich überlastet werden. Die Erregung erfolgt im Nebenschluß. Erwähnenswert ist der große, aus 1080 Kupferstreifen zusammengesetzte Kollektor von 2600 mm Dmr. und 380 mm Nutzbreite. Der Strom wird durch 240 gleichmäßig auf 20 Gruppen verteilte Kohlenbürsten abgenommen. Die wichtigeren Zahlenwerte der Maschine sind:

Uml./min	70
Zahl der Magnetpole	20
Durchmesser-Abstand der Polschuhe	4020 mm
Ankerdurchmesser	4000 »
Ankerlänge	710 »
Gewicht des Ankers und des Kollektors	rd. 25000 kg
Gesamtgewicht der Maschine	» 50000 »
Durchschnittsgewicht für 1 KW Leistung	$33^1/_3$ »
Wirkungsgrad bei Vollbelastung	96,5 vH.

β) Drehstrommaschinen von 1500 und 2100 KW.

Wie jetzt bei großen Maschinen wohl allgemein üblich, sind die Drehstromerzeuger mit ruhendem Anker und umlaufendem Magnetfeld ausgeführt, was bekanntlich neben betriebsicherer Isolierung der hochgespannten Ankerwicklung noch den Vorteil bietet, daß der Strom an ruhenden Klemmen, also funkenlos, abgenommen werden kann. Alle 7 Maschinen liefern 5000 voltigen Strom mit 25 Perioden i. d. Sek. Nachstehende Uebersicht gibt ihre Hauptmaße.

Bei den 2100 KW-Maschinen sind die Ankerwicklungen in Sternschaltung verbunden; sie liegen in schwalbenschwanzförmigen Nuten des Ankerkernes und sind durch Holzkeile darin gesichert. Die Auswechslung kann leicht geschehen, ohne daß mehr als 4 bis 5 Nachbarwicklungen loszunehmen sind.

	Drehstrommaschinen von	
	Schneider-Creusot 4 Stück aus den Jahren 1900/02	Thomson-Houston-Paris 4 Stück aus den Jahren 1903/04
Leistung a. d. Klemmen (für $\cos\varphi = 1$) KW	1 500	2 100
Uml./min	70	79
Polzahl	42	38
äußerer Ankerdurchmesser mm	7 100	6 700
innerer » »	5 900	6 120
äußerer Magnetraddurchmesser »	5 882	6 100
Breite der Ankerwicklung »	422	600
Gewicht des Ankers kg	rd. 50 000	rd. 46 000
» » Magnetrades »	» 48 000	» 41 000
Durchschnittsgewicht für 1 KW Leistung »	65,3	41,4
Wirkungsgrad einschl. Erregung	0,92	0,94

Die zwecks Dämpfung der Foucault-Ströme durch Lacküberzug isolierten Ankerkernbleche sind paketweise mit zwischengeschalteten Luftschichten angeordnet, um eine wirksame Kühlung des Kernes zu erzielen.

Das mit 8 Armen versehene und geteilt angeordnete gußeiserne Magnetrad wird im Kranz und in der Nabe durch Schrumpfringe zusammengehalten. Sein Umfang trägt schwalbenschwanzförmige Aussparungen, in die die aus Flußeisenblechen gebildeten Polkerne mittels gleichgeformter Ansätze eingeschoben werden, so daß sie sich später im Betriebe zur Untersuchung oder Ausbesserung bequem seitlich vom Radkranz abziehen lassen, nachdem eine Sicherungsschraube gelöst ist. (Die Polstücke der Creusot-Maschinen bestehen aus Stahlformguß.)

Die zugehörigen Magnetwicklungen haben Walzenform, sind aus Kupferband mit Papierisolierung hergestellt und stehen zum Zweck wirksamer Lüftung mindestens 10 mm von den Polkernen ab. Ihr Kupferquerschnitt ist für einen Erregerstrom von 150 V bemessen, der durch 2 an der Radnabe isoliert befestigte und genau zentrierte Schleifringe mit Kohlenbürsten den 38 hintereinander geschalteten Wicklungen zugeführt wird.

Nach Versuchen im Bercy-Kraftwerk können die 2100 KW-Maschinen 5 Stunden lang eine Ueberlastung von 25 vH ertragen, ohne eine schädliche Wärmezunahme zu zeigen, selbst wenn sie zuvor ständig unter Vollast gelaufen sind.

Zieht man das Gewicht des Stromerzeugers und der zugehörigen Betriebsdampfmaschine zusammen, so ergibt sich für dasjenige eines vollständigen Maschinensatzes sowie für die Leistungseinheit nachstehende bemerkenswerte Uebersicht:

	Creusot (1500 KW)	Belfort-Paris (2100 KW)
Gewicht eines Maschinensatzes kg	418 000	462 000
» für 1 KW Klemmenleistung »	278,7	220
» » 1 PS_{el}	205	162

γ) Erregermaschinen.

Erfahrungsgemäß regelt sich bei Belastungsschwankungen, wie sie der Eisenbahnbetrieb zeitigt, die Spannung der Drehstromerzeuger besser, wenn diese durch Dynamos erregt werden, die nicht mit ihnen gekuppelt sind, sondern ihre Bewegung unabhängig von derjenigen der Drehstrommaschinen — durch einen allerdings sehr gleichmäßig laufenden Motor — erhalten.

Unabhängige Erregermaschinen bieten zudem noch den Vorteil, da sie mehreren Stromerzeugern gemeinsam dienen, also für größere Leistungen gebaut und mit größerer Umlaufzahl betrieben werden können, in Anlage und Betrieb wirtschaftlicher zu sein als die durch die verschiedenen Schwungradwellen unmittelbar angetriebenen kleinen Einzelerreger.

Eine 1500 KW-Maschine des Bercy-Werkes gebraucht zu ihrer Erregung etwa 1,5 vH der Leistung, also ungefähr 23 KW, eine 2100 KW-Maschine etwa 1,0 vH, also 21 KW. Die vorhandenen drei Drehstrommaschinen von 1500 KW und drei von 2100 KW — die vierte 2100 KW-Maschine als Reserve gerechnet — würden also bei gleichzeitigem Betrieb regelrecht 132 KW gebrauchen. Man hat hier je 2 Stromerzeugern 1 Erregermaschine von 65 KW zugeteilt; demgemäß sind im Bercy-Werk vier Erreger aufgestellt, von denen drei für den ungünstigsten Fall genügen, der vierte zur Reserve dient. Sie haben ihren Platz dem Schaltbrett gegenüber, vergl. Fig. 365, also etwa in der Mitte des Maschinensaales. In der Bauart sind sie den älteren Gleichstrom-Umformern (Motorgeneratoren) ähnlich, d. h. sie bestehen aus je einem Elektromotor und einer Dynamomaschine mit gemeinsamer Welle für beide Anker. In die Welle ist zum Ausgleich kleiner Ungenauigkeiten in der Ausführung und Aufstellung usw. eine elastische Kupplung eingeschaltet. Die Maschinen sind sechspolig (Außenpole) und laufen mit 650 Uml./min. Der Elektromotor wird mit 600 V aus der Verbrauchsleitung gespeist, an die die unter *α*) genannte Hauptdynamo und die unter »Unterstationen« erörterten rotierenden Umformer ihren Gleichstrom abgeben. Die Dynamo erzeugt Gleichstrom von 150 V.

δ) Zusatzmaschinen besonderer Art (Survolteurs).

Diese Zusatzmaschinen oder Spannungserhöher bieten besondres Interesse, da sie in verhältnismäßig einfacher Weise die Wirkung der Bufferbatterie erfolgreich zu steigern vermögen. Ihr allgemeiner Aufbau gleicht dem der vorgenannten Erreger; ihre Nennleistung wurde zu 200 KW angegeben. Der Elektromotor wird wie bei *γ*) ebenfalls mit Gleichstrom von 600 V aus der Verbrauchsleitung gespeist. Die Dynamo *E* ist hinter die Batterie geschaltet, wie es Fig. 375 schematisch veranschaulicht, und hat zwei getrennte Magnetwicklungen. Hiervon liegt die eine im Nebenschluß zu TT_1, während die andre vom Batteriestrom durchflossen wird.

Beide Wicklungen wirken bei der Entladung im entgegengesetzten Sinne magnetisierend, so daß nur der Unterschied ihrer Ampèrewindungen zur Geltung kommt.

Bei großem Stromverbrauch im äußeren Kreis überwiegt die Wirkung der Hauptstromwicklung S_2; die Klemmenspannung der Zusatzmaschine *E* addiert sich demnach zu derjenigen der Batterie, was eine Erhöhung des Entladestromes und damit eine Verstärkung der Pufferwirkung der Batterie zur Folge hat. Sinkt der Verbrauchstrom, so steigt die Spannung zwischen den Hauptleitungen *T* und T_1; damit sinkt aber der Entladestrom der Batterie und gleichzeitig die magnetisierende Wirkung von S_2, während die entgegengesetzt gerichtete Wirkung von S_1 zunimmt. Letztere überwiegt schließlich S_2 und polarisiert die Maschine *E* um, so daß die von ihr erzeugte Spannung nunmehr derjenigen der Batterie entgegenwirkt, daher zur äußeren Spannung sich addiert, die Batterie also geladen wird.

Nach den mir im Bercy-Werk gemachten Angaben liefert eine Zusatzmaschine gewöhnlich bis zu 2000 Amp Strom bei ± 25 V. Sie beeinflußt somit die Wirkung der Bufferbatterie höchst günstig; sie steigert sie, indem die Batterie bereits bei kleineren Aenderungen in der Stärke des Betriebstromes von Ladung zur Entladung übergeht, als sie es ohne die Zusatzmaschine tun würde. Letztere steht in Frankreich, ebenso in Amerika, vielfach in Benutzung.

Der Stromwender *L*, Fig. 375, dient dazu, um die Batterie, falls sie durch Zufälligkeiten völlig erschöpft worden ist, wie solches schon vorgekommen, von Grund aus neu laden zu können. Zu dem Zwecke wird *L* umgelegt, so daß die Nebenschlußwicklung S_1 im entgegengesetzten Sinne wie sonst mit den Hauptleitungen *T* und T_1 verbunden wird. *E* wirkt jetzt als Spannungsminderer (dévolteur); mithin wird die Batterie trotz etwager Schwankungen des Verbrauchsstromes anhaltend und kräftig geladen. Im gegebenen Augenblick wird *L* in seine regelrechte Lage zurückgeführt, und die Batterie übernimmt wieder ihre Rolle als Regler und Buffer.

ε) Akkumulatorenbatterie.

Um die Spannungsschwankungen auf höchstens 5 vH zu beschränken, die Belastung der Antriebmaschinen möglichst gleichbleibend zu gestalten, sowie eine Kraftreserve in gewissem Sinne zu schaffen, ist eine Batterie von 1800 Amp-st Leistung bei einstündiger Entladung aufgestellt. Sie steht im Unter- und Erdgeschoß des Magazins, enthält insgesamt 280 Elemente mit je 31 positiven und 32 negativen Platten und zeigt eine mittlere Spannung im Element von 2,15 V. Nach Angabe hat die Batterie wiederholt Stromstöße bis zu 3000 Amp ausgeglichen.

ζ) Schaltbrett.

Das aus Marmor gefertigte große Schaltbrett steht auf 5 m Höhe an der einen Längswand, ungefähr in deren Mitte,

Fig. 375.

Schaltungsschema der Zusatzmaschine (Survolteur).

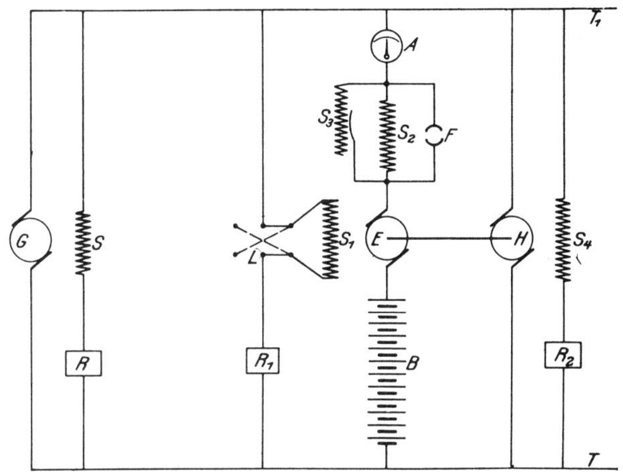

A Ampèremesser mit Nullzeiger in der Mitte.
B Batterie
F Kurzschlußschalter für S_2
G Hauptdynamo oder Umformer
E Anker der Zusatzmaschine
H Anker des Motors zu *E*
L Stromwender
R R_1 R_2 Widerstände
S Nebenschlußwicklung der Hauptdynamo oder des Umformers
S_1 Nebenschlußwicklung der Zusatzmaschine
S_2 Hauptstromwicklung
S_3 Reglerwiderstand
S_4 Magnetwicklung des Motors
T Rückleitung
T_1 Hinleitung

so daß die daran tätigen Elektriker zugleich den Maschinensaal überblicken können. Es enthält für jede Maschine ein durch Aufschrift näher kenntlich gemachtes Feld mit den erforderlichen Meß- und Schalteinrichtungen, ebenso Felder für die verschiedenen Speisekabel mit 5000 V und 600 V und für die Beleuchtungskabel.

Die Stromerzeuger arbeiten auf Sammelschienen, die Speisekabel zweigen von solchen ab. Erzeuger wie Leiter können nach Belieben auf jede der beiden Schienengruppen geschaltet werden, und zwar mittels Oelausschalter und Gestängeübersetzung, wobei die Kabelausschalter mit selbsttätiger Auslösung versehen sind, die bei bestimmter Ueberlast in Tätigkeit tritt; vgl. Fig. 403.

An jener Längswand zieht sich ein fast 150 m langer geräumiger unterirdischer Kabelgang hin, in dem alle Leitungen übersichtlich untergebracht sind, und zwar diejenigen für die eine Stromart als blanke Leiter, die für die andre als isolierte.

Von dem Nordende dieses Ganges führt eine unter der Rue de Bercy angelegte Kabelgalerie nach der Linie Nr. 1.

Alle elektrischen Maschinen und Einrichtungen des Werkes werden durch Druckluft, die in einem kleinen, elektrisch angetriebenen Kompressor erzeugt wird, von Staub gereinigt.

Das Kraftwerk enthält außerdem noch 4 Umformergruppen von 750 KW, um gleich an Ort und Stelle einen Teil des erzeugten Drehstromes umzuwandeln. Sie stehen am Haupteingang des Maschinensaales, vergl. Fig. 365, und bilden eine Unterstation im Kraftwerk, sind daher nachfolgend unter 2) zu besprechen. Mit ihnen zusammen belaufen sich die Gesamtkosten der Bercy-Anlage bis zum 1. Januar 1904 nach amtlicher Angabe auf 15 965 737 frs, worin jedoch einige der großen Maschinensätze für die Drehstromerzeugung noch nicht einbegriffen sind.

Fig. 376 und 377.

Unterirdische Unterstation Louvre.

a) Querschnitt.

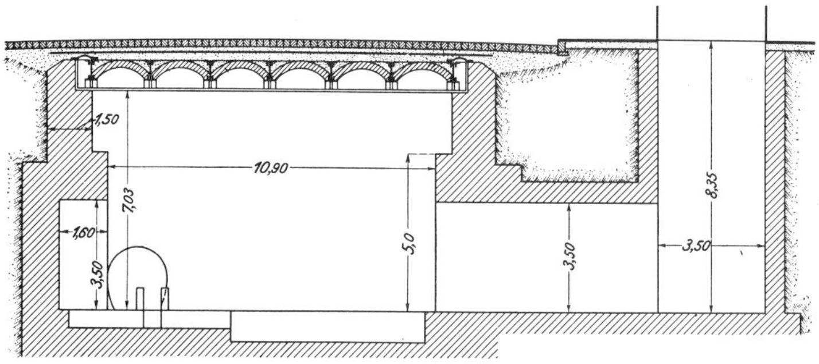

b) Grundriß.

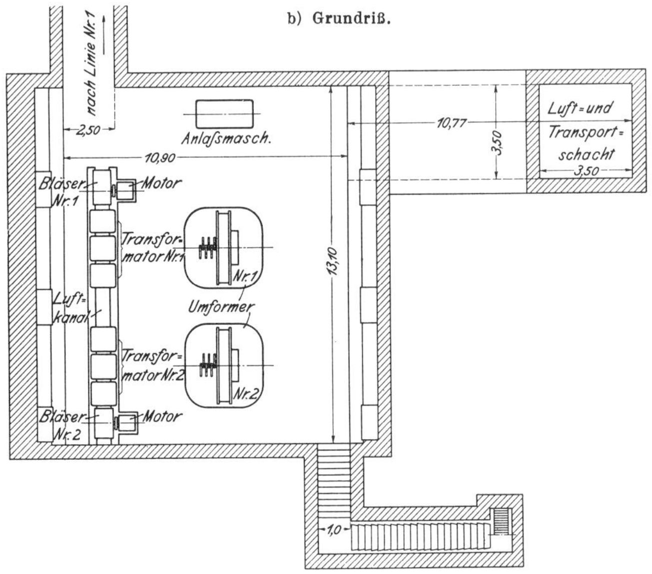

2) Unterstationen.

Bis jetzt sind 5 selbständige Umformer- oder Unterstationen errichtet, darunter zwei unterirdische. Sie sind zugleich mit den Umformergruppen des Bercy-Kraftwerkes hinsichtlich Lage, Leistung und Anlagekosten in der untenstehenden Uebersicht zusammengestellt.

a) Bau der unterirdischen Umformerstationen.

α) Unterstation Louvre.

Die im Jahre 1902 errichtete Station liegt neben der Kirche St. Germain l'Auxerrois, von deren Turm einst in der Bartolomäusnacht das Zeichen zum Hugenottenmord gegeben wurde. Der Kirchplatz war nach dem ursprünglichen Netzplan Kreuzungsstelle der Linien Nr. 1 und 4. Da die Seine-Untertunnelung der letzteren Linie nachträglich (1903) weiter nach Osten gerückt ist, liegt die Unterstation jetzt etwa 525 m von der Linie Nr. 4 entfernt, so daß zu deren Stromversorgung längere Gleichstromkabel notwendig werden.

Fig. 376 und 377 geben Auf- und Grundriß, Fig. 378 die Innenansicht dieser höchst einfach gehaltenen Anlage. Ein besondrer quadratischer Schacht von 3,5 m Weite ermöglicht, die Maschinen einzubringen, und dient gleichzeitig zur Lüftung. Der in Fig. 378 im Hintergrunde sichtbare Ventilator dient dem Luftwechsel.

Die Unterstation ist zunächst nur für die Bedürfnisse der Linie Nr. 1 ausgebaut; sie wird später bei Fertigstellung der

Nr.	Name, Lage und Eröffnungsjahr	zugeteilte Linien Nr.	Bauart	jetzige Zahl der Umformergruppen von je 750 KW	Leistung in Gleichstrom KW	Batterie Amp-st	Anlaßmaschine KW	Anlagekosten bis Herbst 1904 frs
1	Bercy-Kraftwerk (1900)	1 und 2	Tagebau	4	3000	1800	—	in den Kosten des Bercy-Kraftwerkes enthalten
2	Place de l'Étoile (1900)	1, 2 und 3	unterirdisch	4	3000	1800	—	1 508 445
3	Louvre (1902) (Place St. Germain-l'Auxerrois)	1 und (4) [1]	unterirdisch	2	1500	—	60	288 604
4	Barbès (1902) (Rue de la Charbonnière Nr. 38)	2 Nord u. (4)	Tagebau (343 qm)	3	2250	—	60	539 760 (Gelände = 127 500)
5	Père Lachaise (1903) (Boulvd. Ménilmontant Nr. 79)	2 Nord u. 3	Tagebau (376 qm)	5	3750	1600	—	rd. 800 000
6	Opéra (1904) (Rue Caumartin Nr. 41)	3, (7 u. 8)	Tagebau	4	3000	1800	—	Teilkosten rd. 600 000
	zusammen	—	2 unterird. Anlagen, 6 Tagebauten	22	16500	7000	2 Stück	3 736 809 [2])

[1]) Die eingeklammerten Linien sind noch nicht fertig.

[2]) Rechnet man zu dieser Gesamtsumme von rd. 3 737 000 frs die Ausgaben für die Bahnkabel, die sich nach dem Geschäftsbericht für das Jahr 1903 auf rd. 1 684 000 frs belaufen, sowie die schon angegebenen für das Bercy-Kraftwerk, so ergeben sich 21 387 000 frs. Unter Anrechnung der erheblichen Kosten für die jüngsten Lieferungen und die demnächst zu erweiternden Einrichtungen verschiedener Unterstationen erhöht sich diese Summe auf etwa 25 Mill. frs.

Fig. 378.
Innenansicht der unterirdischen Umformerstation Louvre.
Aufgenommen im Sommer 1903.

Linie Nr. 4 auf 5 Umformergruppen erweitert werden. Naturgemäß macht die Anlage einen wenig freundlichen Eindruck; die Luft darin ist leidlich, im Sommer recht warm, denn die Transformatoren wirken gleichsam wie eine Luftheizung.

β) Unterstation Place de l'Etoile.

Die baulich interessanteste, zugleich aber auch die kostspieligste Umformerstation ist unstreitig diejenige neben dem großen Triumphbogen. Ihre Lage fällt in den Schnittpunkt der Linie Nr. 1 mit dem Nordring, Fig. 11, so daß sie drei Linien unmittelbar versorgen kann. Da die Place de l'Etoile einer der hervorragendsten und besuchtesten Pariser Plätze ist, so legte die Stadtverwaltung besondres Gewicht auf die unveränderte Erhaltung dieses Platzes und seiner prächtigen Baumreihen; die Unterstation mußte deshalb so tief und derartig angeordnet werden, daß die Bäume durch das Mauerwerk nicht beschädigt wurden. Sie schmiegt sich infolgedessen unmittelbar der Linie Nr. 1 an, und ihre Fundamente liegen bis 17 m unter Erdoberfläche. Die Gesamtgruppierung ist sehr geschickt durchgeführt und der Raum gut ausgenutzt und dabei die Möglichkeit einer späteren Erweiterung gewahrt; s. Fig. 379. Mit dieser Unterstation soll eine mit Druckwasser betriebene Aufzuganlage verbunden werden, deren fast 16 m tiefer Schacht gleich der Maschinenkammer von vornherein ausgebaut, jedoch vorläufig noch ohne maschinelle Ausrüstung gelassen ist, Fig. 383.

Alle Bauten sind eingewölbt, nur der Aufzugschacht und der Lüftschacht sind oben offen und von einem Glashäuschen ähnlich denen der Stationseingänge, Fig. 85, überdeckt.

Den 33,5 m langen Umformersaal überspannt ein 15 m weites elliptisches Gewölbe, Fig. 380 und 381, den 22 m

Fig. 379.
Grundriß der Unterstation Place de l'Etoile.

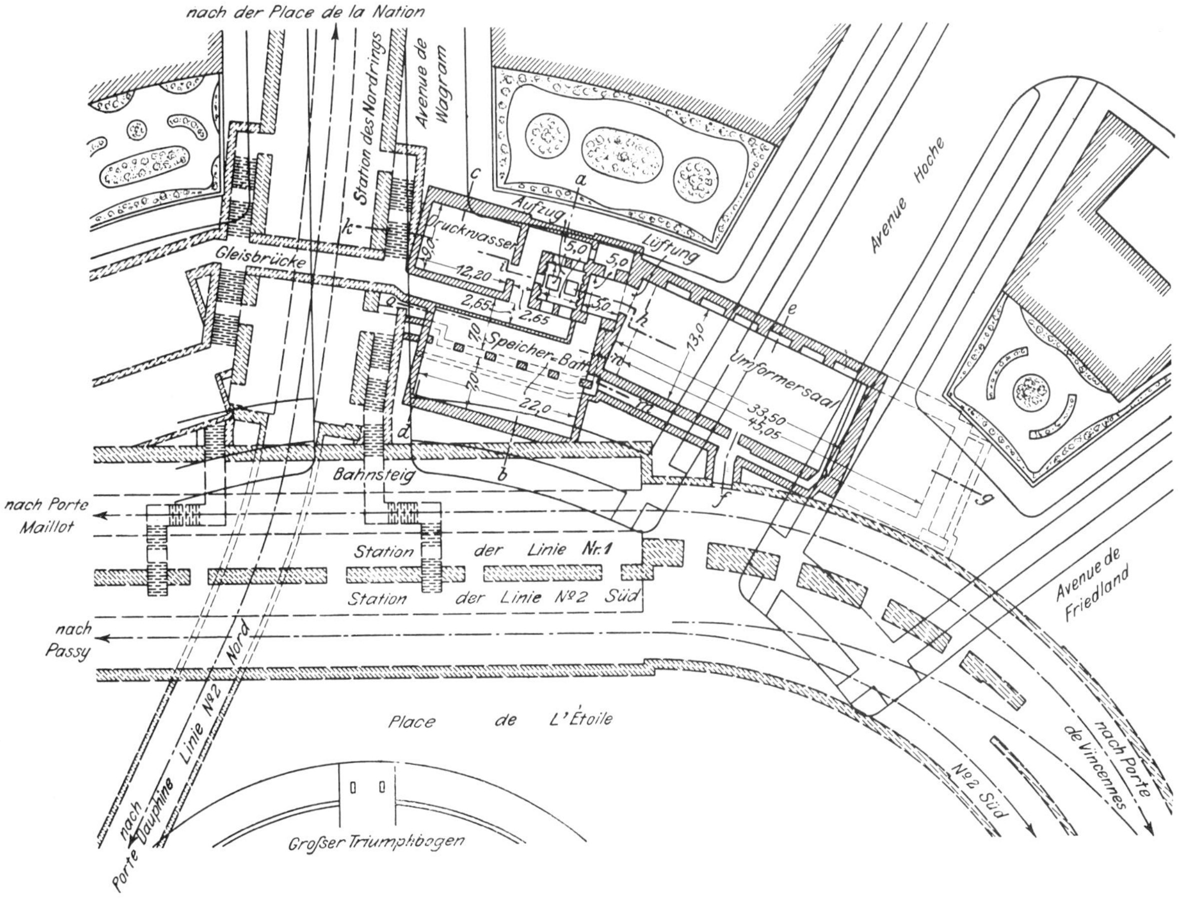

Fig. 373 bis 378. Unterstation Place de l'Etoile.

Fig. 380.

Längsschnitt *g-h* durch den Umformersaal.

Maßstab 1 : 300.

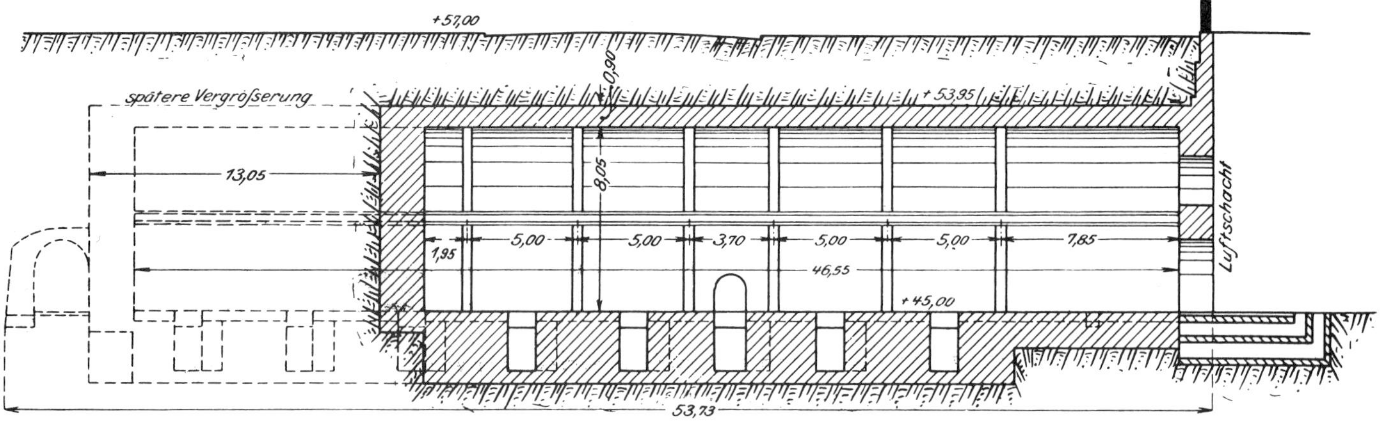

Fig. 381.

Querschnitt *e-f* durch den Umformersaal.

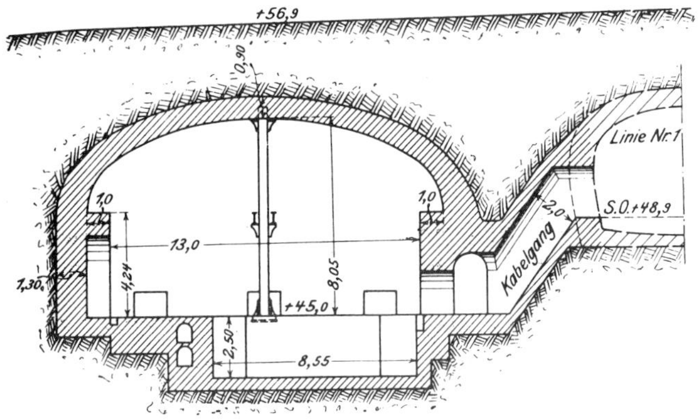

Fig. 382.

Querschnitt *a-b* durch den Akkumulatorenraum.

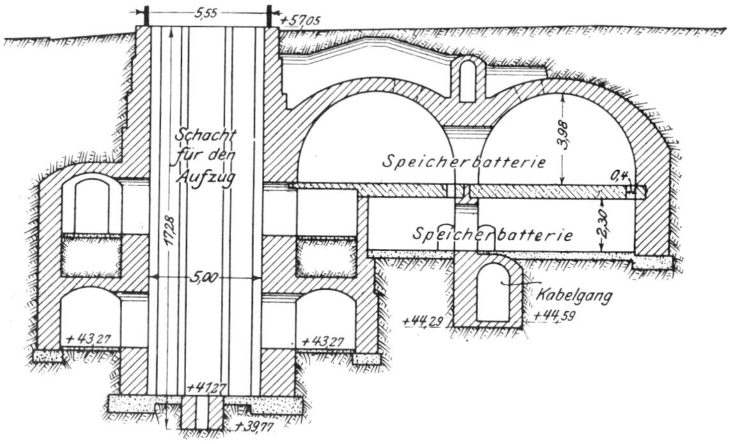

langen zweischiffigen Akkumulatorenraum zwei 7 m weite Halbkreisgewölbe. Zur Einschränkung der Grundfläche ist der letztere durch eine 58 cm starke Zwischenwand aus Eisenbeton zweigeschossig gestaltet; der untere Raum ist 2,30 m, der obere bis zum Deckenscheitel 3,98 m hoch, Fig. 382 und 384 bis 385. In diesen beiden Geschossen sind insgesamt 280 Zellen von 1800 × 700 × 460 mm Größe aufgestellt.

Der mit 4 Umformergruppen und 2 Zusatzmaschinen (Survolteurs) ausgerüstete Umformersaal steht durch eine kurze, schräg ansteigende Kabelgalerie mit der Linie Nr. 1 in Verbindung, Fig. 381.

Die Gesamtlänge

Fig. 383.

Längsschnitt *h-i-k* durch Schächte und Druckwasserraum

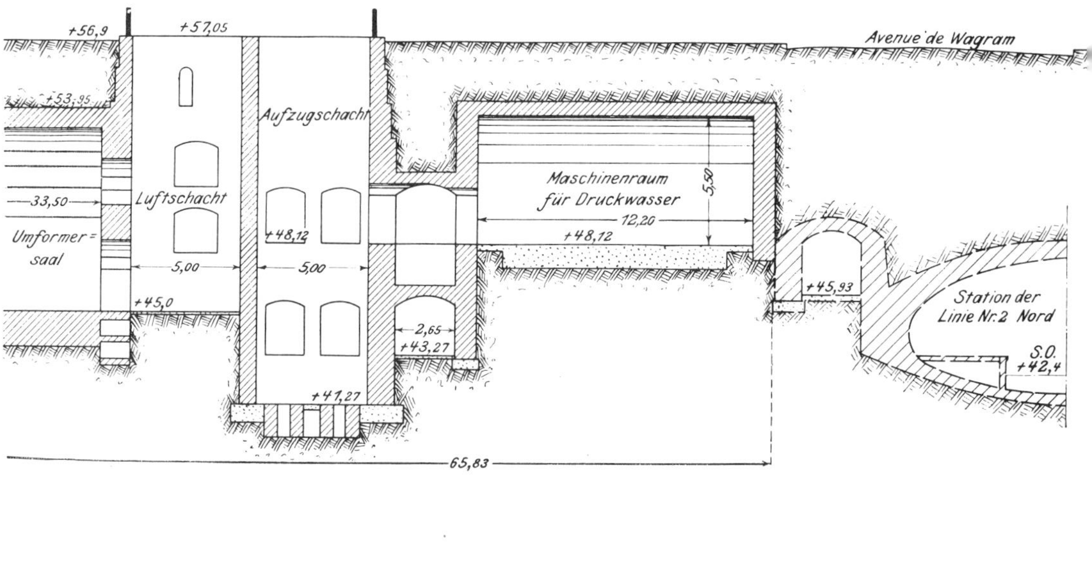

Fig. 384.

Querschnitt *c-d* durch den Akkumulatorenraum.

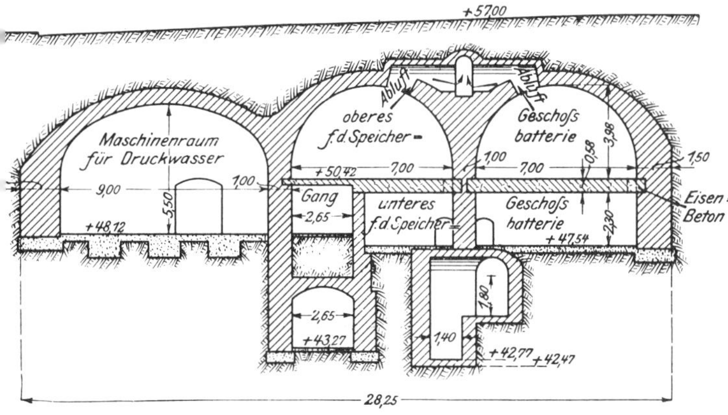

Fig. 385.

Längsschnitt *m-n-o* durch den Akkumulatorenraum.

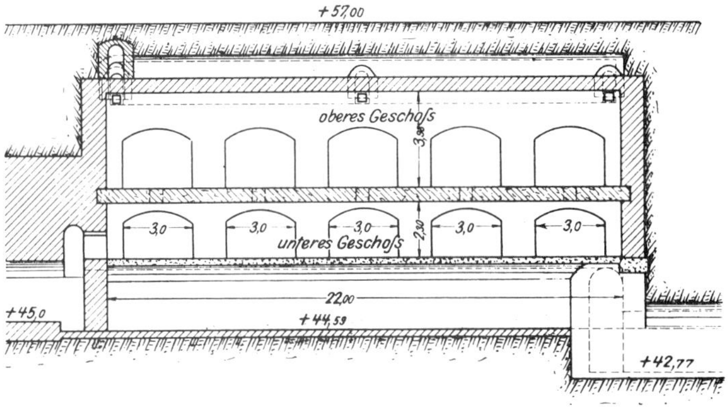

der Unterstation beträgt 65,55 m, ihre größte Breite 28,25 m; vergl. Fig. 379.

Angesichts der tiefen Lage mußten besondre Einrichtungen für die Lüftung getroffen werden. Es wurde deshalb ein 12 m tiefer quadratischer Schacht von 5 m Weite zur Abführung der warmen Luft angelegt, der bis auf den Boden des Umformersaales reicht, und in dessen oberen Teil der Entlüftkanal der Akkumulatorenräume mündet, Fig. 382 bis 385. Zwei mit Gleichstrom betriebene Ventilatoren von angeblich je 10000 cbm stündlicher Leistung dienen zur Lufterneuerung.

Die frische Luft wird dem Tunnel der Linie Nr. 1 entnommen; sie strömt durch die schon genannte Kabelgalerie in einen 2,50 m hohen und 1,40 m breiten, ebenfalls die Stromkabel enthaltenden Kanal, aus dem sie in den Umformersaal und in die Batterieräume gelangt. Von einer guten Lufterneuerung kann unter solchen Umständen wohl nicht die Rede sein. Als ich an einem Oktobertage die Anlage besichtigte, die damals nur drei Umformergruppen enthielt, herrschte im Maschinensaal in etwa 2 m Höhe über Fußboden eine Temperatur von 33° C, genau soviel, wie ich wenige Wochen zuvor auf der Nordseite des Simplontunnels vor Ort durchgekostet hatte. Ein Aufenthalt unten im Umformersaal gehört also nicht zu den Annehmlichkeiten.

Um die Maschinen ein- und ausbringen zu können, ist über dem einen Schacht ein 12 t-Kran aufgestellt; der Umformersaal enthält einen Laufkran von 14 m Spannweite.

Die Unterstation hat Kabelanschluß an das Bercywerk sowie an die beiden früher genannten Aushülfswerke in Moulineaux und Asnières; sie verfügt also über eine gute Reserve.

Ihre gesamten Baukosten belaufen sich nach mir gemachter Angabe auf rd. 800000 frs, die Ausrüstungskosten auf rd. 700000 frs, so daß die Anlage $1^1/_2$ Mill. frs gekostet hat; vgl. auch die Zusammenstellung auf S. 137.

b) Bau der übertage liegenden Umformerstationen.

Die ohne Batterie arbeitenden Unterstationen sind eingeschossig, Fig. 386 bis 388; die mit solcher ausgestatteten haben dagegen noch ein Obergeschoß, worin die Batterie aufgestellt ist, Fig. 382 bis 384. In allen Anlagen stehen die Maschinen und Transformatoren im Erdgeschoß, die kleinen Transformatoren für die Meßinstrumente sowie die Erreger- und Anlaßwiderstände im Kellergeschoß.

c) Innere Einrichtung der Umformerstationen.

Die innere Ausrüstung der ober- und unterirdischen Anlagen ist die gleiche, abgesehen von den durch die Batterie bedingten Sonderheiten und den Stromanschlüssen: in den unterirdischen Umformerstationen sind die 5000 V-Kabel an Sammelschienen

Fig. 386 bis 388.

Unterstation Barbès.

Querschnitt *A-B*.

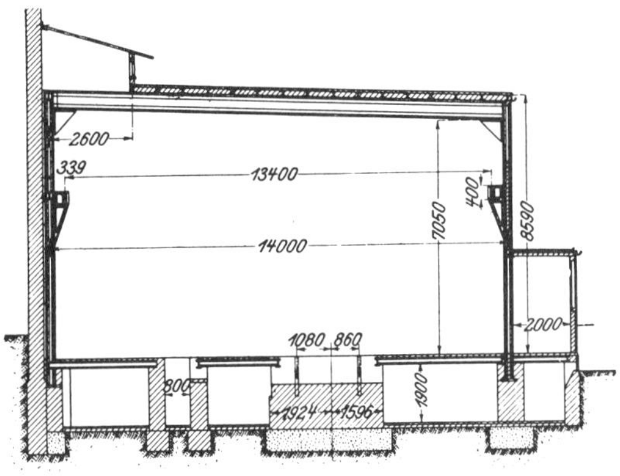

Längsschnitt *C-D*.

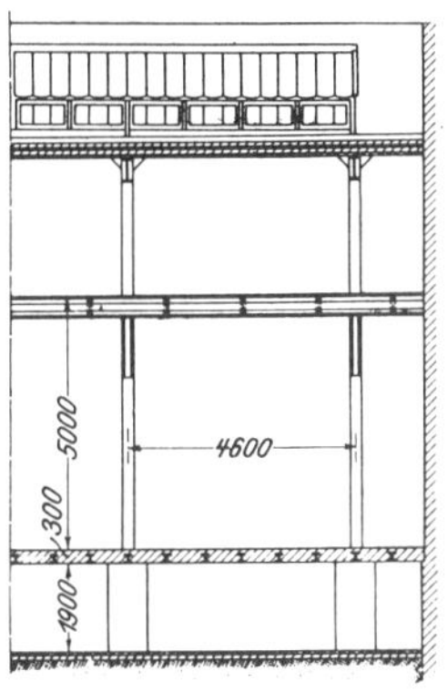

Grundriß.

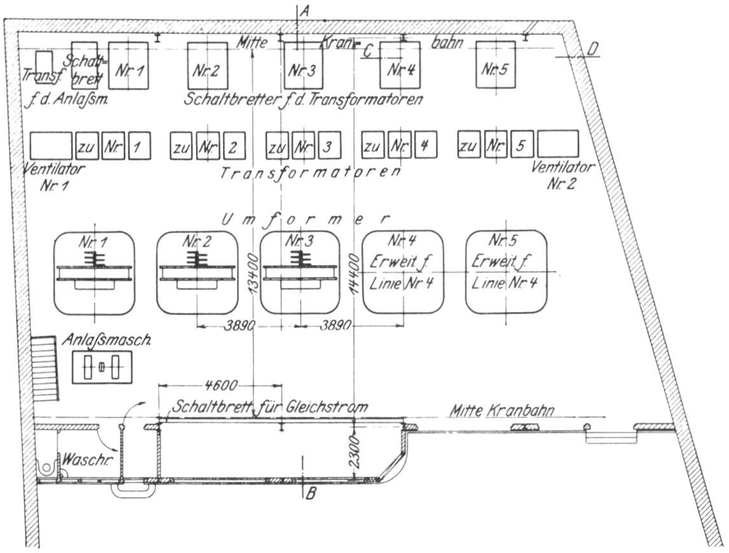

Fig. 389 bis 391.

Unterstation Père Lachaise.

Längsschnitt.

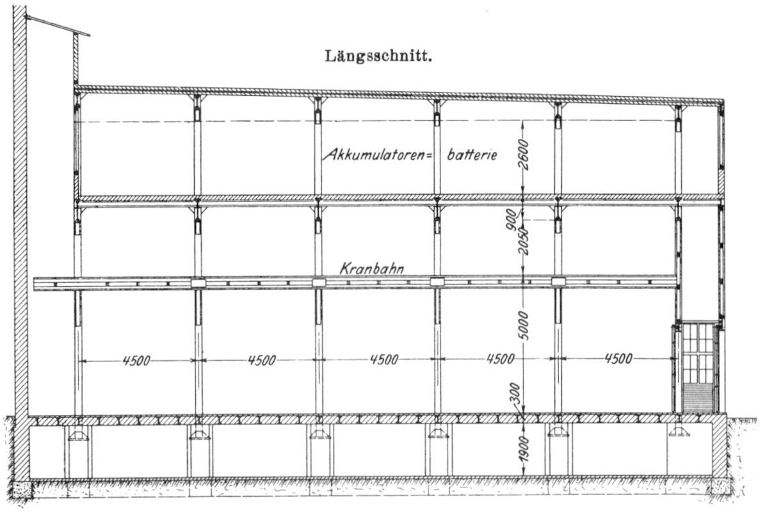

Querschnitt.

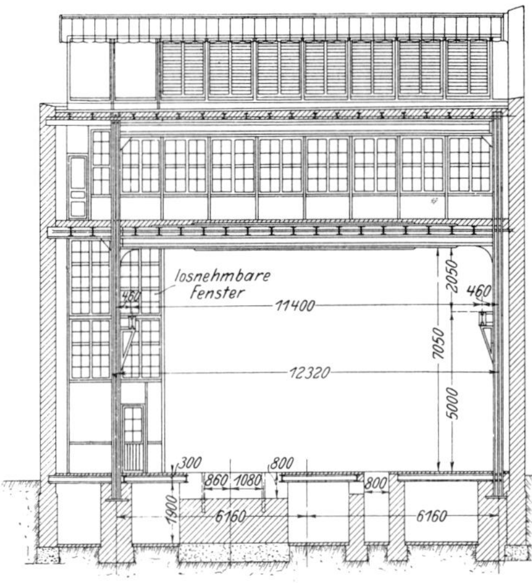

Grundriß.

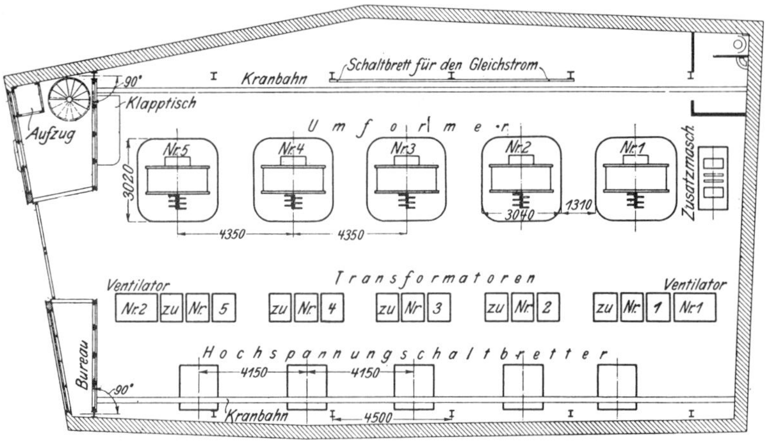

Fig. 392.

Innenansicht der Unterstation Père Lachaise.
Aufgenommen im Sommer 1903.

gelegt, in den Stationen übertage dagegen unmittelbar an die Umformergruppen.

Fig. 392 zeigt das kennzeichnende Innengepräge einer Unterstation: der 5000 V-Strom tritt an der einen Längswand — in der Figur rechts — in den Maschinensaal, wird hier zunächst in den in langer Reihe aufgestellten und mit Luft gekühlten Transformatoren auf 370 V herabgespannt und sodann auf Sechsphasen-Umformern in Gleichstrom von 600 V umgewandelt, um an der andern Längswand die Station wieder zu verlassen. Breite Längswege trennen die einzelnen parallel zueinander gerichteten Einrichtungen.

Ein- und ausgeschaltet sowie gemessen wird der Drehstrom für jeden Umformer an einem besondern Schaltbrett nahe der Eintrittswand, Fig. 393, während der Gleichstrom an einem für alle Gruppen gemeinsamen, jedoch mit getrennten Feldern versehenen Schaltbrett überwacht wird, Fig. 394.

Das Innere ist hiernach recht übersichtlich, geräumig und bequem für die Bedienung angeordnet.

1) Mittel zur Stromumformung.

Zu jedem Umformer gehört ein Dreiphasentransformator, der hier aus drei einphasigen, je an eine Phase des Drehstromes angeschlossenen Transformatoren besteht. Sie bilden mit ihrem Umformer eine Gruppe, für die einheitlich eine Leistung von 750 KW an den Gleichstromklemmen angenommen ist. Die jetzigen sechs Unterstationen sind mit 2 bis 5 solcher Umformergruppen ausgerüstet; ihre Erweiterung und ebenso ihre Vermehrung geht mit dem Ausbau des Liniennetzes Hand in Hand. Von den im Bercy-Kraftwerk aufgestellten vier Gruppen sind die beiden ersten von Schneider-Creusot geliefert, ebenso drei von den vier Gruppen der Unterstation

Place de l'Etoile und neuerdings die 4 Sätze der Opéra-Anlage; die übrigen stammen von der Thomson-Houston Gesellschaft in Paris. Beide Lieferungen unterscheiden sich nur in Einzelheiten. Es genügt daher, die je aus einem 750 KW-Umformer und 3 Einphasen-Transformatoren von je 270 KW bestehenden Gruppen von Thomson-Houston zu besprechen.

α) 270 KW-Transformator mit künstlicher Luftkühlung.

Dieser Einphasen-Transformator ist als Manteltransformator gebaut, d. h. seine Kupferwicklungen werden von der das Kraftlinienfeld erzeugenden Eisenmasse eingehüllt, Fig. 395. Letztere besteht aus ausgeglühten und lackierten Flußeisenblechen, die paketweise mit wagerechten Luftschlitzen aufgebaut und durch ein gußeisernes Fuß- und Kopfstück mittels Schraubenanker zusammengehalten werden. Die aus isoliertem Bandkupfer angefertigten Spulen der Hochspannungs- und der Niederspannungswicklung sind in wechselnder Reihenfolge aufrecht nebeneinander gestellt und durch senkrecht laufende Luftschlitze getrennt, Fig. 396. Die Spulen der Hochspannungswicklung sind hintereinander geschaltet und schließen im Kopfstück an die 5000 V-Leiter an; die nebeneinander geschalteten Niederspannungsspulen haben dagegen ihre Klemmen im Sockel, und von ihnen führen die 370 V-Kabel unterhalb des Fußbodens nach dem Umformer, vgl. Fig. 401. Jeder 270 KW-Transformator ist in ein Blechgehäuse gehüllt; die erwärmte Luft entweicht oben aus dem Kopfstück.

Natürliche Lüftung kann nun aber für die Kühlung derartig großer, fast ständig vollbelasteter Transformatoren nicht in Frage kommen, da sie eine unwirtschaftliche Bauart ergeben würde; auch Oelkühlung (mit und ohne Wasserumlauf) stellt sich hier zu teuer, und deshalb ist künstliche Luftkühlung gewählt worden, wie sie von der General Electric Co. in Schenectady seit dem Jahre 1898 erfolgreich eingeführt worden ist. Die Menge der durch einen Bläser zugeführten Kühlluft bestimmt hier die Temperaturerhöhung des Kupfers und des Eisens; diese kann also im regelrechten Betrieb unverändert gehalten werden, was bekanntlich eine wesentlich stärkere Beanspruchung der Wicklungen und des Eisenmantels gestattet. Diese stärkere Materialausnutzung wird auch durch die geringe Periodenzahl (= 25) begünstigt. Es bauen sich daher diese Transformatoren billiger als die ölgekühlten, und außerdem gedrängter.

Der Bläser liefert Kühlwind von 50 mm Wassersäulenpressung und erfordert zu seinem Betrieb etwa $^1/_{500}$ der umzuformenden Energiemenge, also für 5 Umformergruppen, wovon eine als Reserve dient, ungefähr 8 PS. Gewählt ist ein solcher von 15 PS mit elektrischem Antrieb; ein zweiter dient zur Reserve, denn die Betriebsicherheit der Unterstationen beruht auf der ständig zugeführten Kühlluft.

Sämtliche Transformatoren einer Unterstation sind in einer Reihe angeordnet, vgl. Fig. 391 und 401. Sie stehen auf einem im Fußboden liegenden Kanal. In diesen bläst der Ventilator von einem Ende aus die Kühlluft, die unten in das Transformatorgehäuse eintritt und die Eisenmasse in wagerechter, die Kupferwicklungen in senkrechter Richtung durchströmt. Die Luftmenge wird dabei durch Schieber geregelt.

Die Isolierung der Hochspannungswicklung ist nach den Lieferbedingungen mit dem Dreifachen der Betriebspannung 15 sk lang zu prüfen, also mit 15000 V, diejenige der Nie-

Fig. 393.
Hochspannungschaltbrett für eine Umformergruppe.
Aufgenommen im Sommer 1903.

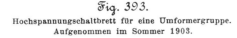

Fig. 394.
Gleichstromschaltbrett einer Unterstation.
Aufgenommen im Sommer 1903.

Fig. 395.
270 KW-Manteltransformator von 5000/370 V mit Luftkühlung.

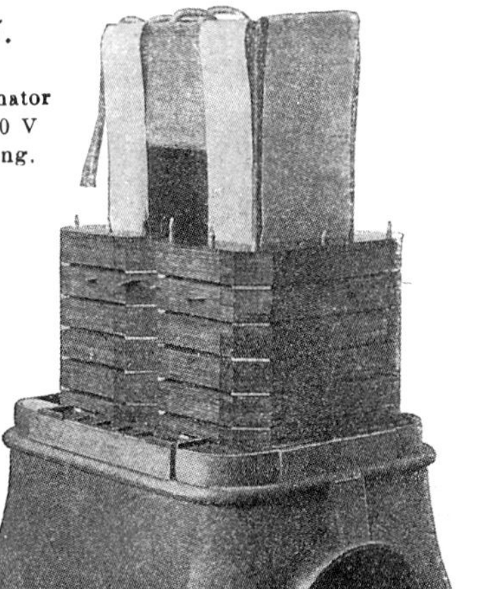

Fig. 396.
Spulen des Transformators nebst Einzelheiten.

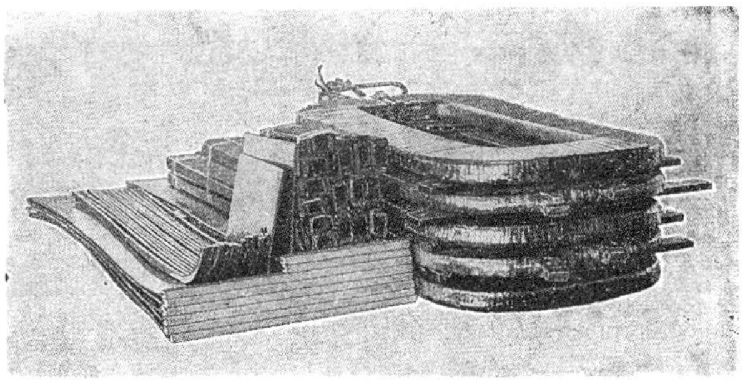

Fig. 397 und 398.

Sechsphasen-Umformer von 750 KW und 370/600 V.

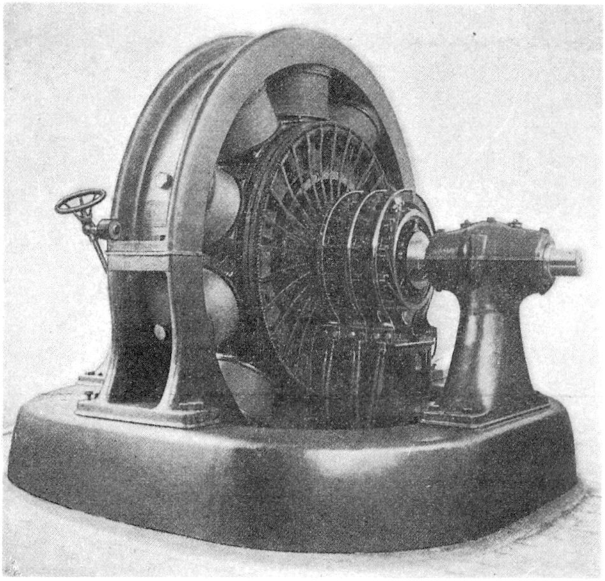

a) Drehstromseite.

b) Gleichstromseite.

Fig. 399 und 400.

Sechsphasenbildung.

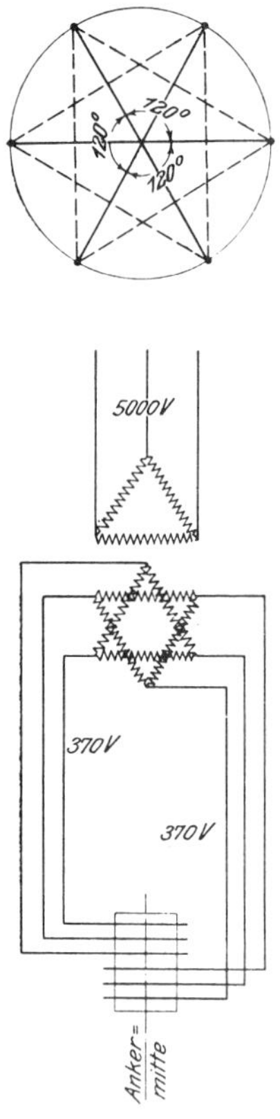

Fig. 401 und 402.

Innenansicht der Unterstation Barbès. Aufgenommen im Sommer 1903.

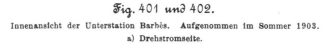

a) Drehstromseite.

b) Gleichstromseite.

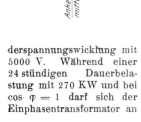

derspannungswicklung mit 5000 V. Während einer 24 stündigen Dauerbelastung mit 270 KW und bei $\cos\varphi = 1$ darf sich der Einphasentransformator an keiner Stelle um mehr als 35° über die dabei mit höchstens 25° eintretende Kühlluft erwärmen. Mehrbelastungen von 33 vH verträgt er auf die Dauer einer Stunde, solche von 50 vH einige Sekunden. Der Spannungsabfall an den Niederspannungsklemmen beträgt bei unveränderter Spannung der vollbelasteten Hochspannungswicklung höchstens 1,2 vH, während sich der wirtschaftliche Wirkungsgrad, bezogen auf die Klemmen und $\cos\varphi = 1$, für verschiedene Belastungsverhältnisse nach Angabe wie folgt stellt:

bei 50 vH Ueberlastung . . . . $\eta = 0{,}960$
bei 25 vH Ueberlastung . . . . $\eta = 0{,}970$
bei Vollbelastung $\eta = 0{,}975$
» $^1/_2$ Belastung $\eta = 0{,}965$
» $^1/_4$ » $\eta = 0{,}940$

Das Eigengewicht beträgt rd. 3900 kg, also 14,4 kg für 1 KW.

Die drei Hochspannungswicklungen einer Umformergruppe sind in Dreieckschaltung verbunden; die Niederspannungswicklungen sind dagegen getrennt geführt und liefern $2 \times 3 = 6$ einphasige Ströme von 370 V, die sich an die um 60° verschobenen sechs Phasen des Umformers legen, vgl. Fig. 399 und 400.

Fig. 403.
Hochspannungsausschalter mit Fernbetätigung durch Hand.

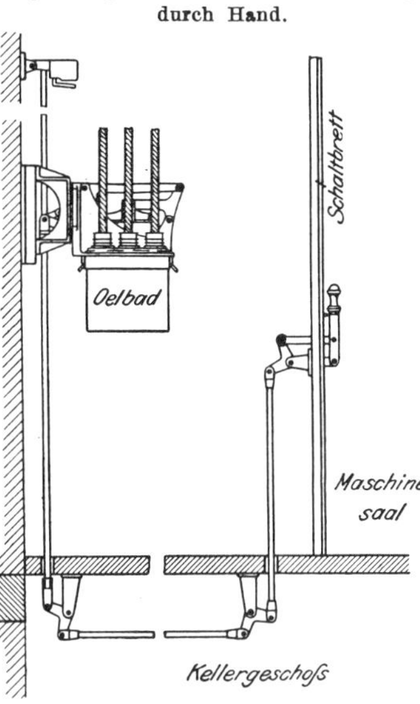

β) 750 KW-Umformer von 370/600 V.

Der als Außenpolmaschine mit 10 Polen für 25 Perioden gebaute Umformer hat nur einen Anker mit einer einzigen Wicklung, die an dem einen Ende mit den Schleifringen für den 370 voltigen Betriebstrom verbunden ist, am andern mit dem Kollektor für den erzeugten 600 voltigen Gleichstrom. Die Figuren 390 und 391 geben seine von den beiden Ankerseiten aus aufgenommene äußere Ansicht.

Das im Querschnitt U-förmige, aus Stahlformguß geteilt hergestellte Magnetgestell ruht auf gußeisernem Π-Sockel, der zugleich die beiden Hohlguß-Lagerböcke der stählernen Ankerachse trägt. Die zylindrischen Polstücke aus Stahlformguß sind nur durch einen Schraubbolzen mit dem Gestell verbunden und leicht auswechselbar.

Das Magnetfeld hat Nebenschlußwicklung, damit der Anker für den Fall, daß der Drehstrom abgeschaltet wird oder seine Sicherung schmilzt, die Gleichstromseite aber Strom von den Sammelschienen her empfängt, nicht durchgehen kann. Bei Compound- oder Doppelschlußwicklung ist ein solches Durchgehen möglich.

Eigenartig ist die Zuleitung des 370 voltigen Stromes zum Anker. Sie wird nach Fig. 397 gleichmäßig auf beiden Seiten der Ankerachse durch je drei Zwillingskabel bewirkt, die ihren Einphasenstrom an ebensoviele, mit je 5 Bürsten besetzte sichelförmige Bronzebügel abgeben. Jede Sichel speist einen Schleifring, der gegen die Ankerachse in 5 Punkten isoliert abgestützt ist, um eine wirksame Lüftung und gute Zugänglichkeit bei Ausbesserungen zu ermöglichen. Die sechs Bürstenhalter werden von einer Konsole des Sockels unterhalb der Ankerachse getragen; ihre Zweigruppen-Anordnung ermöglicht, die Bürsten bequem einzustellen. Von den Ringen gelangen die Ströme mit 60° Phasenverschiebung in die Ankerwicklung; ihre Anschlüsse liegen auf drei um 120° zueinander geneigten Durchmessern, Fig. 399 und 400. Infolgedessen geht auch der Strom der Wechselstromseite bei jeder Periode sechsmal[1]) auf kürzestem Wege in den Gleichstromkreis über, so daß die Erwärmung der Ankerwicklung geringer ist als bei Umformern mit weniger Phasen. Für gleiche Leistung läßt sonach der sechsphasige Umformer schwächere Ankerwicklung und kleinere Abmessungen der Maschine zu als der Dreiphasen-Umformer[2]).

Fig. 405.
Relais und Auslösespule für den Hochspannungsausschalter.

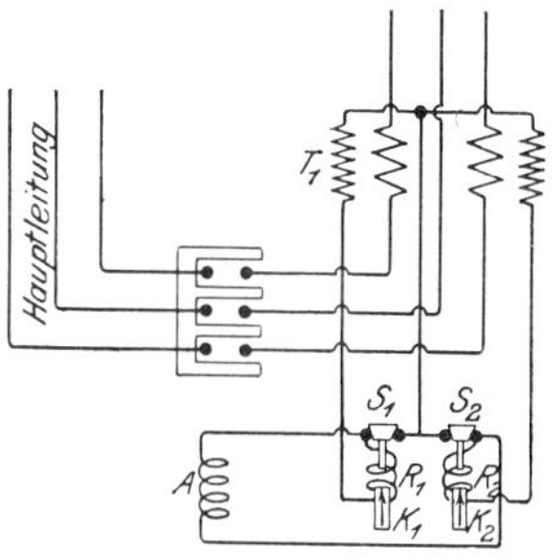

Der erzeugte Gleichstrom von 600 V wird vom Kollektor durch Kohlenbürsten abgenommen, die in 10 breiten Gruppen gleichmäßig über dessen Umfang verteilt und gemeinsam einstellbar sind, vergl. Fig. 398.

Fig. 404.
Kontakte des Hochspannungsausschalters.

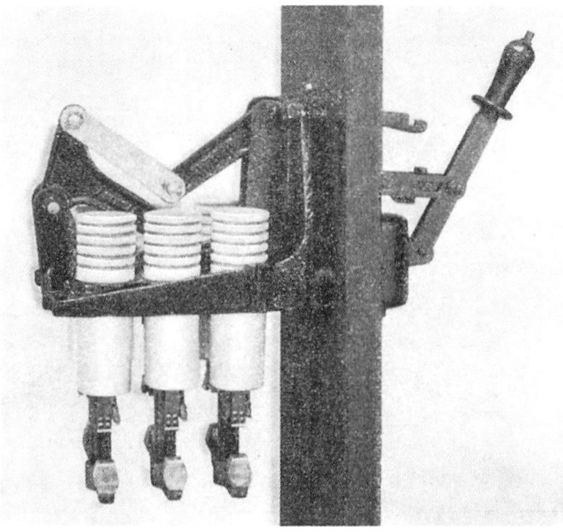

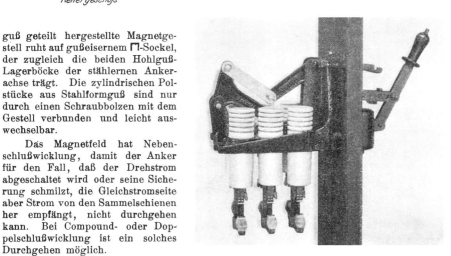

Nach den Lieferbedingungen werden Anker- und Magnetwicklung mit 5000 voltigem Drehstrom auf Isolierung geprüft. Sie dürfen sich bei 750 KW Dauerbelastung und $\cos\varphi = 1$ nur um 25° — der Kollektor um 28° — über die Temperatur der umgebenden Luft erwärmen, diese dabei zu höchstens 25° vorausgesetzt. Bei einstündiger Ueberlastung um 33 vH darf ihre Erwärmung gegen die bei 750 KW zugestandene um höchstens 30° und beim Kollektor um 40° ansteigen.

Sonstige Einzelheiten gibt die folgende Uebersicht, die daneben einen Vergleich mit den Creusot-Umformern ermöglicht.

Da der Anker synchron, d. h. im Gleichtakt mit dem Netz und den Drehstromerzeugern des Kraftwerkes arbeitet, so kann der Umformer nicht mit Drehstrom und unter Last anlaufen; er muß vielmehr zunächst leer auf Spannung und synchronen Gang gebracht werden. In Gang gesetzt wird er durch Gleichstrom, wobei der Eintritt des Gleich-

Fig. 406.
Ansicht des Kellergeschosses der Unterstation Barbès.
Aufgenommen im Sommer 1903.
Drehstromseite

[1]) Nach Braun, Electrical World 1904 Bd. 43 S. 691.

[2]) Nach den von Allister im American Electrician 1903 veröffentlichten Versuchen geben sechsphasige Umformer eine um 35 bis 45 vH größere Leistung als dreiphasige gleicher Abmessungen. Vergl. auch Steinmetz, Elements of Electrical Engineering.

Setzt man nach Kapp (Dynamomaschinen 1904 S. 599) diejenige Leistung, die der Umformer bei derselben Kupferwärme im Anker als mechanisch angetriebener Gleichstromerzeuger abgeben würde, = 1, so folgt als Leistung der verschiedenen Umformer für $\cos\varphi = 1$:

Einphasen-Umformer	0,88
Dreiphasen- »	1,38
Vierphasen- »	1,67
Sechsphasen- »	1,98.

Hiernach leistet der Sechsphasen-Umformer 43 vH mehr als der dreiphasige.

		Sechsphasen-Umformer von Schneider-Creusot	Sechsphasen-Umformer von Thomson-Houston-Paris			Sechsphasen-Umformer von Schneider-Creusot	Sechsphasen-Umformer von Thomson-Houston-Paris
Leistung	KW	750	750	Anker-Dmr.	mm	2000	1600
Spannung { Drehstrom	V	430	370	Ankerlänge	»	330	710
Spannung { Gleichstrom	»	600	600	Kollektor-Dmr.	»	1450	1100
Uml./min.		250	300	Kollektorlänge	»	290	410
Polzahl		12	10	Gesamtgewicht	kg	26000	24000
Abstand zwischen den Polschuhen	mm	2012	1612	Durchschnittsgewicht für 1 KW	»	$34^2/_3$	32

taktes an Phasenlampen beobachtet wird. Die Gleichstromseite des Umformers arbeitet parallel mit den andern Maschinen auf Sammelschienen, die das Bahnnetz speisen.

Der wirtschaftliche Wirkungsgrad beträgt nach Angabe bei cos $\varphi = 1$ und

50 vH Ueberlastung 0,940
25 » » 0,950
Vollbelastung . . 0,947
$^3/_4$ Belastung . . 0,938
$^1/_2$ » . . 0,918
$^1/_4$ » . . 0,850

Hiernach arbeitet dieser Sechsphasen-Umformer recht günstig und zeigt sich den Umformern mit 2 getrennten Ankern überlegen. Die gedrängte und doch gefällige Bauart spricht ebenfalls zu seinen Gunsten[1]); denn sie ist billiger in Anschaffung und Unterhaltung und erfordert weniger Raum und kleinere Fundamente als jene. Eine Unbequemlichkeit dabei ist allerdings die, daß die Spannung des Gleichstromes nicht beliebig durch Aenderung der Erregung geregelt werden kann, vielmehr abhängig ist vom Drehstrom.

Auch hat dieser Umformer die Eigenschaft aller synchronen Motoren: bei plötzlicher Unterbrechung der Stromleitung oder bei Kurzschlüssen von Augenblicksdauer, wie sie z. B. bei atmosphärischen Entladungen darin auftreten können, aus dem Tritt zu fallen und zum Stillstand zu kommen, so daß er von neuem angelassen werden muß. Beide Uebelstände lassen sich nur durch die Bauart mit getrennten Ankern und asynchronem Motor vermeiden, diese hat aber wiederum den Nachteil, daß ihr Wirkungsgrad namentlich bei sinkender Last um etliche Prozente niedriger ist als bei dem einankerigen Umformer einschließlich Transformators. Letzterer wird deshalb in Amerika, England und Frankreich vorgezogen.

Fig. 407 und 408.

Gleichstromschaltbrett der Unterstation Barbès.

Aufgenommen im Sommer 1903.

a) Vorderseite.

b) Rückseite.

2) Mittel zum Ein- und Ausschalten sowie Messen und Unterteilen des Stromes.

In Fig. 401 ist die Drehstromseite des Maschinensaales der Unterstation Barbès näher dargestellt, in Fig. 402 die Gleichstromseite, während Fig. 393 das Hochspannung-Schaltbrett einer Umformergruppe in größerem Maßstabe wiedergibt. Es ist von der die 5000 V-Leitungen und -Ausschalter tragenden Saalwand abgerückt, um seine Bedienung gefahrlos zu machen; aus dem gleichen Grund enthält es nur Vorrichtungen für 110 V Spannung. Der in die Hochspannungskabel eingeschaltete, in Fig. 393 rechts an der Wand sichtbare selbsttätige Maximal-Oelausschalter kann vom Schaltbrett aus in der durch Fig. 403 veranschaulichten Weise ein- und ausgerückt werden. Er ist dreipolig, und seine drei senkrecht geführten Kontaktstangen tauchen mit ihren in Fig. 404 dargestellten Doppelkontakten in ein Oelbad, um den kräftigen Oeffnungsfunken schon bei sehr geringer Länge in dem stark isolierenden Oel zu löschen. Fig. 404 gilt übrigens nur betreffs der Kontaktstangen und ihrer Kniehebelbetätigung.

Die selbsttätige Auslösung, die die Umformergruppe bei auftretenden zu starken Strommengen abschalten soll, erfolgt mittels eines Solenoid-Relais, dessen Wirkungsweise Fig. 405 schematisch erläutert. R_1 und R_2 sind

[1]) Der größte bis jetzt gebaute Umformer dieser Art ist in diesem Jahre von der General Electric Co. für Lichtwerke der New Yorker Edison-Gesellschaft geliefert worden. Seine Leistung beträgt 2000 bis 2500 KW; die Bauart gleicht ganz der oben beschriebenen, die Polzahl ist jedoch 26, die Umlaufzahl 115, also die Periodenzahl wieder 25. Der Anker wiegt mit Achse rd. 35 t, die ganze Maschine 93 t.

die Relaisspulen, K_1 und K_2 ihre Solenoidkerne, S_1 und S_2 zwei Kontaktstöpsel und A die Auslösespule, die bei der gezeichneten regelrechten Anordnung durch die Stöpsel kurz geschlossen ist. Das Relais wird durch zwei Transformatoren T_1 und T_2 erregt, deren Primärwicklungen in den Stromkreis zweier Phasen der Hauptleitung eingeschaltet sind. Sobald eine dieser Phasen zu stark belastet wird, zieht die zugehörige Relaisspule ihren Kern K hoch, der seinerseits den Stöpsel S hochdrückt und damit den Kurzschluß von A aufhebt. Die Auslösespule wird jetzt erregt, und ihr Anker läßt eine in Fig. 393 sichtbare Holzstange fallen, die den Kniehebel des Oelausschalters beeinflußt, so daß sich die Kontakte unter dem Eigengewicht öffnen. Der Ausschalter vermag die kräftigsten Kurzschlüsse, die in dem umlaufenden Umformer auftreten können, schadlos zu unterbrechen.

An dem Schaltbrett sitzt ferner ein mehrphasiger Elektrizitätszähler von 1000 KW, ferner ein Watt-, ein Ampère- und ein Voltmesser. Unter dem ganz zu oberst angebrachten Spannungsmesser hat das vorgenannte Relais mit zwei Phasenlampen seinen Platz. Diese leuchten beim Ingangsetzen der Umformer auf und erlöschen, sobald die Phasendeckung, d. h. der Gleichtakt der letzteren mit den Hauptmaschinen des Kraftwerkes, eintritt; in dem Augenblick wird der Schalthebel eingeschlagen. Zur Bequemlichkeit des Maschinisten sitzen diese Lampen sowohl am Schaltbrett für den Drehstrom wie an dem für den Gleichstrom; vergl. Fig. 393 und 407.

Wo keine Batterie vorhanden ist, muß das Ingangsetzen, falls auch die Gleichstrom - Sammelschienen stromlos sind, durch eine mit Drehstrom gespeiste Anlaßmaschine erfolgen, die mittels eines Lamellenumschalters (*Ul* in Fig. 412) — in Fig. 393 oben rechts sichtbar — an irgend eines der vorhandenen Hochspannungskabel angeschlossen werden kann. Diese Maschine besteht aus einem asynchronen, also nicht im Gleichtakt mit den Hauptmaschinen arbeitenden und mit Drehmoment anlaufenden Drehstrommotor von 60 KW und einer Dynamomaschine. Die Hochspannung wird für ihn in einem im Kellergeschoß befindlichen Oeltransformator auf 440 V herabgestimmt, dessen Stromkreise durch Schmelzsicherungen mit zwischengelegter Marmorscheibe geschützt sind, wie es Fig. 406 rechts unten erkennen läßt. Die zugehörige Dynamo ist vierpolig, macht 730 Umläufe und leistet bis zu 50 KW.

In der mit einer Batterie ausgerüsteten Unterstation Père Lachaise tritt an die Stelle der Anlaßmaschine eine die Batterie bedienende Zusatzmaschine, deren Bauart nur in der Wicklung der Dynamomaschine abweicht, da diese einen Strom von 150 V und 300 Amp erzeugen muß.

Erwähnt sei auch, daß die Antriebmaschinen der die Kühlluft liefernden Ventilatoren asynchron und mit 370 voltigem Drehstrom arbeiten, der nach Fig. 410, 412 und 414 der Niederspannungswicklung irgend eines der unter 1 α besprochenen Haupttransformatoren entnommen wird; ihre Umlaufzahl beträgt 730 i. d. Min.

Das Hauptschaltbrett für den das Bahnnetz speisenden Gleichstrom ist in Fig. 407 in der Vorderansicht dargestellt, in Fig. 408 in der Rückenansicht. Zwei Spannungsmesser an einem drehbaren Arm des Schaltbrettes ermöglichen dem Maschinisten die bequeme Einstellung. Stöpselkontakte vermitteln ihren Anschluß an die Sammelschienen und die verschiedenen Umformer. Die Anlaß- und Erregerwiderstände hängen an der Decke des Kellergeschosses; sie werden vom Schaltbrett aus durch Handrad und Kegelräder betätigt, wie es Fig. 408 und 409 erkennen lassen.

Fig. 409.

Ansicht des Kellergeschosses der Unterstation Barbès. Aufgenommen im Sommer 1903.

Gleichstromseite.

Von dem eben genannten Schaltbrett zweigen die Speisekabel nach dem Bahntunnel ab. In die positiven, an die dritte Schiene gelegten Kabel sind in üblicher Weise selbsttätige Ausschalter von 2000 Amp eingeschaltet; sie sind von einander durch schmale Marmorwände getrennt und gesichert.

Vor dem großen Brandunglück war die dritte Schiene seltsamerweise nicht unterteilt, die Unterstationen einer jeden Linie arbeiteten also in Parallelschaltung auf einen einzigen Stromkreis. Es war dies vielleicht für die gegenseitige Aushülfe zweckmäßig, aber das Auffinden von Leitungsfehlern war sehr erschwert, von den Nachteilen für die Ausbesserungsarbeiten und den Betrieb gar nicht zu reden. Die fehlende Unterteilung hat sich denn auch an jenem 10. August 1903 leider gerächt; denn als damals bei der Station Ménilmontant am ersten Motorwagen des brennenden Zuges der Kurzschluß zwischen Stromabnehmer und Stromschiene auftrat, da sprang wohl der Ausschalter in der 600 m davon entfernten Unterstation Père Lachaise heraus, nicht aber in den andern Unterstationen Barbès (4,4 km) und Etoile (8,7 km). Diese schickten nach wie vor Strom in die dritte Schiene. Sie waren eben so weit entfernt von der Kurzschlußstelle, daß der Leitungswiderstand der dritten Schiene die Strommenge in Barbès und erst recht in Etoile kleiner hielt, als zum Auslösen der auf 6000 Amp eingestellten Automaten notwendig war. Es war daher auch ein vergebliches Bemühen, das Feuer durch Wasser löschen zu wollen.

Nach dem Unglück ist dann überall die Unterteilung, wie sie z. B. auf der Berliner elektrischen Hochbahn und der Elberfelder Schwebebahn gleich von Anfang an vorhanden war, baldigst drchgeführt worden.

Fig. 407 bezieht sich noch auf den früheren Zustand mit nur einem Speisekabel; demgemäß enthält das Schaltbrett auch nur ein Speisefeld mit einem Ausschalter usw.

Die Schaltungen und Verbindungen von der Eintrittstelle des 5000 V-Stromes bis zur Ausgangstelle des Gleichstromes einer Unterstation sind in den Figuren 410 bis 415 zur Darstellung gebracht, und zwar gelten

Fig. 410 und 411 für die Unterstation Louvre (ohne Batterie, aber mit Anlaßmaschine und Sammelschienen),

Fig. 412 und 413 für die Unterstation Barbès (ohne Sammelschienen und Batterie, aber mit Anlaßmaschine),

Fig. 414 und 415 für die Unterstation Père Lachaise (ohne Sammelschienen, aber mit Batterie und Zusatzmaschine).

Die letzte Figurengruppe bezieht sich auf die leistungsfähigste Umformerstation und sei einer kurzen Erörterung unterzogen. Fig. 414 behandelt die Hochspannungsseite bis zum Anker der Umformer, Fig. 415 und 416 zeigen die Schaltungen der Gleichstromkreise bis an die Speisekabel der

»dritten« Schiene. Demgemäß stellen die in der ersten Figur gezeichneten Felder Nr. 1 bis 5 die Schaltungen der oben an der Hand der Figur 393 besprochenen Hochspannungs-Schaltbretter (Auslöse-Relais des Oelausschalters, Phasenlampen und Regelvorrichtung zur Herbeiführung des Gleichtaktes beim Anlassen usw.) dar. Darunter ist übersichtlich das Schaltschema der Transformatoren und ihrer Kühllufterzeuger gezeichnet, das zugleich die eigenartige Abgabe des herabgespannten Drehstromes an die 6 Schleifringe der Umformer klarlegt. Statt des Anlassers ist hier eine Zusatzmaschine gewöhnlicher Art für das Laden der Batterie in Benutzung, die, wie die Figur zeigt, von irgend einer der 5 Transformatorengruppen mittels des früher erwähnten Lamellenumschalters gespeist werden kann. Die Schalter sind so eingerichtet, daß falsche Verbindungen ausgeschlossen sind. Es ist daher z. B. unmöglich, zwei Drehstromkabel parallel zu schalten, wenn ihre Phasen nicht übereinstimmen. Auch das Anlassen der Umformer, sei es durch Batterie- oder durch Bahnstrom oder endlich durch einen der bereits umlaufenden, jedoch nicht an die Sammelschienen gelegten Umformer, ist ähnlich gesichert, und es sind auch hier falsche Anschlüsse ausgeschlossen.

Die in Fig. 414 und 415 gezeichnete Zusatzmaschine Nr. 6 nebst Schaltung ist übrigens vor kurzem durch eine Survolteur-Maschine der unter b, δ erörterten Art mit Schaltung nach Fig. 375 ersetzt und gleichzeitig die bisher 400 Amp-st starke Beleuchtungsbatterie in eine Bufferbatterie von 1600 Amp-st umgeändert worden. Letzteres ist in der Zahlentafel über die Unterstationen bereits zum Ausdruck gebracht.

Die Felder Nr. 9 bis 13 in Fig. 415 beziehen sich auf die Gleichstromseite der Unterstation. Mit Hülfe der beigefügten Zeichenerklärung ist die Figur leicht verständlich. Die ganz rechts in ihr sichtbare Abzweigung eines Speisekabels für den Nordringabschnitt, desgleichen links in Fig. 416, ist, wie schon oben kurz angedeutet, im Herbst 1903 abgeändert und durch die Anordnung der Figur 417 ersetzt worden. Da die Unterstation je einen Abschnitt des Nordringes und der Linie Nr. 3 zu versorgen hat, so sind nunmehr für jede Linie 3 Speisezweige angelegt. In jeden davon ist ein selbsttätiger Ausschalter *(D)* von 2000 Amp eingeschaltet und gegen die Nachbarschalter durch eine Marmortafel gedeckt. Falls der eine oder andre dieser Automaten schadhaft werden sollte, wie es z. B. durch besonders heftige Kurzschlüsse veranlaßt werden kann, läßt er sich ohne weiteres von seinem Speisekabel abschalten und durch einen gleich starken Aushülfeschalter ersetzen. Es ist zu dem Zwecke nach Fig. 417 nur nötig, diesen einzuschlagen und unterhalb des beschädigten Ausschalters einen Umschalter *U* umzulegen sowie einen Schalter *J* zu schließen.

Zu der oben betonten guten Uebersichtlichkeit der Unterstationen gesellt sich hiernach jetzt auch Betriebsicherheit und, was besonders wichtig ist, Wirtschaftlichkeit. Ihr Wirkungsgrad η berechnet sich, wenn η_T derjenige der Transformatoren, η_U derjenige der Umformer ist, zu $\eta = \eta_T\,\eta_U$; das ergibt für

Fig. 410

Schaltungsschema der

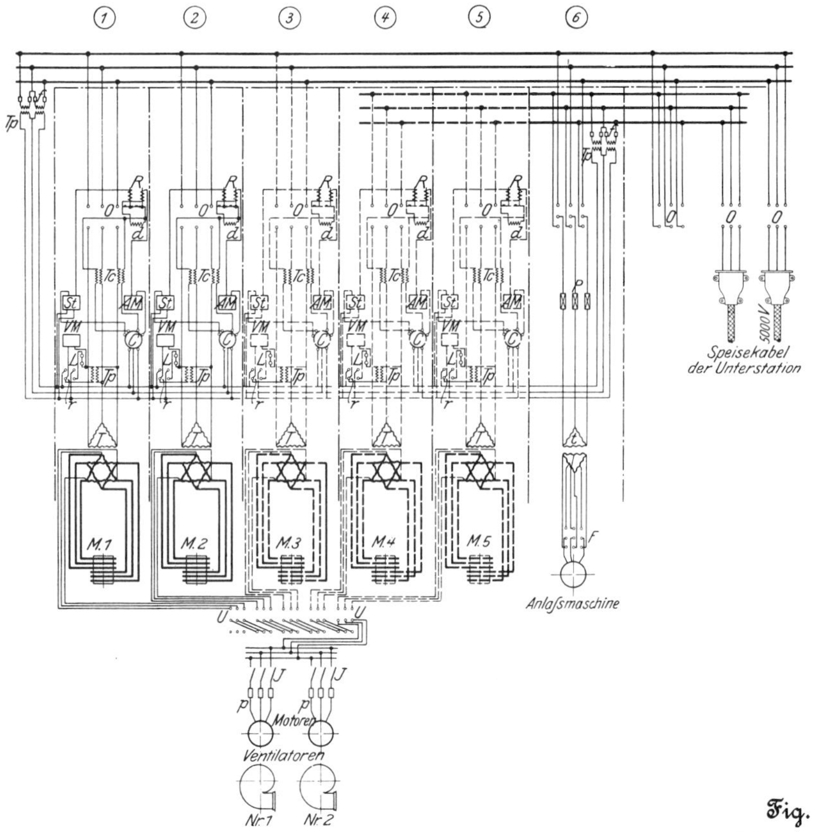

Fig. 412

Schaltungsschema

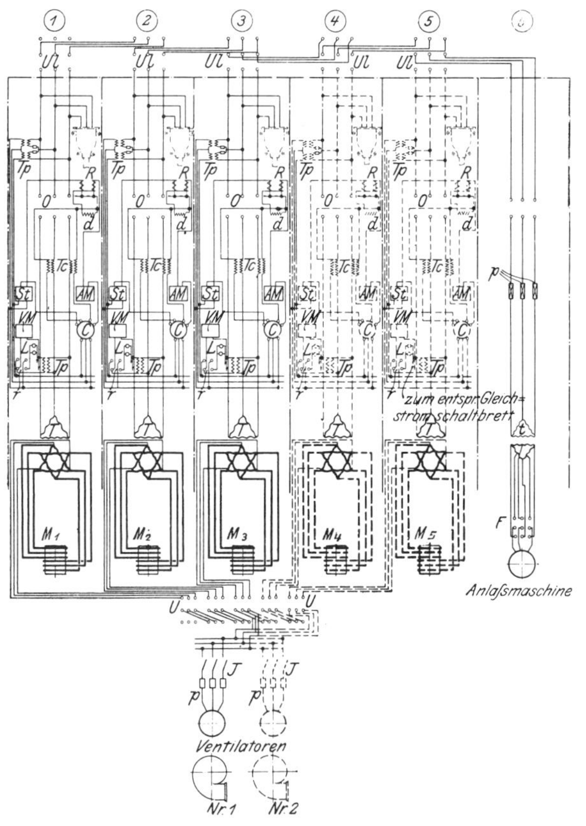

und 411.

Unterstation Louvre.

Gleichstromseite.

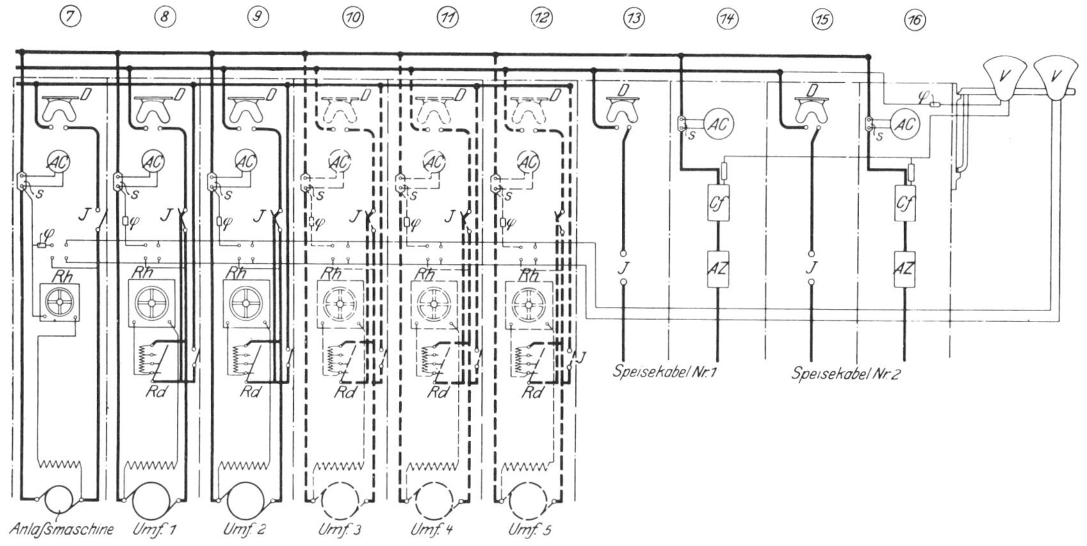

Vollbelastung . . . . $\eta = 0{,}975 \times 0{,}947 = 0{,}923$
$^1/_2$-Belastung . . . . $\eta = 0{,}965 \times 0{,}918 = 0{,}886$
$^1/_4$- » . . . . $\eta = 0{,}940 \times 0{,}850 = 0{,}800$

Rechnet man als mittleren Verlust in den vollbelasteten Hochspannungskabeln 5 vH, so erhält man als Gesamtwirkungsgrad der Energieübertragung von den Sammelschienen des Kraftwerkes nach denjenigen der Unterstationen für

Vollbelastung . . . . $\eta = 0{,}950 \times 0{,}923 = 0{,}877$
$^1/_2$-Belastung . . . . $\eta = 0{,}975 \times 0{,}886 = 0{,}864$
$^1/_4$- » . . . . $\eta = 0{,}987 \times 0{,}80 = 0{,}790$.

und 413.

der Unterstation Barbès.

Gleichstromseite.

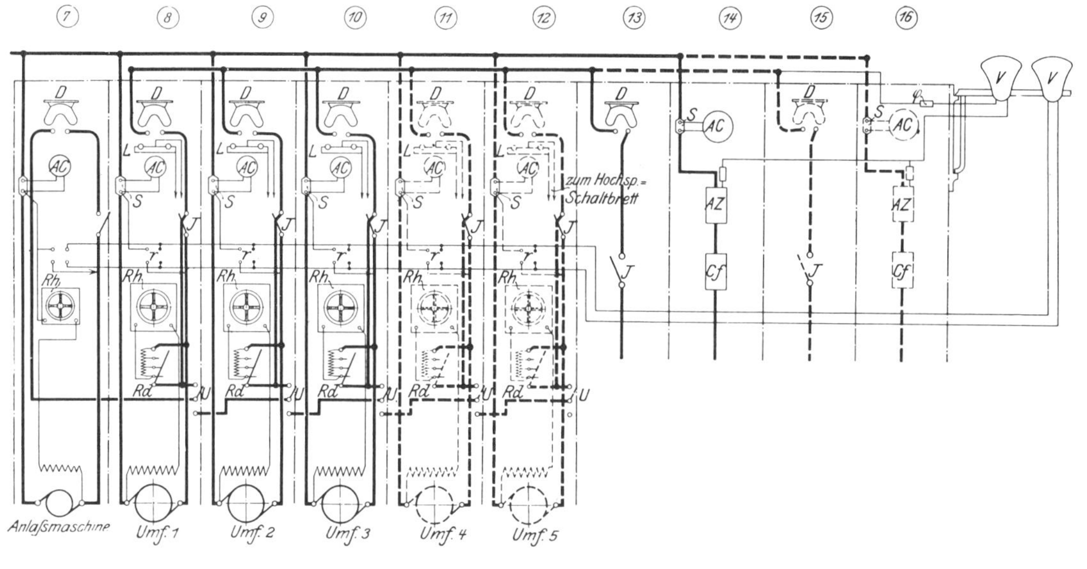

Zu Fig. 410 bis 417.

Hochspannungsseite:		Gleichstromseite:	
M_1 bis M_6 Sechsphasenumformer	*U* und *F* Umschalter	*Umf.*₁ bis *Umf.*₅ Sechsphasenumformer	*AC* Strommesser
T Haupttransformator	*J* Ausschalter	*Rd* Anlaßwiderstand	*AZ* selbstaufzeichnender Strommesser
Tc Stromtransformator	*L* Phasenlampen	*Rh* Erregerwiderstand	*Cf* Elektrizitätszähler für Speisekabel
Tp Spannungstransformator	*VM* Spannungsmesser	*D* selbsttätiger Ausschalter	*Cb* Elektrizitätszähler für Batteriestrom
t Dreiphasentransformator	*AM* Strommesser	*U* Umschalter	*r* Steckkontakt
O Selbsttätiger Oelausschalter	*St* Wattmesser	*J* Ausschalter	*s* Nebenschlußabzweigung
R Auslöserelais zu *O*	*C* Elektrizitätszähler	*L* Phasenlampe	*φ* Schmelzsicherung
d Auslösespule zu *O*	*r* Steckkontakt	*V* Spannungsmesser	
Ul Lamellenumschalter	*s* Nebenschlußabzweigung		
	p Schmelzsicherung		

Fig. 416.

Ehemalige Schaltung der Speisekabel.

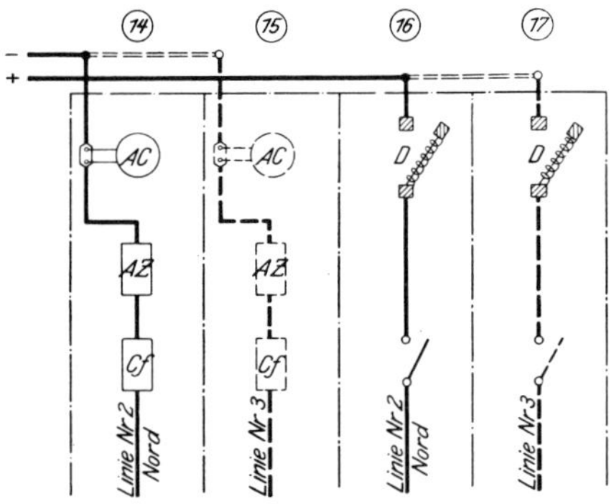

Fig. 417.

Neue Schaltung der Speisekabel.

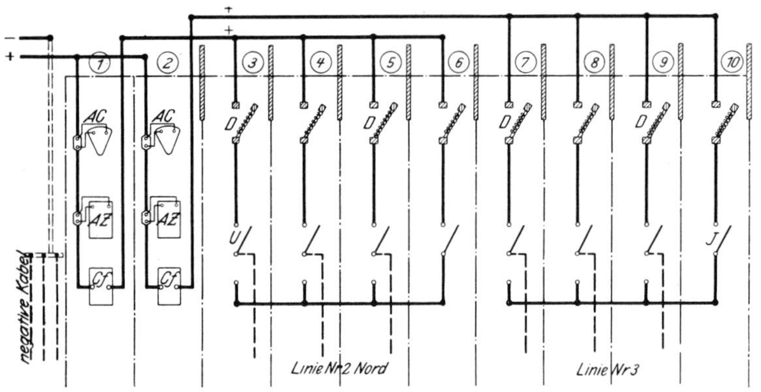

Fig. 414

Schaltungsschema der

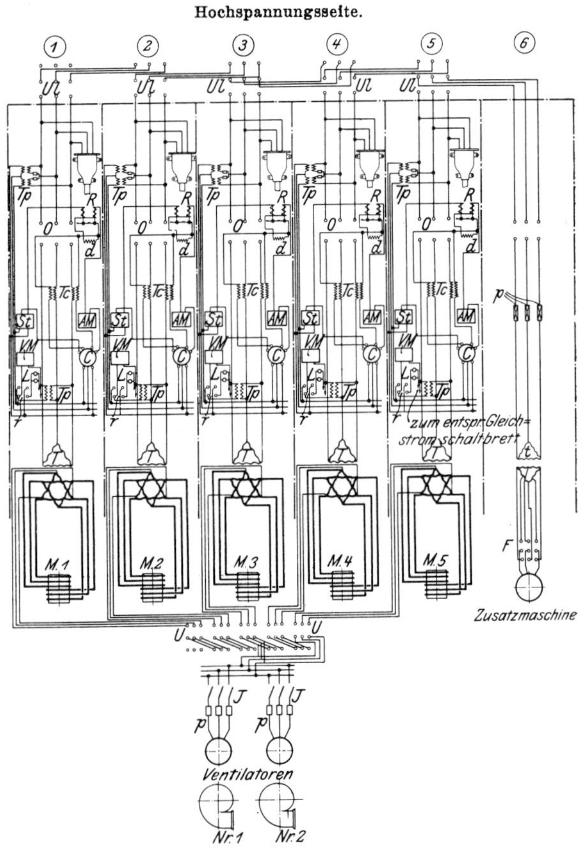

IX. Zugbetrieb, Verkehr und Ertrag.

a) Zugbetrieb.

Infolge des ungewöhnlich großen Verkehrs sind die Linien auch ungemein stark mit Wagen besetzt. Insgesamt waren am 1. Januar 1904 für die betriebenen 24,8 km langen Linien 462 zweiachsige Wagen vorhanden, wovon

132 Triebwagen II. Klasse,
221 Beiwagen II. »
109 » I. »

waren; das ergibt durchschnittlich für 1 km

rd. 19 Wagen mit zusammen 972 Plätzen.

Da nach Abschnitt VII (Wagen) die kurzen zweiachsigen Triebwagen nach und nach durch lange Drehgestellwagen ersetzt werden sollen und auf Linie Nr. 3 überhaupt nur Wagen mit Drehgestellen verkehren, so hatte die Betriebsgesellschaft bereits im Frühjahr 1904 für die Linien Nr. 1 und 2 Nord 77 Triebwagen dieser neuen Bauart in Bestellung gegeben, desgleichen für die zwischen ihren Endstationen 7 km lange Linie Nr. 3 90 Triebwagen und je 28 Anhängewagen I. und II. Klasse. Hierdurch hat sich die oben für 1 km angegebene Wagen- und Platzzahl noch etwas erhöht; vgl. auch S. 125, b).

Die Züge der einzelnen Linien sind nach Abschnitt VII in verschiedener Weise zusammengesetzt, und zwar laufen auf

1) Linie Nr. 1 . . . Siebenwagenzüge mit 3 Triebwagen,
2) » » 2 Nord . Sechswagenzüge » 2 » ,
3) » » 3 . . . Fünfwagenzüge » 3 » ,

während auf dem Bruchstück des Südringes vorderhand noch Vierwagenzüge verkehren. Fig. 418 bis 420 zeigen die Zugbildung für die drei erstgenannten Linien.

Die Züge für die Linien Nr. 1 und 2 werden in dem großen Wagentunnel bei der Endstation Vincennes, Fig. 112 sowie auf den Gleisen der benachbarten Hauptwerkstätte gebildet und von da in den Bahntunnel übergeführt; einige davon nehmen nach Beendigung des Dienstes auf den Schleifenstationen usw. Aufstellung, um anderntags als Frühzüge zu laufen.

Der Betrieb beginnt morgens $5^1/_2$ Uhr und endet 1 Uhr nachts. Der letzte Zug fährt aus den Schleifenstationen um $12^1/_2$ Uhr nachts ab und kommt gegen 1 Uhr am andern Endpunkt an. Anfangs waren die Züge nur 4 Wagen stark und folgten einander auf Linie Nr. 1 bis gegen 8 Uhr abends in 3 Minuten, von da bis Mitternacht in 6 Minuten. Auf dem Nordring bestand anfangs bis 8 Uhr abends eine Sechsminuten-Folge und von da bis Mitternacht eine solche von 8 Minuten. Der immer mehr anschwellende Verkehr zwang in den geschäftigsten Stunden auf der Linie Nr. 1 zur Verkürzung der Zugfolge auf $2^1/_2$ Minuten und zur Verlängerung der Züge bis auf 72 m. So liefen in den letzten Jahresmonaten auf dieser Linie werktäglich in beiden Fahrrichtungen zusammen:

Linie Nr. 1.

	1900	1901	1902	1903
	660 Züge mit 4 Wagen	533 Züge mit 4 Wagen 120 » » 5 » 47 » » 7 »	514 Züge mit 4 Wagen 222 » » 8 »	596 Züge mit 7 Wagen
zusammen	660 Züge mit 132 000 Plätzen	700 Züge mit 164 620 Plätzen	736 Züge mit 205 970 Plätzen	596 Züge mit 223 500 Plätzen

und 415.

Unterstation Père Lachaise.

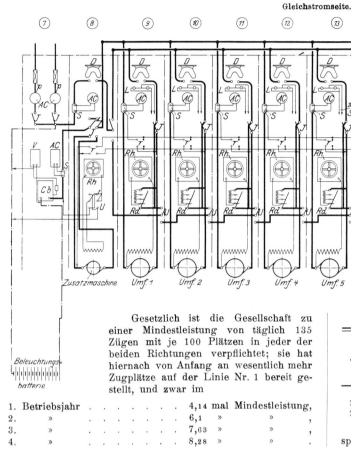

Gleichstromseite.

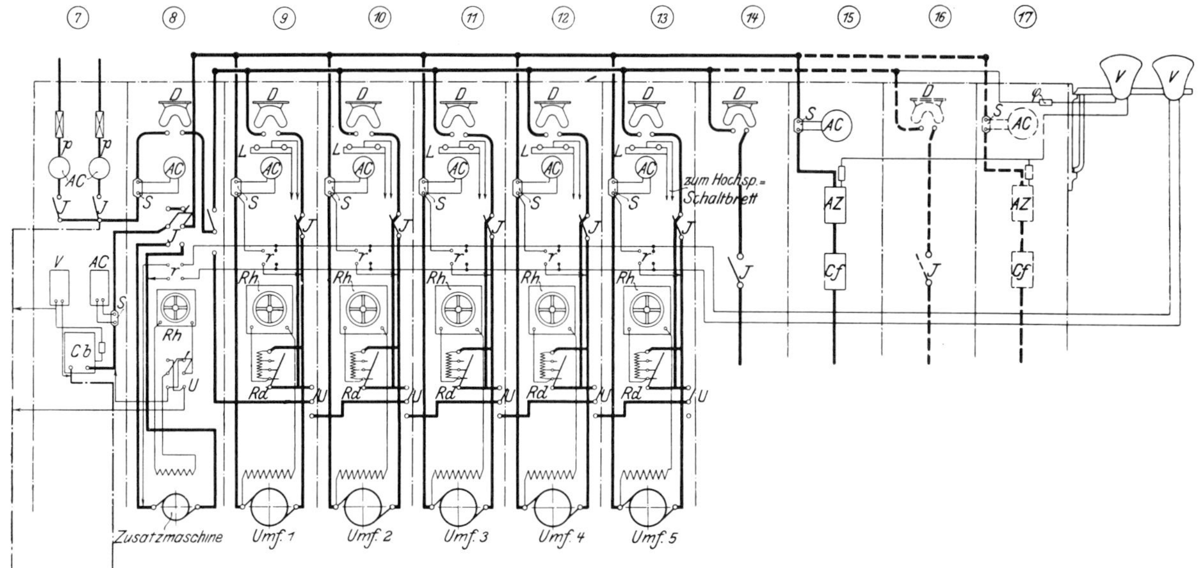

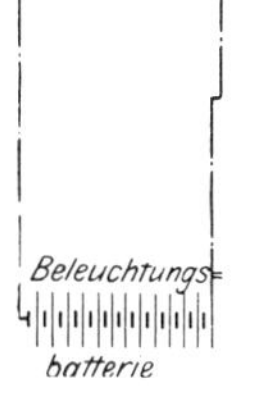

Gesetzlich ist die Gesellschaft zu einer Mindestleistung von täglich 135 Zügen mit je 100 Plätzen in jeder der beiden Richtungen verpflichtet; sie hat hiernach von Anfang an wesentlich mehr Zugplätze auf der Linie Nr. 1 bereit gestellt, und zwar im

1. Betriebsjahr . . . . 4,14 mal Mindestleistung,
2. » . . . . 6,1 » » ,
3. » . . . . 7,63 » » ,
4. » . . . . 8,28 » » .

Linie Nr. 1.

Jahr	Tagesdurchschnitt der im Dezember auf Linie Nr. 1		
	gebotenen Platzzahl	beförderten Personen	über die Platzzahl beförderten Personen
1901	164620	172844	+ 8224
1902	205970	208686	+ 2716

Zieht man hierbei die schwächere Wagenbesetzung in den späteren Vormittag- und Abendstunden in Rücksicht, ferner den

Fig. 418 bis 420.

Zugbildung auf der Stadtbahn 1904/05.

a) Zug der Linie Nr. 1.

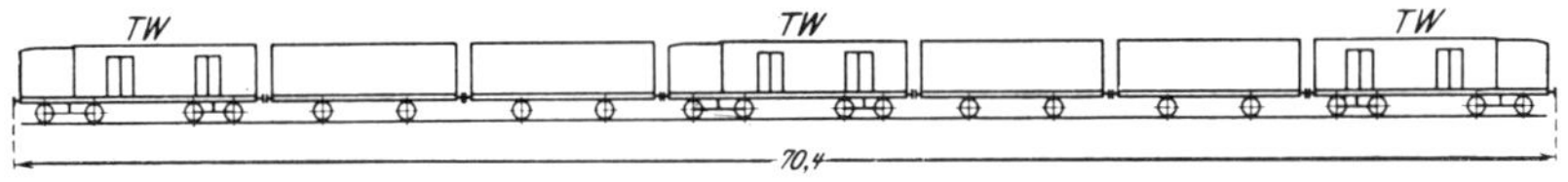

b) Zug der Linie Nr. 2.

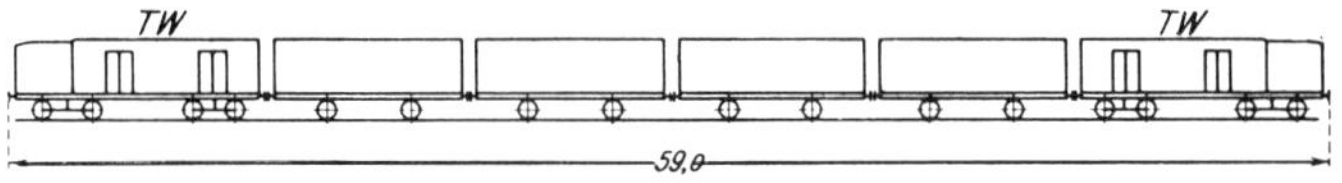

c) Zug der Linie Nr. 3.

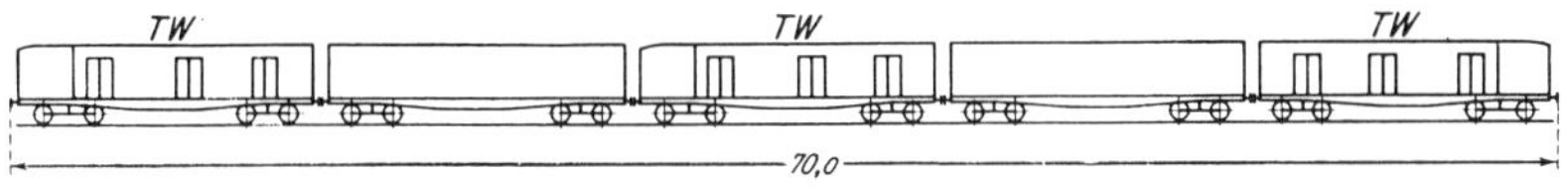

Trotz dieser großen Betriebsleistung ist es der Verwaltung nicht geglückt, dem Verkehrsbedürfnis gerecht zu werden.

In einer Reihe von Monaten der Jahre 1901 und 1902 ist die Zahl der durchschnittlich an einem Tage beförderten Personen ständig ganz erheblich größer gewesen als die Zahl der gebotenen Zugplätze, wie nachstehende Uebersicht für den Monat Dezember zeigt.

In dem einen Monat 1901 sind sonach rd. **255000** Personen mehr gefahren worden, als regelrecht Plätze in den Zügen bereit standen, im Dezember 1902 immer noch rd. 84200.

Umstand, daß der Verkehr an manchen Tagen erheblich größer ist als im Durchschnitt, so zeugen vorstehende Zahlen für die arge Ueberfüllung der Züge in gewissen Tagesstunden. Da die schmalen Sitzplätze davon nicht betroffen werden können, so drängen sich zahlreiche Fahrgäste auf den Stehplätzen und zwischen den Sitzreihen in oftmals beklemmender Enge zusammen. Eine Besetzung mit 70 bis 75 Personen in einem Wagen, davon nur 20 bis 25 sitzend, war an den Wochentagen in solchen Stunden nur allzuhäufig. Die Stehplätze waren und sind auch noch heute die eigentlichen Dividendenmacher der Bahn. Es ist dies eine in gleicher Weise wohl nirgend anderswo anzutreffende

Erscheinung. Wohl hat das Polizeipräsidium das Einsteigen in besetzte Wagen verboten, und die Bahnbeamten sind angewiesen, Ueberfüllungen nicht zu dulden; alle Verbote haben sich aber gegenüber solchem Verkehr als machtlos erwiesen.

Die Verhältnisse wurden besonders drückend, als nach Vollendung des Nordringes vermehrte Scharen der Linie Nr. 1 zuströmten. Wie die Verwaltung im Mai 1904 mitteilt, genügte auf gewissen Stationen nicht einmal mehr die Zeit zwischen zwei fahrplanmäßigen Zügen, um die Bahnsteige ordnungsmäßig sich entleeren zu lassen. Waren doch im ersten Monat des vollen Nordringbetriebes auf der Linie Nr. 1 223333 Personen im Tagesdurchschnitt auf rd. 206000 Zugplätzen zu befördern! Der Mangel eines zweiten Stationsausganges wurde jetzt auch besonders störend empfunden. Die Station Porte Maillot erhielt im Mai nachträglich die zweite Ausgangstreppe, wie hier eingeschaltet sein mag; andre Stationen sollen hierin bald nachfolgen.

In betriebstechnischer Hinsicht erwiesen sich auch die 72 m langen Züge, die auf Linie Nr. 1 und dem Nordring immer zahlreicher hatten eingestellt werden müssen, unbequem und nachteilig.

Die auf 75 m beschränkte Stationslänge läßt zwar nach der Polizeivorschrift eine Zuglänge bis zu 72 m zu; unmittelbar am Bahnsteigende steht aber das Ausfahrsignal, vor dem der Führer halten muß. Eingefahren in die Station wird recht flott, und infolgedessen sind die überschießenden drei Meter Stationslänge zu wenig und stellen hohe Anforderungen an die Geschicklichkeit und Aufmerksamkeit der Wagenführer sowie an die Güte und Zuverlässigkeit der Bremseinrichtungen. Dieser Gesichtspunkt kommt in noch stärkerem Maße auf der Linie Nr. 3 zur Geltung, die ja nach früherem, s. Fig. 18, das ungünstigste Längenprofil unter allen 8 Linien, ja unter allen bestehenden Stadtbahnen aufweist.

Die Verwaltung sah sich in der Folge gezwungen, die Zuglänge zu beschränken und die geringste Zeitfolge zwischen zwei Zügen von $2^1/_2$ Minuten wieder auf 3 Minuten zu erhöhen. Nach Einführung der neuen Drehgestell-Triebwagen haben die Züge auf den Linien Nr. 1 und 3 eine Länge von rd. 70 m, auf dem Nordring eine solche von rd. 59 m; vgl. Fig. 418 bis 420. Durch Vermehrung der Zahl der langen Züge unter Zugrundelegung des stärksten Monat-Verkehrs (April) gelang es dann endlich, die Platzzahl zu dem durchschnittlichen Personenandrang in ein angemessenes Verhältnis zu bringen.

Nach den S. 155 unter II erläuterten Verkehrsverhältnissen der Linie Nr. 1 betrug im Dezember 1903 der Tagesdurchschnitt der Fahrgäste 203144, die Zahl der Zugplätze 223500. Es ist aber hierbei zu beachten, daß der Stadtbahnverkehr auch Ende 1903 noch unter den Nachwehen des Brandunglücks vom August zu leiden hatte, wie zu Fig. 427 näher ausgeführt ist. Ueberfüllungen bilden auch jetzt noch in den Hauptverkehrstunden am Morgen und Spätnachmittag eine regelrechte Erscheinung, ebenso die Belagerung der Station Porte Maillot an schönen Sonntagen durch die Riesenscharen heimkehrender Spaziergänger.

Zu Anfang des Jahres 1904 lagen für die drei 24,8 km langen Linien nachstehende Zugzahlen vor:

Januar 1904	Vierwagenzüge mit 210 Plätzen	Siebenwagenzüge mit 375 Plätzen	insgesamt	
			Züge	Plätze
Linie Nr. 1 . . .	—	596	596	223500
» » 2 Nord	401	190	591	155460
» » 2 Süd[1])	448	—	448	94080
		zusammen	1635	473040

[1]) Etoile-Passy.

Rechnet man nach Ausbau des Netzes für jede der acht Linien durchschnittlich nur 250 Züge in jeder Richtung, was eher zu gering als zu hoch veranschlagt ist, so müssen demnächst 4000 Züge täglich auf der Stadtbahn gefahren werden, eine Zahl, die wohl zur Genüge den Stadtbahnverkehr der Seinestadt kennzeichnet.

Naturgemäß kann auf so stationsreichen kurzen Linien nicht genau nach dem starren Fahrplan gefahren werden; denn jeder unvorhergesehene längere Stationsaufenthalt beeinflußt wieder die nächstfolgenden Züge. So habe ich z. B. im Jahre 1901, als nur Vierwagenzüge verkehrten, auf verschiedenen Stationen eine 18malige Zugfolge beobachtet, die zwischen 1 min 50 sk und 3 min 27 sk schwankte und im Mittel $2^1/_2$ min betrug. Auch die Dreiminutenfolge der jetzigen Siebenwagenzüge auf Linie Nr. 1 wird über- und unterschritten. Fahrplanmäßig sollen einander an Werktagen die Züge der Linie Nr. 1 folgen:

von $5^1/_2$	Uhr	morgens	bis $9^1/_4$	Uhr	morgens	alle	3	Minuten
» $9^1/_4$	»	»	» $3^1/_2$	»	nachm.	»	4	»
» $3^1/_2$	»	nachm.	» $8^1/_4$	»	abends	»	3	»
» $8^1/_4$	»	abends	» $9^1/_4$	»	»	»	4	»
» $9^1/_4$	»	»	» $12^1/_2$	»	»	»	6	»

Sonntags findet ein Dreiminutenverkehr nur von 12 Uhr mittags bis gegen 8 Uhr abends statt, in der übrigen Zeit wird mit 4, 5 und 6 Minuten-Folge gefahren. Auf dem Nordring ist es ganz ähnlich; dagegen besteht auf dem Südringabschnitt nur eine Vier-, Sechs und Achtminutenfolge.

Die Aufenthaltzeiten der Züge auf den Stationen schwanken erheblich. Sie betragen im regelrechten Betriebe 12 bis 15 sk; jedoch habe ich wiederholt kleinere Werte bis 3 sk abwärts gefunden, anderseits aber auch wesentlich höhere. Von 38 genau beobachteten Fällen lag die Aufenthaltzeit

27 mal	zwischen	3	und	15	sk
7 »	»	16	»	28	»
3 »	»	40	»	65	»
1 »	betrug sie	165 sk.			

Die Züge fahren sehr schnell an, ihre Beschleunigung beträgt bei 2 Triebwagen (älterer Bauart) im Zug in der Regel 0,5 m/sk; bei ihrem raschen Einlaufen in die Stationen werden sie sehr kräftig gebremst, und zwar gewöhnlich mit $^2/_3$ m/sk Verzögerung; vergl. auch Fig. 346 und 347.

Die größte Fahrgeschwindigkeit ist nach Abschnitt VI (Oberbau) vom Polizeipräsidium auf 36 km/st begrenzt; sie darf nur mit besonderer behördlicher Erlaubnis überschritten werden. Anderseits müssen mit einer geringeren Geschwindigkeit durchfahren werden:

a) Gefällstrecken mit einer Neigung von mehr als 20 $^0/_{00}$,
b) Krümmungen unter 50 m Halbmesser,
c) Spitzweichen.

Für a) und c) sind von der Betriebsgesellschaft 15 km/st festgesetzt, für b) noch weniger.

Die in den amtlichen Fahrplänen angegebenen Fahrzeiten für die einzelnen Stationsabstände sind nun so bestimmt, daß, unter Zugrundelegung einer Geschwindigkeit von 36 km/st, für Anfahren, Bremsen und Stationsaufenthalt zusammen 30 sk (!) Zuschlag gerechnet sind, desgleichen für jede Spitzweiche 10 sk und für je 100 m Gefällstrecke mit mehr als 20 $^0/_{00}$ Neigung 14 sk. Für Steigungen, selbst solche von 40 $^0/_{00}$, sind keinerlei Zuschläge angesetzt; sie werden daher mit derselben Geschwindigkeit befahren wie die wagerechten oder bis 20 $^0/_{00}$ geneigten Gleisabschnitte — ein Vorzug des elektrischen Betriebes. Beispielsweise wird die 518,26 m lange Hochbahnstrecke Rue d'Allemagne-Le Combat (Nordring), die eine 301,7 m lange Rampe von 40 $^0/_{00}$ Neigung enthält, fahrplanmäßig wie folgt durchfahren:

abwärts in 2 min 3 sk,
aufwärts in 1 min 21 sk.

Unter Berücksichtigung des 30 sk-Zuschlages ergibt sich hier sonach eine Höchstgeschwindigkeit bei der

Talfahrt . . . . 20 km/st,
Bergfahrt . . . . 36 » .

Diese auf den ersten Blick etwas auffällig erscheinende Fahrplanvorschrift: die Steilrampen bergab langsamer zu befahren als bergauf, ist u. a. deshalb erlassen, damit die Augen der Wagenführer beim Uebergang von der Hochbahn zur Tunnelstrecke nicht zu plötzlichen Lichtwechsel erleiden, also besser die ersten Tunnelsignale oder etwaige Hindernisse auf den Tunnelgleisen erkennen können.

Die 10,328 km lange Linie Nr. 1 wird in 30 min durchfahren, der in der Richtung Ost-West 12,256 km lange Nordring in $34^2/_3$ min, was einer Reisegeschwindigkeit von 20,65 km/st im ersten und von 21,2 km/st im zweiten Fall entspricht. Diese Werte sind $^2/_3$ bis 1 km geringer als auf der elektrisch betriebenen Central London-Bahn oder der Chicagoer und Bostoner Hochbahn, dagegen $2^2/_3$ bis 3 km größer als auf den älteren, in diesem Jahre zum letzten Male mit Dampflokomotiven betriebenen Londoner Untergrundbahnen. Bei der Pariser Anlage sind jedoch die Stationsabstände kürzer als bei allen andern genannten Bahnen, was die Reisegeschwindigkeit naturgemäß verlangsamt.

Bestimmt man nun für die Linien Nr. 1 und 2 Nord an der Hand der Höhen- und Kurvenpläne in Fig. 5 und 9 die verschiedenen Zeitzuschläge, die z. B. für den Nordring in der Richtung Place de la Nation-Porte Dauphine 865 sk betragen, darunter 100 sk für die scharfen Gefällstrecken und 30 sk für 3 Spitzweichen, so erhält man für beide Linien die Höchstgeschwindigkeit, und zwar 36 km/st.

Die fahrplanmäßigen Einzelzeiten für das Durchfahren der Stationsabstände sind sehr gering. Sie wechseln z. B. für den Nordring zwischen 1 min 2 sk (für die 322,17 m lange Strecke Courcelles-Parc Monceau) und 2 min 35 sk (für die 612,8 m lange Strecke Victor Hugo-Porte Dauphine mit 313 m Rampe von 34 ‰ Gefälle und 1 Spitzweiche). Für die 48 Stationsabstände beider Fahrrichtungen ist die Fahrzeit einschl. Stationsaufenthaltes nur fünfmal etwas größer als 2 min.

Infolge der schwankenden Stationsaufenthalte werden diese Fahrplanzeiten häufig über- und unterschritten, wenn auch in der Regel nur um Sekunden. So zeigen die Schaulinien der im Abschnitt VII gebrachten Figuren 346 und 347 Aufenthaltszeiten von nur 9 sk, während die Anfahrzeit etwas größer als 20 sk ist; die zulässig größte Fahrgeschwindigkeit ist hierbei nur einmal um ein Geringes überschritten. Sie wird es aber im Betrieb häufiger infolge der unvermeidlichen kleinen Unregelmäßigkeiten, die einem derartigen Stadtbahnbetrieb eigen sind.

Der Fahrdienst an sich erfordert auf den kurzen Strecken große Uebung und Aufmerksamkeit; denn wie die eben erwähnten Schaulinien zeigen, wird der elektrische Strom bereits bei Beendigung der Beschleunigungsperiode von den Motoren abgeschaltet; der Zug läuft dann ohne Strom weiter, um bald hernach kräftig bis zum Stillstand abgebremst zu werden.

Die kurzen Stationsaufenthalte zwingen die Fahrgäste zu schnellem Ein- und Aussteigen. Letzteres ist bei überfüllten Wagen nicht immer ganz einfach, da man sich unter Umständen erst durch die im Wageninnern stehende Menschenmenge hindurchdrängen muß; ehe aber glücklich die Tür erreicht ist, fährt mitunter der Zug schon wieder fort. Auch hier ist Selbsterziehung des Publikums für den eigenartigen Bahnbetrieb notwendig.

Die Wagen werden sehr in Anspruch genommen. Auf der Linie Nr. 1 liefen vor der im Herbst 1903 erfolgten Einführung der Siebenwagenzüge in den geschäftigsten Stunden bis 30 Zugeinheiten, sonst etwa 24 und in den Abendstunden 13. Die täglich durchschnittlich gefahrenen Wagenkilometer, die von Jahr zu Jahr erheblich zugenommen haben, sind für die einzelnen Monate in nachfolgender Uebersicht zusammengestellt.

Durchschnittszahl der täglichen Wagenkilometer und der auf je 100 von ihnen beförderten Personen.

Monat	Wagenkilometer			auf je 100 Wagenkilometer wurden befördert			Bemerkungen
	1901	1902	1903	1901	1902	1903	
Januar	26857	34963	59058	492	523	408	
Februar	29227	36018	77807	488	504	436	30. I. 1903: Eröffnung der 5,578 km langen Nordringstrecke Anvers-Bagnolet
März	30086	36550	80397	501	518	433	
April	30108	37239	87077	541	516	443	1903: Eröffnung des 1,16 km langen Schlußstückes vom Nordring
Mai	30758	36289	87843	524	516	423	
Juni	32313	35966	88278	493	522	408	
Juli	31252	34992	83723	449	456	381	
August	31523	33217	74144	389	428	291	1903: Verkehrstörung durch Brandunglück auf dem Nordring
September	31072	34444	71556	424	466	322	
Oktober	33740	48110	78309	494	471	398	1902: Eröffnung der 4 km langen Nordringstrecke Etoile-Anvers
November	33725	54545	83055	529	491	418	
Dezember	35065	57863	84005	531	500	442	

Zum Vergleich sei angeführt, daß ein vollbesetzter Vierwagenzug beim Durchfahren der Linie Nr. 1 auf je 100 Wagenkilometer 494 Fahrgäste befördert; die Weglänge ist hierbei zu 10,576 km gerechnet, so daß der Zug beim einmaligen Durchfahren 42,3 Wagenkilometer zurücklegt. Unter Zugrundelegung dieser Fahrgastzahl gibt auch die vorstehende Uebersicht ein Bild von der in den Jahren 1901 und 1902 herrschenden Wagenüberfüllung, zumal die in der Zahlentafel mitberücksichtigten Züge der Südring- und Nordringstrecke weit schwächer als diejenigen der Linie Nr. 1 besetzt gewesen sind. Gleichzeitig läßt sie klar die nach dem Brandunglück eingetretene Verkehrsabnahme erkennen.

b) Fahrkartenwesen.

Das Fahrkartenwesen zeichnet sich durch große Einfachheit aus und sticht dadurch vorteilhaft gegen das oft schwerfällige andrer Länder ab. Für die gesamte Stadtbahn besteht ein Einheitspreis:

15 cts = 12 Pfg für die Fahrt in II. Klasse
25 » = 20 » » » » » I. »

Außerdem werden in den Frühstunden bis 9 Uhr morgens Rückfahrkarten mit eintägiger Gültigkeit zum Preise von 20 cts = 16 Pfg ausgegeben. Die Hinfahrt muß bis 9 Uhr vormittags angetreten sein, die Rückfahrt im Laufe des Tages. Schulkinder der Gemeindeschulen unter Führung eines Lehrers werden auch auf Sammelkarten zum Preise von 5 cts = 4 Pfg die Person befördert. Die Benutzung der verschiedenen Kartenarten sowohl der Stückzahl nach als auch in Hundertteilen der Gesamtsumme zeigt folgende Uebersicht:

Kartenart	1900		1901		1902		1903		1904	
	Stück	vH	Stück	vH	Stück	vH	Stück	vH	Stück	vH
Einzelkarten I. Kl. . .	1991670	12,534	6581621	13,529	8825184	14,206	12505450	12,492	14533336	12,363
Einzelkarten II. Kl. . .	12125353	76,306	34485468	71.240	43229446	69,587	69499099	69,424	80306484	68,317
Rückfahrkarten (II. Kl.) .	1769758	11,137	7403911	15,230	10060300	16,194	18094141	18,075	22696707	19,308
Schülerkarten	3747	0,023	7116	0,001	7798	0,013	8941	0,009	13994	0,012
zusammen	15890528	100	48478116	100	62122728	100	100107631	100	117550521	100

Alle Fahrkarten haben für das ganze Netz eintägige Gültigkeit und tragen deshalb nur den Namen der Ausgabestation. Man kann also demnächst für 15 oder 25 cts ganz Paris durchqueren, indem man nur an den Kreuzungsstellen mit andern Linien den Zug wechselt. Es ist das ein Entgegenkommen der Verwaltung dem Publikum gegenüber, das vorbildlich genannt werden darf und das schon jetzt reiche Früchte trägt und noch mehr tragen wird, wenn die Linien im Ausbau vollendet sein werden.

Nicht minder ist die Anordnung lobenswert, daß man, wie schon bei den Betriebsmitteln kurz angedeutet wurde, beim Benutzen der I. Klasse auf die Karte II. Kl. nur den Preisunterschied an den revidierenden Beamten zu zahlen hat, der dafür entsprechende Zusatzkarten, Fig. 426, verabfolgt. Es sind also 10 cts auf eine Einzelkarte nachzuzahlen, 5 cts auf eine Rückfahrkarte bei der Hinfahrt, wobei das Recht zur Rückfahrt verloren geht, und 15 cts bei der Rückfahrt. Die dadurch erzielten Einnahmen sind nicht unbedeutend und stellen sich wie folgt:

Erlös aus Zusatzkarten während der Fahrt.

Jahr	1900	23 721,10 frs
»	1901	48 922,20 »
»	1902	58 514,85 »
»	1903	120 336,65 »
»	1904	129 607,25 »

Die Gründe für diese seltsame Erscheinung sind schon früher dargelegt worden. Weigert sich allerdings der Fahrgast, den Zuschlag zu zahlen, so verfällt er gerichtlicher Strafe. So war z. B. auf den Stationen angeschlagen, daß ein Fahrgast zu 16 frs Strafe und in die Kosten verurteilt sei, weil er sich geweigert habe, den Zuschlag für die I. Klasse auf seine II. Kl.-Karte zu zahlen. Mit derartigen Strafanschlägen lehnt sich übrigens die Betriebsgesellschaft an das Vorbild der alten Londoner Untergrundbahnen an, nur werden in Paris die Namen der Bestraften fortgelassen. Diese öffentliche Bekanntmachung der Strafen wirkt vorbeugend, zumal letztere empfindlich sind; so war u. a. ein Fahrgast mit 6 Tagen Gefängnis bestraft worden wegen Beleidigung, Bedrohung und Schlagens eines Beamten, und das Urteil sollte in 10 verschiedenen Stationen angeschlagen werden. Uebrigens werden alljährlich auch zahlreiche Personen ohne Fahrkarte ermittelt, so

im Jahre	1900 . .	1731
» »	1901 . .	2401
» »	1902 . .	5836
» »	1903 . .	21898

Mit zunehmendem Verkehr ist hiernach auch die Zahl der Kartenlosen gewachsen. Wer ohne Karte betroffen wird, hat nur den Fahrpreis zu bezahlen, wer dagegen eine ungültige Fahrkarte vorzeigt, wird zu Protokoll genommen und hat gerichtliche Bestrafung zu erwarten.

Fig. 421.
Fahrkartendrucker und -Zähler.

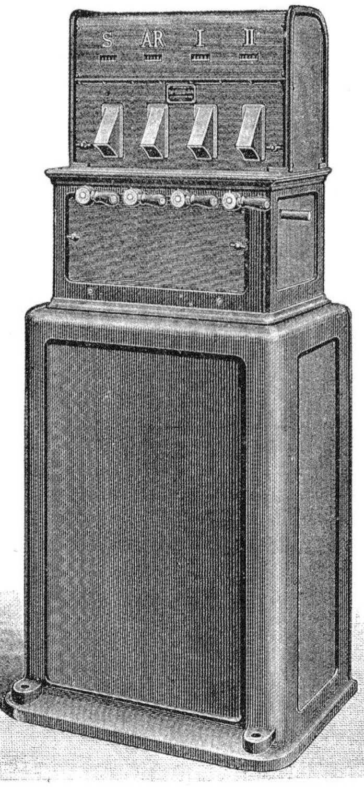

Fig. 422 bis 426. Fahrkarten.

rosa grauweiß grün

Einfach wie der Fahrtarif ist auch die Herstellung und Verausgabung der Karten.

Die Schalterräume sind mit einem in Fig. 421 in äußerer Ansicht dargestellten Druckapparat ausgerüstet, der nach Bedarf die drei verschiedenen Kartenarten herstellt. Verausgabt werden letztere durch Frauen, wofür aus »Gründen der Moralität«, wie mir gesagt wurde, stets die Ehefrau des wenige Meter davon aufgestellten Bahnsteigschaffners, der die Fahrkarten nachzusehen und zu durchlochen hat, genommen wird. Der Druckapparat steht zur Linken der Verkäuferin. Eine kurze Hebelbewegung setzt diejenige Druckwalze in Tätigkeit, die die verlangte Kartenart bedruckt. Der Karton für die drei verschiedenen Kartensorten ist in langen Streifen getrennt aufgewickelt, ähnlich wie die Papierstreifen im Morse-Schreiber, und im untern Teile der etwa 1,6 m hohen Gestelle untergebracht. Ein Elektromotor von 1800 Uml./min treibt unter Zuhülfenahme eines Riemens und einer Gallschen Kette nebst Zahnrädern die mit 80 Uml./min arbeitenden Druckwalzen, die im obern etwas schmaleren Teile des Gestells liegen. Der Apparat enthält 4 Druckeinrichtungen, wovon drei für die gängigen Karten, (I., II. Kl. und Rückfahrkarten), eine als Aushülfe dient. Es können also $3 \times 80 = 240$ Karten minutlich gedruckt werden, was dem Bedarfe genügt. Neben dem Drucken wird auch selbsttätig und getrennt für jede Art das Zählen der gedruckten Karten besorgt und durch eine Zahlenreihe über jedem Kartenauswurf sichtbar gemacht. Der höchst sinnreich und handlich eingerichtete Apparat, den ich auf der Stadtbahn und in der Fabrik[1] in Tätigkeit zu sehen wiederholt Gelegenheit hatte, kostet 6000 frs. Da sich durch seine Benutzung das Schreibwerk und die Revision wesentlich vereinfachen, indem die Kartenverkäuferinnen beim Dienstantritt nur die drei Anfangsnummern mit der letzten Eintragung zu vergleichen und beim Verlassen des Dienstes die Zahlenangaben des Apparates einzutragen haben, so macht er sich bald bezahlt. Außerdem können die Schalterräume klein gehalten werden, da alle Kartenbehälter usw. fortfallen.

Die für die einzelnen Wagenklassen usw. verschieden gefärbten Fahrkarten werden fortlaufend bis zu je 100 000 gedruckt; sie sind in $^8/_{10}$ der nat. Größe in Fig. 422 bis 426 wiedergegeben. Da sie allgemein nur 1 Tag Gültigkeit haben, so müssen der Tag und die Stunde aufgedruckt werden; so besagt z. B. die Karte I. Kl. der Figur 422, daß sie unter Nr. 49947 am 227. Tage (am 14. August) 1904 in der 23. Stunde (11 Uhr nachts) verausgabt worden ist. In den

[1] Société universelle des appareils controleurs, Paris, Rue de Castellane 6.

I. Verkehrsverhältnisse der Linien Nr. 1 (10,33 km), 2 Nord (12,32 km), 2 Süd (2,16 km) und 3 (6,03 km).

Monat	Fahrgäste					Einnahmen aus dem Personenverkehr in frs				
	1900	1901	1902	1903	1904	1900	1901	1902	1903	1904
Januar	—	4 096 826	5 670 843	8 873 821	11 857 567	—	619 631,90	855 647,60	1 343 090,05	1 754 516,55
Februar	—	3 998 303	5 092 890	9 497 449	11 042 847	—	606 678,05	762 976,50	1 421 024,65	1 607 415,25
März	—	4 675 343	5 867 941	10 794 355	11 732 957	—	702 029,75	881 182,55	1 605 970,20	1 706 280 05
April	—	5 000 608	5 769 913	11 582 919	11 693 864	—	759 832,15	863 792,90	1 727 694,60	1 718 104,95
Mai	—	4 996 403	5 811 266	11 529 861	11 510 854	—	758 211,15	869 812,00	1 713 162,35	1 685 691,70
Juni	—	4 724 140	5 635 663	10 807 525	10 900 943	—	709 713,70	842 564,10	1 586 403,40	1 583 404,35
Juli	557 612	4 355 887	5 053 451	9 895 997	9 664 961	89 605,35	641 026,00	740 888,10	1 421 165,10	1 381 164,85
August	1 799 693	3 807 723	4 413 597	6 691 959	8 626 162	282 914,15	547 194,30	632 497,95	931 305,05	1 200 567,50
September	3 192 456	4 087 694	4 818 029	6 917 318	9 440 633	495 550,10	592 159,85	699 410,90	958 154,50	1 324 374,95
Oktober	4 066 152	5 008 729	7 030 653	9 665 111	12 762 051	622 628,35	741 217,55	1 046 742,05	1 381 079,55	1 846 609,20
November	3 827 236	5 352 425	8 042 960	10 414 086	14 855 629	574 263,65	800 775,05	1 210 010,55	1 509 275,90	2 169 982,15
Dezember	4 217 137	5 777 946	8 976 722	11 531 371	16 158 760	629 601,85	869 816,20	1 356 152,45	1 692 513,90	2 370 843,45
zusammen	**17** 660 286	**55** 882 027	**72** 183 028	**118** 201 772	**140** 247 248	**2** 694 563,45	**8** 348 285,65	**10** 761 677,65	**17** 290 839,25	**20** 348 954,95

Anmerkungen: Es wurden eröffnet:

1900:
19. Juli: Linie Nr. 1
2. Oktober: Südringstrecke Place de l'Étoile-Trocadéro
13. Dezember: Nordringstrecke Porte Dauphine-Place de l'Étoile;

1902:
7. Oktober: Nordringstrecke Place de l'Étoile-Anvers

1903:
30. Januar: Nordringstrecke Anvers-Bagnolet
2. April: Schlußstrecke des Nordringes Bagnolet-Place de la Nation
[10. August: Brandunglück auf Nordring-Station Rue des Couronnes]
5. November: Südringstrecke Trocadéro-Passy

1904:
19. Oktober: Linie Nr. 3, Abschnitt Avenue de Villiers-Père Lachaise.

ersten Betriebsjahren fehlte der Gültigkeitsaufdruck (1 Tag). Meinungsverschiedenheiten zwischen Fahrgästen und Beamten haben ihn veranlaßt. Zur beiderseitigen Erleichterung, namentlich um das jedesmalige Lösen einer neuen Karte vor dem Fahrtbeginn zu beseitigen, werden seit 1901 an den Schaltern auch kleine Kartenhefte verkauft, die je 10 aus dünnem Papier hergestellte Karten I. oder II. Kl., Fig. 425, enthalten; Preis 2,50 frs und 1,50 frs.

Die Instandhaltung der Druckapparate wird von der Fabrik besorgt.

Beim Verlassen der Station können die Fahrkarten in einen neben dem Bahnsteigschaffner befindlichen Holzkasten geworfen werden; im ersten Betriebsjahre war das sogar Zwang. Jetzt wird aber kein Wert mehr darauf gelegt. Viele Reisende werfen daher ihre Karte erst auf der ins Freie führenden Haupttreppe, Fig. 84 bis 86, fort, die infolgedessen tagsüber oft mit Karten besäet ist.

Jede Erleichterung und Vereinfachung im Betrieb ist hier besonders wertvoll; denn wohl auf keiner andern Bahn findet ein solcher Andrang, dabei in so klein bemessenen Stationen, statt.

c) Verkehr.

Die Uebersichten I und II geben die geradezu erstaunlichen Verkehrszahlen für die bisherigen Betriebsjahre 1900/03, und zwar I für das ganze derzeitige Betriebsnetz, II für die Linie Nr. 1 allein.

Der nach und nach erfolgte Zuwachs an Betriebstrecken

II. Verkehrsverhältnisse der Linie Nr. 1.

Monat	Fahrgäste			Einnahmen aus dem Personenverkehr im Jahre **1903**
	1901	1902	1903	
Januar	3 789 344	5 254 250	6 292 161	951 619,05
Februar	3 686 758	4 700 874	5 724 343	860 409,05
März	4 330 944	5 450 598	6 444 885	965 894,80
April	4 654 119	5 379 858	6 700 760	1 011 583,10
Mai	4 658 061	5 415 907	6 383 896	966 479,10
Juni	4 419 522	5 272 093	6 001 372	898 372,20
Juli	4 085 185	4 749 473	5 425 352	793 797,85
August	3 604 202	4 191 186	3 881 993	548 177,20
September	3 863 092	4 564 662	3 892 446	550 850,05
Oktober	4 678 861	5 723 762	5 366 343	788 245,50
November	4 968 047	5 849 145	5 582 138	828 447,85
Dezember	5 358 150	6 469 260	6 297 458	952 000,90
zusammen	**52** 096 285	**63** 021 068	**67** 993 147	**10** 115 876,45

Fig. 427.

Monatschwankungen im Personenverkehr der Linie Nr. 1 während der Jahre 1901 bis 1903.

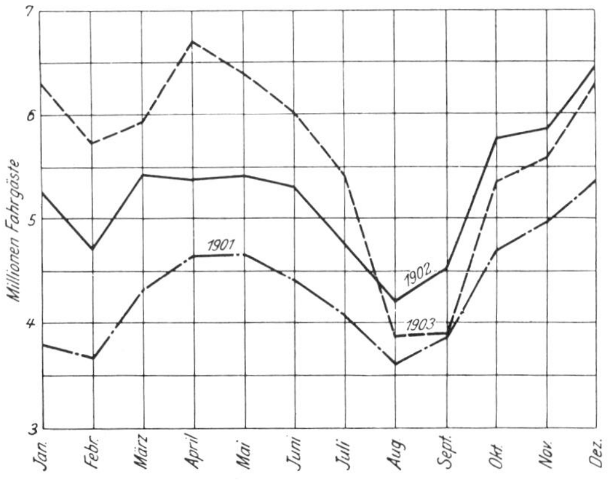

ist unter »Anmerkungen« näher angegeben. Seit Oktober 1904 stehen insgesamt 30,84 km im Betrieb, und zwar:

Linie Nr. 1 mit 10,328 km seit 19. Juli 1900,
Linie Nr. 2 Nord mit 12,322 km seit 2. April 1903,
Linie Nr. 2 Süd mit 2,167 km seit 5. Nov. 1903,
Linie Nr. 3 mit 6,030 km seit 19. Oktober 1904.

Die Linie Nr. 3 ist am 25. Januar 1905 in ganzer Länge (6,998 km) eröffnet worden. Die Längenzahlen beziehen sich auf die Entfernung der Endstationen voneinander.

Beide Uebersichten, noch besser die Figuren 427 bis 429, lassen das sprunghafte Anwachsen des Verkehrs klar erkennen, ferner sein regelmäßiges Abflauen in der heißen Zeit (saison morte), d. i. in den Monaten Juli bis September, anderseits sein Anschwellen im Frühling, wenn die Pariser Bevölkerung ihre Massenwanderung nach dem Boulogner Gehölz, Longchamps usw. unternimmt, und sodann besonders im Dezember.

Der plötzliche Verkehrsabfall im Monat August vorigen Jahres ist durch das große Brandunglück auf dem Nordring verursacht, das geradezu lähmend auf die ersten darauf folgenden Tage einwirkte. Am Tage vor jenem Unglück benutzten 282946 Personen die Stadtbahn, am Tage darnach 208385 und am folgenden Tage 129465. Der ganze Monat ergab gegen den Juli einen Minderverkehr von 3204000 Personen, d. i. ein 5mal so starker Abfall wie im Vorjahre. Der Eindruck jener Katastrophe war so stark, daß selbst die Londoner Untergrundbahnen

Fig. 428.

Monatschwankungen im Personenverkehr der Stadtbahn während der Jahre 1901 bis 1903.

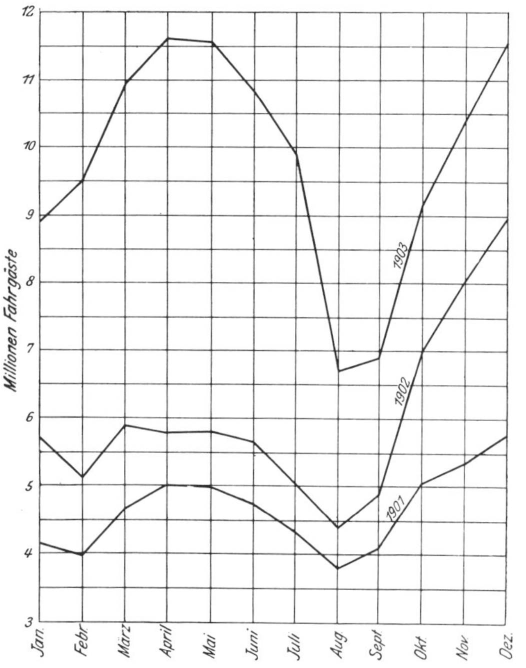

Fig. 429.

Monatsschwankungen im Personenverkehr während des Jahres 1904.

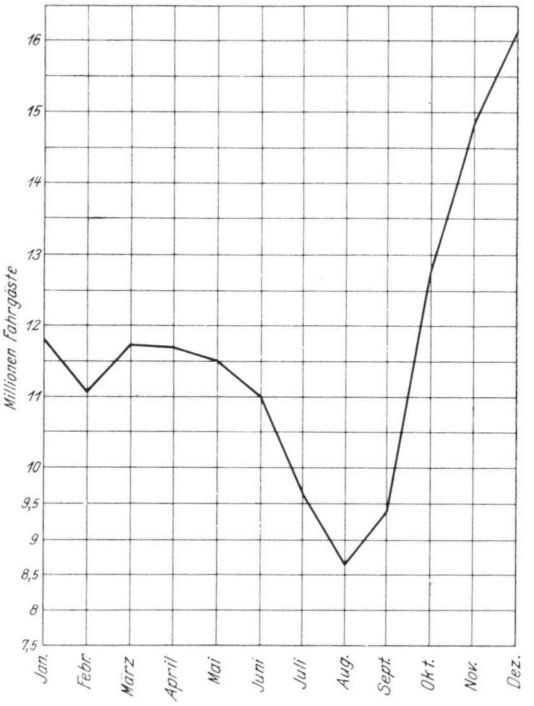

darunter zu leiden hatten, obwohl auf ihnen während ihres 40jährigen Bestehens trotz Lokomotivbetriebes, hölzerner Bahnsteige und Treppen niemals ein Brandunglück vorgekommen war. Ebenso war die City and South London-Bahn während ihres 12jährigen Betriebes völlig davon verschont geblieben. Noch im Dezember vorigen Jahres, fast 5 Monate nach dem Unglück, litt der Verkehr der Pariser Anlage darunter. Ganz besonders wurde die Linie Nr. 1 in Mitleidenschaft gezogen. Ihr Verkehr fiel im September auf denjenigen des Jahres 1901(!) herab, um, wie Fig. 427 veranschaulicht, bis zum Jahresschluß dauernd unter demjenigen des Jahres 1902 zu verharren, während der April-Wert des Jahres 1903 den von 1901 um mehr als 2 Millionen übertroffen hatte.

Dieser Verkehrsturz zog natürlich eine ganz erhebliche Mindereinnahme nach sich, die gemäß den Mitteilungen der Betriebsgesellschaft in den ersten Tagen nach dem Unglück bis 40 vH erreicht hat und von der Gesellschaft für ihren Anteil auf insgesamt etwa 800000 frs geschätzt wird; vergl. auch Fig. 432. Hierzu treten die unmittelbaren Verluste durch den Brand sowie die Entschädigungen an die Hinterbliebenen der Umgekommenen; sie belaufen sich, abzüglich der durch Versicherung gedeckten Schäden, auf zusammen 1150000 frs. Die Einbuße an Geldeswert durch das Unglück stellt sich daher für die Verwaltung auf rd. 2 Millionen frs. Aber auch weitere Kreise wurden finanziell getroffen, indem die bis dahin sehr beliebten und begehrten Stadtbahnaktien einen empfindlichen Kurssturz erlitten. Standen sie am 10. August 1903 noch auf 644 bei nur 250 frs Nennwert, so fielen sie am nächsten Tage auf 614 und behielten bis zum Frühjahr 1904 ihre Neigung zum Fallen (bis unter 500) bei. Seitdem zeigen sie ein langsames Steigen. Am 11. September 1904 z. B. standen sie auf 566, was ja immer noch ein recht hoher Kurs genannt werden muß. Die zurzeit 31,8 km langen Linien haben auch im ersten Monat dieses Jahres bereits 16,210 Millionen Personen befördert, was auf einen Jahresverkehr von etwa 180 Millionen Personen schließen läßt.

Hand in Hand mit dieser Verkehrsabnahme ging umgekehrt eine Verkehrsanschwellung auf den Linien der Allgemeinen Omnibus-Gesellschaft vor sich. Früher habe ich schon erwähnt, daß diese Gesellschaft unter dem für sie höchst nachteiligen Wettbewerb der Stadtbahn verschiedene Linien mangels genügender Erträgnisse hat eingehen lassen müssen. Seit jenem 10. August stieg aber ihr Verkehr plötzlich ganz erheblich, was die Börse durch Emportreiben des Kurses der Omnibus-Aktien dankbar quittierte.

Die Omnibusgesellschaft hatte nun schon vorher, gestützt auf ihren Monopolvertrag vom Jahre 1860, gegen die Stadtbahnverwaltung auf Schadenersatz geklagt. Das Gericht hat jedoch entschieden, daß die Stadtbahn in die an jene verliehene Gerechtsame bezüglich des Straßenverkehrs nicht eingreife; beide Verkehrsunternehmungen seien verschiedener Art, die Stadtbahn sei ausdrücklich als Lokalbahn vom Staate genehmigt worden und benutze nicht die Straßenoberfläche. Immerhin sei der Omnibusgesellschaft eine von Sachverständigen näher festzusetzende Entschädigung seitens der Stadt zuzubilligen. Wahrscheinlich wird diese in Zugeständnissen an die elektrische Betriebsweise gewisser Straßenbahnlinien bestehen, wie Gestattung der Oberleitung usw.

Wir haben hier also denselben Vorgang, wie er jetzt in Berlin durch den Einspruch der Großen Straßenbahngesellschaft gegen die geplanten Untergrundbahnen entstanden ist.

An dem Gesamtverkehr der Stadtbahn sind die einzelnen Stationen naturgemäß sehr ungleich beteiligt, wie die bildlichen Darstellungen in Fig. 430 und 431 erkennen lassen. Obenan steht seit Eröffnung der ersten Linie deren Endstation Porte Maillot, die den Hauptverkehr mit dem Boulogner Gehölz vermittelt; am schwächsten wird die im vornehmen Stadtviertel gelegene Station Kléber (Südring) benutzt. Die Zahl der jährlich verkauften Fahrkarten ist für einige der verkehrreichsten und verkehrschwächsten Stationen nachstehend angegeben und in den eben genannten Figuren zum Ausdruck gebracht.

Zahl der auf einzelnen Stationen verausgabten Fahrkarten.

Station	1900	1901	1902	1903
Porte Maillot	1848611	4706410	5460471	6222214
Bastille	1320554	4011686	4816594	5085545
Porte de Vincennes . . .	1317770	3576154	4519223	5344254
Châtelet	1037194	3663055	4453949	4938395
Palais Royal	1384074	3501058	4117607	4366789
Place de l'Étoile (Nordring)	—	—	23206	108432
Kléber	25275	92725	102617	106605

In diesen Zahlen sind die Rückfahrten auf die 20 cts-Karten nicht einbegriffen. Verteilt man sie gleichmäßig auf alle Stationen, so haben 1903 mindestens 7 Millionen Personen die Abfahrseite der Station Porte Maillot benutzt — ein für den vorhandenen kurzen und schmalen Bahnsteig geradezu erstaunlicher Verkehr!

Werden die Verkehrsverhältnisse auf 1 km der mittleren jährlichen Betriebslänge bezogen, so ergibt sich nachstehende Uebersicht:

Ergebnisse der Linien Nr. 1, 2 N, 2 S und 3.

Jahr	mittlere jährliche Betriebslänge km	Zahl der auf 1 km beförderten Personen	Roheinnahme aus dem Personenverkehr frs/km
1900	5,135	3 438 420	524 744
1901	13,329	4 192 514	626 325
1902	14,272	5 057 667	754 041
1903	23,442	5 042 307	730 760
1904	26,016	5 390 806	782 170

Die Folgen des Brandunglücks spiegeln sich hier in den Werten des Jahres 1903 deutlich wieder.

Fig. 430.

Verkehr auf den einzelnen Stationen der Linie Nr. 1.
(Zahl der im Jahre 1903 verausgabten Fahrkarten.)

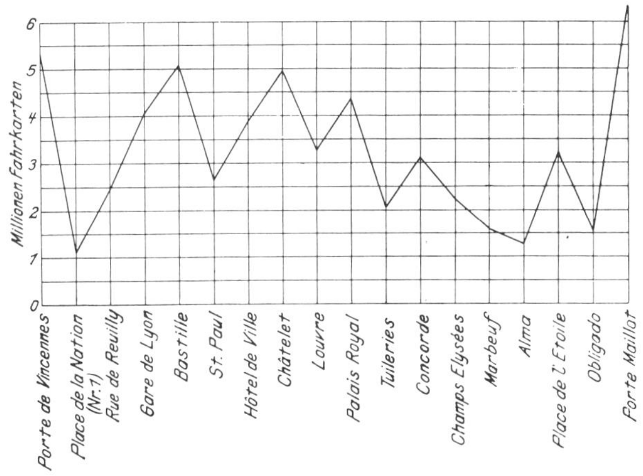

Faßt man die Linie Nr. 1 allein ins Auge, so tritt die ungewöhnliche Verkehrstärke noch greller hervor; zeigt sie doch folgende Durchschnittzahlen für 1 km ihrer Länge (= 10,328 km zwischen den Endstationen):

Ergebnisse der Linie Nr. 1.

Jahr	Zahl der auf 1 km beförderten Personen	Roheinnahme aus dem Personenverkehr frs/km
1901	5 044 180	rd. 756 000
1902	6 101 962	» 910 000
1903	6 593 062	» 980 000

Mit diesen Ergebnissen hat die Linie Nr. 1 alle bestehenden Stadtbahnen übertroffen, selbst die nach englischer und amerikanischer Ansicht durch die besten Verkehrsbezirke der Welt sich hinziehende Central London-Bahn, sowie die auch als besonders verkehrreich geltenden New Yorker Hochbahnen[1]); denn diese haben es im Jahresdurchschnitt für 1 km nur auf etwas über 4 Millionen Fahrgäste bringen können.

[1]) Die 51,5 km langen New Yorker Hochbahnen haben befördert:
im Jahre 1900 . . 184 164 110 Personen oder 3 576 000 auf 1 km
» » 1901 . . 190 045 741 » » 3 690 208 » 1 »
» » 1902 . . 215 259 345 » » 4 179 793 » 1 »

Die Central London-Bahn ist seit ihrer im Sommer 1900 erfolgten Eröffnung bis zum Anfang des Jahres 1904 von rd. 150 Millionen Personen benutzt worden und zurzeit im Tagesdurchschnitt von etwa 120 000.

Auf den drei fast gleich langen und fast gleichaltrigen elektrischen Stadtbahnen von Berlin, London und Paris (Linie Nr. 1) sind im Jahre 1903 in runden Zahlen befördert worden:

Berlin	30	Millionen	Personen
London	45	»	»
Paris	68	»	»

Setzt man den Verkehr der Linie Nr. 1 = 1, so folgt:

Berlin = 0,44
London = 0,66
Paris = 1,00

Bemerkenswert ist noch die Verteilung des Pariser Verkehrs auf die beiden Wagenklassen, die sich in den verschiedenen Jahren ziemlich gleichbleibend gestaltet hat. Rechnet man für die Rückfahrkarten, wie zulässig, je eine Hin- und Rückfahrt, zieht man ferner die Zuschlagkarten für nachträgliche Fahrten in I. Klasse von der Gesamtzahl der Karten II. Klasse ab und setzt sie den Karten I. Klasse zu, so sind unter Zugrundelegung der oben gebrachten amtlichen Fahr-

Fig. 431.

Verkehr auf den einzelnen Stationen der Linie Nr. 2 Nord.
(Zahl der im Jahre 1903 verausgabten Fahrkarten.)

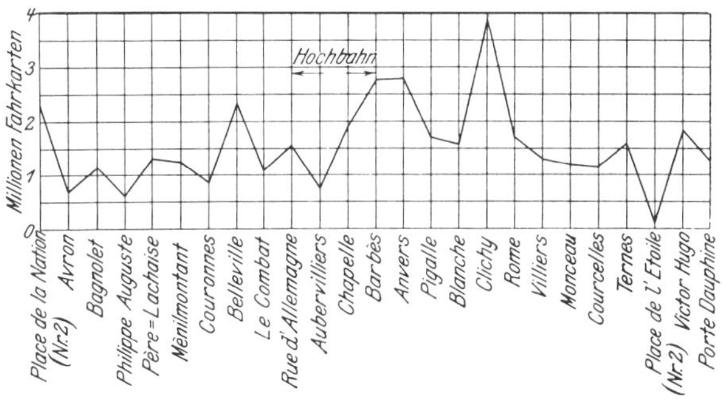

kartentabelle nachstehende Personen in den einzelnen Wagenklassen befördert worden:

Jahr	Zahl der beförderten Personen		
	I. Klasse	II. Klasse	zusammen
1901	7 070 843	48 811 184	55 882 027
1902	9 410 332	62 772 696	72 183 028
1903	13 708 816	104 492 956	118 201 772
1904	15 829 408	124 417 820	140 247 228

Drückt man die Verkehranteile der beiden Klassen nach Personen und nach Einnahme in Hundertteilen der Gesamtzahlen aus, so tritt die Benutzung der II. Wagenklasse noch greller hervor:

Jahr	Anteil in Hundertteilen der Gesamtzahl			
	a) beförderte Personen		b) Einnahme	
	I. Kl.	II. Kl.	I. Kl.	II. Kl.
1901	12,65	87,35	20,0	80,0
1902	13,03	86,97	21,05	78,95
1903	11,60	88,40	18,78	81,22
1904	11,29	88,71	18,50	81,50

Die I. Wagenklasse liefert hiernach etwa $^{2}/_{15}$ des Verkehrs, aber $^{3}/_{15}$ der Einnahmen. Selbst im demokratischen Frankreich, dessen Wahlspruch bekanntlich »Freiheit, Gleichheit, Brüderlichkeit« lautet, kann und will man die I. Wagenklasse nicht entbehren. Finanzielle Gesichtspunkte haben die Berliner Stadtverwaltung bestimmt, auf ihren geplanten Untergrundbahnen die erste Wagenklasse neben der zweiten demnächst einzuführen.

d) Ertragverhältnisse.

Zu den in den Zahlentafeln I und II bereits angegebenen Einnahmen aus dem Personenverkehr, die für die einzelnen Betriebsjahre durch Fig. 432 und 433 übersichtlich gemacht sind, treten noch einige Einkünfte aus dem Verpachten der Zeitungsverkaufstellen und Automatenplätze sowie der zu Reklamezwecken dienenden Stationswände, ferner gewisse Zinsbeträge. Für die Berechnung des gesamten Reingewinnes ist sodann der übliche, auf das neue Geschäftsjahr unter »Vortrag« überschriebene Teil des vorjährigen Reingewinnes einzustellen. Diese verschiedenen Einnahmesummen sind aus der auf S. 159 gebrachten Ertrag-Zahlentafel zu ersehen.

Fig. 432 [1]).

Monatseinnahmen aus dem Personenverkehr während der Jahre 1900 bis 1903.

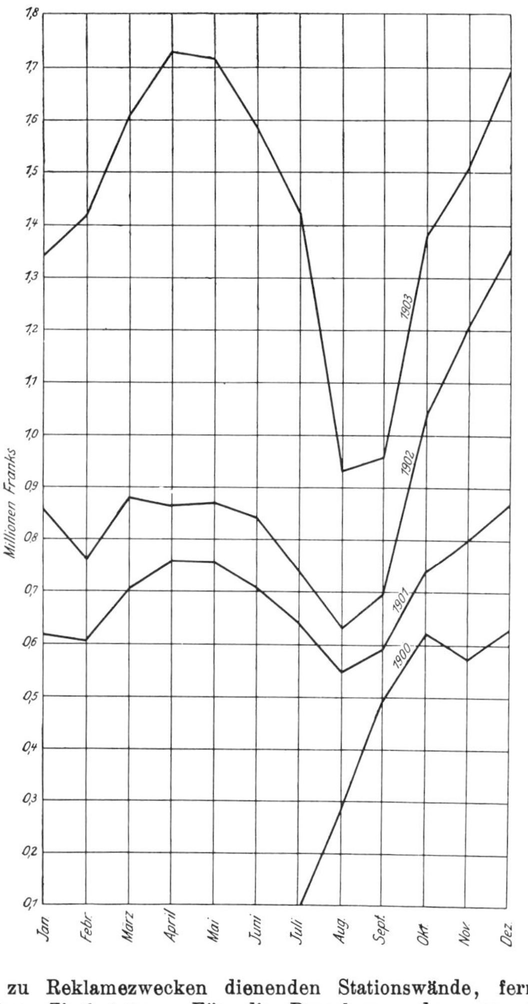

Die Ausgaben setzen sich aus den Betriebs- und Verwaltungskosten sowie den Abgaben an die Stadt zusammen. Unter den ersteren sind die Erzeugungs- und Beschaffungskosten des elektrischen Stromes am höchsten. Die Ausgaben sind in ihren Einzelbeträgen und in Hundertteilen der Gesamtsumme nachstehend angegeben:

Uebersicht der Betriebs- und Verwaltungskosten.

Kostenart	1901		1902		1903	
	frs	vH	frs	vH	frs	vH
Allgemeinkosten einschl. Wohlfahrtseinrichtungen	715 340,57	17,7	975 795,72	21,4	1 465 654,93	19,4
Betriebspersonal, Fahrkarten, Drucksachen	1 107 906,57	27,5	1 177 061,24	25,8	1 970 991,36	26,0
Betriebstrom	1 164 278,0	28,9	1 398 967,32	30,7	2 547 041,45	33,6
	(67 Trieb- u. 162 Anhängewagen)		(113 Trieb- u. 278 Anhängewagen)		(132 Trieb- u. 330 Anhängewagen)	
Wagen	629 933,56	15,6	558 818,18	12,2	1 048 993,80	13,8
Oberbau, Stationen, Signalwesen und Fernsprecher	414 137,79	10,3	450 692,12	9,9	544 379,28	7,2
zusammen	4 031 596,49	100	4 561 334,58	100	7 577 060,82	100

Fig. 433.

Monatseinnahmen aus dem Personenverkehr während des Jahres 1904.

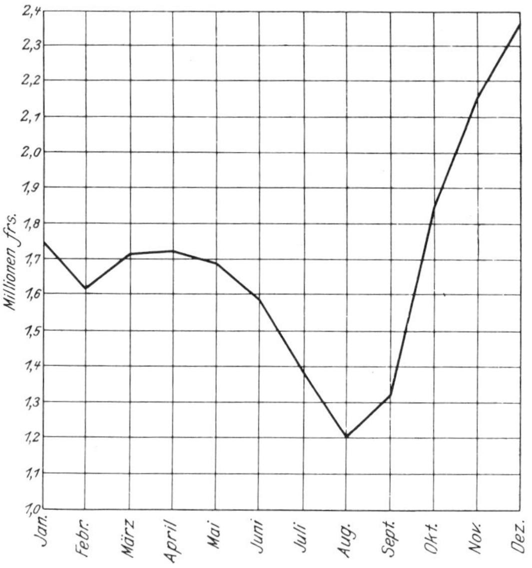

Die Abgaben an die Stadt sind durch das der Genehmigungsurkunde beigefügte Uebereinkommen (Artikel 19) festgelegt. Darnach erhält die Stadtverwaltung für jede verkaufte Fahrkarte I. Kl. 10 cts und für jede einfache oder Rückfahrkarte II. Kl. 5 cts, und zwar bis zu einem Verkehr von jährlich 140 Millionen Fahrgästen. Ueber diese Zahl hinaus empfängt die Stadt für jede weitere 10 Millionen Personen 0,1 cts mehr für jede Fahrkarte, und zwar bis zu einem Verkehr von 190 Millionen. Für letztere Zahl beträgt also die Kartenabgabe 10,5 cts für die I. Klasse und 5,5 cts für die II. Klasse, das ist mehr als $^1/_3$ der Gesamteinnahme.

Ueber die letztgenannte Verkehrszahl hinaus wachsen die Kartenanteile der Stadt nicht mehr. Diese Zahl wird aber voraussichtlich schon im Jahre 1905 nach Einfügung der Linie Nr. 3 und eines neuen Südringabschnittes in das Betriebsnetz erreicht und überschritten werden.

Die Schülerkarten sind abgabefrei.

Die in den ersten 4 Betriebsjahren entstandenen Ausgaben sind mit den erzielten Einnahmen und Reingewinnen in nachstehender Ertrag-Zahlentafel zusammengestellt.

Die Betriebseinnahmen sind hiernach ständig mehr als doppelt so hoch gewesen wie die Betriebsausgaben, und die Stadtverwaltung erhält von ihnen erheblich mehr als die Betriebsgesellschaft, wie ein Vergleich der drittletzten Spalte

[1]) Die auf S. 7, r. Sp., Z. 10 v. o. unter dieser Nr. genannte Figur (Ergänzungslinien der Stadtbahn) ist unter Nr. 455 gebracht.

Ertrag-Zahlentafel.
Gesamteinnahme und -ausgabe in frs.

Jahr	Betriebseinnahmen aus Personenverkehr und Pachterträgnissen	Betriebsausgaben einschl. Verwaltungskosten	Betriebsüberschuß	Abgabe an die Stadt	Reingewinn der Gesellschaft	
					nur aus Betrieb	einschl. der Einnahmen aus Bilanzvortrag und Zinsen
1900	2 714 985,25	1 070 605,07	1 644 380,18	906 293,85	738 086,33	967 546,08
1901	8 550 234,32	4 031 596,49	4 518 637,83	2 778 133,50	1 740 504,33	2 064 125,42
1902	10 987 417,08	4 561 334,58	6 426 082,50	3 577 836,10	2 848 246,40	3 313 528,86
1903	17 626 682,28	7 577 060,82 ¹)	10 049 621,46	5 693 654,25	4 355 967,21	4 999 537,79

¹) In dieser Summe sind noch enthalten: 1 150 000 frs Sonderausgaben, die durch das Brandunglück vom 10. August 1903 entstanden sind, sowie 63 687,75 frs Prozeß- bezw. Vergleichskosten.

mit der vorletzten zeigt. Noch schärfer tritt dies zutage, wenn die beiderseitigen Anteile einmal auf das Kilometer der mittleren jährlichen Betriebslängen bezogen und sodann in Hundertteilen der Gesamtsumme ausgedrückt werden:

Wie verzinst sich nun das Anlage- und Betriebskapital des Pächters?

Das Aktienkapital betrug anfänglich 25 Milionen frs und wurde 1901 auf 50 Millionen erhöht, wovon die Restsumme

Gewinnanteile der Stadt und der Betriebsverwaltung an den Betriebseinnahmen.

Jahr	mittlere jährliche Betriebslänge	Gesamtgewinn auf 1 km dieser Länge	Anteile für 1 km mittlerer jährlicher Betriebslänge		Anteile in Hundertteilen der Gesamtsumme		Verhältnis beider Anteile
			Stadtverwaltung	Betriebsgesellschaft	Stadtverwaltung	Betriebsgesellschaft	
	km	frs	frs	frs	vH	vH	
1900	5,135	320 229	176 493	143 741	55,1	44,9	1,227 : 1
1901	13,329	339 008	208 428	130 580	61,48	38,52	1,590 : 1
1902	14,272	450 257	250 689	199 568	55,5	44,5	1,247 : 1
1903	23,442	428 701	242 882	185 819	56,65	43,35	1,307 : 1

In diesen Zahlen spiegelt sich deutlich neben der gewaltigen Verkehrsteigerung die Wirkung der für die Stadt vorteilhaften Vertragsbestimmung wieder, wonach diese ihren Anteil stets aus der Roheinnahme (Fahrkartenerlös) berechnet, während der Reingewinn der Gesellschaft durch das Schwanken des Betriebskoeffizienten mehr oder weniger beeinflußt wird. Letztere Größe, d. i. das Verhältnis der jährlichen Betriebsausgaben (einschließlich Verwaltungskosten, jedoch ohne die Stadtabgabe) zu den Betriebseinnahmen (aus Personenverkehr und Pachterträgnissen, jedoch ohne Bilanzvortrag und Zinsen) in Hundertteilen der Einnahme, ermittelt sich nach der vorletzten Zahlentafel zu:

Jahr 1900 . . . . 39,4 vH
» 1901 . . . . 47,15 »
» 1902 . . . . 41,52 »
» 1903 . . . . 42,9 »

Hiernach erklärt sich auch das für das Jahr 1901 besonders groß ausgefallene Anteilverhältnis der Stadt. Naturgemäß muß diese auch infolge ihrer größeren Geldaufwendungen für die Bahn mehr als deren Pächter erhalten; immerhin ist sie sehr günstig gestellt. Sie hat für die Linien Nr. 1 und 2 Nord sowie für die Zweigstrecke Etoile-Trocadéro 70402092 frs aufgewendet. Läßt man die Bauzinsen außer Betracht, so hat diese Bausumme im Jahre 1902, trotzdem vom Nordring nur die Strecke Porte Dauphine-Place d'Anvers ein Vierteljahr im Betriebe gestanden hat, sich doch schon mit mehr als 5 vH verzinst; im folgenden Jahr, in welchem jene Linie während dreier Vierteljahre voll betrieben wurde, sogar mit 8,8 vH. Die Stadt macht also schon von rein finanziellem Standpunkt aus ein gutes Geschäft, zumal bei dem geringen Zinsfuß ihrer Bahnanleihen und deren 75jähriger Tilgungsdauer. Ihr steht sonach eine gute und sichre Einnahmequelle für alle Zukunft zur Verfügung; und wenn die 35jährige Genehmigungsfrist für die letzten Linienzüge Nr. 7 und 8 abgelaufen ist, erhält sie ihre Bauten vollständig betriebsfähig ausgerüstet, also mit Oberbau, Lichtnetz, Signal- und Gleisanlagen sowie mit den Kraftwerken und Unterstationen, Kabeln usw. kostenfrei zurück. Dieser unentgeltliche Rückfall stellt ein großes Geschenk für die Stadt dar; denn im Geschäftsbericht für das Jahr 1903 sind für diese Anlagen der Betriebsgesellschaft bereits 36516287,48 frs verbucht.

jedoch erst im Sommer 1903 eingefordert worden ist. Im Dezember 1902 ist sodann eine abermalige Erhöhung um 25 Millionen beschlossen worden, wovon 1/4 gegen Ende des vorigen Jahres und 2/4 in diesem Jahre eingefordert wurden. Eine weitere Erhöhung ist mit fortschreitendem Linienbau zu erwarten. Schuldverschreibungen kann die Gesellschaft gemäß § 6 der Genehmigungsurkunde erst nach Vollendung der ersten Liniengruppe (Linie Nr. 1 bis 3) ausgeben, also frühestens 1905 nach Fertigstellung der beiden jetzt in der Ausführung befindlichen Seinebrücken bei Passy, Fig. 125, und am Austerlitzbahnhof, Fig. 456. Auf das Aktienkapital (= 25 Mill. frs) sind nach dem Geschäftsbericht der Gesellschaft für die Jahre 1900 und 1901 je 6 vH Dividende gezahlt worden, während im Jahre 1902, wo sich zum ersten Male die Kapitalverdopplung geltend machte, nachstehende Dividendenbeträge gezahlt wurden:

6 vH für das eingezahlte Kapital von 25 Millionen,
3 » » » gezeichnete Neukapital von 25 Millionen,
3 » » die 1902 in 2 Posten eingezahlte erste Hälfte dieses Neukapitals.

Die letzteren beiden Beträge sind unter Berücksichtigung der Einzahlungszeiten gleichbedeutend mit einer Jahresverzinsung von 10,85 vH für das tatsächlich Eingezahlte.

Für das Jahr 1903 sind trotz der Einbuße und der Sonderausgaben durch das Brandunglück wiederum 6 vH Dividende auf das voll eingezahlte Kapital von 50 Millionen frs verteilt worden.

Die Aktionäre der Stadtbahn können also ebenfalls zufrieden sein.

Allerdings geht aus den Geschäftsberichten nicht die Höhe der Abschreibungen hervor. In dem Gesellschaftsstatut heißt es unter Art. 40: »Bei der Inventuraufnahme bestimmt der Verwaltungsrat die gewerbliche Abschreibung, wie er sie für zweckmäßig hält.« Die Bilanz enthält keinerlei Zahlenangaben darüber, sondern führt nur die Inventurwerte auf. Auch ist ein Tilgungsfonds für das Aktienkapital noch nicht angelegt worden. Artikel 41 des vorgenannten Statutes besagt, daß ein solcher erst nach Eröffnung der ersten Liniengruppe gegründet werden soll, und zwar derart, daß das eingezahlte Gesellschaftskapital in Höhe von 250 frs für jede Aktie spätestens beim Erlöschen der letzten Linienkonzession vollständig getilgt werden kann. Es weicht dieses Verfahren von demjenigen gut geleiteter deutscher Bahnen ab, deren Bilanzen stets die eingestellte Abschreibungssumme auf Gebäude, Maschinen, Wagenpark usw. klar erkennen lassen und damit eine richtige Beurteilung der wirtschaftlichen Lage des Unternehmens ermöglichen. Wird übrigens dieser Tilgungsfonds demnächst alljährlich bedacht werden, so schmälert sich die Jahresdividende; denn mehr als jetzt wird kaum aus der Linie Nr. 1 herausgewirtschaftet werden können, es sei denn, daß es gelingt, die Erzeugungskosten des elektrischen Stromes herabzudrücken; im übrigen lastet eben die Höhe der Abgaben an die Stadt schwer auf der Bahn. Der auch jetzt noch immerhin ungewöhnlich hohe Kurs der Aktien: 614 frs (Kurs am 6. März 1905) gegen 250 frs Nennwert, dürfte daher demnächst wohl eine Minderung erfahren. Erwähnt sei noch, daß vor Ausschüttung einer Dividende zunächst der gesetzliche Reservefonds mit 5 vH[1]) der Reineinnahme (einschl. der Zinserträgnisse, jedoch ohne die Vortragsumme vom Jahre zuvor) solange bedacht wird, bis er $^1/_{10}$[1]) des Gesellschaftsvermögens erreicht hat (zurzeit beläuft er sich auf 292 676,6 frs). Dann wird ein Betrag für den Tilgungsfonds, wenigstens demnächst, zurückgelegt und nunmehr eine Dividende von 3 vH auf das eingezahlte Kapital verteilt. Vom Uebrigbleibenden erhält der Verwaltungsrat 8 vH, der Rest dient gegebenenfalls zu einer weiteren Dividende für sämtliche Aktien ohne Unterschied und für die auf das neue Jahr zu überschreibende Vortragsumme, unter Umständen auch für die Ueberweisung an besondre Fonds.

e) Fürsorge für Beamte und Arbeiter.

Es ist die Fürsorge hervorzuheben, die der Pariser Gemeinderat den Bahnbeamten und Arbeitern hat angedeihen lassen. Die tägliche Betriebszeit ist gesetzlich auf 20 Stunden festgesetzt, dauert jedoch in Wirklichkeit nur von morgens 5 Uhr 30 bis nachts 1 Uhr, also $19^1/_2$ Stunden. Durch die unvermeidlichen Zeitverluste bei der Uebernahme und Abgabe des Dienstes entsteht für das Betriebspersonal eine etwa 20stündige Dienstzeit. Es sind also täglich doppelte Besetzungen nötig, die sich gegen 3 Uhr nachmittags ablösen.

In erster Linie hatte nun der Stadtrat in den Vertragsentwurf die Bestimmung aufgenommen, daß

a) die tägliche Dienstdauer 10 Stunden nicht überschreiten,

b) den Beamten und Arbeitern ein monatliches Einkommen nicht unter 150 frs und

c) den vorübergehend beschäftigten Personen ein Tagelohn nicht unter 5 frs gezahlt werden solle.

Diese drei mit dem Eisenbahnwesen nicht immer zu vereinbarenden Punkte hat jedoch der Gesetzgeber ausdrücklich durch den § 4 der Genehmigungsurkunde gestrichen, die andern dagegen genehmigt, und diese sind sehr beachtenswert, da sie sich durch ein hohes Maß von Wohlwollen für die wirtschaftlich Schwachen auszeichnen. Sie lauten:

1) Jährlich wird ohne Abzug am Einkommen ein Urlaub von 10 Tagen bewilligt.

2) Während einer militärischen Dienstleistung wird das Einkommen unverkürzt weitergezahlt.

3) Die durch den Kassenarzt festgestellten Krankentage müssen ebenfalls voll bezahlt werden, und zwar mindestens für die Dauer eines Jahres.

4) Bei einem Dienstunfall, der augenblickliche Arbeitsunfähigkeit zur Folge hat, wird dem Arbeiter das Einkommen bis zu seiner Genesung weitergezahlt, unbeschadet der Entschädigung, die ihm im Falle teilweiser oder ganzer Erwerbsunfähigkeit bewilligt wird.

5) Die Bahnarbeiter sind gegen Unfälle auf Kosten der Betriebsverwaltung zu versichern. Abzüge am Einkommen dürfen ihnen hierfür nicht gemacht werden. Die Betriebsgesellschaft bleibt dem Verunglückten gegenüber stets unmittelbar für die Bezahlung haftbar, gleichgültig, wen die Verantwortung für den Unfall trifft.

6) Die Gesellschaft ist berechtigt, die als notwendig erkannten Schutz- und Gesundheitsmaßnahmen vorzuschreiben.

7) Nach 24monatiger Dienstzeit wird jedem mündigen Beamten oder Arbeiter beiderlei Geschlechts die feste Anstellung in Form des Mietvertrages verliehen.

Die Betriebsgesellschaft ist bei Vermeidung des Verlustes ihrer Rechte an die genaue Befolgung vorstehender Bestimmungen gebunden. Sie ist ferner verpflichtet, wie es in Artikel 17 des Vertrages heißt,

8) für ihr gesamtes Personal Beiträge an die nationale Pensionskasse zu leisten. Die Beiträge setzen sich zusammen aus 2 vH Lohnabzügen und dem dreifachen Zuschuß aus der Gesellschaftskasse.

Der Arbeitnehmer zahlt also in diesem Falle $^1/_4$, der Arbeitgeber $^3/_4$ der Beitragssumme. (Nach dem deutschen Versicherungsgesetze für Invalidität und Altersversorgung zahlt jede der beiden Parteien die Hälfte.) Sobald die Zahl der beförderten Personen 220 Millionen überschreitet, sind die Lohnabzüge auf 1 vH zu ermäßigen, die Gesellschaftsbeiträge auf 7 vH zu erhöhen; die Beiträge sind also dann im Verhältnis $^1/_8$ und $^7/_8$ zu leisten.

9) Ferner hat die Verwaltung für unentgeltliche ärztliche Behandlung und kostenlose Lieferung von Heilmitteln Sorge zu tragen.

10) Endlich sind auch auf Gesellschaftskosten außer den Arbeitern alle Bediensteten gegen Unfall zu versichern.

Zur Sicherung der durch die §§ 3 bis 5 und 9 bis 10 vorgeschriebenen Gesellschaftsleistungen hat die Verwaltung eine besondre, auf Generalkosten zu verrechnende Kasse gründen müssen, die von den Bediensteten und Arbeitern selber geleitet wird. Die Gesellschaft ist übrigens noch über diese Verpflichtungen hinausgegangen und gewährt den Beamten Prämienanteile an der Einnahme, Belohnungen usw. Im Jahre 1903 hat die Gesellschaft folgende Beträge für Wohlfahrtzwecke (ohne die Unfallversicherung) gezahlt:

pflichtmäßig	Arztbehandlung und Heilmittel	166 876,51 frs
	Pensionskasse	119 725,20 »
freiwillig	Prämien	121 004,70 »
	Beihülfen	65 546,25 »
	zusammen	473 152,66 frs

Das monatliche Einkommen einiger Bediensteten ist folgendes:

Stationsvorsteher	202,5,	210,	225 frs
Wagenführer	202,5,	210,	225 »
Fahrkarten-Verkäuferin	90,	97,5,	105 »
Streckenarbeiter	150,	165,	180 »

Trotzdem hiernach so gut für die Bediensteten gesorgt ist wie wohl bei keiner andern ähnlichen Gesellschaft Frankreichs, traten sie vom 29. bis 31. Januar 1901 in den Ausstand, so daß der Stadtbahnbetrieb während dieser aTge völlig ruhte. Sie verlangten u. a. die feste Anstellung schon nach sechsmonatiger Dienstzeit und eine besondre Geldbewilligung von 10 vH ihres Einkommens für die Mehrarbeit, die sie während der Ausstellungsmonate (19. Juli bis 12. November 1900) geleistet hätten. Der Streik wurde durch Vermittlung des Ministers der öffentlichen Arbeiten beigelegt. Das Ergebnis war für das Personal u. a. das, daß die feste Anstellung schon nach einjähriger Beschäftigung erfolgen kann, ohne daß die Bediensteten jedoch ein Recht haben, sie zu fordern. (Am 1. Januar 1904 waren bereits 1303 Personen angestellt.) Die Geldzulage wurde ebenfalls bewilligt und belief sich im ganzen auf 37 000 frs.

Nach dem großen Eisenbahnunglück im vorigen Jahre haben sich die Betriebsbeamten und Arbeiter wiederum nicht versagen können, eine Protestversammlung abzuhalten, in der sie u. a. die Betriebsgesellschaft für das Unglück verantwortlich machten, dem Polizeipräsidium zu große Nachsicht gegen die Gesellschaft vorwarfen und Aenderungen in der Bauart der Wagen sowie in den Anforderungen an das Personal verlangten, alles Dinge, die in jener Zeit übrigens auch in allen Pariser Zeitungen ausgesprochen wurden. —

[1]) Diese beiden Zahlen stimmen mit den im § 262 des Handelsgesetzbuches für das Deutsche Reich für unsere Aktiengesellschaften vorgeschriebenen Kleinstwerten überein.

X. Anhang.

1) Das Dampfturbinen-Kraftwerk St. Ouen.

Im Norden von Paris, außerhalb der Stadtumwallung nach St. Denis zu und wie das vorbeschriebene Bercy-Werk gleichfalls an der Seine gelegen, hat dieses Kraftwerk den nordwestlichen Bezirk des Pariser Stadtbahnnetzes mit Energie zu versorgen. Es ist nicht im Besitze der Betriebsgesellschaft dieser Bahn, sondern gehört einer andern Privatgesellschaft, die gleichzeitig Strom an die Pariser Straßenbahnen abgibt; jedoch sind die Kapitalisten der erstern daran beteiligt. Die Pächterin der Stadtbahn ist nach dem Vertrage mit der Stadtverwaltung verpflichtet, die zum Betriebe der 8 Linien erforderlichen Krafthäuser zu errichten und sie bei Ablauf der Konzession unentgeltlich der Stadt zu überlassen. Jene vertritt nun in ihrem Geschäftsbericht vom Jahre 1904 die Ansicht, daß durch den jetzigen Ausbau des Bercy-Werkes auf 14400 KW dem vertraglich vorgeschriebenen Mindestbedürfnis — 135 Züge mit je 100 Plätzen in jeder der beiden Fahrrichtungen der verschiedenen Linien — Rechnung getragen ist. Die Stadtverwaltung steht dagegen auf dem Standpunkt, daß die dermaleinst an sie abzutretenden Kraftwerke auch dem dann bestehenden Bahnverkehr entsprechen müssen. Vorläufig allerdings ist dieser Gegensatz noch gegenstandslos.

Was nun diese Neuanlage — auch Usine de St. Denis genannt — besonders beachtenswert macht, ist neben ihrer Leistungsgröße die ausschließliche Verwendung von Dampfturbinen für den Antrieb der Drehstromerzeuger, noch dazu in der ungewöhnlichen Größe von je 6000 KW oder fast 10000 PS_i Höchstleistung. Die Gesamtleistung der Anlage ist auf 40000 KW berechnet, wovon zurzeit die Hälfte zum Ausbau gelangt. Für die zweite Hälfte sind noch größere Turbineneinheiten in Aussicht genommen.

Fig. 434.
Kettenrost der Babcock & Wilcox-Kessel.

Im Gegensatz zu dem Bercy-Werk sind in der St. Ouen-

Anlage die einzelnen Hauptabteilungen: Kohlenbunker, Dampfkesselhaus und Maschinenhaus, hintereinander, dagegen im erstern mit gleicher Längenabmessung nebeneinander angeordnet.

Zwei gemauerte Kanäle verbinden das Maschinenhaus mit dem Flusse, um diesem die für die Oberflächenkondensatoren erforderliche große Kühlwassermenge zu entnehmen und sie nach Gebrauch weiter flußabwärts wieder abzuführen.

Die Kohlen werden auf mechanisch-elektrischem Weg aus den Schiffen nach den Bunkern geschafft.

Fig. 435.
Wasserkammer der Babcock & Wilcox-Kessel.

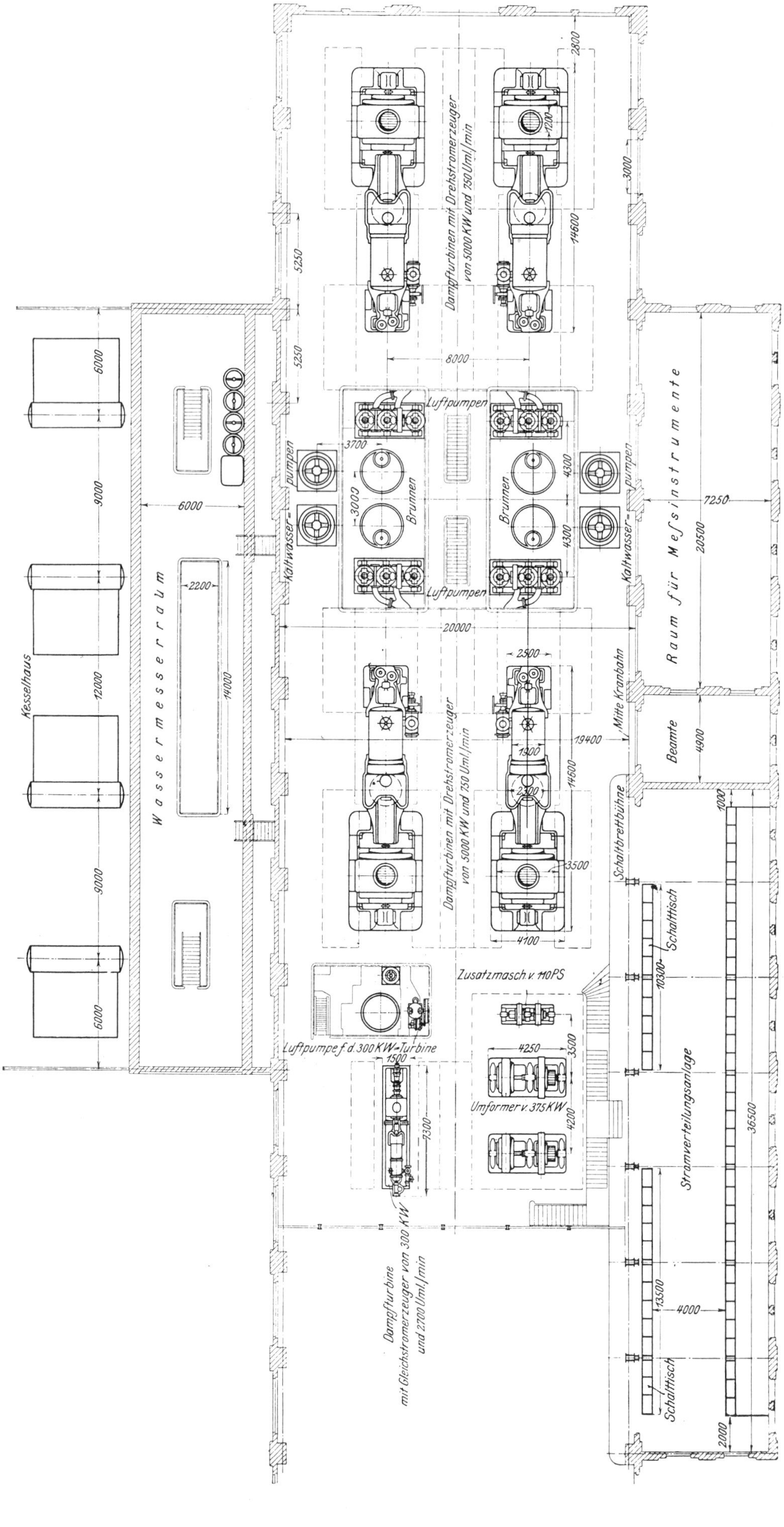

Fig. 436. Grundriß des Maschinensaales.

1) Kesselhaus.

Das 42 m breite und rd. 50 m lange Kesselhaus enthält 20 Wasserrohrkessel von je 420 qm Heizfläche nach der Schiffskesselbauart von Babcock & Wilcox, die in 4 parallelen Reihen aufgestellt sind. Da bei dem verhältnismäßig geringen Platzbedarf so großer Turbineneinheiten, wie sie hier vorkommen, die Anordnung von zwei parallel zur Längsachse des Turbinensaales laufenden Kesselreihen im allgemeinen wohl ausgeschlossen ist, falls man nicht die Turbinen ganz unnötig weit auseinander rücken will, um mit glei-

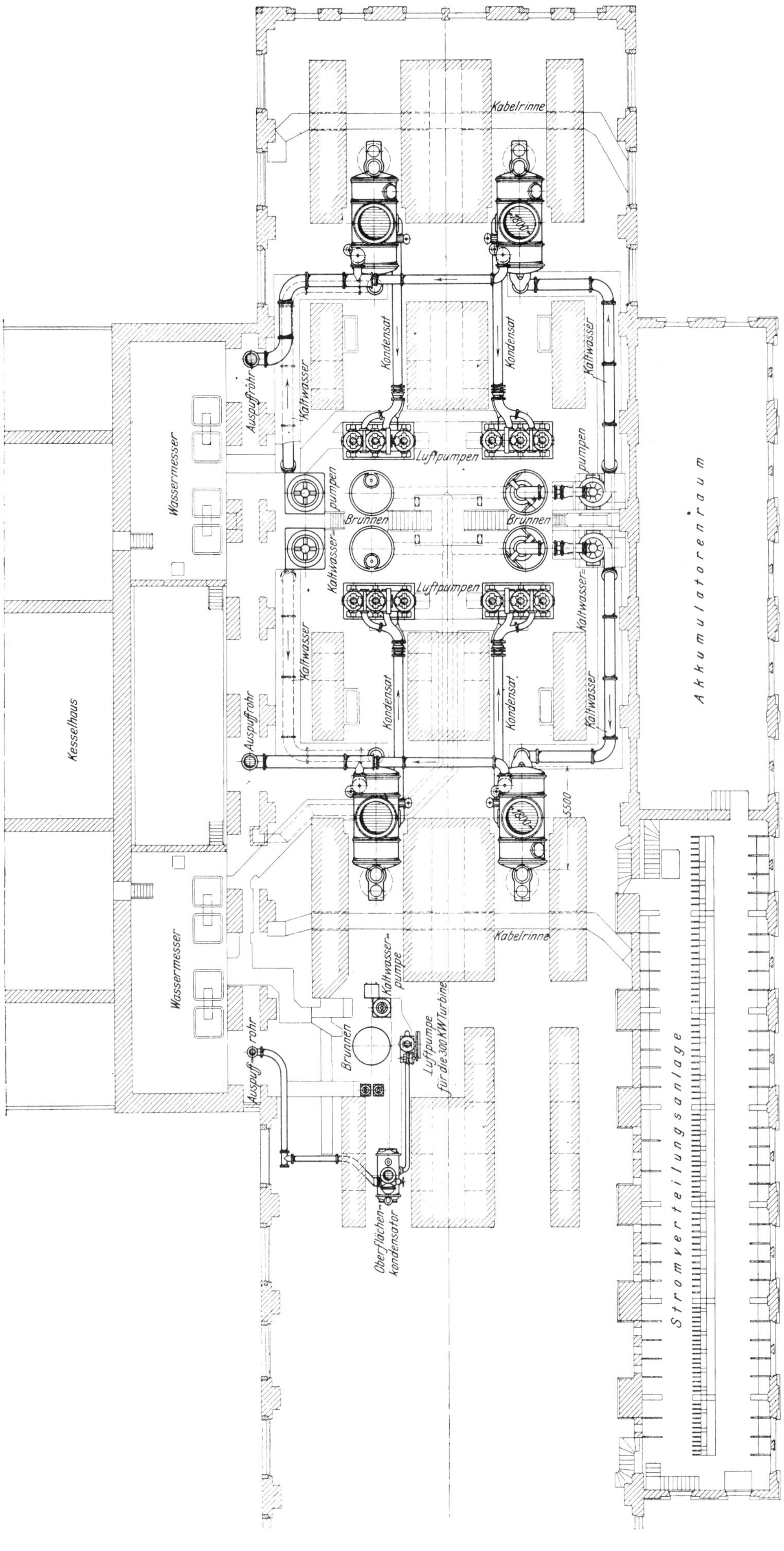

Fig. 437. Grundriß des Kellergeschosses.

cher Länge für das Maschinen- und Kesselhaus auszukommen, so blieb nur übrig, die Kesselgruppen entweder nebeneinander rechtwinklig zur Saallängsachse zu legen, oder übereinander. Auf ein mehrstöckiges Kesselhaus, das in großen nordamerikanischen Kraftwerken nichts Seltenes ist, hat man hier aus gesetzlichen Gründen[1]) verzichten müssen. Es wurde daher die erstgenannte Kesselgruppenanlage gewählt, wie sie sich auch in dem neuen Carville-Krafthaus in Newcastle on Tyne (2000 KW- und 3500 KW-Parsons-Turbinen) vorfindet, desgl. in dem Fisk Street-Kraftwerk[2]) in Chicago (5000 KW-Curtis-Turbinen).

Für das St. Ouen-Werk sind Schiffskessel[3]) gewählt, um eine möglichst große Heizfläche auf kleinster Grundfläche aufbauen zu können; so weist denn auch jeder Kessel 420 qm Heizfläche auf nur rd. 25 qm Bodenfläche auf. Bemerkenswert ist nach dieser Richtung hin ein Vergleich mit dem Bercy-Werk der Stadtbahn, wie ihn die Uebersicht auf S. 164 ermöglicht, in der sich deutlich die bessere Platzausnutzung der Wasserrohrkessel sowie ihre stärkere Beanspruchung auf 1 qm Heizfläche gegenüber der andern Kesselart ausdrückt.

Die allgemeine Bauart der St. Ouen-Kessel, die z. B. auch in dem schon genannten neuen Carville-Kraftwerke Verwendung gefunden hat, zeigt:

1) mehr als 200 in der Richtung nach dem Fuchs ansteigende Wasserrohre,

2) schmale, zickzackartig geformte Wasserkammern mit Schlammsammler unter der einen Kammerreihe,

3) querliegenden Oberkessel.

Besonders charakteristisch für diese Kesselart ist die Anordnung einer eigenen vorderen und hinteren Wasserkammer für jede der vielen senkrechten Rohrreihen, Fig. 435;

[1]) Vgl. Abschnitt II, Artikel 15 des französischen Kesselgesetzes vom 30. April 1880.

[2]) Pläne dieser beiden Kraftwerke enthält das Journal of the Institution of Electrical Engineers 1904 S. 714 und 718; s. a. Z. 1904 S. 1666.

[3]) s. Z. 1896 S. 1146.

Kraftwerk und Jahr der Inbetriebsetzung	regel-rechte Leistung	Kessel-haus-grund-fläche	Kessel-heiz-fläche	auf 1 qm Boden-fläche entfällt		1 qm Heiz-fläche liefert Leistung
				Heiz-fläche	Leistung	
	KW	qm	qm	qm	KW	KW
St. Ouen 1905 .	20 000	2100	8 400	4,0	9,52	2,38
Bercy 1900/1904	14 400	5400	13 320	2,47	2,67	1,08

die zulässige Rostbreite gezogenen Grenze ausdehnen. Diese Unterteilung sichert einen besonders lebhaften und einheitlich gerichteten, also günstigen Wasserumlauf. Die (von vorn gesehen) zickzack- oder wellenförmige Gestalt der Wasserkammern gestattet, neben gutem Aneinanderschmiegen aller Einzelkammern eines Kessels, die Röhren in einer jeden Kammer zu versetzen.

Bemerkenswert ist auch, daß diese schmalen, aus geschweißten Flußeisenblechen angefertigten Kammern keiner

Fig. 438 bis 441. 5000 KW-Turbine mit Drehstromerzeuger und Oberflächenkondensation.

Fig. 438. Schnitt *A-B*.

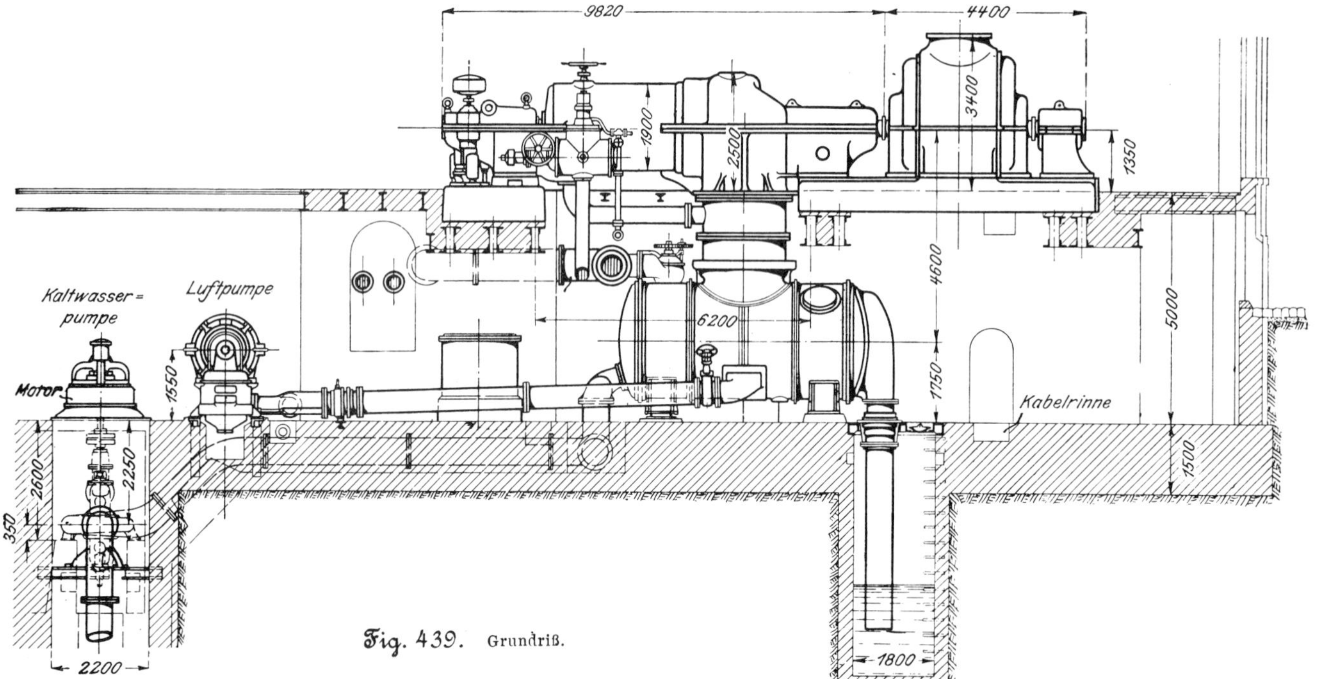

Fig. 439. Grundriß.

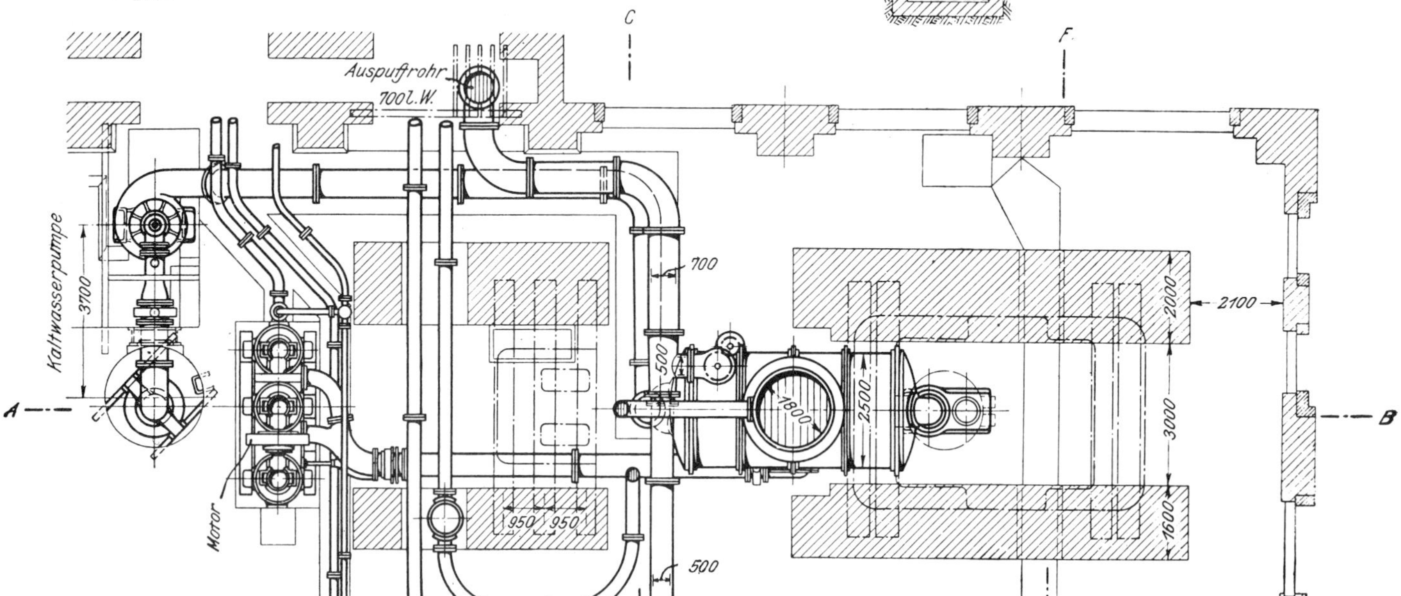

jede Kammer ist mit dem Oberkessel durch 1 bezw. 2 Röhren verbunden. Der Unterkessel setzt sich hiernach aus einer größeren Zahl von gleichartigen Elementen zusammen; seine Größe läßt sich daher bequem von wenigen Quadratmetern Heizfläche bis zu der durch die Rostbeschickung und durch besondern Verankerung bedürfen, und daß jeder Kessel in einem eisernen Traggerüst gestützt wird, damit er sich in allen seinen Teilen frei und ohne Nachteil für das Mauerwerk ausdehnen kann. Sämtliche Rohrverbindungen sind nur durch Aufwalzen mittels der Rohrwalze hergestellt.

Jeder Kessel ist mit zwei ausziehbaren mechanischen Kettenrostfeuerungen von je rd. 3,2 qm Rostfläche ausgestattet, Fig. 434, wie solche zurzeit auch in dem zweistöckigen Kesselhause des Chelsea-Kraftwerkes der Londoner Distrikt Untergrundbahn[1]) (80 Kessel von je 485 qm Heizfläche) eingebaut werden.

Diesen Kettenrosten wird eine gute Brennstoffausnutzung bei recht schwacher Rauchentwicklung nachgesagt.

Der oberhalb der Wasserrohre eingebaute Ueberhitzer von etwa 60 qm Heizfläche besteht aus **C**-förmig gebogenen nahtlosen Röhren. Ihre Enden münden in geschweißten Kasten quadratischen Querschnittes (152 × 152 mm im Lichten), in

Fig. 440. Schnitt *C-D*.

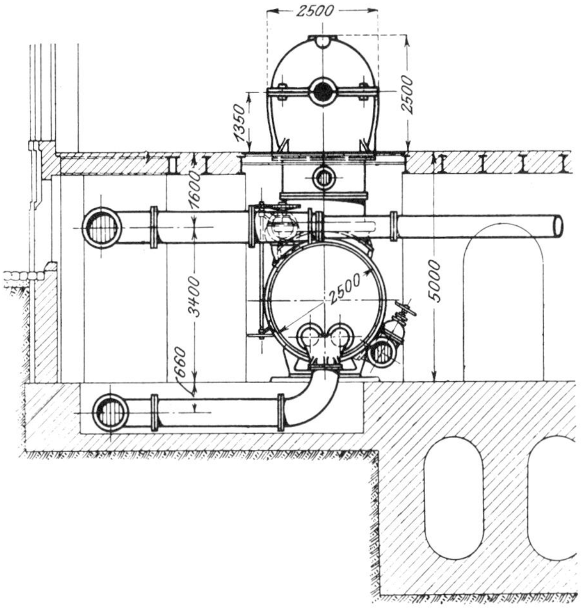

Fig. 441. Schnitt *E-F*.

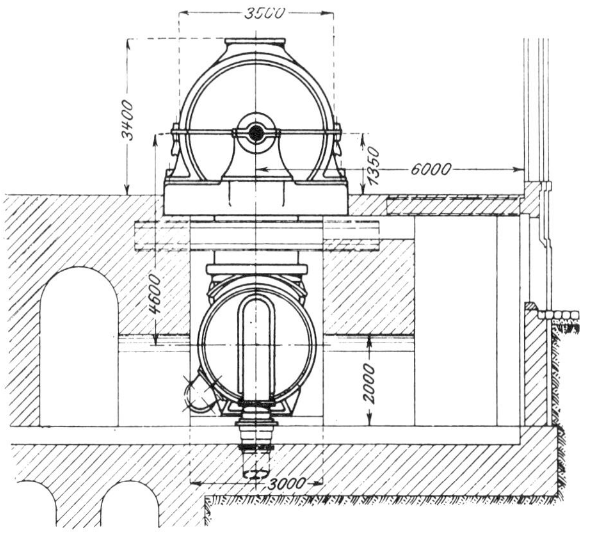

deren Vorderwand sich Oeffnungen mit Lukenverschluß befinden, um die Ueberhitzerröhren einwalzen sowie untersuchen zu können. Eine an den Oberkessel angeschlossene Rohrleitung mit Dreiwegehahn gestattet, den Ueberhitzer mit Wasser zu füllen, wenn er, wie z. B. beim Anheizen, ausgeschaltet werden soll, oder ihn zwecks Reinigung auszublasen. Der Betriebsdruck beträgt 12 at. Die Ueberhitzung des Dampfes kann bis 360° getrieben werden, soll aber in regelrechtem Betriebe 300° für gewöhnlich nicht übersteigen.

Wie im neuen Bercy-Kesselhause wird auch hier das Speisewasser in Rauchgas-Vorwärmern angewärmt.

2) Maschinenhaus.

Die 20 m breite und vorläufig 100 m lang ausgebaute Maschinenhalle mit 4,5 m hohem Kellergeschoß enthält:

a) 4 Dampfturbinen, Bauart Brown-Boveri-Parsons, mit unmittelbar gekuppelten Drehstromerzeugern (Turboalternatoren) von je 5000 KW regelrechter und 6000 KW höchster Nutzleistung bei 750 Uml./min. Die Stromerzeuger sind vierpolig und für eine größte Strommenge von 365 Amp bei 10 500 V sowie 25 Perioden gebaut, was für cos $\varphi = 0{,}9$ einer Leistung von 6000 KW entspricht;

b) 1 Dampfturbine gleicher Bauart mit unmittelbar gekuppelter, als Erregermaschine dienender Gleichstromdynamo (Turbodynamo) von 300 KW Nutzleistung, 220 V Stromspannung und 2700 Uml.-min;

c) 2 Umformer mit je 2 Ankern (Motorgeneratoren) von je 375 KW Nutzleistung (Gleichstrom) für den Antrieb der Motoren des Kraftwerkes (Pumpen, Kohlenförderung usw.), für Beleuchtung und Erregung. Sie werden mit Drehstrom von 10 000 V synchron betrieben und erzeugen Gleichstrom von 220 V;

d) 1 Zusatzmaschine von 110 PS Motorleistung zum Aufladen einer Akkumulatorenbatterie; sie gibt 660 Amp bei einer Spannung von 0 bis 110 V ab.

An die Maschinenhalle stößt unmittelbar ein 63 m langer und 7,25 m breiter Anbau. In einem Teile seines Kellergeschosses hat die erwähnte Batterie Aufstellung gefunden. Sie leistet 1300 Amp-st bei einstündiger Entladung, dient als Ersatz für die Umformer und übernimmt in Notfällen die Beleuchtung sowie den Motorenbetrieb, deckt also z. B. erforderlichenfalls den Strombedarf der Motoren für die Dampfkessel-Speisepumpen, wenn das Kraftwerk außer Betrieb ist und in Tätigkeit gesetzt werden soll.

Im Erdgeschoß über der Batterie liegen Räume für Beamte und Meßinstrumente. Der andre Teil des Anbaues besorgt die Stromverteilung. Er enthält 5 Stockwerke, wovon die 4 unteren durch eine durchgehende Längswand in zwei Hälften geteilt sind. Die an den Maschinensaal stoßende Hälfte (in nachstehender Uebersicht die linksseitige) bedient die Stromerzeuger, die andere (in nachstehender Uebersicht die rechtsseitige) dient den ausgehenden Kabeln.

Schaltanlage des Kraftwerkes.
(Aufrißanordnung)

für die Stromerzeuger		für die ausgehenden Kabel
V. Geschoß: Schalttische		
Regulier-Widerstände	Hauptschalter	
Hülfschalter	Hülfschalter	
Hauptausschalter	Ueberspannungs-Schutzapparate	
Kabel von den Maschinen	Kabel nach der Stadt	

So enthält z. B. das 4. Geschoß links die großen Regulierwiderstände für die Stromerzeuger, rechts die Hauptschalter für die ausgehenden Kabel. Die Mittelwand trägt die Sammelschienen; die Pole sind durch eine dünne, wagerechte Zwischenwand aus armiertem Beton getrennt.

Im obersten Geschoß, von dem aus der ganze, 5 m tiefer liegende Maschinensaal (vgl. Fig. 436) überblickt werden kann, stehen die Bedienungstische für die Maschinen und die ausgehenden Leitungen. Hier sind auch alle Meßapparate, die übrigens nur Niederspannung führen, untergebracht, ebenso die Bedienungshebel für die Hochspannungs-Oelausschalter und die Relais, welche die Ausschalter bei Störungen selbsttätig ausschalten.

[1]) s. Z. 1904 S. 576.

Die Gleichstromverteilanlage dient lediglich dem Strombedarf des Kraftwerkes; sie hat das ansehnliche Leistungsvermögen von 10000 Amp bei 220 V.

Die einheitlich durchgeführte Verwendung von Gleichstrommotoren für alle Nebenzwecke des Kraftwerkes ist auf ausdrücklichen Wunsch der Bestellerin erfolgt. Brown, Boveri & Co. hatten für die Hülfsmotoren, mit Ausnahme derjenigen für die schon genannten Kesselspeisepumpen, Drehstrom vorgeschlagen, der in Dreiphasen-Transformatoren auf eine niedrigere Gebrauchspannung herabgestimmt werden sollte. Auf diese wirtschaftlich vorteilhaftere Energieausnutzung ist jedoch zugunsten der Einheitlichkeit verzichtet worden.

Zwischen der Maschinenhalle und dem Kesselhaus ist ein 6 m breiter Raum von 42 m Länge für das Messen des Kondensats eingeschaltet (Wassermesserraum).

Die Figuren 1 und 2 zeigen die eigenartige Gruppierung der Turbinen mit ihren Kondensatoren. Es sind 4 Einheiten gebildet. Jede 5000 KW-Turbine hat ihren besondern Oberflächenkondensator mit Umlaufpumpe, Brunnen und Luftpumpe, sowie ihre Kesselgruppe mit 5 Kesseln von zusammen 2100 qm Heizfläche. Allen vier Einheiten gemeinsam dient in Notfällen die Erregerturbine, deren Dynamo regelrecht etwa $^3/_4$ vH der in den Drehstrommaschinen erzeugten Energie zu leisten hat. Für gewönlich sollen die Umformer und die Batterie den Erregerstrom liefern.

Die großen Maschinensätze sind in zwei Reihen parallel zur Längsachse des Gebäudes aufgestellt, und zwar auf Wunsch der Bestellerin derartig, daß ihre Hochdruckseiten einander zugekehrt liegen. Fällt hierbei zwar auch die Kabellänge etwas größer aus als bei sonst üblicher Aufstellung, so konnten doch anderseits die 8 Pumpen unter gleichartigen Verhältnissen gruppiert werden. Sie liegen mit den Brunnen in dem Mittelraume zwischen den Turbinen. Ueber je zwei Luftpumpen und Brunnenschächten befindet sich eine gemeinsame $12 \times 4{,}7$ qm große Oeffnung im Fußboden, während über den 4 Umlaufpumpen je eine kreisrunde, durch Riffelblech abgedeckte Durchbrechung liegt. Durch den die ganze Halle bestreichenden Laufkran können daher die Maschinenteile im Erd- und Kellergeschoß bequem bedient werden.

Höchst einfach ist die Auflagerung der 9,8 m langen Turbine. Nach Fig. 438 bis 441 ruht sie nur an den Enden auf, und zwar auf genieteten Zwillingsträgern, so daß sie sich rd. 6 m weit frei trägt. Der mit ihr gekuppelte Drehstromerzeuger stützt sich auf dieselbe Grundplatte wie das Niederdrucklager der Turbine; diese Platte ruht ebenfalls auf Zwillingsträgern. Man hat letztere, um sie auszusteifen und die Resonanz aufzuheben, die bekanntlich bei leichter Eisenträgerunterstützung störend auftreten kann, mit Beton ausgestampft. Die Fundamentplatten greifen in die Zement-Betonschicht hinein. Das 300 mm weite Dampfzuführrohr ist durch das Kellergeschoß geleitet und schließt sich von unten an die Turbine an. Der Kondensator liegt dicht unter der Turbine; das 1800 mm weit gehaltene Abdampfrohr ist daher nur kurz, so daß der Abdampf unmittelbar und ohne nennenswerten Widerstand aus dem letzten Laufrad in den Kondensator überströmen kann. Der ganze Raum über den Maschinen ist infolge dieser Anordnung vollkommen frei. Die Mitte der Turbinenwelle liegt 1,35 m über Fußboden, der höchste Punkt eines Maschinensatzes, d. i. die Austrittstelle der warmen Luft am Gehäuse der Drehstromerzeuger, noch 2 m höher.

Da mit 300° heißem Dampf gearbeitet wird, so ist der Ausdehnung des langen Turbinengehäuses sorgfältigst Rechnung zu tragen. Zu dem Zweck ist das Hochdruckende auf der Grundplatte gleitbar gelagert, während das Niederdruckende fest mit ihr verschraubt ist. Auch der Kondensator ist mit dem Gehäuse nicht fest verspannt, sondern nachgiebig angeordnet, indem einerseits in das 1800 mm weite Verbindungsrohr zwischen ihm und der Turbine eine Stopfbüchse mit Wasserverschluß eingeschaltet ist, anderseits aber sein freies Ende durch ein nach Art der Kesselstühle ausgebildetes Rollenlager (Fig. 438) unterstützt wird.

Der Kondensator ist in seinem zylindrischen Teile 5 m lang, 2,5 m weit und enthält eine große Zahl dünnwandiger, vom Kühlwasser durchströmter Messingröhren. Eine Rohrleitung von 600 mm Dmr. führt dieses Wasser dem einen Kondensatorende zu, ein ebenso weites Fallrohr am andern Ende leitet es angewärmt in den Ablaufkanal. Das Kondensat wird unterhalb des Rohrbündels, und zwar in der Mitte, abgezogen.

Auf 1 kg stündlichen Dampfverbrauch bei größter Leistung kann man 0,02 bis 0,025 qm Kühlfläche[1]) und 50 kg Kühlwasser (Flußwasser) rechnen, um ein Vakuum von mindestens 90 vH des Barometerstandes von 760 mm zu erreichen. Parsons gibt in einem im Frühjahr 1904 gehaltenen Vortrag über seine Turbinen an[2]), daß in seinen neusten Oberflächenkondensatoren 10 bis 12 Pfund Dampf auf 1 Quadratfuß Kühlfläche mit der 50 fachen Wassermenge niedergeschlagen werden, wobei, volle Belastung der Turbine vorausgesetzt, ein Vakuum von $27^1/_2$ bis 28 Zoll engl. bei 30 Zoll Barometerstand erzielt wird. Es entspricht das einer Kühlfläche von 0,02 qm auf 1 kg/st Dampf und einem Vakuum von 90 bis 93 vH des Barometerstandes von 760 mm. Die Kühlfläche ist hiernach nicht größer, als sie bei Kolbendampfmaschinen genommen wird; von günstigem Einfluß auf das Vakuum hinter dem letzten Laufrad ist die unmittelbare Lagerung des Kondensators unterhalb der Turbine, Fig. 438 und 440.

Ein hohes Vakuum gestattet nun nicht nur eine bessere Ausnutzung der kinetischen Energie, sondern vermindert auch die Flächenreibung der Räderwalze im Dampf, erfordert aber anderseits auch eine leistungsfähigere Luftpumpe. Parsons stattet deshalb neuerdings zur Sicherstellung eines hohen Vakuums und zu dessen weiterer Erhöhung seine Turbinenkondensatoren außer der üblichen Luftpumpe noch mit einem sogen. Vakuumvermehrer (vacuum augmentor)[3]) aus, indem er mittels eines Dampfejektors die Luft wirksamer aus dem Kondensator zu entfernen sucht, als es mittels der Luftpumpe allein möglich ist. Er kommt damit auf ein Vakuum von 95 vH des Barometerstandes von 760 mm, freilich auf Kosten der Einfachheit. Der Ejektor verbraucht stündlich 123 kg Dampf[4]).

Nach Parsons beträgt die Arbeit der Kühlwasserpumpe bei $4^1/_4$ m Gesamtdruckhöhe, d. h. einschließlich der Widerstandshöhe in der Zuleitung und im Kondensator, und bei einem Wirkungsgrad von 0,50 für Pumpe und Motor für

$$\frac{\text{Kühlwassermenge}}{\text{Dampfmenge}} \begin{cases} = 50 \;\ldots\; 1 \text{ vH der Turbinenleistung,} \\ = 30 \;\ldots\; 0{,}6 \text{ » » »} \end{cases}$$

Das ist ein Unterschied von nur 0,4 vH. Durch die wirksamere Kühlung wird aber das Vakuum um 20 bis 25 mm erhöht, und das zieht eine Mehrleistung der Turbine von 4 bis 5 vH nach sich. Der Gewinn ist also wesentlich größer als die Einbuße durch vermehrte Pumpenarbeit. Vergl. auch weiter unten das über die Expansion Gesagte.

Hierbei ist die Verwendung von Flußwasser für den Kondensatorbetrieb vorausgesetzt. Wie sich die theoretisch erforderlichen Kühlwassermengen bei verschiedenen Wassertemperaturen in bezug auf die mit ihnen erreichten Luftverdünnungen verhalten, zeigt in bemerkenswerter Weise Fig. 442. Ihre Werte werden in der Wirklichkeit allerdings nicht unwesentlich überschritten. Von besonderm Interesse sind hier die für Luftverdünnungen von 90 bis 95 vH erforderlichen Wassermengen. Um z. B. das Vakuum von 90 auf 95 vH zu heben, ist bei 20° warmem Wasser viermal soviel Wasser nötig, wie bei einer Steigerung des Vakuums von 85 auf 90 vH. Mit 30° warmem Wasser ist ein Vakuum von 95 vH überhaupt nicht mehr zu erzielen.

In St. Ouen wird das Kühlwasser für jede Turbine nach Fig. 438 einem 2,2 m weiten, von der Seine gespeisten Brun-

[1]) Bei den Westinghouse-Turbinen des Chelsea-Kraftwerks der Londoner Distrikt-Untergrundbahn sind Oberflächenkondensatoren von je 1395 qm Heizfläche gewählt. Die Turbinen leisten regelrecht 5500 KW und lassen eine Ueberlastung von 50 vH zu. Setzt man den Dampfverbrauch bei größter Leistung gleich 8 kg für 1 KW-st, so ergibt sich hieraus für 1 kg stündlichen Dampfverbrauch eine Kühlfläche von 0,021 qm.

[2]) The steam turbine as applied to electrical engineering. Von Charles Parsons, Stoney und Martin. Journal of the Institution of Electrical Engineers 1904 Nr. 167 S. 805.

[3]) Parsons a. a. O. S. 807.

[4]) ebenda S. 833. Ueber die Düsenanordnung vgl. Schweiz. Patent Nr. 27214.

nen durch eine $2^1/_4$ m unter Kellersohle aufgestellte Sulzer-Zentrifugalpumpe mit senkrechter Welle und etwa 28 cbm/min Leistung entnommen. Der Antrieb erfolgt unmittelbar durch einen Gleichstrommotor, der auf dem Boden des Kellergeschosses aufruht. Die Anordnung ähnelt also ganz derjenigen einer neuzeitlichen Wasserturbine mit senkrechter Welle und unmittelbar gekuppelter Dynamo.

Die Luftpumpen stehen soviel tiefer als der Kondensator, daß ihnen das Kondensat mit $^1/_{30}$ Gefälle zufließt. Sie sind dreistiefelig, stehend und einfachwirkend. Auf ihrer gemeinsamen wagerechten Antriebwelle sitzt der Anker des Gleichstrommotors, ebenso ein Schwungrad zur Verminderung des Ungleichförmigkeitsgrades. Die Pumpen unmittelbar von der Turbine aus zu betreiben ist nicht angängig, so daß besondere Antriebmotoren für sie notwendig sind.

Das Kondensat jeder Turbine wird durch einen Wassermesser, Bauart Schilde, geleitet, vgl. Fig. 437, damit der Speisewasserverbrauch jederzeit genau kontrolliert werden kann.

Die Turbinen sind ferner zu je zweien mit einem 500 mm weiten Stutzen an eine Auspuffleitung von 700 mm Dmr. an-

Fig. 442.

Darstellung der theoretischen Kühlwassermenge für verschiedene Luftleeren.

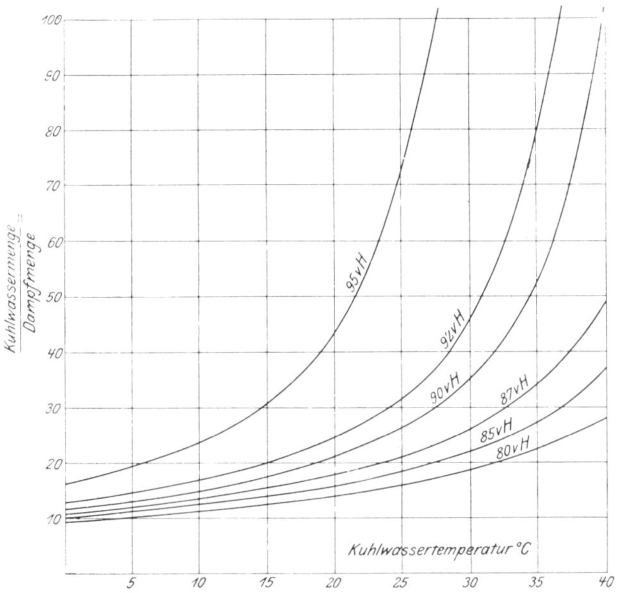

geschlossen, um im Notfall auch ohne Kondensation arbeiten zu können. Sie vermögen dann freilich nicht mehr ihre volle Leistung abzugeben. Durch Oeffnen eines Umleitventiles, dessen Wirkung weiter unten erklärt ist, lassen sie sich jedoch ohne weiteres auf etwa $^2/_3$ ihrer größten Energieabgabe bringen, allerdings auch auf Kosten des Dampfverbrauchs.

Die 300 KW-Turbine ist ebenfalls mit einem liegenden Oberflächenkondensator verbunden und hat ihre eigene Luft- und Umlaufpumpe; erstere wird jedoch von einem Elektromotor mittels starker Zahnradübersetzung angetrieben, wie in Fig. 437 (unten links) erkennbar ist. Ihr Gleichstromerzeuger (220 V) wird durch eine mit ihr unmittelbar gekuppelte Erregermaschine erregt.

Einzelheiten der 5000 KW-Turbinen.

Die Grundlagen und die wesentlichen Einzelheiten der Parsons-Turbine dürfen als bekannt vorausgesetzt werden[1]).

Im vorliegenden Falle läuft die Turbine mit 750 Umdr./min und steht unter einem Anfangsdruck von 13 at abs., während der Kondensatordruck ungefähr 0,1 at abs. beträgt.

Die dreimal kräftig abgesetzte und dadurch gleichsam in eine Hoch-, Mittel- und Niederdruckstufe geteilte Walze der 5000 KW-Turbinen[1]) enthält mehr als 80 Laufräder und nach Angabe insgesamt rd. 60000 Schaufeln, für die eine harte, bronzeähnliche Legierung verwendet ist. Ebensoviele Leiträder und fast ebensoviele Schaufeln sitzen natürlich in dem zweiteiligen Turbinengehäuse.

Die Schaufeln der ersten (Hochdruck-)Rädergruppe sind ungefähr 10 mm breit und 20 bis 25 mm lang, ihre Teilung an der Eintrittseite des Dampfes mißt nur wenige Millimeter; diejenigen der letzten (Niederdruck-)Gruppe sind etwa doppelt so breit, 7- bis 8mal so lang und dreimal so weit gestellt. Die enge Teilung, namentlich in der Hochdruckstufe, ist notwendig, um eine starke Unterteilung des Dampfstrahles und damit eine möglichst günstige Leitung der Dampfschichten zu erreichen; denn nur so können die Verluste beim Ueberströmen von einem Laufrade zum andern gering gehalten werden.

Die Schaufeln sind radial gerichtet und sitzen mit ihrem einen Ende in der Walze oder im Gehäuse, Fig. 443; die Leit- und Laufräder werden also nur durch die frei aus dem Befestigungsgrunde herausragenden Schaufeln gebildet. Infolgedessen bieten die geschaufelten Walzen einen höchst eigenartigen Anblick und ähneln, aus einiger Entfernung gesehen, riesenhaften Walzenbürsten; vergl. Fig. 451.

Von besondrer Bedeutung für den Spaltverlust und damit für den Dampfverbrauch ist der in radialer Richtung gemessene Spielraum der Laufräder in dem zylindrischen Gehäuse. Er wirkt augenscheinlich um so empfindlicher, je

Fig. 443.

Anordnung der Leit- und Laufräder.

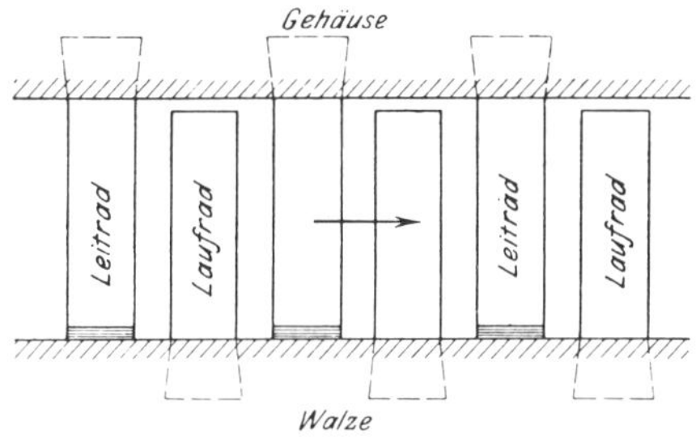

kürzer die Schaufeln sind; daher muß er in der Hochdruckstufe klein gehalten werden, kann aber in der Niederdruckstufe größer sein.

Der Spaltverlust der Hochdruckstufe wird allerdings wohl zum Teil dadurch wieder ausgeglichen, daß der in dieser Stufe verloren gehende Dampf teilweise an die Schaufeln der nachfolgenden Druckstufen Arbeit sowie auch Wärme an den schon expandierten Dampf abgibt.

In der Längsrichtung haben die Laufradschaufeln gegen die benachbarten beiderseitigen Leitradkränze ebenfalls Spielraum, um der Ausdehnung der rd. 3200 mm langen Walze Rechnung zu tragen. Günstig wirkt hierbei die gleichzeitige, wenn auch ungleiche Ausdehnung der hohlen Radwalze und des Gehäuses. Dieses Spiel beträgt in der Hochdruckstufe nur etliche Millimeter auf jeder Seite, in der Niederdruckstufe mehr. Die genaue erste Einstellung der Laufräder gegenüber den Leiträdern geschieht durch ein geteiltes Kammlager an dem freien (Hochdruck-) Ende der mit der Walze verbundenen Welle, das gleichzeitig auch ein etwaiges Pendeln der letzteren wirksam unterbindet. Jede Schalenhälfte ist durch eine Stellschraube für sich einregelbar, so daß die Zapfenkämme sowohl oben als auch unten in den Lagernuten anliegen.

Ueberraschend einfach ist die durch Patent[2]) geschützte

[1]) Vergl. Z. 1903 S. 272; 1904 S. 1438 u. f.

[1]) Die großen Brown, Boveri-Parsons-Turbinen werden zurzeit in Mannheim gebaut, die kleineren in Baden (Schweiz). Beide Fabriken haben ausgedehnte und vortrefflich eingerichtete Sonderabteilungen nebst Prüffeld für den Turbinenbau, deren Besichtigung mir vor kurzem ausnahmsweise gestattet worden ist. Einem berechtigten Wunsche der Fabrikleitung nachkommend, muß ich mir leider versagen, hier näheres über Material, Durchmesser und Wandstärke der 5000 KW-Walze zu bringen, desgleichen über die Herstellung der Labyrinthdichtung, Schaufelteilung, genauere Räderzahl usw.

[2]) Englisches Patent Nr. 8698 vom 24. April 1896 mit Nachtrag vom 31. Dezember desselben Jahres.

Herstellung und Befestigung der Schaufeln: sie werden von gewalzten oder gezogenen Profilstäben, für die eine besondre harte Bronze mit 5000 kg/qcm kleinster Zerreißfestigkeit verwendet wird, abgelängt und an ihrem Befestigungsende mit zwei Einkerbungen auf der Rückseite versehen, Fig. 444. Sämtliche Schaufeln eines Rades zeigen somit von vornherein genau gleichen Querschnitt. Die richtige Schaufelteilung wird durch Paß- oder Zwischenstücke (*b, b* in Fig. 445 bis 447) aus einer weichen Kupferlegierung erzielt. Sie werden gleichfalls von Profilstäben abgelängt und abwechselnd mit den Schaufeln in die schwach schwalbenschwanzförmigen Nuten der Walze und des Gehäuses eingesteckt. Sind letztere in dieser Weise völlig ausgefüllt, so werden die Paßstücke durch besonders eingeübte Arbeiter (Schaufler) mittels Setzers und Handhammers — vergl. Fig. 448 [1]) — fest niedergehämmert und auch seitlich in die Schwalbenschwanznuten sowie in die Schaufelkerben eingetrieben. Diese Befestigungsweise ist leicht, schnell und verhältnismäßig billig auszuführen; sie wird übrigens im Betriebe auch noch wirksam durch den erheblich größeren Ausdehnungskoeffizienten der beiden Kupferlegierungen gegenüber dem Stahl und Gußeisen unterstützt.

Fig. 444.

Einzelschaufel mit Befestigungskerben.

Fig. 445 bis 447. Schaufelbefestigung.

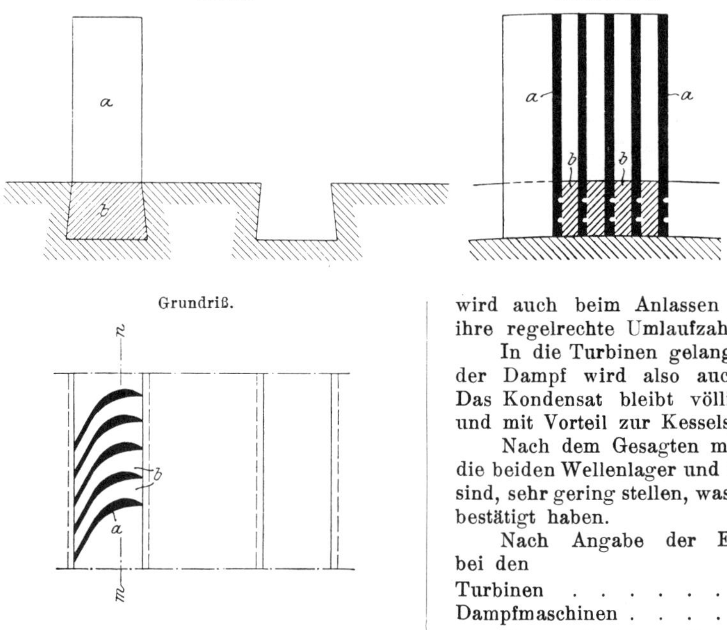

Für die Beanspruchung der Schaufelbefestigung in den Nuten kommt natürlich in erster Linie die Fliehkraft in Frage. Diese ist hier aber gering, da die Umfangsgeschwindigkeit niedrig ist und die Schaufeln auch verhältnismäßig wenig Masse haben. Die größte Umfangsgeschwindigkeit an den Schaufelenden (letzte Niederdruckstufe) beträgt im regelrechten Betriebe rd. 70 m/sk, die geringste (erste Hochdruckstufe) fällt ungefähr halb so groß aus [2]).

Nachdem die Paßstücke verstemmt sind, werden die einzelnen Räder auf ihren Durchmesser geprüft und berichtigt. Wenn hierbei auch nur ein sehr feiner Span an dem freien Schaufelende abgenommen wird, so würden die langen Schaufeln der Mittel- und Niederdruckstufe hierfür doch nicht starr genug sein; sie müssen deshalb zuvor versteift werden, wie solches auch Parsons in seinem oben genannten Patent beschreibt. Nur wenig von dem darin erläuterten Verfahren abweichend, erfolgt diese Versteifung durch einen Drahtring kreisförmigen Querschnittes. Er legt sich nach Fig. 449 und 450 in eine Einfräsung der einen Schaufelkante, wird mit der Schaufel durch Bindedraht verbunden und sodann mit ihr verlötet. Diese Versteifung, durch die übrigens auch der Schaufelsitz noch weiter gesichert wird, ist recht wirksam. Neueren Nachrichten zufolge stattet die Parsons-Gesellschaft (Heaton Works bei Newcastle am Tyne) jetzt alle Räder [1]) ihrer größeren Turbinen mit solchen Drahtringen aus.

Nach Fig. 438 ist der Gehäusemantel und damit auch die ganze Schar der Leiträder in der Längsrichtung, und zwar in wagerechter Ebene, geteilt. Die 70 mm dicken Verbindungsflansche sind aufgeschliffen, bedürfen also zum Abdichten keiner Zwischenlage. Das Freilegen des Turbineninnern wird durch diese Bauart sehr einfach gestaltet. Es ist eben, nachdem die Schraubenmuttern gelöst sind, nur nötig, den oberen Gehäuseteil abzuheben, damit sämtliche Räder sowie Labyrinthe nachgesehen werden können. Fig. 451 zeigt das Innere, und zwar die Mittelstufe mit einem Teil der Hochdruckstufe einer derartig geöffneten Turbine.

Die Lager sitzen außerhalb des eigentlichen Gehäuses; sie haben Kugelschalen mit Weißmetallausguß und werden durch Wasser gekühlt sowie durch eine von der Turbinenwelle mittels Schraube ohne Ende angetriebene Oelpumpe während des Betriebes ständig mit Oel von etwa 3 at Druck versorgt. Das gebrauchte Oel fließt aus den Lagern nach einem Oelbehälter, wird dort gekühlt und dann aufs neue von der Pumpe angesaugt, so daß es bis zur Filterreinigung oder schließlichen Auswechslung in stetem Kreislauf erhalten wird. Anfangs war beabsichtigt, für sämtliche vier Turbinen eine gemeinsame Reserve-Oelpumpe aufzustellen. Es hätte dies aber eine etwas verwickelte Leitungsführung bedingt, weshalb davon Abstand genommen ist; dafür hat aber nunmehr jede Turbine eine eigene Reserve-Oelpumpe mit Dampfbetrieb erhalten. Sie wird auch beim Anlassen der Turbine benutzt, bis diese ihre regelrechte Umlaufzahl erlangt hat.

In die Turbinen gelangt hiernach keinerlei Oel oder Fett, der Dampf wird also auch nicht mit solchem vermischt. Das Kondensat bleibt völlig rein und kann ohne weiteres und mit Vorteil zur Kesselspeisung benutzt werden.

Nach dem Gesagten muß sich der Oelverbrauch, da nur die beiden Wellenlager und kleinere Zubehörteile zu schmieren sind, sehr gering stellen, was auch alle Turbinenausführungen [2]) bestätigt haben.

Nach Angabe der Erbauer beträgt die Oelausgabe bei den

Turbinen	½ bis 2 vH	der Kohlenkosten,
Dampfmaschinen	7 » 15 »	» »

Hier, bei den großen Einheiten, wird die Oelersparnis gegenüber einer gleichwertigen Kolbenmaschine etwa 6 bis 7 vH des Kohlenverbrauches ausmachen, was natürlich beim Ansatz der gesamten Betriebskosten wohl ins Gewicht fällt.

Infolge der außerordentlich einfachen Bauart ist auch die Wartung im Betrieb einfach und bequem, die Betriebsicherheit groß. Die Turbine läuft in jeder Stellung an, bedarf daher keiner Klinkvorrichtung, und das Anwärmen vollzieht sich in nur etwa 15 min.

Jede Turbine ist mit einem von Hand zu bewegenden Absperrventil sowie mit einem selbsttätigen Einlaßventil ausgerüstet, das unter dem Einfluß eines Regulators steht. Außerdem ist noch ein labil angeordneter Sicherheitsregler eingebaut, der auf die Haupteinströmung einwirkt und sie selbsttätig absperrt, sobald die regelrechte Umlaufzahl um etwa 15 vH überschritten wird. Dadurch ist der Gefahr des Durchgehens der Turbine nach Möglichkeit vorgebeugt.

Die Regelung ist ganz vorzüglich. Keine Kolbenmaschine reguliert so schnell und mit so geringen Umdrehungsschwankungen wie die Dampfturbine. Der Grund dafür ist bekannt-

[1]) Vgl. »Die industrielle und kommerzielle Schweiz«, Beschreibung der Badener Fabrikanlagen von Brown, Boveri & Cie.

[2]) Bei den zurzeit im Bau befindlichen Turbinen für die beiden großen Schnelldampfer der Cunardlinie beträgt die höchste Umfangsgeschwindigkeit im regelrechten Betriebe sogar nur rd. 42 m/sek. Die Niederdruck-Hauptturbine erhält rd. 5 m Dmr. und macht etwa 160 Uml. min.

[1]) Vergl. auch Z. 1904 S. 1666.

[2]) Vergl. Z. 1904 S. 119.

Fig. 448.

Schaufelungsraum in der Dampfturbinenabteilung der A.-G. Brown, Boveri & Co. in Baden (Schweiz).

Fig. 449 und 450.

Aussteifung der Schaufeln.

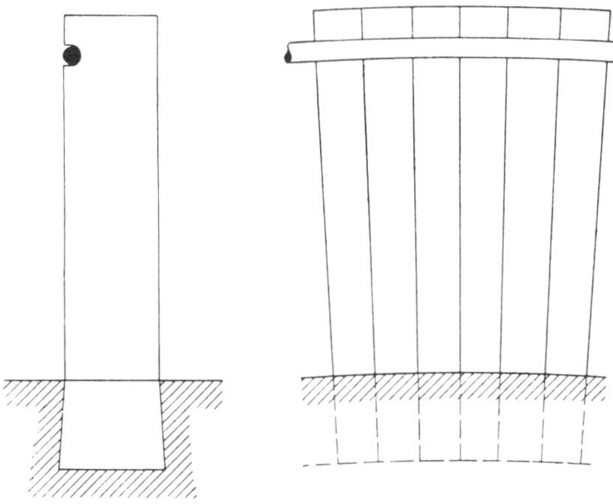

Fig. 451.

Turbinenwalze (Mittelstufe).

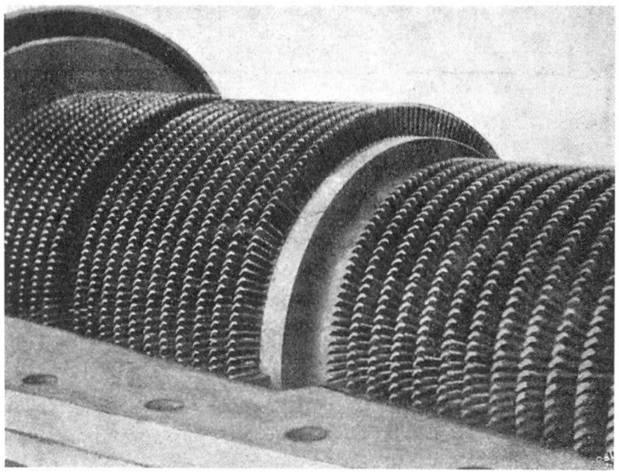

lich der, daß die Turbine eine reine Drehbewegung ausführt, daher weder die dem Kurbelmechanismus eigentümlichen periodischen Geschwindigkeitsschwankungen und ungleichen Kraftübertragungen kennt, noch auch den Nachteil der Kompression in bezug auf den Ungleichförmigkeitsgrad. Sodann aber kommt bei der Turbine noch vor allem in Betracht, daß der Dampf in Bruchteilen einer Sekunde durch alle Räder hindurchgeströmt ist, während es bei einer drei- oder vierzylindrigen Dampfmaschine immerhin einige Sekunden währt, bis der unter dem Einfluß des Regulators eingeführte Dampf durch die Zylinder gelangt ist.

Als Geschwindigkeitsregulator wird der Hartungsche Federregler mit zwei in wagerechter Ebene ausschlagenden Gewichten benutzt. Sein Unempfindlichkeitsgrad ist infolge der nahezu entlasteten Gelenke und der daher geringen Eigenreibung sehr klein, zumal hier die Verstellkraft nur auf das Steuerventil eines Hülfsmotors (Servomotors) einzuwirken hat und der Regler selbst durch ein besondres, von der Turbinenwelle bewegtes Gestänge in stete kleine Schwingungen versetzt wird, um die Reibung der Ruhe auszuschalten. Die Geschwindigkeitschwankungen bei plötzlicher Entlastung von Voll auf Leer betragen rd. 5 vH; sie werden in einigen Sekunden ausgeglichen.

Bekanntlich wird durch die Regulierung eine pulsierende Dampfeinströmung herbeigeführt. Bei den hier zur Erörterung stehenden großen Turbinen wird das Einlaßventil etwa 150 mal in der Minute auf und ab bewegt. Der Dampf tritt also in ebensovielen Absätzen oder Stromstößen, entsprechend den Füllungen einer Kolbenmaschine, in die Turbine ein. Bei kleinen Turbinen steigt diese Zahl bis auf 250. Sieht man von der vermehrten Drosselung ab, die bei der Turbine mit der Verkürzung der Einströmzeit verbunden ist, so hat dem Erfinder offenbar die Ventildampfmaschine vorgeschwebt, deren Einlaßventile an jedem Zylinder bei 75 bis 125 Umläufen der Schwungradwelle insgesamt 150- bis 250 mal in der Minute öffnen.

Die Brown, Boveri-Parsons-Turbine ist wegen ihrer guten Regulierbarkeit ganz besonders für den Antrieb parallel zu schaltender Drehstromerzeuger geeignet; fallen doch die sattsam bekannten Uebelstände fort, die bei so manchen Kolbenmaschinen sowohl während dieses Schaltvorganges als auch nachher im Betriebe zutage getreten sind.

Bei Turbinenantrieb ist weder das Pendeln noch das Ausdemtritt-Fallen zu befürchten. Erleichtert wird das Parallelschalten freilich auch durch die besondre Bauart des umlaufenden Magnetfeldes usw. der Drehstrommaschinen jener Fabrik.

Das vom Regulator beeinflußte Einlaßventil wirkt bis 6000 KW = rd. 10 000 PS_i Leistung. Um für vorübergehende Fälle eine noch größere Arbeit zu erzielen, z. B. bei plötzlich auftretenden Ueberlastungen während der Vorbereitungszeit für das Einschalten eines neuen Maschinensatzes, ist ein besondres Umleitventil eingebaut[1]), das den Frischdampf auch unmittelbar in die Mitteldruckstufe einführt. Es dient auch, wie schon erwähnt, bei etwaigem Versagen der Kondensation dazu, die Minderleistung der dann mit Auspuff arbeitenden Turbine z. T. auszugleichen. Eine derartige Arbeitsweise ist natürlich mit einem höhern spezifischen Dampfverbrauch verbunden, da, ganz abgesehen von dem Fortfall der Kondensation, durch diese Beaufschlagung ein Rückstau für die rückwärtigen Hochdruckstufen verursacht wird. Die Benutzung dieses Aushülfeventiles soll deshalb auch auf Notfälle beschränkt bleiben. Immerhin bildet es ein wertvolles Sicherheitsmittel, zumal hier im Eisenbahnbetriebe.

Mit der Leistung von rd. 10 000 PS_i stellen die St. Ouen-Turbinen die zurzeit größten stationären Ausführungen dar. Brown, Boveri & Co. haben jetzt eine Turbine von regelrecht 6000 KW Leistung in Bestellung, die bis auf rd. 12000 PS_i gesteigert werden kann.

Wie stellt sich nun der Dampf- und Kohlenverbrauch? Beide Werte hängen wie bei der Kolbenmaschine in erster Linie von der Höhe der Expansion ab; diese kann hier nun sehr weit getrieben werden, da ihr absoluter Enddruck sich bis auf die Kondensatorspannung herabmindern läßt. In der 5000 KW-Turbine ist sie bei Vollbelastung und je nach dem Grade der Luftverdünnung des Kondensators eine nicht weniger als 100- bis 120 fache, überragt somit die bei guten neuzeitlichen Dampfmaschinen üblichen Werte um das etwa 5- bis 6 fache. Die Turbine kann eben das Expansionsgebiet zwischen der absoluten Nullinie und der Atmosphärenlinie viel weiter ausnutzen, als die Kolbenmaschine es vermag, wenn deren Niederdruckzylinder und Steuerteile in den praktisch noch zulässigen Grenzen verbleiben sollen. Gerade dadurch aber wird der Turbine bei großer Einzelleistung mindestens die wirtschaftliche Ebenbürtigkeit in bezug auf Dampf- und Kohlenverbrauch gesichert, zumal bei ihr wechselnde Temperaturen der Einzelteile, daher Kondensationsverluste, nicht auftreten und zudem von der Dampfüberhitzung ausgiebigster Gebrauch gemacht werden kann. Im allgemeinen wird die letztere auf 100 bis 150° über die Temperatur des gesättigten Dampfes getrieben, bei einem Kesseldruck von gewöhnlich 12 at[1]). Bei Leerlauf vollzieht sich die Expansion des Dampfes naturgemäß nur in einem Teile der Räder; die übrigen Räder laufen hierbei leer mit, aber im Vakuum, so daß sie verhältnismäßig wenig Widerstand verursachen. Der Eigenwiderstand der Turbine ist gering; ihre Walze und Welle drehen sich z. B. nach Abstellen des Frischdampfes — je nach dem Vakuum — noch 20 bis 30 Minuten lang, ehe sie zum Stillstand kommen.

Brown, Boveri & Co., denen ich auch die Unterlagen zu den Figuren 436 bis 442 sowie 451 verdanke, haben einen Dampfverbrauch von 6,8 kg für 1 KW-st bei den vollbelasteten Pariser Turbinen gewährleistet, wobei ein Dampfdruck von 12 at, eine Dampftemperatur von 300° und eine Luftverdünnung von mindestens 90 vH bei 760 mm Barometerstand vorausgesetzt ist.

Rechnet man diesen Dampfverbrauch für die Dampfmaschine um, unter Zugrundelegung eines mechanischen Wirkungsgrades von 0,90, während derjenige der Drehstromerzeuger einschließlich Erregung nach Brown, Boveri & Co. zu 0,95 angesetzt werden darf, so ist 1 KW Leistung gleichbedeutend mit $\frac{1000}{0{,}90 \cdot 0{,}95 \cdot 736} = 1{,}59$ PS_i. Für 1 PS_i-st ergibt sich daher ein Dampfverbrauch von $\frac{6{,}8}{1{,}59} = 4{,}27$ kg.

Der Energieverbrauch für den Antrieb der beiden Kondensatorpumpen ist nach Angabe der Erbauer auf höchstens 1,5 vH der Klemmenleistung zu veranschlagen. Nehmen wir zur Vorsicht diesen größten Wert, so ergibt sich als gesamter stündlicher Dampfverbrauch:

$$a)\quad \frac{6{,}8}{0{,}985} = 6{,}903 \text{ kg für 1 KW-st},$$

$$b)\quad \frac{4{,}27}{0{,}985} = 4{,}33 \text{ kg für 1 } PS_i\text{-st}.$$

Nun hat unter fast gleichen Bedingungen bereits die 3000 KW-Turbine des Elektrizitätswerkes Frankfurt a/M. für die KW-Stunde einen Dampfverbrauch von nur 6,7 kg[2]) bezw. $\frac{6{,}7}{0{,}985} = 6{,}8$ kg ergeben; die Erbauer der 5000 KW-Turbinen hoffen deshalb auch zuversichtlich, den Vertragswert von 6,8 kg bezw. 6,9 kg nicht unerheblich zu unterschreiten.

Sehr bemerkenswert gestaltet sich der Vergleich der Verbrauchzahlen dieser Turbinen und der neuesten Dampfmaschinen des Bercy-Kraftwerkes der Stadtbahn (S. 136). Die nachstehende Uebersicht, in der für beide Fälle der Kondensatorbetrieb und die Erregung berücksichtigt sind, ermöglicht ihn ohne weiteres; jedoch ist zu beachten, daß

[1]) Vergl. Z. 1904 S. 1440. Brown, Boveri & Co. haben auch eine bei Ueberlastungen selbsttätig wirkende Frischdampfzuführung für die der ersten Hochdruckstufe folgenden Druckstufen ersonnen; vergl. ihr Schweizer Patent Nr. 25439 vom Jahre 1902.

[1]) Nach Parsons a. a. O. S. 835 ergibt ein Dampfdruck über 14 at keine nennenswerte Vergrößerung des wirtschaftlichen Nutzens mehr.

[2]) Vergl. Z. 1903 S. 1866. Diese Turbine hat bei 2995 KW Leistung, 1350 Uml./min, 10,6 kg Dampfdruck, 307° Dampftemperatur und 90 vH Vakuum einen stündlichen Dampfverbrauch von 6,7 kg/KW-st ergeben. Bringt man für den Kondensatorbetrieb 1½ vH der Leistung in Ansatz, so stellt sich der Gesamtverbrauch auf 6,8 kg/KW-st.

Vergleichende Uebersicht des Dampf- und Kohlenverbrauches der 5000 KW-Turbine und der 2100 KW-Corliss-Maschine.

Kraftmaschinen	stündl. Dampfverbrauch für		stündl. Kohlenverbrauch bei achtfacher Verdampfung für		mechan. Wirkungsgrad eines Maschinensatzes einschließl. Kondensation und Erregung
	1 KW	1 PS_i	1 KW	1 PS_i	
St. Ouen: Dampfturbine von 5000 KW	6,903	4,33	0,863	0,541	$0{,}90 \cdot 0{,}95 \cdot 0{,}985 = 0{,}842$
Bercy: Corliss-Dampfmaschine von 2100 KW	7,662	4,75	0,958	0,593	$0{,}896 \cdot 0{,}94 = 0{,}84$

die Turbine mit ihrem Garantiewert, unter Berücksichtigung der Pumpenarbeit, die Dampfmaschine dagegen mit ihrem tatsächlichen Verbrauchswert eingesetzt ist; dieser ist um $12\frac{1}{2}$ vH geringer ausgefallen, als vertraglich gewährleistet war.

Hiernach ergibt sich für die zweizylindrige Corliss-Maschine ein Mehrbetrag an Kohlen von 0,095 kg für 1 KW-st. Nehmen wir nun einmal an, das St. Ouen-Werk sei mit solchen Maschinen statt mit Turbinen ausgerüstet worden und in täglich $19\frac{1}{2}$stündiger Betriebszeit würden 15 000 KW gebraucht, so würden diese Maschinen täglich

$$0{,}095 \cdot 15000 \cdot 19{,}5 \text{ kg} = 27{,}7 \text{ t}$$

Kohlen mehr als die Dampfturbinen gebrauchen. Bei einem Preise von 16 ℳ/t würde das täglich eine Mehrausgabe von 443 ℳ oder jährlich rd. 162 000 ℳ bedeuten. Legt man statt des vertraglichen, wohl etwas hoch bemessenen Dampfverbrauchs einen solchen von nur 6,7 kg (einschließlich Kondensatorbetriebes) zugrunde, den Brown, Boveri & Co. hier mindestens zu erreichen glauben, so würde sich die Kohlenersparnis bei den 5000 KW-Turbinen auf jährlich rd. 205 000 ℳ belaufen.

Aber selbst wenn der Kohlenverbrauch in beiden Fällen der gleiche wäre, sind diese Turbinen den neueren Corliss-Maschinen des Bercy-Werkes, wie überhaupt allen Kolbenmaschinen ähnlicher oder größerer Leistung, entschieden überlegen in bezug auf den schon erörterten Oelverbrauch, Reinheit des Kondensates, schnelle Inbetriebsetzung und Regulierung, ferner aber auch in bezug auf Raumbedarf, Fundamentgröße, Gewicht und Anlagekosten. Die letzteren vier Punkte bedürfen hier noch einer kurzen Begründung.

Die Figuren 452 bis 454 zeigen die allgemeinen Umrißlinien der beiden vorstehend in Vergleich gezogenen Maschinensätze der Kraftwerke in St. Ouen und Bercy; es sind darin diejenigen der 5000 KW-Turbinen durch Schraffur hervorgehoben. Hiernach beansprucht die Turbine mit ihrem Stromerzeuger 43 qm der Bodenfläche und einschließlich der ausladenden Zubehörteile 53 qm im Grundriß, die 2100 KW-Dampfmaschine nebst Stromerzeuger dagegen 108 bezw. 120 qm, das ist das 2- bis 2,2fache derjenigen Fläche, die die mehr als doppelt so leistungsfähige, allerdings auch

Fig. 452 bis 454.

Platzbedarf der 5000 KW-Turbine und der 2100 KW-Corlissmaschine.

Aufriß.

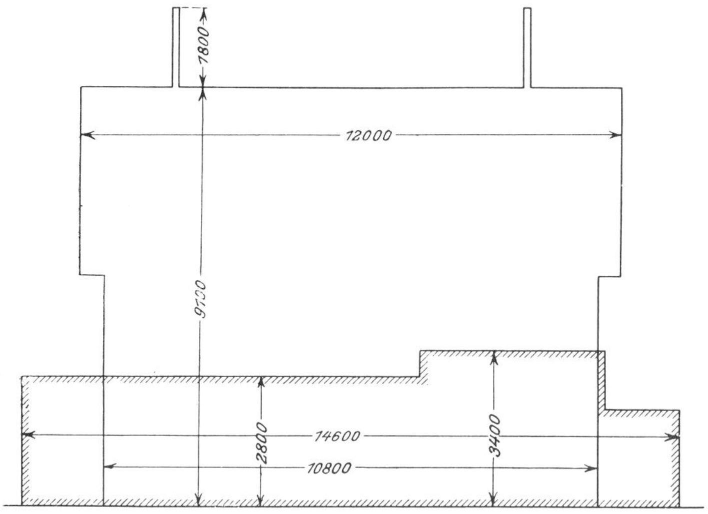

Seitenansicht.

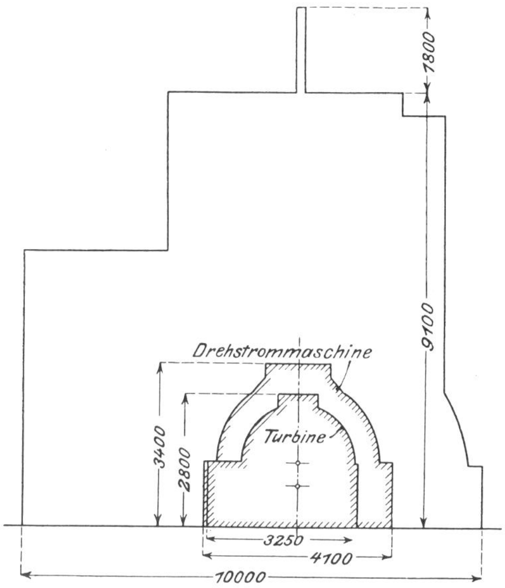

Grundriß.

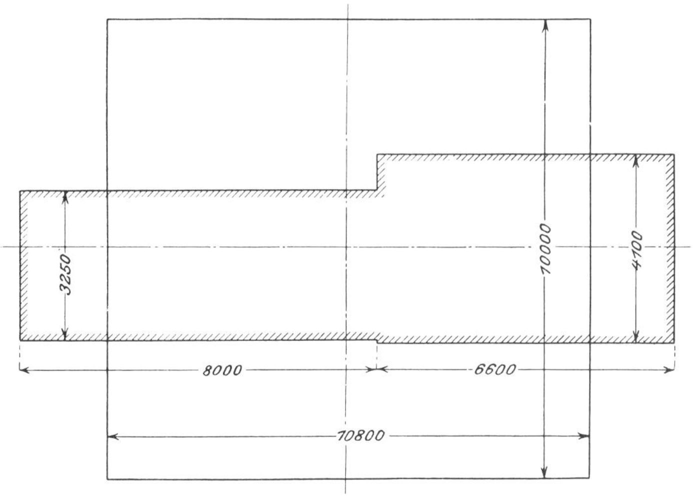

$9\frac{1}{2}$ mal so viele Umläufe machende Turbine einnimmt. Die Höhe des Turbinensatzes über Fußboden beträgt etwa $\frac{1}{3}$ von derjenigen der Bercy-Maschinen, während die Tiefenausdehnung unter Fußboden nahezu dieselbe ist: 5 m gegen 4,7 m. Der Oberflächenkondensator bedingt kein Mehr an Grundfläche, da er von der Turbine allseitig überdeckt wird. Ebenso liegen ja seine Pumpen nebst ihren Antriebmotoren sämtlich im Kellergeschoß, das hier geräumiger sein muß als bei den Kolbenmaschinen; der Platzbedarf dieser Pumpen ist in die obigen 53 qm Grundrißfläche nicht einbezogen.

Um nun den unmittelbaren Flächenvergleich der Maschinenhallen beider Kraftwerke zu ermöglichen, werde die Bercy-Anlage mit den neueren Maschinen und Kesseln bis zu derselben Leistungsgröße ausgebaut gedacht wie das St. Ouen-Werk. Sie enthielte dann 10 Corliss-Maschinen von je 2100 KW, und ihre Länge betrüge nach Fig. 365 einschließlich Erregermaschinen rd. 165 m, also gerade 100 m mehr, als das Turbinenwerk nötig macht. Die Hallenbreite mißt 16,34 m bei einer Gebäudehöhe von 16 m über Fußboden; das ergäbe dann eine Grundfläche von $165 \times 16{,}34$ = rd. 2700 qm.

Die vier Dampfturbinen nebst Erregermaschinen sind nach Fig. 436 in einer Halle von $65 \times 20 = 1300$ qm Grundfläche untergebracht, begnügen sich also mit dem 0,48fachen der Bercy-Hallenfläche, und eine Bauhöhe von 10 bis 12 m ist für sie ausreichend. Für die Hallenbreite würden schon 16 m genügen; Brown, Boveri & Co. hatten sogar in ihrem ersten, allerdings für 3000 KW-Turbinen bearbeiteten Entwurfe nur 15 m angenommen. Das Maß von 20 m ist auf ausdrücklichen Wunsch der Bestellerin gewählt worden. Wäre die Turbinenhalle ebenso breit wie die Maschinenhalle in Bercy, also 16,34 m, so würde ihre Grundfläche nur 39 vH der letzteren ausmachen. Die durchschnittlich auf 1 qm Hallenfläche entfallende Leistung berechnet sich hiernach für die

zehn 2100 KW-Maschinen und	16,34 m	Hallenbreite zu	7,8 KW
vier 5000 KW-Turbinen	» 20,0 »	»	» 15,4 »

Zieht man nunmehr auch die Kesselanlage in den Vergleich hinein, so ergibt sich für das Bercy-Werk mit seinen beiden je 160 m langen und 16,9 m breiten, also 2700 qm großen Kesselhäusern ohne Bunker, aber einschließlich der in der Halle untergebrachten Schaltanlagen und Diensträume, eine überdachte Grundfläche von insgesamt 8100 qm, das ist das Dreifache der Maschinenhalle.

Das Turbinenwerk dagegen bedeckt einschließlich seines 2100 qm großen Kesselhauses ohne Bunker, aber mit dem Anbau für die Stromverteilung und Diensträume, Fig. 436, 3850 qm, das ist zunächst wieder das rd. Dreifache der eigentlichen Maschinenhalle und

$47^1/_2$ vH der Bercy-Anlage.

Haben nun auch an diesem letzteren günstigen Wert die Wasserrohrkessel des St. Ouen-Werkes erheblichen Anteil, so wird doch zweifellos in jedem Falle durch die Verwendung von Dampfturbinen an Bodenfläche gespart und die Ausgabesumme für Grunderwerb und Gebäude eingeschränkt. Anderseits lassen sich auf einem gegebenen Grundstück durch sie weit größere Energiemengen erzeugen als durch Kolbenmaschinen. Selbstverständlich erleiden die vorstehend für die Turbinen errechneten Verhältniszahlen eine Einbuße, wenn größere Kolbenmaschineneinheiten in Ansatz gebracht werden, als im Bercy-Werk in Benutzung stehen; trotzdem verbleibt auch dann noch eine namhafte Raumersparnis auf seiten der Turbinen.

Hierzu treten nun ferner die Ersparnisse an den Fundamenten, betreffs derer man nur die Figuren 438 bis 441 mit Fig. 366 und Text auf S. 130 und 131 in Vergleich zu stellen braucht, um den Unterschied zugunsten der Dampfturbinen zu erkennen.

Sehr beträchtlich ist endlich die Gewichtersparnis bei den Dampfturbinen. Nach Angabe der Erbauer wiegt die

5000 KW-Turbine rd.	90 t
der Kondensator nebst Pumpen, Antriebmotoren und Rohrleitungen	50 »
zusammen	140 t

Das Gewicht des 5000 KW-Stromerzeugers beträgt nach gleicher Quelle rd. 60 t, so daß sich das Gewicht eines vollständigen Turbinensatzes auf rd. 200 t stellt.

Die mehrfach genannten Bercy-Maschinen von 2100 KW wiegen nach S. 133 je 375 t; sie sind sonach 2,68 mal so schwer wie die 2,4 mal so leistungsfähigen Turbinen. Auf 1 KW Nutzleistung entfallen durchschnittlich bei den

2100 KW-Maschinen	178,5 kg Eigengewicht
5000 KW-Turbinen	28,0 » »

Denkt man sich des Vergleiches wegen das Bercy-Werk wieder auf die Leistung der St. Ouen-Anlage ausgebaut, so wiegen seine 10 Corliss-Maschinen insgesamt 3750 t, dagegen die 4 Dampfturbinen 560 t.

Werden die Stromerzeuger einbezogen, so wird der Gewichtsunterschied noch größer, denn es wiegen

10 Maschinensätze von je 2100 KW	4620 t
4 Turbinensätze » » 5000 »	800 »
Ersparnis	3820 t

= 382 Wagenladungen von je 10 t!

Bezieht man das Eigengewicht einer Kraftmaschine einschließlich Stromerzeugers auf 1 KW der erzeugten Energie, so ergeben sich bei den

Corliss-Maschinen	220 kg
Dampfturbinen	40 »

Die Werte verschieben sich für die zuerst in Betrieb genommenen 1500 KW-Maschinen des Bercy-Werkes natürlich noch weit mehr zugunsten der Turbinen, wie sie umgekehrt wieder durch die Wahl größerer Dampfmaschineneinheiten zugunsten der Kolbenmaschinen beeinflußt werden. Hier sollte jedoch lediglich der Vergleich zwischen der St. Ouen-Anlage und dem andern, im vorigen Jahre vollendeten Kraftwerk der Pariser Stadtbahn gezogen werden.

Bedenkt man nun noch, daß sich auch der Anschaffungspreis der Dampfturbinen niedriger stellt als derjenige der Kolbenmaschinen gleicher Leistung, so erscheint ihre Verwendung in dem Kraftwerk von St. Ouen nach jeder Richtung hin vorteilhaft und wirtschaftlich durchweg begründet.

Wird der von den Erbauern auf Grund aller ihrer bisherigen Erfahrungen bestimmt erwartete niedrige Dampfverbrauch tatsächlich erreicht, worüber die in wenigen Monaten erzielten Betriebsergebnisse bündigen Aufschluß geben werden, so wird jene Kraftanlage unzweifelhaft erheblich dazu beitragen, der Dampfturbine den Weg auf ihrem unaufhaltsamen Siegeszuge zu ebnen.

2) Aenderungen und Ergänzungen des Stadtbahnnetzes.

a) Aenderungen.

Auf der beigehefteten Tafel unterfährt die Paris von Nord nach Süd durchquerende Linie Nr. 4 die Cité-Insel rechtwinklig zur Flußrichtung, vgl. S. 19. Nach dem neuesten Plane, Fig. 455, werden aber beide Flußarme schiefwinklig und gleichzeitig weiter östlich gekreuzt, infolgedessen auch die in diesem Stadtteil gelegene Station (La Cité) am Marché aux Fleurs, also näher an Notre Dame zu liegen kommt. Diese Linienführung, die auch Fig. 364 schon zeigt, gestattet günstigere Krümmungsverhältnisse, als sie bei dem Linienzuge der Tafel möglich sind.

Nach dem Entwurf des Stadtbauamtes sollte hier für jedes Gleis ein besonderer, eisenverkleideter Tunnel von 5,0 m Innendurchmesser mittels Schildvortriebes und Druckluft zur Ausführung kommen. Nach Prüfung der im Dezember 1904 eingegangenen 13 Angebote mit insgesamt 33 Bauvorschlägen entschied man sich für einen zweigleisigen Tunnel von 7,27 m Dmr. Der Zuschlag für das von der Rue de Halles, wo die Lienie Nr. 1 unterfahren werden muß, bis zum Boulevard St. Germain sich erstreckende, 1200 m lange Bauloos einschl. zweier Stationen (Cité und Place St. Michel) wurde dem schon S. 75 genannten Unternehmer Chagnaud für den Preis von rd. 12000 frs/m übertragen.

Die Gesamtzahl der Stationen der Linie Nr. 4 ist von 22 auf 25 erhöht worden, was nunmehr einen durchschnittlichen Stationsabstand von nur 438 m ergibt; vgl. S. 8.

Auch Linie Nr. 5 hat gegen die Tafel eine Aenderung erfahren: sie nimmt jetzt auf der Westseite des Arsenalhafens ihren Weg, nicht, wie früher angenommen, auf dessen Ostseite. Dadurch ist die Kreuzung des St. Martin-Kanales vermieden worden. Die Zahl ihrer Stationen ist um 1 auf 14 vermehrt. Ebenso hat Linie Nr. 8, deren Westschleife weiter nördlich nach dem Boulogner Gehölz hin verschoben und neben der Station Auteuil der Kl. Gürtelbahn als Doppelschleife nach Fig. 22 geplant ist, eine Erhöhung ihrer Stationszahl von 14 auf 16 erfahren. Das Achtliniennetz zählt daher jetzt 158 Stationen, und der mittlere Stationsabstand im ganzen Netz wird damit auf 493 m herabgedrückt.

Diese Aenderungen konnten in der Zahlenübersicht auf S. 8 noch berücksichtigt werden, jedoch nicht mehr auf S. 19 und 20.

Sodann ist die bereits i. J. 1901 von der Stadtverwaltung beschlossene nordwestliche Verlängerung der Linie Nr. 3 nachträglich dahin abgeändert worden, daß sie nicht, wie auf S. 17 und 48 angegeben, nach der Porte d'Asnières führen wird, sondern nach der etwas südlicher gelegenen Porte de Champerret.

Fig. 455.

Endgültiges Netz und Ergänzungslinien der Pariser Stadtbahn. Nach dem amtlichen Plane vom Oktober 1904.

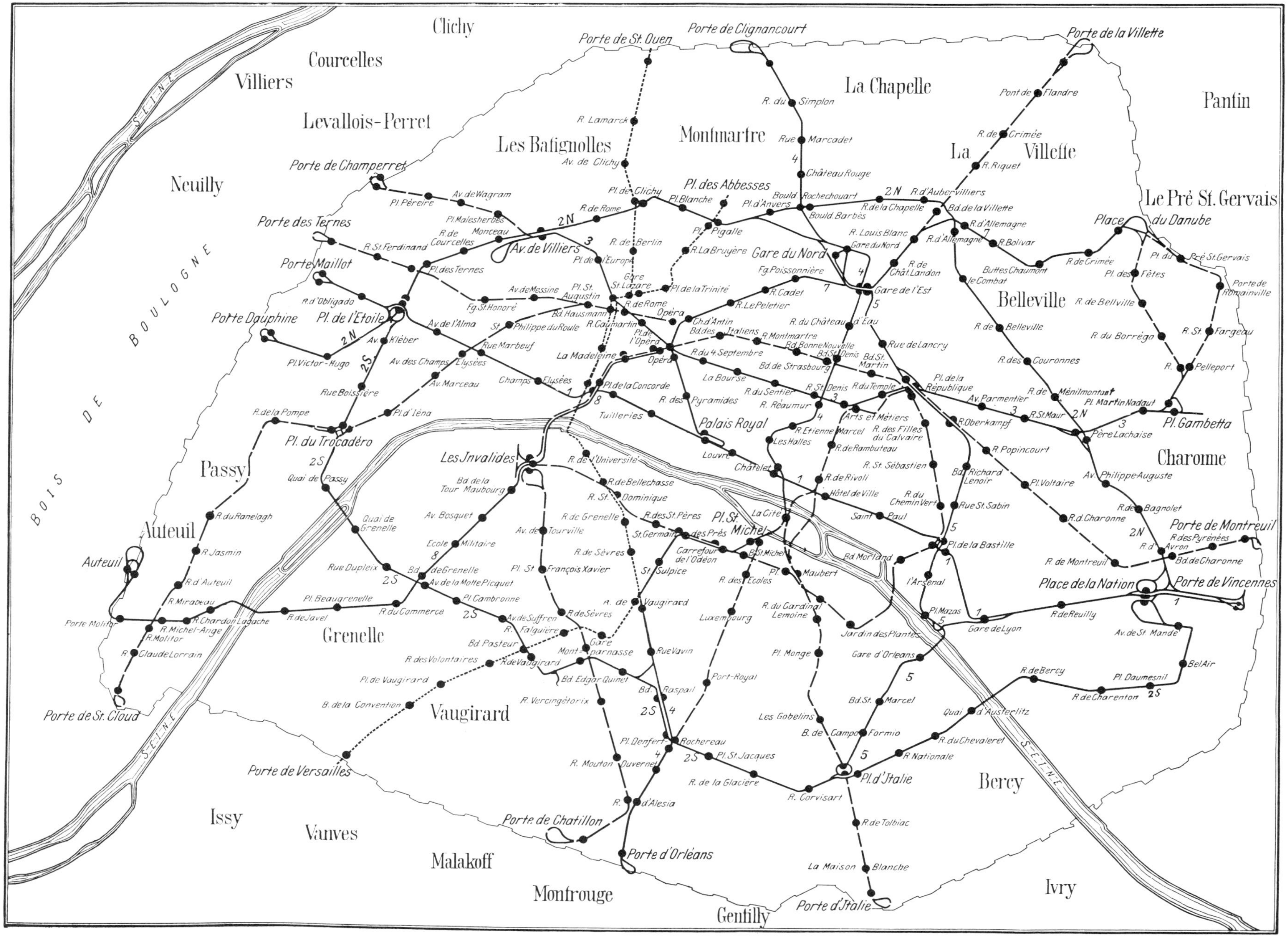

altes Netz 1897/1903 — Ergänzungen 1904 — Berlier-Linie

b) Ergänzungen des Netzplanes.

Infolge des ungewöhnlich starken und ständig anwachsenden Verkehrs aller seither im Betriebe stehenden Linien hat sich die Stadtverwaltung im Jahre 1904 entschlossen, das Achtliniennetz weiter auszubauen. Sie plant zu dem Zweck zahlreiche Ergänzungen, vgl. Fig. 455, die, falls sie alle genehmigt und ausgeführt werden, die Zahl der Stationen von 158 auf 245 erhöhen. Hierzu kommen dann noch die 25 Stationen der Berlier-Linie (S. 4), so daß sich insgesamt 270 Stationen auf 7802 ha Bodenfläche ergeben. Von diesen Ergänzungslinien, die u. a. auch die Zahl der Endschleifen des Netzes auf 24 erhöhen, werden sowohl die inneren Boulevards betroffen (Innenring) als auch an der Umwallung belegene Stadtteile. Paris erhält damit ein unvergleichliches Stadtbahnnetz, das für alle Zeiten ein beredtes Zeugnis tatkräftiger Energie ablegt und das höchst vorteilhaft absticht gegen die Vorgänge, die in anderen Großstädten auf dem Gebiete des Stadtbahnbaues neuzeitlich hervorgetreten sind.

Allerdings ist auch der Erfolg der Pariser Stadtbahn, vgl. S. 155 bis 157, ein gewaltiger; von ihm konnte der Seinepräfekt, Hr. v. Selves, bei der im März d. Js. endlich erfolgten Einweihung dieser Bahn mit begründetem Stolz in seiner Festrede sagen: »Hier, m. H., haben die Ergebnisse die kühnsten Voraussagungen übertroffen.«

Am 25. Januar ds. Js. wurde das nach dem hochgelegenen Gambetta-Platz führende Schlußstück der Linie Nr. 3 dem Verkehr übergeben. Die für jenen Monat auf dem nunmehr 31,8 km langen Liniennetz auf Grund der verkauften Fahrkarten ermittelte Zahl der Fahrgäste beläuft sich nach den vom Chefingenieur Hrn. Bienvenüe mir freundlichst gemachten Angaben auf 16210023, die Roheinnahme auf 2394641,10 frs. Aehnliche Werte liegen für Februar und März vor. Der diesjährige Gesamtverkehr der Stadtbahn kann zufolge der bisherigen Ergebnisse auf 180 bis 190 Millionen geschätzt werden, wobei der Verkehrszuwachs außer Ansatz geblieben ist, der nach demnächstiger Eröffnung der Südringstrecke Passy-Place d'Italie und des Südabschnittes der Linie Nr. 5 Place d'Italie-Arsenal usw. zu erwarten ist.

Bis zum 1. Januar ds. Js. haben insgesamt 404174341 zahlende Personen die Bahn benutzt. Am 19. Juli ds. Js. wird sie 5 volle Jahre im Betriebe sein; die Zahl ihrer Fahrgäste wird bis dahin schätzungsweise die 500ste Million erreichen.

Die vorerwähnte Eröffnung der Südringstrecke usw. hängt nur noch von der Fertigstellung der beiden Seinebrücken bei Passy und beim Austerlitz-Bahnhof ab. Ihr Bau wird mit großem Nachdruck gefördert. Eine allgemeine Ansicht der zweistöckigen Passybrücke ist bereits auf S. 51 gebracht; ein Bild der stattlichen, die Seine mit einem Bogen von 140 m Spannweite kreuzenden Austerlitzbrücke gibt die nach einer kürzlich erfolgten Aufnahme angefertigte Figur 456. Ihr Vergleich mit den auf S. 24 bis 27, 33 bis 35 sowie 85 bis 93 erörterten Hochbahnkonstruktionen zeigt, daß diese Brücke das großartigste über Tage liegende Bauwerk jenes Bahnnetzes ist. Seine Hauptabmessungen und -Verhältnisse sind die folgenden:

Spannweite	140,0	m
Pfeilhöhe der Bogen	20,0	»
Abstand von Bogen- zu Bogenmitte	7,8	»
gesamte Breite	8,8	»
Schienenhöhe über Seinespiegel	12,26	»
Scheitelhöhe » »	25,0	»
Fundamentsohle unter »	11,0	»
Totlast für 1 m Brückenlänge	4990	kg
Horizontalschub der Brücke	306250	kg
aufgehendes Mauerwerk eines Widerlagers	1900	cbm

Mit dem Gerüstbau wurde am 6. April 1904 begonnen, mit der Aufstellung des Eisenbaues am 4. August; bereits am 22. Dezember 1904, vgl. Fig. 456, waren die großen Bogen vollendet.

Fig. 456.

Die Austerlitzbrücke der Linie Nr. 5.

Aufgenommen am 21. Dezember 1904.

Damit seien meine Ausführungen über die Pariser Stadtbahn geschlossen. Der Leser wird aus dem Gebrachten ein Bild von dem jetzigen Stande des gewaltigen Unternehmens gewonnen haben. Ist dieses Bild auch nicht lückenlos, so verrät es doch, von welch großen Gesichtspunkten Stadtverwaltung und Stadtbauamt bei der Feststellung des Linienlaufes sich haben leiten lassen, und zeigt auch, mit welcher Einheitlichkeit das ganze Netz ausgebaut wird, ohne dabei das Stadtgepräge nennenswert zu trüben. Gerade hierdurch hebt sich die Pariser Stadtbahn besonders vorteilhaft gegen die Bahnanlagen aller andern Städte ab, wie sie ja auch schon jetzt alle durch ihren beispiellosen Verkehr und ihr wirtschaftliches Ergebnis überragt. Großzügig entworfen, nach einheitlichem Plan energisch durchgeführt, eigenartig betrieben und wirtschaftlich wertvoll für Publikum und Besitzer, ist sie ein Vorbild für andre Großstädte.